Regards sur la transformation du Laos

Gouvernance politique et économique

Kham Vorapheth

Regards sur la transformation du Laos

Gouvernance politique et économique

L'Harmattan

Du même auteur

Chine : Le monde des Affaires, L'Harmattan, 1997.

Asie du Sud-Est : Art du commerce et culture.
Les enjeux pour gagner à l'international, L'Harmattan, 1998.

Commerce et Colonisation en Indochine (1860–1945) :
Les maisons de commerce françaises, un siècle d'aventure humaine,
Les Indes Savantes, 2004.

Patrons, réussissez votre Chine ! L'Harmattan, 2006.

La redéfinition de la stratégie politique et économique du Laos (1975-2006),
Les Indes Savantes, 2007.

Forces et fragilités de la Chine, les incertitudes du grand Dragon,
L'Harmattan, 2009.

L'ASEAN de A à Z, L'Harmattan, 2011.

Le Laos contemporain : Parcours et développement d'une nation,
L'Harmattan, 2013.

Contemporary Laos, Development Path and Outlook of a Nation,
English Translation Version,
Published by White Lotus Press, Bangkok, 2015.

Laos'Path Towards the ASEAN Economic Community,
L'Harmattan, 2018.

5-7, rue de l'Ecole-Polytechnique, 75005 Paris
http://www.editions-harmattan.fr
ISBN : 978-2-343-23186-0
EAN : 9782343231860

Sigles et acronymes

AEBF : Asian Europe Business Forum
AEC : Asean Economic Community
AFD : Agence Française pour le Développement
AFTA : Asian Free Trade Association
AN : Assemblée nationale
APL : Armée Populaire Lao
ASEAN : Association des Nations de l'Asie du Sud-Est
ASEM : Asian Europe Economic Meeting
AEC : Communauté économique de l'ASEAN
ATM : Automatic Teller Machine
BAD ou ADB : Banque Asiatique de Développement, basée à Manille.
BCEL : Banque du Commerce Extérieur du Laos
BM : Banque Mondiale
BOT: Build, Operate and Transfer
CC : Comité central
CCL : Comité de coopération avec le Laos
CSO : Civil Social Organisation
EDL : Électricité du Laos
ECCIL: Chambre de commerce et d'Industrie européenne du Laos
FAO : Organisation des Nations Unies contre la faim et pour le développement
FMI : Fonds Monétaire International
GIZ : Agence allemande de coopération internationale
GMS : Greater Mekong Sub-Region ou Sous-région du grand Mékong
IDA : International Development Association
IDE : Investissement Direct Étranger
IFC : International Finance Corporation
IPP : Independant Power Producer
JICA : Japan International Cooperation Agency
KIP : Unité monétaire du Laos
LFND : Front National de développement Lao
LFTU : Laos Federation Trade Union
LNCCI : Lao National Chamber of Commerce and Industry
LSX : Lao Securities Exchange
MAF : Ministère de l'Agriculture et des Forêts
MEM : Ministère de l''Energie et des Mines
MOCI : Ministère du Commerce et de l'Industrie
MOF : Ministère des Finances
MOFA : Ministère des Affaires étrangères

MOHA : Ministère de l'Intérieur
MRC : Mekong River Commission
MW : Mégawatt
NSEDP : National Socioeconomic Development Plan
NLHS : Néo Lao Haksat: En laotien « Front Patriotique Lao ». Mouvement créé en janvier 1956 au lendemain de la création du Front Patriotique Vietnamien. Aujourd'hui NLHS devient LFND
NME : Nouveau Mécanisme Économique
OCDE : Organisation de coopération et de développement économiques
OCS : Organisation de Coopération de Shanghai
ODA : Official Development Assistance
ODD : Objectifs de Développement Durable
OMC : Organisation Mondiale du Commerce
OMD : Objectifs du Millenium de Développement
OMS : Organisation Mondiale de la Santé
ONG : Organisation Non Gouvernementale
ONU : Organisation des Nations Unies
PCC : Parti communiste chinois
PCI : Parti Communiste Indochinois
PCV : Parti Communiste du Vietnam
PIB : Produit Intérieur Brut
PMA: Pays les Moins Avancés
SME : Small Medium Enterprises ou Petites et Moyennes Entreprises
PPP : Partenariat Public Privé
PPRL : Parti Populaire Révolutionnaire Lao
PNUD ou UNDP : Programme des Nations Unies pour le Développement
RECEP : The Regional Comprehensive Economic Partnership
RDPL : République Démocratique Populaire Lao
TPP : Partenariat Trans-Pacifique
UNESCO : Organisation des Nations Unies pour l'Éducation, la Science et la Culture
UNICEF : Fonds des Nations unies pour l'enfance
USAID : United States Aid for International Development. Programme d'aide du gouvernent américain, très lié aux actions politiques
UXO : Unexploded Ordnance ou engins non explosés
SEZ : Zone Économique Spéciale
SOE : State Owned Enterprise

Introduction

Le Laos occupe une place à part entière aujourd'hui dans l'ASEAN et dans la communauté internationale ; sa politique de réforme et sa transition économique vers le socialisme de marché, amorcées depuis trente-cinq ans, n'ont pas été le fruit d'un conflit ou d'un changement de régime depuis 1986, mais procèdent de décisions politiques prises après le constat de l'échec de la gestion économique des premières années du Parti populaire révolutionnaire lao (PPRL) au pouvoir. Le point de départ de la transformation peut être vu dans les réformes initiées par Kaysone Phomvihan, Secrétaire général du parti, et dans la mise en place par celui-ci d'une politique de rectification tranchant radicalement avec l'ère d'une économie à planification centralisée. L'adoption de la réforme, appelée encore le « Nouveau Mécanisme Economique », est validée par le Comité central du parti à l'issue du 4e congrès, une véritable rupture avec l'ère d'orthodoxie communiste.

La portée des réformes a été essentiellement économique et sociale, en effet, l'Etat s'est retiré progressivement des entreprises et des activités économiques qu'il contrôlait étroitement auparavant, impulsant une transition économique et sociale plus que politique. Le processus de la transformation du Laos a lieu dans une relative continuité du régime politique. D'aucuns estiment en effet que l'ouverture du marché constituerait les prémisses à la libéralisation de l'ensemble du champ politique lao. Certains pensent que la reconstruction du pays aurait pu avancer plus vite et mieux. D'un point de vue politique, les avancées restent limitées, mais rien ne permet de dire que cette transition puisse, à terme, s'avérer démocratique. En effet, au plan politique, en dehors des réformes institutionnelles mises en place depuis plus de trois décennies, les avis demeurent partagés. Le changement apporté par les réformes est pourtant sans précédent, en particulier : la privatisation des entreprises publiques, le développement du secteur privé, les investissements dans les infrastructures, la politique de décentralisation du territoire, l'essor industriel, les échanges commerciaux, le développement de l'agriculture, le soutien aux industries du tourisme et la lutte contre la pauvreté et les inégalités. Assurément, le Laos a connu des succès économiques patents qui lui ont permis, en une seule génération, de créer une classe moyenne urbaine et de sortir environ plus d'un million de personnes de la pauvreté, ce qui est déjà considérable. L'amélioration des services sociaux, la poursuite de l'amélioration de son système éducatif, le renforcement de son industrie naissante et la compétitivité de ses entreprises et des services qui sont devenus les maîtres mots de la transformation. En dépit de la forte croissance économique de ces deux dernières décennies, le Laos reste encore pauvre et doit continuer à déployer de considérables efforts pour sortir du statut de pays les moins avancés d'ici 2026.

Toutefois, le Laos s'est affranchi graduellement de la grande dépendance de l'aide étrangère non productive pour développer les secteurs de l'industrie : énergie, extractive et manufacturière. Il a échappé à la stagnation économique pour épouser un dynamisme sans cesse renouvelé.

Pour devenir une économie à fort taux de croissance économique autour de 7 % par an pendant les deux dernières décennies, le Laos a bénéficié de plusieurs facteurs : la paix, la stabilité politique, l'ordre libéral international et l'action de l'État comme agent de la transformation économique. Cette paix et cette sécurité ont été grandement facilitées par l'ordre international assuré par le système onusien, les deux superpuissances mondiales, les États-Unis et la Chine, et les puissances régionales. L'adhésion du Laos à l'OMC, en 2013, et à la Communauté économique de l'ASEAN (AEC), en 2016, marque un tournant. Les normes du commerce mondial décidées à Genève et le marché commun signé par les dix membres de l'ASEAN à Jakarta vont devenir le manuel de la transformation économique du Laos. Et jusqu'à aujourd'hui, le Laos doit bien reconnaître que la remarquable croissance de la région l'a parfaitement servi. C'est en s'inscrivant dans l'ordre mondial libéral que le PPRL s'est réinventé. L'État-parti est parvenu à s'adapter à la transformation économique et au contexte international, il a réussi à imposer les termes d'un nouveau contrat social avec la population en lui procurant la prospérité et la paix.

En trente-cinq ans, les regards sur le Laos se sont singulièrement transformés : unanimement perçu comme le plus pauvre de la région dans les années 1970 où il y avait peu d'industrie et pas de touristes. À partir du début des années 2000, on a vu les investisseurs étrangers se précipiter vers ce qu'ils considèrent comme la nouvelle frontière émergente. Les investissements directs étrangers (IDE) entre 1989 et 2019, s'élevant à 36,8 milliards de dollars. Dans ce contexte d'émulation économique, le capital-investissement devient un acteur significatif du financement du secteur privé.

Au sein de l'ASEAN, le Laos est celui dont la croissance économique progresse le plus vite avec l'un des taux les plus élevés (près de 7,2 % en moyenne par an entre 2006 à 2020) et le PIB passant de 149 dollars par habitant en 1986 à 2.665 dollars en 2020. La presse et les médias se font continûment les témoins de sa transformation. Ils minimisent ou relativisent désormais les droits de l'homme, la corruption ou les inégalités criantes de ce pays.

La réussite du modèle laotien tient tout autant d'un pilotage de l'État dont les priorités définies dans le plan quinquennal ont permis le décollage de l'ensemble du pays ; le Laos est indéniablement en transition vers une apparence de capitalisme d'État. Mais alors que l'État, tout en gardant le contrôle macroéconomique, se retirait peu à peu d'un certain nombre de secteurs économiques (énergie, transport, télécommunications, banques), misant sur une forme de libéralisation, on assiste ces dernières années à un resserrement de la liberté d'expression.

Le Laos étonne aujourd'hui par sa vigueur économique, du secteur de la construction des barrages hydroélectriques et l'exploitation des mines à l'industrie manufacturière en passant par l'agriculture et le tourisme ; l'ensemble de ces secteurs ont été des forces motrices de la croissance économique de ces dernières années. La transformation du Laos a par ailleurs commencé à changer la perception des investisseurs internationaux sur les perspectives du pays. Ces investissements se dirigent de manière croissante vers le secteur énergie, agriculture commerciale et industrielle, manufacturier, services, ainsi que les infrastructures, même si les industries extractives continuent à représenter une part importante d'entre eux. On n'oublie pas l'aide internationale sous forme de prêts et/ou de dons qui a financé beaucoup de projets et programmes au Laos, que ce soit dans le domaine éducatif, médico-social, économique, des infrastructures, de l'équipement et même culturel. L'aide publique au développement a rendu dynamique l'activité économique, entraîné des progrès sociaux, soulagé la souffrance des populations pauvres, soutenu le développement de façon durable le Laos.

Après deux décennies de croissance forte et continue, la pandémie du Covid-19 est en train d'avoir raison de la croissance lao, l'impact sur l'économie est sévère, le Laos voit nettement s'éloigner la perspective d'une hausse de 4 % du PIB sur l'année espérée par le gouvernement en janvier 2021. La reprise au premier semestre est jugée lente, à cela s'ajoutent les incertitudes et les tensions internationales. Aussi, le nouveau gouvernement issu du 11e Congrès national du parti a revu à la baisse la croissance et se prépare à une reprise molle de l'économie, une politique d'austérité s'imposera nécessairement dans les années à venir.

Plus de trois décennies après les réformes, il s'avérait utile de faire une relecture de l'histoire du développement du Laos, d'apprécier les réalisations positives ou de souligner les insuffisances pour mieux comprendre les réalités du parcours de ce pays, les enjeux et son positionnement sur l'échiquier régional et international.

Ce livre propose un regard critique sur les acquis du Laos. Il explore les différentes facettes de sa transformation politique, économique, sociétale et culturelle et tente de cerner cette période de transition inachevée, cela en vue d'appréhender l'évolution de demain de ce pays. Il en restitue les enjeux dans un contexte nouveau : désormais intégré dans l'AEC, le Laos se positionne en partenaire qui compte, au centre du carrefour des grands axes de communication par les trois « corridors » régionaux traversant le pays. En outre, le chemin de fer Laos-Chine va renforcer le positionnement et la connectivité du Laos avec les États membres de l'ASEAN.

Le livre passe en revue les avancées récentes en matière de gouvernance, afin d'évaluer l'efficacité avec laquelle les institutions publiques soutiennent les performances de développement du pays. Il examine l'évolution des institutions politiques, la gouvernance d'entreprise, les attentes de la population et les difficultés rencontrées actuellement pour les satisfaire et met en exergue des initiatives susceptibles de montrer la voie. Trois grandes interrogations sont au cœur de cet ouvrage : que savons-nous des attentes des citoyens sur le plan de la gouvernance politique et économique au Laos ? Les institutions publiques parviennent-elles ou non à satisfaire ces revendications ? Quelles sont les initiatives en matière de politiques publiques susceptibles de produire des résultats satisfaisants au Laos ? Il décrypte les orientations du 11e Congrès national du PPRL et aborde également les questions sur l'impact de la crise sanitaire qui affecte sévèrement l'économie lao et s'interroge sur les perspectives de reprise économique post-Covid-19 ainsi que les objectifs et actions du 9e plan quinquennal pour relancer l'économie, et enfin la politique extérieure du Laos. En matière de politique étrangère, la ligne du PPRL demeure fidèle au principe de non-alignement, dans sa stratégie de communication politique « rester bons camarades, bons amis, bons partenaires et promouvoir la coopération win-win » est devenu le maître mot de l'Etat et du gouvernement lao. Cependant, avec le Vietnam et la Chine, la question est autrement plus compliquée, elle relève d'un défi équilibriste pour l'État et le gouvernement. Comment concilier entre la loyauté politique et l'intérêt économique, autrement dit comment gérer de manière équilibrée ses relations avec l'allié vietnamien et le grand partenaire stratégique et voisin du nord, la Chine.

Par ses observations et les nombreuses thématiques qu'il aborde, cet ouvrage constitue un référentiel pour la compréhension et la mesure des enjeux de gouvernance du Laos.

Chapitre 1

LE LAOS DES RÉFORMES

Le présent chapitre rappelle brièvement l'espoir et les illusions, fruits de l'optimisme triomphant des premières années de la République démocratique populaire Lao (RDPL). Il décrit comment la transposition de la gestion et de l'administration dans la zone « libérée » en guerre appliquée au temps de paix dans un pays unifié était un modèle économique voué inévitablement à l'échec. A ce titre, les difficultés auxquelles se trouvaient confrontés les dirigeants lao furent démesurées, le Laos vit presque totalement replié sur lui-même. L'expérience collectiviste et la nationalisation des entreprises furent désastreuses pour le gouvernement et la population. Dès le milieu des années 1980, le Laos s'oriente progressivement vers une libéralisation de son économie et restaure le secteur privé. La consolidation des réformes des années 1980 et des quatre décennies suivantes ont permis le succès rapide de son développement socioéconomique, et en même temps son insertion dans l'économie régionale et mondiale[1]. Les réformes économiques et financières visaient à corriger un ensemble de distorsions et d'arrangements institutionnels de second rang créés par la stratégie de développement initiale conduisant à une allocation inefficace des ressources.

Le Laos s'appuie pour son développement sur le Plan national de développement socioéconomique (NSEDP), en tant que référentiel national des interventions de l'État et de ses partenaires sur la période de cinq ans, vise une croissance cumulative du revenu par habitant à même de réduire la pauvreté, de renforcer les capacités humaines et de satisfaire les besoins fondamentaux, dans un cadre social équitable et durable. En conséquence, l'objectif global du plan quinquennal est de transformer structurellement l'économie lao, pour une croissance forte, durable, résiliente, inclusive, créatrice d'emplois décents pour tous, induisant l'amélioration du bien-être social, et de réduire la pauvreté et l'inégalité.

Depuis la transition d'une économie planifiée centralisée à une économie de marché initiée en 1986, la croissance de l'économie lao a été remarquable. Le sous-développement initial, l'approche graduelle de la réforme et de l'ouverture de l'économie, un système politique recentré sur le développement économique, la privatisation des entreprises publiques, et l'aide publique des partenaires de développement, ainsi que les investissements directs étrangers (IDE), sont à l'origine de la croissance économique lao et de sa transformation comme en témoigne le développement vigoureux des 6e 7e et 8e plans quinquennaux (§ chapitres 4 et 5).

---

[1] Kham Vorapheth, La redéfinition des stratégies politiques et économiques de la République Démocratique Populaire (1975-2006).

Carte du Laos

1.1 Rappel du contexte historique des réformes

1.1.1 « Du passé, faisons table rase ! »

Après la prise de pouvoir, le Parti populaire révolutionnaire lao (PPRL) proclama le 2 décembre 1975 la république, la monarchie fut abolie, un nouveau régime s'est installé au Laos. Le prince Souphannouvong fut élu président de la République, Kaysone Phomvihane, Secrétaire général du PPRL, fut nommé Premier ministre. Le gouvernement est désormais dirigé par un Parti communiste sorti enfin de sa clandestinité[2], il adopta dès 1976, une approche téléologique, visant une application rigoureuse du modèle socialiste et un contrôle strict de l'État sur l'ensemble du territoire. Le Laos se caractérisa alors par son orthodoxie doctrinale, l'idéologie marxiste-léniniste devenant la ligne politique pour le gouvernement[3]. Dès la proclamation de la république, le nouveau régime fut immédiatement reconnu par de nombreux pays, à commencer par tous les pays du bloc soviétique et la Chine, mais également les États-Unis et leurs alliés. Des relations de solidarité furent nouées avec le Vietnam et le Cambodge. Avec le Vietnam, la RDPL continua de passer des accords secrets dans le domaine de la défense, de forger des liens spéciaux et de développer la coopération privilégiée à long terme entre partis frères[4].

La priorité du nouveau régime fut d'assurer le monopole du pouvoir politique. Aucun parti d'opposition ni organisation autre que celles validées par le Parti n'était toléré. Les dissidents du régime, les fonctionnaires, les militaires, les policiers, les intellectuels et les politiciens, qualifiés de « réactionnaires » non repentis, furent envoyés en rééducation (*sammana*). Il en résulta d'un vide politique passager ; l'administration de Vientiane se trouva ainsi paralysée et désorganisée. De ce fait, l'avènement de la république se passa presque sans bruit, faute de mouvement protestataire dans le pays. Le changement brutal de la vie sociale, la nationalisation de toute activité commerciale, les discriminations à l'encontre des intellectuels, fonctionnaires et commerçants bouleversaient une grande partie de la population et faisaient fuir un grand nombre d'habitants. On estimait quelque 100 000 personnes partirent en exil à l'étranger entre fin 1975 et 1977, soit environ 10% de la population de l'époque, chiffre généralement admis par les experts et économistes.

Sur le plan de l'organisation de l'Etat et des administrations, le PPRL disposait trop peu de cadres qualifiés et était insuffisamment préparé pour gouverner le Laos unifié. Pour faire fonctionner l'administration et prendre en

---

[2] Le Rapport politique de Kaysone Phomvihane adressé au Congrès des représentants du peuple, Vientiane, le 2/12/75.

[3] Documents sur le 25e anniversaire de la fondation du Parti Populaire Révolutionnaire Lao, pp. 13-14.

[4] Département de Presse, Ministère des Affaires Etrangères, Documents de la politique extérieure, Bulletin de Nouvelles, 26 avril 1983, pp. 1-12.

charge rapidement la gestion du pays, le PPRL et les dirigeants n'hésitèrent pas à confier les postes de responsabilité en priorité aux leurs, même s'ils n'avaient pas les qualifications requises, certains sachant à peine lire et écrire. Les seuls critères qui comptaient alors étaient leur passé combattant dans la zone libérée, leur loyauté envers le Parti. Pour le Parti, c'était la politique qui commandait[5]. Par la suite, selon l'historien Martin Stuart-Fox, certains postes honorifiques et non stratégiques, économiques ou financiers sont confiés encore à quelques technocrates de l'ancien régime qui s'étaient repentis de leurs « erreurs passées » ou avaient été envoyés quelque temps dans les centres de rééducation aux environs de la capitale et à Viengsay au nord du pays.

Le Parti commençait à bâtir « le nouvel homme et une nouvelle société », quitte à éradiquer complètement l'ancien système et son administration. Désormais, le Parti communiste dirigeait l'État et présidait les destinées du pays selon la doctrine tracée par Kaysone Phomvihane, Premier ministre : « notre organisation doit s'effectuer d'après les principes suivants : le parti dirige, le peuple est le maître et le pouvoir administratif assure la gestion[6].»

« Du passé », cela signifiait pour le nouveau pouvoir, le régime féodal et monarchique, qu'il fallait éradiquer. En un mot, le Parti voulait effacer tout ce qui pouvait rappeler à la population de près ou de loin l'histoire et la mémoire du Laos d'avant le 2 décembre 1975. Trois symboles, jugés à « caractère féodal » qui évoquaient un passé incompatible avec l'idéal socialiste, ont été combattus en priorité par le nouveau pouvoir communiste : la royauté, le drapeau de l'ancien royaume et le mode de vie occidentale, jugés décadents[7]. En ce qui concerne la religion, le parti essaya de réinterpréter l'enseignement du Bouddha à son avantage, au service de la cause socialiste avec plus ou moins de succès auprès de la population. Avec les réformes instituées à partir du milieu des années 1980, le Parti accorda davantage de liberté religieuse, le bouddhisme est redevenu graduellement dans les mœurs et les croyances en usage dans la communauté lao. Ainsi, la religion continue d'occuper aujourd'hui une place centrale dans la vie sociale des Laotiens.

1.1.2 Une économie désastreuse

Après la victoire du PPRL, le régime scella la fin des trente années de guerre de « libération » et entraîna la réunification du Laos ainsi que la mise en place du modèle d'économie planifiée. L'influence soviétique et de ses alliés se dessinait déjà dans le domaine économique au nom de la solidarité entre partis frères. Ils étaient environ deux mille experts soviétiques et conseillers vietnamiens

---

[5] Kham Vorapheth, Laos : La redéfinition des stratégies politiques et économiques de la République Démocratique Populaire (1975-2006).

[6] Paul Isoart, Les États-Unis de l'Asie du Sud-Est, p. 140 ; cf. Kaysone Phomvihane, La Révolution lao. p. 18.

[7] Grant Evans, A Short History of Laos, p. 177.

présents dans tous les ministères pour aider à remettre l'économie laotienne en marche. Ainsi, grâce aux programmes d'aide économique de l'Union soviétique et des institutions financières internationales, la République Démocratique Populaire Lao put survivre aux moments les plus difficiles de son existence. L'influence du modèle soviétique au Laos a été la plus forte pendant les premières années dont la mission principale était l'agriculture et de petite industrie type socialiste axée sur les projets bénéficiant d'aides soviétiques, l'établissement de coopération de production agricole et la transformation socialiste du capital privé en capital étatique.

Le gouvernement, dans ses premières heures d'euphorie, édicta des décrets de nationalisation de l'industrie, du commerce, des banques. Les mouvements d'échange de marchandises et les ventes étaient désormais contrôlés par l'État. Dès 1976, les dirigeants lancèrent un programme de collectivisation des terres ainsi que la nationalisation de toutes les activités commerciales et industrielles. De 1977 à 1986, les coopératives et les échanges se développaient très peu. Quant à la pénurie alimentaire et des produits de première nécessité, elle a été extrême pendant quinze ans. Elle était due principalement à la fermeture radicale de toute activité commerciale et échanges avec l'extérieur et au maintien des paysans dans une situation d'autosubsistance forcée.

En 1976, le kip s'effondra de 80 % par rapport à sa valeur de février 1975. Le nouveau gouvernement s'assura le monopole des importations et des exportations, réduisant ainsi tout espoir de commerce et d'esprit d'entreprise des petits commerçants de Vientiane et des villes de la vallée du Mékong[8]. Au moment de la prise du pouvoir, le PPRL était confronté à plusieurs problèmes qui réclamaient une solution rapide :

- la consolidation du pouvoir dans l'ensemble du pays ;
- la réparation des dégâts causés par la guerre d'Indochine afin de réparer les infrastructures, relancer l'agriculture, maîtriser l'inflation, tous ceux-ci constituaient les conditions nécessaires à la reconstruction de l'économie nationale ;
- enfin, en matière de politique extérieure, la sécurité pour assurer la protection du nouvel Etat lao contre l'éventualité d'une intervention extérieure ou « ennemie ».

Mais aucun de ces problèmes ne fut résolu de manière effective, excepté la consolidation du pouvoir du Parti jugée essentielle pour la survie du régime, des moyens radicaux et systématiques étant employés pour assurer sa réussite. L'inflation atteignait plus de 80 % en 1976 et 1977, et le PNB était parmi les plus faibles du monde, comme le montre le tableau (1) ci-dessous. La « manne américaine » fut complètement arrêtée dès juin 1975. Les nouveaux dirigeants appliquèrent à l'ensemble de l'économie la stratégie de l'autosuffisance et

[8] Martin Stuart-Fox, Buddhist Kingdom Marxist State. The Making of Modern Laos, p. 232.

commencèrent à soumettre la société lao au rigorisme « révolutionnaire » forgé dans les années de guerre, conduisant à une collectivisation du système productif, à l'instauration d'une économie socialiste non préparée qui provoqua le plus grand exode que le Laos ait connu.

Tableau 1 : Evolution du P.N.B (en milliards dollars)

Année	1975	1976	1977	1978	1979
P.N.B.	0,538	0, 50	0,50	0,47	0,49

Source: O.N.U., Trends in International distribution of Gross world Product, New York 1993.

Le transport des marchandises fut soumis à une réglementation sévère alliant taxes intérieures et autorisations multiples. Le pays entier vivait en circuit fermé. Les dirigeants du PPRL, forts de leur expérience acquise dans la zone libérée, demandaient à tous les habitants et ministres d'avoir un esprit d' « autosuffisance », donc de cultiver des potagers et de pratiquer l'élevage. Vientiane, la capitale, fut transformée en un vaste terrain de potagers et de cultures. Les autres villes prirent l'allure de vastes villages. Les fonctionnaires, quel que fût le niveau hiérarchique, devaient subvenir à leurs besoins alimentaires. Les tickets de rationnement faisaient leur première apparition dans le pays. La moitié des citadins se ruèrent vers la campagne entre janvier 1976 et début 1978 pour redevenir momentanément des cultivateurs[9]. L'administration centrale fonctionnait au ralenti et complètement désorganisée, car de nombreux responsables de la nouvelle classe dirigeante étaient en formation politique ou en stage dans les pays socialistes. D'autre part, en 1978, suite aux calamités naturelles des années précédentes qui frappèrent tout le pays, privant ainsi la population d'une partie importante des récoltes, le gouvernement mit en place un plan intérimaire de 3 ans, dont le but était de rendre le pays autosuffisant en riz. Une partie de ce plan fut ensuite intégré ultérieurement dans le programme de la collectivisation agricole accélérée. Il convient de rappeler que les méthodes et les moyens de production restaient encore archaïques. Le Laos dut importer environ 150 000 tonnes de riz par an jusqu'en 1984[10] pour subvenir aux besoins de sa population. La production de riz, à partir de 1975, subit une baisse dramatique, due à la collectivisation de l'agriculture d'une part, et d'autre part à la sécheresse de 1976 suivie de l'inondation de 1977, elle était 650 tonnes et atteignait 520 tonnes en 1979. La superficie des terres cultivées était

[9] Georges Condominas et Richard Pottier, Les réfugiés originaires de l'Asie du Sud-Est, rapport au Président de la République, p. 157.
[10] M.-S. de Vienne et J. Népote (éd.), Laos 1975-1995, restructuration et développement. p. 41.

également en diminution, elle était à 700 ha et 650 ha en 1979, ce qui ne favorisait pas l'augmentation des volumes de production[11].

Sur 5 ans, le PNB n'a pratiquement pas changé, selon la revue économique EUI[12]. En 1975, la structure de l'économie était de 85% pour l'agriculture, 1% pour l'industrie, 14% pour les services et la construction. En 1979, la part des services a progressé de 50%, celle de l'industrie de 30% et l'agriculture contribuait près de 70%.

L'équilibre alimentaire au Laos demeurait donc extrêmement fragile. Les importations de riz en provenance de la Thaïlande et du Vietnam ont été donc une nécessité pour le pays pendant les premières années. La Chine accordait au Laos d'importants prêts à taux zéro pour cent pour ses importations de riz et d'autres produits de base. Elle avait jusqu'en 1979 une mission de coordination d'aide au programme économique, un consulat et une usine de textile installaient à Oudomxay.

La production de produits de consommation courante, n'a augmenté que faiblement au cours de la période 1975-1979, comme l'arachide, le café, le tabac et le sucre, et le soja. La nourriture de base représentait de faibles volumes. D'une manière générale, de 1976 à 1979, les industries réservées au marché domestique augmentaient plus que les industries exportatrices, encore très limitées.

L'examen des productions en volume sur 1975-1979 faisait apparaître l'extrême faiblesse des industries exportatrices. Une faible progression des ventes d'électricité (entre 245 et 280 millions de kWh)[13] et les coupes de bois (10 milles m3), mais les statistiques étaient incomplètes. Les exportations d'électricité et des minerais étaient exploitées de manière organisée par l'Etat qu'à partir du milieu des années 1990 avec succès.

Dès 1976, l'agriculture enregistrait des résultats médiocres ; les fermes d'État, censées représenter un modèle de gestion et d'organisation pour les coopératives et leur apporter une aide technique, ne donnaient pas les résultats escomptés, tout comme les coopératives, constituées pour assurer une meilleure rentabilité d'une politique de collectivisation du système de production agricole. Pour toutes ces raisons, les paysans devinrent encore plus pauvres et vivaient moins bien qu'avant la mise en place des coopératives ; beaucoup furent obligés de quitter leur terre et de s'exiler en Thaïlande. Ce qui priva le pays de sa force vive !

---

[11] State Statistical Centre, State Planning Committee, 10 years of Social-Economic Development in the LPDR, 1985.

[12] Economic Intelligence Unit, *Indochina Country Profile & Country Report,* London, publication 1975.

[13] Centre national des statistiques.

1.1.3 Une planification centralisée déficiente dans un contexte de paix

L'agriculture demeurait la principale priorité du gouvernement, le premier ministre Kaysone Phomvihane, accorda la prépondérance à la production agricole et à la mise en place du système de coopératives. L'agriculture assurait plus des deux tiers de la production et devait être en mesure de générer un surplus économique et donc de financer le développement de l'État[14].

La politique adoptée à l'égard de la paysannerie consistait à redistribuer aux paysans des terres confisquées appartenant aux agriculteurs et familles riches exilés à l'étranger. La réforme agraire démarrée dans la zone libérée, fut relayée très rapidement en 1976 par la collectivisation de l'agriculture dans l'ensemble du pays, elle n'avait pas donné de résultats probants. Pourquoi ? Les deux raisons déficientes de la planification centralisée dans le contexte de paix au Laos les plus souvent évoquées étaient les suivantes :

1/ L'esprit individualiste des paysans laotiens qui ne voulaient pas mettre en commun tous leurs moyens de production, et d'autre part, le système de coopératives trop contraire et contraignante aux traditions. En effet, il sapait le pouvoir des autorités ancestrales, car le chef de famille perdait ses prérogatives au profit de l'autorité du chef de coopérative, et les personnes âgées voyaient leur autorité naturelle disparaître ; ensuite, la propriété collective mettait en question le droit de transmission des terres aux héritiers.

2/ La collectivisation menaçait aussi l'équilibre économique de la cellule de base ou la famille : lié à l'insuffisance de main d'œuvre, le regroupement des paysans sans liens de parenté, d'affinités, ni de solidarité traditionnelle, faisait alors resurgir des sentiments d'injustice et d'inégalité[15].

Une autre cause majeure de l'échec de la politique économique, souvent mise en avant, fut la bureaucratie et la corruption, elles sont aussi souvent désignées comme des obstacles au développement du socialisme au Laos. Par conséquent, le pays est confronté à une situation économique de déclin source des répercussions négatives sur l'ordre social. Tout se passait comme si, une fois la paix retrouvée, et malgré la réussite durant des années de guerre de libération, le Parti et ses dirigeants se révélaient incapables de gérer le développement du pays.

Par ailleurs, en voulant casser les structures traditionnelles de solidarité et d'entraide des villageois, le gouvernement obtint un résultat contraire à son attente, la production de riz per capita des paysans baissa alors de 25% entre

---

[14] Grant Evans, op. cité, p. 192.

[15] Juan Rachel, in Les restructurations économiques 1975-1992, Cf : M.-S. de Vienne et J. Népote (éd.), Laos 1975-1995, restructuration et développement, pp. 35-37.

1976 et 1979[16]. La collectivisation allait ainsi à l'encontre de ses objectifs initiaux. Une part grandissante de la population doutait ainsi du bien-fondé des choix politiques et économiques du gouvernement. De plus, en 1976, le gouvernement institua des impôts sur la production agricole. Dès le mois de janvier 1979, les conseillers russes, vietnamiens et le Fond monétaire international (FMI) recommandèrent au gouvernement de prendre des mesures en vue de redresser la situation agricole du pays[17].

1.2 Une trajectoire de développement singulière vers l'« économie de marché à orientation socialiste »

1.2.1 Le rôle de l'État dans la dynamique d'ouverture et du Nouveau Mécanisme Economique (NME)

Des réformes sont devenues nécessaires en raison d'une économie désastreuse et sous la pression des institutions internationales. L'année 1979 marqua le début d'une prise de conscience de la part des autorités politiques au regard de la réalité économique, nettement moins prometteuse qu'elles ne l'avaient escomptées. L'état de l'économie ne pouvait être pire. De 1979 à 1984, la production des entreprises d'État a chuté d'au moins 10% en valeur. La production manufacturée chuta de 50%, les exportations baissèrent de 30% et la dette extérieure d'État augmentait de moitié. Le gouvernement préconisa dès lors de corriger les erreurs dans la gestion de son économie, il s'agissait de donner une touche nouvelle à la planification et d'améliorer les mesures économiques en faveur du développement de la production. Le Comité central du Parti à l'issue d'une réunion tenue début juillet 1979, annonçait le 14 juillet l'échec de l'expérience des coopératives agricoles et la suspension de la poursuite de la collectivisation. En décembre 1979, lors d'un discours connu sous le nom de la « 7e résolution », Kaysone Phomvihane, premier ministre, annonça l'arrêt du programme de collectivisation, la dévaluation de la monnaie et le début d'une politique de réforme visant à introduire certains mécanismes de marché dans l'économie. Le PPRL reconnaissait alors la nécessité pour le gouvernement de réajuster sa politique économique et sociale ainsi que son modèle de développement afin de tenir compte du contexte de l'après-guerre et de la situation régionale et internationale.

Pour piloter la nouvelle orientation du développement économique du pays, le gouvernement décida alors d'adopter le plan quinquennal, inspiré du modèle utilisait en Union soviétique, c'était un document de planification économique gouvernemental fixant des objectifs de production, sur une période de cinq ans.

---

[16] Sources: Statistiques Lao, MPI.

[17] Martin Stuart-Fox, A History of Laos, p. 182.

Ainsi, le premier plan quinquennal (1981-1985) de Saly Vongkhamsao, ministre de l'Economie et du plan, dont les objectifs stratégiques étaient d'atteindre l'autosuffisance alimentaire et l'augmentation de la production agricole. Ces objectifs ne furent pas atteints et la RDP Lao allait vivre encore une décennie de situation difficile.

Dès 1985, le Fonds monétaire international (FMI), la Banque mondiale, et même l'Union soviétique, avaient exercé de fortes pressions pour que le Laos assainisse son système monétaire et réduise son déficit budgétaire. L'échec de la politique économique conduisit le gouvernement à réduire la centralisation excessive et son caractère bureaucratique, à lutter contre la corruption des cadres qui rendaient inefficaces la planification et les méthodes de gestion. Amplifiant certes les pénuries de tous ordres, le caractère contraignant du système de répartition des biens de consommation ou celui, administratif, des circuits de commercialisation, grevaient lourdement l'efficacité de l'allocation des ressources. L'ensemble de ces constats négatifs conduisit à l'annonce en 1986, d'une restructuration générale de l'économie caractérisée par des réformes et l'ouverture du marché et l'assouplissement des différentes institutions d'État. Alors que le l'économie s'enfonçait dans la crise, face aux difficultés économiques persistantes et les mauvaises performances des entreprises publiques, le Parti se retrouva à considérer des options alternatives de développement. La modernisation et la libéralisation de l'économie laotienne devenaient une préoccupation majeure pour les dirigeants et le Laos devançait même le Vietnam dans les réformes du marché et agraires, avec l'arrêt notamment de la collectivisation rurale. Les réformes laotiennes se sont accélérées en 1986 après que le Vietnam se soit engagé à son tour vers le renouveau politique (*Dôi Moi*), après le 6e Congrès de son Parti.

Réuni lors son 4e Congrès, le PPRL décida en novembre 1986 d'introduire la réforme économique et institutionnelle : le Nouveau Mécanisme Economique (NME) ou *Chinthanankai Mai*[18], de se départir de l'économie planifiée et d'orienter l'économie lao vers une économie de marché à orientation socialiste. La réforme du NME prévoyait également une réforme substantielle du cadre institutionnel et politique du Laos. Cependant, en contraste avec la transformation rapide de l'environnement socioéconomique, l'évolution politique et institutionnelle du Laos sera considérablement plus graduée et limitée.

1.2.2. Vers la fin inéluctable de l'économie centralisée

La genèse du NME ne peut être comprise qu'à partir de ces deux facteurs indissociables l'une de l'autre : des pressions émanant de l'intérieur d'une part,

[18] En laotien : idée nouvelle ou imagination nouvelle.

liée à la situation socioéconomique de l'ensemble du pays, et des pressions extérieures d'autre part, avec l'embargo économique de la Thaïlande, les conflits politico-militaires (Cambodge-Vietnam puis Chine- Vietnam) et l'isolement politique du pays sur la scène internationale.

L'édification d'une économie de marché fut proclamée dans un souci de compromis idéologique socialiste et transition vers une économie de marché. Une réforme du système politico-administratif fut néanmoins lancée après l'adoption de la première Constitution en 1991, dans une optique à la fois de « normalisation » des institutions, afin de faciliter l'intégration régionale puis internationale du Laos, et de « ré-légitimation » du pouvoir.

Le fondement du NME s'est caractérisé par des décisions politiques fortes résumées dans l'encadrement 1 ci-dessous.

Encadré 1: La finalité du NME. L'ouverture de l'économie laotienne ou le NME, s'appuie sur différentes mesures il se caractérise par l'abandon du contrôle des prix, par la reconnaissance officielle du secteur privé comme composante de l'économie nationale, par la réduction des subventions systématiques aux entreprises d'État et aux coopératives et par le fait que ces dernières doivent désormais fonctionner sur le mode des principes de l'économie de marché.

Le NME est un ensemble de décisions politiques adoptées réaffirmant la poursuite des réformes dans l'agriculture et la mobilisation de tous les secteurs de l'économie nationale. La réforme s'oriente précisément vers la libéralisation économique du Laos, comme la suppression progressive des coopératives, la restructuration du secteur d'État, l'autorisation de recourir au marché et de développer les entreprises privées. L'instauration du NME marque la volonté d'intégrer un système d'économie de marché dans un régime politique fort à parti unique, elle a pour objectif de décentraliser les processus de décision économiques et surtout de permettre au secteur privé de jouer un rôle actif dans le développement socioéconomique. Ainsi, l'expérience socialiste des premières années fut finalement de courte durée.

1.3 Les premières réformes économiques et financières post-1986

A la question de savoir comment le Laos a pu sortir de son isolement et de s'intégrer dans la communauté de l'ASEAN, la réponse c'est que grâce à des réformes structurelles d'envergure de la politique mise en œuvre par l'État et de l'aide des institutions internationales et des partenaires de développement. En effet après 35 ans de réformes et d'ouverture au Laos, son économie a connu un essor remarquable (§chapitre 4).

Depuis la fin des années 1980, le Laos a mis la modernisation de son économie au premier rang des priorités et il a tout fait pour y parvenir. Sa stratégie a consisté à abandonner progressivement le plan centralisé pour le marché, à mobiliser ses immenses ressources naturelles et tirer pleinement profit de la croissance de ses voisins, en particulier la Thaïlande et la Chine.

La stratégie de développement économique et financier du Laos, pour ce qui concerne ces 35 dernières années, peut être abordée via : la libération des prix ; les réformes portant sur le commerce, les taux de changes, les entreprises publiques, la fiscalité, et le secteur bancaire et financier.

1.3.1 Les réformes structurelles

On rappelle dans cette section une vue d'ensemble des réformes structurelles engagées dans les domaines d'action identifiés comme prioritaires pour la croissance du Laos.

Dans la période suivant immédiatement la fin de la guerre du Vietnam et la réunification du pays en 1975, presque toutes les activités commerciales et les industries de toutes tailles étaient conduites par des sociétés d'État. Mais depuis la fin des années 1980 il y ait eu un passage graduel d'éloignement de la domination des sociétés d'État à travers l'économie. Le gouvernement encourageait une procédure de socialisation, dans laquelle les sociétés publiques ont été autorisées à vendre tout ou partie de leur capital au public et aux autres investisseurs, et à émettre des parts supplémentaires pour accroître le capital. Ceci a conduit à la création de sociétés détenues par le public au Laos avec l'État, les employés et les actionnaires privés étant propriétaires. Cela a aussi aidé à mobiliser le capital de diverses sources pour les sociétés d'État et accroître l'efficacité des sociétés publiques.

Les réformes structurelles du gouvernement lancées à partir de 1986 ont libéralisé et modernisé l'économie du Laos. Ce développement est caractérisé par une forte exposition internationale, résultat d'une politique volontariste d'ouverture économique : membre de l'ASEAN, de l'Organisation mondiale du commerce en 2013 et engagé dans de nombreux accords de libre-échange dans le cadre de l'ASEAN. Les institutions internationales et les partenaires de développement ont soutenu le Laos dans la mise en œuvre de réformes structurelles nécessaires. Le gouvernement lao continue d'appuyer le système commercial multilatéral, à renforcer les capacités en matière de négociation pour permettre à son économie de saisir les opportunités par des accords régionaux de libre-échange et a souligné l'importance des réformes structurelles pour promouvoir une croissance durable, innovante dans la région aussi bien qu'au sein de chaque membre de l'ASEAN.

La décollectivisation agricole et la libéralisation des prix constituaient parmi la mise en œuvre des réformes structurelles les plus importantes introduites parce qu'elles avaient permis un ajustement des prix relatifs en faveur des produits agricoles. En outre, au Laos, les systèmes contractuels et de crédit-bail affectant le régime foncier a été introduit, de même le secteur bancaire et des déficits de gouvernance qui freinent son développement ont fait l'objet des actions ciblées de réformes urgentes des autorités. Mais les réformes structurelles ont notamment renforcé les mesures contribuant à un environnement macroéconomique stable, à une gestion transparente et efficiente des finances publiques, et à une amélioration de l'environnement des affaires.

1.3.2 La libération des prix

Pendant la période de la mi-1985 à mi-1989, jusqu'à 90% des salaires et traitements du secteur public ont été payés sous forme de coupons de salaire pouvant être échangés dans les magasins d'État. En outre, environ 60% des achats officiels ont été effectués en émettant de bons échangeables dans les magasins d'Etat ou coopératifs. La réforme fondamentale de la tarification du secteur public par un décret de juin 1987. Ce décret a aboli la pratique de la tarification « coût plus » pour entreprises publiques en stipulant que les prix doivent être déterminés par le marché et qu'il ne devrait en principe y avoir qu'un prix sur un marché donné. Plus précisément, le décret stipule que les prix, à l'exception de ceux de l'électricité, l'eau, les services publics et plusieurs produits industriels de base, devraient être librement négociés entre les parties à une transaction sans ingérence de l'administration. Les biens de consommation de base vendus dans les magasins d'État ne faisaient plus partie des exceptions répertoriées, n'étaient plus subventionnés. Cependant, afin d'amortir l'impact sur les fonctionnaires et parce qu'une solution à leur compensation restait à formuler, la vente de biens subventionnés à ces fonctionnaires continuait jusqu'à octobre 1988.

1.3.3 La réforme et les mesures de libéralisation progressives du commerce

Préalablement au NME, le commerce intérieur et extérieur était strictement contrôlé par le pouvoir central et seul un nombre limité d'entreprises publiques lao était autorisé à importer, exporter et/ou distribuer des produits. Ainsi, isolé du marché international, le Laos dépendait en grande partie sinon totalement de ses partenaires alliés du bloc soviétique et de la Chine pour obtenir des matières premières et des besoins de premières nécessités, tandis que les exportations (bois, minerais) étaient conditionnées par des quotas fixés par un système de protocoles gouvernementaux.

Dans une perspective de déclin croissant des rapports commerciaux et financiers avec l'Union soviétique, la Chine et à degré moindre le Vietnam, le Laos chercha, à travers le NME, à remédier à son isolement politique et économique, en adoptant une stratégie de développement orienté vers le marché international et soutenu par l'exportation (hydroélectricité, minerais, bois).

Le Laos commença par lever, en 1988, les barrières commerciales internes qui requéraient des entreprises de production de recourir à une entreprise publique de distribution pour écouler leurs produits. A partir de 1988, toutes les entreprises publiques pouvaient à la fois produire et distribuer leurs propres produits. Cette libéralisation du commerce intérieur permit notamment certaines entreprises de développer leurs opérations à l'échelle nationale en établissant des co-entreprises. Dès 1991, les entreprises publiques éligibles furent autorisées à directement commercer et exporter leurs produits avec des partenaires étrangers, sans avoir recours aux entreprises publiques centralisées d'import-export.

Tout au long de la décennie jusqu'au milieu des années 1980, le gouvernement a cherché à accroître son contrôle sur commerce intérieur et extérieur; en conséquence, le système de distribution publique est devenu de plus en plus dominant et extrêmement complexe. Au niveau national, Lao Trade Corporation était chargée des échanges extérieurs et du commerce de gros, ainsi que la distribution de riz[19]. Au niveau local, les opérations d'achats et de distribution étaient gérées par les bureaux provinciaux conformément aux quotas établis par les comités de planification de provinces et à des prix qui, depuis 1982, reflétaient en partie les conditions locales mais devaient aussi rester dans les limites fixées par les autorités centrales. Au niveau du commerce de détail, le système de distribution reposait sur le réseau de magasins d'État et de magasins coopératifs jusqu'en 1986.

Ainsi, l'État s'était réservé un monopole sur pratiquement toutes les principales exportations et aussi sur la plupart importations, à l'exception des importations effectuées par les sociétés mixtes (sociétés communes publiques et privées) ou quelques entreprises d'État autorisées à conserver une partie de leurs gains en devises étrangères.

Avant les vastes réformes des prix décrétés en juillet 1987, le gouvernement a également libéralisé le système du commerce intérieur et extérieur. Au début de 1987, le réseau complexe des sociétés commerciales d'État, et les unités administratives étaient interdites de s'engager dans des transactions commerciales et d'interférer dans toutes transactions commerciales. Peu de temps après, l'administration provinciale sur le commerce de riz était banni, et le transport, auparavant un monopole des entreprises publiques et provinciales, était désormais ouvert au secteur privé. D'autre part, les restrictions aux étrangers pour faire le commerce avait également été assoupli car, sous réserve de licences

[19] La distribution se faisait en coopération avec Lao Food Corporation, établie en 1982.

accordées par le ministère du Commerce, les sociétés mixtes et privées étaient autorisées à faire du commerce et à transporter tout sauf des produits de base « stratégiques » spécifiquement énumérés[20]. Ces restrictions avaient disparu en 1988 avec la suppression effective du contrôle des prix et de la liquidation de Lao Food Corporation, qui avait monopolisé l'approvisionnement en riz et partagé sa distribution avec la Lao Trade Corporation.

Ainsi, avec la libération du commerce et des échanges, les exportations et importations se développèrent rapidement au cours des années 1990, les entreprises publiques comme BPKP, Lao Trade Corporation ou DAFI étaient particulièrement avantagées et performantes aux côtés des entreprises privées naissantes.

1.3.4 La réforme du secteur des finances publiques

La réforme des finances publiques et la réformes fiscales lancées après 1986 dans le cadre de la politique de stabilisation de l'économie, ont également indirectement influencées le renforcement de l'autonomie des entreprises publiques.

Ainsi, parmi les différentes réformes adoptées dans le cadre de NME, la redéfinition du budget public afin d'en exclure le financement des entreprises publiques ainsi que la refonte du système bancaire lao renforcèrent le principe d'autonomie financière des entreprises publiques, qui devaient donc lever elles-mêmes des fonds pour financer leurs opérations et leurs projets de développement. En effet, sous le modèle d'économie planifiée, les entreprises publiques furent longtemps directement financées par des fonds du budget d'État, tandis que le système lao de monobanque servait de véhicule de mise en œuvre des politiques gouvernementales en finançant notamment les entreprises et les projets publics en octroyant des crédits à taux d'intérêts fortement subventionnés.

Le décret sur le système bancaire de 1988 mis toutefois fin à ce système de monobanque en réorganisant le système bancaire lao en séparant la banque centrale et le ministère des finances désormais en charge à travers le Trésor public de la gestion et du contrôle du budget de l'État ainsi qu'en séparant les fonctions de banque centrale et de banques commerciales. Les entreprises publiques devaient donc se financer en empruntant à des taux d'intérêts commerciaux. Les banques commerciales ne devaient en principe pas différencier les entreprises publiques et privées lors de l'octroi de crédits. Il faudra toutefois attendre 1994 pour que les crédits accordés au secteur privé ne commencent à augmenter et que les crédits subventionnés ne soient qu'aux entreprises « stratégiques ».

---

[20] Ces produits comprenaient un certain nombre d'exportations importantes qui étaient initialement réservées aux agences commerciales d'État afin de se conformer aux contrats commerciaux bilatéraux avec la zone non convertible

De même, l'instauration d'un système fiscal avec de nouveaux impôts dorénavant prélevés sur le capital, les royalties et les dividendes des entreprises (publiques et privées) remplaça le système de contributions directes des entreprises publiques au budget public. Les réformes fiscales ont permis d'augmenter ainsi les recettes du gouvernement (§ 1.3.6).

Le gouvernement prévoit de mener des réformes importantes dans le secteur financier durant la période 2021-25 de manière durable et l'utilisation des innovations et des technologies avancées pour la gestion des finances publiques. Tout comme les autres secteurs économiques, la finance est un élément clé pour atteindre les objectifs de développement socioéconomique de la nation pour les prochaines années. Le nouveau Secrétaire général du parti Thongloun Sisoulith a fait l'éloge de la gestion économique du 8e plan quinquennal, il a présenté les objectifs et la feuille de route pour 2021-2025 dans le cadre du 9e plan quinquennal, à savoir : continuer de miser sur l'efficacité dans la collecte des revenus et de veiller sur les dépenses d'État ; élaborer une législation appropriée pour garantir la viabilité financière, facteur clé de réussite de la réforme du secteur de la finance. Thongloun Sisoulith a précisé que l'accent sera mis sur les technologies modernes pour optimiser le recouvrement des revenus et garantir des dépenses via le système bancaire et les lois existantes seront scrupuleusement appliquées afin d'atteindre l'agenda et le développement de la nation fixés par le 9e plan quinquennal.

Au cours du plan 2016-2020, la collecte des revenus représentait 15,9% du PIB contre 20% pendant la période 2011-2015. De même, les dépenses publiques pour la période 2016-2020 étaient de 20,6% du PIB. Dès lors, le déficit budgétaire était de 4,73% du PIB sur la période considérée. A présent, le gouvernement continuera à prioriser la gestion des dépenses de l'État, la mise en application de la loi sur les marchés publics, les procédures d'investissement public et la gestion de la dette publique par le renforcement des capacités des fonctionnaires et agents des finances, en leur équipant des outils et des technologies modernes qui sont déjà en place pour le système de gestion financière publique[21].

1.3.5 La réforme sur le taux de change

Au début 1986, il existait sept taux de change différents. La réforme du système de taux de change dans un premier temps en retard sur d'autres réformes. Dès septembre 1987, le nombre de taux de change a été ramené à quatre. Tandis que l'écart global entre le plus élevé et le plus bas taux n'a pas été resserré, cette première étape a amené le taux de change en vigueur pour la plupart des transactions très proches du taux du marché parallèle. Rassuré par la stabilité du kip sur le marché parallèle pendant les mois après cette

[21] Government rolls out plans to reform finance sector over five years, Vientiane Times, 15/01/21.

première étape, le gouvernement est intervenu rapidement pour unifier, dès le 1er janvier 1988, tous les taux en un très proche de celui qui prévalait sur le marché parallèle, 1 dollar US pour 400 kips.

1.3.6 La réforme fiscale

Même si le système fiscal existait avant les réformes du secteur public, la principale source des recettes budgétaires domestiques provenaient des entreprises publiques qu'elles négociaient le montant de chaque transfert au Trésor public. Comme une augmentation d'autonomie financière a été étendue à un plus grand nombre d'entreprises publiques, le système de recettes devait être ajusté ; en conséquence, les autorités lao avaient annoncé dans un Décret de juin 1986 une simplification du système de taxe.

Ainsi, la réforme fiscale a été mise en œuvre dès 1988. Selon le type d'activité, l'impôt forfaitaire sur les bénéfices commerciaux et industriels provenant des ventes intérieures variait de 20% à 85%, tandis que les bénéfices provenant des activités de l'exportation devaient être taxées à des taux allant de 0 à 80%, certaines activités étant soumises à un taux inférieur et d'autres soumis à un taux plus élevé que l'activité domestique correspondante. Comme l'impôt sur les bénéfices, la taxe sur le chiffre d'affaires et le nouveau système de tarif d'importation, qui sont entrés en vigueur en 1988, ont été très différents, avec des taux allant de 1% à 15% et de 1% à 70%, respectivement. De plus, les salaires et traitements au Laos pour les citoyens travaillant pour des employeurs laotiens sont restés non taxés, tandis que l'impôt sur le revenu et les bénéfices agricoles ont été maintenus (même si ses tarifs ont été réduits encore une fois, à un taux dépendant du rendement de 4-5% dans le cas de paddy et à 6% pour toutes les autres productions[22].

Parallèlement aux tentatives d'ajustement du système de revenus, des efforts ont été faits en 1988 pour réorganiser les dépenses prioritaires. Les subventions aux fonctionnaires et les autres subventions à la consommation ont été progressivement supprimées, les salaires de la fonction publique ont été augmentés, mais pas au même rythme que l'augmentation de l'alimentation de base et autres. En même temps, aidé par un programme de retraite anticipée et l'introduction des indemnités de départ, une réduction substantielle du personnel du gouvernement central a donc commencé. C'était aussi à partir de ce moment qu'apparaissaient timidement les premiers entrepreneurs et commerçants lao.

[22] Bien que la taxe agricole soit généralement progressive avec en ce qui concerne le rendement, sa structure de taux était fortement régressive à la fois aux .extrémités du spectre de rendement.

1.3.7 La réforme du secteur bancaire et financier

La réforme des entreprises publiques lao est directement liée à celle du secteur bancaire lao, en raison de la forte exposition des banques lao aux créances douteuses des entreprises publiques. Le niveau élevé de crédits non performants (NPL) dans le système bancaire lao, a amené des banques internationales à la prudence vis-à-vis de la gouvernance au Laos. Cette défiance de la crédibilité du pays a contribué à accroître la pression sur le gouvernement lao de remédier aux faiblesses structurelles de son système bancaire.

En 1988, le gouvernement post-NME mit fin au système de la monobanque de l'époque de l'économie planifiée. Le mandat de la Banque d'État fut réduit à celui d'une banque centrale, désormais séparée du ministère des Finances. Ses fonctions de gestion fiscale furent transférées au Trésor Public, un nouvel organisme chargé de la gestion et du contrôle du budget de l'État, tandis que les activités bancaires commerciales furent progressivement réorganisées autour de quatre banques commerciales publiques, désormais distinctes de la Banque d'État lao.

La réforme du système financier est cependant loin derrière des autres secteurs. En octobre 1988, la séparation des activités commerciales de la Banque d'État, la State Commercial Bank (SBC) a commencé. La banque Nakhoneluang est devenue autonome, et les deux grandes branches de la Banque d'État à Vientiane ont été scindées un an plus tard en tant que banques indépendantes commerciales. Le processus s'est poursuivi avec la création de plusieurs autres banques commerciales. La politique du taux d'intérêt, qui relevait de l'autorité du Conseil des ministres a également changé. En octobre 1988, les taux de dépôt traditionnellement bas ont été relevés de 20 à 50%, et les taux de prêt avaient doublé. A cette époque, les autorités avaient abandonné la distinction entre le secteur privé et public, en ce qui concerne les crédits et les dépôts. La plupart des taux d'intérêt sont restés négatifs en termes réels, et les taux de dépôt, en particulier, étaient trop faibles pour permettre aux banques nouvellement créées de concurrencer efficacement les taux offerts par le marché informel.

Face à l'instabilité du secteur bancaire et aux difficultés d'accès aux financements des initiatives privées au lendemain du NME, ce secteur fut progressivement libéralisé à partir de 1990, afin de permettre l'établissement de banques non publiques à capitaux lao ou étrangers. A partir de la fin des années 1990, le sectaire bancaire lao a connu une décennie d'expansion rapide, porté par une croissance économique de banque de détail et l'activité du pays, l'augmentation des revenus et le développement de l'épargne alimentant les dépôts bancaires. Le crédit demeure toutefois principalement dirigé vers les grandes entreprises publiques. La banque de détail et l'activité bancaire à destination des petites et moyennes entreprises publiques restent cependant relativement peu développées. La réforme du secteur financier a entraîné l'établissement d'un système bancaire à deux vitesses en 1990, avec la promulgation de la loi sur la Banque centrale établissant la Banque du Laos P.D.R. (BOL), successeur de l'ancienne Banque d'État, qui jouera plus tard au cours du 8e plan quinquennal un rôle prédominant dans la gestion des finances publiques (§ 4.4). Les instruments monétaires et la gestion de la banque centrale ont été alors progressivement élargis dans les années 1990. Pendant cette période, l'extension des services bancaires et une meilleure gestion des banques commerciales ont renforcé la confiance du public dans le système bancaire et cela a joué un rôle déterminant dans la mobilisation de l'épargne, accroître l'intermédiation financière et attirer les capitaux étrangers.

Or, après des années de hausse rapide du crédit aux entreprises, qui fut excessivement dirigé vers les entreprises publiques puis privées et les projets des Travaux publics et infrastructures dont la plupart étaient surévalués en termes de coûts ou de non utilité publique, les banques à capitaux publics et établissements financiers soupçonnés d'être exposés à des crédits non performants, furent confrontés à des difficultés croissantes pour emprunter sur un marché interbancaire contracté, ce qui avait pour conséquence pour des banques commerciales publiques de ne pas pouvoir prêter aux petites et moyennes entreprises (SME). Cette situation, conjuguée à une crise de liquidité bancaire, a aggravé considérablement le risque de solvabilité des banques déjà sous-capitalisées et trop endettées. En outre, le secteur bancaire lao souffrait d'une grande opacité, tant dans son organisation que dans son fonctionnement.

Contribuant à cette opacité du secteur bancaire lao, les banques commerciales lao, à capitaux aussi bien publics que privés, avaient, en outre, multiplié les participations croisées qui complexaient d'autant plus la structure du système bancaire, et accentuaient le risque systémique des créances douteuses. La réforme du secteur apparaissait alors primordiale pour assurer la stabilité, la liquidité et la solvabilité. Il s'agissait pour le gouvernement lao tout d'abord de mitiger le risque systémique d'une généralisation de la crise de liquidité à l'ensemble des institutions bancaires et financières du pays. Une refonte du secteur bancaire semblait donc indispensable pour rassurer les épargnants ainsi que les investisseurs et prêteurs étrangers, mais aussi pour garantir la continuation des crédits, conforter l'intégration du Laos dans les relations économiques internationales ainsi qu'avec les partenaires de développement pour soutenir l'économie du pays.

Dans cette optique, l'Etat a initié, dès 2011, un vaste programme de réforme de son système bancaire visant à stabiliser, renforcer et moderniser le système bancaire, dont une grande partie est déjà réalisée en 2020. Ce programme vise à la fois à remédier aux faiblesses structurelles du secteur bancaire au regard des standards internationaux tel que Bâle (consolidation des banques, respect et renforcement des règles prudentielles, …), et à moderniser les méthodes de gestion qui se sont avérées largement inadaptées, puisqu'en partie hérédité de l'économie planifiée. Le Laos a ainsi entériné à la fois un plan de structuration du système bancaire pour la période 2011-2016, ainsi qu'au plan de traitement des créances douteuses.

Le gouvernement lao a également réalisé des progrès considérables en ce qui concerne son programme de réforme du secteur financier, qui est dirigé et géré par la BOL, ce programme comprenait des actions visant à améliorer la surveillance des banques, à restructurer les banques publiques commerciales (SCB), en particulier les prêts non performants (NPL) et à les exploiter sur des lignes commerciales, à soutenir la microfinance rurale et à ouvrir davantage le système bancaire. Le programme de restructuration des SCB a progressé, bien qu'à un rythme lent. Les actions de restructuration des SCB qui sont la BCEL, la Lao Development Bank (LDB) et l'Agriculture Promotion Bank (APB), ont commencé début 2002 et se sont accélérées. Le régime de crédit restreint mis en place a été efficace pour ralentir l'expansion du crédit. Le processus d'évaluation du risque de crédit des SCB s'était amélioré avec l'introduction de la certification par les *International Banking Advisors* (IBA), notamment en ce qui concerne l'approbation des prêts pour des grands comptes.

La Banque de promotion agricole (APB) est ensuite restructurée pour transformer en une entité commerciale. Dans le cadre de ce plan, APB disposera d'une autonomie de gestion complète et à partir de 2006, les prêts subventionnés par l'État sont progressivement supprimés et l'APB finira par se financer entièrement auprès de sources publiques.

Quant à la Loi sur les banques commerciales, l'amendement du décret-loi sur les banques commerciales a été soumis par la BOL au ministère de la Justice au début de 2004 et approuvé par le Premier ministre. L'amendement proposait de : 1) assurer l'égalité de traitement de toutes les banques en vertu de la loi (toutes les banques peuvent être distinguées en tant que « domestique » ou «étranger» uniquement, et font face à un régime juridique et des exigences de fonds propres similaires) ; 2) améliorer la gouvernance d'entreprise pour les banques publiques et privées en renforçant les audits internes et externes et les conseils d'administration ; 3) intégrer de bonnes décisions bancaires (pour tester et améliorer la capacité décisionnelle des propriétaires et gestionnaires et renforcer la supervision sur site et hors site) ; 4) confirmer les engagements du gouvernement en matière d'autonomie des SCB dans la prise de décision, la fixation des taux d'intérêt et les prêts basés sur des principes commerciaux. Aujourd'hui, la BOL est un organisme public équivalent à un ministère ; elle fait partie de la structure organisationnelle du gouvernement, son rôle s'est vu élargi tant en termes de contrôle et de proposition pour les innovations. Elle est le secrétariat du gouvernement pour la gestion de la stabilité monétaire, de la durabilité des institutions financières et de l'efficacité des systèmes de paiement à l'appui du développement socioéconomique national. Selon les autorités, le gouverneur de la BOL est chargé de conseiller le gouvernement sur les questions de politique financière et de mettre en œuvre la politique dans le cadre de la réglementation gouvernementale; en outre, la BOL est considérée comme indépendante dans ses décisions opérationnelles et cette indépendance est garantie par la création de comités spécialisés. La BOL supervise les banques commerciales et les institutions financières[23].

1.3.8 La réforme des entreprises publiques (SOE) : privatisation, caractéristiques et perspectives

Avant l'adoption du NME en 1986, les entreprises publiques ont été gérées selon le modèle standard d'une économie de commande, avec pratiquement aucune place allouée pour la flexibilité ou l'autonomie managériale. Les ventes et les prix des intrants, les salaires, l'investissement, le réinvestissement, le financement, la gamme de produits et les objectifs de production ont tous été déterminés par les autorités centrales ou provinciales conformément au plan national, au budget ou aux ordres d'un ministère de tutelle ou autorités provinciales. Tous les excédents d'exploitation, le cas échéant et la plupart des dotations aux amortissements ont dû être transférées au budget, qui, à son tour, fournissait la plupart des financements du fonds de roulement et des investissements nécessaires. En conséquence, peu de distinction a été faite entre les actifs de l'État et des SOE, et virtuellement il n'existait aucune incitation à améliorer les performances, et encore moins le rendement raisonnable sur investissement.

Les réformes du NME furent initiées dans un contexte international de libéralisation et de privatisation de l'économie, où l'intervention de l'État était généralement remise en cause. En effet, à partir du début des années 1980, de nombreux pays mirent en œuvre des mesures de désengagement de l'État de la sphère économique, à travers de vastes programmes de libéralisation de secteurs marchands et de privatisation d'entreprises publiques.

Si les réformes du NME visaient également la réduction du nombre d'entreprises publiques ainsi que la libéralisation de certains secteurs économiques au profit du secteur privé, celles-ci étaient sensiblement différentes des réformes généralement mises en œuvre dans les autres pays. Le Laos était en particulier déterminé à contrôler la transition du pays vers une économie de marché « d'orientation socialiste », afin de protéger le parti à diriger seul le pays. Le Laos opta pour des réformes graduelles qui visaient à encourager l'émergence d'un secteur privé, sans toutefois remettre en cause le rôle de central de l'Etat et des entreprises publiques dans l'économie lao.

Les premières tentatives d'accorder une entreprise publique dès 1983 à quatre des plus importants entreprises sous tutelle centrale[24]. Deux entreprises

---

[23] Document de l'OMC WT/ACC/LAO/45 du 1er octobre 2012.

[24] Il s'agissait des entreprises : Lao Tobacco and Beer Lao, Société d'électricité,

municipales et deux autres entreprises sous supervision ont été ajoutées à l'expérience en 1985. Mais progressivement une plus grande autonomie a été accordée à d'autres entreprises publiques qui, à leur tour, devaient devenir financièrement autonomes. A la fin de 1987, environ 75% de toutes les entreprises publiques ont ainsi obtenu une liberté opérationnelle, tant qu'elles se conforment aux deux objectifs principaux fixés par le plan, à savoir : la production et la contribution au budget.

Encadré 2 : Réforme des entreprises publiques, évolution 1990-2005. L'objectif des réformes des SOE du gouvernement est d'améliorer la transparence, de réduire le gaspillage et d'accroître l'efficacité afin de promouvoir leur viabilité commerciale et de réduire leur charge budgétaire. Les réformes mises en œuvre au début des années 90 ont réduit le secteur des SOE en fermage, en louant, en fusionnant et en vendant un grand nombre d'entreprises publiques. Le nombre des SOE était alors moins élevé, mais, plus important encore, elles jouaient un rôle nettement moins important dans l'économie du Laos en termes de contribution dans le PIB et dans l'emploi total. Néanmoins, plusieurs grandes SOE généraient une part importante des prêts improductifs (NPL) dans le système bancaire public, ce qui mettait en péril le secteur bancaire et elles devaient en fin de compte être financées par les recettes publiques. En conséquence de la politique de privatisation, les entreprises publiques de petite et moyenne taille peu rentables ont ainsi été sorties du secteur public par vente ou liquidation, tandis que les entreprises de moyenne et grande taille avec un fort potentiel de développement ont fait l'objet d'un programme dit « d'actionnarisation », consistant en leur transformation en société anonyme de droit privé, puis de l'ouverture d'une partie ou de la totalité de leur capital à des investisseurs privés. Le récent programme de réforme des entreprises publiques lançait en 2001 par le gouvernement portait sur trois axes: 1) améliorer la transparence et la gouvernance des entreprises publiques, 2) restructurer les entreprises qui ont causé des pertes à l'État et aux banques, et 3) rationaliser l'environnement réglementaire et tarifaire pour les entreprises publiques d'infrastructure, grâce à une réforme tarifaire. Les progrès ont été relativement lents, mais l'élan de la réforme des SOE s'est accéléré notamment au cours à partir de 2003.

Par la suite, dans les années 1990, le Laos lança une restructuration en profondeur du secteur public, en vue d'assainir et de réduire le nombre d'entreprise publiques. La restructuration s'est accélérée et la privatisation a vu de nombreux entrepreneurs qui scrutaient des bonnes affaires en rachetant ou en prenant en contrat bail des entreprises publiques. En outre, sans utiliser le vocable politiquement trop chargé de « privatisation », le Laos a également mis en œuvre des mesures de transfert de propriété d'entreprises publiques vers le secteur privé à partir du milieu de 1990. La privatisation exigeait de fortes contraintes budgétaires pour les entreprises, qui avaient auparavant monopolisé le crédit bancaire. En 1989, le gouvernement a annoncé son plan

---

et Lao Wood Industry Corporation.

de privatiser une douzaine d'entreprises stratégiques[25]. Entre 1989 et 1990, plusieurs entreprises étaient ainsi privatisées sans considération suffisante de rendements financiers. Dès 1990, se basant sur les leçons des premières expériences peu concluantes, un programme plus large de privatisation impliquant des accords de crédit-bail, des enchères, des coentreprises et l'amélioration des procédures d'appel d'offres, a donc été adoptée. La cession des entreprises était rapide et s'étendait jusqu'au niveau provincial, dans certaines provinces plus importantes où plus des deux tiers des petites entreprises sous la juridiction des autorités locales étaient vendues aux travailleurs ; même si les procédures de privatisation adoptées étaient loin d'être optimales, cela représentait toujours un progrès significatif. Cependant, des progrès accomplis dans la privatisation des grandes et moyennes SOE étaient limités, car les procédures et les problèmes ainsi que la pénurie du personnel avaient sérieusement entravé les négociations avec les investisseurs. Dans le domaine des échanges extérieurs, seules les exportations de bois restaient soumises à des restrictions dès 1993, et les importations de riz et de certains types de véhicules automobiles exigeaient encore une licence d'importation. De même, les conditions d'investissement étranger avaient été assouplies.

Le Bureau de promotion des entreprises (BPO) du cabinet du Premier ministre a élaboré dès décembre 2003, avec l'aide de consultants externes, des plans de restructuration détaillés assortis de délais pour quelques grandes entreprises, comme Lao Airlines, BPKP, l'usine Pharmaceutique n ° 3 et Nam Papa Lao. Au début de 2004, les plans de privatisation et leurs recommandations ont été adoptés au moyen de deux instruments différents. La note du Premier ministre n ° 059 / CPMO du 15 janvier 2004 a adopté les éléments clés des plans de restructuration des entreprises publiques, y compris les principes clés d'une telle restructuration. Par la suite, d'autres entreprises ont été restructurées : DAFI, Lao State Fuel Enterprise, Lao Export-Import Trading Company, Bridge-Road Construction Company No. 13 et Agro-industrial Development Company (DAI).

Avant la privatisation, selon le ministère de l'Economie, du Plan et des Finances de l'époque, les 28 entreprises d'État employaient 3 459 travailleurs, et immédiatement après la privatisation, l'emploi était tombé à 3029, car 14% des travailleurs ont été licenciés. Cependant, parmi la population active, l'impact du chômage était faible, seulement 2,6% de la population totale active urbaine sur près de 200 000 étaient au chômage à la mi-1992. Le tableau (2) donne les noms d'entreprises publiques et le mode de privatisation de celles-ci contrôlées au niveau central.

[25] En 1995, le gouvernement décidait de garder 32 grandes entreprises publiques à potentiel.

Tableau 2 : Les entreprises privatisées 1989-1994

	Mode de privatisation	**Contrat**		
Nom entreprise/Année	**Loc-bail Loc-achat Vente**	**Origine investisseur**	**Année**	**Valeur (millier US$)**
1989				
Usine de tôle	X		15	175
Usine de tabac	X		5	14 000
1990				
Atelier mécanique Tha Ngone 1	X	Domestique	10	50
Ferme de volaille Dong Doh	X	Domestique	10	151
1er Scierie May	X	Etranger	10	1 820
1991	Domestique			
Usine de bambou et de rotin	X		10	216
Usine Lao de contre-plaqué	X	Etranger	15	8 400
Usine de produits bois n° 2		Etranger	15	620
Atelier réparation pompes km 14	X	Etranger	10	121
Ferme porcine Lao-Tchèque km18		Domestique	10	57
Atelier mécanique Lao -Suède		Etranger	14	473
Ferme Aquacole Tha Ngone		Domestique	10	109
Veune Kham Centre Tech Agricole		Domestique	5	78
Usine de parquet n°1 km14		Domestique	10	2 224
Usine de produits bois n° 1		Etranger	10	1 055
Immeuble du peuple Paksé		Domestique	20	200
Tourisme Inter Lao	X	Coentreprise		65

1992				
Ferme de volaille Lao-Hongrie	X		2	22
Entrepôt Thanaleng	X	Etranger	15	2 678
Ferme porceline Latkhouay	X	Domestique	20	241
Ferme volaille Lao-Cubaine	X	Domestique	5	32
Tha Ngane atelier mécanique agricultu	X	Domestique	15	28
Société Location voiture n° 1	X	Domestique	15	79
Société Location voiture n° 2	X	Domestique	15	21
Immeuble du peuple Champassak	X	Domestique	20	400
Praksab usine de sucre	X	Domestique	15	3 200
Immeuble Savannakhet	X	Domestique	60	
Nabong Elevage de bovins	X	Coentreprise	20	309
Fil électrique et sac plastic	X	Etranger	15	253
Usine de détergent	X	Etranger	15	763
Tha Ngare Centre de légumes	X	Etranger	20	108
Phou Vao Hotel Luang Prabang	X	Coentreprise	35	700
Na Phank production de graines	X	Etranger	20	232
Alimentation animale	X	Etranger	15	523
Une alimentation pour enfants	X	Domestique	15	21
Tha Ngone bac	X	Domestique	15	115
Atelier machine Lao-Australie	X	Coentreprise		1 530
Scierie Borikhamsay		Etranger	15	540
LaneXang Hotel	X	Coentreprise	30	3 500
1993				
Lao Brewry		Coentreprise		10 200
Sykhay Scierie	X	Etrangère	15	346
Société de parquet n° 2	X	Coentreprise	15	2 265

Usine de tannerie	X	Coentreprise	25	1 250
Pancheng usine de sucre	X	Etrangère	35	125
Phonehang unité de production km62	X	Domestique	20	123
Phousi Hotel Luang Prabang	X	Coentreprise	30	252
That Khao usine textile	X	Domestique	15	63
Lao usine de boisson	X	Coentreprise		2 380
usine de production bois culturel	X	Domestique	20	42
Muang Hotel	X	Etrangère	30	881
Usine lao textile Fédération Femme 1	X	Coentreprise	30	4 500
Usine pharmaceutique	X	Etrangère		
1994				
Atelier Lao-Russe à Dang Chong	X	Domestique	10	665
Service expertise immeubles	X	Coentreprise	30	1 350
Ferme de volaille Lao-Hongrie	X	Domestique	10	
Construction bâtiments n° 2	X	Domestique	5	215
Construction bâtiments n° 3	X	Domestique	5	85
Usine textile Laovieng	X	Coentreprise	40	150
Service construction n°2		Coentreprise	40	1 035
Société de transport agricole		Coentreprise	10	62
Machines agricoles		Coentreprise	10	11
Entreprise forestière		Coentreprise	10	83
Transport Auto		Domestique	15	735
Total nombre entreprises privatisées	**64**			**68 249**

Sources: Lao authorities; the World Bank; the Asian Development Bank; and IMF staff estimates.

A partir des années 2000, le Laos initia également la transformation de certains secteurs autrefois monopolistiques en marchés concurrentiels, comme ce fut le vas du secteur lao des télécommunications ou de l'énergie. Le processus d'actionnarisation, qui se poursuit encore aujourd'hui, s'avère toutefois lent et difficile. L'actionnarisation des entreprises publiques restantes, pour la plupart de grande taille et opérant dans des secteurs stratégiques de l'économie lao, s'avère dans un contexte où la transparence et les comptes de ces entreprises sont loin d'être lisibles, de ralentissement économique mondiale en raison de la pandémie coronavirus. Le 9e plan quinquennal annonce toutefois l'accélération du programme de privatisation pour faire face à la difficulté de l'économie et au surendettement de l'Etat, et incite des grandes publiques à introduire en bourse, qui leur permettent d'ouvrir leur capital aux investisseurs dans le but de lever des fonds pour faire croître leur activité mais également pour bénéficier d'une plus forte notoriété.

1.3.9 La réforme des titres fonciers

Le premier projet de titre foncier a été conduit de 1997 à 2003 avec l'aide de la Banque mondiale et de l'Australie, dont le montant total était de 47 millions de dollars. Les principaux objectifs du projet étaient de favoriser le développement de marchés fonciers efficaces et de faciliter la mobilisation des ressources nationales afin de renforcer le développement social et économique à long terme du pays. Le premier projet comportait six volets: 1) l'élaboration de la politique foncière et du cadre juridique pour l'administration et la gestion foncières ; 2) la mise en œuvre d'un programme accéléré de délivrance de titres fonciers ; 3) l'amélioration des infrastructures, des installations et des systèmes d'administration foncière ; 4) les améliorations dans l'évaluation des terrains ; 5) l'appui au renforcement institutionnel ; et 6) les études sur le régime foncier communautaire et l'enregistrement, la définition des limites des forêts, le recouvrement des coûts, les questions de droits fonciers sur les terres nationalisées et l'impact socioéconomique des titres fonciers[26].

La deuxième phase du projet 2003-2008, dont le coût total était de 24 millions de dollars, visait à développer la capacité d'administration foncière pour soutenir les objectifs de développement économique et de réduction de la pauvreté du Laos. Le projet contribuait au Programme national d'éradication de la pauvreté (NPEP) du gouvernement. Les objectifs du projet était de : 1) améliorer la sécurité foncière ; 2) développer des institutions d'administration foncière de manière transparente et efficace aux niveaux national et provincial ; 3) et 4) améliorer la capacité du gouvernement à fournir des

[26] The World Bank, Lao PDR Economic Monitor, 2004.

services sociaux et économiques grâce à une base de revenus plus large provenant des redevances et taxes foncières.

En outre, un programme d'attribution de titres fonciers est engagé récemment dans les grandes villes et les villages et s'étend lentement à la campagne. Les réclamations fausses et contestées peuvent en théorie être résolues par un tribunal d'arbitrage, mais sont plus souvent réglées jusqu'ici par le versement de pots-de-vin aux fonctionnaires concernés. En outre, la réglementation des droits d'utilisation et des transferts de propriété ont été un domaine prioritaire pour les gouvernements successifs et selon la Banque mondiale, les processus d'enregistrement des propriétés au Laos sont meilleurs que la moyenne en Asie de l'Est et dans le Pacifique. Dans les zones rurales, les familles possèdent des droits d'usage sur les terres agricoles, qui sont transférables et transmissibles aux héritiers. Les communautés peuvent également exercer des droits traditionnels sur des terres non agricoles, y compris les minorités ethniques qui pratiquent la culture itinérante sur brûlis, bien que cette pratique soit proscrite par les autorités lao.

1.4 L'impact des premiers pas de la réforme : un état des lieux

Au sortir de la guerre civile, le Laos était dans une situation économique catastrophique, il devait faire face à un défi majeur, la reconstruction nationale. L'échec de la marche forcée vers le socialisme centralisé était la voie choisie par le PPRL pour la prise en charge de l'économie du pays, cet échec a fini par conduire au bout de quelques années aux réformes du NME qui se traduit par la libération du commerce et l'ouverture du marché ; les changements étaient immédiats avec un impact sur le développement et la croissance de l'économie. Ce fut une nouvelle phase de stratégie industrielle qui était mise en place, avec la mainmise de l'Etat sur les principales ressources, ce qui démontrait une certaine continuité et cohérence de la politique lancée après la proclamation de la république.

1.4.1 L'abandon de la planification centralisée et les conséquences sur la vie économique et sociale

Le processus de réforme graduelle a véritablement marqué un tournant pour entamer un nouveau chapitre de l'histoire du Laos. Porté par le dynamisme économique régional, le Laos est toutefois engagé dans la mise en place des réformes. La politique du NME annoncé en 1986 s'est installée progressivement dans la vie économique et n'a pris véritablement effet qu'à partir du début 1991. Le passage d'une économie planifiée à une économie de marché au cours des trente dernières années a permis de réaliser des progrès considérables. Les premières décisions notables prises par le gouvernement étaient les suivantes :

1. La création d'un système monétaire ajustant le cours officiel du kip sur celui du marché libre, accompagné d'une libéralisation des prix domestiques et des transactions internationales, et d'un renforcement du rôle de la Banque centrale pour contrôler les crédits des banques commerciales.
2. La réforme agricole adopta le principe de la « vérité des prix » laissant jouer le mécanisme de l'offre et de la demande, ce qui entraîna une augmentation importante du prix des produits agricoles. Les agriculteurs pouvaient vendre leurs surplus soit à l'État, soit au marché où les prix restaient plus élevés, une fois la taxe payée. Dès juin 1988, les avantages financiers des coopératives furent supprimés, les rizières appartenant aux coopératives devant être redistribuées aux paysans avec droit de transmission à leurs familles ou à des tiers.
3. L'amélioration de la sécurité alimentaire dans les régions rurales et l'encouragement de la production du maïs, du manioc et de la patate douce. De même, les cultures commerciales destinées à l'exportation comme l'hévéa, le café, le tabac, le thé, le soja et la canne à sucre, furent soutenues par l'État. Afin d'assurer une autosuffisance, le développement de l'élevage fut également encouragé[27].
4. La mise en œuvre de la politique de développement massif de l'hydroélectricité, de l'exploitation minière et de l'agroforestière, afin de lutter contre la pauvreté et d'initier une croissance économique rapide du pays.
5. Issue de l'économie planifiée, l'entreprise publique lao s'est graduellement transformée d'une simple entité administrative non autonome, en une entreprise commerciale de droit privé (EDL, BCEL, Lao Airlines).
6. La reconnaissance du secteur privé. L'esprit entrepreneurial était encouragé par le gouvernement. Emergence des très petites et petites et moyennes entreprises (SME).
7. Le monopole d'importation détenu par l'État fut progressivement réduit à partir de 1988. Dès 1990, une nouvelle étape avec la privatisation des entreprises d'import-export fut franchie.
8. La création de conditions attractives pour les investisseurs étrangers et la promotion des exportations, mise en place à partir de 1988. Ainsi, en avril 1989, fut créé le Comité pour l'Investissement Etranger, chargé de faciliter les relations avec les investisseurs étrangers. Plus tard, en 1996, fut créée la Chambre nationale du commerce et d'industrie (LNCCI) sous le contrôle du Ministère du commerce et de l'industrie dans le but de renforcer la législation commerciale, la promotion et l'accompagnement des petites et moyennes entreprises (SME),

[27] R. Jullien, Les restructurations économiques, 1972-1992, in Laos, 1975-1995, restructuration et développement…p. 51.

9. Sur le plan politique, les assouplissements, le desserrement de contrôle des activités sociales et le déplacement de la population intervinrent à partir du milieu des années 1990. La religion joue de nouveau un rôle essentiel dans la communauté lao. Dès 1989, sous la pression d'Amnesty International et d'autres organisations humanitaires, un grand nombre de détenus furent libérés[28].
10. A partir de 1988, et après la dislocation du système communiste en URSS, le Laos commença à diversifier ses sources d'aide et de financement pour combler son déficit budgétaire auprès des pays de l'Asie du Sud-Est et de l'Europe, anticipant ainsi les difficultés économiques de l'Union soviétique et de ses alliés. Le Laos, par contrainte, aidé par les réformes, transforme donc son économie en une économie de marché intégré et monétarisée.
11. La restructuration des entreprises publiques passant de 1 100 à quelque 180 entreprises en 2020. L'entreprise publique est considérablement évoluée depuis sa forme initiale, elle bénéficie dorénavant d'un cadre juridique relativement satisfaisant au regard des standards internationales, l'Etat cherche à renforcer la gouvernance d'entreprise.
12. Dans les dernières années 1980, les changements politiques et économiques donnèrent lieu à l'amélioration des relations avec les autres pays de l'Asie orientale et du Sud-Est asiatique, ils sont devenus prioritaires pour la survie du Laos. Les premiers changements notables eurent lieu en décembre 1986 : normalisation des relations avec la Chine qui se traduisit par l'échange d'ambassadeurs, amélioration des relations entre la Thaïlande et le Laos qui s'amorça à partir de février 1988, suite du conflit dit des « trois villages » dans la province de Sayabouri. Les vingt-cinq dernières années furent remarquées par l'intégration du Laos dans l'ASEAN en 1997, son adhésion à l'Organisation mondiale du commerce (OMC) en 2013, et en 2016 son entrée dans la Communauté économique de l'ASEAN (AEC) dont l'objectif sera de faire progressivement de la région une intégration économique complète et de permettre le Laos de sortir de son isolement.
13. L'ouverture de la première bourse au Laos, Lao Stock Exchanges (LSX), en 2010 entérine le passage à une économie basée sur le libre-échange même si le régime est toujours officiellement socialiste. L'évolution économique du pays va dans le sens d'une plus grande transparence des groupes privés.
14. L'instauration de la taxe sur la valeur ajoutée (TVA) de 10% depuis 2014, mais encore peu appliquée.

[28] Amnesty International, Background Paper on the Democratic People's Republic of Laos, April 1985 ; et Re-education in Attapeu Province, the PDRL, ASA 26/01/86, January 1986.

1.4.2. Les coûts de post-réformes

En raison de la vigoureuse croissance connue ces dernières années au Laos, suivie de rapides transformations dans la vie économique et sociale, une telle accélération dans les mutations sociales a aussi ses parts d'ombre, qui sont en général bien connues : aggravation des disparités régionales en termes de développement, augmentation des inégalités sociales, décrochage des campagnes par rapport aux villes, en particulier une désertion vers la capitale, très forte imbrication du politico-administratif et de l'économique qui mène à des logiques d'injustice, de violence, de corruption, et de dégradations environnementales au nom d'un développement à tout prix. Les inégalités régionales se maintiennent en termes relatifs, malgré un essor global du pays. L'analyse du territoire lao fait apparaître un écart de développement tant en termes économiques qu'urbanisation. Les faits constatés : une grande partie d'industrie se concentre autour de la capitale et les provinces immédiates, les infrastructures et équipements y ont bien dotés. Les provinces, exceptées celles de Luang Namtha, Bokeo, Savannakhet, Khammouan et Champassak accusent un retard que seuls d'importants investissements pourraient aider à combler.

Face à un tel déséquilibre, les autorités laotiennes ont tôt eu l'objectif, sinon de le résoudre, du moins d'accroître les logiques d'intégration territoriale à l'échelle du pays, de créer du lien territorial à la fois dans un projet économique de développement intégré des périphéries et suivant une politique d'unité nationale dans un temps d'ouverture du pays. Ainsi le gouvernement depuis 2003 a créé des zones spéciales économiques ou spécifiques dans différentes régions avec les infrastructures associées, dont l'objectif était de développer le pays grâce aux investisseurs publics et étrangers. Les projets les plus significatifs sont les projets lancés ces trois dernières années, comme les aéroports à Samneua et à Attapeu, les travaux d'irrigation à Khammouan, les rénovations des routes N9 et N13, l'autoroute Vientiane-Vanvieng, le développement et le redéploiement de la SEZ du « Triangle d'or » de Bokeo, la construction de la ligne de chemin de fer Laos-Chine ou la rénovation des états de routes dans tout le pays. A cet effet, l'investissement public pour le développement des infrastructures (routes, ponts, équipements, télécommunications, irrigations, électrification rurale, etc.) atteignait plus de 16% du budget national au cours du 7e Plan quinquennal. Ces investissements sont d'autant nécessaires, car le Laos doit se mettre progressivement au niveau des pays membres de l'ASEAN sur le plan des infrastructures, équipements et des ressources humaines, ainsi que l'aide au développement des petites et moyennes entreprises, afin de réduire les écarts de développement au sein de la région. L'engagement du Laos dans le cadre de l'AEC le contraint à investir plus et rapidement dans le développement des infrastructures physiques et d'améliorer la connectivité entre les citoyens des Etats membres de l'ASEAN[29]. Aussi les coûts de réformes à payer sont colossaux et représentent d'énormes investissements pour le Laos.

En conclusion, sur le plan des réformes économiques et sociales, difficile de soutenir le contraire. La liste des projets de réformes tant financières qu'économiques et la pertinence des plans quinquennaux de développement socioéconomique enclenchés dès le milieu des années 1980 est proprement remarquable : il y a l'ouverture du marché bien sûr, la restructuration des entreprises publiques, les réformes fiscales et financières, la libéralisation du commerce, l'insertion du Laos dans la communauté régionale puis internationale, l'émergence du secteur privé. Toutes ces réalisations qui ont permis aujourd'hui le Laos de sortir de son isolement et d'être reconnu comme partenaire entier dans l'ASEAN ; en outre, la croissance robuste de son économie a vu l'apparition d'une classe moyenne urbaine et la réduction progressive de la pauvreté dans le pays.

Les réformes du pays se sont poursuivies après 1986, elles appuient la vision de l'État d'avoir un pays prospère, de mettre en place un certain nombre de mesures importantes, dans le cadre de la nouvelle orientation stratégique à dix ans et la Vision 2030 du gouvernement, visant à renforcer les capacités nationales et locales afin de permettre au gouvernement et aux communautés de prendre en main les programmes axés sur la responsabilité, la gestion et la décentralisation, de les gérer et de les mettre en œuvre d'ici à 2030. La croissance future de l'économie lao repose sur la manière dont les autorités gèreront ses ressources, son habilité à attirer les investisseurs, le succès du développement des petites et moyennes entreprises, la poursuite de l'éradication de la pauvreté, et enfin les bénéfices que le Laos serait susceptible de tirer de son intégration dans l'AEC.

Malgré cela, de nombreux économistes, y compris une partie de la population lao s'interrogent pourquoi le Laos qui a bénéficié depuis des décennies d'aides démesurées des institutions internationales, partenaires de développement, donateurs et dons de nombreux pays ne s'est pas développe plus vite et davantage ? Pourquoi le Laos si riche en ressources naturelles pourtant si pauvre ?

---

[29] ASEAN Secretary 2018.

Chapitre 2

L'ÉLABORATION DU PLAN QUINQUENNAL DE DÉVELOPPEMENT SOCIOÉCONOMIQUE

Le Laos dès 1976 a établi son plan quinquennal de développement socioéconomique 1976 - 2025. L'objectif est clair, l'édification du socialisme dans le pays tout entier, l'orientation politique : la reconstruction économique, les tâches fondamentales des 9 plans quinquennaux (1976-2025) passent par l'établissement des rapports socialistes de production dans le pays, par l'exportation de l'hydroélectricité, l'exploitation des ressources naturelles, le développement de l'agriculture, le déploiement de l'industrie manufacturière et le développement du secteur privé, et ce par le biais de l'État socialiste dirigé, contrôlé par le parti, « à tous les points de vue ». Le parti PPRL est donc l'axe autour duquel gravitent les organisations de masses, l'édification matérielle du socialisme, le renforcement de l'État.

Après la prise de pouvoir par le PPRL, l'économie et tout le système d'administration étaient en désarroi. Il a fallu quelques années pour que les dirigeants se rendent compte de l'inefficacité du système socialiste centralisé, puis prennent une nouvelle direction économique. Ce sera le début d'une politique d'ouverture qui permettra d'accroître quarante fois le PIB du Laos au cours des 45 années depuis l'instauration du nouveau régime socialiste et le plan quinquennal permettant la transformation et la modernisation de ce pays dans l'espoir de sortir de la catégorie de pays les moins avancés (PMA) en 2026[30].

2.1 Le plan quinquennal et les différentes étapes du plan de développement au Laos

Le Plan national quinquennal de développement économique et social (NSEDP) s'inscrit dans un tel schéma de développement, axé sur une nouvelle dynamique de transformation des structures économiques, démographiques et sociales, générant des effets multiplicateurs cumulatifs et durables sur l'amélioration de la croissance du revenu moyen par habitant et permettant de ce fait, la satisfaction des besoins fondamentaux, la réduction de la pauvreté, le renforcement des capacités humaines, la viabilité environnementale et l'équité sociale.

[30] Nouvelle échéance, la date a été repoussée deux fois par le Comité d'évaluation pour les PMA des Nations Unies.

Ce faisant, il tient compte des enseignements tirés de la mise en œuvre des référentiels antérieurs qui ont planifié le développement économique et social du pays, dans une optique d'interventionnisme étatique ou de libéralisme économique. Ainsi, les plans quinquennaux sont une série d'initiatives de développement économique. L'économie est définie par le PPRL à travers les sessions plénières du Comité central et de l'Assemblée nationale. Le parti joue un rôle majeur dans l'établissement des fondations et des principes idéologiques du Parti, en planifiant des stratégies pour le développement économique, en mettant en place des objectifs de croissance, et en lançant des reformes. La planification est la caractéristique clef des économies communistes centralisées, et un plan établi pour le pays tout entier contient normalement des consignes de développement économique détaillées pour le pays. A l'origine, les dirigeants lao ont adopté le plan d'inspiration du modèle économique soviétique qui est basé sur la propriété publique dans le secteur agricole et la planification économique centralisée.

Avec les plans 1976-1977, 1978-1981 (premier plan un an, puis plan à 3 ans), 1981-1986 (premier plan quinquennal de développement socio-économique), l'Etat a été positionné dans un rôle d'entrepreneur. A l'inverse, avec les 2e, 3e, 4e, 5e, 6e, 7e, 8e et 9e plans quinquennaux, le plan stratégique à dix ans et la Vison 2030, l'entreprise privée est considérée comme le moteur du développement.

Le premier plan 1976-1977 fut un plan annuel, il était suivi par le 2e plan intermédiaire de trois ans 1978-1981. L'approche soviétique du développement économique de ces deux premiers plans et du 3e plan 1981-1985 n'a pas donné des résultats probants. Le développement des coopératives de producteurs agricoles afin d'aider à la transformation socialiste de l'agriculture, de l'artisanat et de petites industries manufacturières n'a pas été conduit avec succès à cette période. La part dans le revenu national de la production conjointe des sociétés publiques et mixtes a chuté de plus de 50 % en 1978 et 30% en 1981, la monnaie s'effondrait de plus de 80%. La population s'est appauvrie et le pays vivait en autarcie et isolée. C'est à partir de 1981 que le PPRL a instauré son premier plan dit quinquennal (1981-1985). Le tableau 3 ci-dessous donne les étapes du plan de développement de 1976-2025.

Tableau 3 : Les étapes de l'orientation du plan quinquennal de développement socioéconomique

Système économique	Période	Type du Plan	Décisions politiques
Planification centralisée	1976-1977	Plan annuel	Collectivisation agricole sous forme de coopératives ; programme de subventions de l'État aux entreprises publiques
Planification centralisée	1978-1981	Plan à 3 ans	Abolition du programme de collectivisation ; introduction graduelle des réformes 1979
Planification centralisée	1981-1985	1e Plan quinquennal	Mis fin à la restriction du secteur privé et activités commerciales ; rationalisation des prix
Nouveau Mécanisme Economique (NME) : Vers la transition d'ouverture de marché	1986-1995	2e et 3e Plan quinquennal	Libération des prix ; sélection des entreprises à privatiser ; appui aux entreprises privées ; séparation de fonction de la banque centrale de fonction de la banque commerciale
	1996-2005	4e et 5e Plan quinquennal	Poursuite des réformes des entreprises publiques ; soutien actif aux micros et petites et moyennes entreprises ; intégration du Laos et son économie dans l'ASEAN et à l'international
	2006-2015	6e et 7e Plan quinquennal	Adhéré à l'ASEAN puis l'OMC. Location et concession des terres agricoles autorisées ; capitaux privés dans les secteurs d'énergie, mines et publics sont permis. Atteindre les objectifs OMD
	2016-2020	8e Plan quinquennal	Adhésion à une croissance de l'économie durable, verte et innovatrice ; baisse de la surexploitation des minerais ; priorité à l'énergie propre ; investissement de qualité ; début de la consolidation et modernisation fiscale, et réformes financières. Laos intègre dans l'AEC

	2021-2025	9e Plan quinquennal	Croissance durable et de qualité. Accroître des revenus d'État et meilleur contrôle de dépenses. Appuyer le développement des SEZ et SME. Poursuite les objectifs de ODD. Développer l'économie de l'axe du chemin de fer Nord –Sud et le corridor économique Est-Ouest.

2.2 Les objectifs du Plan national quinquennal de développement socioéconomique (NSEDP)

A chaque période successive du plan quinquennal, l'amélioration du secteur des infrastructures, l'augmentation des investissements étrangers, le développement agricole, la croissance du commerce extérieur, l'accroissement du nombre d'entreprises privées, les réformes du système bancaire et financier, ont contribué significativement au développement socioéconomique et à la réduction de la pauvreté au Laos.

Devant l'ampleur de la catastrophe économique, le Laos a entrepris quelques réformes économiques dès 1979. Cependant, elles ne sont systématisées et annoncées officiellement que sept ans plus tard, lors du 4e Congrès du PPRL en novembre 1986. En effet, devant l'échec de l'économie planifiée des années précédentes, un important processus de transition économique, baptisé le « *Chinthanankan Mai* » ou le Nouveau mécanisme économique (NME), fut mis en branle. C'était alors le 2e plan quinquennal de développement socioéconomique qui officialisait les réformes, le plan avait pour objectifs : « la libéralisation et la décentralisation économiques », et « la restructuration de l'appareil productif ». Ce sont ces changements que cette transition a apportés afin de paver la voie des réformes au Laos d'aujourd'hui.

A partir du 3e plan et les suivants, grâce aux engagements à fond dans la réforme sous l'égide du secrétaire général du parti, Kaysone Phomvihane, sur la construction du socialisme, le Laos a manifesté une vitalité et des changements de son histoire. Les forces productives de la nation ont connu un plus grand développement. Sur le plan politique, la situation a évolué dans le sens d'une stabilité et d'une unité plus grande.

Les 4e et 5e Congrès du Parti qui se tenaient d'abord en 1986 puis en 1991 confirmaient la poursuite de la voie pour bâtir « un socialisme à la laotienne », et fixaient l'objectif stratégique pour la modernisation du système économique et sortir de l'isolement du pays vers la fin des années 90. Le PPRL a ainsi tracé la voie qui doit conduire le peuple pluriethnique lao à l'orée du

XXIe siècle. Chaque période de l'évolution du développement dans le temps présente divers degrés de performance économique, comme décrit ci-après.

2.2.1 Développement économique et croissance forte et durable 2006-2020

Le Laos s'est engagé dans un double processus de transition et de développement, conséquence de la réforme, les résultats concrets ne s'étaient pas fait attendre à partir des années 1990. Le développement économique s'est rapidement accéléré à partir de 1997 après l'adhésion du Laos à l'ASEAN. Les années suivantes, les gouvernements successifs s'employaient à promouvoir le changement fondamental du système économique et du mode de croissance économique, à réaliser après les Congrès du Parti de 2001, 2006, 2011 et 2016 les plans quinquennaux de développement socioéconomique, notamment les Objectifs du Millenium de développement OMD, puis à atteindre les objectifs à long terme, de façon à poser une assise solide pour la réalisation essentielle de la modernisation de l'économie d'ici 2030, dont le plan stratégique de développement à dix ans et la Vision 2030 doivent guider les objectifs et les actions du gouvernement pour atteindre des 18 Objectifs du Développement durable (ODD).

Le 6e plan quinquennal (2006-2010) de développement socioéconomique a été adopté par le 8e Congrès du PPRL et validé par l'Assemblée nationale en avril 2006, il légitimait les fondements conceptuels du développement socialiste lao, il réaffirmait les orientations réformatrices et la politique d'ouverture du marché national aux investissements directs étrangers (IDE).

Le nouveau président de la République élu, Choummaly Sayasone, avec pour Premier ministre, Bouasone Bouphavan, soutenaient le développement des entreprises privées et stimulaient l'exploitation des ressources premières pour les exportations. Cette période est considérée par beaucoup d'experts comme l'âge d'or de l'économie du Laos. L'essor remarquable des IDE dopait l'économie nationale. Le Laos s'est engagé sur la voie d'un développement durable et tirait parti des opportunités offertes par les réformes réalisées jusqu'ici. En 1986, le gouvernement a déclaré une nouvelle politique économique pour transformer l'économie nationale de la dépendance au commerce des ressources naturelles et ouvrir le pays aux investissements et à la coopération étrangers. Depuis 2006, le gouvernement a fait explicitement référence à l'idée de « transformer la terre en capital[31] ». Les baux et concessions foncières sont devenus une stratégie gouvernementale importante pour créer une économie de marché et stimuler la croissance économique.

[31] L'idée était : «turning land into capital » mise en avance par les autorités lao.

Mais l'expansion des concessions foncières à grande échelle a entraîné aussi de lourds coûts sociaux et environnementaux, notamment la perte de terres et de moyens de subsistance.

Les performances macroéconomiques montraient bien l'engagement du Laos sur la voie d'un remarquable rattrapage : rattrapage du retard accumulé lors des décennies précédentes marquées par une succession de guerres destructrices (coloniale, révolutionnaire et libération) et par des choix économiques non adaptés au tout début du nouveau régime. Les principaux objectifs économiques du 6e plan quinquennal mettaient l'accent sur : l'amélioration de la balance des paiements en réduisant les importations non agricoles et en augmentant les exportations ; le renforcement du système de transport routiers et de télécommunications ; le rôle moteur exercé par l'entreprise privée ; la progression de l'industrie du tourisme ; le développement des activités de transformation des productions agricoles et forestières ; l'autosuffisance alimentaire. La croissance annuelle est restée forte en moyenne de 7,9% pendant la durée du plan, comparé au taux annuel moyen de 6,3% du 5e plan quinquennal. Le PIB/habitant a connu une hausse significative, il passait de 1 105 dollars en 2010 à 1 857 en 2015[32]. Cette croissance rigoureuse est soutenue par un commerce extérieur dynamique et favorisé par l'afflux d'IDE résultant de la mise en œuvre d'importants projets d'infrastructures et d'exploitation des richesses naturelles du pays. La communauté des affaires internationales et les institutions financières comme l'IFC[33] ont reconnu que l'environnement commercial et la pratique des affaires se sont améliorés au Laos.

Le 7e plan quinquennal (2011-2015) adopté par la 7e législature de l'Assemblée nationale en 2011, confirma le choix d'une économie ouverte et intégrée dans l'ASEAN et dans le monde. Le président Choummaly Sayasone a été reconduit Président de l'État du Laos et le nouveau Premier ministre Thongsing Thammavong misaient sur le positionnement stratégique et les ressources naturelles que le Laos négociait en octroyant des concessions sur les mines, les terres et les ressources hydriques. Dès lors, l'État et le gouvernement soutenaient le renforcement et la modernisation des lois pour être en ligne avec la politique de l'ouverture à l'international du pays et appuyaient le développement des entreprises nationales, en particulier les petites et moyennes entreprises (SME). Le gouvernement se proposait d'inclure l'industrie manufacturière comme levier de croissance en se focalisant vigoureusement sur un accroissement de la capacité de production du pays, la transformation de l'économie de subsistance en une économie

---

[32] Lao National Statistics Bureau, 7th NSEDP, MOF.

[33] International Financial Corporation, créée en 1956, membre du Groupe de la Banque mondiale, IFC est la plus importante institution mondiale d'aide au développement dont les activités concernent exclusivement le secteur privé.

commerciale et la mise en place d'une économie axée sur le marché conformément aux objectifs du plan quinquennal. Le plan tablait sur la continuité et la stabilité de la croissance économique et se concentrait sur la prise en charge du problème de pauvreté via des mesures favorisant la production de matières premières et le développement rural. Pour ce faire, l'application de la stratégie politique des « Trois créations ou Sam Sang » du parti est diffusée largement afin de renforcer les activités de production locale.

Le gouvernement visait d'autre part à promouvoir la modernisation de son industrie en misant sur le secteur privé et les IDE. Au cours du 7e plan, l'investissement atteignait le niveau de 32% du PIB, l'investissement étranger privé contribuait à hauteur de 56% de tous les investissements du secteur privé. Pendant la période considérée, le gouvernement a réussi à porter l'investissement direct étranger à 1,7 milliard de dollars.

Dans ce contexte, les stratégies de développement du gouvernement, en ligne avec les Objectifs OMD initiés par l'ONU étaient les suivants : poursuite des réformes favorables à la croissance, dans la lignée de celles prises au début de 1986 ; intensification des exploitations hydroélectriques et minières ; amélioration de la productivité agricole ; renforcement des ressources humaines et des compétences locales ; poursuite et développement des travaux d'infrastructures pour désenclaver le Laos en coopérant avec le programme de la Sous-Région du grand Mékong (GMS) de l'ADB ; engagement de l'insertion du Laos dans la Communauté économique de l'ASEAN (AEC) ; poursuite de la lutte contre la pauvreté ; coopération active avec les pays donateurs et les partenaires de développement. La croissance du PIB pendant la période considérée était de 7,8 % l'an, le PIB/habitant en 2015 atteignait 1 857 dollars. Cette croissance dynamique était essentiellement tirée par les investissements publics et les IDE, en particulier des investissements massifs chinois dans la construction des centrales hydroélectriques, les travaux d'infrastructure, et l'agriculture. On retient que le PIB en 2015 s'élevait à 14,8 milliards de dollars, son PIB/habitant nominal avait connu une hausse significative, 1 105 dollars en 2010, il atteignait 1 857 dollars en 2015. Le Laos a également atteint la quasi-totalité des objectifs du millénaire pour le développement (OMD) en 2015, à l'exception de quelques objectifs comme la lutte contre la faim, la malnutrition et la mortalité enfantine qui seront poursuivis dans le 8e plan. En dépit de la forte implication des IDE au cours du 7e plan et la participation du secteur privé dans l'économie, le rôle de l'État ne disparaissait pas pour autant puisqu'il gardait le contrôle sur les investissements et est resté maître de la définition des politiques publiques qu'il entendait mener.

Le 8e plan quinquennal 2016-2020 et le plan de développement stratégique à dix ans à l'horizon 2025 et le plan Vision 2030 sont conçus en tenant compte de l'évolution des environnements socioéconomiques nationaux et mondiaux. Ces plans ont été adoptés par l'Assemblée nationale le 22 avril 2016, ils appuyaient la vision du gouvernement de faire du Laos un pays prospère, d'offrir un meilleur système de santé à la population, de la mettre à l'abri de l'insécurité alimentaire, de la malnutrition, et de lutter contre la pauvreté et de réduire l'inégalité. Ils visaient également à devenir un guide de politique de développement à long terme formulé par le gouvernement. La Vision 2030 a fourni des orientations détaillées pour le 8e plan quinquennal et au-delà. En termes de revenus, le plan à dix ans de la stratégie de développement visait à doubler le revenu national brut par habitant du Laos et la Vision 2030 ambitionnait de quadrupler le PIB par habitant d'ici 2030 ; à moderniser l'économie et renforcer le tissu industriel ; à maintenir la stabilité politique et la paix sociale ; à poursuivre la réduction de la pauvreté ; à consolider la coopération régionale et internationale ; et à préserver les ressources naturelles. En outre, l'ensemble de ces plans avaient pour objectifs d'assurer la compétitivité des entreprises ; de réaliser la connectivité avec les pays de la GMS et l'intégration avec les économies régionales et globales ; de développer et de renforcer le secteur privé ; et enfin de poursuivre les 18 Objectifs de développement durable (ODD) d'ici 2030. Ces plans à moyen et long terme dépendaient fortement de l'aide internationale, des investissements étrangers, des échanges avec l'ASEAN +3, ce qui démontrait la fragilité de l'économie du Laos. Il est intéressant de noter que lors du 10e Congrès du Parti en 2016, la durabilité a été utilisée dans le slogan du parti comme « pour renforcer les capacités et le rôle de leadership du parti, accroître l'unité du peuple, adhérer aux nouvelles orientations de développement et initier les principes de changement nécessaires pour développer durablement le pays tout en continuant de tendre vers l'utopie socialiste[34] ». Or, le 10e Congrès du parti a non seulement révélé la transition des dirigeants de la première génération à leurs descendants, mais aussi la nouvelle direction de dirigeants face aux objectifs ODD. Les ODD définis dans le cadre des Nations Unies et inscrits dans le 8e plan quinquennal étaient compatibles avec le principe du développement durable sur lequel le parti s'est donné en matière de croissance économique inclusive, de durabilité environnementale et d'inclusion sociale.

D'autre part, le parti a défini les quatre piliers en tant que normes de développement pour le pays, qui comprennent le développement économique, la durabilité de l'environnement (ou développement de la croissance verte), l'inclusion sociale et, le plus important pour le parti, la sécurité. Selon le PPRL, ces quatre piliers devaient être articulés avec les ODD. Le 8e plan quinquennal a souligné qu'à travers le pilier de la sécurité, « la stabilité politique, la paix et l'ordre social, la justice et la transparence sont maintenues ». De plus, la Vision 2030 assurait que le pilier de sécurité était nécessaire « pour défendre l'ordre social, le développement politique et l'état

[34] Pak Pasason Pativad Lao, 2016, p. VI

de droit » et pour élargir le champ de responsabilité des administrations locales, en particulier à travers les directives « Sam Sang ou Trois Constructions ».

Plus précisément, le 8e plan avait pour objectifs d'augmenter la productivité des entreprises nationales ; capitaliser le retour d'expérience acquise en termes de connaissances auprès des entreprises étrangères ; renforcer l'avantage comparatif ; améliorer la compétitivité des entreprises lao en faisant appel à la nouvelle technologie et l'économie digitale ; préparer les entreprises lao à entrer sur les marchés de l'ASEAN. Le plan a proposé des réformes qui soutenaient une croissance plus verte et plus inclusive, et reconnaissait ainsi les limites d'un modèle de croissance reposant sur les ressources naturelles et exerçait une pression croissante sur l'environnement. Le programme de croissance verte visait à améliorer les moyens de subsistance locaux en diversifiant les sources de revenus et en encourageant le secteur privé à stimuler le développement du marché, par exemple par la gestion durable des forêts et le tourisme axé sur la nature. Les objectifs visaient à obtenir les effets stratégiques suivants : assurer une croissance continue de 7% par an ; soutenir et harmoniser le développement durable ; développer le capital humain ; accroître le niveau de vie de la population. Pour y parvenir, le gouvernement tablait sur la tendance haussière de la dynamique économique régionale avec un objectif de croissance pour le Laos entre 7 et 7,5% sur la période considérée ; ce qui devait permettre le pays d'atteindre un PIB par habitant de 3 190 dollars initialement prévu pour 2020 (prévision était faite avant la pandémie du Covid-19), c'était la condition pour que le Laos puisse sortir de la catégorie de pays les moins avancés (PMA) à cette date, mais cet agenda est désormais reporté à 2024 puis en 2026. La poursuite de la diversification de l'économie a constitué la partie fondamentale de ce plan. Globalement, ces objectifs ont transformé l'économie du Laos, ils nécessitaient d'énormes investissements publics et privés, une politique industrielle bien coordonnée et connectée entre l'agriculture, les services, l'éducation et la technologie, ainsi qu'une plus grande intégration du Laos dans la région et dans l'économie mondiale. L'État a par ailleurs au cours du 8e plan renforcé des moyens pour accélérer la construction des infrastructures et soutenir le développement des SME.

Ainsi, les actions politiques initiées par l'État et le gouvernement depuis les réformes ont permis d'accomplir des mutations qui ont accompagné le Laos vers l'économe de marché en rupture avec une économie planifiée centralisée. Les réformes ont eu un fort impact sur l'arbitrage politique, la libération des prix, la privatisation des entreprises publiques, la gestion des finances publiques, la restructuration des banques publiques, et l'attribution des titres de propriété, tout comme la diversification de l'économie ou l'impulsion donnée au secteur privé grâce aux lois plus attractives pour les investissements étrangers et nationaux, d'une part, et à un programme de protection sociale pour améliorer les conditions de vie de la population, ainsi que la lutte contre la pauvreté, d'autre part. Il s'agit de construire une économie de marché socialiste où cohabitent les entreprises publiques et privées en attribuant un rôle important au marché pour guider l'allocation des ressources tout en préservant un pouvoir régulateur significatif pour l'État. Au Laos toutefois, réformes économiques ne riment pas avec réformes politiques.

Plus précisément le 8e plan quinquennal de développement socio-économique national (2016-2020) est un moyen de mettre en œuvre les résolutions du 10e Congrès du Parti qui met également l'accent sur les objectifs de la mise en œuvre du plan précédent qui doivent être perpétués. Le plan reflète également la stratégie de développement pour devenir un pays à revenu intermédiaire de la tranche supérieure en 2030. Par conséquent, le 8e NSEDP est un important outil central pour assurer le développement des nouvelles orientations du Parti. En tant qu'une partie composante du plan économique d'État, le « plan quinquennal » est destiné principalement à planifier la construction d'importants projets, la distribution des forces productives et les importants rapports entre les divers secteurs économiques, et à déterminer les objectifs du développement socioéconomique à long terme. Depuis 1981, le premier plan quinquennal devient une caractéristique majeure du système lao de gouvernance, année qui a suivi la période de relèvement de l'économie planifiée ; par la suite, le Laos a élaboré et exécuté sept autres plans quinquennaux. Grâce à la mise en œuvre des plans quinquennaux, les tâches de la transformation de l'agriculture, de l'artisanat individuels, de l'industrie manufacturière, et du commerce privé, ont été accomplies pour l'essentiel. Les travaux de construction ont été aussi menés à bonne fin à la fin de 2020. L'aide des organisations internationales et des partenaires de développement au Laos ont contribué à la réussite des réformes et à la croissance de son économie. Le Laos a pu ainsi jeter les premières bases de sa réforme financière, économique et industrielle et établir pour l'essentiel les rapports de production et de l'ouverture de son marché.

Le 22 mars 2021, marque la fin du 8e plan quinquennal. Dès lors, le Laos commence à exécuter son 9e plan quinquennal de développement socio-économique, formulé lors du 11e Congrès national du PPRL et après avoir été adopté par la nouvelle Assemblée nationale de la 9e législature. Le 9e plan quinquennal de développement poursuit les Objectifs ODD qui n'ont pas été réalisés au cours du plan précédent, les grands contours du nouveau plan quinquennal est exposé ci-après.

2.3 Le 9e plan quinquennal de développement socioéconomique 2021-2025 s'inscrit dans un contexte de crise sanitaire et économique inédit

L'année 2021 marque le début du 9e plan quinquennal au Laos et aussi par une année morose pour l'économie laotienne. La gravité de la pandémie du coronavirus a poussé les gouvernements de plus de 200 pays à travers le monde à prendre des mesures préventives drastiques, au détriment de leurs économies. Le Laos a été moins touché à ce jour par la pandémie (60 cas détectés à fin avril 2021 mais aucun décès), comparé à l'Italie, l'Espagne, les États-Unis, la France et la Chine, qui ont eu à déplorer le plus de victimes. On ne peut que se féliciter de la stratégie adoptée pour lutter contre cette pandémie du gouvernement lao. Toutefois, la crise du Covid-19 a stoppé net un rattrapage économique qui durait depuis des décennies.

Résultante de la crise, le pays a connu en 2020 une croissance économique de 3,3% la plus faible depuis 1986. L'aggravation du déficit budgétaire s'explique principalement par l'augmentation des dépenses sociales et économiques liées au Covid-19 et la baisse des recettes fiscales, en particulier de l'impôt sur les sociétés, par conséquent, la dette de l'administration centrale culminée a atteint un niveau élevé en 2020. L'investissement, quant à lui, a subit un repli de 18% par rapport à 2019. Un net ralentissement des exportations, des recettes touristiques ont chutées, et des envois de fonds des travailleurs lao à l'étranger sont arrêtés, la pandémie perturbe l'ensemble des activités. L'incertitude globale sur le marché du travail a conduit à la perte d'emplois et de revenus pour les travailleurs et en particulier celui du secteur textile est durement touché, sans savoir à quel moment ils pourraient être rétablis.

Par conséquent, dès le mois de mai 2020, le ministère de la Planification et de l'investissement, au nom du gouvernement lao, a demandé le soutien de l'ONU en collaboration avec divers partenaires pour identifier les changements potentiels de politique nécessaires pour les prochaines 5 années. Un groupe de travail multipartite a été créé pour soutenir le processus, composé de ministères concernés, des agences des Nations Unies, des groupes de réflexion, des partenaires de développement et du secteur privé. Le groupe de travail a conduit une série de dialogues ciblés sur des thèmes prioritaires, notamment sur : 1) le financement du développement durable ; 2) le commerce, le secteur privé, les chaînes de valeur et le tourisme ; 3) le développement des compétences et de l'emploi durable ; 4) le capital humain ; et 5) la croissance verte, la résilience et la gestion des risques de catastrophes naturelles.

Si la pandémie qui continue de se propager dans le monde en ce début 2021, les systèmes de santé, de la logistique, et de la finance du Laos ne pourraient pas supporter dans la durée cette situation de crise, et de surcroît la plus grande importance des secteurs seraient durement touchés comme le tourisme, l'agriculture, le textile, et donc la dépendance plus élevée aux financements extérieurs, y compris les transferts d'argent envoyés par les migrants lao. Contrairement aux pays développés qui peuvent s'endetter sans craindre un défaut de paiement, la marge de manœuvre du Laos est limitée. Ce pays doit gérer cette crise avec moins de ressources et des contraintes comme l'alourdissement de sa dette ou des coûts d'emprunts élevés.

La pandémie du Covid-19 a déjà imposé un choc majeur au Laos et à ses voisins, avec des effets susceptibles de se faire sentir dans les années à venir. En réponse aux défis, le gouvernement lao en collaboration avec ses partenaires de développement ont travaillé pour réévaluer l'évolution de la situation afin de proposer des ajustements appropriés à la préparation du 9e plan national de développement socioéconomique (NSEDP), afin de garantir que les priorités de développement restent pertinentes et axées sur les besoins, et que les objectifs restent réalisables[35]. Cette préparation a aidé également à évaluer les implications pour la mise en œuvre du Programme de développement durable à l'horizon 2030 dans le pays.

Le contexte qu'aborde en début du 9e plan est donc plus que dans l'incertitude malgré l'optimisme que suscite l'arrivée de vaccins dans le monde. Certains secteurs ont montré des signes précoces de vulnérabilité tels que le tourisme, les transports et la logistique dans les chaînes d'approvisionnement, mais aussi – et plus difficile à mesurer – le secteur informel transversal pour le Laos. D'autre part, la situation régionale et internationale devient en début de 2021, complexe, mouvante et inattendue ; la crise provoquée par le Covid-19 a bouleversé divers domaines, notamment l'économie, la société et l'administration publique et la gouvernance, les compétitions féroces les guerres commerciales dans le monde, et la tension politique entre les Etats Unis et la Chine. Cependant, la quatrième révolution industrielle créera des percées dans tous les domaines et générera à la fois des opportunités et des défis pour tous les pays. Pendant ce temps, en Asie du Sud-Est, les conflits de sécurité et de souveraineté en mer de Chine méridionale continueraient à se développer de manière compliquée.

Les perspectives d'impact restent étroitement liées à la nature en évolution rapide de la pandémie aux réponses des décideurs et à l'économie mondiale. Le gouvernement lao s'efforce de trouver le bon équilibre entre son action pour éviter les effets sociaux et économiques de la pandémie tout en veillant à ce que l'économie soit prête à se remettre rapidement après la fin de la crise sanitaire. L'après Covid-19 restera de toute façon une période difficile pour restaurer le dynamisme de l'économie du Laos. Toutefois, la crise sanitaire rapproche les Lao de leur rapport avec la société et des valeurs traditionnelles, la population tourne plus vers l'agriculture biologique, les alimentations de produits locaux et un mode de vie moins ostentatoire.

[35] High-level talks review priorities of 9th NSEDP, Vientiane Times, 14/12/2020.

Le FMI qualifie la reprise de l'économie mondiale de « longue et difficile ascension ». Malgré l'aide révisée en hausse de l'ODA et l'engagement des partenaires de développement suite aux réunions du processus de la Table ronde (RTP) dans la préparation du 9e plan, et le plan de soutien du gouvernement, l'économie ne dépasserait pas 4,5% en 2021, selon la Banque mondiale.

Ainsi, l'élaboration du 9e NSEDP dans ce contexte complexe vise à optimiser les avantages concurrentiels en tant que pierre angulaire pour le développement socio-économique, la sortie du Laos de son statut des PMA, la poursuite et la mise en œuvre des 18 Objectifs ODD, la Vision 2030, la stratégie à dix ans 2021-2030 et le plan cinq ans de développement de l'économie digitale 2021-2025 avec une croissance de qualité, durable, inclusive et verte. Sur la période 2021-2025, l'économie lao devra se confronter à de nombreux problèmes sociaux et environnementaux, comme les écarts entre riches et pauvres, les catastrophes naturelles[36], l'épidémie, le changement climatique, l'emploi des jeunes, les ressources humaines, etc. Par conséquent, l'économie nationale devra faire face encore à de nombreuses difficultés et risques, impactée par la pandémie du Covid-19. Dès lors, la tâche du 9e plan quinquennal reste très lourde, c'est dans ce contexte maussade qui va durablement peser sur l'économie que le 11e Congrès national du PPRL a adopté des principaux objectifs et éléments stratégiques du 9e plan (NESPD) présentait par le Premier ministre sortant, Thongloun Sisoulith, au Congrès du parti, une boussole qui permet de tracer les futurs axes de développement du pays, et les grandes orientations économiques et politiques qui en découlent. Le Premier ministre a exposé les six objectifs du volet économique dans son discours inaugural, suivants[37] :

Encadré 3 : Les six objectifs du plan 2021-2025

1. Maintenir une croissance économique régulière en termes de qualité, stabilité et durabilité ;
2. Intensifier la formation pour garantir que les personnes soient mieux qualifiées pour répondre aux exigences du développement économique et du marché du travail, capables de mener des recherches et sachent comment utiliser la science et la technologie pour ajouter de la valeur aux biens et services ;
3. Améliorer les conditions de vie de la population et veiller sur l'équilibre environnemental ;
4. Réduire des risques de catastrophes naturelles ;
5. Renforcer les infrastructures et utiliser efficacement le potentiel, les opportunités et la situation géographique du Laos, ainsi que participer à la coopération et à l'intégration régionale et internationale ;

---

[36] Ministry mainstreaming disaster risk reduction into socio-economic development plan, Vientiane Times, 13/08/2020.

[37] Six major socio-economic development targets discussed at XI Party Congress, Vientiane Times, 14/01/2021.

6. Améliorer l'efficacité du fonctionnement général des services de l'État et la gestion administrative, afin que l'égalité, la justice et l'ordre règnent dans la société et que les personnes soient protégées par l'application des lois.

Le plan insiste sur l'améliorer du niveau de l'éducation, la formation des enseignants, la capacité de recherche et l'utilisation de la technologie et de la science, la promotion d'e-commerce, afin de stimuler la productivité et de produire plus de biens à valeur ajoutée. Un plan de contrôle des ouvrages de barrages est renforcé et une inspection technique sera faite tous les cinq ans. Le gouvernent prône d'autre part pour l'augmentation et l'efficacité de l'administration publique grâce à l'état de droit et à l'unité nationale.

Alors que les objectifs et les tâches définis dans le 8e plan quinquennal sont sur le point d'être accomplis, le gouvernement propose à présent un plan réaliste et atteignable pour les cinq prochaines années et au-delà pour construire un pays plus ouvert et plus moderne, il a réduit ainsi son objectif de croissance dans le nouveau plan en raison de la pandémie du Covid-19. Au cours de cette nouvelle période, le Laos accélérera la promotion d'un nouveau modèle de développement où son économie sera plus diversifiée avec pour ambition de réaliser un développement économique durable et sain sur la base d'une amélioration de la qualité et de l'efficacité. Le Laos s'efforcera aussi de faire de nouveaux progrès dans le développement économique, le développement des ressources humaines[38]. Le premier ministre a d'autre part indiqué que les réformes du secteur financier continuera de se concentrer pour rendre plus efficace la collecte des revenus et améliorer la gestion des finances publiques et garantir une meilleur dépense, pour ce faire il est nécessaire de créer une législation pour garantir la viabilité financière. Le premier ministre sortant du 10e congrès national du parti a recommandé au nouveau gouvernement d'encourager les investisseurs étrangers et nationaux à entreprendre des grands projets. Le 9e plan met l'accent sur l'utilisation des technologies modernes pour garantir l'efficacité du recouvrement des revenus et des dépenses via le système électronique bancaire. Le gouvernement promeut également l'utilisation digitale dans l'ensemble des administrations publiques centrales et locales ainsi que dans le secteur privé. Le développement de l'économie digitale devient une priorité nationale.

Au-delà de cette feuille de route quinquennale, le 9e plan table sur une croissance du PIB national de 4% par an sous réserve de la reprise économique mondiale post-pandémique, une inflation annuelle ne dépassant pas 6%, et un déficit fiscal de 2% du PIB au cours du plan quinquennal. Le gouvernement vise sur un PIB de 1 057 689 milliards de kips en cinq ans avec un objectif de revenu par habitant moyen de 2 887 de dollars par an en 2025 et développe les secteurs économiques et sociaux de façon à sortir le pays de son statut

[38] Lao gov't drafts 9th 5-year socio-economic development plan, Xinhua, 14/02/2020.

actuel des PMA. D'autre part, les objectifs et les chiffres sectoriels seront réajustés et actualisés en même temps que le plan de développement socioéconomique pour la période 2021-2025. Le gouvernement fixe également un objectif de croissance annuelle moyenne dans le secteur agricole à 2,5% du PIB, pour le secteur industriel à 4,1% et le secteur des services à 6%. Jusqu'en 2025, le secteur agricole et forestier contribuera pour 15,3% du PIB, le secteur de l'industrie 33,3% et le secteur des services 41,3% du PIB. L'objectif de la collecte des revenus d'Etat sera au minimum 169 000 milliards de kips, soit 15,3% du PIB, avec des dépenses plafonnées à 109 000 milliards de kips, soit à 17,2%, y compris les frais administratifs normaux de 130 000 milliards de kips et 60 000 milliards de kips pour les investissements en coentreprises.

D'autre part, la fluctuation du taux de change sera dans la limite de plus ou moins 5%[39]. Le gouvernement va s'assurer que les réserves de devises étrangères seront suffisantes pour couvrir 3 mois d'importation et maintenir la circulation de la monnaie ne dépassant pas 20% par an. Quant aux investissements pour soutenir tous les besoins de développement du pays, le gouvernement s'attend à un investissement total de 206 811 milliards de kips, ils seront obtenus à partir de diverses sources, ils comptent pour 19,6% du PIB. Sur ce chiffre, l'investissement de sources budgétaires représente 10 à 11%, et 11,7% viendront de l'aide publique au développement ODA, 48% viendront d'investissement direct étranger, et 28% des autres sources de financement[40]. De plus, le plan ambitionne de réaliser les éléments essentiels et stratégiques qui sont [41] :

- améliorer l'institution d'économie de marché à orientation socialiste, en promouvant une croissance rapide et durable sur la base du maintien de la stabilité macroéconomique et de la maîtrise de l'inflation ;
- promouvoir la restructuration de l'économie associée au renouvellement du modèle de croissance ;
- assurer une croissance de qualité et une stabilité macroéconomique ;
- améliorer la productivité, la qualité, l'efficacité, la compétitivité, la résilience de l'économie nationale ;
- développer l'économie le long du corridor économique Laos-Chine et les corridors économiques Est-Ouest et Nord-Sud, accroître le potentiel du port sec de Savan-Seno ;
- poursuivre et renforcer la connectivité dans le cadre de l'ASEAN ;

39 Government rolls out plans to reform finance sector over five years, Vientiane Times, 15/01/2021.

40 Six major socio-economic development targets discussed at XI Party Congress, Vientiane Times, 14/01/2021.

41 Government pledges to fulfil economic goals in next five years 2021-2020, Vientiane Times, 09/12/2020.

- utiliser le potentiel du Laos et son emplacement stratégique pour un engagement actif dans la coopération et l'intégration régionale et internationale ;
- promouvoir le développement d'une économie numérique ;
- éliminer davantage de barrières commerciales et améliorer l'environnement des affaires ;
- encourager l'esprit d'entreprenariat et la créativité ;
- attirer et faciliter les investissements directs étrangers ;
- rétablir la production et la croissance économique après les catastrophes naturelles et la crise sanitaire ;
- élargir les marchés d'exportation en soutenant les SME ;
- diversifier son économie et développer le secteur de l'énergie renouvelable : solaire, biomasse, éolienne ;
- promouvoir l'écotourisme et l'agrotourisme.

Le 9e plan vise également à promouvoir le développement des zones économiques spéciales et spécifiques, des modèles économiques verts, et à développer l'économie numérique et l'e-gouvernement. Le e-commerce, et plus largement l'application du digital est une des solutions pour affronter cet avenir compliqué et suscite déjà des vocations parmi les autoentrepreneurs et les startups. En outre, le plan a pris en compte la proposition de l'AN de la 8e législative pour renforcer la gestion de réduction des risques de catastrophes naturelles et le contrôle des risques techniques pouvant survenir sur les barrages.

Parallèlement, le plan quinquennal met l'accent sur la construction des infrastructures synchrones telle que les transports, les ports secs, les logistiques, les technologies de l'information et de la communication, les villes intelligentes (smart city), vertes et respectueuses de l'environnement ; la stratégie nationale de développement de réduction de la pauvreté ; le plan national cible la productivité de l'agriculture ; le développement de l'économie collective, de l'économie privée et du développement de nouveaux modèles économiques avec l'application de la technologie numérique.

D'autre part, le plan de développement régional pour les cinq prochaines années du gouvernement repose sur des spécificités déterminées pour chaune des trois régions, à savoir :

- Le tourisme impliquant la conservation de la nature et la biodiversité sera le principal axe de développement dans le nord du Laos, avec une priorité sur l'agriculture propre et la transformation des produits de la ferme. Selon le projet le 9e plan de développement, la transformation du maïs doux, du caoutchouc, des aliments pour animaux et du sésame sera encouragée dans le nord du pays. Le nord a également été désigné comme le centre pour la transformation du fer, du cuivre, de l'étain, de la pierre, du zinc et du minerai d'aluminium. Le gouvernement va également supporter le développement du tissage, de l'utilisation de teintures naturelles, de sculpture sur bois, de la fabrication de bijoux et de souvenirs, de la céramique traditionnelle, de l'alimentation, et la transformation des aliments et boissons gazeuses ainsi que la production de l'artisanat pour le tourisme dans le nord.

- Dans la région centrale, l'accent sera mis sur les services, la transformation des aliments et boissons, la production d'électricité et les composants électroniques, les machines et les véhicules, la transformation du bois et la fabrication de matériaux construction.
- Au sud, l'agriculture et la transformation associée aux industries du café, du bois, du caoutchouc, des plantes à base de l'huile de cuisson, du thé et des médicaments traditionnels à base de plantes sont prioritaires pour le développement, avec la nourriture et la production de boissons gazeuses, la fabrication des matériaux de construction ainsi que la transformation du minerai d'aluminium. Comme dans le reste du pays, le tissage, l'utilisation de colorants naturels, la sculpture sur bois, la production de bijoux et souvenirs, les céramiques et l'alimentation traditionnelle sont inclus dans le plan de développement pour le sud.

Le gouvernement définit les objectifs pour le développement régional dans son plan de développement à cinq ans, cependant les efforts de déploiement dans les provinces du nord et du centre devraient avoir comme objectif de maximiser les bénéfices et les opportunités fournies par la ligne ferroviaire Laos-Chine, les zones économiques spéciale, le commerce transfrontalier et dans le cadre de coopération. Ainsi, les zones et les parcs industriels sont prévus pour Luang Namtha, Oudomxay et autres provinces du nord suivant leur potentiel et leur attractivité. Parallèlement, les zones et les parcs industriels seront emménagés dans la province de Champassak dans le district de Phonthong et dans la zone du triangle d'émeraude de la province d'Attapeu[42].

Ainsi, tous les objectifs de développement régional constituent l'une des principales priorités que le gouvernement entend bien réaliser pour les cinq prochaines années. Le plan de développement global vise à renforcer les infrastructures et à capitaliser sur les opportunités et les emplacements avantageux pour permettre la participation plus active de la région et une coopération et intégration globale.

En outre, le gouvernement prône l'amélioration de la qualité et de l'utilisation des ressources humaines associées à l'innovation, au développement de la science et de la technologie ; la formation des ressources humaines qualifiées pour répondre aux exigences de la demande de compétences dans

---

[42] Sethakit, 9e Plan de développement régional du gouvernement, 22/01/2021.

le cadre de l'AEC ; et la formation et le transfert de savoir-faire des entreprises étrangères au personnel lao. Par ailleurs, la notion de l'économie circulaire a été intégrée dans la nouvelle stratégie de développement national du 9e plan, l'objectif est de mettre en œuvre l'économie circulaire pour réduire des émissions de gaz à effet de serre pour l'avenir du Laos[43]. L'économie circulaire consiste à produire des biens et des services de manière durable en limitant la consommation et le gaspillage des ressources et la production des déchets, elle fait partie des objectifs de l'accord de Paris sur la réduction du gaz carbonique et que le Laos a pleinement adhéré. Le gouvernement lao s'engage également à gérer efficacement la dette publique tout en assurant un contrôle sur des dépenses en matière de projets d'investissement de l'Etat par l'Assemblée nationale. De plus, pour inciter davantage d'investisseurs domestiques et étrangers, un guichet unique de services est mis en place pour faciliter les procédures administratives et l'enregistrement des entreprises. En outre, la gestion des zones économiques spéciales sera renforcée pour assurer que le processus d'investissement soit assuré par un seul guichet de services dans les zones afin d'attirer le secteur privé[44].

[43] Government's new development plan targets improvements in education, Vientiane Times, 19/01/2021.

[44] MPI to boost quality and efficiency in planning and investment sector, Vientiane Times, 08/12/2020.

Chapitre 3

GOUVERNANCE POLITIQUE

On retient ici la définition du concept de la gouvernance comme l'exercice de l'autorité politique économique et administrative dans le cadre de la gestion des affaires d'un pays à tous les niveaux donné par le Programme de développement des Nations Unies (UNPD). Ce chapitre passe en revue le système institutionnel, le rôle renforcé de l'Assemblée nationale et le régime politique du Laos, en matière de gouvernance, afin d'apprécier l'efficacité avec laquelle les institutions politiques soutiennent le développement du pays. Il examine les attentes de la population et des entreprises ainsi que les difficultés rencontrées actuellement pour les satisfaire et mettre en exergue des initiatives susceptibles de montrer la voie.

Trois grandes interrogations sont au cœur de cet ouvrage : que savons-nous les attentes des citoyens et des entreprises sur le plan de la gouvernance économique et politique ? Les institutions politiques parviennent-elles à satisfaire ou non ces réclamations ? Quelles sont les initiatives en matière de politiques publiques susceptibles de produire des résultats satisfaisants au Laos ? On s'accorde de plus en plus à croire au Laos qu'une meilleure gouvernance est essentielle pour promouvoir la croissance et le développement et pour ce qui est de permettre au pays de réaliser les Objectifs du Millénaire pour le développement (OMD) et les Objectifs de développement durable (ODD ou SDG[45]).

La gouvernance est particulièrement pertinente dans le contexte du plan quinquennal. Le plan exige implicitement un modèle plus stratégique, autonome et durable pour le développement du Laos. Plus explicitement, le 8e plan reconnaît l'importance du résultat dédié aux domaines liés à la gouvernance. Le cadre général de la réforme de la gouvernance est défini dans le projet de plan stratégique lao sur la gouvernance, qui met l'accent sur l'engagement du gouvernement à bâtir « *une fonction publique efficace, efficiente, bien formée, honnête et éthique* ». Le cadre gouvernemental identifie quatre grands thèmes de gouvernance : l'amélioration de la fonction publique, la participation de la population, l'état de droit et une saine gestion financière. Et plus récemment la décentralisation véritable de son administration. Chacun de ces domaines joue un rôle essentiel pour assurer le développement équilibré et durable de la société et de l'administration lao. Cependant, le développement récent le plus significatif est contenu dans une déclaration de politique du Congrès du Parti en 2011

[45] L'acronyme en anglais utilisé dans les documents des Nations Unies pour : Sustainable Development Goals (SDG).

qui soulignait la nécessité de renforcer l'administration locale comme moyen d'assurer une meilleure prestation de services aux citoyens locaux.

Le diagramme ci-dessous du rapport de Bertelsmann Transformation Index (BTI), donne un aperçu intéressant des évaluations[46] sur un ensemble de 16 données de l'état de développement et de gouvernance du processus de transformation politique et économique du Laos, des mesures d'évaluation allant de 0 à 1. Ainsi, on voit que l'État est fort, évalué à 8,3 tandis que la participation politique est évaluée à 1, considérée comme faible. Par ailleurs, ces évaluations corroborent l'analyse de la Banque mondiale et de l'OCDE.

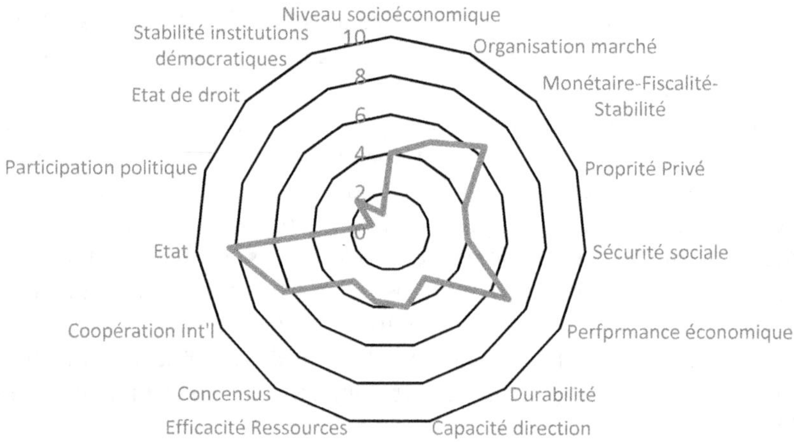

Source: BTI 2020 Laos Country Report

3.1 Le système institutionnel du Laos

Le Laos a adopté sa première Constitution le 14 août 1991, elle a été amendée une première fois le 28 mai 2003 et révisée une deuxième fois en 2015, pour tenir compte de l'évolution économique et de l'environnement politique, elle donne au pays une constitution républicaine. La Loi fondamentale, ensemble des lois fondamentales qui règle l'organisation et les rapports des pouvoirs publics et, éventuellement, détermine les principes qui régissent les relations des gouvernants et des gouvernés. Dans l'ordre juridique interne, la bonne gouvernance trouve sa source principale dans le préambule et le corps de la Constitution ainsi que dans la loi (voir ci-après).

46 Évaluations allant de 0 à 10 (très fort). Par exemple l'Etat-parti est évalué à 7,8 points, tandis que la Participation politique est à 1.

3.1.1 Contexte historique

Le système politique actuel du Laos est le produit d'une longue évolution historique, marquée de manière constante par la recherche d'un modèle constitutionnel adapté à l'environnement socioculturel après la guerre de « libération ». Le régime politique lao, issu de cette dynamique, est, par conséquent, l'œuvre de la volonté des dirigeants du PPRL inscrite dans une constitution. Le Laos a ainsi connu, depuis sa « demi-indépendance » en 1953, plusieurs régimes politiques. Son histoire constitutionnelle est certes relativement récente, mais elle n'en recèle pas moins des événements riches et décisifs dont la connaissance et l'analyse présentent l'intérêt majeur de constituer un vécu objectif et un socle d'expériences authentique. La République démocratique populaire du Laos (RDPL) a été créée le 2 décembre 1975, mais il faut patienter jusqu'en 1991 pour voir adopter le 14 août 1991 la Constitution par la 6e session ordinaire de l'Assemblée suprême du Peuple (l'organe législatif suprême Le préambule est une déclaration préliminaire placée en tête du corps de la de l'époque).

3.1.2 Préambule de la Constitution

Constitution par laquelle le constituant proclame son attachement à des valeurs et principes qui constituent la doctrine politique du régime. La particularité du préambule de la Constitution de 1991 réside en ce qu'il procède à une actualisation de la liste des instruments juridiques internationaux relatifs à la bonne gouvernance. La phrase de conclusion du préambule est formulée ainsi :

« *La présente Constitution est l'aboutissement d'un processus de consultations et contributions populaires dans l'ensemble du pays. Elle reflète la volonté inébranlable et la ferme détermination de la communauté nationale de lutter ensemble pour atteindre l'objectif de faire du pays Lao un pays pacifique, indépendant, démocratique, unifié, et prospère* ».

Cette affirmation a une implication juridique importante : le contenu du préambule fait désormais partie du bloc de constitutionnalité qui représente les normes de référence en matière de contrôle de constitutionnalité.

3.1.3 La Constitution

La Constitution précise que le Laos est un « État socialiste fondé sur la loi ». Bien que la portée de cette déclaration demeure en pratique limitée, comme on l'a pu constater. La République démocratique populaire lao est un régime socialiste à parti unique légal : le PPRL. L'article 3 chapitre 1 stipule que :

« *Le droit du peuple d'être maître de la Patrie pluriethnique est exercé et garanti par le fonctionnement du système politique dont le Parti populaire révolutionnaire Lao constitue le noyau dirigeant*[47] ».

L'organisation du pouvoir au Laos est actuellement définie par la Constitution de la RDP Lao amendée le 28 mai 2003 et révisée en 2015[48] qui a récemment remplacé la première Constitution de 1991 pour tenir compte du nouveau contexte économique et politique et mettre en avance l'unité et l'intérêt des peuples multiethniques. L'article 3 de la Constitution continue d'affirmer le Parti comme le principal noyau du gouvernement et l'article 5 réaffirme le centralisme démocratique comme la base du système de la gouvernance. Ainsi le système de gouvernance, dans lequel toutes les branches du gouvernement en vigueur sont subordonnées au parti et au Politburo est la plus haute autorité du Parti, il a été formellement réaffirmé en 2003 et fournit le contexte général dans lequel le fonctionnement du système actuel se poursuit. La Constitution prône ainsi la mise en œuvre de politiques axées sur le marché, adopte des lois régissant la propriété, l'héritage, les contrats et les investissements directs étrangers et nationaux, elle renforce en particulier le pouvoir de l'Assemblée national (AN). Elle exprime la volonté de la classe dominante, elle définit également le régime politique et socioéconomique, la défense et la sécurité, les droits et devoirs fondamentaux des citoyens, le système d'organisation de l'appareil de l'État et le système judiciaire en RDP Lao. La nouvelle Constitution amendée de 2015 (actuelle), précise que l'État se compose de l'Assemblée nationale, du Président, du gouvernement, de l'administration locale, du Tribunal populaire et du Bureau du procureur général. Elle a permis la création de l'Assemblée populaire locale, pour la première fois, pour fonctionner comme l'AN au niveau provincial. La Constitution de 2015 stipule également pour la première fois, le Président peut exercer ses fonctions pendant au plus deux mandats consécutifs, alors que la Constitution de 2003 n'avait aucune indication sur le mandat. L'AN se réunit deux fois par an pendant une période de trois semaines au cours de laquelle les lois proposées sont examinées. Le Comité de la planification, des finances et de l'audit (PFAC) a été créé en tant qu'entité permanente de l'Assemblée nationale pour interagir avec le ministère des Finances sur le budget et examiner les rapports de résultats d'audit financiers de l'État préparés par l'Organisation d'audit d'État (SAO).

[47] Constitution de la République démocratique populaire lao (version amendée du 28 mai 2003). Texte en français. Digithèque MJP.

[48] http://unimelb.libguides.com/c.php?g=402982&p=4600312; http://jclao.com/amended-constitution-creates-provincial-assemblies-gives-president-two-terms/.

La Loi fondamentale fixe les trois pouvoirs de la RDPL : le législatif, l'exécutif et la judiciaire. De plus, elle détermine les autres organisations politiques et sociales. D'après l'organisation d'appareil de l'État fixée par les dispositions de cette Loi fondamentale, le pouvoir est représenté par l'AN, le gouvernement et l'organe judiciaire, composé lui-même par le tribunal populaire et le parquet populaire. En dépit de la distinction de ces trois pouvoirs, cela ne signifie pas que le Laos pratique le principe de la séparation, il se réfère au principe de l'unité du pouvoir, autrement dit, au principe de centralisme démocratique. Ainsi, comme on l'a évoqué plus haut, l'État se fonde dans le parti ; c'est donc l'Etat-parti au Laos qui dirige la destinée de la nation et le gouvernement exécute les directives du parti et gère le pays. Par ailleurs, le Laos continue de souscrire au principe léniniste du centralisme démocratique. La verticalité du pouvoir reste de mise et, en dépit de certaines réformes administratives entamées dans les années 2000, il est préférable de parler de déconcentration plutôt que de décentralisation du pouvoir.

Fait significatif, depuis 2015, le Laos a entrepris un second amendement de sa Constitution, modernisé ses politiques en matière de commerce et d'investissement, et engagé certaines réformes des institutions et de la réglementation portant notamment sur l'élaboration de la législation, loi de propriété, l'accès à l'information, l'administration en ligne, la lutte contre la corruption, la promotion de l'investissement et le règlement des différends entre l'intérêt des régions et le gouvernement central.

3.2 Comment caractériser le système institutionnel et le régime politique au Laos

Cette section décrit le système de la RDPL, qui est principalement caractérisé par la domination d'un parti unique, le Parti révolutionnaire du peuple lao (PPRL), qui conserve théoriquement le pouvoir absolu et constitue le gouvernement. Le parti joue un rôle central dans la nouvelle société qui s'est développée sous son impulsion. Comment caractérise le régime politique d'aujourd'hui ?

3.2.1 La gouvernance et le rôle du Parti

Le Parti PPRL, qui ressemble en 2021 plus de 340 000 membres, soit environ 5% de la population à travers le pays, continue à occuper une place prédominante dans la vie politique et le système juridique du Laos. Le Comité central (CC) et le Bureau politique (Politburo) constituent les organes permanents les plus influents du parti, dont les membres sont élus lors d'un Congrès national du CC du PPRL tenu tous les cinq ans, au cours duquel les principes et objectifs économiques et politiques directeurs du Laos sont également fixés.

Depuis que le PPRL est arrivé au pouvoir, le parti a dominé la direction et la conduite du développement du Laos. Tout d'abord, le comité central du parti détient des pouvoirs considérables. C'est ce comité qui élit les membres du Bureau politique dont les décisions importantes sont prises collectivement par ce bureau. Et puis dans les faits, il n'est pas envisageable de devenir ministre, gouverneur de province, président d'un comité populaire de province ou dirigeant d'entreprise publique, par exemple, sans être élu préalablement membre du Comité central.

Trois organisations piliers relevant du parti, dont le Politburo, le Secrétariat du Comité central et le Comité central agissant en tant qu'organes décisionnels suprêmes dans le développement du Laos, et ces trois entités sont collectivement appelées le Congrès national du Parti révolutionnaire du peuple lao[49]. On notera que le Secrétariat du Comité central est le véritable exécutif du parti, au 11e Congrès du CC du parti il est composé de 9 membres, dont 5 appartenant au Bureau politique et 4 autres au Comité central ; toutes les décisions et directives du parti sont émises par le secrétariat. Chaque décision prise par le Congrès du parti devient effectivement part intégrale du plan national de développement socioéconomique (NSEDP)[50] et de la stratégie de développement ainsi que du plan Vision à long terme.

La faiblesse de l'appareil de l'État fait du parti la principale ossature de l'État, avec lequel il se confond. Précisément, le Congrès du parti constitue l'événement politique le plus important du pays.

Le parti est non seulement présent à tous les niveaux politiques, administratifs et judiciaires mais également au sein des entreprises publiques, des organisations socioprofessionnelles, de l'armée ou encore de la police. En un mot, le parti s'immisce dans tout, ne s'interdit rien. Il maintient plus généralement son influence sur l'ensemble de la société par le biais de ses organisations de masse affiliées : le Front national lao de développement (LFND), connu sous l'ancien nom du Front Patriotique Lao créé en 1950 ; l'Union des femmes lao (LWU) créée en 1955 ; la Fédération des syndicats lao (LFTU) créée en 1996 ; l'Union de la jeunesse révolutionnaire lao (LYU) créée en 1955. Ces organisations de masse sont des centres de rassemblement pour renforcer la solidarité et mobiliser les couches sociales de toutes les ethnies en vue de participer à l'œuvre de sauvegarde et d'édification du pays pour développer le « *droit de maître du peuple et protéger les droits et intérêts légitimes de leurs membres* », selon l'article 7 de la Constitution.

On voit ainsi le renforcement du pouvoir du parti et sa légitimité dans le pays. D'aucuns pensent que le principal défi auquel le Laos contemporain est confronté, à l'aube du troisième millénaire, est bien celui de la démocra-

---

[49] Lao News Agency, "Kongpasum nyai khang thi sip khong phak leuak tang kao khanabolihanngarn sunkangphak sutmai" [The 10th Party Congress elects new Party Central Committee], Lao News Agency, 21 January 2016 <http://kpl.gov.la/detail.aspx?id=9891>

[50] Acronyme en anglais: National Socioeconomic Development Plan.

tisation. Mais le PPRL a su dépasser cette contradiction en conservant son modèle socialiste tout en permettant au Laos de devenir un partenaire viable dans l'ASEAN. Sur ce point précis, les dirigeants lao du PPRL ont adopté une nouvelle posture stratégique. De surcroît, le PPRL continue à exercer un contrôle strict sur les affaires politiques, ne tolérant que peu de critiques publiques. Quoique des progrès aient été observés ces derniers temps et sont reconnus par les institutions internationales au regard des associations et organisations sociales. L'interpénétration de plus en plus du Laos dans la communauté de l'ASEAN contraint le pays à faire preuve de pragmatisme et à engager de profondes réformes économiques de son système qui participent, pour une part, au processus de normalisation du pouvoir.

Il convient de rappeler que l'Armée populaire lao (APL) représente le second acteur central du système politique, le 10e Congrès du parti a conforté la prérogative de l'armée. Après le parti, le pouvoir du ministre de la Défense s'étend au-delà des affaires purement militaires. L'APL assume en effet un rôle d'arbitre et de gardien de l'orthodoxie du parti dans les jeux de pouvoir qui est susceptible d'agiter la classe politique. L'armée représente un lien important entre le parti et l'État : ses officiers sont presque tous membres du parti et ses généraux les plus gradés détiennent des positions stratégiques au sein du Bureau politique, de l'Assemblée nationale et de la bureaucratie d'Etat (en tant que ministres, gouverneurs ou vice-ministres). La principale mission de l'armée est, outre la protection de l'intégrité nationale du pays, elle doit assurer la sécurité interne. Ainsi, l'État, le parti et la société se confondent au Laos. La direction de l'armée est dans le parti, et non pas dans le gouvernement.

Au sommet de l'organisation du parti, le Bureau politique et le CC contrôlent et arbitrent toutes les décisions économiques et politiques du pays. Le processus d'élection du bureau politique et la désignation du secrétaire général du parti sont complexes, elle passe par le Comité central réuni en Congrès national. Les membres du CC sont élus par les délégués qui représentent la base au congrès après une procédure intra-parti de présélections et de sélections suivant les statuts immuables du parti[51]. Cette base est constituée de membres dans les différents comités et cellules du parti au sein des ministères, des administrations au niveau central et provincial, de l'armée, des organisations de masse, des syndicats des travailleurs, etc., à travers le pays.

---

[51] Pasason, "Samlet kongpasum khop kkanabolihanngarn sunkangphak kang thi kao samai thi kao" [The 9th session of the 9th plenary meeting of Party Central Committee completed], Pasason Newspapers, 24 November 2014

Encadré 4 : Le système du Parti. La Constitution légitime le Parti en tant que seul parti politique reconnu au Laos, mais elle en dit peu sur les limites des pouvoirs et des fonctions du parti. Le parti compte environ 340 000 membres, dont la plupart sont des fonctionnaires du gouvernement (près de 40% des fonctionnaires salariés), des dirigeants d'organisations de masse, des retraités du gouvernement, des militaires et du personnel policier et les anciens combattants. Le pourcentage des membres de citoyens privés, étudiants, et autres reste encore faible[52]. (aucune ventilation exacte n'est disponible). L'adhésion se fait par sélection et sur recommandation par d'autres membres et après un certain nombre d'années d'initiation. Pour faire face au changement d'environnement économique et social, ainsi que le contexte international de ces dernières années, le parti a encouragé récemment les fonctionnaires éduqués à rejoindre le parti afin de faire progresser leur carrière. Tous les cinq ans le parti tient un Congrès national pour approuver les Résolutions politiques du parti rédigées par le Bureau politique. Les actions de l'État se conforment alors aux résolutions adoptées. « Le parti mène, l'État met en œuvre et le peuple en est le propriétaire » tel est le slogan du parti. Malgré de nombreuses autres réformes de gouvernance, le Bureau politique continue d'approuver tous les choix de postes de haut niveau de prise de décision au sein du gouvernement et dans les administrations ou entreprises publiques (président, ministres, directeurs et gouverneurs de province et de district). Le parti approuve également l'autorisation aux candidats proposés pour les élections à l'Assemblée nationale. Du haut vers le bas niveau du gouvernement, au moins l'un des deux plus hauts décideurs de chaque niveau de gouvernement est donné au membre du parti. Les seules exceptions se produisent dans certaines communautés rurales. Il convient de noter que lorsque les membres du parti sont sélectionnés pour une formation spéciale administrative et politique à l'école d'administration de Tha Ngon du parti, cela signale généralement une promotion en vue au sein du gouvernement, d'administration ou du parti.

Le Bureau politique détient la réalité du pouvoir, il veille au respect de la ligne politique du pays ainsi qu'au maintien de liens étroits entre l'armée et le parti. Les principaux membres de l'exécutif sont également membres du bureau politique, notamment le Secrétaire général du parti (qui est également Président de l'État), le Président de l'AN, le Premier ministre, et le ministre de la défense, entre autres. Les résolutions du congrès, du Secrétaire général, du Comité central, et du Bureau politique du parti ne figurent pas officiellement dans la hiérarchie des normes, mais s'imposent en pratique aux pouvoirs législatif et réglementaire. Le régime lao fonctionne sur un principe collégial avec, au sommet de la pyramide politico-administrative, le Bureau politique du PPRL. Celui-ci supervise la politique du gouvernement, contrôle les nominations, et appointe des cadres du parti au niveau national, local mais également dans des entreprises publiques pour les postes de direction générale. On n'oublie pas que le Politburo est toujours en position de force,

52 Selon les différentes sources de la presse The Diplomat, Nikkei Asia, et Governance and participation in Laos, SIDA 2003.

car sa position lui permet de prendre des initiatives politiques, diplomatiques ou budgétaires susceptibles de façonner le cours de l'histoire ou l'opinion publique. Le comité central est sous l'autorité directe du Bureau politique. Il convient de noter cependant que le parti maintient sa propre structure administrative parallèle à celle du gouvernement, avec des groupes de discussions spécialisés, au sein desquels sont élaborés et analysés les programmes politiques et économiques aux côtés des ministères concernés, comme l'Académie des études et de recherches sociales ou l'Institut nation des recherches économiques (NERI).

Le pouvoir exécutif est dirigé par le Président, qui est le chef de l'État et le représentant du peuple multiethnique lao. Le gouvernement est la branche exécutive de l'État et le Premier ministre est le chef du gouvernement. Les décisions politiques et économiques sont décidées par le PPRL par l'intermédiaire du Politburo et du CC. Les décisions du gouvernement sont examinées par le Conseil des ministres présidé par le Premier ministre, ce dernier est nommé par le Président, après avoir été approuvé par l'Assemblée nationale. Bien que le PPRL reste l'autorité suprême, la législation et le budget doivent être approuvés par l'Assemblée nationale, qui exerce un contrôle sur le gouvernement. Le mandat de l'Organisation d'audit de l'Etat (SAO) est fondé sur la loi d'audit de 2007 et les rapports d'audit sont adressés à l'Assemblée nationale ainsi qu'au Premier ministre.

Il convient de noter que le changement est perceptible depuis une décennie au niveau de la direction du PPRL en matière de la stratégie de politique économique et au sein du fonctionnement du parti. En effet, il y a eu un changement progressif vers plus de cohérence et de l'élaboration de stratégies politiques ; en particulier, les objectifs de politique macroéconomique avaient tendance à ne pas correspondre aux conditions locales et à la réalité de situations socioéconomiques diverses. D'autre part, un autre changement significatif a été l'élimination progressive des institutions redondantes au sein du Parti et du gouvernement dans des domaines tels que la gestion du personnel, l'audit, l'inspection et la formation. Il y a également une acceptation croissante de la nécessité de réduire les doublons des personnes occupant deux postes au sein du gouvernement et du parti. Au sein du parti, les dirigeants avaient pris conscient de la question de corruption dans le gouvernement et du danger que cela posait en termes de frein et d'obstacle au développement économique et à la réduction de la pauvreté, ainsi la Loi anti-corruption est votée afin de lutter contre ce fléau de la société et se conformer aux normes et aux conditions requises pour une plus grande intégration dans la communauté régionale et internationale.

Encadré 5 : Une nouvelle génération montante. Une nouvelle génération d'individus plus jeunes et plus éduqués commence à entrer au Comité central du Parti, au Politburo ou au gouvernement, apportant un nouveau souffle, une meilleure connaissance des tendances économiques et sociales, et une meilleure compréhension de l'intégration régionale et mondiale. Ces membres apportent avec eux une base plus professionnelle dans l'administration, une connaissance des tendances et des enjeux du développement économique et social et plus de compréhension et d'intérêt pour les impératifs de l'intégration mondiale. Bien que ce groupe émergent reste enraciné dans le système d'État à parti-unique, il continue donc d'exercer sa loyauté à l'État, ses membres commencent à inspirer au système de nouvelles idées de stratégie et une plus grande latitude et consentement de flexibilité.

Toutefois, les éléments de base de la structure du Parti comprenant le Politburo, le Comité central, les comités et cellules du Parti restent en place et continuent d'exercer un rôle de leadership dans l'élaboration des politiques, de proposition et de contrôle du gouvernement.

Malgré un degré élevé de continuité structurelle dans le système de gouvernance politique lao, il y a eu un certain nombre de changements récents et d'évolution dans la composition et fonctionnement des branches respectives du gouvernement. Ces changements, bien que limités, représentent néanmoins un glissement notable vers un système plus ouvert, plus professionnel et plus efficace, avec l'apparition d'un certain degré d'autonomie permettant des contrôles limités du système. En même temps, ces changements conduisent à une plus grande ouverture du système et à un choix élargi concernant les options et les alternatives politiques. Tandis qu'il est reconnu que ces changements sont de nature incrémentielle et ne représentent aucun changement fondamental dans la structure du pouvoir du gouvernement, ils s'orientent néanmoins vers une gouvernance améliorée et la formation d'une plateforme pour la réforme future. Le cadre général de la réforme de la gouvernance reflète dans les plans quinquennaux de développement socio-économique et le plan stratégique sur la gouvernance qui l'accompagne, il souligne l'engagement du gouvernement à mettre en œuvre « une fonction publique efficace, bien formée, honnête et éthique ». Ce plan met l'accent sur la nécessité d'une plus grande responsabilisation, de la transparence et de la participation du public à la gestion et à la prise de décision, mais aussi un plus grand accès et plus efficace aux institutions judiciaires. Le cadre gouvernemental identifie quatre grands axes de gouvernance, à savoir : « amélioration de la fonction publique, participation du peuple, état de droit, et la bonne gestion financière ». Chacun de ces domaines est considéré comme jouant un rôle essentiel pour garantir un équilibre de développement durable de la société et de l'administration lao.

3.2.2 Le Congrès national du Comité central (CC) du PPRL

On rappelle brièvement ici le rôle incontournable du Congrès du comité central du parti dans le système. Il détermine l'orientation du développement politique et socioéconomique au Laos pour les cinq années à venir, et à ce titre, il est donc le centre d'attention du peuple lao et des observateurs extérieurs. En premier lieu, il révèle la transition dans la direction de l'organisation politique. Cette transition lors du Congrès du parti reflète outre des différentes tendances et sensibilités entre groupes comme c'est le cas dans n'importe quel État démocratique, la politique d'équilibre ethnique et régional est également prise en compte. Le Congrès du parti représente donc l'hégémonie et la légitimité du parti sur le pays. Enfin, il reflète l'interaction des forces internes-externes qui ont façonné son rôle et celui du gouvernement lao dans le développement national.

3.2.3 Le PPRL tient son 11e Congrès national : changement de leadership dans la continuité

En ce début de l'année 2021, les regards de toute la population et les observateurs politiques se sont tournés vers l'ouverture du 11e Congrès national du CC du PPRL. L'événement a eu lieu du 13 au 15 janvier au Centre de convention national à Vientiane, une semaine plus tôt et deux jours de moins que le Congrès précédent, il marque une étape décisive qui désigne la nouvelle équipe pour les cinq ou dix prochaines années qui va diriger le développement économique et politique du pays. Il permet également de jeter un regard rétrospectif sur le dernier quinquennal, l'examen du programme politique et des objectifs économiques des cinq prochaines années, mais aussi sur les réformes et les amendements aux statuts du parti.

le 11e Congrès national du PPRL a réuni 768 délégués représentant les 348 686 membres du parti dans l'ensemble du pays, soit près de 5% de la population, en augmentation de 30% par rapport au Congrès du parti précédent, à ceux-là s'ajoutaient 146 invités des différentes organisations d'État (ministères, branches et localités du parti) ainsi que des représentants des secteurs public et privé et des corps diplomatiques qui y sont conviés. Le parti compte parmi ses adhérents : les fonctionnaires, les agriculteurs, les commerçants, le corps médical, les entrepreneurs, les enseignants, les étudiants, les policiers et les militaires ; le parti dont les membres possèdent une bonne instruction a été endoctriné à l'idéologie marxiste-léniniste, selon la déclaration du ministre de la Justice d'alors, Saysi Santivong, lors du 10e congrès. Ce qui traduit sa mue et sa volonté d'intégrer en son sein la nouvelle classe moyenne émergente. Les membres du parti de base ont ainsi élu les 768 délégués pour les représenter au Congrès national. Le statut du PPRL précise d'autre part que :

« Le Parti dirige l'État par ses déclarations politiques, sa stratégie, ses activités idéologiques et sa gestion du personnel... ». La Constitution se contente de préciser que « toutes les organisations du Parti fonctionnent dans le cadre de la Constitution et de la loi ».

Selon les statuts du PPRL, les trois journées de session du congrès ont cinq fonctions formelles : accepter le rapport sur les performances du CC sortant du 10e Congrès ; élire tout d'abord les nouveaux membres du CC ; adopter le rapport politique du parti et le plan quinquennal national de développement socioéconomique (NSEDP) 2021-2025 par le Comité central ; modifier les statuts du parti ; ensuite élire le nouveau Politburo suivi de l'élection du Secrétaire général du parti PPRL, puis l'élection des membres du Secrétariat du CC ainsi que des membres de l'Autorité d'inspection de l'Etat, et enfin, l'adoption de la Résolution du congrès. Comme d'habitude, ces tâches ont été soigneusement chorégraphiées pour assurer une apparence de stabilité maximale[53].

Selon les observateurs politiques, le 11e Congrès s'est déroulé dans une atmosphère sereine et apaisée contrairement à celui du 10e congrès. Ce Congrès a apporté un nouveau souffle au Politburo, caractérisé par la promotion de certains membres du parti et le départ des autres. La ligne politique du parti ne semble pas avoir changé. La nouvelle direction s'est montrée renforcer sa légitimité tant au niveau national qu'international. Ce congrès entrevoit déjà avec soin la relève des futurs dirigeants plus jeunes, plus sûrs pour assurer la pérennité du régime et jouer un rôle prédominant au prochain congrès du parti, cette tendance a été déjà visible au 10e congrès du parti avec la promotion éclaire de Saleumxay Kommasith dont le père était secrétaire particulier et proche de l'ancien Président Khamtay Siphandone[54]. Le parti a consenti la promotion de quelques jeunes mais ni trop ni trop vite, afin d'assurer une transmission efficace et de préserver la solidité de la fondation et la pérennité du régime.

Certes, l'ouverture économique s'accompagne d'une évolution du régime, mais dans de nombreuses compétences, la place de l'Etat-parti et du centralisme démocratique dans le processus décisionnel reste peu changée. En échange de la possibilité donnée à la population d'accéder à davantage de biens de consommation de plus en plus demandés, l'Etat lao acquiert aujourd'hui une légitimité et une assise qui lui permettent d'obtenir l'adhérence, ou plutôt l'indifférence, d'une grande partie de la population. Or, l'approche stratégique appliquée par l'État est « essentielle pour consolider la légitimité du parti », martèlent de nombreux observateurs de la vie politique

[53] Voir Article 22 and 25 of Lao People's Revolutionary Party, Kotlabiap khong phak pasason pativat Lao: samai thi IX [Statutes of the Lao People's Revolutionary Party] (Vientiane: Lao Youth Printing Service, 2011), pp. 53-54, 57.

[54] Laos prepares for a changing of the guard, Nikkei Asian Review, 28/01/2016.

au Laos. Car pour convaincre la population et une partie de l'élite, de la classe moyenne et des nouveaux riches, il faut avoir d'autres arguments que simplement l'idéologie politique. Il faut s'assurer avant tout une croissance pérenne, un développement qui permet de réduire l'inégalité et la pauvreté partout dans le pays. Outre cela, il faut s'assurer aux élites de pouvoir garder leurs privilèges et leurs avantages. Les autorités ont fait du Laos dans un contexte d'enrichissement de la classe urbaine des retombées de l'ASEAN et de la proximité économique avec la Chine. Le régime promet et est resté en place en promettant un bien-être à la population et l'enrichissement d'une classe business et moyenne. Le gouvernement de ce 11e Congrès du parti s'est déclaré de lutter contre la corruption, l'abus de pouvoir souvent dénoncé par la population et de réduire le train de vie des membres des dirigeants. Aujourd'hui, les Lao savent très bien que leur sort est meilleur qu'il y a trente temps et anticipent une amélioration de la qualité de vie pour leurs enfants. Si le peuple lao a été séduit par le régime actuel, c'est non pas par désespoir mais par optimiste, par adhésion au projet de former une nouvelle communauté du peuple définie autant que l'idée de « nation » que par celle d'une perspective d'avenir prospère fondée sur plus d'égalité et de justice.

L'inauguration du 11e Congrès du parti : Discours du secrétaire général du parti sortant – évaluation – contexte -- politique et économique pour les cinq prochaines années

Placé sous le thème "*Renforcer la grande union nationale, mettre en œuvre de la ligne de Renouveau en profondeur, assurer la stabilité politique, créer de forts changements dans le développement socio-économique, améliorer la qualité de vie des habitants, poursuivre l'objectif de faire sortir le pays du sous-développement et d'orienter vers le socialisme*"

Le Secrétaire général du parti et Président de la République sortant Bounnhang Vorachit, l'un des derniers vétérans de la génération révolutionnaire, a présenté le rapport du CC du 10e mandat ainsi que les documents soumis au 11e Congrès, montrant les orientations pour les dix prochaines années. Les objectifs généraux de développement pour le mandat 2021-2025 et les années suivantes sont : améliorer les capacités de leadership et la combattivité du parti ; édifier un parti et un système politique sain et fort ; consolider la confiance du peuple envers le Parti, l'État et le régime socialiste ; susciter l'aspiration à développer un pays prospère, heureux, et valoriser l'unité nationale ; accélérer de manière intégrale et synchrone la réforme NME, l'industrialisation et la modernisation ; édifier et défendre la souveraineté de la nation et maintenir l'environnement stable et de paix.

S'exprimant à l'ouverture de ce 11e congrès, il, a souligné l'importance politique de cet évènement pour le pays, une étape historique qui reflète la croissance et la solidité du parti à la fois en termes de quantité et de qualité, il a noté que depuis son 10e congrès en 2016, le CC du PPRL a attaché une grande importance à l'édification du parti en consolidant continuellement son leadership, le Secrétaire général du parti a également fait l'éloge des résultats importants obtenus par le PPRL pour la cause socialiste en unissant le parti et le peuple. Le Laos a vu un certain nombre de réalisations malgré des changements complexes survenus dans la région et dans le monde, comme la pandémie Covid-19. La direction du CC du parti a su mettre en œuvre la résolution du 10e Congrès du parti, Bounnhang Vorachit a ajouté que : « *la nation a continué de jouir une stabilité politique forte ainsi que la sécurité et l'ordre social. L'indépendance, la souveraineté et les fruits de la révolution ont été fermement préservés* ». Au cours des cinq dernières années, le Laos a enregistré un taux de croissance moyen de 5,8% par an et le revenu moyen par habitant a atteint 2 664 dollars en 2020, en hausse de 694 dollars par rapport à 2015. De tels résultats ont créé une force qui permet d'accélérer les réformes au cours des années à venir et ont aidé le parti à conduire le pays vers la voie et les objectifs socialistes ; le secrétaire général a d'autre part précisé que : « *les conditions de vie du peuple multiethnique lao se sont améliorées à mesure que la pauvreté diminue. Ces réalisations ont été atteintes malgré le fait que le Laos ait eu à faire face à des difficultés financières et à l'impact du Covid-19 sur l'économie*[55] ». Le 11e Congrès national tout comme le 10e, a réaffirmé le régime socialiste et conservé un pouvoir prépondérant à l'armée mais, dans le même temps, a procédé à un léger rajeunissement des cadres.

Face à la pandémie du coronavirus, « *le Comité central du PPRL a joué un rôle de premier plan, coordonné la prévention et le contrôle face au virus, ainsi que le développement économique et social, et a préservé la stabilité politique, la croissance économique et l'amélioration des moyens de subsistance de la population* », a salué le Secrétaire général Bounnhang Vorachit, dans son message. Il a ajouté que ce 11e congrès est une réunion importante à l'heure où les actions entreprises par le PPRL et le Laos sont en train d'entrer dans une nouvelle étape de l'histoire, ajoutant que ce congrès aura certainement une grande influence sur l'avancement de la cause socialiste au Laos[56]. Le Président Bounnhang Vorachit a précisé d'autre part que : « *la défense nationale et la sécurité publique ont été sensiblement renforcées, les forces armées ont été dotées d'une idéologie politique forte et d'un régime moderne ; les organisations gouvernementales ont été renforcées conformément à l'état de droit ; le Front lao pour le développement national (FLND) et les organisations de masse se sont activement acquittés de leurs tâches* ». Il a également souligné que « *lors de cette réunion, nous examinerons ensemble la mise en œuvre de la résolution du 10e Congrès national du Parti*

[55] XI National Party Congress opens, Vientiane Times, 14/01/2021.
[56] 11th National Congress of the Lao People's Revolutionary Party opens, Lao News Agency, KPL 13/01/2021.

et évaluerons de manière générale la création de fondations dans la marche vers le socialisme au cours des dernières années ; tirer des leçons utiles et parvenir à un accord sur les orientations, la politique ainsi que les orientations du plan national de développement socioéconomique pour les années à venir afin de garantir la poursuite du régime démocratique populaire et la création de fondations pour la marche vers le socialisme », a déclaré le secrétaire général »[57].

Le volet économique et le 9e plan de développement 2021-2025

Le Premier ministre sortant, Thongloun Sisoulith, dans son rapport au Congrès national a défini les six objectifs du plan économique pour les 5 prochaines années (§2.3), il a d'autre part réaffirmé la consolidation de l'économie de marché à orientation socialiste ; l'élaboration et l'affinement des réglementations et des politiques pour résoudre efficacement et harmonieusement les relations entre l'Etat, le marché et la société ; la réforme du modèle de croissance plus adaptée, la restructuration de l'économie et des entreprises publiques, le développement du secteur privé ; la poursuite de l'industrie et sa modernisation ; l'amélioration de la qualité de la croissance pour une économie verte ; la productivité du travail et la compétitivité de l'économie ; et le développement d'infrastructures modernes. Le 9e plan appelle également à : promouvoir l'économie et pour une société numérique ; à développer l'agriculture avec la technologie moderne et le secteur de l'agriculture organique ; à développer et accroître des petites et moyennes entreprises ; à fournir et à améliorer la qualité des services publics.

Le plan de développement du prochain gouvernement vise également à garantir que la gouvernance publique soit efficace, que la société soit l'instauration d'une société égale et juste et protégée conformément aux principes de l'état de droit. Il ambitionne également à créer des facteurs fondamentaux pour assurer la stabilité politique, la sécurité et l'ordre, l'harmonie, la démocratie, la justice et le développement humain dans le pays, et d'assurer une croissance économique de qualité en réformant la structure économique dans chaque secteur et en province. Le gouvernement cherchera des solutions efficaces aux contraintes financières et monétaires. Parmi les objectifs du plan gouvernemental figurent la promotion du développement rural et la réduction de la pauvreté afin de garantir à la population lao de meilleures conditions de vie ; développer une économie verte et respectueuse de l'environnement ; protéger et utiliser les ressources naturelles de manière durable et efficace. Le Premier ministre a souligné que l'objectif général du gouvernement est de continuer à conduire le pays vers la sortie des PMA, à améliorer l'accès des personnes à l'emploi, à assurer une meilleure sécurité et ordre social et à pourvoir un

[57] 11th National Congress of the Lao People's Revolutionary Party opens, Lao News Agency, KPL, 13/01/2021.

développement durable, ainsi qu'une stratégie nationale de croissance verte et efficace. Le gouvernement s'attaquera de manière décisive aux contraintes chroniques du développement, aux défis actuels, y compris les impacts du Covid-19, au changement climatique ; et à la transformation du potentiel du pays en nouveau moteur économique, selon le Premier ministre dans le volet économique du 9e plan quinquennal[58]. Voir des détails du 9e plan quinquennal au chapitre 2 (§ 2.3).

En outre, le rapport économique a précisé qu'en matière de politique extérieure, le Laos doit être proactif et actif pour s'intégrer dans la communauté régionale et internationale de manière globale et intensive ; sauvegarder résolument et constamment l'indépendance, la souveraineté, les droits souverains du pays ainsi que l'unité et l'intégrité nationales ; préserver le parti, l'Etat, le Peuple et le régime socialiste. Afin d'inscrire la croissance du Laos dans une démarche de développement durable, le Premier ministre a souligné la nécessité de défendre la souveraineté et l'intégrité territoriale du pays, de maintenir les relations politiques et sociales harmonieuses dans et à l'extérieur du pays et de garantir un environnement égalitaire et favorable au développement humain.

On notera que le 11e Congrès dont les préparatifs ont commencé dès le mois de mai 2019 avec les différents comités du parti central et local, ils ont passé en revue la mise en œuvre de la résolution du précédent Congrès national, dressé le bilan des 35 ans de NME et le développement futur. Au cours des deux premiers jours du congrès, les délégués ont évalué l'exécution du plan de développement socioéconomique 2016-2020, se sont concentrés sur l'étude et l'approbation du rapport politique du CC du PPRL, discuté et amendé les orientations et missions pour le mandat 2021-2026, réexaminé les objectifs et orientations pour la stratégie de développement à dix ans ainsi que la Vision 2030. D'autant plus que ce congrès s'est déroulé dans un contexte régional et international caractérisé par des évolutions rapides, complexes et difficilement prévisibles, en raison de la crise sanitaire dont l'après Covid-19 reste encore incertain, et qui a un impact sur l'économie du Laos. Une partie du travail de ce congrès a, d'ailleurs été réalisée au cours des plénums du CC en 2020 et lors des sessions à l'AN. Dès lors, les contours du projet de la politique économique de ce 11e congrès étaient déjà dessinés en grande partie et les grandes orientations arrêtées. De même, tout au long de 2020, des réunions du secrétaire général du parti[59], du vice-président de la république et des vice-premiers ministres avec des secrétaires du parti des ministères et des provinces avaient eu lieu, des discussions portaient sur des thématiques clés tels que le développement social ; l'affirmation du socialisme ; la sécurité et le renforcement de la défense nationale ; la promotion des processus de

[58] Government sustains economic growth: PM, Vientiane Times, 14/01/2021.
[59] General Secretary Bounnhang Vorachit urges diligence among Khammuan Party officials, Vientiane Times 10/07/2020.

production pour le commerce ; la discipline et le renforcement du parti ; l'attraction des investissements étrangers ; l'impact de Covid-19 sur l'économie ; le plan de soutien à l'économie ; la création d'emplois ; l'appui et le renforcement des SME ; la poursuite de la réduction de l'inégalité ; la protection des ressources naturelles et de l'environnement ainsi que la résolution des problèmes de la pauvreté. Il convient de rappeler ici que la consigne du secret est de règle dans le parti et elle a été strictement observée lors des plénums ou réunions des partis à tous les niveaux.

Ensuite, le projet de stratégie globale fait alors partie des documents et rapport qui sont soumis au CC du 11e congrès national du parti pour examen. Tout d'abord, les délégués ont approuvé le rapport des évaluations du 10e congrès puis ont exprimé leurs avis sur l'orientation et les tâches de développement socioéconomique pour la période 2021-2025, ensuite ils ont validé des objectifs de la stratégie à dix ans du gouvernement et la Vision 2030 pour le développement du pays puis ont approuvé le rapport final et la Résolution politique du 11e congrès.

Le Rapport politique du 11e Congrès a identifié des objectifs concrets non seulement pour les cinq années du 11e mandat mais aussi pour la décennie à venir. Le Rapport politique et les rapports spécifiques définissent les orientations stratégiques de développement 2021-2030. Les orientations essentielles couvrent d'importantes questions de développement du pays au cours des dix prochaines années, à savoir[60] :

- La fidélité du parti, du peuple et de l'armée dans l'application et le développement créatif du marxisme-léninisme ;
- La persistance dans les objectifs de l'indépendance nationale et du socialisme ;
- La persévérance dans la politique de réforme du parti pour développer et sauvegarder le Laos socialiste ; la stratégique globale du développement du Laos pour la période à venir, qui est le développement socioéconomique durable, le développement de la culture comme le fondement spirituel de la société, et la défense et la sécurité de l'État. Les objectifs de développement qui permettront au Laos de quitter la catégorie des PMA en 2024[61] et d'atteindre en 2030 le statut de pays intermédiaire de tranche supérieure ;
- Harmoniser les objectifs économiques et les politiques sociales pour améliorer la qualité de vie de la population ;
- Renforcer la construction du parti, l'État et l'ensemble du système politique afin de disposer d'un appareil incorruptible, fort, efficace et efficient ; rectifier des lacunes de la direction du parti ;
- Lutter résolument contre la corruption, le gaspillage, la bureaucratie et les actes non conformes aux disciplines du parti.

---

[60] Party defines political future, Vientiane Times, 18/01/2021.

[61] Reporté en 2026.

- Créer une percée dans l'éducation et la formation, les sciences et des technologies ; développer des ressources humaines, attirer et apprécier les talents et appliquer les réalisations de la 4e révolution industrielle.
- Assurer une gestion rigoureuse, une utilisation raisonnable et efficace des terres et des ressources naturelles ; renforcer la protection de l'environnement, mettre en œuvre activement des solutions adaptées au changement climatique.
- Valoriser la force de l'union nationale, le socialisme démocratique et le droit de maître du peuple ; renforcer la législation et garantir la discipline sociale.

Le Congrès du CC a d'autre part apprécié l'amitié et les liens de coopération avec les pays amis stratégiques, qui, selon le parti, avaient atteint de nouveaux sommets au cours de la dernière décennie. L'importance particulière de la grande amitié, de la solidarité spéciale et de la coopération globale avec le Vietnam a continué de s'approfondir. D'autre part, les relations traditionnelles avec la Chine et le partenariat stratégique ont été élevés à un partenariat de destin commun, et la coopération traditionnelle et l'assistance mutuelle d'autrefois avec les pays socialistes ont été élargies, y compris les liens de coopération multisectorielle avec la Russie.

Cependant, en dépit du succès dans la mise en œuvre de la Résolution du 10e congrès, le CC du parti a reconnu quelques lacunes dans le leadership qu'il faut rapidement les corriger. Pour bâtir une forte base de défense et de sécurité nationales, il faut écarter et prévenir toute conduite indésirable, comme l'abus de drogues, les accidents de la route, le trafic d'être humain et la gestion des médias. La gestion inefficace des fonctionnaires du gouvernement qui ont des responsabilités et des rôles non clairement définis, rend l'application des lois peu efficace, cette insuffisante devrait être revue par le parti. De plus, la transparence inadéquate dans la gestion et la mauvaise prise en compte des plateformes de production devraient être également redressées par les dirigeants du parti à l'avenir, selon la résolution du CC.

Les amendements aux statuts du parti

Ce 11e congrès est aussi l'occasion pour amender certains articles des statuts du parti. En effet, à chaque congrès du parti, les délégués modifient la constitution du parti pour la rendre compatible avec le changement de circonstances. Au cours de la nouvelle période, le changement vise à renforcer la capacité de la direction du parti, selon Bounthong Chitmany, Président de l'Organisation de l'inspection d'État. « *La capacité améliorée du parti à diriger, à administrer et à gérer le pays, apporterait le développement accompli au Laos et permet le pays de construire une base solide de se diriger vers le socialisme* », a encore ajouté Bounthong Chitmany. Le chapitre nouvellement ajouté concerne le rôle du parti en vue d'améliorer le personnel dans chaque appareil de l'État et les organisations de masse. Le nouveau chapitre stipule que les comités de parti à chaque niveau d'administration ont le devoir officiel de diriger la gestion de l'administration et du développement du personnel ainsi que des ressources humaines dans leur organisation. Pour y parvenir, le parti devrait disposer d'un nombre suffisant de personnel qualifié avec la capacité de diriger et de mettre en œuvre les politiques du parti. Autres changements clés concernant les règles de gouvernance du parti, le mandat du Secrétaire général du parti est désormais fixé à deux termes consécutifs maximum[62], avec chaque mandat de cinq ans. En outre, les secrétaires du parti ministériel, provincial et district, ne peuvent pas tenir le poste pendant deux mandats consécutifs dans la même organisation. Le statut modifié du parti définit également les procédures pour les comités de cellule du parti dans le recrutement des nouveaux membres. Il définit également les règles de révocation des fonctionnaires membres qui ont enfreint les règles du parti, commis un crime ou leur désir de quitter la vie politique. En vertu de cette disposition, le processus de recrutement des membres prendra environ neuf mois. Deux membres du parti doivent certifier que les candidats pour l'adhésion auront à prouver qu'ils sont qualifiés pour devenir membre du parti. Bounthong Chitmany a précisé en outre « *que ne la modification des règles du parti n'apporte pas de changement dans la nature du parti, qui représente la classe ouvrière et a le marxisme-léninisme comme doctrine principale* ».

Les élections des membres du : CC du parti – Bureau politique - Secrétaire général du parti – Secrétariat du CC du parti – Comité central d'inspection

On rappelle ici que 30 membres du CC issus du 10e Congrès du parti ont démissionné ou sont partis en retraite[63] pour laisser entrer 33 nouveaux membres plus jeunes, il s'agit des départs de :

- 4 membres du Bureau politique et du Secrétariat du CC dont Bounnhang Vorachit, Chansi Phosikham, Sengnoune Xayalath, Somkeo Silavong.
- 26 membres du CC, dont les plus connus sont Bounpone Bouttanavong, Nam Vignaket, etc.
-

Le processus des élections du CC, du Secrétaire général du parti, du Bureau politique, du Secrétariat du CC ainsi que l'Autorité de l'inspection d'Etat sont opaques et prédéterminés, il suit le protocole suivant : tout d'abord les élections des nouveaux membres du CC, les 768 délégués ont élu les 81 membres du nouveau CC dont 10 membres suppléants parmi les 94 délégués désignés, puis le nouveau CC (comprenant 71 membres actifs et 10

---

[62] C'était déjà le cas dans la constitution pour le président d'État du Laos.

[63] Document du Comité central du PPRL, 14/01/2021

suppléants) a élu 13 membres au Bureau politique, 9 membres au Secrétariat du CC du parti et 7 membres au Comité central d'inspection.

Comme par le passé, lors des précédentes élections intra-partis des membres du CC ainsi que ceux des dirigeants, les réseaux, la tradition, le clientélisme politiques suggèrent que ces élections sont en grande partie cérémonielles, formalisant des décisions déjà plus ou moins prises[64].

La première journée du 11e congrès est conclue par les élections du nouveau CC et des membres du Politburo ainsi que des membres des différentes organisations de l'État.

1. Élection des membres du Bureau politique du Comité central du parti élus dans l'ordre hiérarchique[65]

Les 13 nouveaux membres élus du tout-puissant Bureau politique avec la distribution des rôles de chaque membre dans l'appareil de l'État :

1. Thongloun Sisoulith
2. Phankham Viphavanh
3. Pany Yathotou
4. Bounthong Chitmany
5. Xaysomphone Phomvihane
6. General Chansamone Chanyalath
7. Khamphanh Phommathat
8. Sinlavong Khoutphaythoune
9. Sonexay Siphandone
10. Kikeo Khaykhamphithoune
11. Lieutenant General Vilay Lakhamfong
12. Sisay Leudetmounsone
13. Saleumxay Kommasith

Parmi les 13 membres, 2 sont des femmes : Pany Yathotou, première femme élue présidente de la république et Sisay Leudethmounsone ; et 2 généraux de l'armée populaire lao : Chansamone Chanyalath et Vilay Lakhamfong.

On retient d'autre part que les membres du Bureau politique ont tous fait un passage de plusieurs mois de stage de formation de théorie politique à

---

[64] On patronage in Laos, voir Martin Stuart-Fox, « Countries at The Crossroads 2011: Laos », in Jake Dizard, Christopher Walker, & Vanessa Tucker (eds.), Countries at the Crossroads 2011: An Analysis of Democratic Governance, New York: Freedom House, 2012, pp. 325-345.

[65] Comrade Thongloun Sisoulith elected as Party Secretary General, Lao News Agency, KPL 15/01/2021.

l'École politique pour cadres au Vietnam. Ils possèdent tous une bonne culture de l'idéologie marxiste et de la théorie du socialisme.

Le tableau (4) indique les noms des élus au Politburo et la responsabilité de chaque membre au sein de l'appareil de l'État (parti et gouvernement), ainsi que leur rang obtenu à l'élection au CC de 2021 par rapport à l'élection de 2016. On remarque que certains élus ont fait des bonds fulgurants en 2021, comme Saleumxay Kommasith, Vilay Lakhamfong, Kikeo Khaykhamphithoune, Sonexay Siphandone ou Khamphanh Pommathat.

Tableau 4 : Rang des membres élus au Politburo du CC en 2021

Classement 2021	Nom	Position parti 2021	Position 2021 gouvernement	Rang 2016
1	Thongloun Sisoulith	Secrétaire général PPRL ; Politburo ; Secrétariat CC	Président de la République	4
2	Phankham Viphavanh	Politburo	Premier ministre	11
3	Pany Yathorthou	Politburo	Vice-présidente	5
4	Bounthong Chitmany	Politburo ; Président Secrétariat CC	Vice-président	9
5	Xaysomphone Phomvihane	Politburo	Président de l'AN	17
6	Chansamone Chanyoalath	Plitburo	vice-PM et ministre de la Défense	27
7	Khamphanh Pommathat	Politburo ; Président Comité Inspection État		32
8	Sinlavong Khoutphaythoune	Politburo Président LFND		31
9	Sonexay Siphandone	Politburo	Vice PM, ministre MPI	34
10	Kikeo Khaykhamphithoune	Politburo	vice-Premier ministre	39
11	Vilay Lakhamfong	Politburo	Ministre de la Sécurité publique	40
12	Sisay Leudetmounsone	Politburo ; Secrétariat CC ; Présidente Comité central d'organisation		20
13	Saleumxay Kommasith	Politburo	Ministre des Affaires étrangères	50

2. Élection des membres du Secrétariat du CC du PPRL

Les 9 membres élus du Secrétariat du CC du PPRL dont 3 femmes : Sisay Leudetmounsone, Sounthone Sayachack et Viengthong Siphandone.

1. Thongloun Sisoulith
2. Bounthong Chitmany (president du Secretariat)
3. Khamphanh Phommathat
4. Sisay Leudetmounsone
5. Khamphanh Pheuyavong
6. Anouphab Tounalom
7. Thongsalith Mangnomek
8. Sounthone Sayachack
9. Viengthong Siphandone

3. Élection des membres du Comité d'inspection d'État du PPRL

Les 7 membres élus du Comité central d'inspection du PPRL :
1. Khamphanh Phommathat (président du Comité)
2. Vilayvanh Bouddakham
3. Sinay Mienglavanh
4. Soukkhamphet Heuangboutsy
5. Daobualapha Bavongphet
6. Xaykham Ounmixay
7. Vanxay Xongxayou

Dans la phase finale du renouvellement de l'Etat-parti, les sessions inaugurales de la nouvelle Assemblée nationale (AN) issue du 9e législative du 21 février ont eu lieu du 22 au 26 mars, les députés se sont réunis pour élire le nouveau président de la République Thongloun Sisoulith et les deux vice-Présidents de la république, Pany Yathotou et Bounthong Chitmany. L'AN a d'autre part approuvé la nomination du Premier ministre Phankham Viphavanh, sur proposition du Président de la République, elle a ensuite approuvé la nomination des trois vice-premiers ministres et adopté les membres du gouvernement du nouveau Premier ministre (§ 3.3.3). Les dirigeants et ministres ont reçu de solide éducation et la plupart ont accompli une formation complémentaire ou stage à l'étranger : Vietnam, Chine, Australie, Singapour, Inde, Malaisie, Japon, Russie.

On note qu'en réalité, les nominations des dirigeants étaient soigneusement prédéterminées et alignées sur les rangs obtenus à l'issue des votes du CC lors du congrès national du parti.

Message de clôture du onzième Congrès national du parti du nouveau secrétaire général et Résolution du Congrès

Lors de la cérémonie de clôture du Congrès du Parti, le nouveau Secrétaire général du parti, Thongloun Sisoulith, a déclaré que tous les élus du nouveau CC devraient jouer un rôle actif dans la mise en œuvre des politiques du parti de manière innovante, tout en encourageant toutes les forces de la société à développer la nation au cours des cinq prochaines années.

Les membres du CC devraient maintenir leur esprit révolutionnaire et développer leurs capacités de leadership pour superviser la mise en œuvre de toutes les politiques approuvées au congrès. Bien que le Laos ait atteint de nombreux objectifs de développement socio-économique au cours des cinq dernières années, des défis restent à relever, exigeant un engagement politique fort pour surmonter les difficultés économiques, a souligné Thongloun Sisoulith. Ainsi, les nouveaux dirigeants du parti doivent agrandir la tradition du consensus et renforcer leur responsabilité politique envers la mission révolutionnaire et le sort de la nation. Au cours des dernières décennies, a ajouté le secrétaire général : « *le Laos a poursuivi une direction politique vers le socialisme, malgré les changements dans le monde. La nation respecte l'idéologie du marxisme-léninisme, la pensée de Kaysone Phomvihane, les belles traditions du parti ainsi que les aspirations de toute la population d'ethnie lao comme le fondement de la formulation des politiques du Parti* [66]». Le secrétaire général du parti a d'autre part souligné que l'une des percées importantes est d'édifier un système d'infrastructures synchrone et moderne en termes d'économie, de société, d'environnement, de défense nationale et de sécurité, tout en mettant l'accent sur le développement des infrastructures de l'information et des télécommunications, créant ainsi une plateforme nationale de transformation numérique au service de la croissance et développant en même temps une société numérique.

La Résolution du 11e Congrès national du parti : objectifs stratégiques pour le parti et le gouvernement

Le congrès du CC du parti s'est achevé par l'adoption de la Résolution du 11e Congrès du Parti, qui va guider les actions et objectifs fondamentaux de la feuille de route pour la politique du pays au cours des cinq prochaines années. Le Congrès a chargé le CC du 11e Congrès du parti à étudier, à comprendre et à traduire la résolution adoptée par le congrès de manière systématique et objective. Les membres du parti et les cadres de tous les niveaux doivent en outre étudier et comprendre l'essence du rapport politique.

[66] Party leaders urged to step up political responsibility, Vientiane Times, 18/01/2021.

Les objectifs politiques et les tâches définis par la Résolution sont résumés ci-dessous :

1. Le Congrès a examiné et évalué objectivement des résultats obtenus de la Résolution du 10e Congrès du parti et des réalisations du 8e plan quinquennal de développement socioéconomique. Il a approuvé à l'unanimité le rapport du 10e Congrès. En dépit des succès de ces dix dernières années, le Congrès du parti a signifié également des insuffisants et des lacunes de la direction qui doivent être remédiés, et notamment sur les points suivants :
- Renforcer la capabilité et la qualité de la direction du parti ; développer une meilleure gestion du personnel et de l'administration conduisant à la supervision des règlementations et de la discipline ;
- Accroître l'économie en parallèle avec l'objectif d'augmenter la base de production et de prestation des services ; promouvoir une stratégie de développement en concertation avec les communautés rurales et les entreprises ;
- Assurer une politique de ressources humaines en termes de quantité et de qualité, qui sont les leviers de croissance de l'économie, de protection et d'enrichissement les droits des citoyens ;
- Traduire et mettre en œuvre les résolutions du parti, les plans et les projets de développement de l'État à des différents niveaux qui doivent être strictement basés sur des décisions collectives concordantes grâce au rôle accru de la supervision des cadres fonctionnaires du parti.
2. Le Congrès a entendu le rapport du 8e plan du gouvernement et a félicité pour le succès de sa mise en œuvre. Le congrès a soutenu le 9e plan de développement socioéconomique (2021-2025), considéré comme un plan efficace pour mettre en œuvre la Résolution du 11e Congrès du parti et des projets nationaux ainsi que le cadre d'investissement pour le pays. À cet égard, les six objectifs majeurs déjà identifiés et mentionnés dans la déclaration du Premier ministre relatif au volet économique (§ 2.3 encadré 5) ont été retenus. Toutes les tâches ci-dessus mentionnées sont de la responsabilité du CC du parti, celui-ci doit superviser le gouvernement pour la mobilisation des efforts et des potentiels collectifs pour le succès de la mise en œuvre du plan de développement socioéconomique.

3. Le Congrès a approuvé l'évaluation de la direction collective du 10e CC du parti, et a grandement apprécié les efforts proactifs et constructifs du parti pour avoir enrichi ses traditions et leçons apprises. Cette appréciation et mérite s'adresse également à Bounnhang Vorachit, Secrétaire général du parti, qui en tant que leader a pu diriger avec succès la mise en application de la résolution du 10e Congrès du parti et les résultats obtenus en matière de solidarité, de maintien de l'unité au sein du parti, de l'État, des forces armées et du peuple lao. Le Congrès a appelé le parti à renforcer son pouvoir ainsi qu'à imposer

des mesures pour éliminer ses faiblesses ainsi que des problèmes non résolus et à affirmer la capacité du leadership.

4. Le Congrès a entendu le rapport présenté par Bounthong Chitmany et a approuvé les amendements de la constitution du parti. Les amendements qui ont pour but de rendre le parti plus propre, solide, vigoureux et stable, afin qu'il ait la capacité suffisante pour diriger la tâche de protection nationale et de développement au cours de la nouvelle ère et s'orienter vers le socialisme.

5. Le Congrès a élu le nouveau Comité du parti, qui se compose de 71 et 10 membres alternatifs constituant ainsi le noyau du parti pour diriger l'ensemble du Parti, l'État, les forces armées et les personnes pour mettre en œuvre la Résolution du 11e Congrès du parti, initier des ruptures en apportant de forts changements à l'avenir pour le développement de la nation, et pour conduire le pays vers le socialisme[67].

En conclusion, le CC du 11e Congrès national du parti a appelé à tous les niveaux et aux membres du parti à maintenir leur rôle de premier plan dans la mise en œuvre de la résolution adoptée par le Congrès. Il a souligné la nécessité de renforcer l'édification et le réajustement du parti et du système politique pour qu'ils soient transparents et puissants, de concrétiser et appliquer au mieux les préconisations du parti, de remédier aux faiblesses dans la direction et dans l'application des politiques. En plus, il a fait appel aux officiels, aux combattants, au peuple lao, aux classes sociales et aux personnes de toute ethnie lao, y compris ceux qui vivent à l'étranger qui aiment la nation pour entretenir l'esprit et l'amour de la nation afin de renforcer et consacrer leur soutien à la Résolution, à la tâche de construction nationale, à la rénovation du peuple de la RDP Lao et de maintenir le pays sur la voie du socialisme[68].

La prochaine génération de dirigeants du 12e Congrès du parti pourrait provenir encore de ces hommes dont les « héritiers des fondateurs du parti », si rien ne change fondamentalement au Laos pour renouveler plus largement ses cadres dirigeants dans l'ensemble de l'appareil de l'État et abandonner des transmissions dynastiques du pays. L'État et le CC du parti sont cependant conscients qu'ils doivent prôner la transparence et l'ouverture large aux jeunes cadres dirigeants de tout horizon, mais reconnaissent des faiblesses et des insuffisants en matière de sélection et de recrutement des cadres politiques. Le gestionnaire des Ressources Humaines dans le parti se place au cœur des relations internes et des relations avec le Politburo, l'équilibre des forces régionales et ethniques, le CC et les influences extérieures. Cette place au

---

[67] Laos continues to develop under the guidance of the Party, Vientiane Times, 18/01/2021.

[68] Rapport officiel en lao de la Résolution du 11e Congrès du CC du PPRL par le Comité d'organisation du 11e Congrès du parti, 13-15 /01/2021.

centre de cet ensemble relationnel explique les influences et les contraintes auxquelles elle est soumise. Une chose est certaine : l'apport de la jeunesse est la condition indispensable de tout progrès politique, social et de bonne gouvernance. La succession au mérite est plus pertinente que les transmissions héréditaires d'État, tout comme dans des entreprises familiales.

Les messages de sympathies et de félicitations

Selon les informations du Bureau des relations extérieures du CC, un certain nombre de partis politiques étrangers partageant l'idéologie politique avec le Laos ont félicité le PPRL à l'occasion de son 11e congrès et l'élection de son nouveau Bureau politique avec à sa tête l'élection de Thongloun Sisoulith, Secrétaire général du parti. Le PPRL a reçu des messages de félicitations de plus de vingt partis politiques à travers le monde, elles incluent le Parti communiste du Vietnam, le Parti communiste de la Chine, le Parti des travailleurs de la Corée, le Parti communiste de Cuba et du Parti populaire du Cambodge[69]. Les vœux les plus chaleureux provenaient du PC vietnamien et du PC chinois comme il se doit.

Le message de félicitations du Comité central du PC vietnamien fait état des relations entre les deux Partis, les États et les peuples du Vietnam et du Laos qui sont d'une importance vitale pour la cause de la protection de l'indépendance nationale, de la souveraineté, de l'intégrité territoriale et de la construction du socialisme dans chaque pays, contribuant positivement à la paix, la stabilité, la coopération et le développement dans la région et le monde dans son ensemble. « *Le Parti, l'État et le peuple vietnamiens feront, en toutes circonstances, de leur mieux, avec le Parti, l'État et le peuple lao, pour préserver, favoriser et transmettre aux générations futures la relation de solidarité spéciale entre le Vietnam et le Laos*[70] », écrit le Comité central du Parti communiste du Vietnam dans son message. Le Parti communiste du Vietnam a profité de l'occasion pour exprimer sa sincère et profonde gratitude pour le soutien et l'assistance importants et précieux que le Parti, l'État et le peuple lao ont apportés au Vietnam dans la lutte pour la libération nationale et la réunification dans le passé et dans l'œuvre de Renouveau, de construction et défense nationale à l'heure actuelle.

Le Comité central du Parti communiste chinois (PCC) dans un message de félicitations à son homologue laotien a salué des importants résultats obtenus par le PPRL pour la cause socialiste en unissant le parti et le peuple. Il a fait l'éloge du Laos face à la pandémie de nouveau coronavirus, le Comité central du PPRL a joué un rôle de premier plan, coordonné la prévention et le

---

[69] Congratulatory messages pour in on Laos' 11th Party Congress, Vientiane Times, 15/01/2021.

[70] Félicitations du Vietnam au XIe Congrès national du Parti révolutionnaire populaire lao, Le Courrier du Vietnam, 13/01/2021.

contrôle face au virus, ainsi que le développement économique et social, et a préservé la stabilité politique, la croissance économique et l'amélioration des moyens de subsistance de la population. Le PCC et le gouvernement chinois, qui attachent une grande importance aux relations entre les deux partis et les deux pays, souhaitent travailler avec le Laos pour mettre pleinement en œuvre les consensus importants auxquels sont parvenus les plus hauts dirigeants des deux partis et des deux pays, guidés par une politique de « *stabilité à long terme, de bon voisinage, de confiance mutuelle et de coopération globale*" et dans un esprit de "*bons voisins, amis, camarades et partenaires* ». Le message a ajouté d'autre part que : « *le PCC et le gouvernement chinois sont également prêts à approfondir la coopération stratégique globale avec le Laos et à faire progresser les liens bilatéraux et la construction d'une communauté de destin partagé à un niveau plus élevé, de manière à bénéficier davantage aux deux pays et à leurs peuples, et contribuer encore plus à la paix, à la stabilité, au développement et à la prospérité dans la région*[71] ».

Le Président chinois Xi Jinping tout comme le Président vietnamien Nguyen Phu Trong et le Premier ministre Nguyen Xuan Phuc, ont envoyé les félicitions fraternelles à l'élection du Secrétaire général, Thongloun Sisoulith ainsi qu'au Comité central du PPRL pour le succès de ce 11e congrès. Le Président Xi se dit prêt à travailler avec le Président Thongloun pour renforcer des relations politiques guidées à la fois entre les deux parties et les deux pays. Il a également suggéré que les deux côtés fassent des efforts concertés pour faire avancer leur amitié traditionnelle, approfondir les échanges et la coopération, promouvoir leur cause commune socialiste, et faire avancer la construction de la communauté Chine-Laos avec un avenir partagé, dans le but de contribuer positivement à la sauvegarde de la paix, de la stabilité, de la prospérité et du développement régional[72]. Quant au Président et Secrétaire général du PC vietnamien, Nguyen Phu Trong, il a affirmé « *le soutien solide et complet du Vietnam pour la construction et le sauvegarde nationale du Laos. Les deux dirigeants lao et vietnamien ont montré leur satisfaction au constant développement de relation de solidarité spéciale qui a profité aux peuples des deux pays. Ils ont également affirmé de faire leur maximum pour protéger et favoriser les relations privilégiées en toutes circonstances* [73]».

[71] Le Parti communiste chinois félicite le Laos pour l'ouverture du 11e congrès de son parti au pouvoir, Agence de Presse Xinhua, 13/01/2021.
[72] Xi congratulates Thongloun on election as secretary general of Lao People's Revolutionary Party, Vientiane Times, 18/01/2021.
[73] Top leader holds phone talks with new Secretary General of Lao People's Revolutionary Party, Vientiane Times, 18/01/2021; Secretary General Thongloun holds phone talks with Vietnamese counterpart Nguyen Phu Trong, KPL, 16/01/2021.

Décoder le 11e Congrès national du parti d'après.

Qu'observe-t-on à l'issue de ce 11e congrès du parti, quels changements, quels enseignements tirés ? Quelle stratégie de développement ?

Un large consensus au sein du Comité central du parti

Tout d'abord, le 11e congrès s'est tenu sous le signe de la continuité, l'heure est à la stabilité et au maintien de la ligne actuelle, puis de l'avis de nombreux observateurs avisés et la presse étrangère, ce congrès s'est bien déroulé, un consensus général a été obtenu rapidement au CC pour désigner la hiérarchie des membres du Bureau politique ainsi que leur attribution. Il n'y a pas eu comme au dernier congrès de tension ou de longues négociations entre dirigeants. Il n'y a pas non plus remise en cause majeure de la politique prévue, le congrès a approuvé le plan quinquennal visant une croissance raisonnable mais justifiée. Le principe de la direction collective élaboré par la charte du parti a bien été observé. La résolution du Congrès a fixé une feuille de route en adéquation avec les objectifs appropriés, les spécificités lao et les tendances qui se dégagent dans la région et le monde.

Aujourd'hui, les luttes de factions sont beaucoup plus apaisées : il existe un certain consensus quant à l'importance de l'économie de marché et à la volonté de limiter les réformes politiques. Mais des divergences sur les priorités demeurent et les luttes pour le pouvoir diminuent en intensité, l'adhésion et l'unité prévalent dans le Parti.

Il est vrai que le congrès a eu lieu dans un contexte de crise sanitaire et économique où la reprise est encore incertaine et cache des points faibles persistants, renforçant encore la dépendance aux crédits étrangers, à l'endettement, sur fond de timidité du secteur du tourisme, dans un contexte géopolitique volatile. La croissance lao est revue en forte baisse au cours du 9e plan quinquennal et est toujours déséquilibrée, car la reprise s'est appuyée lourdement sur le soutien de l'aide publique et des partenaires de développement. Des vulnérabilités financières accrues, et un environnement extérieur difficile posent des risques pour l'avenir. Cela explique la rapidité du CC à adopter le plan quinquennal de développement socioéconomique 2021-2025 et la Résolution du congrès. Les mots qui ont été les plus prononcés et entendus au cours de ce Congrès du parti sont : Covid-19, socialisme, renforcement du parti, discipline, corruption, ressources humaines, croissance stable, secteur privé, dettes publiques, bien-être de la population, science et technologie et gouvernance.

Plusieurs constations et changements concernant les élections des nouveaux membres du Comité central du parti et du bureau politique :
Les membres du 11e congrès du parti sont au nombre de 71 actifs plus 2 membres par rapport au congrès sortant 69 membres et 10 membres

suppléants plus deux par rapport aux 8 du dernier congrès. Parmi les élus du 11e congrès du CC, on compte 36 membres qui ont plus de 60 ans, soit 50,7% ; 35 membres ont entre 46 et 59 ans, soit 49,3%. Par ailleurs, selon le Comité chargé de l'organisation du congrès, seulement 19 membres ont participé à la révolution avant 1975 soit 26,76% et la grande majorité des 52 membres soit 73,24% n'ont pas connu la révolution et sont venus après 1975. Il est intéressant de noter que selon les sources de l'organisation du congrès du CC, il y eut en 1975 que 7 personnes membre du parti contre 348 686 en 2021. Par ailleurs, le niveau en éducation politique est élevé tout comme le niveau intellectuel des membres, une amélioration constatée d'année en année. L'âge moyen des membres du 10e congrès, était de 57 ans, il est de 59 ans au 11e congrès, une légère hausse de l'âge des membres du CC, alors qu'on s'attendait à un rajeunissement des cadres politiques.

Ce congrès a révélé également la qualité des nouveaux membres : en effet, 28 membres possèdent un diplôme de maîtrise, soit 39,43% ; 27 possèdent une licence, soit 38,02% et 10 ont un diplôme de doctorat. Il donne un aperçu du bon niveau d'instruction de cette population du CC. À l'avenir il se pourrait que la sélection des membres aux postes du CC soit encore plus exigeante, compte tenu du fait que le PPRL souhaite recruter des personnes bien formées politiquement et un niveau intellectuel élevé ; en outre, la sélection des membres du parti de base deviendra élitiste avec les nouveaux statuts, l'adhésion au parti sera aussi plus longue, dans ce contexte les futurs cadres ne seront peut-être pas aisés à enrôler.

En ce qui concerne les membres du bureau politique et du gouvernement, il n'y a pas de grand bouleversement si ce n'est que leur nombre passe de 11 à 13. Parmi les 13 membres, 9 étaient déjà élus au bureau politique précédent : Thongloun Sisoulith, Phankham Viphavanh, Pany Yathotou, Bounthong Chitmany, Xaysomphone Phomvihane, General Chansamone Chanyalath, Khamphanh Phommathat, Sinlavong Khoutphaythoune, Sonexay Siphandone ; et quatre sont membres du CC du parti. L'âge moyen est environ 62 ans, le plus âgé Thongloun Sisoulith, le dernier vétéran le plus sénior post-1975, il a 75 ans ; le plus jeune a 53 ans, Saleumxay Kommasith. On remarque une nouvelle fois la promotion fulgurante de Saleumxay, cet avancement a déjà été constaté lors du 10e congrès national du parti. Une nouveauté significative d'autre part, c'est qu'il y a à présent deux vice-présidents de la république et trois vice-premiers ministres. Il convient de noter par ailleurs que la diversité des membres est bien respectée par le parti, les minorités ethniques sont représentées. Ainsi, Pany Yathotou, la 3e dans la hiérarchie du parti est Hmong, Bounthong Chitmany, le 4e dans la hiérarchie est Lamet, Phankham Viphavanh, le 2e dans la hiérarchie est Tai Dam, Chansamone Chanyalath, le 6e dans la hiérarchie est Khmu.

Le grand changement est qu'on ne voit plus la vielle garde aux commandes de l'État avec le dernier départ de Bounnhang Vorachit. Les dirigeants actuels sont tous venus en politique après 1975, la majorité avait grandi dans la zone « libérée ». En revanche, comme par le passé, le 11e congrès du parti conforte l'ascension des descendants, des liens de parenté ou des enfants des collaborateurs fidèles et dévoués avec des personnages historiques et fondateurs du régime[74]. Au Laos, les liens de parentés ou de clan s'étendent jusqu'aux gendres, brus, fils ou filles adoptifs. Ces membres constituent ce qu'on appelle « le parti des héritiers » ou les héritiers à cheval entre la « deuxième et la troisième génération ». Ces enfants de combattants et de vétérans de la révolution, représentant des héritiers des fondateurs du PPRL (Kaysone Phomvihane, le prince Souphanouvong, Khamtay Siphandone, Phoumi Vongvichit, Sisavath Keobounphanh), arrivés aujourd'hui à leur tour en âge de gouverner, qui constituent, ensemble, une sorte de classe privilégiée, pèsent un poids certain. Ils bénéficient de facilités sur le plan politique. Bien plus qu'en Chine ou au Vietnam, ces familles politiques puissantes au Laos sont liées par le mariage. Leur ascension au sein du PPRL s'en trouve donc accélérée grâce à leurs relations ou réseaux[75]. Dans la dernière décennie, cette génération née dans les années 1960-1970 a été promue à plusieurs postes importants : comité central du parti, bureau politique, secrétariat du CC ou Comité d'inspection du CC, ministre, gouverneur de province, maire de grande ville ou encore responsable de grande entreprise publique.

Des « héritiers des fondateurs du régime » mais aussi parmi les plus récents dirigeants à la retraite (Choummaly Sayasone et Bounnhang Vorachit) sont de plus en plus influents dans les milieux économiques et politiques. Ils se présentent comme les gardiens de l'héritage communiste et estiment avoir la légitimité pour diriger. Pour la première fois, le PPRL est dirigé par des cadres de carrière et des éducateurs plutôt que par des militaires et des commissaires politiques durant la période de guerre. En effet, protégé du théoricien du parti, ancien dirigeant du PPRL et Président par intérim de la république Phoumi Vongvichit, Thongloun Sisoulith a suivi une formation d'enseignant en rejoignant le parti après 1975, il était déjà connu comme personnage curieux et cultivé, a obtenu ensuite de diplôme d'études supérieures en Union soviétique, est devenu plus tard le ministre respecté des Affaires étrangères. En tant que Premier ministre, il a déployé des efforts - bien que limités - pour enrayer les largesses officielles et la corruption. Phankham Viphavanh (70 ans) et Bounthong Chitmany (70 ans) étaient également des éducateurs et ont forgé des carrières dans la propagande, la formation et l'organisation du parti dans le milieu des années 1990. Phankham Viphavanh a une réputation sans fioriture mais homme de caractère et opiniâtre tandis que Bounthong, de réputation intègre a dirigé le programme

---

[74] Martin Stuart-Fox, "Laos: Politics in a Single-party State", Southeast Asian Affairs, vol. 2007 (2007): 162.

[75] Martin Stuart-Fox, "Elite family ties still bind the Lao Peoples' Revolutionary Party", East Asia Forum, 2101/2021.

anti-corruption du parti. Tous deux ont également été gouverneurs provinciaux. Ces dirigeants peuvent agir plus résolument pour mettre en œuvre des politiques visant à renforcer les institutions du parti et de l'État, y compris celles liées à la discipline et à l'intégrité. En revanche, il n'y a curieusement aucune personne nommée du cercle du président Souphanouvong au Politburo, au secrétariat du CC, au comité d'inspection du CC ou élu au comité central.

Quel Laos pour les cinq années à venir ?

La nouvelle équipe dirigeante ne devrait pas remettre en cause les réformes économiques et politiques au Laos. L'organe politique n'a pas rénové ses cadres, et le moins que l'on puisse dire, c'est qu'on retrouve des mêmes personnes mais à des postes différents. Pas de rupture mais plutôt une forme de continuité devrait marquer cette nouvelle ère. Les nouveaux leaders sont légèrement plus jeunes que l'équipe précédente. On peut imaginer qu'ils seront plus ouverts d'esprit et disposés à intégrer la science, la nouvelle technologie, le numérique, l'innovation, les nouvelles idées et la bonne gouvernance dans le développement du pays.

Le Politburo et le nouveau gouvernement qui prennent les rênes et conduisent le pays dans le contexte sanitaire actuel ne vont pas revenir en arrière. Ils sont avant tout pragmatiques et devraient poursuivre l'ouverture économique mais tout en contenant son déficit fiscal chronique et réduire son endettement. Thongloun Sisoulith lorsqu'il était Premier ministre, beaucoup le considèrent comme un réformiste « raisonnable » qui incarne la nouvelle génération politique lao, il luttait déjà contre la corruption et prônait pour un pays moins dépensier et ayant le souci du bien-être de la population. Thongloun Sisoulith a une grande admiration pour Singapour après y avoir passé quelques semaines de stage de langue anglaise pour les dirigeants dans des années 1990. Il est enthousiasmé par l'efficacité de l'administration, la probité et l'intégrité des dirigeants et fonctionnaires de cet Etat-ville. Devenu président de la République, on peut penser qu'il a à présent le plein pouvoir pour imposer certaines mesures audacieuses pour faire avancer le pays vers plus de justice et davantage d'égalité ainsi qu'une administration lao plus efficiente et un développement qui tient compte des questions environnementales pour une croissance stable dans un contexte de crise sanitaire. La question qui se pose aujourd'hui est de savoir si sur la corruption, le nouveau Secrétaire général pourrait-il combattre efficacement ce fléau[76] ? Car, il est de notoriété publique que la corruption profite pratiquement à toute l'élite du parti, et toute tentative de la réduire ou de l'éliminer se heurte immédiatement

[76] David Hutt, Is Laos Really Launching a New Corruption Crackdown? The Diplomat, 16/08/2018.

aux liens et intérêts familiaux de certaines familles[77]. D'autre part, en nommant Sisay Leudethmounsone au poste stratégique de Présidente d'Organisation et du personnel d'État, le nouveau Secrétaire général du parti Thongloun Sisoulith a voulu manifester l'amélioration de la structure organisationnelle du parti, renforcer les règlements du parti concernant la discipline et la mobilité du personnel. En particulier, faire progresser le développement personnel des cadres du parti, instaurer les évaluations des membres entre eux, améliorer l'organisation à tous les niveaux, diffuser l'idéologie et la ligne du parti aux membres, emporter plus d'adhésion des jeunes potentiels et renforcer le leadership et notamment dans des entreprises publiques. Vaste programme et responsabilité pour cette femme dynamique qui était alors présidente de l'Union des femmes et vice-présidente de l'Assemblée nationale[78].

En matière de politique étrangère, la nouvelle direction devrait gérer la relation avec Beijing à la fois sans prendre de position sur la question de la mer de Chine méridionale et équilibrer son rapport entre le Vietnam et la Chine et à la fois continuer à avancer dans la coopération économique avec cette dernière et attirer toujours plus d'investissements chinois. Les relations politiques, diplomatiques et économiques lao avec la Chine sont donc un exercice permanent de realpolitik entre l'allié vietnamien et le partenaire stratégique global de coopération chinois. Mais la prospérité même du Laos résulterait aussi d'un double équilibre à l'intérieur de sa direction politique : un consensus sur le maintien de la balance Vietnam-Chine d'une part, et la capacité de ses dirigeants à préserver la confiance de ses relations avec les deux pays communistes, d'autre part. Plus il y a de tension entre la Chine et le Vietnam, plus le gouvernement lao sera affecté et moins l'économie et le commerce du pays en profiteront. Les cinq années à venir, la question économique et sociétale sera centrale. Le gouvernement va devoir s'atteler à la relance économique, convaincre la population et cette classe moyenne urbaine qui ont été séduites par la croissance de l'économie des dernières décennies. Au-delà, ce 9e plan quinquennal confirme le contrôle de l'Etat-parti sur tous les pans de la société et de l'économie. Ce nouveau plan intervient dans un contexte de reprise en main idéologique (renforcement du parti et de la discipline) et économique. Le nouveau plan pourrait augurer des réformes économiques d'envergure, comme l'ouverture large aux investissements ou l'assouplissement des règles administratives. Mais rien de majeur sur le plan sociétal n'est attendu.

Le 22 mars 2021, à l'occasion de la cérémonie du 66e anniversaire de la fondation du PPRL, pour marquer cet événement, le nouveau secrétaire général Thongloun Sisoulith a appelé les membres du parti et la population

---

[77] Martin Stuart- Fox, Elite family ties still bind the Lao Peoples' Revolutionary Party, East Asia Forum, 21/01/2021.

[78] Secretary General calls for effective Party development, Vientiane Times, 03/02/2021.

dans tout le pays à redoubler d'efforts pour amener le changement dans la nation. Il a souligné que : *« pour apporter un profond et complet changement, les membres du Parti doivent apprendre des expériences et des leçons qui avaient permis le Parti de survivre au milieu d'un environnement local et international complexe*[79]». Les facteurs qui ont permis au Parti de rester en vie et jouer un rôle de leader dans le système politique et social en place jusqu'à maintenant au Laos, a ajouté Thongloun Sisoulith, c'est « *parce que notre parti a toujours adhéré systématiquement à l'esprit de la révolution et à ses belles traditions* ». Ces traditions : « *comprennent l'adhésion au marxisme-léninisme, aux pensées de Kaysone Phomvihane* ».

Afin d'apporter des changements de grande envergure, Thongloun Sisoulith a exhorté les comités du parti à corriger leurs faiblesses, à éliminer la corruption et à promouvoir les idées constructives, il a ajouté d'autre part que la consommation ostentatoire doit également être éliminée. Enfin, le Secrétaire général du parti fait aussi appel « *aux Lao de toutes les ethnies à redoubler d'efforts pour renforcer leur ferveur patriotique et adopter un nouvel esprit aimant le régime, ainsi que d'exercer leur droit à l'appropriation nationale et être proactifs en surveillant et contrôlant régulièrement le travail et des membres du Parti et des fonctionnaires de l'État. Cela aidera le Parti à s'améliorer et à s'attaquer à ses faiblesses et lacunes, ce qui cimentera les fondations du parti et les changements globaux dans toute la société. Le Parti, l'État et le peuple devraient enrichir la belle tradition du Parti. Tout le monde devrait se joindre pour veiller à ce que la mise en œuvre de la résolution du 11e Congrès du Parti et le 9e Plan national de développement socioéconomique qui débute cette année atteignent leurs objectifs fixés et apportera des contributions significatives à la protection nationale, au développement et à la civilisation* ». C'était le premier grand discours politique que le Secrétaire général du parti adressait aux dirigeants du parti, aux parlementaires, aux membres et délégués du Comité central depuis son élection comme chef du parti. Le parti reconnaît explicitement ses lacunes, ses faiblesses et le besoin de relever ces défis pour maintenir son régime.

3.3 L'Assemblée nationale (AN) : Organe représentatif suprême en mutation qui prend du poids

L'AN est un organe unicaméral dont les députés sont élus au suffrage direct pour un mandat de cinq ans. Le régime politique du Laos est celui d'un État démocratique populaire (article 2 de la Constitution). L'AN est l'organe représentatif suprême du peuple et de l'État au Laos. Outre un président et un vice-président, l'AN comporte un Comité permanent qui fait fonction de l'animateur à l'Assemblée.

---

79 Party chief pushes for change as he marks Party's birthday, Vientiane Times, 22/03/2021.

Les élections législatives des membres de l'AN et des membres du Conseil populaire des 17 provinces et de la préfecture de Vientiane ont lieu tous les cinq ans[80]. Les membres des deux organes représentent les droits et les avantages du peuple multiethnique lao au parlement. Qui sont les membres de l'AN et du Conseil populaire de province ? Les membres de l'AN représentent les droits et les intérêts légitimes du peuple ethnique lao. Ils sont élus par des citoyens sous le contrôle du peuple, du Front lao pour le développement national, de la Fédération des vétérans lao, de la Fédération des syndicats lao, de l'Union des femmes lao, de l'Union de la jeunesse lao. Quant aux membres du Conseil populaire provincial, ils représentent les droits et les intérêts légitimes des citoyens dans une province. Ils sont élus par les citoyens sous le contrôle du peuple, des branches provinciales du Front lao pour le développement national, de la Fédération des vétérans du Laos, de la Fédération des syndicats lao, de l'Union des femmes et de l'Union de la jeunesse lao[81].

L'Assemblée nationale et tous les organes de l'État sont organisés et fonctionnent selon le principe du centralisme démocratique (article 5). L'Assemblée nationale est l'organe législatif qui a le droit de décider des questions fondamentales de la Patrie. Elle élit le Président de l'État et le vice-président, ensuite le Président nomme le Premier ministre, qui sera soumis à l'approbation du Parlement. Le Premier ministre pourra alors former son cabinet.

Le président de la République est le chef du pouvoir exécutif. Il est le premier pilier des institutions politiques et l'acteur primordial du jeu politique. Mais dans le cadre du système politique lao, le chef d'Etat est aussi investi comme secrétaire général de son parti, le PPRL. Ainsi le chef d'État bénéficie d'une double légitimité, à la fois étatique (chef de l'Exécutif) et partisane (secrétaire général du parti au pouvoir). Ce dédoublement fonctionnel est consubstantiel propre à la nature du régime constitutionnel du Laos et les statuts du Parti.

Dans les prérogatives de l'AN, celle-ci a le pouvoir d'élire et de démettre de ses fonctions, son propre président mais également le Président de l'État, le Premier ministre et le Président de la Cour populaire suprême. Elle approuve également la composition du gouvernement sur proposition du Premier ministre. La nouvelle Constitution de 2015 renforce le dispositif de supervision et de contrôle des activités des organes exécutifs et judiciaires. Elle exerce le pouvoir législatif et détermine en principe les politiques intérieures et étrangères, financières, monétaires, économiques et sociales du pays. Elle approuve le budget national et supervise les activités du

[80] Les élections des membres du Conseil populaire des provinces et de la municipalité de Vientiane ont eu lieu pour la première fois sous la 8e législative.

[81] Rights and duties of National Assembly and Provincial People's Council members, Vientiane Times, 07/01/2021.

gouvernement, des tribunaux populaires et du parquet. En dépit de ses pouvoirs constitutionnels importants, l'AN n'exerce en pratique qu'un pouvoir plus restreint, face à l'influence du parti et du pouvoir exécutif. Bien qu'ayant théoriquement des pouvoirs étendus aujourd'hui, il n'en reste pas moins que l'Assemblée nationale est totalement soumise au Parti.

Pour la première fois il y a eu en 2016 les élections législatives des membres du Conseil populaire des dix-sept provinces et une préfecture (Nakhon luang Vientiane). Ces élections eurent lieu en même temps que les élections législatives nationales.

Au cours de ces cinq dernières années, il y a eu un rééquilibrage des rapports institutionnels. Quel changement de processus de légitimation de l'AN observe-t-on aujourd'hui ? L'affirmation de la place de l'Assemblée nationale dans le paysage politique du Laos est issue de la nécessité de construire un nouveau corpus de lois régulant les relations d'une économie socialiste de marché avec l'extérieur. Le changement a donné une certaine autonomie et un certain pouvoir aux assemblées populaires de provinces, en effet, les assemblées provinciales peuvent désormais examiner et adopter des plans de développement socioéconomique et des plans budgétaires, et elles peuvent suivre leur mise en œuvre par les autorités locales. Le système des assemblées populaires est ainsi réintronisé comme base de la démocratie socialiste. L'axe de stratégie politique du parti qui consiste à mettre en œuvre la directive du « *Sam Sang* [82]» établie en 2012, visant à responsabiliser les dirigeants locaux en leur donnant plus d'autonomie de gestion[83].

Assurément, une évolution positive sur le rôle de l'AN est mesurable aujourd'hui, son pouvoir s'est fortement renforcé, elle n'est plus un simple organe consultatif, les députés participent activement désormais aux discussions ; les sessions parlementaires sont plus fréquentes et les débats sur les lois sont plus libres et animés. Les échanges entre les parlementaires et le public ainsi que les interventions pendant les sessions font l'objet maintenant de transmissions télévisées. De plus, l'AN est l'organe législatif de l'État qui est habilité à prendre des décisions sur les questions fondamentales pour le pays. Elle a, entre autres, les droits et devoirs de s'impliquer activement comme par exemple : examiner et adopter la Constitution et les lois; examiner et adopter les plans stratégiques, les plans de développement socio-économique, le plan budgétaire de l'État. Toute concession de terre de plus de 10 000 hectares doit désormais être approuvée par l'AN. L'Assemblée nationale fixe les objectifs annuels de chaque province en termes de recouvrement des recettes provenant des taxes, des actifs détenus, des redevances, etc. Sur la base des objectifs annuels visés de recettes perçues par chaque province, 40% des recettes sont transférées aux autorités centrales et

[82] Sam Sang en lao veut dire « Trois constructions ».

[83] Vientiane Times, More work needed to realise 'three-build' directive, Vice President says, 5/02/2013.

60% des recettes peuvent être utilisées pour les projets de développement au niveau de la province. Mais, selon les acteurs locaux rapportés lors des séances à l'Assemblée nationale, la coordination entre les ministères et les organisations centrales et locales demeure délicate, complexe et trop de doublons. On note que les débats des députés ont fait avancer un certain nombre de lois et ont amélioré la vie politique du pays. Les interviews et les débats des parlementaires à la télévision sont pertinents et d'un bon niveau. Depuis 2010, l'AN a joué un rôle de plus en plus important. L'Assemblée nationale rejette de se voir jouer un rôle « tampon ». Elle est devenue une composante de la quête de légitimité du PPRL. On cite comme exemple, le fait de jouer un rôle clé aujourd'hui dans le processus législatif préalable à l'adoption des lois, dans la surveillance des services publics et dans le renforcement de la participation au processus de prise de décision[84].

L'Assemblée nationale, critiquée pour ne faire que voter ce qui est préalablement décidé par le parti, s'efforce ces derniers temps de prendre plus d'autonomie. Dans un contexte aujourd'hui de ralentissement économique en raison de la pandémie du coronavirus et de scandales publics (corruption et autres), elle joue un rôle encore plus important dans le processus législatif et dans le contrôle des organes exécutifs, s'éloignant ainsi graduellement de son rôle initial de simple chambre d'enregistrement des décisions prises par le gouvernement, ce changement est perceptible à présent. Les sessions parlementaires sont animées, car les élus sont sensibles aux pressions de la base qui les interpellent de façon directe et sans ménagement. Les ministres se trouvent à leur tour pris à parti par les députés lors des séances de questions au gouvernement. Les députés, de plus en plus actifs, n'hésitent plus à débattre sur les lois.

Les débats et les séances de questions - réponses au Parlement, diffusées en direct à la télévision nationale, donnent un aspect de vie politique plus transparente et plus démocratique. Plus récemment, en août 2020, une nouvelle loi a été promulguée renforçant davantage le pouvoir de l'AN en donnant un pouvoir légal au Comité permanent de l'Assemblée à approuver la nomination, le transfert, et le déclassement des hauts fonctionnaires en cas d'urgence et de nécessité absolue, mais ces prérogatives ne s'appliquent pas au président de la République, au vice-président, au Président de l'AN et au Premier ministre. De même, le Conseil populaire des provinces a amendé la loi autorisant le Conseil d'approuver la nomination, le transfert, et le déclassement des cadres et hauts fonctionnaires provinciaux. La loi révisée permet également aux membres des Conseils populaires provinciaux de

---

[84] European development partners, Accessed September 1, 2015. Vientiane: Ministry of Planning and Investment, 2013 Round Table Meeting.

déménager leur circonscription dans une ville lorsqu'ils sont nommés à un nouveau poste administratif[85].

3.3.1 La 9e législature

Les élections des membres de l'Assemblée nationale de la 9e législature ont eu lieu le 21 février 2021 en même temps que la 2e élection des membres du Conseil populaire des provinces et de la municipalité de Vientiane, sous le contrôle du Comité national des élections (NEC), et les prochaines se tiendront en 2026, il faut noter cependant que seuls les membres du parti sont autorisés à se présenter aux élections[86]. On retient que les élections législatives permettent notamment un renouvellement de l'AN avec les membres plus jeunes et plus éduqués. On constate qu'à chaque nouvelle élection, les élus sont plus représentatifs et compétents. De même, les cadres occupant des positions importantes à l'Assemblée nationale sont choisis avec la plus grande attention. Ainsi, en 2021 tout comme en 2016, les membres permanents mais également les membres des commissions spécialisées de l'AN sont choisis parmi des cadres d'expérience. Ce qui est décrit pour l'Assemblée nationale est également valable pour les assemblées populaires locales. Par ailleurs, aux élections législatives, il existe également des règles strictes, comme par exemple l'origine géographique et ethnique des candidats à respecter. Le parti veille que les minorités ethniques soient représentées équitablement. Par conséquent, il y a une véritable volonté d'améliorer la gouvernance de l'Assemblée nationale.

La création de conseils des élus locaux et l'autonomie accordée aux provinces ont répondu aux attentes de la population, en particulier à la population rurale. À cet égard, le gouvernement lao a accordé la priorité au renforcement des institutions, du mandat de l'Assemblée nationale vis-à-vis du gouvernement, notamment en ce qui concerne le contrôle de l'action et des dépenses du gouvernement. En outre, l'information sur les droits de l'homme et les services juridiques de l'État est désormais diffusée à la population et les forums de discussion sont encouragés dans toutes les provinces. Le gouvernement a avancé par ailleurs dans la mise en œuvre de ses obligations internationales en matière de droits de l'homme en les harmonisant avec le cadre juridique national. En matière de liberté d'expression et de critiques publiques, bien que la situation des libertés publiques reste éloignée des normes occidentales, le Laos s'oriente vers une « démocratie, au sens socialiste du terme ». Au fil du temps, l'institution juridique et l'état de droit

[85] Law publics vision enhances power of NA standing committee, Vientiane Times, 21/08/2020.

[86] Les individus non membres du Parti sont autorisés à se présenter aux élections comme indépendants, sous condition d'être approuvés par le Parti. 5 députés indépendants ont été élus en 2016.

ont été sensiblement améliorés. La question que de nombreux observateurs se posent aujourd'hui, à savoir si la transition du gouvernement par la loi à l'état de droit au Laos sous l'égide du PPRL est-elle possible ?

La 10e session de la 8e législature de l'AN s'est clôturée après avoir adopté une série de mesures économiques et cinq lois. Les députés ont demandé au gouvernement de faire davantage pour régler les problèmes économiques et d'augmenter l'aide en faveur des personnes touchées par les tempêtes et les inondations dans le centre et le sud du Laos ainsi que des personnes handicapées dans la société. Lors de cette dernière session législature, les députés ont adopté un rapport de la mise en œuvre du plan de développement socioéconomique en 2020, le plan budgétaire national en 2020 et les objectifs fixés pour 2021. Lors de cette session, l'AN a également adopté quatre nouvelles lois sur les classements des diplomates, la jeunesse laotienne, l'enseignement supérieur, la coopération internationale en matière de la criminalité et une loi révisée sur l'audit de l'État.

Aux élections de la 9e législature des parlementaires et à la deuxième élection des membres du conseil populaire des provinces, le N E C a fait une campagne très active pour la mobilisation de la population. Le NEC et à travers les journaux ont diffusé largement l'information et rappelé les règlements de vote aux électeurs[87].

Le Décret présidentiel n° 200 signé le 10 novembre 2020, stipulait que 164 membres sur 224 de candidats seraient élus à l'Assemblée nationale dans 18 circonscriptions à travers tout le territoire. S'agissant des conseils populaires, 492 membres seraient élus parmi 789 candidats présentés[88]. Le nombre de députés de la 9e législature a augmenté pour refléter la croissance démographique du pays. En effet, lors de la 8e législature les députés de l'AN et les membres de la première législative des conseils populaires de provinces étaient 149 et 360 respectivement. Les membres de ces deux corps représentent les droits et les intérêts du peuple multiethnique lao au parlement et au conseil populaire.

Selon les statistiques fournies par le NEC, 49 femmes parmi les 224 candidats étaient inscrites aux élections de 2021, 43 candidats étaient déjà membres de l'AN précédente ; sur les 224 candidats, 4 travaillent dans les entreprises publiques et 8 dans le secteur privé. Plus précisément, les candidats de cette 9e législature sont plus jeunes que la précédente. Ils représentent un bon niveau d'éducation et de bagage intellectuel, selon le NEC[89]. La moyenne d'âge des députés est plus jeune que la précédente législature, mais n'est pas plus jeune comparée aux pays comme le Cambodge ou le Vietnam. On comptait 227 femmes parmi les 789 candidats présentaient aux conseils populaires. Et toujours selon le NEC, il y a eu environ 4,3 millions d'électeurs

---

[87] Laos' Pointless Election, The Diplomat, 19/02/2021.
[88] General election scheduled for February, Vientiane Times, 23/11/2020.
[89] Elections to take place on February 21, Vientiane Times, 02/02/2021.

inscrits à la 9e législature, nombre en croissance par rapport à la législature précédente, de même le nombre de candidats représentant le secteur privé est également plus élevé. Les candidats ont eu dix jours pour faire campagne auprès des électeurs de leur circonscription et ont discuté et échangé sur le rôle du parlementaire et ce que celui-ci pourra apporter pour défendre les intérêts des citoyens à l'AN ; les sujets les plus souvent évoqués étaient : corruption, accès à la santé, conditions de vie précaires dans les régions reculées, mauvais état de route et de transport public, accidents de route, amélioration des moyens de subsistance en particulier dans les provinces du nord[90]. Comment votent les électeurs ? La plupart du temps, les électeurs votent pour le cadre le mieux placé et le plus influent dans la hiérarchie du pouvoir si l'on veut que sa circonscription ait une chance d'être entendue au niveau central. Dans les provinces reculées, il pourrait y avoir de pression sociale et politique amicale qui s'exerce sur chacun des votants.

Selon la Constitution, des candidats de tout ethnique sont autorisés à se présenter et tout citoyen de plus de 18 ans, qui n'a pas été privé de ses droits politiques peut voter et être candidat. Dans la réalité, le parti contrôle les candidats dont la quasi-totalité est membre du PPRL. Pour se présenter, un candidat doit obtenir le soutien des citoyens du même quartier, circonscription, unité de travail, être recommandé par son employeur, ministère ou association, comme le stipule la loi. Si le profil du candidat ne plaît pas, il n'a aucune chance d'être soutenu. De plus, la commission électorale officielle (NEC) qui est inféodée au parti peut également écarter les candidats qui ne sont pas « conformes ». L'encadrement du vote et la pression politique et sociale sont suffisamment efficaces. Le paradoxe peut surprendre, dans la pratique, des électeurs peuvent organiser une rencontre avec les candidats, échanger et proposer des idées, mais il est hors de question de critiquer le régime par exemple, cependant aujourd'hui les candidats et les électeurs peuvent aborder les sujets comme la corruption, l'économie, les questions sociétales ou les injustices. Certes, les choix de candidats sont restrictifs, tous présélectionnés par le parti, mais il y a malgré tout une liberté de vote pour un candidat entre plusieurs prétendants. Une certaine forme de « démocratie » existe que l'on veuille ou pas reconnaître, bordée par le parti, ces élections finalement ne trompent personne. À l'heure où les réseaux sociaux un peu partout dans le monde se gargarisaient de la « farce » de l'élection américaine du 46e président des Etats-Unis, la « démocratie style lao » a encore un bel avenir devant elle.

Des jeunes candidats figuraient en bonne place à cette législature, ils sont encouragés par le gouvernement de voir la jeune génération assumer davantage de rôles dans les postes de l'appareil de l'État, a rapporté le quotidien *Laotian Times*, ajoutant que seuls 43 membres de la 8e législature

[90] NA encourages northerners to vote in upcoming election, Vientiane Times, 15/02/2021.

seraient de nouveau candidats à la 9e législature[91]. Parmi les candidats membres du Politburo, du Secrétariat du CC, de l'Autorité de l'inspection d'Etat ou membres du CC, aux élections de la 9e législative nationale qui se sont présentés, on trouve par exemple : Xaysomphone Phomvihane, président du FLND ; Sounthone Xayachak, Secrétariat du CC et présidente du Comité des relations extérieures du CC ou encore Sommad Pholsena, membre du CC et ministre des Ressources naturelles et de l'Environnement.

Les élections des parlementaires et des membres du Conseil populaire des provinces du 21 février 2021 ont donné des résultats suivants (§ 6) annoncés par Somphou Duangsavanh, membre permanent du Comité de l'AN et porte-parole de la NEC :

Encadré 6 : Résultats et Profil des élus à la 9e législative.
Un taux de participation de 98% d'électeurs ; parmi les 164 élus à l'AN, on compte 36 femmes. Sur les 164 nouveaux parlementaires, 64 dont 11 femmes détiennent des postes au niveau central de l'appareil gouvernemental et 100 élus dont 25 femmes représentent des diverses administrations de provinces. Sur les 164 députés, 42 étaient membres de la législature précédente, 3 travaillent pour les entreprises publiques, tandis que les 6 autres députés indépendants travaillent dans le secteur privé ou sont engagés dans les affaires. 75 membres sont âgés de 46 à 55 ans constituent près de la moitié de l'ensemble des membres élus, tandis que 59 les membres sont âgés de 56 à 60 ans. 49 autres membres ont moins de 46 ans, alors que les 11 autres sont plus âgés et ont plus de 60 ans.
Le profil des élus montre que la plupart ont terminé le deuxième cycle de l'école secondaire avec seulement trois qui ont mis fin à leurs études après avoir terminé le premier cycle du secondaire. 77 membres élus possèdent un diplôme de maîtrise, 36 ont un baccalauréat, 31 titulaires possèdent un diplôme de doctorat (PhD), et les autres ont un diplôme supérieur. D'autre part, 135 membres sont issus du groupe de langue Lao-Tai, 21 du groupe *ethnique Mone-Khmer ; 6 appartenant à Hmong-Ioumien et 2 du groupe ethnique Tibéto-Birman.*

Par ailleurs, selon la NEC, les élections de la 9e législature ont atteint l'objectif qui a été fixé pour constituer une nouvelle Assemblée nationale dont ses membres ont un large éventail en termes d'âge, d'éducation, de qualifications, d'expériences et d'ethnicité[92].

D'autre part, parmi les 492 membres élus à la deuxième législative au Conseil populaire de provinces, 100 sont des femmes, selon le NEC. Martin Stuart-Fox, professeur émérite d'histoire de l'Université du Queensland, a

[91] Phouthen Pasaxon, 28-30/01-2021
[92] Election achieves goal to strengthen legislative bodies, Pasaxon, 8/03/2021.

déclaré : « *les élections ont été prédéterminées* » et *chorégraphié par le PPRL* « *du début à la fin* », il ajouta par ailleurs que : « *l'écrasante majorité des candidats sont membres du parti, il n'y a pas d'autres partis et les quelques indépendants sont approuvés par le parti* ». Le gouvernement qui est « *élu par l'Assemblée nationale a déjà été déterminé par le parti. L'ensemble* du *processus est donc une imposture* », a-t-il déclaré au journal *The South China Morning Post* de Hong Kong[93].

La session inaugurale de la nouvelle législature de l'AN a eu lieu du 22 au 26 mars dans le nouveau bâtiment de l'Assemblée nationale construit grâce à un don de l'État vietnamien[94]. À l'issue de la première séance plénière, les nouveaux membres de l'AN ont élu :

- **Xaisomphone Phomvihane, président de l'Assemblée nationale** ; et cinq vice-présidents :

  - Sounthone Sayachack, vice-présidente ;
  - Chaleun Yiapaoher, vice- président ;
  - Souvone Leuangbounmy, vice-président;
  - Sommad Pholsena, vice-président ;
  - Khambay Damlath, vice-président.

À l'installation de la nouvelle Assemblée nationale, les parlementaires sous l'égide de son président Xaysomphone Phomvihane ont élu :

- **Thongloun Sisoulith, président de la République**, candidat unique proposé par le parti ;
  - Pany Yatholou, vice-présidente ; nommée par président de la République ;
  - Bounthong Chitmant, vice-président, nommé par le président de la République ;

- **Phankham Viphavanh, Premier ministre**, nommé par le président de la République.

Dans la continuité, l'AN a approuvé la nomination des trois vice-premiers ministres, nommés par le Premier ministre :

- General Chansamone Chanyalat ;
- Sonexay Siphandone ;
- Kikeo Khaykhamphithoune.

---

[93] Maria Siow: Laos leaders fear 'domino effect' of Thailand's pro-democracy movement amid election, SCMP, This Week in Asia, 22/02/2021.

[94] Représentant un montant de 100 millions de dollars selon la presse Prasaxon.

Ensuite, le cabinet du gouvernement au complet présenté par le Premier ministre Phankham Viphavanh est adopté par la nouvelle Assemblée nationale ; l'approbation par l'AN des ministres du nouveau gouvernement n'est qu'une formalité. Dans le cadre des nominations des membres de l'appareil de l'État, et sur proposition du président de la République, l'AN a également élu Mme Viengthong Siphandone, Présidente de la Cour suprême populaire ; Khamphanh Phommathat, Président de l'Autorité d'Inspection d'État (SIA) ; Malaythong Kommasith, Président de l'Organisation d'audit d'État (SAO) ; Xaysana Khotphouthone, Procureur général de la République.

3.3.2 La composition du gouvernement de la 9e législature ressemble à une forme de changement dans la continuité

Le nouveau gouvernement lao est constitué seulement après un processus de négociation et de consultation à l'intérieur du parti unique au niveau du Bureau politique, les ministres sont choisis en principe selon le rang obtenu à l'élection au Comité central du parti, mais pas toujours. L'esprit du clan, les intérêts communs, les liens de parenté et l'équilibre régional font souvent la différence.

Comment est formé le gouvernement ? Le gouvernement dont les plus hauts postes sont occupés par des membres du Bureau politique et du Secrétariat du comité central constitue non seulement un organe d'exécution des décisions de la direction du parti, mais aussi la tête de l'administration de l'État et, plus particulièrement de l'économie. En 2021, le nouveau gouvernement compte 17 ministres dont 3 femmes contre 18 ministres en 2017. Les 17 ministres ont tous appartenu au gouvernement précédent, soit en tant que ministres ou vice-ministres, que les analystes qualifient plutôt de technocrates, sauf un nouveau venu, les ministres sont tous membres du Comité central. La majorité des ministres ont moins de 60 ans. Le gouvernement issu du 11e Congrès national a montré que ce nouveau gouvernement est reconduit avec des anciens membres du gouvernement précédent, il ne semble pas être celui du renouveau politique, comme voulu par la population et annoncé au Congrès national par le nouveau Secrétaire général du parti au 11e Congrès national du parti. Le gouvernement pour mener à bien le nouveau quinquennat dans un contexte économique difficile n'est pas synonyme de renouvellement, il manque un peu de sang neuf qui apporterait un regard nouveau, une force de proposition, d'innovation, d'audace et de remise en question. Un pays qui n'investit pas dans sa jeunesse et dans l'innovation condamne la société à la régression. En réalité, entre un jeu de chaise musicale et la nomination d'anciens ministres, le nouveau gouvernement s'inscrit dans la droite ligne du précédent. Parmi les ministres du gouvernement, peu ont une dimension internationale, mais plusieurs sont rompus à l'administration. Et si quelqu'un connaît les déficiences de l'administration, c'est bien Phankham Viphavanh. Sa connaissance des rouages administratifs a fait de lui un personnage incontournable de la vie politique lao, en cette période de crise sanitaire et de relance difficile de l'économie.

Un autre fait significatif, ce qui ressort de la liste des membres du cabinet du Premier ministre Phankham Viphavanh est la parité : encore trop peu de femmes dans le gouvernement, 3 femmes sur 17 soit 17,6% alors que l'objectif du Comité central est de 30%. Toutefois, le profil de ces ministres est choisi sur des critères aussi bien en termes d'idéologie et de compétence. Par rapport aux années 1990, les critères sont devenus plus rationnels et professionnels.

Liste des ministres et composition 2021

	Nom	**Ministre**
0	Phankkam Viphavanh	Premier ministre
1	Général Chansamone Chanyalath	*Vice PM, et Défense nationale
2	Sonexay Siphandone	*Vice PM, et Plan et Investissement
3	Général Vilay Lakhamfong	* Sécurité publique
4	Saleumxay Kommasith	*Affaires étrangères
5	Bounchom Oubonpaseuth	** Finances
6	Khampheng Saysompheng	** Industrie et Commerce
7	Viengsavath Siphandone	* *TP et Transport
8	Phet Phomphiphak	* Agriculture et Forêts
9	Daovong Phonekeo	** Energie et Mines
10	Mme. Suansavanh Viyaket	Information Culturel Tourisme
11	Phouth Simmalavong	** Education et Sport
12	Mme. Bounkham Vorachit	** Ressources Environnement
13	Boviengkham Vongdara	* Postes et Telecom
14	Thongchanh Manixay	* Affaires intérieures
15	Phayvy Siboualipha	** Justice
16	Mme. Baykham Khattiya	** Travail et Affaires sociales
17	Bounfeng Phoummalaysith	** Santé publique

* Ancien ministre du gouvernement précédent.
** Ancien vice-ministre du gouvernement précédent

En outre, deux organisations dont leur président ayant rang de ministre sont :

- Le Cabinet du Premier ministre : Khamjane Vongphosy
- La Banque nationale du Laos (BOL) : Gouverneur Sonexay Sitphaxay

Sous la nouvelle administration, le nouveau gouvernement de Phankham Viphavanh a un ministère en moins, celui de la Science et de la technologie, il y a à présent 17 ministères clés ; il était prévu initialement d'avoir 2 autres ministres, mais le poste de Chef de cabinet du Palais présidentiel attribué à Mme Khemmani Pholsena et celui du président de l'Organisation de l'Audit, à Malaythong Kommasith ne sont plus dans la structure du gouvernement.

On retient que dans le cadre du plan de restructuration, suite à la résolution adoptée récemment par le Bureau politique, l'ancienne Autorité d'inspection du gouvernement (GIA) est désormais supprimée, elle est remplacée par l'Autorité de l'Inspection d'État (SIA), un organisme indépendant placé directement sous la supervision du président de la République, Cette décision devrait permettre à l'Autorité de l''Inspection d'État d'exécuter plus efficacement et d'accomplir ses devoirs envers la nation. Khamphanh Phommathat déjà élu président du Comité d'Inspection d'État du CC au Congrès du parti, est également élu à la tête de la SIA par l'AN. De même, l'Organisation d'audit de l'État (SAO) qui était sous l'autorité du gouvernement passe aujourd'hui sous le contrôle du président de la République. Tout ce mouvement implique la restructuration des différents départements et organisations ministérielles concernées. En outre, la résolution du Bureau politique a souligné la nécessité de renforcer le rôle du Conseil national de la Science en définissant clairement son rôle et ses responsabilités afin qu'il puisse opérer plus efficacement. Le bureau de ce Conseil a été transféré ainsi au ministère de l'Éducation et des Sports. D'autre part, le Bureau politique a récemment dissout le ministère de la Science et de la technologie, a transféré ses services à d'autres ministères, y compris au ministère de l'Éducation et des Sports, au ministère de la Poste et des Télécommunications, au ministère de l'Industrie et du Commerce, au ministère de l'Agriculture et des forêts et au ministère de l'Énergie et des Mines.

Ainsi, tout ce mouvement est important pour le nouveau gouvernement dans la réforme structurelle de l'État qui vise à réduire les coûts au moment où les revenus sont en baisse et l'économie connaît des difficultés en raison de la pandémie coronavirus. Le gouvernement a également décidé d'embaucher moins de fonctionnaires en essayant de mettre les bonnes personnes au bon endroit afin de réduire les dépenses et de travailler dans la contrainte budgétaire. Pour 2021, le gouvernement ne recrutera que 1 600 fonctionnaires moins que les 2 000 personnes de l'année précédente[95].

S'adressant peu de temps après son élection à l'Assemblée nationale, le nouveau président de la République, qui est également Secrétaire général du PPRL, a déclaré : « *je vais toujours respecter et observer strictement la constitution et les lois. Je serai loyal et honnête envers la nation et les peuples multiethniques. Je travaillerai aux côtés des autres chefs de parti et d'État et je ferai tout ce que nous pouvons pour créer des conditions qui assurent la stabilité nationale, la sécurité, et le développement socioéconomique durable*

[95] State Inspection Authority splits from government, Vientiane Times, 19/03/2021.

pour améliorer encore les moyens de subsistance du peuple[96] ». Le président Thongloun Sisoulith a également promis que l'administration d'État continuera à renforcer et à approfondir le changement conformément avec la politique d'ouverture initiée en 1986. Il a ajouté que : « *la nouvelle administration poursuivra également une politique étrangère de paix, d'indépendance, d'amitié et de coopération pour le développement durable dans la région ainsi que le monde. Dans le cadre des efforts pour maintenir une bonne gouvernance, en tant que chef de file du pays, je respecterai et appliquerai la constitution et les lois et serai aussi loyal à la nation qu'avec les citoyens*[97] ».

Le nouveau premier Phankham Viphavanh a déclaré que son gouvernement continuera à maintenir la stabilité politique et la sécurité ainsi que de s'attaquer aux tendances indésirables se déroulant au Laos. Il maintiendra une macroéconomie forte, y compris les réformes des finances publiques afin d'apporter une croissance économique de qualité et durable. S'adressant à l'AN le nouveau premier ministre a également : « *promis d'améliorer l'administration d'État afin de mieux servir efficacement et rapidement les citoyens et veiller à ce que l'administration publique est en ligne avec la loi* ».

Phankham Viphavanh a ajouté que son gouvernement mettra « *l'accent sur la construction des fondations du Laos pour atteindre les Objectifs de l'ODD : réduire la pauvreté et resserrer l'écart de développement entre les zones urbaines et rurales* [98]». Concernant la politique étrangère, le Premier ministre ne dit pas autre chose que la déclaration du président de la République.

Le gouvernement agira avec plus de détermination et d'efficacité pour surmonter les difficultés, transformer les défis en opportunités et profiter des fruits de la 4e Révolution industrielle, des tendances des flux de capitaux entrants et de la transformation numérique en cours dans le pays. Le chef du gouvernement a également souligné l'importance de maintenir la stabilité macroéconomique, de renforcer le contrôle de l'inflation, de maîtriser la dette publique, de continuer à améliorer la qualité des ressources humaines pour attirer les flux d'investissement et d'accorder une plus grande attention à la sécurité sociale. Le Premier ministre Phankham Viphavanh a exhorté le pays à renforcer les mesures de prévention et de lutte contre le Covid-19, il a aussi prôné les autorités à continuer de rendre le système administratif de l'État plus transparent, à renforcer la défense et la sécurité, et à promouvoir les relations extérieures et les activités d'intégration mondiale, créant ainsi un environnement pacifique et stable au service du développement national.

---

[96] Pasaxon, 23/03/2021.

[97] Former PM elected as state president, former vice president elected as PM, Vientiane Times, 23/03/2021.

[98] New leader seeks to create development environment, Vientiane Times, 23/03/2021.

3.3.3 Le gouvernement et l'appareil administratif : rationaliser l'effectif du personnel et poursuivre une gestion efficace territoriale

Le Premier ministre est chef du gouvernement et préside le Conseil des ministres. Les membres du gouvernement varient selon les périodes entre 18 et 17 dont deux ou trois vice-premiers ministres (chacun avec une responsabilité sectorielle, par exemple la Défense nationale ou le Plan et l'investissement), les ministères clés incluent la Banque centrale du Laos (BOL), le cabinet du gouvernement sur proposition du Premier ministre est adopté par l'AN. Les ministres nomment les vice-ministres et les directeurs de départements qui doivent être approuvés par la direction du parti et le Premier ministre.

Le bras exécutif du gouvernement est la mise en œuvre de l'application des politiques, des programmes et des projets gouvernementaux, notamment la résolution du Congrès national du parti et le plan quinquennal de développement socioéconomique. Le gouvernement a d'autre part, la responsabilité et le pouvoir de publier des décrets contraignants pour appliquer les politiques et les lois. La plupart des ministères ont déconcentré leurs structures qui interagissent avec les administrations provinciales et districts. Par ailleurs, les cellules du parti fonctionnent au sein de chaque ministère et administration provinciale.

Il y a une volonté du parti et du gouvernement de renforcer l'efficacité de la gestion des administrations. D'abord, un certain nombre de changements dans l'appareil exécutif gouvernemental au cours des dernières années a été réalisé, contribuant au développement d'une fonction publique plus compétente et professionnelle. Ainsi, le nombre de ministères clés est passé à moins d'une vingtaine pour fournir une meilleure gestion politique des affaires de l'État et des services publics que par le passé. La taille de la fonction publique est passée à plus de 130 000 dont les enseignants et les agents de la santé, la grande majorité des effectifs se trouvent au niveau du district et local. Ainsi, l'agence responsable de la fonction publique qui était auparavant un sous-ministère a été élevé au rang de ministère des Affaires intérieures (MOHA).

Le principal moteur des récents changements dans la branche exécutive du gouvernement est attribué à un intérêt croissant de la part du Parti et des hauts fonctionnaires du gouvernement dans la nécessité de développer une administration publique efficiente et efficace capable de formuler des politiques et des plans stratégiques conformes aux priorités du pays. Il y a une large reconnaissance dans toutes les branches du gouvernement qu'une fonction publique efficace et responsable est la clé de la mise en œuvre et de la gestion des infrastructures et des services publics qui sont les fondements essentiels de la croissance économique future et la base pour réaliser de meilleurs résultats en matière de développement humain.

Bien que la politique de décentralisation ait été effective, elle a permis une déconcentration des structures administratives, mais l'ensemble de la gestion économique est soumis au contrôle du parti. L'appareil administratif du Laos est composé de plusieurs échelons et horizontal. C'est un système complexe, au sein duquel réside pourtant moins dans la complexité de sa hiérarchie que dans son horizontalité, se caractérisant par un nombre d'organes étatiques. L'administration lao concilie la décentralisation et la déconcentration administrative, l'une est le transfert de l'État aux entités locales de certaines compétences et des ressources correspondantes, alors que l'autre est l'implantation au niveau local d'autorités administratives représentant le gouvernement central, n'ayant pas de personnalité juridique propre et soumise au contrôle hiérarchique de l'État.

Il convient de noter que l'organisation territoriale du Laos est centralisée, on distingue trois niveaux administratifs : provinces, districts et municipalités, villages. L'administration territoriale est conçue selon le principe du « centralisme démocratique », avec une déconcentration des responsabilités et des services de l'État, aux différents niveaux. Ainsi, l'administration provinciale est assurée par le gouverneur de la province. Les provinces rendent compte au gouvernement, les districts et municipalités sont sous la supervision du niveau provincial et les villages sous celle du niveau district. Les responsables des provinces/villes et des districts/municipalités (districts urbains) sont nommés par le gouvernement central, tandis que les chefs de village et leurs adjoints sont généralement élus au suffrage universel. Les gouverneurs sont nommés pour cinq ans (mandat peut être reconduit une fois) et sont en même temps secrétaires provinciaux du parti et nécessairement membre du parti et député de l'AN. Les districts sont administrés par des maires de district qui sont nommés pour cinq ans et leur rôle est équivalent à celui de gouverneur sur le territoire qu'ils administrent. De même, les chefs de district urbain sont nommés pour cinq ans (mandat renouvelable une fois) et leurs compétences touchent principalement à l'urbanisme et à la gestion des services publics. Le chef de village peut être nommé ou élu.

Il y eut un changement important en 2009, le gouvernement a instauré les assemblées locales au niveau provincial. En 2015, l'Assemblée nationale a voté une loi pour l'organisation des élections locales des assemblées provinciales ; en conséquence, elle a donné lieu pour la première fois à l'élection des membres du Conseil populaire des provinces de la 8e législative.

Pour rappel, le Laos compte dix-sept provinces et une préfecture placées sous contrôle direct du gouvernement central. Ces provinces et préfecture centrales sont ensuite divisées en district puis en villages. Chacun de ces trois niveaux administratifs est gouverné donc par un Conseil populaire (organe législatif) directement élu par les citoyens, mais également placé sous le contrôle du Comité permanent de l'AN. Le Conseil populaire élit et contrôle un Comité populaire, l'organe exécutif du Conseil populaire est en charge de l'administration publique locale. Des départements provinciaux des ministères centraux (ex. Département du Plan et de l'investissement, Département de l'Énergie et des mines, etc.) sont placés à la fois sous la supervision hiérarchique de leurs ministères respectifs mais également du Comité populaire de province.

3.4. Le pouvoir judiciaire est encore soumis au pouvoir politique

Les juridictions sont instituées par la loi. Elles sont organisées à trois niveaux : la Cour populaire suprême, les tribunaux populaires de province et les tribunaux populaires de districts. Les principes généraux qui les régissent sont, parmi d'autres : double degré de juridiction, indépendance du juge qui n'est soumis qu'à la loi, égalité de tous devant la loi, garantie des droits de la défense, audience publique. Il n'existe pas au Laos de Cour constitutionnelle. La première constitution de 1991 dote le Laos d'un pouvoir exécutif dirigé par le Président de la République, d'un pouvoir législatif incarné par le Parlement et d'un pouvoir judiciaire, dont la Cour Populaire Suprême est la plus haute juridiction. Le Président de la Cour populaire suprême est élu par l'Assemblée nationale sur conseil de la commission permanente. Le président de la Cour populaire suprême nomme directement le vice-président de la Cour ainsi que les juges. Le système judiciaire lao comprend donc la Cour suprême ainsi que les tribunaux provinciaux et de district. L'indépendance, l'impartialité et la capacité technique des tribunaux lao demeurent toutefois un enjeu majeur. En 2002, dans une tentative de renforcer l'indépendance des tribunaux à l'égard des pouvoirs locaux, le pouvoir de nomination et de révocation des juges fut transféré du Conseil populaire local au président de la Cour populaire suprême et le budget des tribunaux locaux fut également transféré des départements provinciaux du ministère de la Justice à l'AN.

Le pouvoir judiciaire est institutionnellement différencié mais, malgré l'affirmation d'indépendance contenue dans la constitution, il n'est pas indépendant du parti au pouvoir. La plupart des juges et des hauts fonctionnaires du ministère de la Justice sont membres du parti. La corruption est répandue, en particulier dans les affaires civiles et commerciales, et les relations politiques s'avèrent souvent décisives. Conformément aux objectifs du plan directeur du secteur juridique appuyé par l'UNPD, le gouvernement réitère fréquemment son engagement à faire du Laos un « État de droit » d'ici 2020. L'Assemblée nationale a adopté un nombre croissant de lois, et il existe de nombreuses preuves pour suggèrent que le parti souhaite institutionnaliser la règle de l'état par la loi et la réglementation. Cependant, peu de lois sont connues par le public ou appliquées, et d'autres domaines liés au plan, tels que la mise en œuvre de la protection des droits de l'homme, montrent peu de signes de progrès. Ainsi, malgré un engagement juridique important, l'état de droit fonctionne principalement comme un dispositif discursif légitimant le pouvoir de l'État. Un corps d'avocats professionnels, qui peuvent représenter des clients devant les tribunaux, continue de croître. L'association du barreau lao sert d'organisme de réglementation et fournit une formation et des conseils juridiques dans le cadre de son programme d'aide juridique. L'association n'est cependant pas un organe indépendant, car elle reste sous la tutelle du ministère de la Justice.

Bien qu'il soit juridiquement indépendant du gouvernement, le système judiciaire lao est toujours soumis à l'ingérence du gouvernement et de la politique. Le droit des contrats au Laos fait défaut dans de nombreux domaines importants pour le commerce. La loi garantit le caractère sacré des contrats, mais dans la pratique, les contrats sont soumis à l'intervention politique et au favoritisme. Les entreprises signalent que les contrats peuvent être annulés s'ils sont jugés désavantageux pour une partie ou s'ils sont en conflit avec l'État ou les intérêts publics. Les hommes d'affaires étrangers décrivent les contrats au Laos comme étant « un cadre de négociation » plutôt qu'un accord contraignant, et même lorsqu'ils sont confrontés à un jugement, l'exécution est faible et soumise à l'influence de la corruption, selon des investisseurs et hommes d'affaires au Laos. Bien qu'il existe un système de tribunaux de commerce, la plupart des juges qui statuent sur des litiges commerciaux ont encore peu de formation en droit commercial. On note un développement positif depuis 2019, en effet grâce aux efforts du MOIC, le Laos est devenu le 92e État partie à adhérer à la Convention des Nations Unies sur les contrats de vente internationale de marchandises. Plus récemment, les experts du Japon et l'Université nationale du Laos ont donné conjointement les cours pour former les juristes lao en matière du droit des affaires. Une décision qui va vers une meilleure transparence et application des lois au Laos.

3.5. L'état de droit et la participation citoyenne à la gouvernance progressent lentement au Laos

L'état de droit et la diversité des formes de participation politique sont exposés dans cette section. Au Laos, les aspirations à plus de participation politique ne sont pas indifférentes à la population aujourd'hui, bien au contraire. On voit affirmer un engagement citoyen et une gouvernance locale qui se met en place.

3.5.1 Participation citoyenne et intégrité et légitimité du processus électoral

La pratique du constitutionnalisme et l'État de droit exigent la participation effective des citoyens à la gouvernance. Ce n'est qu'en participant efficacement aux processus décisionnels publics que les individus et les groupes peuvent s'assurer que leurs besoins et leurs intérêts sont pris en compte. La participation des citoyens améliore non seulement la qualité des décisions du gouvernement, mais aussi les chances de réussite de leur mise en œuvre. L'État et les fonctionnaires ont l'obligation de consulter les personnes susceptibles d'être touchées par leurs décisions afin que ces dernières puissent, par leur participation, faire connaître leur point de vue et influencer la substance des décisions et actions gouvernementales. Une participation efficace passe par l'accès à l'information et la transparence, afin que le citoyen puisse voir si et comment ses contributions ont été prises en compte.

L'État et le gouvernement apprécient désormais l'importance de la participation citoyenne et de l'accès à l'information. Le gouvernement lao a adopté des lois en matière d'accès à l'information, qui donnent aux individus le droit d'accéder à l'information détenue par le gouvernement par les médias et les séances à l'Assemblée nationale. Les structures décentralisées sont également utilisées comme mécanisme pour encourager la participation des citoyens. Toutefois, la participation des citoyens continue de se heurter à des facteurs tels que l'absence de mécanismes procéduraux clairs, la pauvreté, la discrimination géographique et le fait que les organismes étatiques ne communiquent pas plus largement d'informations à travers le territoire. Mais le pouvoir du parti reste dominant malgré de réformes constitutionnelles récemment mises en œuvre.

Aujourd'hui, les citoyens se rendent aux urnes pour élire leur député, ils peuvent exercer leur choix d'élire ou pas un candidat. Les élections législatives sont importantes parce qu'elles poursuivent le processus de construction et de rénovation de la RDP Lao, en particulier en édifiant et en renforçant les rôles de l'AN, des Conseils populaires de provinces et du PPRL en tant qu'organes du pouvoir de l'État au sein du système politique. Étant donné leur importance, les élections exigent l'implication et le soutien total du Parti, de l'État, des forces armées et de la population ethnique lao, pour s'assurer que tout se passe conformément au plan et aux objectifs de l'État.

La préparation et l'organisation des élections législatives sont dévolues au Comité national des élections (NEC) de l'AN. Le NEC a chargé les comités du parti à tous les niveaux d'éduquer davantage les membres du parti, les employés et les citoyens de toutes classes sur le patriotisme, de bien s'informer sur les affaires de la nation, et de soutenir l'indépendance du pays. Ainsi, lors de la préparation de la 9e législative nationale et la 2e législative des Conseils populaires de provinces et de la municipalité de Vientiane, le NEC a sensibilisé des citoyens sur le thème de « l'amour du nouveau régime et la patrie », il a souligné d'autre part que tous les citoyens lao doivent comprendre le concept de propriété de leur pays et que chaque groupe ethnique a un droit de propriété. Les citoyens de chaque groupe ethnique peuvent utiliser pleinement leur liberté et le système démocratique pour jouer un rôle dans la protection et le renforcement de l'administration à tous les niveaux, en exerçant leur droit de vote pour les candidats se présentant aux élections de l'Assemblée nationale. Selon le NEC, les citoyens peuvent ainsi activement exprimer leurs opinions quand il s'agit de formuler les directives et les politiques du parti et du gouvernement, en particulier d'apporter des modifications à la Constitution. Le NEC a appelé également à tous les citoyens du pays de maintenir le respect des lois et d'exercer leurs droits conformément à la constitution et de s'abstenir de tout comportement contraire au droit et à l'intérêt national[99].

Les directives des élections législatives sont basées sur les principes suivants[100] :

- Principe général : les citoyens lao éligibles doivent voter le même jour dans un délai déterminé. Le vote est soumis aux mêmes règles sauf dans des cas particuliers.
- Principe d'égalité : Tous les citoyens lao ont des droits égaux pour être candidat et peuvent être élus sans discrimination fondée sur le sexe, l'ethnie l'origine, le statut social, l'éducation ou les croyances.
- Principe direct: Il précise que les citoyens lao éligibles doivent voter directement pour élire les candidats qu'ils croient être qualifiés pour servir la NA et qui sont membres du PPRL sauf cas particulier, qui sera défini sous une autre disposition.
- Principe de vote secret: les votes doivent être secrets. En vertu de cette règle, les votes doivent avoir dans un isoloir.
- Principe de justice: Il précise que les électeurs et les candidats doivent s'abstenir de vote malhonnête ou frauduleux. Le vote doit avoir lieu dans un environnement d'égalité et de transparence.

Les élections législatives ont lieu régulièrement tous les cinq ans. La stabilité politique au Laos se mesure désormais à l'aune des élections. Une nouvelle attitude positive de la population pour les élections législatives a actuellement cours au Laos ; l'électorat est plus averti, les candidats aux élections sont plus motivés, plus diversifiés, et plus instruits. La qualité des élections s'est améliorée, même si le choix des candidats est limité et qu'ils sont tous choisis plus ou moins à l'avance par la base et le comité des élections ; néanmoins une certaine liberté de vote et de démocratie existe dans ces élections. Il semble y avoir au sein de la population un consensus général selon lequel les élections sont le meilleur moyen d'avoir un parlement davantage impliqué dans la vie politique et un dialogue avec le pouvoir politique pour défendre les intérêts du peuple. Le taux de participation est généralement très élevé, lors des élections législatives de 2016, il était de 97,9% et en 2021, le taux est de 98%. Au regard du ressenti de la population, il est parfaitement en ligne avec ce que prône l'Etat dans les nouvelles dispositions officielles régulant les institutions politiques, l'accent est mis sur la nécessité d'améliorer des cadres, des représentants et des compétences des élus.

---

[99] Election committee urges everyone to vote, Vientiane Times, 08/01/2021.
[100] The importance of election and principles behind them, Vientiane Times, 24/12/220.

La tâche d'améliorer la qualité des activités législatives de l'Assemblée nationale a été officiellement fixée par les 7e et 8e législatures. Il s'agit notamment de promouvoir un nombre suffisant d'experts et de spécialistes dans certains domaines (gestion économique, droit, commerce international, scientifique...), issus de milieux et secteurs socioprofessionnels différents (monde de l'entreprise, universitaire...). La 9e législature s'est nettement améliorée par la qualité des députés élus tant pour leur niveau d'éducation que leur expérience acquise et parcours professionnel : dirigeant politique, membre du CC, cadre fonctionnaire, professeur, universitaire, entrepreneur, chef d'entreprise, officier supérieur de l'armée, elle est marquée par l'entrée d'entrepreneurs hommes ou femmes d'affaires dans l'hémicycle, comme Valy Vetsaphong, Hongkham Souvannavong, Khampasith Thepvongsa, Xaybandith Rasphone, Thanongsinh Kanlaya, Khamsen Sisavong. Ceci reflète une volonté d'inclure des professionnels expérimentés, proche du parti, au sein de l'AN afin de bénéficier de leur expertise et expérience dans le contexte d'une économie de plus en plus régionale et globalisée.

Le processus électoral n'a pas changé depuis les premières élections législatives. Le principe de base est que les candidats doivent être membres du parti, ils sont présentés par des institutions officielles relevant des autorités centrales, locales, ministères, organisations de masses, éducation, entreprises publiques ; les dossiers étant examinés au niveau où ils ont été présentés. Parallèlement il y a des discussions au niveau des organisateurs, comités et cellules locaux du parti, cela permet lors de ces rencontres aux candidats à la candidature de passer le test de popularité. À ces tours de négociation, sont organisés ensuite des forums de discussion entre les candidats et les électeurs. Ce système s'est entièrement instrumentalisé par les dirigeants du parti pour écarter les indésirables et les personnalités qui ne sont pas représentatifs. Les principales innovations ont été apportées en 1995, l'autorisation donnée aux candidats indépendants à se présenter aux élections législatives et l'augmentation du nombre de candidatures par poste à pourvoir. Toutefois, les candidats indépendants doivent satisfaire aux critères tels que : comprendre la politique du Parti, l'idéal du socialisme et être bons citoyens et reconnus quelques mérites sur le plan national ou régional. Ces candidats doivent être soutenus par une organisation politique et approuvés par le comité des élections, les postulants sont jugés principalement sur les critères politiques. Ceci constitue bien évidemment la faiblesse du système électoral, il n'est donc pas représentatif de la diversité de candidats aux élections législatives et limite la pluralité des pensées. Au-delà de ces dispositifs officiels, il apparaît donc que le pouvoir de décision, en matière de droit de présentation devant les électeurs, est toujours entre les mains du parti. On peut alors imaginer que l'encadrement du vote et la pression politique et sociale sont suffisamment efficaces.

Certes, le pouvoir législatif représente les divers intérêts de la société au sein de l'État et constitue un mécanisme important par lequel le gouvernement rend compte au peuple. Toutefois, le pouvoir législatif ne peut s'acquitter de ces fonctions que s'il est autonome par rapport à l'exécutif et qu'il exerce un pouvoir significatif, cela est en train de changer au Laos ; en effet, les prérogatives de l'Assemblée nationale se sont affirmées, elle voit son rôle de plus en plus renforcé, tant du point de vue politique qu'en matière de contrôle du gouvernement, puis confirmé par la révision constitutionnelle de 2015. Le poids de l'AN est particulièrement remarqué lors de la première session de la 9e législature concernant le 9e plan de développement 2021-2025 entre le nouveau premier ministre Phankham Viphavanh et les parlementaires. Au cours du débat les députés ont présenté une série de problèmes et de difficultés rencontrés qu'il faudrait résoudre : économie, développement des ressources humaines, emploi, culturel, application effective des lois, la compétence des agences de l'État dans le pays et des réponses à apporter par le gouvernement[101]. Les échanges étaient constructifs, le Premier ministre a reconnu des problèmes et difficultés soulevés par l'AN et s'engage avec son gouvernement à redresser ces obstacles qui freinent le développement du pays et à travailler avec les députés, l'administration et les acteurs économiques concernés pour apporter des solutions pendant la période du plan.

Bien que le « consensus » soit une valeur rhétorique clé du régime PPRL, l'absence de l'opposition empêche une évaluation de l'existence ou de l'absence de consensus concernant la démocratie au Laos. Néanmoins, l'État et une grande partie de la population semblent convenir que la « stabilité » de la politique laotienne est une source de fierté pour le Laos par rapport au pays démocratique, comme la Thaïlande, dont les crises et les instabilités politiques permanentes ont été observées à la télévision. Ainsi, au regard de ce qui se passe ailleurs, la notion de stabilité politique et sociale semble obtenir le consensus de la population lao, même si le système n'est pas encore parfait.

3.5.2 Le respect de la constitution et l'état de droit demeurent un grand défi

Le respect de l'état de droit et de la Constitution est encore limité au Laos, bien qu'il ait progressé ces dernières années. L'organe exécutif s'est efforcé de s'adapter pour avoir la plus grande adhésion de la population et du monde des affaires. Entre 2013 et 2018, la Constitution a été révisée et les lois décrétées se rapprochent un peu plus des normes internationales.

Qu'en est-il vraiment ? La constitution lao définit une séparation formelle des pouvoirs entre les pouvoirs législatifs, l'exécutif et le judiciaire de l'État, mais en réalité, tout reste soumis au PPRL, les dirigeants peuvent et prévalent sur les dispositions constitutionnelles et qui rendent de jure des dispositions de contrôle et d'équilibre dénuées de sens. Ce qui existe en termes de division

[101] New Premier Minister begins work by spelling out problems, Pasaxon, 25/03/2021.

de facto du travail entre les différentes branches du gouvernement et les strates du système politique ne reflète pas les équilibres constitutionnels. De plus, il n'y a pas de cour constitutionnelle pour juger de la validité de la législation. Le pouvoir judiciaire est institutionnellement séparé mais n'est pas indépendant du parti politique. La plupart des juges et hauts fonctionnaires du ministère de la Justice sont membres du parti. La corruption est répandue, en particulier dans les affaires civiles et commerciales, et les relations politiques s'avèrent souvent décisives. Conformément aux objectifs du Plan directeur du secteur juridique financé par le UNDP, le gouvernement réitère fréquemment son engagement à faire du Laos un « État de droit » d'ici 2020, et l'Assemblée nationale a adopté un nombre croissant de lois. Cependant, peu d'entre elles sont connues ou appliquées et, dans d'autres domaines des droits civiques, comme la mise en œuvre de la protection des droits de l'homme, qui montre peu de signes de progrès. En effet, on note souvent que les abus de pouvoir sont monnaie courante. Quasiment toute personne occupant un poste officiel, que ce soit dans la fonction publique ou dans l'administration locale, l'utilise à des fins personnelles. L'État de droit au Laos est distinct de la normativité juridique occidentale. Plusieurs réformes marquantes telles que la Loi sur la lutte contre la corruption en 2012, le décret de la déclaration d'actifs en 2013 des dirigeants et la loi sur la lutte contre le blanchiment d'argent en 2015 ont été mises en œuvre avec plus ou moins d'efficacité. Mais l'application de la loi sur la déclaration de fortune des dirigeants reste peu efficace ou vite oubliée ! Si le Laos a fait des progrès vers l'établissement de l'état de droit, des défis importants demeurent. Il s'agit notamment de l'insuffisance du nombre et des capacités des professionnels de la justice dans le pays, de la faiblesse de la mise en œuvre et de l'application des lois et de la nécessité d'harmoniser la législation nationale avec un certain nombre d'obligations juridiques internationales. Il est également nécessaire d'améliorer l'accès des femmes et des hommes à la justice, la participation des parties prenantes aux processus de prise de décision et les rapports aux organes internationaux des droits de l'homme.

Encadré 7 : Le Laos et l'état de droit. Le Laos est un État socialiste dirigé par un parti unique, le PPRL, héritier de la lutte pour la libération nationale. Ce pays, peuplé de 7,2 millions d'habitants, a emprunté dès la fin des années 1980 la voie du socialisme de marché et a su libéraliser son économie au point de devenir, en 2019, l'un des pays de l'ASEAN qui a le plus fort taux de croissance. Malgré les récentes réformes administratives et économiques entreprises par l'Etat-parti, le Laos présente encore des caractéristiques de pays autoritaire dans lequel certaines libertés fondamentales sont ignorées, où l'armée est toute-puissante et où le centralisme démocratique confère au centre politique toute latitude en matière d'exercice du pouvoir. Cependant, malgré cet état de fait, les récentes évolutions du système politique et des rapports Etat-société interrogent le caractère supposé non-démocratique de ce régime où l'autoritarisme est couplé à des mécanismes de négociation et de concertation aboutissant le plus souvent à un consensus. Le public peut désormais critiquer raisonnablement au sein du parlement le gouvernement portant sur des questions économiques ou sociales et débattre par exemple sur les concessions foncières et l'indemnisation des terrains cédés à l'État aux entreprises privées ou dénoncer la corruption ou encore certaines décisions non appropriées prises par les autorités. Bien que la critique privée du gouvernement soit tolérée et que les membres de l'Assemblée nationale soient encouragés à discuter des questions de développement, leur liberté d'expression est encore limitée, mais des progrès relatifs à la liberté d'expression gagnent petit à petit le terrain. Les ouvertures en matière économique ont permis un assouplissement du régime sur les libertés publiques. Les interventions de la communauté internationale - notamment sur la question des droits de l'Homme - ont provoqué quelques avancées dans la politique intérieure. On retiendra ainsi que la transition politique s'accompagne aujourd'hui d'évolutions notables dans le domaine des libertés publiques et du respect des droits d'une des principales minorités, les Hmongs. Bien que la situation des libertés publiques reste éloignée des normes occidentales, le Laos se met progressivement en conformité avec le droit international et est désormais affilié à la plupart des conventions internationales concernant les droits de l'homme. Il a de ce fait ratifié le pacte international relatif aux droits civils et politiques, la convention relative aux droits des personnes handicapées ainsi que la convention des Nations Unies contre la corruption.

La construction de la Communauté de l'ASEAN s'appuie, entre autres aspects, sur une place plus grande réservée aux principes de l'état de droit et au respect des droits de l'homme, le Laos est encore loin des progrès sur ce front, la démocratie comme concept est bien éloignée de l'approche occidentale.

D'autre part, le Laos s'est engagé publiquement à lutter contre la corruption. Le gouvernement reconnaît l'importance de la prévention et de la lutte contre ce fléau. Dans sa déclaration à l'Examen périodique universel (UPR)[102], la délégation du Laos a souligné la mise en œuvre de la loi sur la lutte contre la corruption, d'autres lois et instruments juridiques connexes, en particulier le décret sur la déclaration des avoirs pour les fonctionnaires à tous les niveaux. Dans un classement réalisé par *l'INGO Transparency International*, le Laos s'est classé dans le cinquième dernier de l'indice de perception de la corruption (130 sur 180 pays et territoires) en 2019. En termes de score réel, le Laos a été noté 25, sur une échelle de zéro (très corrompu) à 100 (très propre)[103]. En 2016, cependant, il y a eu un changement prononcé dans la rhétorique et aussi dans la pratique sous le gouvernement de Thongloun Sisoulith. Lors du congrès du PPRL en janvier 2016 et les lois qui ont suivi, plusieurs articles de presse ont souligné les activités du Comité d'inspection du parti et de l'Autorité

---

[102] United Nations 2015.

[103] L'indice de perception de la corruption est un indice composite des opinions d'experts essentiellement internationaux, généralement issus de l'entreprise et / ou ayant un niveau d'enseignement supérieur http://www.transparency.org/cpi2014/results, Transparency International, Laos
Corruption Rank 2019.

d'inspection disciplinaire de l'État pour avoir sanctionné les fonctionnaires délétères. Sous les plaintes du public et de l'Assemblée nationale contre la corruption, les sanctions disciplinaires atteignaient même les ministres, gouverneurs, et hauts fonctionnaires. Le Premier ministre Thongloun Sisoulith est perçu comme un réformateur après l'arrestation de 71 fonctionnaires et 25 autres à travers le pays pour corruption depuis le début de son mandat[104].

Après une période d'expansion significative des investissements fonciers dans tout le pays, les impacts sur les investissements fonciers sont examinés avec beaucoup plus d'attention qu'auparavant. Les investissements fonciers à grande échelle au Laos ont apporté des transformations importantes dans les paysages du pays, qui ont à leur tour engendré des changements socio-économiques et environnementaux drastiques et affecté la sécurité alimentaire et les moyens d'existence traditionnels. Le gouvernement a accepté la recommandation formulée lors de l'UPR de 2015 sur la compensation complète et efficace pour les expropriations de terres et sur la reconnaissance et la protection des droits fonciers coutumiers. Il a également accepté de renforcer l'application du moratoire de 2012 sur les nouvelles exploitations minières et sur l'octroi de concessions pour les plantations d'hévéas, et de revoir les nouvelles et existantes concessions foncières, en vue d'annuler ou de sanctionner celles qui enfreignent la loi[105]. Dans le passé, on voyait les propriétaires et les agriculteurs expulsés de leur terre pour faire place aux concessions accordées aux investisseurs pour la construction de barrages, de zones économiques, d'usines ou de plantations, sans avoir été dûment consultés et très mal compensés de leur expropriation ; ces derniers n'ont souvent pas d'autre choix que d'obtempérer. Cependant, on constate aujourd'hui, par exemple pour la construction du chemin de fer Laos-Chine, de sites industriels ou du complexe immobilier comme le marais de That Luang à Vientiane, les propriétaires du terrain ont tous été correctement indemnisés. Le gouvernement a reconnu que la mise en œuvre de la réglementation relative aux concessions foncières posait des problèmes et que dans certains cas la règlementation a été injustement traitée. Plusieurs signes semblent indiquer que les autorités consultent dorénavant davantage sur ces questions des indemnisations avec la population.

Selon l'UNPD, un autre point positif mérite d'être signalé, la connaissance des services juridiques des citoyens s'est améliorée, y compris dans les provinces. Une plus grande proportion d'hommes connaît les procédures de dépôt de griefs par rapport aux femmes. De plus en plus, les lois nationales intègrent les obligations internationales. Cette tendance encou-

---

104 Is Laos' New Leader Really a Reformer? David Hutt, The Diplomat, 26/04/2017.

105 Public opinions sought on constitutional amendments, Vientiane Times, April 21, 2015. Consulté sur: http://www.laolandissues.org/2015/04/21/public-opinions-sought-on-constitutional-amendments/ Accessed.

rageante ressort du Code pénal et des lois nationales récentes, telles que la Loi nationale sur la prévention et la lutte contre la violence à l'égard des femmes et des enfants, adoptée à la fin de 2014. En 2015, le Laos a accepté 116 des 196 recommandations formulées de l'Examen périodique universel (UPR) ; par la suite, des mécanismes de suivi sont mis en place pour assurer un suivi coordonné et complet des progrès de la mise en œuvre de l'UPR. Pour répondre aux objectifs nationaux et aux obligations internationales, le ministère des Affaires intérieures (MOHA) dirige le processus de mise en place d'un système national d'enregistrement de l'état civil pour enregistrer les naissances, décès, mariages et autres statistiques d'état civil des citoyens[106].

Par ailleurs l'évolution du régime vers davantage de participation des citoyens à la vie publique a été confirmée par l'adoption d'un décret en 2009 autorisant la constitution d'associations à but non lucratif en dehors du cadre du parti. Ainsi, il est désormais possible à deux personnes ou plus d'introduire une demande pour la création d'une association et de s'enregistrer auprès du gouvernement. Cette mesure constitue un pas important vers une expression plus libre de la société et une forme de démocratie locale.

Le Laos continue de travailler avec les organisations internationales pour renforcer les capacités des organes législatifs centraux et locaux afin de promouvoir la bonne gouvernance, les droits de l'homme et l'état de droit. Il se met progressivement en conformité avec le droit international et est désormais partie à la plupart des conventions internationales. Le Laos a ainsi ratifié le pacte international relatif aux droits civils et politiques, la convention relative aux droits des personnes handicapées ainsi que la convention des Nations-Unies contre la corruption. Il a adhéré ou ratifié sept instruments internationaux relatifs aux droits de l'homme, en particulier l'état des dix principaux instruments relatifs aux droits de l'homme (neuf traités plus le Protocole facultatif à la Convention contre la torture et autres peines ou traitements cruels, inhumains ou dégradants). Il a également ratifié cinq des huit conventions fondamentales de l'Organisation internationale du travail (ILO) et l'une des quatre conventions (prioritaires) de l'ILO sur la gouvernance. Plus récemment, le gouvernement et l'Agence de coopération internationale du Japon (JICA) poursuivent le projet pour le renforcement des principes de l'état de droit dans le domaine juridique en construisant la capacité du personnel de base. Le projet est conduit par le ministère de la Justice, la Cour suprême populaire, le Bureau du Procureur populaire Suprême et l'Université nationale du Laos[107].

---

[106] L'enregistrement des naissances est un droit fondamental reconnu par l'article 24 du Pacte international relatif aux droits civils et politiques et l'article 7 de la Convention relative aux droits de l'enfant.

[107] Government, JICA extend partnership in justice, legal sector development, Vientiane Times, 23/12/2020.

Le pays a également procédé à divers examens et révisions des lois, politiques et programmes nationaux dans le cadre de ses obligations à l'égard de ces ratifications et adhésions. Le statut élevé de ratification doit être soutenu par un renforcement des capacités et des mesures pour accélérer la mise en œuvre. Le rapport du Groupe de travail sur l'UPR[108] a formulé 196 recommandations en 2015, dont le gouvernement du Laos en a accepté 116, y compris celles qui ont déjà été mises en pratique et qui sont conformes à la Constitution, lois, politiques et pratiques du Laos. La plupart des rapports aux organes conventionnels sont en retard[109]. Le gouvernement lao a accepté la recommandation de l'UPR de soumettre des rapports en suspens aux organes conventionnels et la présentation des Nations Unies au Laos pourrait jouer un rôle constructif à cet égard.

Il convient de signaler que l'Assemblée nationale a approuvé 148 lois depuis l'avènement de la nouvelle république en 1975, visant à construire le pays régi par l'état de droit. Cependant, il faut reconnaître que l'application de la loi reste inadéquate. Pour que le Laos maintienne l'ordre social et une justice équitable, il faut davantage sensibiliser le public sur le respect et l'application de la loi en coopérant avec les responsables chargés de son application. Il existe aujourd'hui une ligne téléphonique directe gratuite avec l'AN pour le public d'exprimer ses préoccupations et revendications[110].

En dépit du fait que le décret autorisant la création des associations à but non lucratif locales lao, le PPRL n'encourage pas l'engagement civique ou la solidarité entre les citoyens laotiens, à moins qu'il ne soutienne le parti et ses politiques. Toutefois, l'État et le gouvernement cherchent un large consensus avec tous les lao et toutes les ethnies. Ainsi, le parti s'efforce pour se réconcilier avec les communautés laotiennes d'outre-mer, qui ont fui le pays après 1975, en les encourageant à revenir et à investir au Laos et, symboliquement, en invitant les délégations laotiennes d'outre-mer (Europe, USA, Australie) à assister à des événements d'envergure nationale, par exemple des fêtes et festivals comme la procession de That Luang ou la fête nationale. Les Lao de l'étranger peuvent désormais et depuis un certain temps visiter librement le Laos (les facilités de visas leur sont accordées) ou déménager de façon permanente, à condition qu'ils ne s'impliquent pas dans la politique, mais le gouvernement n'autorise pas la double nationalité. Cependant, le débat à l'AN depuis des années pour savoir si les Lao d'outre-mer pouvaient acheter ou pas du terrain pour construire une maison, cette

[108] United Nations, 2015a. Report of the Working Group on the Universal Periodic Review: Lao People's Democratic Republic. A/HRC/29/7, prepared for the Human Rights Council, Twenty-ninth session, Universal Periodic Review. 23 March 2015.

[109] United Nations, 2015b. Report of the Working Group on the Universal Periodic Review: Lao People's Democratic Republic. Addendum: Views on conclusions and/or recommendations, voluntary commitments and replies presented by the State under review. A/HRC/29/7/Add.1, 23 June 2015.

[110] NA members debate, approve new laws, Vientiane Times, 12/11/2020.

question est aujourd'hui partiellement levée, le consensus n'a pas encore été totalement acquis par tous les politiques. En effet, selon le site Web du gouvernement en date du 22 septembre 2020, le Journal officiel lao sur la législation de l'État a publié la dernière version sur la Loi foncière, qui permet aux étrangers de posséder des copropriétés (et non le sol). En vertu de l'article 132 de la loi, les étrangers peuvent désormais acheter et posséder des condominiums[111]au Laos. En conséquence de quoi, la loi a été révisée, les étrangers (y compris les étrangers d'origine Lao) peuvent également posséder le droit d'usage des terres et non la possession des terres avec un bail foncier et un contrat de concession avec les citoyens lao et le gouvernement. Néanmoins, le droit d'usage des terres est limité à 30 ans et 50 ans respectivement avec possibilité de renouvellement du bail[112]. La nouvelle législation est un pas important et qui va permettre de donner une dynamique au secteur immobilier. Il reste à savoir si les Lao d'outre-mer seront satisfaits ou pas de cette demi- mesure, car la plupart préfèreront sans doute acheter un terrain et y faire construire une maison pour pouvoir la léguer plus tard à leurs enfants.

Certains économistes disaient que le développement capitaliste suivait la liberté politique, ne s'étaient-ils pas trompés ? Le Laos et une large partie de l'Asie ont certes copié les processus de croissance de Singapour, mais elles ont laissé, pour une bonne part, la démocratie (au sens occidental), l'État de droit, et le pluralisme.

En dépit des évolutions en cours au Laos, où l'économie et la politique sont souvent mêlées, la question sur les droits de l'homme ne constitue pas un facteur pouvant freiner le développement de ce pays, comme on l'a pu constater. Au Laos, l'héritage laissé par l'idéologie marxiste incite bien à ce que les dirigeants pensent sur les droits de l'homme sont un concept culturel et en aucune manière ils ne leur reconnaissent le caractère universel. Selon les dirigeants lao, les droits de l'homme et la démocratie à l'occidentale, déstabiliseront le régime et affaibliront les efforts accomplis jusqu'ici par le pays. Ainsi, l'unique recette politique dans un avenir prévisible demeure un pouvoir fort, autoritaire pour assurer l'ordre et les acquis de la révolution et le PPRL. Une partie de dirigeants et d'élites lao actuels rêvent le modèle singapourien pour le Laos, car certains principes économiques et politiques publiques de Singapour pourraient faire l'objet d'une appropriation par le Laos qui chercherait à s'inspirer ou se réformer.

---

[111] Terme issu du Common Law, qui désigne un appartement situé dans un immeuble détenu en copropriété divise.

[112] Revised law allows foreign nationals to own condominiums, Vientiane Times, 22/09/2020.

3.5.3 Décentralisation et participation à la gestion des affaires publiques contribuent au renforcement et au développement local

Les initiatives en matière d'action politique et les stratégies connexes de gouvernance adaptées relatives à la décentralisation et aux prestations de services publics ont révélé des exemples positifs d'amélioration dans ces domaines mais qui soulignent également la nécessité de poursuivre ces efforts.

Avant les années 1990, le Laos était axé sur la construction d'infrastructures et des projets, avec une participation publique minimale. À partir de 1991, le gouvernement lao, avec le soutien de ses partenaires de développement, a commencé à développer les rudiments d'une bonne gouvernance et du développement participatif : la Constitution, les codes juridiques, l'Assemblée nationale, le pouvoir judiciaire, les instituts de recherche, le système d'audit, la collecte des impôts ainsi que les organismes d'exécution. Dans le même temps, d'autres changements notables se sont produits tels que l'acceptation des discussions sur les institutions de la société. De plus en plus, les citoyens ont commencé à insister modérément pour l'ouverture des questions de politiques publiques, un accès accru aux médias et l'expansion des institutions de la société. À cet effet, lié au renforcement de la bonne gouvernance, le Premier ministre a publié le décret 01 en 2001 pour décentraliser les fonctions de la planification, du développement, du budget, de la perception et de la mise en œuvre des impôts.

Pour le Laos, la décentralisation, c'est une modalité de répartition juridique des compétences qui confère un certain nombre de missions administratives et de responsabilités à des entités provinciales. Le Laos s'est engagé dans un processus de décentralisation territoriale. Les provinces deviennent autonomes administrativement et partiellement en matière financière par rapport au gouvernement central, comme indiqué plus haut. Une gestion des affaires publiques plus proche des populations offre, à n'en pas douter, des avantages, à savoir notamment une meilleure connaissance des attentes, la possibilité de nouer des dialogues directs, une plus grande flexibilité, et la possibilité pour les citoyens de contrôler les responsables publics.

Selon une étude réalisée en 2003 par l'Agence de coopération internationale suisse, la décentralisation suscitait l'enthousiasme, la confiance et le sentiment d'autonomie au niveau régional[113]. À tous les niveaux de l'administration locale, la politique de décentralisation du gouvernement avait bien été accueillie. La grande majorité de citoyens se sentait considérée, impliquée. Avec cependant, l'incapacité des districts et des villages d'appréhender le concept. La plupart des chefs de district croyaient qu'ils n'étaient

[113] Trends in the Government Sector Lao PDR, Swiss Agence for development and cooperation SDC, 2012.

pas prêts à gérer de nombreuses tâches de décentralisation. Parallèlement à l'adoption progressive des tâches décentralisées sur une longue période, les responsables locaux réclamaient la formation, les installations et les équipements améliorés. Au niveau des provinces et des districts, la décentralisation commençait en réalité par une déconcentration, plutôt qu'une décentralisation d'autorité complète. Par ailleurs, les systèmes de responsabilisation et de contrôles fiscaux aux niveaux locaux étaient encore trop fragiles et n'étaient pas mis uniformément en place. Cela à cause des pertes de revenus au niveau central, les systèmes de contrôle budgétaire et de responsabilité étaient insuffisants et incohérents et avaient créé la confusion parmi les citoyens en ce qui concerne la collecte des impôts locaux. Si les provinces et les districts se félicitaient de leur autorité accrue, ils échouaient souvent à reconnaitre qu'ils devaient dépenser dans les limites du budget approuvé au niveau central. D'autre part, les responsables du district affirmaient que la décentralisation les aidait à gagner en confiance et à la prise de décisions, et en particulier les aidait à prendre en compte des contraintes et des capacités locales et de mettre en œuvre des activités avec moins de bureaucratie. L'étude de la SDC a révélé d'autre part que le nombre de femmes élues chefs de village et à l'Assemblée nationale était en hausse. En revanche, au sein des districts et des administrations provinciales, l'écart entre les sexes était perceptible ; cela malgré du fait que des membres de l'Union des femmes étaient actifs et géraient parfois l'administration des villages et des projets de développement rural. Dans les zones urbaines, les communautés avaient commencé à organiser des activités communautaires de leur propre chef, sans attendre le soutien du gouvernement ou des donateurs.

À partir de 2006, la décentralisation a été perçue et reconnue comme bénéfique par la population rurale et les habitants des provinces, cela grâce aux efforts de dialogue entre le central et les autorités locales ainsi que les différents forums de discussion pour sensibiliser la population. Le gouvernement lao a mis en œuvre des programmes de décentralisation pour relever la qualité des services et les rapprocher de la population. L'adaptation de la capacité, l'efficacité de la gestion et le financement ont été les moteurs de la décentralisation, aussi de nombreuses autorités locales ont la capacité d'assumer leurs responsabilités. D'autre part, le gouvernement reconnaît le rôle positif joué par les autorités traditionnelles dans la promotion d'une bonne gouvernance et pour la facilitation d'une prestation efficace des services. Mais, les autorités lao n'ignorent pas non plus qu'il reste beaucoup à faire pour venir à bout des contraintes d'ordre structurel et organisationnel qui affectent l'efficacité des institutions, en tant qu'organes communautaires viables pouvant aider à promouvoir une prestation efficace des services publics à l'échelon local. La prestation des services dans le pays n'a pas donné entièrement satisfaction, en dépit des progrès de ces derniers temps dans le secteur de la santé, la qualité des services demeure encore médiocre. Il existe une pénurie de personnel de santé formé et qualifié, en particulier dans les districts et villages, ainsi que dans les zones rurales. Davantage de ressources s'avèrent nécessaires pour la fourniture des services sociaux, en particulier dans les domaines de la santé, de l'éducation et des routes. L'UNPD, l'ADB et les partenaires de développement ont contribué avec le gouvernement à l'un des développements les plus importants qui était la redéfinition claire des mandats, des responsabilités et des fonctions de différents niveaux d'administration et / ou pour fournir plus de l'autonomie opérationnelle aux districts, il consistait au pilotage de subventions globales discrétionnaires données à l'administration du district, accompagnées du développement pour de meilleures budgétisation, planification et gestion des dépenses de l'administration locale sous le Fonds de développement du district (DDF)[114]. Ainsi, de nombreux programmes de coopération multilatérale et bilatérale et des « réformes » visent à moderniser l'administration publique lao et à décentraliser l'administration des territoires. Tous les bailleurs de fonds préconisent un renforcement de la gouvernance par la décentralisation à un niveau local. Aussi, les mesures importantes ont été prises pour créer une administration plus efficace et plus responsable par les autorités lao.

En conséquence, des progrès significatifs sont réalisés dans certains domaines de la gouvernance, ceux-ci incluent le renforcement des capacités de l'administration publique, la décentralisation de la prestation des services publics locaux, l'amélioration de la responsabilité avec une plus grande part d'implication assumée par l'Assemblée nationale, l'élargissement de l'espace pour les parties prenantes (avec un plus grand nombre d'organisations contributives de la société civile par rapport aux années 2000-2013), des objectifs plus clairs et un accent sur l'amélioration du secteur de la justice dans le pays. Par la suite, les progrès du Laos dans l'amélioration de la gouvernance ont été salués lors de l'UPR en 2015.

Ainsi, l'engagement de la poursuite du gouvernement pour une politique de décentralisation progressive a abouti à une décentralisation approfondie qui a conféré une autonomie de gestion et une libre administration aux collectivités locales dans divers domaines de compétences

C'est depuis que le Laos a entamé récemment un processus d'approfondissement de la décentralisation, cette politique constitue une réponse à la volonté affichée par les autorités de faire participer les provinces à la gestion des affaires et de les impliquer plus amplement dans le développement local. La finalité de ce processus est le renforcement de la démocratie locale, l'amélioration de la gestion des affaires publiques locales et l'instauration d'un système de gestion administrative du territoire dans lequel le pays se reconnaîtrait culturellement le mieux. Les collectivités locales possèdent dorénavant leur propre autorité, les assemblées populaires locales. Toutefois,

---

[114] Trends in the Government Sector Lao PDR, Swiss Agence for development and cooperation SDC, 2012.

l'État, sans s'immiscer directement dans la gestion des collectivités locales, assure à leur égard une fonction de supervision notamment au travers du contrôle de légalité. Il convient de rappeler que les collectivités restent sous l'autorité de tutelle du gouvernement central et bien évidemment sous la supervision du Parti.

Les changements dans l'appareil exécutif du gouvernement ont contribué certes à développer une fonction publique plus compétente et professionnelle. Ces dernières années, le nombre de ministères de tutelle est en baisse, et ces ministères sont en mesure de fournir une direction politique et une gestion plus importantes dans une gamme plus complète de secteurs et de services publics que par le passé. La taille de la fonction publique est passée à plus de 150 000 (les femmes représentant 43%), y compris les enseignants et les agents de la santé, dont la grande majorité est au niveau du district et au niveau local. Les administrations locales ont été systématiquement renforcées en matière de gouvernance. L'introduction de cadres efficaces pour la gouvernance locale et le renforcement des capacités au niveau local a conduit à l'amélioration des services locaux. Le système du Fonds de développement du district (DDF) utilise les systèmes et le personnel du gouvernement pour fournir des subventions globales non liées ainsi qu'un apprentissage pratique aux administrations du district, ce qui leur permet de collaborer avec les communautés locales pour identifier et fournir des services liés aux objectifs prioritaires OMD. En développant la capacité des administrations locales, le DDF renforce la fourniture de services sociaux et la capacité du gouvernement local à diriger et à gérer la prestation de services publics. Les 2 500 fonctionnaires locaux sur les 53 districts des 7 provinces peuvent désormais planifier, acquérir et gérer financièrement la fourniture de services jugés prioritaires localement dans les domaines de la santé, de l'éducation, de l'agriculture, et des travaux, ont exprimé leur grande satisfaction à l'égard des nouveaux cadres de DDF qui leur permettent de répondre aux besoins locaux à caractère prioritaires. Ainsi, par suite de la politique de décentralisation, les interventions de gouvernance locale marquent l'introduction d'une véritable planification locale intersectorielle et une réponse plus concertée aux services prioritaires locaux[115]. Les interventions de gouvernance locale marquent l'introduction d'une véritable planification locale intersectorielle et une réponse plus concertée aux priorités de services locaux. Le cadre de la gouvernance locale devra être étendu par la suite : à ce jour, il a permis des investissements et des interventions prioritaires dans les services de proximité, bénéficiant directement à 374 000 ménages dans 4 900 villages et de répondre ainsi aux attentes de la population.

Mais la décentralisation connaît cependant une certaine faiblesse, elle se trouve, dans les faits, confrontée à diverses difficultés qui découlent principa-

---

[115] District Development Report for 2013-2015, Vientiane: United Nations Development Programme.

lement de la lenteur dans les transferts de compétences de l'administration centrale vers les nouvelles collectivités de province, par exemple. Cette lenteur est imputable d'une part, à l'insuffisance des capacités institutionnelles des collectivités locales en matière d'organisation, de ressources humaines, de procédures, etc., et d'autre part, au comportement de l'administration centrale qui a encore du mal à se départir des prérogatives qui faisaient sa toute-puissance. Dans le contexte actuel, la décentralisation a produit principalement une déconcentration des fonctions et du pouvoir de décision des autorités supérieures vers les autorités inférieures. Le gouvernement central et le Politburo continuent de détenir l'essentiel des autorités.

En conclusion, dans le passé, la conscience citoyenne en manière des nouvelles institutions de gouvernance et la fonction de développement restait trop superficielle. Rares étaient ceux qui comprenaient comment ces institutions sont liées et interférées les unes avec les autres. Des termes tels que la décentralisation, les élections démocratiques, la séparation des pouvoirs, le gouvernement, la responsabilité, les réformes de la fonction publique, l'accès public à l'information et la société civile, sont plutôt récents pour un nombre limité de professionnels formés et encore mal compris dans le pays ; mais tous ces termes et notions ont un sens aujourd'hui pour la majorité de la population, car celle-ci est plus informée aujourd'hui grâce aux médias et aux réseaux sociaux. Une gestion des affaires publiques plus proche de la population offre, à n'en pas douter, des avantages, à savoir notamment une meilleure connaissance des attentes, la possibilité de nouer des dialogues directs, une plus grande flexibilité, et la possibilité pour les citoyens de contrôler les responsables publics.

3.5.4 La gouvernance locale gagne en importance

Un amendement constitutionnel, dont l'adoption en décembre 2015, ouvrit la voie à la création d'assemblées locales et à la modification du paysage politique au niveau inférieur[116]. Les changements constitutionnels et les mises à jour de la loi sur l'administration locale prévoyaient l'introduction d'assemblées locales provinciales et des mandats plus clairement définis. Il y avait aussi une séparation des pouvoirs prévue entre le gouverneur provincial et le secrétaire provincial du parti. Le renforcement de la gouvernance locale est la conséquence de la politique de décentralisation du gouvernement. De nombreux programmes de coopération multilatérale et bilatérale et des « réformes » visent à moderniser l'administration publique lao et à décentraliser l'administration des territoires. Aussi, les bailleurs de fonds ne

[116] Public opinions sought on constitutional amendments, Vientiane Times, April 21, 2015.

manquent pas de prôner pour un renforcement de la gouvernance par la décentralisation à un niveau local.

Les autorités lao ont souligné l'importance de la gouvernance locale pour le développement de l'économie, particulièrement pour des micros et petites et moyennes entreprises (SME). Car les administrations locales peuvent fournir aux entreprises les infrastructures spécialisées qui les aideront à améliorer leur compétitivité, par exemple les services publics, il s'agit de mesures d'assistance concernant des questions importantes comme facteurs de production : la main-d'œuvre ; le marché ; l'enregistrement dans les zones économiques spéciales ; l'assistance institutionnelle. Si les SME sont avantagées par leur grande flexibilité et leur capacité d'adaptation, elles manquent néanmoins d'une assistance pour améliorer la compétitivité face à la concurrence des grandes entreprises. Elles n'ont pas suffisamment de ressources et de moyens pour réaliser simultanément des améliorations dans tous les domaines, aussi l'assistance par les autorités locales semble constituer une solution.

Au Laos, les grandes politiques de développement économique sont déterminées au niveau national, mais la décentralisation s'accentue vers le niveau local, et le rôle des administrations locales devient de plus en plus important. La régionalisation, qui crée des opportunités pour le pays, pose en même temps de nombreux défis. Pour maintenir et améliorer leur compétitivité, les administrations locales des divers niveaux doivent réagir rapidement aux changements du marché. Plusieurs localités situées dans les provinces de Savannakhet, Bokeo, Borikhamsay ou Oudomxay ont réussi, grâce à des politiques souples et à des stratégies adaptées à leur situation. Le rôle des autorités locales au Laos a vu son importance s'accroît progressivement avec la promotion du développement économique du pays. Dans un contexte de décentralisation accélérée, les administrations locales seront de plus en plus autonomes. Le changement d'orientation du Laos, d'une économie planifiée, bureaucratique, vers une économie de marché, oblige à l'évidence les administrations centrales à mieux œuvrer en se concentrant sur la résolution au niveau macro des problèmes relatifs aux politiques de développement. Les administrations locales, quant à elles, trouveront des moyens pour mettre en œuvre ces politiques selon leurs propres agendas pour pouvoir exploiter au mieux les ressources et les atouts de leurs localités.

Selon les directives de l'AN, des membres du Conseil populaire provincial issus des élections législatives doivent étudier, apprendre et prendre les devants pour la mise en œuvre des politiques, la constitution, les lois, les résolutions de l'AN et celles du Conseil populaire de la province, et respecter les droits et les intérêts légitimes des personnes. D'autre part, l'AN a souligné que des droits et des devoirs de ces élus locaux, consistant en outre à diffuser, à mobiliser et à soutenir la participation de la population ethnique lao de tout horizon dans l'apprentissage et la compréhension de la mise en œuvre des politiques, des lois et des résolutions de l'AN ainsi que des résolutions du Conseil populaire provincial, du plan national quinquennal de développement socioéconomique, du plan budgétaire de l'État, et du plan budgétaire provincial[117].

Au Laos, il faut comprendre l'inertie de l'administration et son fonctionnement. Comment les fonctionnaires de l'administration travaillent-ils ? L'activité administrative, le contrôle, la volonté de garder le monopole de la décision, tout cela est guidé par le principe de précaution, le primat du texte, de la circulaire, du décret du Premier ministre, qu'il faut respecter. On se trouve alors trop souvent dans un système de ralentissement, parfois de blocage généralisé. Ce n'est pas le résultat à attendre qui compte, mais le processus à respecter ou la bureaucratie. Tous les citoyens l'ont vécu et en sont souvent désespérés. Le pire, c'est que cela ne dépend pas d'une mauvaise volonté particulière pour beaucoup de gens. Ces administrations sont formées de personnes relativement compétentes. Mais la culture de la précaution lao, le besoin d'en référer au supérieur, au parti, la crainte de l'initiative risquée, tout cela se conjugue pour que rien n'avance au rythme nécessaire en temps d'urgence. Et puis, la culture administrative, ce n'est pas la culture de l'initiative, de l'expérimentation, de la prise de risque, mais de suivre les recommandations du parti.

Assurément, dans le cadre du 9e plan quinquennal, la Gouvernance pour le développement du programme inclusif (G I D P) en vue de soutenir les objectifs du gouvernement en vue de renforcer l'administration publique pour aboutir à une meilleure prestation de services et promouvoir une plus large amélioration de gouvernance en augmentant l'engagement systématique des citoyens, en particulier aux niveaux locaux. La GIDP par le biais du Fonds de développement du district a encouragé le district et les autorités provinciales et les citoyens à travailler ensemble en collaborant à l'application des transferts fiscaux aux administrations locales pour les services prioritaires et tirer parti des capitaux nationaux ainsi que d'autres sources locales de développement économique. L'objectif du gouvernement est pour les administrations locales de mieux gérer et de mettre en œuvre localement le développement économique et les prestations de services prioritaires avec un plus grand niveau financier, administratif et de pourvoir à un plus grand engagement et réactivité aux besoins et aux préoccupations des citoyens.

---

117 Rights and duties of National Assembly and Provincial People's Council members, Vientiane Times, 07/01/2021.

3.5.5 Les médias au Laos sont encore loin des normes internationales

La presse est sans nul doute un des piliers de la démocratie et des libertés, mais au Laos elle est soumise à un contrôle et à la censure. Toutefois, l'avènement du régime socialiste a permis au Laos une certaine liberté de la presse ainsi que le pluralisme et la multiplicité des titres de journaux, de magazines, de radios et télévisions nationales, privées ou internationales via les connexions par câble ou satellite.

Même si le droit d'expression a été expressément inscrit dans la Constitution, force est de constater que plusieurs facteurs ont sérieusement limité les moyens et les capacités d'expression des citoyens : la configuration du champ médiatique dominé par une presse d'État aux ordres du parti au pouvoir et du gouvernement ; la faiblesse de la société civile ; l'hégémonie de différents relais politiques et idéologiques du pouvoir.

L'État reconnaît cependant aux citoyens de jouir constitutionnellement du droit à la liberté d'expression par la parole, l'écrit, Internet, Facebook ou l'image, aucune disposition ne limite l'exercice de cette liberté d'expression tant que celle-ci s'inscrit dans le cadre des lois et règlements en vigueur. Parmi les interdits, les propos ou écrits diffamatoires contre le régime ; ceux susceptibles de porter atteinte à la sécurité de l'Etat, à l'unité nationale et l'intégrité territoriale ; ceux qui menacent de troubler l'ordre public ou ceux encore qui sont porteurs de fausses nouvelles. L'Etat a continué d'exercer un contrôle sévère sur la presse et les médias audiovisuels, ainsi que sur les activités de la société civile. Tous les partis politiques sont interdits, à l'exception du parti au pouvoir, le PPRL. Il y a à partir de 2017 un raffermissement de l'idéologie socialiste et des instruments de contrôle. Autrement dit on assiste aujourd'hui à un resserrement politique au cours de ces dernières années. Effectivement, depuis le 1er juillet 2020, tout possesseur de smartphone doit faire enregistrer leur carte SIM Call et SIM Net auprès du service du ministère des Postes et Télécommunications avec sa carte d'identité, carnet de famille et adresse personnelle (au plus tard juin 2021). Les cartes SIM font désormais partie des services essentiels et d'un outil de communication dans l'économie numérique pour accéder à de nouveaux services, notamment les services bancaires et financiers et la livraison de nourriture, et pour effectuer des réservations de vols et d'hôtels[118]. Pour les autorités lao, les cartes SIM non enregistrées rendent le Laos vulnérable aux crimes, aux diffusions des « Fake News », et aux attaques sur Internet. Dans certains pays, les criminels utilisent des cartes SIM pour faire exploser des bombes tandis que d'autres utilisent la technologie pour diffuser de fausses

[118] SIM card registration rush slows process for consumers, Vientiane Times, 08/07/2020.

nouvelles et perturber la société civile[119], ce qui a permis au gouvernement d'imposer l'enregistrement de l'identité de l'acheteur de carte SIM. Certains citoyens lao particulièrement attachés à la protection des données personnelles, et l'on sait qu'il existe dans ce pays une grande sensibilité à cette question, ont contesté cette mesure, dans laquelle ils voient un instrument de surveillance de l'État. Comme l'on a pu observer, l'aide importante étrangère et l'ouverture du marché ne se sont pas traduites par un plus grand respect des libertés individuelles, cela en dépit du soutien des donateurs et des partenaires de développement au gouvernement lao.

Les journalistes lao depuis longtemps pratiquent l'autocensure, la population sait ce qu'elle peut ou ne peut pas exprimer en public ou sur les réseaux sociaux. De plus en plus conscients des limites imposées à la presse officielle, les Lao se tournent vers internet et les réseaux sociaux pour s'informer. Mais l'adoption, fin 2014, d'un décret punissant de prison les internautes qui critiqueraient le gouvernement et le Parti au pouvoir menace l'essor des plateformes d'information en ligne. Ce texte exige par ailleurs que les individus s'identifient systématiquement avec leur nom officiellement enregistré auprès des autorités, tout comme pour l'enregistrement des cartes SIM.

La liberté de la presse et le pluralisme sont limités pour cause du monopole de fait que l'Etat exerce sur les médias. Tous les médias sont soumis à la censure et la plupart des organisations médiatiques pratiquent un certain degré d'autocensure. Toutefois un plus grand assouplissement et une plus grande tolérance pour le débat à la télévision ont été constatés. Mais le gouvernement n'interdit pas la vente des journaux et magazines étrangers dans le pays ni la censure sur des chaînes de télévision étrangères et, encore moins le blocage des réseaux sociaux. Aujourd'hui, les lecteurs et lectrices ont le choix, chaque matin, entre une vingtaine de quotidiens et autant de magazines. Depuis quelques années, les journalistes du journal en langue anglaise, le Vientiane Times, ont de fréquents échanges et de coopérations avec la presse étrangère : japonaise, malaisienne ou singapourienne. Cela a contribué à améliorer la qualité du journal, avec un langage nouveau moins dogmatique, ses prises de position citoyenne et ses analyses sont souvent plus pertinentes, ce quotidien donne enfin une présentation plus conforme aux normes internationales, ce qui fait le succès de ce journal et une référence pour les lecteurs des organisations et entreprises internationales implantées au Laos. Cependant, selon les journalistes lao interviewés, de jeunes Lao sont encore peu enclins à acheter un journal ou lire un livre ; par conséquent, le tirage des quotidiens aussi bien en lao qu'en anglais est limité, en outre les librairies sont très peu nombreuses ; la carence est due en grande partie à une faible demande publique, plutôt qu'à des restrictions politiques. Les journalistes ont souligné

[119] Telecom regulator proposes online sim card registration, Vientiane Times, 16/05/2019.

en effet que la culture lao n'encourage pas les habitudes régulières de lecture. En revanche, les Lao éduqués commencent à suivre les nouvelles internationales à la télévision (principalement des chaînes thaïlandaises).

Selon l'organisme Reporters sans frontières (RSF) qui a développé l'indicateur « reflétant le degré de liberté dont bénéficient les journalistes et les médias de chaque pays et les moyens mis en œuvre par les États pour respecter et faire respecter cette liberté », a évalué l'indice de la liberté de la presse du Laos en 2019 à 66,4 (0 = liberté; 100 = répression) et 171 au classement mondial de la liberté de presse en 2020[120].

La question de la relation entre les médias et le pouvoir est de plus en plus souvent mise sur la table dans les pays occidentaux et démocratiques, mais au Laos, elle ne se pose. Les médias n'ont aucune influence sur les affaires du gouvernement, bien au contraire, le plus souvent pour les observateurs, ils sont un instrument de propagande, les médias véhiculent les messages officiels et donnent la ligne du parti sur l'économie, la politique ou l'enjeu sociétal.

Mais il faut cependant reconnaître que la qualité des reportages dans de nombreux journaux et magazines lao, y compris ceux gérés par le parti et les militaires s'est améliorée d'année en année. Les émissions radio sont produites dans les 18 provinces. Les professionnels des médias ont appris à rechercher et à écrire clairement et à interviewer des gens de tout horizon, y compris ceux des régions rurales. Les habitants de la capitale ont une bonne opinion du quotidien Vientiane Times en termes de contenu et de format. Selon une étude de l'Agence internationale de coopération suédoise sur la gouvernance, les médias commencent à plaider pour la responsabilité. Par exemple, lorsque la presse a révélé les frustrations des gens face à l'augmentation du prix de l'électricité et aux facturations incorrectes, la compagnie d'électricité a immédiatement pris des mesures correctives. D'autre part, la presse fait la promotion des *success stories* d'entreprises lao, mais publie aussi des histoires vécues racontées par ses lecteurs. Les bonnes pratiques commerciales et les portraits d'entrepreneurs à succès sont désormais régulièrement relatés[121] dans les journaux. À cet égard, le vice-ministre de l'Information, de la Culture, et du Tourisme, Savankhone Razmountry, déclarait[122] qu'il est important pour l'organisation des médias d'améliorer leur niveau professionnalisme, de fournir des informations utiles et fiables pour répondre aux besoins du public, et de servir l'intérêt national.

L'ironie de la situation, les détracteurs du régime lao ont longtemps critiqué la liberté d'expression et les médias au Laos, que dire aujourd'hui quand on voit les grands groupes d'Internet GAFA[123] purger des comptes de leurs adhérents au nom de la liberté d'expression ? Même le président Donald

---

[120] Reporters Sans Frontières, site consulté : https://rsf.org/fr/laos.

[121] Governance and participation in Laos, SIDA 2003.

[122] Lao media to strive for higher standards after 45 years, 16/11/2020.

[123] Google, Amazon, Facebook, Apple.

Trump et ses supporteurs ont vu ainsi leurs comptes bannis du jour au lendemain par Twitter et Facebook. Malaise en démocratie ! Aujourd'hui, on constate que ce sont les grands groupes financiers numériques qui autorisent ce que les gens peuvent ou ne peuvent pas s'exprimer et s'arrogent le pouvoir de contrôler le débat public ! Cette censure pousse à s'interroger sur l'état des libertés publiques en Occident ainsi que les risques que font peser ces multinationales sur la liberté d'expression. Cette décision arbitraire adoptée par les GAFA est lourde de conséquences qui ont suscité craintes et inquiétudes chez tout défenseur de la Démocratie et du pluralisme, mais ne peut que réconforte la position du gouvernement lao en matière de liberté de presse et d'expression au Laos.

3.5.6 Participation publique et la société civile au Laos

Le Laos dispose de divers canaux et forums de participation. Ceux-ci vont des canaux indirects, impliquant la participation par le biais d'institutions représentatives telles que l'Assemblée nationale, les organisations de masse approuvées du Parti, les associations professionnelles formelles, et les médias. La participation a également lieu à travers d'autres groupes d'intérêt, les organisations de la société civile (CSO), les ONG, les associations lao à but non lucratif (NPA), les médias et d'autres formes de communication. Le décret 115 sur les associations de 2009 marque une étape importante dans la reconnaissance formelle des NPA en tant que partenaires de développement.

Une distinction est faite entre les ONG internationales et les ONG lao, elles ont les mêmes missions et contribuent au développement économique, social et éducatif, mais ne jouissent pas des mêmes réglementations et du même statut. Les ONG internationales dépendent du ministère des Affaires étrangères (MOFA) alors que les ONG lao, elles, agissent sous l'égide du ministère des Affaires intérieures (MOHA). Le MOFA ou le MOHA doit être tenu informé régulièrement, sous forme de rapports trimestriels et annuels, du déroulement des programmes de l'ONG. Tandis que les NPA, elles, forment un groupement de personnes volontaires réunies autour d'un projet commun ou partageant des activités, mais sans chercher à réaliser de bénéfices. Une NPA peut avoir des buts très divers (sportif, défense des intérêts des membres, humanitaire, promotion d'idées ou d'œuvres, métier, profession…).

Encadré 8: La société civile au Laos. Les opportunités de participation à la prise de décision et du développement au niveau local se développent. En outre, l'AN et d'autres organisations publiques sont devenues plus impliquées dans la politique et dans l'action du gouvernement, en même temps l'environnement de la société civile s'améliore. Les NPA et les CSO ont désormais une reconnaissance légale, mais leur statut reste encore récent et la plupart des NPA et CSO évitent une approche fondée sur une approche du droit de plaidoyer. Certaines associations formelles ont commencé à fonctionner plus efficacement comme groupe de pression (par exemple la LNCCI). Aujourd'hui, le nombre de médias et l'accès aux médias étrangers ont considérablement augmenté, tandis que la discussion sur la politique est désormais plus ou moins tolérée, mais la censure reste de rigueur. L'expansion des réseaux de téléphonie mobile, Internet et réseaux sociaux, permet une plus grande participation du public et un partage de diffusion d'information, bien que l'Etat ait commencé à accroître les contrôles avec des nouvelles lois relatives aux médias. Au niveau de la société civile, il est de plus en plus admis que les NPA peuvent opérer comme des potentiels partenaires dans le développement communautaire et cela a été renforcé par les donateurs et le positionnement interne du NPA sur la participation. Dans le même temps, le secteur national des CSO est perçu comme plus facile à gérer que les ONG internationales, qui assument un rôle de plaidoyer moins confortable pour le gouvernement. Alors que les médias nationaux restent largement censurés, ils sont de plus en plus difficiles pour l'État de contrôler l'accès aux flux d'information à la fois régionalement et virtuellement. Il y a donc une grande opportunité offerte pour de nouvelles formes de participation engagées dans la gouvernance par un nombre croissant de citoyens.

Le gouvernement lao, sous l'égide du PPRL, a lancé au cours des dernières années diverses réformes visant à ce que le Laos soit gouverné par l'état de droit et les principes démocratiques. Le mandat de l'AN a donc été renforcé comme il a été décrit plus haut, l'écart entre le droit écrit et le droit pratiqué est comblé en 2020 et la coopération avec CSO s'est améliorée, selon le gouvernement. Dans la Déclaration de Vientiane de 2015 sur le partenariat pour une coopération au développement efficace (2016-2025), le gouvernement lao a souligné la pertinence de l'engagement des CSO pour le développement du pays. Le programme de réforme actuel du gouvernement pour renforcer la transparence, l'efficacité et la responsabilité de l'État ainsi que le rôle clé du plan national de développement socioéconomique qui attribue au renforcement de l'état de droit, soutient les possibilités de progrès en matière de bonne gouvernance. En 2009, le gouvernement a approuvé un décret permettant aux CSO de s'enregistrer officiellement et d'acquérir un statut juridique pour la première fois. Mais on se souvient, toutefois, depuis la disparition de l'activiste lao de la société civile, Sombath Somphone, fin 2012, l'autorégulation des CSO s'est intensifiée et la sphère politique publique s'est affaiblie. En 2016, le gouvernement a annulé le Forum des peuples de l'ASEAN, en raison de sa préoccupation face aux critiques potentielles des gouvernements régionaux. Cela n'a pas été une surprise étant donné des menaces et des intimidations qui ont entaché le Forum des peuples Asie-Europe de 2012, la dernière fois que le Laos accueillit une telle réunion.

En août 2017, un décret gouvernemental sur les associations impose désormais des contraintes de fonctionnement supplémentaires aux ONG et aux autres groupes de la société civile, au risque de se voir infliger des sanctions pénales lourdes pour les contrevenants. Des associations concentrent surtout leurs activités sur les immenses projets d'infrastructures, qui menacent l'environnement et les droits des populations autochtones. Plus concrètement, cependant, les CSO n'ont pas été autorisées à prospérer en dehors de la structure du PPRL. Jusqu'à présent, parmi les CSO inscrites, on compte de très nombreuses ONG internationales, une bonne centaine de NPA, à cela s'ajoute une dizaine d'ONG japonaises et autant de coréennes et thaïes. Parmi les organisations internationales qui opèrent au Laos, on cite par exemple : CARE ; OXFAM ; WWF ; AFD ; le Comité de coopération avec le Laos (CCL) ; Childfund, Save the Children ; PSI ; Wildlife Conservation Society (WCS) ; etc.

Par ailleurs, les observateurs s'accordent, y compris les autorités lao (les ministères concernés et les gouverneurs de provinces) à reconnaître que la participation des ONG internationales constitue un véritable enjeu de développement aujourd'hui. Elle apporte une contribution essentielle à la lutte contre la pauvreté et l'analphabétisme ainsi que l'amélioration de l'hygiène et des soins de santé de base. Les ONG jouent un rôle important en matière de développement économique et social et de réduction de l'inégalité. Les CSO abordent toutes sortes de thématiques majeures : appui au développement économique et social des communautés de base conforme aux objectifs du plan de développement.

Lors de la 3e conférence nationale sur la coopération entre le gouvernement Lao et les ONG internationales en mars 2018, le vice-ministre des Affaires étrangères lao, Thongphane Savanphet, avait appelé les ONG internationales à participer ainsi que les associations de la société civile locale aux activités de développement socioéconomique du Laos, il a rappelé d'autre part l'importance du rôle des sociétés civiles pour lutter contre la pauvreté. Plus de 160 ONG internationales et ONG lao ont été enregistrées à ce jour au Laos, a souligné le ministre. Les NPA sont issues des associations multiples et variées telles que l'association des anciens combattants, l'association des vétérans ; l'association des métiers, l'association professionnelle ; l'association des corps enseignants ; l'association des avocats, l'association des entrepreneurs, etc. Elles sont principalement engagées dans des activités de développement communautaire plutôt que dans le plaidoyer et ont encore du mal à établir leur espace dans un dialogue politique significatif. Selon les autorités lao, parmi les actions de développement des ONG, 24% sont du domaine de la santé, 24% du domaine de l'éducation et 17% du domaine agricole. Un plaidoyer et un soutien supplémentaire du gouvernement seront nécessaires pour favoriser un environnement propice à une plus grande participation de la société civile, selon les CSO. Il convient de signaler que la coopération entre les autorités lao et les ONG internationales ne sont pas toujours les plus faciles, des difficultés existent de manière récurrente. Il y a toujours une certaine méfiance du côté du gouvernement lao vis-à-vis des ONG. Cependant, malgré cet état de fait, les récentes évolutions politiques et les rapports Etat-société aboutissant le plus souvent à un consensus. La société civile au Laos souffre de sa faible capacité de mobilisation. Cela est dû essentiellement à sa fragmentation ainsi qu'à la faiblesse de ses moyens financiers et au déficit d'indépendance qui mine une grande frange des organisations qui la composent, cette faiblesse s'explique aussi en raison de son peu d'influence sur les autorités locales et de dialogue avec les hommes politiques. Une autre faiblesse des OSC réside dans la modicité de leurs moyens. La plupart des organisations dépendent de partenaires financiers extérieurs. Une telle dépendance limite sérieusement leur capacité de déploiement et leur impact, d'autant plus que l'État lao n'a prévu aucune disposition ni aucun mécanisme d'appui à la société civile dans le cadre de sa mission d'information, d'éducation civique et de régulation sociale et politique.

Contrairement aux associations à but non lucratif formellement autonomes, les organisations de masse du parti, telles que le syndicat des femmes et le syndicat de la jeunesse lao, sont impliquées dans le processus politique en acheminant les informations entre les membres et les dirigeants. Mais ces organisations font partie de l'appareil du parti et ne répondent donc pas à la définition donnée d'acteurs de la société civile. S'il existe certaines associations professionnelles, telles que le Barreau du Laos et la Chambre nationale de commerce et d'industrie lao, elles restent également sous la supervision formelle ou de facto du parti. Toutefois, la LNCCI joue parfois le rôle de lobbying auprès du gouvernement pour défendre les intérêts et le développement des petites et moyennes entreprises. Aucun débat ou activité politique n'est autorisé sauf au sein même du parti. Bien qu'un certain nombre de groupes d'intérêt existent et maintiennent des liens en ligne, ceux-ci sont également surveillés et des réglementations ont été établies pour interdire l'expression en ligne de sentiments anti-gouvernementaux.

Les représentants du gouvernement du MOHA ont examiné récemment avec l'UNPD et ses partenaires de développement dans le cadre du 9e plan quinquennal de développement des efforts pour améliorer davantage l'administration publique sous la Gouvernance des réformes de l'administration publique en donnant à la participation citoyenne et aux organisations de la société civile plus de responsabilité et de processus de décision.

3.6 Une politique sociale inclusive et la représentation politique sont en voie de devenir la règle

Durant les longues années qu'a duré la guerre civile au Laos, l'exclusion politique était le principe qui servait à organiser la vie politique, car c'était une élite réduite qui dominait la politique et contrôlait les institutions étatiques. Au cours de ces années, une grande majorité de Lao- notamment les femmes, les jeunes, les paysans et les minorités ethniques – étaient exclus de la participation à la vie politique.

À présent, le Laos continue de faire des progrès dans certains domaines de l'inclusion sociale. Dans ce pays, aucune loi ne définit explicitement la discrimination à l'égard des femmes. Cependant, la signature de la Convention implique que le pays s'engage juridiquement à mettre fin à toute forme de discrimination à l'égard des femmes.

Les articles suivants de la Constitution contiennent des références à l'interprétation de la discrimination décrite ci-dessus :

Article 6. « L'État protège les libertés et droits démocratiques inviolables de tous les citoyens. Toutes les organisations et tous les fonctionnaires de l'État sont tenus de diffuser à la population les politiques de l'État et les dispositions de la loi et, de concert avec la population, les mettre en application afin de garantir les droits et intérêts légitimes des citoyens. Est interdit tout acte à caractère bureaucratique et autoritaire pouvant porter atteinte à l'honneur, à la dignité, au corps, à la vie, à la conscience et aux biens des citoyens ».

Article 8. « L'État applique une politique de solidarité et d'égalité entre les diverses ethnies. Toutes les ethnies ont le droit de préserver et de développer leurs belles mœurs, traditions et cultures ainsi que celles de la Nation. Est interdit tout acte de division et de discrimination entre les ethnies ».

Article 22. « Tous les citoyens lao, quels que soient leur sexe, leur condition sociale, leur niveau d'instruction, leur croyance et leur appartenance ethnique, sont égaux devant la loi ».

Article 24. « Les citoyens lao, femme et homme, sont égaux en droit au point de vue politique, économique, culturel, social et familial ».

La Constitution nationale interdit toute discrimination fondée sur des différences ethniques, religieuses, raciales ou géographiques. Le Laos s'efforce délibérément d'assurer l'équilibre multiethnique dans la représentation politique. Dans l'ensemble, le Laos accomplit des progrès remarquables en ce qui concerne l'association et la représentation des femmes dans les affaires publiques. Le pays figure en bonne place dans le classement mondial de la représentation des femmes dans le parlement ou dans les instances et organisations nationales, selon le rapport de l'UNPD.

Le Laos a l'une des proportions les plus élevées de femmes, 29% en 2016 et 22% en 2021 dans le parlement national, bien au-dessus de la moyenne mondiale. Cependant, la proportion de femmes dans d'autres institutions décisionnelles au sein du gouvernement est encore faible (5% en 2012). L'objectif du gouvernement était d'avoir des femmes au moins 15% dans ces postes de décision d'ici à 2015 et 29% de femmes au parlement national après les élections de 2016. Mais les objectifs ne sont pas encore atteints et doivent encore progresser. L'Union des femmes lao (LWU), l'une des importantes composantes de l'organisation de masse du Parti, reste influente et bien organisée, mais il n'y a eu en 2016 qu'une seule femme parmi les 11 membres élus au bureau politique du PPRL et 7 femmes sur 69 au comité central du parti au 10e Congrès national du parti. Toutefois, en 2021, au 11e Congrès du parti, sur 71 membres du Comité central, il y a 11 femmes, un net progrès en termes de parité par rapport au dernier Congrès du parti et 2 femmes au Bureau politique (Pany Yathorthou et Sisay Leudetmounsone). Cependant, les femmes sont encore très sous-représentées aux postes de deuxième ou de niveau inférieur de l'Etat-parti, comme les postes de gouverneurs ou les postes administratifs de haut niveau. Toutefois, cette tendance s'est inversée progressivement.

Aujourd'hui, les politiques gouvernementales et les réformes structurelles internes réduisent l'écart entre l'accès des hommes et des femmes à l'éducation et à l'alphabétisation, et la main-d'œuvre féminine représente pratiquement la moitié du total (49,9%) de la force de travail, l'une des plus élevées de la région. Le rôle et la place des femmes deviennent importants dans toutes les organisations et institutions du pays. Parallèlement, l'Etat recrute et admet de plus en plus de femmes et des personnes issues des minorités ethniques parmi des ministres, des hauts cadres politiques et administratifs dans les différentes organisations ministérielles, comme cela a pu être observé récemment[124]. Le ministère de l'Information, de la Culture et du Tourisme a organisé une cérémonie pour commémorer la Journée internationale de la femme avec la LWU lao, celle-ci est membre de la Fédération démocratique internationale des femmes, à cette occasion, le ministre Bosengkham Vongdara a déclaré qu'il appréciait hautement le rôle crucial et la participation des femmes dans les missions nationales, en particulier dans les secteurs de l'information, de la culture et du tourisme, il a rappelé d'autre part à toutes les personnes présentes les intentions des dirigeants du parti de son ministère à lutter pour l'avancement des femmes fonctionnaires.

Parallèlement, pour augmenter le nombre de femmes aux postes de décision dans le secteur public, le gouvernement a maintenant élaboré une stratégie sectorielle de genre et de gouvernance et s'efforce de parvenir aux objectifs de parité fixés par le gouvernement. Ainsi, au niveau local, 98% des chefs de village actuels sont encore des hommes, cela bien que la LWU soit représentée dans les conseils de village. En revanche, dans le secteur privé, on note qu'il y a aujourd'hui plus de femmes comme cheffes d'entreprise que

[124] Ethnic people given chance to play a greater role in society, Vientiane Times, 10/08/2020.

d'hommes au Laos. Par ailleurs, il n'est pas rare de voir des Hmongs occuper des postes importants aujourd'hui dans le gouvernement, l'administration centrale et provinciale ainsi que dans les universités ou dans les académies et instituts de recherche. C'est là une avancée majeure de l'inclusion sociale en matière de gouvernance au Laos.

D'autre part, comme on l'a constaté, le gouvernement lao s'est efforcé toutefois de réconcilier les Hmong et les autres membres des minorités ethniques qui ont combattu du côté des forces royalistes pendant la « lutte de 30 ans » (1945-1975), offrant ainsi l'amnistie à tous ceux qui se sont rendus. Bien que le traitement des Hmongs qui se sont rendus à la fin des années 2000 n'ait pas été très visible, le gouvernement a récemment autorisé des observateurs internationaux à établir des contacts avec les personnes réinstallées. Par ailleurs, selon une déclaration récente du LFND, de nombreux expatriés lao encouragés par le gouvernement sont revenus faire des affaires et ont créé diverses sociétés opérant à Vientiane et en provinces. D'autres expatriés retraités sont retournés au Laos, « pour y passer le reste de leur vie dans leur village de naissance », beaucoup sont venus en tant que touristes, visitant un certain nombre de provinces, ils pouvaient ainsi témoigner des changements dans le pays au cours des cinq dernières décennies. En plus, ces expatriés et visiteurs lao, d'après le LFND, ont contribué à mobiliser le financement pour la construction ou la réparation des écoles, des hôpitaux et des temples. Dès lors, le Parti a réaffirmé sa politique en vue de faciliter le retour des personnes d'origine lao vivant à l'étranger, ces derniers pourront apporter leur expertise et expérience financière au développement de leur pays natal. En dépit de certaines initiatives favorables accordées par le gouvernement aux expatriés lao, on ne voit pas encore à ce jour de candidats qui se bousculent pour s'installer définitivement au Laos.

À présent, la population du pays, y compris celle des minorités ethniques sont plus avisées, plus informées et cohabitent paisiblement ensemble ; la politique de l'inclusion sociale voulue par le gouvernement a donc obtenu des résultats appréciables. La Constitution fait d'ailleurs l'obligation à l'Etat de promouvoir l'intégration de l'ensemble des Lao sans distinction de différence. En conséquence, on observe que la composition de l'exécutif et de l'organe législatif reflète la composition des différentes catégories sociales et ethniques du pays. L'État s'efforce délibérément d'assurer la participation des minorités ethniques dans la représentation politique, dans l'administration, et dans les entreprises publiques ; de fait, la promotion de l'inclusion politique et sociale a favorisé l'unité nationale. En effet, dans un pays hétérogène sur le plan culturel comme le Laos, la discrimination ethnique et régionale serait en partie au cœur de la désunion politique. Aussi, l'État et le gouvernement ont compris que les conflits causés par l'exclusion sont contraires à la bonne gouvernance parce que le pays a, de toute évidence, d'abord besoin d'une nation avant la bonne gouvernance. La 8e législative a vu 39,8% de députés issus des minorités ethniques, dont la présidente de l'AN, Pany Yatholu (Hmong), 9% sont d'origine Khamou et seulement 6 % d'origine Hmong. Le nombre de députés issus de la minorité ethnique a sensiblement baissé dans la 9e législative à environ 21%.

On retient que le taux élevé de participation électorale dénote une grande inclusion politique et une participation plus forte au processus électoral du pays. Certes, selon la Constitution, sont électeurs, tous les nationaux lao majeurs (18 ans) des deux sexes, jouissant de leurs droits civils et politiques, le vote aux élections législatives est une obligation, mais des dérogations et dispenses sont accordées pour ceux qui ne sont pas dans l'impossibilité de voter après avoir demandé l'autorisation au responsable du quartier, du village ou de leur circonscription.

Il convient de noter également que l'Etat et le gouvernement peuvent compter sur les organisations de masse pour relayer la mise en œuvre de la politique sociale inclusive et de la représentation politique du pays. En effet, les organisations de masse (voir § 3.2.1) ont pour rôle d'unifier les ethnies, les diverses confessions et les couches sociales, sur la base de l'alliance entre les travailleurs, les paysans, les intellectuels et les patriotes réunis sous la direction du parti; elles renforcent l'unité nationale, rassemblent les forces populaires afin de protéger et construire la nation. L'Union des jeunes révolutionnaires du Peuple lao éduque et entraîne la jeunesse et, en particulier, les jeunes pionniers à devenir des patriotes et à relayer la cause du parti. L'Union des femmes lao est responsable de l'amélioration des connaissances et des compétences des femmes dans tous les domaines; c'est elle qui assure la promotion du rôle des femmes dans la société et veille au respect de l'égalité entre les hommes et les femmes. Elle joue également un rôle actif dans la protection des intérêts de la mère et de l'enfant. Quant à la Fédération syndicale lao ; elle éduque les travailleurs à la citoyenneté. Elle inculque la discipline et protège les droits et les intérêts des travailleurs.

3.7 Les attentes de la population en termes d'amélioration de la gouvernance politique et économique sont grandes mais les réponses sont mitigées

L'aptitude des institutions qui gouvernent à répondre aux attentes de la population est un facteur déterminant pour installer un progrès économique et politique durable. L'objectif de cette section consiste donc à mesurer ce défi et à identifier les principales satisfactions ou contraintes des institutions publiques de satisfaire des attentes de la population.

L'interrogation est la suivante : quelles sont des attentes des habitants en termes d'amélioration et comment ces attentes varient-elles d'un bout à l'autre du territoire. En matière de gouvernance au Laos, il apparaît aujourd'hui une demande grandissante pour plus d'opportunités économiques et davantage de responsabilisation dans l'action politique.

Les citoyens lao deviennent plus exigeants en matière de gouvernance, de ce fait, le gouvernement doit ajuster sa politique et prendre des mesures pour répondre et satisfaire ces attentes. L'aptitude des instances dirigeantes au pouvoir à satisfaire les attentes de la population à travers des engagements politiques crédibles est, de fait, la clé d'un progrès économique et politique pérenne. Les différentes sources : rapports et études de l'OCDE, de la Banque mondiale, de l'UNPD, de l'ADB, des statistiques et publication des ministères lao ainsi que les interviews informelles réalisées, il en ressort des indicateurs traduisant une évolution de la qualité ou de l'insuffisance des interactions entre le gouvernement, les autorités locales et les citoyens. Enfin, il importe de garder à l'esprit le fait que ces indicateurs ont permis d'avoir un retour, certes incomplet des attentes de la population mais qu'ils doivent être interprétés à la lumière de la liberté politique, car les enquêtes d'opinion publique par les instituts professionnels de sondage n'existent pas au Laos. Cependant, des enquêtes d'opinions données de temps à autre sur tel ou tel sujet par les citoyens sont publiées parfois dans le quotidien Vientiane Times.

Il ressort de ce qui précède, les attentes de la population relative à l'amélioration de la gouvernance politique et économique sont résumées ci-dessous :

- Fondamentalement, les entrepreneurs, commerçants, hommes d'affaires, y compris les élites urbaines, réfutent d'un État tout-puissant susceptible de brider leur capacité d'entreprendre, de s'épanouir et de freiner l'initiative privée.
- L'emploi des jeunes reste la priorité numéro 1 mais l'amélioration de la gouvernance publique occupe une place grandissante dans les attentes des citoyens lao. Ces derniers estiment que le gouvernement devrait s'atteler à ce problème et y consacrer davantage de moyens financiers à la formation. Pour des nouveaux effectifs dans l'administration, les jeunes demandent principalement un recrutement selon un système fondé sur le mérite et non le favoritisme.
- L'inquiétude sur la réduction de la pauvreté et l'inégalité, puis les soins de santé et l'éducation arrivent en deuxième, troisième, et quatrième rangs des problèmes les plus souvent évoqués ; sachant que le gouvernement a déployé des moyens importants grâce à l'aide des partenaires de développement et de l'ADB pour pallier ces insuffisances. Les attentes relatives à l'amélioration des infrastructures augment constamment, la population est généralement satisfaite sur des réalisations des travaux : routes pavées, ponts, connexion facilitée entre district et village, mais il existe encore trop de disparité entre provinces.

- Parmi les nombreux thèmes abordés sur le leadership, il en est un qui revient comme une vague d'autant plus incessante qu'elle est portée par l'actualité et suscite la curiosité permanente de l'opinion, c'est celle de l'exemplarité des dirigeants. Les dirigeants devraient être exemplaires à tout point de vue, mais beaucoup ne le sont pas.

À l'ouverture de l'Assemblée nationale de sa 10e session de la 8e législative, le débat mettait l'accent sur les mesures de relance de l'économie, durement touchée par la pandémie du coronavirus, à cette occasion, le quotidien Vientiane Times a demandé à ses lecteurs quelles sont les questions à leur avis qui devraient être soulevées pour le débat au parlement[125]. Le journal a obtenu ainsi, les réponses relatives aux attentes de ses lecteurs qui se sont exprimés ci-après :

- Les habitants des provinces comme Bokeo, Borikhamsay, Oudomxay, Boten, Khammouan, Savannakhet, Champassak et Vientiane, tendent à afficher une satisfaction relative vis-à-vis des services publics plus élevée que dans les autres provinces. Mais les disparités restent encore très grandes entre provinces et entre zones urbaines et rurales.
- L'augmentation rapide des vols et des délinquances en ville. La sécurité des habitants n'est pas assurée tout comme la lutte contre les trafiquants de drogues et les accidents de route. Quelles sont des mesures et actions prises par les autorités lao ?
- Le coût de la vie a beaucoup augmenté (riz, électricité, légumes, viande) pendant la pandémie ; la sécurité alimentaire n'est pas au niveau des autres pays voisins. Que fait le gouvernement pour assurer un meilleur contrôle ?
- L'application des lois n'est souvent pas effective ou pas pour tout le monde, comment les renforcer et les faire appliquer par tous ?
- Malgré une forte croissance économique que connaît le pays, les habitants de provinces et les paysans pensent que la distribution de richesse n'est pas bien partagée pour tous et ne profitait pas à tous.
- Comment s'occuper des travailleurs émigrés à leur retour suite à la pandémie du coronavirus et leur procurer des emplois au Laos ? Un défi pour le gouvernement qui cherche une solution auprès des SEZ.

À ces non-satisfactions de la population, le gouvernement est conscient qu'il doit accroître l'accès des pauvres aux services publics et réduire les inégalités régionales, aux moyens de subsistance et de ressources. La pauvreté est multidimensionnelle : les pauvres souffrent de déficits non seulement de revenus, mais aussi de nourriture, d'eau potable et d'éducation.

Une réduction durable de la pauvreté ne peut être obtenue qu'en s'attaquant aux inégalités flagrantes dans les services de base et la distribution des ressources. L'objectif de réduction des inégalités du gouvernement est

125 What issues would you like the National Assembly to address? Vientiane Times, 02/11/2020.

explicitement incorporé dans les politiques et programmes des partenaires de développement visant à réduire la pauvreté. Des mesures telles que garantir une bonne gouvernance locale, donner aux communautés les moyens de participer à la prise de décision, élargir les options de moyens de subsistance, renforcer la résilience aux revers économiques et climatiques, la fourniture de services publics de base, la création d'emplois et la fourniture de compétences, de formation et d'éducation contribuent à réduire l'écart entre riches et pauvres, toutes ces préoccupations de la population ont déjà été prises en compte dans le 8e plan et que le nouveau gouvernement de Phankham Viphavanh va les poursuivre dans le cadre du 9e plan quinquennal. De même, la lutte contre les délinquances et les trafiquants de drogues est menée quotidiennement par la police et la sécurité interne avec l'aide des organisations internationales contre le crime. Parallèlement, les autorités lao sont conscientes que les politiques de consolidation des villages et de stabilisation des établissements et des moyens d'existence devraient garantir non seulement la fourniture d'infrastructures adéquates, mais également le développement des capacités et l'accès à des terres productives pour les groupes réinstallés[126]. La plupart des insatisfactions et les attentes de la population sont prises en compte d'ores et déjà dans les Objectifs OMD et ODD, et une partie de ces pétitions sont déjà ou en cours de résolution.

D'autre part, l'économie suscite toujours d'insatisfaction et fait figure de premier déclenchant des revendications. Il n'y a pas de revendications d'ordre politique au Laos, ni de mouvements de grève et encore moins de manifestations, sinon autorisés par le gouvernement. La situation des revendications sont motivées par des préoccupations économiques, celles-ci sont constituées l'essentiel des événements de ce type. Les revendications pour de meilleurs salaires et de meilleures conditions de travail dans l'industrie du textile ou dans l'industrie manufacturière arrivent en tête des facteurs de non-satisfaction. Par ailleurs, la corruption et les tracasseries dans l'administration font partie des attentes de l'amélioration des citoyens. Il faut interpréter ces non-satisfactions à la lumière des libertés d'expression dans le pays : un faible niveau de revendication civile pouvant être le signe que la population est satisfaite des performances du gouvernement soit, au contraire, le résultat d'une contrainte exercée par les autorités de se tenir tranquille. Si les protestations portant sur des questions politiques existent, elles sont surtout liées à des revendications de responsabilisation accrues pour une meilleure gouvernance en matière de justice sociale, par exemple les fixations des indemnités d'expropriation aux propriétaires des terres et des agriculteurs évincés.

On cite également qu'en dépit d'un accès amélioré de la population et des entreprises aux réseaux électriques, l'électricité est l'un des principaux freins

[126] United Nations Department of Economic and Social Affairs (UN-DESA), 2005.

à l'activité cités par les petites et moyennes entreprises, et plus particulièrement par les petits agriculteurs. La raison est que le prix du kilowattheure est encore trop élevé pour les petites entreprises et petits agriculteurs. D'autre part, les mini coupures de courant sont fréquentes et leur durée est très problématique (indépendamment durant la saison des pluies). Le manque de fiabilité de l'alimentation électrique affecte l'activité économique du pays. Les lignes actuelles du réseau électrique à travers le pays sont surexploitées, ce qui accroît la fréquence de pannes et de coupures d'électricité et donc de réduire les perspectives de croissance économique. Bien que le Laos soit un producteur et exportateur d'électricité, la fréquence des pannes est la conséquence du manque d'entretien efficace et d'investissement sur les réseaux dans le secteur d'énergie depuis longtemps. Mais depuis quelques années plusieurs initiatives ont vu le jour avec l'objectif de remédier à ces déficiences et des améliorations ont été apportées sur la stabilité des réseaux urbains.

Un fait mérite d'être signalé récemment montrant la contestation des habitants de Paksé, les habitants de cette ville se sont plaints aux autorités provinciales de Champassak concernant les péages imposés pour utilisation des routes rénovées à deux et trois voies entre Paksé à Paksong ainsi que de Vangtao à Chongmek, ville frontière thaïlandaise. Ces habitants et en particulier ceux des riverains le long de ces routes disent que les péages sont injustes et chers et qu'ils n'ont pas d'autres routes ou chemins à emprunter, de surcroît ces routes à péage ont été construites sur des routes existantes. Les pétitions aux autorités locales et les protestations publiques ont obligé les diverses autorités du gouvernement local et des exploitants à discuter la possibilité d'abaisser le coût du péage pour les usagers ou trouver une solution qui conviendrait à toutes les parties[127]. Ceci démontre bien que désormais les autorités se doivent d'écouter les attentes de la population.

Il convient de noter également que le financement du développement des micros, petites et moyennes entreprises (SME) pâtit d'un soutien limité des banques commerciales, question souvent soulevées par les agriculteurs et petits commerçants. À cet égard, le gouvernement a constitué un fonds de soutien spécifique de financement aux SME afin de répondre aux attentes de ces entreprises.

Par ailleurs, les politiques de concurrence peinent encore à satisfaire les attentes. Effectivement, pour favoriser un plus grand respect des règlementations par les entreprises, il conviendrait sans doute de faire évoluer les règlementations. Le gouvernement doit pouvoir compter sur l'intégrité de son administration pour faire appliquer les lois et les règlements étatiques.

Enfin, selon les organisations internationales et les partenaires de développement, les capacités actuelles des institutions à répondre aux besoins

[127] Government attempts to reduce road tolls in Champassak, Vientiane Times, 12/01/2021.

par de meilleures politiques publiques sont relativement satisfaisantes, toutefois pour renforcer davantage leur crédibilité, les améliorations devraient se poursuivre. En effet :

- L'engagement en faveur de la responsabilisation demeure en deçà des attentes de la population. La plupart des revendications relayées portaient sur plus « de responsabilisation et de justice dans le système de gestion publique, traduisant des attentes pour améliorer les règles en matière d'intégrité dans les institutions publiques. Cependant, le processus des élections législatives a reçu un consensus général de la population. Toutefois, les indicateurs sur la transparence et l'environnement institutionnel en matière de gouvernance : état de droit, redevabilité, gestion publique, intégrité de la fonction publique et accès aux informations, ceux-ci répondaient moyennement aux attentes des citoyens. Ces interviews informelles ont été réalisées (face à face ou en ligne) auprès d'un panel d'une cinquantaine de personnes : étudiants, universitaires, entrepreneurs, commerçants, fonctionnaires, anciens cadres retraités et journalistes. Elles ne représentent pas évidemment l'opinion de l'ensemble de la population. Ci-après, quelques attentes relevées :
- La confiance dans les institutions politiques clés est bien comprise et appréciée par les citoyens. Les institutions politiques inspirent suffisamment confiance, surtout quand il s'agit de leur engagement à assurer la cohérence des objectifs du plan quinquennal et l'action politique pour garantir la stabilité sociale.
- La performance actuelle de l'administration publique centrale et locale ne satisfait que partiellement les attentes des citoyens, surtout en termes de réactivité aux demandes les plus pressantes. En moyenne, des personnes interrogées pour savoir si leurs grandes préoccupations sont bien prises en compte par le gouvernement, leurs réponses étaient : « pas tout à fait ». Le niveau de mécontentement étant élevé pour tout ce qui a trait aux opportunités économiques. Dans cette catégorie, les perspectives d'emplois, l'avenir des jeunes, la lutte contre la corruption et l'État trop dépensier des deniers publics, sont quatre domaines où les citoyens sont le plus déçus.
- L'interview réalisée auprès des habitants par le quotidien Vientiane Times : qu'attendez-vous des députés de la 9e législative ? Les réponses étaient : qu'ils soient intègres, consciencieux pour défendre l'intérêt général ; qu'ils prennent nos doléances auprès de l'AN ; qu'ils défendent l'intérêt public et combattent la corruption ; qu'ils aient la capacité et les compétences de faire remonter les problèmes économiques et sociaux de la communauté[128].

D'autre part, le gouvernement continue à moderniser et à simplifier le rapport entre l'administration et le public, ainsi que des règles régissant les différentes étapes du dialogue administratif. Aussi l'entreprise Star Telecom (Unitel), une joint-venture des sociétés vietnamienne Viettel Global et

[128] What qualities do you seek in National Assembly members? Vientiane Times, 16/02/2021.

laotienne Lao Asia Telecom a remporté une offre pour développer un système de gestion de la population pour le Laos, qui assemblera les statistiques et l'enregistrement de population. Les informations recueillies seront ensuite utilisées pour créer une plate-forme de base de données pour le développement socio-économique et la planification de la sécurité nationale. Le système sera conçu pour accumuler et stocker les données numérisées des citoyens, y compris les naissances, les décès, les causes de décès, l'état matrimonial, le divorce, les noms et adresses de famille et les dossiers d'immigration, rationalisant ainsi le travail de gestion qui réduira les dépenses et le temps d'attente pour les tâches administratives[129]. Star Telecom domine 50% du marché de services mobile au Laos, elle travaille depuis plus d'une décennie en collaboration avec le ministère de la Sécurité publique lao pour mettre en place le e-gouvernement. Cette action du gouvernement favorisera une approche participative entre les agents du gouvernement et la population et facilitera la circulation des informations dans le cadre de la décentralisation.

3.8 Confiance relative dans les institutions politiques clés

Les interviews informelles réalisées, la lecture de la presse étrangère, les publications des organisations internationales et partenaires de développement ainsi qu'à travers les réseaux sociaux, transpirent un certain niveau de confiance et de perception des institutions chez les hommes d'affaires, étudiants, fonctionnaires et citoyens ordinaires, dont quelques indications sont dégagées ici. Ce ressenti des personnes n'est pas suffisamment représentatif bien entendu pour constituer un ensemble significatif de l'opinion de la population, mais donne juste un aperçu des citoyens en regard des institutions.

Les institutions politiques inspirent en général suffisamment confiance, surtout quand il s'agit de leur engagement à assurer la stabilité sociale et la transparence de l'action publique. Cependant la population fait cependant davantage confiance dans les institutions informelles, comme avec les autorités religieuses, en particulier en province et dans les zones rurales.

S'agissant des institutions électorales et des organismes électoraux, deux acteurs majeurs de la politique du pays qui suscitent relativement une bonne image, garantes de la transparente de l'action publique. Par ailleurs, la décentralisation a permis aux conseils populaires et aux comités du parti locaux des échanges avec la population, de même les forums de discussions en province et dans les districts et villages ont donné la parole aux habitants de faire valoir leurs revendications. Ce processus de discussion est conforme aux statuts du parti qui affirme se baser sur la population pour élaborer ses propres programmes de développement.

---

[129] Star Telecom's internationally-recognized IT solutions used to develop Lao e-government, Vientiane Times, 29/09/2020.

Cependant, parmi des institutions qui inspirent le moins de confiance, les citoyens citent volontiers les autorités fiscales, les administrations locales, et les autorités centrales qui gèrent les ressources humaines. Pour illustrer ce point : le gouvernement a institué des quotas pour le recrutement des fonctionnaires sur concours dans les différents secteurs chaque année à travers le pays, des jeunes qui ne sont pas admis comme fonctionnaires ont dû travailler pendant des années en tant que bénévoles, en dépit de leur diplôme et de qualification requise. Il faut avoir souvent de bonnes relations ou des moyens financiers pour être recruté dans la fonction publique[130]. La défiance envers ces institutions publiques, garantes de la bonne gouvernance, montre à quel point la situation doit être améliorée.

Assurément, la performance actuelle des administrations publiques satisfait moyennement les attentes de la population, les griefs relevés les plus souvent cités sont : le manque de réactivité des administrations, la mauvaise gestion des affaires budgétaires de l'Etat, la lenteur et peu de motivation des fonctionnaires, l'ignorance des textes de loi, l'irresponsabilité, la corruption.

Cependant, pour une meilleure planification de l'état de finances, l'amélioration des systèmes de planification et de budgétisation au Laos est en train de voir le jour. En effet, la Banque mondiale a soutenu le gouvernement lao dans le déploiement de systèmes intégrés d'information relatifs à la gestion financière afin de promouvoir la transparence et la responsabilité dans les budgets publics. Mais pour être efficaces, ces systèmes nécessitent de puissants dispositifs de contrôle et de surveillance.

Aujourd'hui, les réformes publiques et les innovations numériques améliorent l'usage des ressources publiques. L'administration centrale et les administrations locales au Laos ont amélioré des prestations des services publics au cours de ces dernières années. Certains services sont appréciés par les habitants, plus faciles à obtenir, comme le réseau de téléphonie mobile dans les districts et dans les villages, l'accès aux traitements médicaux, y compris en province, et l'obtention des pièces administratives ; en revanche, l'aide judiciaire ou l'accès à l'eau, l'assainissement ou l'électricité sont considérés comme plus difficiles à obtenir dans les villages.

Les mécanismes d'administration numérique commencent à s'implanter au Laos, de nouvelles approches technologiques permettent donc de renforcer l'efficacité des services publics, ainsi le gouvernement et le MOF ont lancé « l'e-gouvernement » pour remédier aux contraintes de capacités dans le secteur public et faciliter l'accès des habitants aux prestations des services de base. Mais la situation s'améliore progressivement avec l'économie digitale et l'introduction de l'e-gouvernement. Le 9e plan quinquennal a inscrit les objectifs du numérique dans le rapport administration-citoyen pour que les prestations des services publics soient plus conviviales et plus efficaces.

---

130 En particulier pour le recrutement des fonctionnaires et leur titularisation. Les plaintes sont souvent rapportées dans la presse ainsi que sur les réseaux sociaux.

3.9 Un positionnement pragmatique et un réalisme politique qui guident l'action et le développement du Laos

Le destin du Laos est lié tout d'abord par sa position géographique puis dicté par l'héritage de son histoire ancienne et récente. Tout son passé et son futur sont modelés par le mode culturel, la pratique religieuse et la manière de vie de sa population. Sa situation depuis des siècles en a souvent fait un Etat-tampon entre ses voisins, ainsi qu'un carrefour commercial. Aujourd'hui, la "Realpolitik" s'impose pour ce petit pays enclavé, sa stratégie politique est fondée sur le développement économique et la géopolitique des pays voisins ou partenaires.

Si l'on tient compte de tout ce lourd passé historique ancien et récent : invasions, colonisation, pertes territoriales, deux guerres d'Indochine, conflits frontaliers, et s'ajoute à tout cela, un rattrapage économique et technique énorme, le Laos se doit donc de rester en bon terme avec tous ses voisins. Il conduit une politique pragmatique reposant sur « le principe de non-ingérence dans les affaires des autres pays et du respect du choix des peuples ». C'est pourquoi le gouvernement lao quel qu'il soit ne pourrait que maintenir une ligne du juste milieu et entretenir des relations cordiales avec les États membres de l'ASEAN, ainsi que les grandes puissances, telles que la Chine, les États-Unis, la Russie, et les puissances régionales comme le Japon et l'Inde ; cela en dépit des tensions qui sont apparues en mer de Chine méridionale entre le Vietnam et la Chine. C'est dans cette situation complexe et un environnement hautement sensible auquel il n'a pas la maîtrise que le Laos gère son destin et se doit de composer avec les acteurs de la région. Son développement économique en dépend. Aussi, les deux priorités de sa politique étrangère consistent à désenclaver le pays pour diversifier les différents corridors de communication, à savoir : les corridors énergétiques et les voies de communication pour le commerce, le tourisme, les transports, et d'autre part, à coopérer étroitement avec ses partenaires de l'ASEAN.

Plus précisément, avec le Vietnam, le Laos partage une histoire douloureuse commune, un siècle de colonisation, trois décennies de « lutte de libération » conduisant à la guerre civile et une victoire historique contre « l'agression américaine ». La nature des relations entre ces deux pays est profonde et complexe. On remarque qu'à l'occasion de la cérémonie de l'Année de solidarité et d'amitié Laos-Vietnam et Vietnam-Laos 2012, le 26 décembre à Hanoi, les présidents Choummaly Sayasone et Truong Tan Sang ont déclaré qu'« *en dépit du changement rapide des événements dans le monde, nos deux Partis, nos deux gouvernements et nos deux Peuples, seront toujours l'épaule contre l'épaule pour la défense de nos relations spéciales*[131] ». Un fait significatif qu'il convient de mentionner, à quelques

[131] Lao News Agency, 26/12/2012.

semaines du 13e Congrès du PC vietnamien et du 11e Congrès national du PPRL, le Laos et le Vietnam ont signé 17 accords de coopération, avec l'intention d'approfondir les relations spéciales et de solidarité entre les deux pays. Le Premier ministre Thongloun Sisoulith d'alors et son homologue vietnamien Nguyen Xuan Phuc ont assisté à la signature des 17 documents lors de la 43e session du Comité intergouvernemental Laos-Vietnam qui a eu tenu à Hanoi. Le Premier ministre Thongloun Sisoulith a également rendu visite au secrétaire général du Parti vietnamien et président de l'État Nguyen Phu Trọng, ainsi qu'à la Présidente de l'Assemblée nationale vietnamienne Nguyen Thị Kim Ngan pour discuter des sujets liés à la coopération. On pouvait également imaginer qu'il y a eu de concertation entre les deux alliés sur les orientations du 9e plan quinquennal et les noms des futurs dirigeants qui vont être décidés lors du 11e Congrès national du PPRL[132].

Cependant, le Laos ne peut oublier l'immense contribution de la Chine en termes d'assistance technique et financière, de fournitures de matériels, d'aide logistique et de sa diplomatie au service de la cause de la révolution lao jusqu'à la victoire finale de la guerre du Vietnam. Les relations entre le Laos et la Chine entrent dans une phase importante en 2021, à l'occasion du 60e anniversaire de leur établissement de relations diplomatiques. Cela a été mentionné par le Secrétaire général du Parti communiste chinois, Xi Jinping, lors de la visite du Premier ministre Thongloun Sisoulith et sa délégation en Chine en janvier 2020. Le Président Xi a déclaré que la Chine est prête à travailler avec le Laos pour promouvoir la construction d'une communauté avec une vision d'avenir partagée entre les deux des pays[133]. En résumé, si le Vietnam conserve une ascendante politique indéniable sur le Laos, en revanche, la Chine à un degré moindre, a la mainmise sur l'économie. On note également qu'à l'approche du 11e Congrès du PPRL, le Secrétaire général du parti et président de la République Bounnhang Vorachit a eu des discussions téléphoniques avec son homologue chinois Xi Jinping portant sur des moyens de renforcer les relations bilatérales entre les deux pays[134]. Mais, il n'échappe à personne que les échanges portaient aussi sur la nouvelle direction de dirigeants qui va émerger pour les cinq prochaines années lors du 11e Congrès national du PPRL.

Aussi le gouvernement laotien fait-il preuve jusqu'ici d'un talent d'équilibriste, en dépit de ses relations spéciales et de solidarité avec le Vietnam, il a réussi à se positionner non sans mal à équidistance de l'un et de l'autre sans se mettre en porte- à- faux vis-à-vis de ces deux grands voisins. L'intérêt du Laos est de voir le Vietnam et la Chine s'entendent et coopèrent dans leurs propres intérêts, car il veut éviter de prendre position qui pourrait compromettre son développement. Autrement dit, si la Chine et le Vietnam

---

[132] Laos, Vietnam agree to deepen cooperation, Vientiane Times, 08/12/2020.
[133] Laos, China march on same development path, Vientiane Times, 15/01/2020.
[134] Lao, Chinese presidents pledge to deepen cooperation, Vientiane Times, 25/12/2020.

s'entendent et vont bien ensemble, alors le Laos prospérera et toute la région en profitera, c'est d'ailleurs ce que désire ardemment les dirigeants du PPRL et la population lao. On ne peut que constater aujourd'hui que les investissements massifs vietnamiens et chinois ont contribué à la croissance économique du Laos et ont accru ses exportations vers ces deux pays. Le nouveau Secrétaire général du parti et Président de la République, Thongloun Sisoulith, a réaffirmé la position de solidarité du Laos avec ses deux partenaires privilégiés et a sollicité l'aide et davantage d'investissements pour son pays, imprimant ainsi sa marque sur la continuité politique et de bonnes relations de coopération avec le Vietnam et la Chine. De même, après le 11e Congrès national du parti, les ministres des Affaires étrangères lao et chinois ont loué la réussite de la coopération entre les deux États, dans l'esprit des quatre « biens » : bons voisins, bons amis, bons camarades et bons partenaires avec un avenir partagé. Ils se sont mis d'accord pour poursuivre les discussions sur les enjeux régionaux et internationaux, les relations d'intérêt mutuel, y compris la coopération dans le cadre du Mékong-Lancang[135] ; parallèlement, le nouveau Secrétaire général du parti Thongloun Sisoulith et le Secrétaire général du PCV Nguyen Phu Trong se sont mutuellement félicités pour leur élection. Ils ont convenu que la solidarité spéciale et la coopération globale entre le Laos et le Vietnam continueraient à prospérer. Les deux chefs de parti s'engagent à continuer de renforcer la solidarité spéciale, l'amitié et les relations globales dans l'avenir, malgré les changements et la complexité dans le monde d'aujourd'hui[136].

La géopolitique du Laos est de plus en plus intégrée dans l'entente cordiale entre ses deux grands voisins, mais également des considérations politiques des États-Unis, de la Chine et de la Russie dans la région. Le Laos est par ailleurs salué par les pays membres de l'ASEAN et d'autres puissances régionales et mondiales lors de la réunion de l'Asie de l'Est en 2016, pour sa diplomatie. S'adressant à l'Assemblée générale des Nations Unies à l'occasion de la célébration du 75e anniversaire des Nations Unies, l'ambassadeur du Laos aux États-Unis, Malayvieng Sakonhninhom, a déclaré que le Laos maintient des relations équilibrées et amicales avec toutes les nations[137]. En même temps, le gouvernement lao a publié une déclaration de soutien et de félicitations dans Vientiane Times en date du 27 octobre 2020, pour le 75e anniversaire de l'Organisation des Nations-Unies à un moment où le monde est en proie à de profonds bouleversements, aggravés par une crise sanitaire mondiale sans précédent qui a de graves répercussions économiques et sociales au Laos et dans le monde. Le Laos s'engage à renforcer avec les Nations-Unies sur le thème de « Partenariat pour une future que nous

135 Lao, Chinese foreign ministers praise cooperation success, Vientiane Times, 04/02/2021.

136 Lao, Vietnamese leaders vow to strengthen ties despite global changes, Vientiane Times, 04/02/2021.

137 Laos marks 75th diplomatic day, Vientiane Times, 19/10/2020.

voulons ». Le gouvernement réaffirme à cette occasion sa volonté de réaliser les Objectifs ODD qui façonnent l'avenir des cinq dimensions 5P de son agenda 2030, à savoir : Peuple, Prospérité, Planète, Partenariat, Paix. Dans le cadre du 9e plan quinquennal de développement socioéconomique, il est prévu la Stratégie de protection sociale nationale 2025 qui définit une vision pour tous les Lao d'être protégés par un socle de protection sociale ; l'engagement du Laos dans le cadre de la Convention des Nations-Unies sur le changement climatique ; et le développement pour un modèle de croissance durable et inclusif. Le gouvernement reconnait que le Laos est toujours en lutte contre le Covid-19 et appel à « reconstruire en mieux » en stimulant les investissements pour sortir le pays du statut des PMA.

D'autre part, l'État et le gouvernement se sont publiquement engagés auprès des bailleurs de fonds et des acteurs économiques, à entamer ou poursuivre des chantiers emblématiques de la gouvernance, à savoir : la poursuite de la modernisation des finances publiques, les privatisations des entreprises publiques selon une logique espérée de rentabilité, l'épanouissement du secteur privé, l'amélioration de l'environnement des entreprises ; la création d'un marché financier avec des institutions capables de le réguler ; le renforcement du secteur bancaire afin de répondre aux besoins de financement de l'économie ; la conduite des réformes à la fois économiques (éducation) et juridiques (libéralisations de certains secteurs et des lois) pour tirer le meilleur profit de l'intégration commerciale internationale voulue et symbolisée par la ratification de nombreux accords de libre-échange ; l'intégration des Objectifs ODD dans les politiques publiques ; et, enfin, l'amélioration de l'état de droit, même s'il doit s'agir d'un processus de long terme. Depuis une trentaine d'années, le droit laotien est régulièrement en mutation. Au-delà de l'image prosaïque qu'il présente, on observe une constante dans son évolution : le pragmatisme. Ce pragmatisme juridique traduit avant tout le pragmatisme politique, il a marqué les réformes juridiques, qu'il s'agisse du fond ou de la méthodologie. Ainsi, le droit a été mis au service de trois objectifs principaux que constituent les trois lignes directrices du pragmatisme politique : construction économique, stabilité politique et maintien de la direction du PPRL.

Il est intéressant de noter que les réformes entreprises par le Laos semblent provenir davantage des engagements extérieurs au sein des accords commerciaux et de son intégration dans l'AEC. Cette approche semble porter ses fruits dans la mesure où le pragmatisme économique découle des engagements juridiques. Surtout, elle permet d'utiliser l'argument de la contrainte extérieure pour légitimer des réformes sensibles et controversées à l'intérieur. Ainsi, la politique économique du gouvernement lao est marquée depuis de longues années par un pragmatisme économique qui constitue le moteur des réformes, la réforme du secteur public et privé ainsi que la restructuration des entreprises d'État en sont des exemples manifestes.

3.10 Quand la stabilité politique et sociale conditionne l'économie

L'État et le gouvernement ont fait le choix d'un modèle de croissance dans le cadre de la réforme *Chinthanankan Mai* pour sortir le Laos de son isolement et ils s'y tiennent depuis 1991 : il repose sur la stabilité politique et sociale et sur le couple ouverture/exportations ainsi que sur les investissements. La relation entre la stabilité politique et la performance en matière de croissance met en avant l'existence d'un gouvernement stable comme condition nécessaire d'une croissance soutenue. Car, pour mettre en œuvre des réformes structurelles, le Laos a besoin d'un gouvernement durable s'appuyant sur les objectifs des plans quinquennaux de développement socioéconomique et l'aide des partenaires de développement. La performance macroéconomique que le Laos a connue au cours de la dernière décennie a permis à ce pays d'exploiter pleinement le potentiel de croissance estimé à 7% par an.

Aujourd'hui, la stabilité politique est une condition nécessaire au développement économique, et la sécurité politique est utilisée dans la rhétorique politique du PPRL pour légitimer son rôle dans la société. Pour le gouvernement, le système à parti unique, avec un leadership fort et compétent, peut influencer positivement le développement économique. À cet égard, le parti s'engage à apporter la prospérité et l'égalité en exerçant son contrôle dans tout le pays[138]. Du fait que le Laos est une démocratie centralisée, la hiérarchie de commandement apparaît évidemment horizontale dans la structure organisationnelle de l'État aux niveaux central et local. Le Politburo a élargi ainsi son organe de supervision jusqu'aux niveaux de la province, du district et du village pour subordonner le Comité central.

Un autre mécanisme permettant au parti de renforcer la stabilité politique est la directive sur les « Trois constructions » (Sam Sang)[139]. Cette directive a été fortement soutenue par les partenaires de développement dans le cadre du programme de gouvernance nationale et de réforme de l'administration publique (GPAR). Pour le gouvernement lao, c'est devenu un autre mécanisme pour lui permettre de stimuler le développement au niveau local. Comme l'affirmait le président Choummaly d'alors, la directive « Sam Sang » visait à « construire les provinces comme unités d'élaboration de stratégies, les districts comme unités globalement renforcées et les villages comme unités de développement ». Dès lors, cette directive a pour objectif de mettre en œuvre les objectifs de développement et d'allouer les ressources naturelles au niveau local, il permet d'échanger, de coopérer et de guider les populations locales pour les aider à assimiler et comprendre des objectifs de développement. C'est ainsi que la directive du Parti a pu faire avancer de nombreuses réalisations dans plusieurs secteurs économiques à travers le pays. Ces efforts ont renforcé

---

[138] Laos enjoys political stability, strong economic growth, Vientiane Time. 21/04/2016.
[139] Laos' Three Builds directive helps to spur development, Vientiane Times, 21/11/2016.

le pouvoir de l'État entre les mains des cadres et justifié l'action de l'État en ce qui concerne les réalisations des Objectifs OMD et ODD ainsi que des progrès accomplis pour sortir du statut de pays les moins avancés.

Encadré 9 : **Le système de gouvernance amélioré**. Le système de la gouvernance évolue progressivement pour s'adapter à une plus grande pluralité de vues et aux contrôles de contre-pouvoir plus solides. Alors que le système monopartite génère un haut degré d'uniformité, il y a des signes visibles aujourd'hui que la position de la direction du PPRL a quelque peu changés, avec l'arrivée de jeunes, plus éduqués et implantés à la direction régionale au niveau supérieur du parti, ainsi qu'à l'Assemblée nationale, au Conseil des ministres et à l'administration centrale. La conséquente de tout cela est que le public aperçoit dans une interprétation plus flexible de l'idéologie du gouvernement pour accueillir une économie de marché, une plus grande différenciation économique, et les aspects juridiques et les conditions institutionnelles de l'intégration régionale. Le contexte du changement de la direction et de l'idéologie du parti ont un impact lent mais croissant sur la structure et le fonctionnement du gouvernement, ainsi que sur les processus de gouvernance en relation avec la justice, la décentralisation, la prestation de services et la participation. Alors que la croissance et la réduction de la pauvreté ont contribué au bien-être socioéconomique global des citoyens, le processus du développement conduit également à une augmentation de disparités et d'inégalités, qui se manifestent sous forme régionale, ethnique, genre et âge, dans le pays. Le gouvernement lao est de plus en plus conscient du danger sociopolitique de la croissance des disparités dans la société, il a donc été actif en soutenant les initiatives axées sur une prestation de services publics plus équitable ciblés dans les zones et où les populations sont à haut risque en partenariat avec programmes financés par des institutions internationales, des partenaires de développement et des donateurs.

Dans l'ensemble, cependant, on constate que l'évolution de la gouvernance au Laos a atteint un certain résultat alors que la structure essentielle du système à parti unique reste solidement en place, le caractère et le fonctionnement du système a considérablement évolué pour s'adapter à l'évolution du marché moderne et à l'ouverture de son économie, avec un taux de croissance élevé, une plus grande intégration culturelle et l'émergence d'une nouvelle classe moyenne superposée à un milieu rural largement basé sur la population de subsistance avec des inégalités croissantes entre les différentes régions et groupes ethniques. La combinaison de ces facteurs a conduit à un changement dans la nature du gouvernement pour répondre au besoin des institutions de gouvernance plus robustes et plus efficaces, une pluralité d'intérêts socioéconomiques et les pressions pour assurer que tous les citoyens ont accès aux services minimaux de base.

Les réalisations en matière de développement économique sont utilisées par le parti pour servir l'objectif politique, pour obtenir davantage de soutien de la population lao et de la communauté internationale. Actuellement, le retrait du statut de pays les moins avancés et la réalisation des ODD sont devenus les principales tâches du parti et du gouvernement lao. Le parti a utilisé ces objectifs de développement pour resserrer son contrôle sur la société en augmentant le nombre de membres du parti au niveau local et en introduisant la directive Sam Sang, qui emploie des responsables gouvernementaux au niveau central et local pour justifier l'action du Parti dans le développement du pays.

Bénéficiant de riches ressources naturelles et d'un emplacement stratégique au cœur de la Sous-région du Grand Mékong (GMS), le Laos est sorti de décennies de guerre et d'isolement pour devenir l'une des économies à la croissance la plus rapide en Asie du Sud-Est depuis 2011. Cette dynamique a été tirée par le passage progressif d'une économie socialiste centralisée et fermée à une économie orientée vers le marché et tournée vers l'extérieur, soutenue par des liens croissants avec les pays de l'ASEAN et au-delà. Le Laos se singularise, dans les années 2000, à la fois par un boom économique lié au processus de transformation économique et plus précisément de la libéralisation du commerce via l'ouverture des IDE et l'exploitation de ressources extractives et l'hydroélectricité destinées à l'exportation. Bien que la crise financière asiatique de la fin des années 90 ait exposé le pays à une instabilité macroéconomique et à une forte dépendance vis-à-vis des flux d'aide étrangère, le gouvernement a progressé régulièrement dans la mise en œuvre des réformes et la mise en place des institutions nécessaires à son développement, aboutissant à l'adhésion à l'OMC en février 2013. Cette adhésion apparaît comme un moyen d'accélérer la restructuration économique en cours et, par les multiples opportunités d'échanges qu'elle offre pour une meilleure contribution du commerce et du développement de ce pays.

3.11 L'affirmation de la politique extérieure et les coopérations régionales et internationales approfondies avec ses partenaires

Le Laos a réussi à se faire reconnaître et apprécier tant au niveau régional qu'international, en raison de sa politique étrangère, qui a toujours prôné pour la paix, l'indépendance, l'amitié, la coopération et la solidarité, avec tous les pays.

3.11.1 Une diplomatie active

Compte tenu du contexte international, le parti et le gouvernement ont révisé la politique étrangère du Laos, elle a été adoptée par le 4e Congrès du parti en 1986. La nouvelle politique diplomatique prônait l'indépendance, l'amitié et la coopération, elle accordait une grande importance à l'approfondissement de la solidarité, de relations amicales et de coopération avec le Vietnam, le Cambodge, l'Union soviétique et d'autres pays socialistes, ainsi qu'avec tous les pays, indépendamment des régimes politiques. Ces relations sont basées sur un respect mutuel pour l'indépendance et la souveraineté de chacun et une coopération d'égalité et du principe gagnant-gagnant. À cet égard, elles ont permis la création des conditions externes favorables à la réalisation de deux impératifs stratégiques pour le Laos : la défense nationale et le développement du pays.

Tous les précédents Congrès (le cinquième, sixième, septième, huitième, neuvième et dixième congrès) ont résolument poursuivi la politique étrangère qui avait été tracée en 1986. Une étape importante dans la politique diplomatique a eu lieu en 1992 lorsque le Laos est devenu membre observateur de l'ASEAN, puis membre titulaire cinq ans plus tard (23 juillet 1997). Depuis, le Laos a constamment amélioré des relations traditionnelles bilatérales, de solidarité et de coopération efficace avec ses amis stratégiques : le Vietnam, la Chine, la Corée du Nord et Cuba. En outre, les relations entretenues de longue date avec la Russie ont été renforcées entre les deux pays.

Le Laos dispose aujourd'hui d'une voix au chapitre importante dans la sphère politique internationale. Il a la reconnaissance des cinq membres du conseil permanent de sécurité de l'ONU détenteurs du droit de véto (les États-Unis, la Russie, la Grande-Bretagne, la Chine, et la France), une condition sine qua non à l'obtention d'une reconnaissance par l'ONU.

Parallèlement aux réformes intérieures, le NME engage le Laos progressivement dans l'économie mondiale, d'abord par l'ouverture aux capitaux étrangers, puis par l'adhésion à des organisations internationales, notamment à vocation économique. L'intégration du Laos dans l'ASEAN puis son adhésion à l'OMC franchissent une étape supérieure de reconnaissance régionale et internationale, elles marquent la volonté de ce pays à contribuer aux actions politiques et à la stabilité régionale. Enfin, le développement de l'économie lao et sa centralité ont modifié la place du Laos dans la région. Sur le plan international, le développement du Laos, s'est aussi traduit par l'affirmation dans le domaine comme : la diplomatie, l'art et la culture.

Ainsi, grâce à sa politique étrangère de bonne entente avec tous les pays, les relations avec les pays étrangers se sont élargies. Le Laos entretient actuellement des relations diplomatiques avec 143 pays dont 40 ambassades et bureaux de mission étrangers dans le monde. De ce nombre, on compte 26 ambassades, trois bureaux de représentant permanent, 10 bureaux consulaires et un Bureau de consulat général. Pour accomplir les obligations internationales et protéger les intérêts du pays, le gouvernement a présenté en septembre 2019 une lettre aux Nations Unies demandant que le Laos fasse partie de la Convention des Nations Unies sur les Contrats de ventes de biens pour l'international. Il espère d'utiliser la loi pour protéger les intérêts de son commerce international. Le gouvernement a également ratifié le traité l'interdiction des armes nucléaires, et rejoint l'effort du monde pour réglementer ces armes[140].

---

[140] Wise foreign policy elevates Laos' profile, Vientiane Times, 06/11/2020.

3.11.2 Une affirmation sur la scène régionale et internationale

Le Laos fait partie de nombreuses coopérations et de mécanismes initiatives de consultations dont l'ASEAN, l'ASEM, la Sous-région du Grand Mékong (GMS) ; le programme de la GMS de l'ADB s'emploie à relier les membres de la GMS en facilitant la transformant du Laos sans littoral en « pays lié par voie terrestre » ; la coopération CLV (Cambodge-Laos-Vietnam), la CLMV (Cambodge-Laos-Myanmar-Vietnam), la Nouvelle route de la soie, et la Stratégie de coopération économique du Mékong l'Ayeyawady-Chao Phraya (ACMECS). Par ailleurs, le Laos s'est associé en 2006 à ses voisins, les six pays partageant le même fleuve, appelé Lancang en Chine puis Mékong dans les cinq autres pays qu'il traverse avant de se jeter dans la mer, dans la Coopération Lancang-Mékong (LMC) menée par la Chine. Le mécanisme de la LMC se veut de favoriser les moyens de subsistance des populations de la région, dans le but de supporter la coopération sous régionale. La connectivité commerciale sera prise comme point de départ pour lier la coopération Lancang-Mékong avec le nouveau corridor terre-mer, renforcer la connectivité des infrastructures, améliorer la facilitation du commerce et du dédouanement, afin de promouvoir la coopération en matière de capacité industrielle, d'économie transfrontalière et de parcs industriels, selon la déclaration du ministre des Affaires chinois, Wang Yi[141]. Le Laos est reconnu pour son engagement actif et responsable sur les scènes régionales et internationales par ses partenaires.

La stratégie de rapprochement du Laos avec tous les États membres de l'ASEAN, ainsi qu'avec les autres puissances régionales et mondiales, fondée sur les échanges, le consensus, la bonne entente et la neutralité, mérite la considération de tous. Le Laos a toujours été le lieu de projections de puissances étrangères, car entouré de nations susceptibles de faire basculer son équilibre comme à l'époque précoloniale, il doit s'entretenir donc une politique de non-alignement. Par exemple, le Laos s'est engagé à améliorer l'efficacité de sa coopération et à renforcer la solidarité et le rôle central de l'ASEAN sur les questions stratégiques de la région, parmi celles-ci, la mer de Chine orientale. Par ailleurs, le Laos collabore avec les États-Unis et l'Office des Nations-Unies contre la drogue et le crime (ONUDC) au regard du contrôle et de la lutte contre la culture de l'opium dans le pays[142]. On mentionne également la tenue de la 25e édition des jeux d'Asie du Sud-Est qui a eu lieu au Laos en 2009.

En 2004, Vientiane a été l'hôte d'événements internationaux comme le 10e sommet annuel des dirigeants de l'ASEAN, le Laos a mobilisé toutes ses

141 La Coopération Lancang-Mékong favorisera les intérêts des populations de la région, Xinhua, 22/02/2020.

142 O. Ducourtieux, F. Doligiez, Silinthon Sacklokham : L'éradication de l'opium au Laos : les politiques et leurs effets sur l'économie villageoise, Revue Tiers Monde, 2008/1

ressources depuis des mois pour recevoir les chefs d`État et de gouvernements des dix pays de l`Association, des pays partenaires et des pays de dialogues : la Chine, l`Inde, le Japon, la Corée du Sud, ainsi que l`Australie et la Nouvelle-Zélande et le secrétaire général de l'ONU. Le Laos a assumé à cette occasion avec succès la présidence tournante, près de 800 journalistes se sont rendus au Laos pour couvrir cet événement. Puis il y a eu les 28e et 29e sommets de l'ASEAN en septembre 2016 à Vientiane où ce pays assurait pour la deuxième fois la présidence tournante, sous la présidence du Premier ministre Thongloun Sisoulith et en présence du président du Laos Bounnhang Vorachit. Les chefs d'État et de gouvernements des dix pays membres de l'ASEAN et des pays : la Chine, le Japon, la Corée du Sud, les États-Unis, la Russie, l'Inde, l'Australie, la Nouvelle-Zélande et le secrétaire général de l'ONU étaient présents. Le Président Barack Obama est arrivé au Laos avec sa délégation, c'était le premier président américain à y venir depuis la guerre du Vietnam. Visite historique, héritage douloureux : les États-Unis ont mené, du milieu des années 1960 à celui des années 1970, une guerre dite « secrète » dans cet ancien protectorat français.

Il y eut en novembre 2012, le 9e sommet du dialogue Asie-Europe (ASEM-9) réunissant les chefs d'État et de gouvernements des pays de l'Europe, de l'Asie, le président du Conseil de l'UE et le président de la Commission de l'UE, au final 51 pays membres ont participé à ce sommet ; on remarque que c'était la première fois, qu'un Président français, François Hollande, s'est rendu au Laos. Avant et en parallèle avec l'ASEM-9, quelque 300 délégués venant de près de 50 pays ont assisté en octobre au 7e Forum de partenariat parlementaire d'Asie-Europe (ASEP-7) à Vientiane. Conjointement, le Laos accueillait à la même année l'Asie-Europe Business Forum (AEBF) où se rencontraient les 300 hommes d'affaires européens et asiatiques.

Il convient de citer également que le Laos a répondu à l'appel de l'ONU et de la France pour le sommet de la COP visant la protection de l'environnement à Paris en 2015, la COP est une conférence internationale sur le climat qui réunit chaque année les pays signataires de la Convention Cadre des Nations Unies sur le Changement Climatique (CCNUCC). L'édition 2015 (COP21) a été organisée par la France où 142 chefs d'État ou hauts dirigeants avaient pris la parole à tour de rôle pour l'ouverture du sommet. Le 22 avril 2016, la France et le Laos ont signé à New York au siège de l'ONU l'accord de Paris sur le changement climatique aux côtés de 173 autres États.

Ainsi, grâce à 45 ans de la diplomatie mise en place de sa politique étrangère, le visage et la crédibilité du Laos ont été rehaussés et reconnus à travers le monde et où le Laos émerge comme un État capable d'apporter les meilleures contributions et reconnaissance au pays. Aujourd'hui, émerge un consensus quant à la nécessité pour le Laos de mettre en place des politiques nationales d'accompagnement de son insertion internationale. Les réformes économiques et la centralité du Laos dans l'Asie du Sud-Est doivent désormais soutenir une nouvelle étape de développement de ce pays dans le cadre de son ouverture.

En guise de conclusion pour ce chapitre, la RDPL, avec plus de 340 000 de membres, domine la vie politique du pays. Bien organisé, présent sur tout le territoire, il ne contrôle plus uniquement le pouvoir politique, mais s'est implanté avec force dans les entreprises, renforçant ainsi le lien entre secteurs public et privé. Cette adaptation à la réalité d'un Laos tourné vers l'économie de marché, que le parti a su récupérer à son avantage, est sans doute la mutation idéologique la plus réussie mais aussi la plus étonnante à laquelle il a été confronté depuis sa création en 1955. L'Etat-parti, a considérablement renforcé son autorité, sans pour autant générer de résistances intérieures, en grande partie en raison de sa faculté à préserver une croissance forte et une stabilité politique et sociale. Un élément de plus en plus important qui caractérise la vie politique de ce pays : la participation populaire, notamment par les forums de discussions, les dialogues dans le cadre de la décentralisation, l'activité des ONG et des Associations à but non lucratif, ainsi que par le biais des blogs et des réseaux sociaux. L'Etat-parti s'est adapté à cette nouvelle réalité et s'efforce de tourner à son avantage ce qui pourrait à première vue être perçu comme un possible fossoyeur, à savoir les critiques contre ceux qui profitent du système, la corruption et les abus de pouvoir. Là encore, si le système n'a pas été modifié, c'est dans la pratique que les dirigeants actuels doivent se montrer habiles et inventifs s'ils souhaitent pérenniser le parti dont ils sont les principaux acteurs.

Les réformes institutionnelles et juridiques du Laos sont bien avancées dès 1986 et ce processus s'est accéléré depuis 2006. Toutefois, les obstacles qui freinent la résurgence d'un « État de droit socialiste » demeurent nombreux. Pour ce qui est de « l'État de droit» qu'entend le monde occidental, le sujet n'est pas encore à l'ordre du jour. Le défi de la bonne gouvernance et de l'amélioration de la qualité des institutions pose tout d'abord, le problème de la stabilité politique et/ou gouvernementale, impliquant nécessairement l'adoption d'un système politique qui garantisse la primauté du droit, du bien-être de la population, et la lutte contre la pauvreté et l'injustice sociale. Par ailleurs, l'État et le gouvernement conviennent de développer une culture nationale pour la préservation et la promotion de la fierté et de l'identité nationales, en mettant en avant les valeurs lao, au profit d'une gouvernance vertueuse.

La modernisation juridique lao a eu un développement indéniable et elle représente une priorité politique. Elle s'appuie sur une œuvre législative importante avec la coopération des institutions internationales et des partenaires de développement, sur un effort important de formation des professions judiciaires et des cadres de l'administration tant au niveau central qu'au niveau provincial. Malgré tout, les obstacles - tant politiques, que culturels et économiques – à l'instauration d'un État de droit demeurent multiples et complexes. Parmi ceux-ci, trois se démarquent : 1) le droit au Laos est encore inachevé et reste subordonné à la règle du régime à parti unique du PDRL ; 2) les ressources financières et humaines demeurent grandement limitées ; 3) les institutions judiciaires sont dépendantes et fragiles.

Le Laos d'aujourd'hui a vu se former à nouveau un certain consensus autour de la réforme, il fait encore face à de grands défis : une économie trop axée sur l'énergie et les mines, le capital humain insuffisamment développé, sa trop dépendance de l'aide étrangère, la gravité de la corruption, l'inégalité sociale persistante, la fragilité de ses finances publiques. Pourtant le développement économique de ses vingt dernières années est un succès, la société et la politique sont stables et, bien que la gouvernance de l'État n'ait pas connu de transformation qualitative notoire, les évolutions sont nombreuses. La politique d'ouverture et de réforme depuis trente-cinq années, de la même manière qu'elle a fait réaliser des changements significatifs à l'économie lao, a permis à l'Etat lao d'enregistrer un changement substantiel de sa gouvernance.

Le 11e Congrès national du parti qui s'est terminé le 18 janvier 2021 a marqué un nouveau jalon dans le développement du PPRL et du pays, dans un contexte régional et international en évolution rapide, complexe et même difficile où il guidera l'avenir, accélérera le développement et l'intégration réussie du Laos dans l'AEC. Le 11e congrès adopte les orientations et les tâches pour la période 2021-2025, identifie les objectifs et les orientations stratégiques à cinq ans et une vision de développement national à l'horizon 2030. Certes, il y a un changement de direction dans le pays, mais dans la continuité avec le nouveau Secrétaire général du parti Thongloun Sisoulith aux commandes. Sur l'échiquier politique de relations diplomatiques et internationales, là aussi, le cap sera maintenu, voire renforcé. Alors que Bounnhang Vorachit célébrait le « partenariat de destin commun » du pays avec la Chine, la relation politique clé du LPRP avec le Parti communiste vietnamien, forgée pendant la guerre d'Indochine puis la guerre du Vietnam, reste fondamentale dans son mythe fondateur. Ainsi, les liens du Laos avec l'allié du Vietnam seront réaffirmés avec la réélection pour le troisième mandat consécutif du secrétaire général du Parti communiste vietnamien, Nguyen Phu Trong, à l'issue du 13e Congrès national du PCV ; la nouvelle direction du Vietnam lance une stratégie globale pour le développement du pays, cela conforte la continuité et la stabilité politique du Vietnam à la fois avec la Chine et le Laos.

En avril 2021, le Président Thongloun Sisoulith a adressé un message de félicitation à Nguyen Xuan Phuc pour son élection à la présidence du Vietnam par le Parlement. Le Président Thongloun s'est déclaré prêt à travailler en étroite collaboration avec son homologue vietnamien pour élever des relations de coopération et de solidarité à un plus haut niveau entre les deux pays.

Thongloun Sisoulith a confirmé d'autre part au président du Vietnam qu'il est prêt à enrichir des solides « *liens amicaux et fraternels ainsi que la solidarité spéciale et de coopération globale qui existent de longue date entre les deux partis, gouvernements peuples conformément aux souhaits des présidents décédés Ho Chi Minh, Kaysone Phomvihane et Souphanouvong dans les intérêts des deux pays, ainsi que pour la paix, la stabilité et la coopération pour le développement de la région et partout dans le monde* ». Le même jour, le Premier ministre Phamkham Viphavanh a félicité par téléphone le nouveau Premier ministre vietnamien, Pham Binh Minh, pour son élection, il a exprimé l'espoir de coopération globale et fructueuse entre les deux gouvernements et les deux États dans la durée[143]. Le Premier ministre Phankham Viphavanh a renouvelé à son homologue vietnamien Pham Binh Minh l'engagement politique à nouer des relations traditionnelles et de coopérations plus fructueuses dans le futur entre les deux gouvernements.

---

143 President, PM congratulate Vietnamese counterparts on new posts, Vientiane Times, 07/04/2021.

Chapitre 4

GOUVERNANCE ÉCONOMIQUE ET GESTION DES FINANCES PUBLIQUES

La gouvernance économique tend à créer un environnement macroéconomique et un cadre institutionnel et juridique propice à l'investissement du secteur public ou privé, à la création d'emplois, à la croissance économique et à une gestion efficace et efficiente des fonds et des ressources publics. Elle désigne l'ensemble des mesures et des règles qui permettent d'assurer le bon fonctionnement et le contrôle d'un État, d'une institution ou d'une organisation qu'elle soit publique ou privée. Les principaux éléments qui contribuent à l'instauration d'un cadre marqué par la bonne gouvernance économique sont la transparence, l'obligation de rendre compte et un environnement porteur pour la croissance. Ces éléments le gouvernement lao a commencé à les mettre en œuvre pour se mettre aux normes des recommandations prônées par la Banque mondiale, le FMI, et les partenaires de développement. Une gouvernance économique efficace renforce la capacité de l'État de s'acquitter de son mandat consistant à améliorer le niveau de vie de sa population. Outre les avantages matériels – amélioration de la santé, du niveau d'instruction et des services publics -, une croissance économique à large assise réduit la pauvreté qui reste la priorité du gouvernement lao. La croissance économique fournit les fonds nécessaires pour financer les investissements dans l'enseignement primaire et secondaire, la santé, l'approvisionnement en eau potable dans les régions reculées, l'assainissement et d'autres services d'infrastructure, dont le Laos est très en retard par rapport à ses voisins, autant de facteurs contribuant à la qualité de vie et à une croissance économique soutenue. Et la croissance pérennise l'investissement dans les institutions au service du marché, tel que l'état de droit, les droits de propriété et une fonction publique compétente.

Mais les résultats positifs de la croissance économique ne vont pas de soi. Ils dépendent d'une foule de facteurs, dont les plus importants sont les politiques des pouvoirs publics. Une politique gouvernementale qui développe le secteur privé, en particulier les SME, tendra à instaurer une croissance économique à large assise et un climat des affaires suffisamment transparent et attractif pour les investissements. De même, la gouvernance économique tend à créer un environnement macroéconomique et un cadre institutionnel et juridique propice à l'investissement du secteur privé, à la création d'emplois, à la croissance économique et à une gestion efficace et efficiente des fonds et des ressources publics.

Carte de la sous-région du Grand Mékong (GMS)

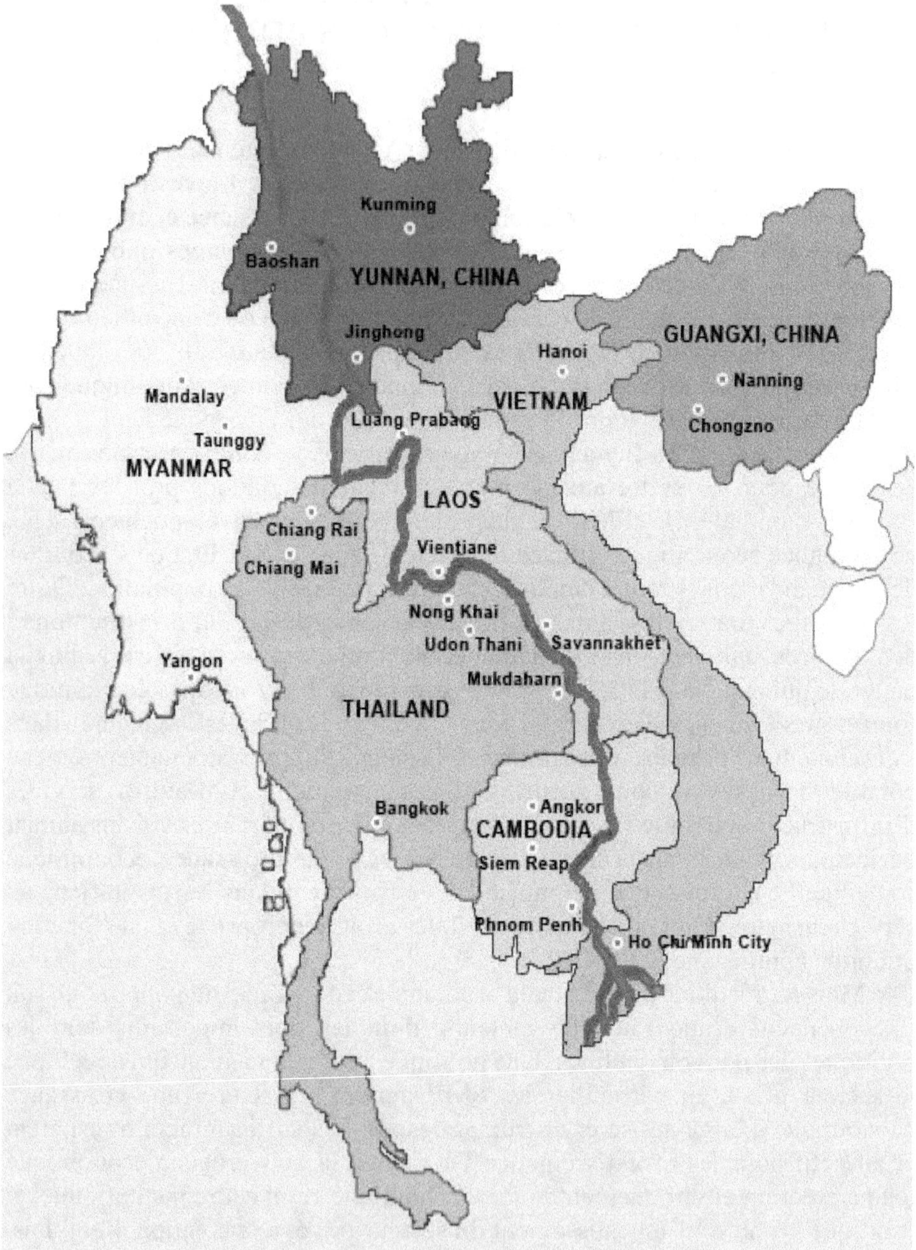

Le présent chapitre décrit le développement économique du Laos de ces vingt dernières années et des résultats économiques, la gouvernance économique lao, les politiques macroéconomiques de soutien au développement durable, l'aide publique au développement, l'essor du commerce extérieur, les investissements directs étrangers, les enjeux de la connectivité et enfin la gouvernance en matière des finances.

4.1. La gouvernance économique lao

De nombreux traités ont été signés dans le cadre de la coopération laotienne à l'échelle régionale et internationale. La plupart de ces traités ont été ratifiés par le Laos dans le cadre de l'ASEAN. Au Laos, les pratiques nationales de gouvernance économique ne sont conformes au cadre normatif, défini à l'échelle régionale, qu'en matière de gestion comptable, du commerce, et du droit des affaires. Il existe même une dualité au niveau du cadre juridique en matière de finances publiques. En effet, la gestion opérationnelle des finances publiques lao est désormais calée sur les prescriptions des directives de la Banque mondiale et du FMI tandis que la loi organique en demeure le référentiel juridique. En outre, avant 1991, l'adoption des directives, en Conseil des ministres, met en exergue la primauté du pouvoir exécutif sur le pouvoir législatif. Il en résulte un problème réel d'absence de contrôle du Parlement sur la fixation du cadre juridique régissant la gestion des finances publiques au plan communautaire.

La bonne gouvernance repose sur l'aptitude des gouvernants à établir et à respecter un contrat de confiance basé sur la responsabilisation de tous les acteurs au sein de la société nationale tout entière. Elle se traduit par des déterminants comme l'obligation de rendre des comptes, la participation de toutes les parties prenantes au sein de la société au processus de prise de décision, la promotion de l'État de droit, le renforcement de la démocratie, la transparence dans la gestion des ressources publiques, et la valorisation de l'éthique. Au Laos, la gouvernance a enregistré des acquis, en dépit de la persistance de nombreuses lacunes. En matière de gouvernance économique, l'avènement du Système intégré de gestion des finances publiques a consacré la gestion électronique du circuit des opérations budgétaires. Son introduction depuis 2018 a ouvert de nouvelles possibilités de contrôle, de transparence et d'efficacité, au profit des acteurs concernés. S'agissant des marchés publics ou d'autres dépenses de l'Etat, le système digital utilisé dans l'e-gouvernement aujourd'hui permet de rendre effectif le contrôle de l'obligation de passer un marché public à partir d'un seuil de dépense. De même, il existe des infrastructures de contrôle budgétaire, notamment l'Autorité de l'inspection d'État (SIA) et l'Organisation de l'Audit d'État (SAO). Toutefois, l'administration publique souffre d'une insuffisance de fonctionnement dans ses institutions et mécanismes de contrôle. En outre, la culture de suiviévaluation n'est pas ancrée dans les modes de gestion des affaires publiques. Cette situation favorise l'enrichissement illicite et la montée de la corruption sous toutes ses formes. Le gouvernement a pris conscience de ces carences de la gouvernance économique, notamment en ce qui concernait la rigueur et la transparence dans la gestion des finances publiques, aussi la campagne contre la corruption et l'enrichissement personnel des fonctionnaires a été menée dès 2017, dès lors, l'inculpation de plusieurs centaines responsables d'agents et fonctionnaires a eu lieu (§ 5.7.2). Au total, malgré quelques avancées en matière de bonne gouvernance économique, le Laos reste classé parmi les pays ayant les faibles performances, selon l'OCDE. Cet élément constitue une entrave au développement économique et une détérioration du climat de confiance entre les dirigeants, les institutions et la population.

Les pratiques actuelles de gouvernance et de gestion économique dont les objectifs du gouvernement se déclinent comme suit :

1/ Promouvoir des politiques macroéconomiques saines qui soutiennent la croissance, base sur laquelle le gouvernement lao formule ses projections macroéconomiques. L'action gouvernementale a été organisée, pour la première fois au Laos, dans le cadre du plan à partir de 1976, l'évolution politique et économique a permis de définir la vision du pays en matière de développement économique et social, et de préparer la mise en œuvre de l'action gouvernementale. De 1981 à 2021, la programmation du développement national s'est faite sur la base de plans quinquennaux (§ 2.1).

2/ Politiques sectorielles ou économiques élaborées et mises en œuvre en soutien à la croissance économique et au développement durable :

- La santé
- L'éducation/Formation/Alphabétisation
- Les initiatives prises pour accroître la mobilisation des ressources internes
- L'aide publique au développement
- L'exploitation des ressources naturelles

3/ Mettre en œuvre des politiques économiques gouvernementales saines transparentes et prévisibles. Le système de gestion des finances publiques est appréhendé à travers le cadre juridique et institutionnel et le dispositif de contrôle mis en place dans ce domaine.

4/ Lutter contre la corruption et le blanchiment d'argent. Le Laos s'est doté d'instruments juridiques et d'un dispositif institutionnel de prévention et de lutte contre la corruption et les pratiques connexes.

5/ Accélérer l'intégration régionale en participant à l'harmonisation des politiques monétaires, commerciales et d'investissement.

4.1.1. Le Défi de la transformation économique et structurelle

> La voie laotienne de développement et de transformation est un processus graduel, pragmatique et simultané d'industrialisation, d'infrastructure et de mondialisation sous la direction de l'Etat-parti, un processus de libéralisation économique sans libéralisation politique. L'industrialisation est propulsée par les investissements directs étrangers, les atouts en ressources naturelles ; l'infrastructure est introduite par connectivité avec les pays voisins ; et la mondialisation est réalisée par une stratégie d'orientation vers l'exportation de l'hydroélectricité et des produits miniers, agricoles et manufacturiers.

Le Lao connaît, depuis le début des années 2000, une croissance de rattrapage soutenue. Porté par les secteurs de l'énergie, des mines, de l'agriculture, du tourisme, le textile et la construction, le PIB a progressé de 7,1 % par an au cours des 7e et 8e plans, pour atteindre un PIB près de 20 milliards de dollars en 2019. Ce pays a connu une transformation économique remarquable et rapide ces quinze dernières années sur certains indicateurs économiques et sociaux : croissance économique soutenue, une réduction de moitié des niveaux de pauvreté, un meilleur système de santé et d'éducation. Ces résultats ont permis de mettre en évidence la trajectoire de transformation économique aboutissant à la sortie du système d'économie socialiste et à l'entrée du Laos dans un système capitaliste d'État où l'économie et la finance se sont éloignées de la ligne rouge du communisme. Même si elles restent pilotées par les autorités politiques, c'est le marché qui décide dans la majeure partie des cas. L'admission au sein de l'ASEAN en 1997, a été un grand pas pour le Laos dans la direction d'un repositionnement régional et d'une normalisation réelle des relations avec ses voisins. Ce chapitre se propose d'éclairer les lecteurs sur les ressorts de la dynamique post-réforme du Laos, et comment l'intervention de l'État dans la finance publique et la pratique de la réalpolitique se traduisent par la montée du son industrie et l'amélioration du climat des affaires.

La transformation structurelle est associée à un changement radical de l'économie et du développement. Elle a nécessairement les soutiens de l'État et du gouvernement portant sur une réallocation de ressources des secteurs et activités moins productifs vers des secteurs et activités plus productifs ; un accroissement de la contribution des activités économiques au PIB ; une diminution de la part de l'emploi agricole dans l'emploi total ; un redéploiement de l'activité économique des zones rurales vers les zones urbaines et un flux entrant d'investissements privés.

Bien qu'amorcé avec le NME en 1986, le Laos s'est engagé graduellement dans un double processus de transition et de développement. Le processus d'insertion du Laos dans la communauté internationale franchit une étape supérieure avec son adhésion à l'OMC en 2013, puis de son intégration dans l'AEC à fin 2015.

Les réformes qui ont amorcé la transformation économique du pays ont été institutionnalisées et entreprises qu'à partir de1991. Pour l'économie lao, l'alternative est de se transformer complètement, ou de rester figée dans le statut d'éternel de « simple État qui regarde passer les trains ». Autrement dit, le Laos doit moderniser ses institutions, son commerce et son industrie. Les caractéristiques principales de cette transformation économique conduisaient à une nouvelle réglementation de la propriété et de la gestion des ressources, à une formulation des objectifs de la politique commerciale, à une réforme budgétaire et gestion de la dette, à une décentralisation des initiatives en faveur des régions, à des nouvelles évolutions sur le plan politique, réglementaire et institutionnel, à la poursuite de la politique de restructuration des entreprises publiques, à l'émergence du secteur privé et en particulier, l'émergence des petites et moyennes entreprises (SME), à des nouvelles mesures de soutien à la croissance de l'économie, à un développement des relations renforcées et des échanges avec les pays de l'ASEAN et enfin, à une intégration bénéfique dans l'AEC pour le Laos.

4.2 Les éléments de la transformation structurelle de l'économie

La transformation structurelle d'une économie demeure un point de passage nécessaire pour le Laos qui souhaite gravir les échelons du développement, cette transformation est souvent tributaire de la capacité d'une économie à s'ériger d'une société agricole de subsistance, dans son stade actuel, vers une économie de productivité. Le débat a pris de l'ampleur quant à la capacité des dynamiques actuelles à accélérer le rythme de l'activité économique au point de déployer sa jeune population active en situation de « sans-emploi » vers des secteurs à niveaux de productivité plus adaptés et qui promettent une condition de vie meilleure. Cela dit, le secteur industriel ne semble plus être aussi bien placé pour jouer le rôle de passerelle entre les activités agricoles et celles manufacturières ou tertiaires. L'économie lao s'industrialise et s'oriente un peu plus vers le tertiaire, certes de manière rapide, en faveur d'une réallocation progressive de la force de travail agricole, mais ce pays manque aussi bien de base et de tissu industriel que de main-d'œuvre qualifiée. Ainsi, des politiques industrielles ont vu le jour, visant en premier lieu le développement d'un tissu industriel ancré sur des grandes entreprises étrangères implantées au Laos dans les secteurs de l'énergie et des mines qui tissent, à leur tour, des liens en partenariat ou non avec des structures productives locales de plus petite taille.

Parmi des actions dynamiques de transformation de l'économie, de nombreuses décisions ont été également mises en place ces dernières années par l'Etat, on citera : une gestion macroéconomique prudente a généré une inflation modérée et un taux de change stable ; un renforcement de l'administration fiscale ; une amélioration des services au contribuable en ligne par Internet ; le lancement d'un système informatique moderne de gestion des recettes déjà appliqué, ce qui a amélioré le déficit fiscal ; l'assouplissement des lois d'investissements étrangers en 1994, puis en 2007 et plus récemment en 2018 pour attirer davantage d'investisseurs. Le Laos reste largement ouvert à l'IDE et fait des efforts pour assouplir des règlements, même si une trentaine d'activités restent encore réservées aux ressortissants lao et une dizaine d'autres activités sont soumises à une limitation de la participation étrangère. On note qu'une décision prise en 2016 sur la suppression de la prescription discriminatoire en matière de capital minimum exigé visant les investisseurs étrangers est accueillie avec satisfaction par la communauté des affaires. Depuis son accession à l'OMC, le Laos a pris plusieurs mesures pour faciliter des échanges avec extérieur. Il a réalisé ainsi d'importants progrès en améliorant ses procédures douanières et en les harmonisant avec les normes internationales.

En matière d'investissement public, on note une amélioration de son efficacité, de même la nouvelle loi du gouvernement sur les marchés publics en vue de définir un cadre plus transparent, fondé sur un cadre institutionnel est promulguée. En outre, pour améliorer l'efficacité des dépenses en capital, le moratoire actuel sur des nouveaux projets offre l'occasion d'évaluer rigoureusement le portefeuille de projets en vue de sélectionner ceux présentant un fort impact social et qui minimisent les catastrophes naturelles. D'autre part, les nouveaux projets se font désormais par le biais de l'application de la sélection des activités et de l'utilisation des indicateurs du gouvernement qui hiérarchisent des projets d'infrastructure permettant de contribuer à la lutte contre la pauvreté.

Dans la mesure où le Laos se doit de suivre la dynamique de l'AEC et d'harmoniser ses actions avec des membres de l'ASEAN, il a depuis 2016 mené des réformes sur la diversification de son industrie, le renforcement de la compétitivité de ses entreprises, l'amélioration du climat des affaires, la poursuite des réformes budgétaires, et le contrôle de la dette publique. D'autres réformes nécessaires sont en cours, par exemple l'amélioration du capital humain par le biais de la formation professionnelle. Toutes ces mesures doivent contribuer à réduire les inégalités, ainsi que les disparités régionales et entre les sexes. De telles réformes ont permis le Laos d'atteindre jusqu'à présent ses objectifs en matière de politique économique et de protection sociale, et de s'intégrer davantage dans le système commercial régional et mondial. Cet exercice de séduction économique est couronné de succès, avec un doublement, depuis 2012, du nombre de projets d'investissement au Laos au cours de ces dernières années, cette attraction est surtout le fruit de la politique menée résolument par le gouvernement depuis le 7e plan quinquennal.

Malgré des efforts qui ont été déployés pour améliorer l'image du Laos auprès des investisseurs, cependant, le pays est encore mal classé tant sur le plan général de l'attractivité que sur le plan de la compétitivité par les institutions internationales ; il se classe en effet au 82e rang (sur 160 pays) du classement d'indice de performance logistique de la Banque mondiale et 102e (sur 137 pays) du classement d'indice des infrastructures dans le *Rapport Global Competitiveness* en 2018. Par ailleurs, après avoir gagné plusieurs places dans le rapport « *Doing Business* » publié par la Banque mondiale, le Laos a de nouveau reculé dans le classement, se classant 154e sur 190 pays en 2019 (soit treize places de moins que l'année précédente). En ce qui concerne les procédures de création d'entreprises, le Laos s'est classé 180e parmi les plus mauvais pays du monde. Ces faiblesses ont conduit le gouvernement à accélérer le développement des infrastructures et à créer un meilleur environnement favorable et attractif pour les investissements. Le Laos a gagné depuis ainsi une certaine crédibilité à l'international, il lui reste à défendre ses réformes économiques et maintenir sa croissance dans la durée.

La sortie prochaine du Laos de son statut de PMA en 2026 qui pourrait avoir un impact sur l'aide publique au développement de l'ODA[144] au regard des prêts et des subventions, puisque le Laos recevra alors moins d'aide publique au développement, ce qui creuserait encore plus son déficit budgétaire. L'État se prépare d'ores et déjà à structurer son économie et à renforcer ses entreprises. Aussi le gouvernement s'est-il engagé à soutenir quelques grands groupes publics, à conforter le secteur privé et à donner des moyens aux SME pour accroître leur expansion et améliorer leur compétitivité. L'action du gouvernement porte également sur le développement du commerce ; parallèlement, elle continue à se concentrer sur le renforcement de l'intégration économique régionale et à favoriser le contexte des affaires ; à pérenniser la croissance de l'économie ; à diversifier les leviers de croissance en rééquilibrant l'investissement intensif en capitaux vers un modèle de croissance plus inclusif, force est de constater que l'exploitation et la transformation des ressources naturelles ne suffisent plus, car ces dernières ne sont pas inépuisables et par conséquent les autorités lao envisagent de protéger et de mieux utiliser et exploiter ces richesses ; et à focaliser sur quelques marchés de niches comme l'agriculture organique, l'écotourisme, l'artisanat traditionnel, tout en conservant le secteur d'énergie comme fer de lance de l'industrie nationale pour les exportations. Telles sont la stratégie et la Vision 2030 affichées de l'action du gouvernement.

D'autre part, les autorités ont le souci de placer au centre de la transformation structurelle le capital humain en encourageant une plus grande

[144] Selon la définition du Comité d'aide au développement de l'OCDE, on entend par « aide publique au développement » (APD) l'aide fournie par les États dans le but exprès de promouvoir le développement économique et d'améliorer les conditions de vie dans les pays en développement.

participation des femmes dans l'économie formelle ; soutenu par un environnement commercial propice, le capital humain a davantage de contribuer plus largement à la croissance. Par ailleurs, des progrès dans l'amélioration de la transparence des données sont constatés, appuyés par l'assistance technique des partenaires de développement. Le ministère de l'Industrie et du commerce (MOIC) avec la Chambre nationale du commerce et de l'industrie (LNCCI) aident les SME à accéder au financement auprès des banques, dont les fonds spécifiques à un taux préférentiel leur sont consentis. Les autorités encouragent les membres des SME à participer à de nombreux séminaires de formation donnés par les partenaires de développement (JICA, KOICA, GIZ), elles leur apportent également un soutien pour la prospection des marchés des pays de l'ASEAN. Plus récemment, le Premier ministre et le ministère des Affaires étrangères (MOFA) ont recommandé avec insistance aux ambassadeurs lao à l'étranger de promouvoir les SME, les aider à vendre à l'international ou leur trouver des partenaires pour investir au Laos. Une situation inédite, c'est la première fois qu'une action aussi directive venait du gouvernement pour soutenir le développement des entreprises nationales à l'étranger.

Cette insertion des entreprises lao sur le marché international apparaît comme un moyen d'accélérer la restructuration économique en cours et par les multiples opportunités d'échanges qu'elle offre au développement du secteur privé. Toutefois, elle signifie aussi la soumission à une concurrence internationale des entreprises lao, qui a été créée par l'entrée du Laos dans l'AEC. Ainsi, en s'insérant dans le commerce mondial suivant les mêmes avantages comparatifs que ses riches voisins, le Laos subit de plein fouet la concurrence des pays de l'ASEAN et le fait que ceux-ci bénéficient d'économies d'échelle et de productivité leur permettant de produire à très bas coûts.

Dans ce contexte concurrentiel, le Laos se doit de relever le défi pour renforcer son marché domestique et sa compétitivité ; il s'organise sa transition et la transformation de son économie tout en prenant en compte des obstacles à surmonter. La transformation économique laotienne a été d'autant plus remarquée qu'elle s'est opérée d'une part, dans un contexte de croissance accélérée et de renforcement de la position extérieure du pays et, d'autre part, dans une relative stabilité macro-économique. Dans les réformes internes, le Code sur l'Investissement Etranger approuvé en 1988 ouvre, de son côté, l'entrée de capitaux étrangers dans le pays avec un stock d'investissement qui a atteint en 2020 plus de 12 milliards de dollars. Les acteurs privés (nationaux et étrangers) ont contribué ainsi significativement à la dynamique économique. Le processus d'ouverture se traduit également par une forte croissance des échanges extérieurs du pays, en particulier avec les pays de l'ASEAN et la Chine (§ 8.4), à la suite d'une démonopolisation du commerce extérieur (libéralisation des procédures, élargissement de l'accès au commerce extérieur auparavant sous l'emprise des entreprises publiques), une suppression des quotas à l'exportation, la transformation des restrictions quantitatives à l'importation en tarif douanier, ainsi que l'unification du taux de change. Et plus récemment, les certificats d'exportation des produits industriels lao ne sont plus exigés, excepté pour tout ce qui est du bois. Ce changement facilitera la rapidité et la fluidité des opérations du secteur privé et stimulera le commerce et les investissements au Laos. Ces mesures, selon le MOCI, permettent de réduire la paperasse administrative et d'améliorer la position du « *Doing Business* » du Laos dans le rapport de la Banque mondiale.

Aujourd'hui, on retient que l'amorce d'une industrialisation modifie la structure des échanges extérieurs du pays en faveur d'autres produits qu'extractifs. Du côté des exportations, ce phénomène se traduit par la montée du secteur de l'énergie et des mines et l'arrivée d'un nouveau secteur manufacturier, comme la confection et le textile, les meubles, les produits artisanaux, et le secteur des services : hôtellerie, restaurant et industrie du tourisme. L'exploitation agricole a vu également une expansion significative, notamment l'agriculture commerciale. En soutien à la stratégie industrielle et commerciale, les entreprises publiques sont étroitement associées aux investisseurs étrangers, notamment en coentreprise ou en partenariat public privé (PPP). La construction d'infrastructures, les barrages, et la politique d'attraction des IDE font effectivement ressortir une stratégie sectorielle ciblée du gouvernement.

Comparé initialement aux anciens pays socialistes, le processus de transformation économique lao s'ancre peu à peu dans son environnement régional, tant le pays s'appuie aujourd'hui sur les différentes expériences de l'ASEAN qui ont remarquablement réussi et hissé leurs économies au plus haut rang. Pour le Laos, il ne s'agit plus de poursuivre des objectifs isolément, mais de tenir compte des interactions et des dépendances avec ses partenaires de l'Association et également de l'ASEAN+3[145]. Le pays adopte une ouverture à la fois contrôlée et ciblée par secteur suivant les impératifs de son industrie, il s'est imposé à créer un environnement favorisant la compétitivité des entreprises tout en préservant le rôle leader du secteur étatique.

4.2.1 La voie lao de développement qui se dessine progressivement

Le Laos accueille favorablement et coopère efficacement avec des institutions internationales et des partenaires de développement ; certes, ce pays a besoin de l'assistance internationale, cependant il n'est plus assujetti aujourd'hui à suivre entièrement le programme concocté par ses partenaires. Le Laos veut créer son modèle de développement en tenant compte des caractéristiques du pays, il prend en compte les recommandations des experts internationaux et regarde aussi vers le modèle de réussite des pays voisins.

[145] Il s'agit des dix pays de l'ASEAN plus la Chine, le Japon et la Corée du Sud.

Les partenaires de développement et les institutions internationales, comme l'ADB, la Banque mondiale et l'UNPD, ont une certaine influence au Laos, mais ne peuvent pas forcer l'État à se conformer totalement à leurs recommandations. Les partenaires, à leur tour, ont dépolitisé leur rôle dans le développement du Laos. Récemment, ils se sont concentrés sur le renforcement des capacités en économie, le développement humain, la durabilité environnementale, la bonne gouvernance et l'état de droit, et l'atténuation d'autres problèmes préoccupants liés au développement du Laos. En outre, ils n'essaient pas de faire pression sur le gouvernement lao pour qu'il se préoccupe davantage des questions de droits de l'homme et de la démocratisation. Les organisations internationales vont généralement dans le sens officiel, autrement dit dans le sens que souhaite le gouvernement lao.

Il importe de préciser que l'aide publique internationale a aidé indéniablement le développement du Laos. Cette aide, combinée aux évolutions de la politique économique et sociale du pays, a été source de sa croissance économique. Le gouvernement lao, caractérisé par sa stabilité et son autorité, a su avec agilité développer une dépendance financière envers ses bailleurs bilatéraux et multilatéraux, bien que, fait rare, cette dépendance financière n'ait pas entraîné de dépendance idéologique, exceptée qu'avec ses deux grands alliés le Vietnam et la Chine, avec lesquels il partage le même régime politique. Cette indépendance idéologique qu'entretient le Laos avec ses alliés, alors même qu'il est fortement dépendant des bailleurs, démontre le primat accordé aux considérations de souveraineté et d'idéologie. Cela étant, la dépendance financière qu'entretient le Laos envers ses bailleurs ne s'est pas traduite par un basculement idéologique. L'État et le gouvernement lao savent que la souveraineté n'est pas un absolu, car le pouvoir est limité par des rapports de force, aussi bien internes qu'externes ; l'interdépendance, dans une économie mondialisée, est la règle. L'autarcie comme le pays s'était forgée à ses tout débuts, une chimère. Donc, ce que l'Etat lao tente de faire, c'est embrasser la mondialisation, et renforcer ses institutions nationales pour faire face aux contraintes imposées à la société lao.

Selon les experts, la contribution annuelle de l'aide internationale et des subventions des donateurs pour le Laos restent importantes, mais sont mal utilisées ; l'efficacité de l'aide publique au développement est partiellement discutable. Elle est d'abord un « business » qui fait vivre des centaines de fonctionnaires internationaux et nationaux mais aussi une myriade de consultants et des ONG internationales. Dans le passé, les bailleurs n'avaient que peu d'exigence sur l'utilisation de leur argent ou de contrôle, il y avait peu de suivi et d'évaluation des projets une fois qu'ils avaient été réalisés. Les bénéficiaires des différents projets lao (mais pas tous) n'avaient guère plus de considération pour ces sommes qui leur tombaient sans grand effort. Ces organisations délivraient d'innombrables rapports et de recommandations que les autorités lao ne prenaient en général pas en compte ou par ce qu'elles n'avaient pas eu le temps de les assimiler. À présent, l'utilisation de l'aide publique devient plus transparente. L'usage est donc aussi important que l'allocation. Des progrès ont été amorcés pour contrôler l'attribution de l'aide avec les conditions de réalisation des projets plus exigeantes, cela est aussi vrai côté des bailleurs que des autorités lao. Avec le 9e plan quinquennal qui débute en 2021, le nouveau gouvernement tire la conclusion qu'il est urgent de réhabiliter la notion d'utilité, une notion qui devrait être le fondement de tout raisonnement économique.

L'élite de ce pays et sa jeunesse aspirent à être fières du Laos auquel elles appartiennent, elles veulent moins d'aide internationale ou une aide bien utilisée, car pour beaucoup de fonctionnaires lao : « pourquoi s'efforcer d'établir des politiques publiques et assainir les finances publiques quand la communauté internationale vole toujours au secours du pays ?». Le sujet fait débat aujourd'hui, pour les analystes, l'aide publique au développement, n'est pas, en soi, un mauvais programme mais comme tout argent facile, sa gestion, n'est pas optimale parfois et a suscité beaucoup de critiques. Une partie de la classe politique et des fonctionnaires pensent en privé que le Laos doit sortir progressivement d'une gestion de l'assistance internationale basée sur l'abondance de l'aide et de prêt.

On remarque d'autre part que l'aide publique au développement vide les administrations locales de leurs meilleurs éléments ou des préretraités qui sont recrutés par des agences des institutions internationales, des bailleurs ou des ONG pour leur proposer les postes de « *Senior adviser* », d'administrateur ou comme consultant pour gérer localement leurs programmes offrant ainsi des salaires plusieurs fois supérieurs à ceux servis dans la fonction publique au Laos, comme cela a été constaté depuis quelques années dans les secteurs des mines, de l'énergie, et des télécoms. Effectivement, ces personnes sont enrôlées pour leur entregent et leur relation avec les ministères.

Quant aux entreprises étrangères, nombreuses sont des entreprises occidentales à avoir ignoré les violations des droits de l'homme au Laos pour ne pas se fermer les portes d'un marché ou de la présence dans ce pays. Une situation paradoxale pour ces entreprises étrangères qui font de leurs valeurs un argument marketing, ces entreprises asiatiques et occidentales ne peuvent pas se permettre d'avoir des problèmes avec les autorités lao et de s'attirer les foudres du gouvernement. Cela fait bien longtemps que le Laos le sait et en use, les autorités lao sont parfois complices avec les entreprises étrangères.

Le Laos a été réceptif à l'aide au développement des partenaires et s'est efforcé d'atteindre les seuils de développement fixés en matière de croissance économique et de développement humain. L'appel aux experts et techniciens ainsi qu'aux entreprises étrangères est important dans un domaine où l'aide est volumineuse, celui de l'infrastructure, des mines ou de barrages hydroélectriques. Mais il est rare que ces travaux soient effectués par des entreprises lao, encore faibles dans le domaine de travaux publics et du génie civil requérant une forte technicité. La quasi-totalité des grands travaux est réalisée par les entreprises étrangères avec du matériel importé de Chine, du Japon, de la Corée du Sud, de l'Allemagne, de la Thaïlande, et avec une main-d'œuvre étrangère (souvent thaïe, chinoise ou vietnamienne). La contribution des entreprises lao est relativement limitée et réside essentiellement dans la sous-traitante de deuxième rang et avec moins de 15% de main-d'œuvre lao sur un chantier. Toutefois la situation est en train de changer, grâce aux revendications des associations professionnelles et des mesures prises par le gouvernement pour donner plus de travail aux entreprises lao.

Aussi le gouvernement cherche-t-il progressivement à donner aux entreprises nationales des moyens d'acquérir des compétences en s'inspirant des normes de développement occidentales, à bâtir un modèle lao en prenant ce qu'il y a de meilleur de l'étranger. Pour le gouvernement lao le capitalisme n'est plus un tabou et n'est pas incompatible avec le socialisme. Ce que montre le Laos aujourd'hui, c'est que l'on peut avoir des éléments du marché libre, donc du capitalisme, dans une forme politique très autoritaire. Le Laos s'est transformé en pays capitaliste d'un genre particulier.

À cet égard, le gouvernement exhorte donc les entreprises publiques et privées à s'organiser et à se restructurer pour arriver à une taille critique. Il s'efforce de jouer vis-à-vis des entreprises un rôle de facilitateur à plusieurs niveaux : diffuser une vision claire et ambitieuse du plan de développement national, développer une approche transverse et fournir un soutien complet et effectif aux SME ainsi qu'inciter les entreprises nationales à se hisser à un niveau de développement souhaitable ; il n'en reste pas moins que cela va demander du temps. Le gouvernement soutient à bout de bras l'industrie manufacturière à se renforcer et à investir en s'appuyant sur des nouvelles technologies pour dégager des gains de productivité. Les entreprises lao ne peuvent pas rester éternellement de sous-traitantes, c'est un changement de paradigme en matière relationnelle entre le Laos, ses partenaires et les entreprises étrangères ; elles doivent s'associer en coentreprise avec les entreprises étrangères et monter en gamme. Le 9e plan quinquennal 2021-2025 est très explicite sur ce sujet, annoncé au 11e Congrès national du parti par le nouveau secrétaire général du parti, Thongloun Sisoulith.

Cette voie lao de développement qui commence à se dessiner atteste que l'État est capable d'orienter les investissements, et de piloter le passage du Laos d'une économie centralisée, autarcique, et étouffée par l'isolement, à une économie capitaliste de marché, tout en laissant une large marge de liberté aux acteurs économiques, il s'appuie sur le secteur privé et la classe moyenne urbaine de « producteurs » en expansion constante. La transformation du rôle de l'État facilitateur et la construction d'un « voie lao de développement » constituent un défi immense pour le Laos, car cette évolution bouleverse les principes qui ont dirigé l'industrialisation de ce pays jusqu'à présent.

Le Laos ne cache plus sa voie de capitalisme d'État, son modèle « argent » contre « liberté individuelle », gagnez autant d'argent que vous voulez mais ne vous mêlez pas de politique et oubliez les droits de l'homme.

Alors, le Laos va-t-il trouver une voie économique qui fasse de son développement plutôt que d'une dépendance croissante des aides étrangères l'objectif de sa sortie de son statut des PMA ?

4.3 Les résultats macroéconomiques des deux dernières décennies sont remarquables

Le développement de l'économie du Laos depuis les quinze dernières années est dû d'une part, à la poursuite des réformes amorcée depuis le milieu des années 1980, mais avec plus d'intensité à partir de 2006, grâce à la stabilité politique et, d'autre part, à la mobilisation des ressources disponibles : capital humain et financier (public, privé national et international). La forte croissance au cours de ces trois plans quinquennaux de développement économique est favorisée par une combinaison de deux facteurs : interne grâce à la richesse de ses ressources naturelles et externe à une conjoncture économique régionale (ASEAN) très bénéfique avant la crise de 2008 et l'accroissement des IDE, dont le pays a su en tirer profit. D'autres facteurs externes qui ont contribué à la bonne performance économique, principalement en raison d'une augmentation de l'aide extérieure : institutions internationales, bailleurs, donateurs, partenaires de développement et les IDE. L'aide publique au développement étranger a permis par ailleurs de constituer en partie de remises de dettes du Laos, le pays reçoit également des envois de fonds des travailleurs expatriés, même s'ils sont encore relativement modestes.

4.3.1 Développement économique et croissance forte 2006-2020

Le Laos s'est engagé dans un double processus de transition et de développement, conséquence de la réforme, les résultats concrets ne s'étaient pas fait attendre à partir des années 1990. Le développement économique s'est rapidement accéléré à partir de 1997 après l'adhésion du Laos dans l'ASEAN.

Le 6e plan quinquennal (2006-2010) de développement socioéconomique a été adopté par le 8e Congrès du PPRL et validé par l'Assemblée nationale en avril 2006, il légitimait les fondements conceptuels du développement socialiste lao, il réaffirmait les orientations réformatrices et la politique d'ouverture du marché national aux investissements directs étrangers (IDE).

Le nouveau président de la République élu, Choummaly Sayasone, avec pour Premier ministre, Bouasone Bouphavan, soutenaient le développement des entreprises privées et stimulaient l'exploitation des ressources premières pour les exportations. Cette période est considérée par beaucoup d'experts comme l'âge d'or de l'économie du Laos. L'essor remarquable des IDE dopait l'économie nationale. Le Laos s'est engagé sur la voie d'un développement durable et tirait parti des opportunités offertes par les réformes réalisées jusqu'ici. En 1986, le gouvernement a déclaré une nouvelle politique économique pour transformer l'économie nationale de la dépendance au commerce des ressources naturelles et ouvrir le pays aux investissements et à la coopération étrangers. Depuis 2006, le gouvernement a fait explicitement référence à l'idée de « transformer la terre en capital[146] ». Les baux et concessions foncières sont devenus une stratégie gouvernementale importante pour créer une économie de marché et stimuler la croissance économique. Mais l'expansion des concessions foncières à grande échelle a entraîné aussi de lourds coûts sociaux et environnementaux, notamment la perte de terres et de moyens de subsistance pour la population rurale.

Les performances macroéconomiques montraient bien l'engagement du Laos sur la voie d'un remarquable rattrapage : rattrapage du retard accumulé lors des décennies précédentes marquées par une succession de guerres destructrices (coloniale, révolutionnaire et libération) et par des choix économiques non adaptés au tout début du nouveau régime. Les principaux objectifs économiques du 6e plan quinquennal mettaient l'accent sur : l'amélioration de la balance des paiements en réduisant les importations non agricoles et en augmentant les exportations ; le renforcement du système de transport routier et de télécommunications ; le rôle moteur exercé par l'entreprise privée ; la progression de l'industrie du tourisme ; le développement des activités de transformation des productions agricoles et forestières ; l'autosuffisance alimentaire. La croissance annuelle est restée forte en moyenne de 7,9% pendant la durée du plan, comparé au taux annuel moyen de 6,3% du 5e plan quinquennal. Le PIB/habitant a connu une hausse significative, il passait de 1 105 dollars en 2010 à 1 857 en 2015[147]. Cette croissance vigoureuse est soutenue par un commerce extérieur dynamique et favorisée par l'afflux d'IDE résultant de la mise en œuvre d'importants projets d'infrastructures et d'exploitation des richesses naturelles du pays. La communauté des affaires internationales et les institutions financières comme l'IFC[148] ont reconnu alors que l'environnement commercial et la pratique des affaires se sont améliorés au Laos.

---

[146] L'idée était : «turning land into capital » mise en avance par les autorités lao.

[147] Lao National Statistics Bureau, 7th NSEDP, MOF.

[148] International Financial Corporation, créée en 1956, membre du Groupe de la Banque mondiale, IFC est la plus importante institution mondiale d'aide au développement dont les activités concernent exclusivement le secteur privé.

Le 7e plan quinquennal (2011-2015), adopté par la 7e législature de l'Assemblée nationale en 2011, confirma le choix d'une économie ouverte et intégrée dans l'ASEAN et dans le monde. Le président Choummaly Sayasone a été reconduit président de l'État du Laos et le nouveau premier ministre Thongsing Thammavong misaient sur le positionnement stratégique et les ressources naturelles que le Laos négociait en octroyant des concessions sur les mines, les terres et les ressources hydriques. Dès lors, l'État et le gouvernement soutenaient le renforcement et la modernisation des lois pour être en ligne avec la politique de l'ouverture à l'international du pays et appuyaient le développement des entreprises nationales, en particulier les petites et moyennes entreprises (SME). Le gouvernement se proposait d'inclure l'industrie manufacturière comme levier de croissance en se focalisant vigoureusement sur un accroissement de la capacité de production du pays, la transformation de l'économie de subsistance en une économie commerciale et la mise en place d'une économie axée sur le marché conformément aux objectifs du plan quinquennal. Le plan tablait sur la continuité et la stabilité de la croissance économique et se concentrait sur la prise en charge du problème de pauvreté via des mesures favorisant la production de matières premières et le développement rural. Pour ce faire, l'application de la stratégie politique des « Trois créations » du parti est diffusée largement afin de renforcer les activités de production locale.

Le gouvernement visait d'autre part à promouvoir la modernisation de son industrie en misant sur le secteur privé et les IDE. Au cours du 7e plan, l'investissement atteignait le niveau de 32% du PIB, l'investissement étranger privé contribuait à hauteur de 56% de tous les investissements du secteur privé. Pendant la période considérée, le gouvernement a réussi à porter l'investissement direct étranger à 1,7 milliard de dollars.

Dans ce contexte, les stratégies de développement du gouvernement, en ligne avec les Objectifs OMD initiés par l'ONU étaient les suivantes : poursuite des réformes favorables à la croissance, dans la lignée de celles prises au début de 1986 ; intensification des exploitations hydroélectriques et minières ; amélioration de la productivité agricole ; renforcement des ressources humaines et des compétences locales ; poursuite et développement des travaux d'infrastructures pour désenclaver le Laos en coopérant avec le programme de la GMS de l'ADB ; engagement de l'insertion du Laos dans l'AEC ; poursuite de la lutte contre la pauvreté ; coopération active avec les pays donateurs et les partenaires de développement. La croissance du PIB pendant la période considérée était de 7,8 % l'an. Cette croissance dynamique était essentiellement tirée par les investissements publics et les IDE, en particulier des investissements massifs chinois dans la construction des centrales hydroélectriques, les travaux d'infrastructure et l'agriculture. On retient que le PIB en 2015 s'élevait à 14,8 milliards de dollars, son PIB/habitant nominal avait connu une hausse significative, 1 105 dollars en

2010, il atteignait 1 857 dollars en 2015. Le Laos a également atteint la quasi-totalité des objectifs du millénaire pour le développement (OMD) en 2015, à l'exception de quelques objectifs comme la lutte contre la faim, la malnutrition et la mortalité enfantine qui seront poursuivis dans le 8e plan. En dépit de la forte implication des IDE au cours du 7e plan et la participation du secteur privé dans l'économie, le rôle de l'État ne disparaissait pas pour autant puisqu'il gardait le contrôle sur les investissements et est resté maître de la définition des politiques publiques qu'il entendait mener.

Le 8e plan quinquennal 2016-2020 et le plan de développement stratégique à dix ans à l'horizon 2025 et le plan Vision 2030 sont conçus en tenant compte de l'évolution des environnements socioéconomiques nationaux et mondiaux. Ces plans ont été adoptés par l'Assemblée nationale le 22 avril 2016 qui a élu Bounnhang Vorachit, Président de la République, ils appuyaient la vision du nouveau gouvernement Thongloun Sisoulith et faire du Laos un pays prospère, d'offrir un meilleur système de santé à la population, de la mettre à l'abri de l'insécurité alimentaire, de la malnutrition, et de lutter contre la pauvreté et de réduire l'inégalité. Ils visaient également à devenir un guide de politique de développement à long terme formulé par le gouvernement. La Vision 2030 a fourni des orientations détaillées pour le 8e plan quinquennal et au-delà. En termes de revenus, le plan à dix ans de la stratégie de développement visait à doubler le revenu national brut par habitant du Laos et la Vision 2030 ambitionnait de quadrupler le PIB par habitant d'ici 2030 ; à moderniser l'économie et renforcer le tissu industriel ; à maintenir la stabilité politique et la paix sociale ; à poursuivre l'éradication de la pauvreté ; à consolider la coopération régionale et internationale ; et à préserver les ressources naturelles. En outre, l'ensemble de ces plans avaient pour objectifs d'assurer la compétitivité des entreprises ; de réaliser la connectivité avec les pays de la GMS et l'intégration avec les économies régionales et globales ; de développer et de renforcer le secteur privé ; et enfin de poursuivre les 18 Objectifs de développement durable (ODD) définis dans le programme de développement des Nations Unies (UNDP) d'ici 2030. Ces plans à moyen et long terme dépendaient fortement de l'aide internationale, des investissements étrangers, des échanges avec l'ASEAN +3, ce qui démontrait la fragilité de l'économie du Laos. Il est intéressant de noter que lors du 10e Congrès du Parti en 2016, la durabilité a été utilisée dans le slogan du parti comme « pour renforcer les capacités et le rôle de leadership du parti, accroître l'unité du peuple, adhérer aux nouvelles orientations de développement et initier les principes de changement nécessaires pour développer durablement le pays tout en continuant de tendre vers l'utopie socialiste[149] ». Or, le 10e Congrès du parti a non seulement révélé la transition

[149] Pak Pasaxon Pativad Lao, 2016, p. VI

des dirigeants de la première génération à leurs descendants, mais aussi la nouvelle direction de dirigeants face aux Objectifs ODD. Les ODD définis dans le cadre des Nations Unies et inscrits dans le 8e plan quinquennal étaient compatibles avec le principe du développement durable sur lequel le parti s'est donné en matière de croissance économique inclusive, de durabilité environnementale et d'inclusion sociale.

D'autre part, le parti a défini les quatre piliers en tant que normes de développement pour le pays, qui comprennent le développement économique, la durabilité de l'environnement (ou développement de la croissance verte), l'inclusion sociale et, le plus important pour le parti, la sécurité. Selon le PPRL, ces quatre piliers devaient être articulés avec les ODD. Le 8e plan quinquennal a souligné qu'à travers le pilier de la sécurité, « la stabilité politique, la paix et l'ordre social, la justice et la transparence sont maintenues ». De plus, la Vision 2030 assurait que le pilier de sécurité était nécessaire « pour défendre l'ordre social, le développement politique et l'état de droit » et pour élargir le champ de responsabilité des administrations locales, en particulier à travers les directives « Sam Sang ou Trois constructions ».

Plus précisément, le 8e plan avait pour objectifs d'augmenter la productivité des entreprises nationales ; capitaliser le retour d'expérience acquise en termes de connaissances auprès des entreprises étrangères ; renforcer l'avantage comparatif ; améliorer la compétitivité des entreprises lao en faisant appel à la nouvelle technologie et l'économie digitale ; préparer les entreprises lao à entrer sur les marchés de l'ASEAN. Le plan a proposé des réformes qui soutenaient une croissance plus verte et plus inclusive et reconnaissait ainsi les limites d'un modèle de croissance reposant sur les ressources naturelles et exerçait une pression croissante sur l'environnement. Le programme de croissance verte visait à améliorer les moyens de subsistance locaux en diversifiant les sources de revenus et en encourageant le secteur privé à stimuler le développement du marché, par exemple par la gestion durable des forêts et le tourisme axé sur la nature. Les objectifs visaient à obtenir les effets stratégiques suivants : assurer une croissance continue de 7% par an ; soutenir et harmoniser le développement durable ; développer le capital humain ; accroître le niveau de vie de la population. Pour y parvenir, le gouvernement tablait sur la tendance haussière de la dynamique économique régionale avec un objectif de croissance pour le Laos entre 7 et 7,5% sur la période considérée ; ce qui devait permettre le pays d'atteindre un PIB par habitant de 3 190 dollars initialement prévu pour 2020 (prévision était faite avant la pandémie du Covid-19), c'était la condition pour que le Laos puisse sortir de la catégorie de pays les moins avancés (PMA) à cette date, mais cet agenda est désormais reporté une deuxième fois à 2026. La poursuite de la diversification de l'économie a constitué la partie fondamentale de ce plan. Globalement, ces objectifs ont transformé l'économie du Laos, ils nécessitaient d'énormes investissements publics et privés, une politique industrielle bien coordonnée et connectée entre l'agriculture, les services, l'éducation et la technologie, ainsi qu'une plus grande intégration du Laos dans la région et dans l'économie mondiale. L'État a par ailleurs au cours du 8e plan renforcé des moyens pour accélérer la construction des infrastructures et soutenir le développement des SME.

Durant la période 2006 à 2020, la croissance du PIB a été forte et régulière comme le montre le graphique (1), en particulier pour les années 2011 et 2013, les plus élevées de la région, cependant en 2020, elle atteignait seulement 3,3% plombée en raison de la pandémie du coronavirus. Sur la période du 8e plan, la croissance était en moyenne de 5,8% alors que le l'objectif du plan était de 7,2%, toutefois le gouvernement anticipait un rebond de 4,4% pour 2021[150]. Sur les quinze dernières années, le PIB avait progressé en moyenne de 7,3% par an, le PIB par habitant a été multiplié par 5.

Graphique 1 : Évolution de la croissance du PIB de 2006 à 2020

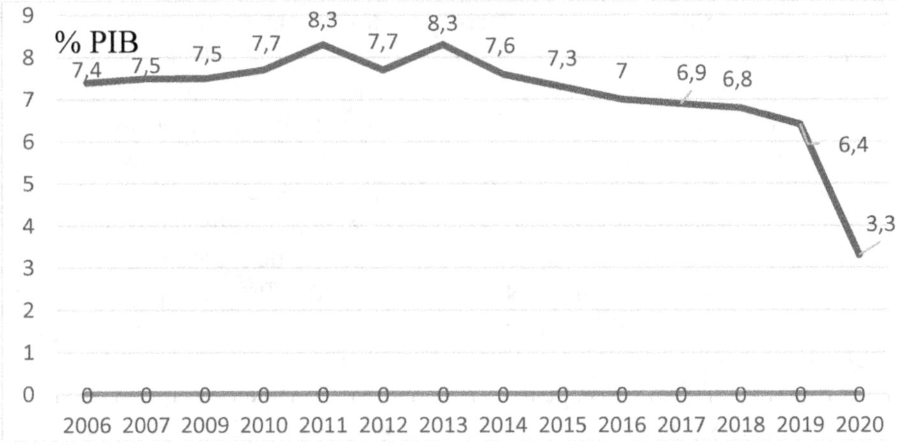

Source: Index Mundi, MOF Annual Report 2007, 2019; MOF 2020.

La transformation économique et structurelle et la réalisation des 7e et 8e plans de développement ont constitué un défi immense pour le Laos. Les bons résultats économiques de la dernière décennie sont étayés par de nombreux projets réalisés dans l'agriculture, les infrastructures, les hôpitaux, les centrales hydroélectriques, le développement rural, le social, et l'aménagement du territoire. Le 8e plan était certes ambitieux sous la présidence de Bounnhang Vorachit et du gouvernement du Premier ministre Thongloun Sisoulith, il a confirmé le choix d'une économie intégrée, dont les objectifs

150 Government confirms of economic recovery 2021, Vientiane Times, 10/11/2020.

correspondaient aux enjeux du Laos dans la région, et à la transformation du Laos en carrefour de connectivité de l'ASEAN. Aujourd'hui en pleine mutation économique, le pays a accentué le tournant de sa stratégie de développement. Mais tout comme au Vietnam, l'immobilisme politique se conjugue avec une ouverture progressive mais active à l'économie de marché.

Encadré 10 : Développement durable et croissance verte. Au cours du 8e plan quinquennal, le gouvernement a cherché à maintenir la stabilité macroéconomique en réduisant le déficit budgétaire et en renforçant la gestion de la dette publique. Le gouvernement renforce l'administration des recettes et son efficacité grâce à l'introduction de paiements de taxes électroniques et moderniser le système de collecte des impôts, tout en contenant les salaires et les dépenses d'investissement en 2019. L'assainissement budgétaire devrait ralentir l'accumulation de la dette publique à moyen terme. Jusqu'à récemment, la croissance était largement tributaire des ressources naturelles, ce qui a exercé une pression croissante sur l'environnement. La dégradation de l'environnement pèse lourdement sur le pays en raison de l'épuisement à terme des ressources naturelles et des effets néfastes sur la santé humaine de la pollution et des déchets que le gouvernement s'efforce de les combattre. Consciente des limites de ce modèle de croissance, le Laos a mis en œuvre des réformes pour soutenir une croissance plus verte et plus inclusive avec l'aide de la Banque mondiale, des institutions internationales, des pays partenaires, notamment avec le Japon (JICA), la Suisse, la France et le Luxembourg. Ainsi, un modèle de croissance plus propre et plus efficace dans l'utilisation des ressources est en train de voir le jour. Le programme de croissance verte vise aujourd'hui à améliorer les moyens de subsistance de 70% de la population en diversifiant les sources de revenus et en impliquant le secteur privé pour stimuler le développement du marché ; il soutient la gestion durable des forêts et l'écotourisme. Dans la perspective de mettre fin à la pauvreté, la croissance doit être inclusive et durable, trois domaines sont essentiels : l'accès à l'énergie, la gestion responsable des ressources et la bonne gouvernance. Les pauvres sont davantage vulnérables aux phénomènes météorologiques extrêmes, aux inondations et au changement climatique. La croissance verte signifie promouvoir la croissance économique et le développement tout en veillant à ce que les actifs naturels continuent de fournir les ressources et services environnementaux dont dépend le bien-être de la population lao. Le Laos a pris désormais bien conscience du fait que sa réussite dépendra de la nature de leur croissance, et pas seulement de son taux. Ainsi, le 8e plan quinquennal attribue une place importante au développement durable et une croissance verte.

Au cours de la période 2016-2020, le Laos a amélioré les résultats de ses échanges avec l'ASEAN, restructuré ses entreprises, aidé les micros et petites et moyennes entreprises à se développer, soutenu l'agriculture et l'industrie agroalimentaire, investie dans les travaux d'infrastructures, ainsi que dans les nouvelles technologies de l'information et de la communication (TIC) grâce à l'introduction de l'économie digitale. Dans le 8e Plan, le commerce et les réformes intérieures sont intrinsèquement liés. Le gouvernement a considéré les entreprises du secteur privé, en particulier les SME, comme un élément essentiel de la prospérité future du pays. Pour améliorer la compétitivité, le gouvernement a progressivement entrepris des réformes structurelles pour stimuler l'investissement privé et le potentiel de croissance à moyen terme pour parvenir à une croissance disposant d'une plus large assise, en vue de réduire la pauvreté et créer des emplois, ainsi que pour améliorer la productivité lao. Toutefois, le gouvernement a pris conscient qu'il devait en priorité accélérer les investissements dans le capital humain qui demeure actuellement le grand défi pour le pays. Il incite tous les secteurs de l'économie et de l'administration à s'orienter vers le numérique[151].

Pour toutes les actions évoquées ci-dessus, malgré quelques signes d'essoufflement en 2019, la croissance était élevée par rapport au reste du monde. Le chômage dans le pays était à 0,7% en 2019 ; la production agricole et industrielle avait connu néanmoins une baisse, principalement en raison des fortes pluies qui s'étaient abattues à travers le pays causant d'importantes inondations en 2018, ajoutées à l'effondrement tragique du barrage Xe-Pian Xe-Namnon en 2019. De plus, il y eut la diminution significative du nombre de touristes et la baisse du prix du cuivre ainsi que les conditions plus restrictives d'accès au crédit pour les entreprises ; l'inflation est restée inférieure à 3,3%, mais le kip a perdu 5% par rapport au bath. Toutefois, l'économie au cours de la période considérée est restée malgré tout robuste, grâce à l'augmentation des exportations d'électricité et à la construction en cours du chemin de fer Vientiane-Boten. Le gouvernement avait pris par conséquent des mesures pour contrôler le crédit accordé aux entreprises, mais avait toutefois facilité l'accès au crédit des micros et petites et moyennes entreprises, grâce au fonds de soutien spécial mis en place pour par la BOL, le MOCI, et les banques commerciales.

4.3.2 Progression du PIB par habitant et inflation fluctuante

Au cours de ces deux décennies, le Laos a connu une croissance résiliente et régulière et a résisté à la crise économique mondiale. Toutefois, cette performance remarquable est en grande partie due à l'essor prolongé de

[151] Laos moving towards digitalization, Vientiane Times, 23/12/2020.

l'exploitation des matières premières, au rapide développement de l'économie de services, en particulier le tourisme et l'aide au développement des institutions internationales, le tout au détriment de l'industrie manufacturière légère. Tandis que le contexte des affaires au Laos s'est amélioré, on note l'émergence d'une classe moyenne urbaine qui se développe, une meilleure prise en compte de la gouvernance, et l'intégration du Laos dans l'économie globale. Par ailleurs, les indicateurs sociaux de l'UNPD sont également encourageants pour le Laos, comme l'attestent les résultats tangibles obtenus en ce qui concerne la scolarisation primaire, la parité entre les sexes dans l'éducation, la baisse du taux de pauvreté, la baisse des taux de mortalité maternelle et infantile. Tout cela est le résultat d'une politique économique menée par le gouvernement lao avec l'aide publique au développement ; d'autre part, il convient de souligner le rôle de l'État développementaliste favorisant l'industrialisation grâce à l'appui actif qu'il apporte au secteur privé.

En dépit d'une croissance forte et continue, le PIB par habitant du pays demeure faible par rapport au Vietnam et au Cambodge (§ tableau 5 chapitre 3). En effet, la majeure partie du pays affichait un PIB par habitant évalué à 2 950 dollars ou en parité de pouvoir d'achat (PPA) inférieur à 7 385 dollars [152]en 2019. Mais le Covid-19 a eu un impact négatif sur la croissance, ainsi le PIB par habitant en 2020 a baissé et est estimé à 2 664 dollars, selon le MOF. Selon la Banque mondiale, plus de 23% de la population continue de vivre sous le seuil de pauvreté[153]. La forte croissance ne s'est pas toutefois accompagnée de changements structurels significatifs de l'économie, en particulier dans l'agriculture et l'industrie de transformation. Toutefois, le PIB par habitant a été multiplié par 13, de 207 dollars par habitant en 1990 à 2 664 dollars en 2020, selon le MPI[154].

L'inflation des prix à la consommation au Laos est très élevée de 2000 à 2005, elle est tombée de 6,4 % au cours de la période 2006-2011, à 3,8% au cours de la période 2011-2016, et s'est élevée à 3,3% entre 2017-2020, par suite de la pandémie, l'année 2020 a vu une inflation forte à 5,7%. La croissance est maintenue durant les premières années du 8e plan quinquennal, mais a été minée en 2020 (§ tableau 5). Sur la période 2016-2020, la croissance du PIB était de 5,8% du PIB. La Banque mondiale a projeté pour le 9e plan quinquennal 2021-2025 une croissance de 5% du PIB et table sur une inflation autour de 6% par an pour la période considérée.

---

[152] OECD, Economic outlook of Southeast Asia, 2019.

[153] Selon la source du Ministère de l'investissement et du plan, le taux des familles pauvres en 2019 était de 7% avec l'objectif d'atteindre 5% en 2020. Government aims to cut number of poor families to 5 percent in 2020 Vientiane Times, 13/01/2020.

[154] MPI to boost quality and efficiency in planning and investment sector, Vientiane Times 08/12/2020.

Ainsi, l'essor de l'économie de 2006 à 2020 a été remarquable par suite de la transformation et le choix économique formulés par le gouvernement, des progrès notables dans le domaine social de ces dix dernières années ont été constatés[155] ; cependant, la croissance a été tirée par des secteurs qui ne fournissaient que de faibles niveaux d'emploi, ce qui entraînait une augmentation des inégalités, des niveaux de pauvreté et de vulnérabilités. Des investissements publics ont été augmentés au cours des dernières décennies ; les secteurs bénéficiaires étaient : l'éducation, la santé, et l'amélioration des infrastructures, en particulier des routes et des transports publics dans les villes et dans les campagnes, comme l'ont exprimé dans les interviews réalisées auprès des habitants des différentes provinces par le quotidien Vientiane Times[156]. Le gouvernement continue d'investir pour améliorer des infrastructures et des équipements dans tout le territoire. S'agissant du développement social, des efforts ont été déployés pour accélérer la réduction de la pauvreté et assurer un meilleur système de santé et une éducation de qualité, ainsi que de fournir de l'eau potable, des routes asphaltées et de l'électricité dans les villages zones rurales.

---

[155] Rapport UNPD, 2019.

[156] How have roads improved in the 45 years since the founding of the Lao PDR? Vientiane Times, 03/11/2011.

Tableau 5 : Croissance
du PIB, PIB/hab. et inflation de 2000 à 2020

Année	PIB annuel en milliards US$	Croissance du PIB (%)	PIB par habitant en US$	Inflation %
2000	1,72	6,4	324	8,3
2001	1,75	4,8	325	7,8
2002	1,85	6,8	336	10,6
2003	2,26	6,2	404	5,9
2004	2,65	7,2	468	7,1
2005	3,05	6,9	530	6,3
2006	3,91	9	670	6,1
2007	4,75	7,9	800	4,7
2008	5,94	7,8	894	7,6
2009	6,43	7,4	1046	0,03
2010	7,5	8	1201	6
2011	8,96	8,2	1412	5,6
2012	10,2	7,8	1582	4,3
2013	11,98	8,2	1831	6,4
2014	13,26	7,6	1998	4,3
2015	14,36	7,3	2131	1,3
2016	15,91	7	2325	1,8
2017	17,07	6,8	2455	0,7
2018	18,12	6,3	2566	2,4
2019	20	6,4	2950	3,3
2020 (e)	12	3,3	2664	5,7

Source: *https://www.statista.com/statistics/804948/inflation-rate-in-laos/; https://tradingeconomics.com/laos/gdp-growth-annual*

4.3.3 Comment qualifier l'année 2020 ? 2020 est une année de crise

Du début à la fin, l'année 2020 est vécue à l'ombre du Covid-19, virus destructeur à l'impact planétaire. Une année noire du 21e siècle ? Elle est marquée par la dégradation de l'économie lao en raison de la pandémie du Covid-19. Courant mars 2020, la propagation de l'épidémie du Covid-19 au monde ne faisait plus de doute. Les effets observés en Chine se reproduisaient avec la même intensité dans les économies avancées ou en développement. Le Laos n'a pas échappé à cette crise sanitaire. Pour sauver des vies et permettre au système de soins de faire face à la situation, le gouvernement lao a pris des mesures d'isolement dès le mois de mars, de confinement et de fermeture généralisée de frontières en vue de ralentir la propagation du virus. La crise sanitaire a eu ainsi de graves répercussions sur l'activité économique.

Le Covid-19 a apporté de nouveaux défis au développement au Laos, elle a fait plonger les comptes publics dans une spirale négative et qui a entraîné les restrictions à la circulation des personnes, des biens et des services, et les mesures d'endiguement de l'épidémie telles que les fermetures d'usines ont réduit sensiblement l'activité manufacturière et la demande intérieure du pays. La fermeture des frontières et le confinement de la population pensant 7 semaines ont affecté fortement les économies du Laos qui a dû faire face à un ralentissement de son activité dans plusieurs secteurs. Le tourisme, la restauration, l'hôtellerie, le commerce de détail et l'aérien ont souffert de la baisse des déplacements et de la consommation privée. La pandémie a provoqué la chute de l'activité, liée principalement à l'arrêt des activités non essentielles (les infrastructures, barrages, routes, travaux d'irrigations, érection des lignes très haute tension, bâtiments publics, immeubles résidentiels et usines dans les SEZ). Elle a eu un impact négatif sur le PIB qui a atteint 3,3 % taux le plus bas depuis 1986, malgré des travaux d'infrastructures qui ont repris très timidement dès le mois de juin[157]. Le secteur manufacturier est pénalisé par un double choc d'offre et de demande. Les exportations du pays ont essuyé à la fois d'un choc d'offre et de demande, le Laos étant intégrée aux chaînes de valeurs mondiales, a donc subi du ralentissement de la demande mondiale, en particulier dans le secteur de l'énergie, des mines, du textile. Le Laos a mené des efforts pour, d'un côté, contenir la propagation du virus sur son sol, et, de l'autre, sauver son économie nationale, dont des pans entiers ont dû brusquement baisser le rythme ou complètement à l'arrêt. Le Comité central du 11e Congrès national du parti a d'ailleurs salué le gouvernement pour avoir correctement géré la crise face à la pandémie du coronavirus, joué un rôle de premier plan, coordonné la prévention et le contrôle face au virus, et a su préserver la stabilité politique, la croissance économique et l'amélioration des moyens de subsistance de la population.

Dans ce contexte de crise sanitaire et convaincu qu'il importe de réduire le déficit budgétaire face à un défi social et économique, l'Etat avait pris des mesures énergiques : toutes les dépenses de l'État devaient être conformes au budget disponible enfin que le gouvernement n'ait pas eu à emprunter. Le budget 2020 révisé est établi avec des dépenses basées sur des sources de revenus internes et des subventions étrangères disponibles De plus, toute dépense dépassant le budget disponible est désormais sabrée. Pour garantir un investissement efficace de l'État et limiter les dépenses inutiles, le gouvernement avait décidé d'autre part que les nouveaux investissements de l'État ne devaient se concentrer que sur des projets pertinents et bénéfiques à l'économie[158]. À cet égard, le vice-premier ministre et ministre des Finances,

---

[157] Economic growth forecast at 3.3 percent despite Covid-19 crisis, Vientiane Times, 28/10/2020.

[158] Laos: Massive budget deficit reduction set by 2020, Vientiane Times, 30/01/2019.

Somdy Duangdy, avait déclaré que le gouvernement accorderait une importance particulière à l'investissement dans le tourisme, la logistique et l'industrie de transformation, ainsi qu'à l'amélioration de l'environnement des affaires ; l'Etat concentrait ainsi les dépenses sur l'exécution des projets en privilégiant uniquement sur des nouveaux projets déjà budgétés[159]. En outre, la tension budgétaire forçait le gouvernement à rationaliser davantage son administration pour être plus efficace au service de la nation et a mis en œuvre des mesures pour renforcer la stabilité macroéconomique ainsi que la stabilité du kip par rapport aux autres devises, afin de lutter contre l'inflation et les problèmes connexes[160]. Le programme de restructuration était un changement majeur en vue de réduire les coûts administratifs au regard des difficultés économiques liées à la pandémie du coronavirus. Ainsi, le gouvernement faisait des coupes sur les coûts administratifs, réduire des suremplois dans les ministères et fusionner des services redondants dans le ministère de l'Information, Culture et Tourisme, etc. Toutefois ces ordres n'ont pas été suivis à la lettre et la discipline budgétaire n'a pas pu être maintenue dans tout le territoire.

D'autre part, le gouvernement et les autorités ont multiplié dès le mois de mai les réunions de travail avec les acteurs économiques et les gouverneurs de provinces pour examiner la situation de l'après-crise. Un mur de dettes. C'était l'image que décrivit le mieux l'obstacle auquel allait être confronté le Laos le jour d'après. Pour le pays, le plan d'urgence de mesures d'aide au développent du gouvernement pour faire face au coronavirus selon les experts de la Banque mondiale et de l'ADB s'est traduit en effet par une volée du déficit budgétaire et donc une flambée de la dette publique déjà élevée du PIB. Selon le FMI, le déficit fiscal a atteint 7,8% du PIB en 2020 après une forte baisse des recettes nationales contre 5,1% de l'année précédente, ce qui a limité la capacité du gouvernement d'atténuer les effets économiques de la pandémie ; et la dette publique augmentait à plus de 68% du PIB, alors qu'elle se situait à 59% du PIB en 2019, à cela s'est ajouté à une augmentation des prêts du gouvernement aux institutions internationales et banques commerciales[161]. Ces facteurs ont rendu la tâche de plus en plus difficile pour le Laos pour honorer ses obligations au titre du service de la dette, qui s'est élevé à environ 1,1 milliard de dollars par an pour 2020-2023. S'engager dans la restructuration de la dette extérieure pourrait aider le Laos à atténuer une partie de la pression sur le service de la dette à moyen terme et à plus long terme, l'accélération des réformes visant à promouvoir la diversification et à améliorer la compétitivité du secteur privé, soutenue par une connectivité améliorée, sera importante pour renforcer la résilience économique et sociale, selon les recommandations

---

159 Résolution adoptée lors de la 7e session plénière du Comité central du PPRL.

160 Lao government draws up measures to improve business environment, The Premier minister Order N°2/PM, Vientiane Times, 19/02/2020.

161 Laos' public debt set to increase due to Covid-19 pandemic, Vientiane Times, 07/08/2020.

de la Banque mondiale.[162] Aussi une réunion eût le lieu en juin 2020, dans le cadre de la *Round Table Process* (RTP) entre le ministre du Plan et de l'investissement (MPI) et le représentant de l'ODA, le Chargé d'affaires du Luxembourg à Vientiane ; à l'issue de la réunion, un plan stratégique de mobilisation de ressources pour le Laos a été adopté. Alors que le financement pour le développement a été réduit ces dernières années, la nouvelle stratégie de mobilisation de l'ODA devrait permettre le Laos de mener à bien son plan de développement durable 2030, elle portera sur une aide au développement et assistance technique de 700 millions par an en provenance des institutions internationales et des partenaires de développement[163].

La situation économique à la fin de l'année 2020 a eu de lourdes conséquences économiques, elle n'a pas enregistré un rebond attendu au dernier trimestre de l'année, les réserves de devises étrangères ont chuté fortement et couvrait à peine un mois d'importation en fin 2020 ; dans le même temps, l'industrie du tourisme (-60%) subit également un impact sérieux, en termes de revenus pour l'Etat et les emplois dans le secteur associé[164]. D'autant plus, selon le rapport de la Banque mondiale, pendant la pandémie du coronavirus, plus de 200 000 travailleurs migrants lao de la Thaïlande, du Japon, de la Corée du Sud, de la Malaisie sont revenus au pays[165]. Aussi, le volume des devises étrangères transférées au Laos en 2020 a baissé de 50%, a estimé le président de la Commission laotienne du Plan, des Finances et de l'Audit, Leeber Leebouapao. Car les devises étrangères transférées par les travailleurs laotiens expatriés contribuent fortement au développement économique et à la réduction de la pauvreté dans ce pays. Toujours selon la Banque mondiale, cette crise sanitaire a impacté négativement le transfert des devises étrangères au Laos et a entraîné 214.000 personnes dans la pauvreté. En effet, le retour des travailleurs laotiens au pays a provoqué la chute de 125 millions de dollars de devises étrangères, soit 0,7% du PIB du Laos. Environ 9% des foyers laotiens reçoivent des devises étrangères transférées par leur proche à l'étranger, qui représentent 60% des revenus de chaque foyer bénéficiaire, ces envois d'argent constituent 60% des revenus de leur ménage. La baisse des devises étrangères transférées a fait rebondir le taux de foyers pauvres de 1,4 point à 3,1 points en 2020[166].

Afin de venir en aide des travailleurs de retour au pays, la Fédération de l'union des travailleurs lao et le ministère du Travail et de la sécurité sociale ont aidé ces travailleurs à trouver du travail dans les entreprises ; ainsi des centaines de rapatriés ont pu obtenir un emploi dans les SEZ de Champassak

---

[162] Covid-19 to Impact Lao PDR Growth, Debt in 2020: New World Bank Report.
[163] Ministry adopts ODA mobilisation strategy 2030, Vientiane Times, 25/06/2020.
[164] Covid-19 to impact Laos' growth, debt in 2020: World Bank; Vientiane Times, 25/05/2020.
[165] World Bank, country Report, 2020.
[166] Laos to lose millions of dollars remitted by workers due to Covid-19 crisis, Vientiane Times, 06/08/2020; Laos to face sharply decline in remittances, Vientiane Times, 18/08/2020.

et de Savannakhet. D'autre part, les employés travaillant dans les entreprises privées et possédant une assurance sociale étaient éligibles pour recevoir une compensation temporaire de chômage ou de perte de jours ouvrés du fonds national de la sécurité sociale (NSSF) pendant le confinement lié au covid-19. Cette indemnité ne concernait pas des employés du secteur public. Ainsi, le NSSF a accordé plus de 12 milliards de kips aux 12 000 employés dans 202 entreprises privées (les hôtels, les restaurants et les agences de voyages, ainsi que les usines qui se sont arrêtées) à travers le pays[167]. Au premier trimestre de 2021, les frontières de la Thaïlande sont toujours fermées aux travailleurs lao, ce qui exerce une pression d'autant plus grande pour le gouvernement lao pour trouver du travail à ces jeunes. Un plan de formation pour tous les travailleurs dans les métiers de services, de construction, de réparation (véhicules, appareils électriques) et de bâtiments, a été mis en place dans le cadre du 9e plan quinquennal. Ainsi, les émigrants lao pourront bénéficier de ce programme pour trouver du travail au Laos. Le gouvernement prévoit de créer 2 570 000 emplois d'ici 2025, l'objectif est d'abaisser le taux de chômage de 1% par an au cours du plan 2021-2025. Le gouvernement cible le taux de chômage en 2025 de 15% contre 20% en 2020[168].

Le Covid-19 a mis en lumière l'assujettissement de plusieurs industries à l'exportation, au premier rang desquelles l'énergie, les mines, le textile ou l'agriculture. Il va sans dire que l'impact de la crise sanitaire du coronavirus a déstabilisé considérablement l'économie lao. Le taux de chômage est passé à 20% en 2020, contre 1,7% fin 2019. Les vulnérabilités structurelles ont été exacerbées par la pandémie, conduisant à une détérioration significative de la situation macroéconomique. Le gouvernement entrevoit l'année 2021 difficile pour l'économie du pays.

Malgré les variations périodiques, on peut observer une tendance à l'enracinement des réformes. Les phases de fermeture ne reviennent pas sur les acquis de la période précédente. Le Laos ne peut que s'avancer et de poursuivre des réformes.

4.4 Les politiques macroéconomiques de soutien au développement durable et l'aide publique au développement se sont accrues

Le commerce et les IDE ont contribué à la transformation économique et le dynamisme de l'industrie locale. La rareté des nouvelles technologies et des moyens financiers demeurent de véritables freins à l'émergence d'une industrialisation soutenue au Laos. À ce niveau, les IDE ont joué un rôle de catalyseur. Ils ont contribué de manière significative à la réduction de la

---

[167] Government compensating private sector workers laid off during pandemic, Vientiane Times, 03/09/2020.

[168] Government to boost workforce skills to speed up development, Vientiane Times, 15/01/2021.

pauvreté et ont amélioré le capital humain, ainsi que renforcé la diversification économique et les investissements privés nationaux. Mais dans le cadre de l'aide publique au développement, le Laos reçoit également le soutien important des institutions financières internationales, des Nations unies, d'une multitude de pays donateurs, et des partenaires de développement.

Les retombées directes et indirectes des investissements étrangers sur l'industrialisation au Laos comme il a été observé, a montré particulièrement que le rôle de l'État dans l'accompagnement du processus industriel est primordial. Le progrès sur la loi des affaires et les investissements en capital humain et en infrastructure déployés par l'État ont rassuré les investisseurs étrangers sur la volonté d'une mise en place d'un réel processus industriel et de partenariat avec les entreprises étrangères. Aussi, l'ouverture commerciale contribue à l'entrée des produits à haute valeur ajoutée et aux équipements innovants dans le pays.

4.4.1 Mobilisation des ressources de financement au Laos

Dans toute la région de l'ASEAN, les ambitions sont grandes pour les progrès de développement qui sont inscrits dans des Objectifs de développement durable (ODD). Le gouvernement lao n'échappe pas à la règle, après avoir fixé des objectifs ambitieux pour le pays de sortir du statut des PMA d'ici 2024[169] et atteindre le statut de pays à revenu intermédiaire de la tranche supérieure (UMIC) en 2030. En outre, dans le cadre de ces objectifs globaux, il s'est fixé des objectifs économiquement centrés sur une croissance plus inclusive ainsi que des objectifs sociaux et environnementaux pour assurer la pérennité de la croissance et du développement. Réaliser ces ambitions obligeront le Laos à se mobiliser le bon équilibre et la bonne combinaison de financement, intégrant toutes les ressources publiques et privées, nationales et internationales. Le gouvernement a de plus en plus reconnu que, pour y parvenir, tout en utilisant ces ressources efficacement, il nécessite un cadre de financement national intégré.

Relever ces défis exige une augmentation considérable de toutes les ressources, mais les perspectives de financement sont incertaines. Une croissance des finances publiques est nécessaire pour fournir des services publics et des infrastructures aux communautés rurales les plus marginalisées. Cependant, il existe des contraintes à la collecte des recettes, et l'augmentation des emprunts non concessionnels signifie que le gouvernement est confronté à une augmentation des paiements d'intérêts, qui limitent son espace budgétaire. L'IDE, qui a joué un rôle central dans le passé, serait appelé à baisser considérablement à mesure que les grands projets seront achevés et par suite d'un moratoire sur les nouvelles concessions minières et restriction sur les concessions de terre en vue de la protection environnementale. Les

[169] Nouvelle date reportée maintenant à 2026.

mauvaises infrastructures et le manque de main-d'œuvre qualifiée ont des effets négatifs sur la croissance du secteur manufacturier et les lois restreignant la participation à l'industrie du tourisme créent des obstacles à l'augmentation des IDE dans ce secteur, quoique cela ait commencé à changer. Alors que le portefeuille des fonds propres et des ressources nationales de financement privé ont augmenté à la suite de l'introduction du marché des capitaux, le nombre de sociétés cotées a malgré tout stagné et avec lui les niveaux d'investissement[170]. Le financement privé domestique a été limité par les taux d'intérêt élevés sur les emprunts commerciaux et par le manque d'accès au financement, en particulier pour les SME. Les ressources propres du Laos demeurent faibles et le pays continue de dépendre des ressources publiques internationales, en particulier dans certains secteurs sociaux (par exemple la santé, l'éducation et la protection sociale) et économiques (par exemple l'agriculture).

Par ailleurs, le gouvernement lao risque de confronter à un certain nombre de défis potentiels pour maintenir les niveaux d'investissement, car dans le nouveau contexte, certains partenaires de développement par exemple (la Gavi ou le Global Fund)[171] pourront redéfinir les priorités des investissements vers d'autres zones géographiques et de plus, le retrait prochain du statut de PMA pourrait assécher l'aide et des dons en provenance de l'ODA.

L'accession du Laos à l'OMC et son intégration dans l'AEC ont offert d'opportunités, d'échanges et de coopération avec la communauté internationale (§ chapitre 8). De plus, la poursuite des investissements dans les infrastructures de transport pour transformer le Laos du « land locked » en « land linked » d'une part, et les bas salaires des ouvriers lao d'autre part, verront une augmentation des investissements étrangers dans les SEZ. Cela pourrait aider la mobilisation des ressources publiques lao, parallèlement le Laos pourrait également accéder à d'autres formes de ressources publiques internationales, telles que le financement climatique.

4.4.2 Les différentes sources de financement du développement économique

Avec une croissance économique soutenue depuis 2000, le Laos a connu une augmentation significative en termes réels de ressources financières comprenant toutes les sources de financement : nationales, internationales, publiques, et privées comme le montre le graphique (2). En 2000, le financement du développement était dominé par les sources publiques

[170] La BOL visait initialement 25 entreprises cotées en 2020, à ce jour le nombre d'entreprises coté au LXS est de 11.

[171] Gavi est une organisation internationale créée en 2000 afin d'assurer aux enfants vivant dans les pays les plus pauvres du monde, un meilleur accès aux vaccins. Global Fund est Le Fonds mondial de lutte contre le sida, la tuberculose et le paludisme.

internationales et nationales, mais au fil du temps, l'économie lao étant de plus en plus libéralisée, le développement du secteur privé, tant national qu'international s'est considérablement développé, et en 2015, la part de différentes sources de financement est à peu près égale pour le pays.

On rappelle que le financement public national ou aide publique fait référence aux ressources gouvernementales provenant du pays. Cela couvre les recettes publiques (à l'exclusion des subventions reçues) et les emprunts publics auprès de sources nationales (c'est-à-dire le financement domestique). Le financement privé national finance l'investissement du secteur privé national. Le financement public international comprend l'aide publique au développement (ODA), les autres flux officiels (OOF), et les emprunts du gouvernement lao auprès des sources internationales.

Graphique 2 : Évolution du financement national et international

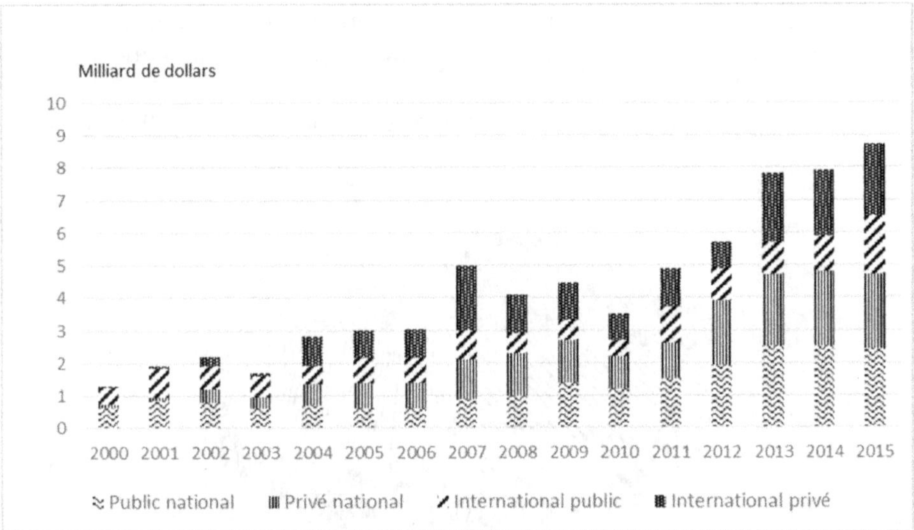

Source: World Bank's International Debt Statistics Laos, 2017.

Quant au financement privé international, il comprend les IDE de tous les pays, les fonds propres de portefeuille, les emprunts privés et les envois de fonds des émigrés lao à leurs familles, les emprunts privés provenant de sources internationales font référence à la dette commerciale (court terme et long terme). Pour les emprunts publics, ils font référence aux prêts des institutions bilatérales et multilatérales et des entités privées reçues ou garanties par l'État.

L'aide publique au développement bien qu'en diminution représente entre 20% et 25 % du budget du plan quinquennal de développement socioéconomique, ce qui montre l'enjeu que constitue cette aide pour le gouvernement laotien. Dès les années 80, un processus de concertation des bailleurs de fonds internationaux le *Round table Meeting Process* (RTM) a été mis en place au Laos, avec l'appui de l'UNPD[172]. Ce processus a été renforcé à partir de 1999 avec la mise en place de réunions annuelles entre le gouvernement lao, l'UNPD, les organisations internationales et les partenaires de développement, puis à nouveau en 2006 avec la mise en œuvre de la Déclaration de Vientiane sur l'efficacité de l'aide. Le processus de concertation est animé par le gouvernement laotien. Son but est d'améliorer l'efficacité de l'aide publique au développement afin d'atteindre des objectifs prioritaires du Laos : amélioration de la santé et de l'éducation, diversification des sources de revenus, préservation de la culture et de l'héritage du Laos, contribution au développement durable. La concertation entre le gouvernement, ses partenaires de développement et les différents acteurs économiques comprend une série de réunions aux niveaux national et sectoriel afin de promouvoir un dialogue approfondi.

La répartition des sources de financement au développement du Laos montrait que la part du financement international privé était le premier contributeur suivi de l'aide publique nationale en 2015 (§ graphique 3).

Graphe 3 : Répartition des sources de financement en 2015

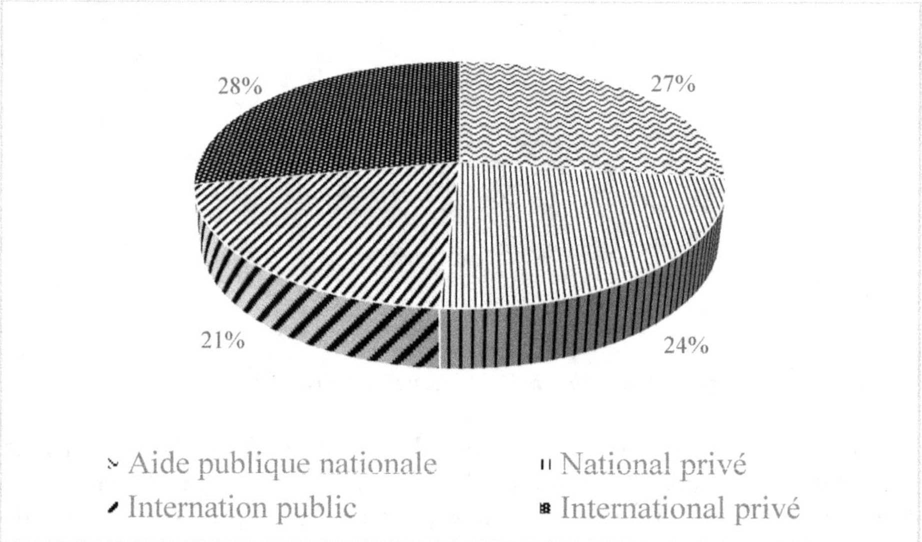

Source: IMF Country Report No.17/53

[172] Site internet de la Déclaration de Vientiane http://www.rtm.org.la. sur l'efficacité de l'aide avec le Programme des Nations-Unies pour le développement.

Au Laos, l'engagement politique ferme de l'État en faveur des ODD et des plans de développement à moyen terme, a renforcé la coordination les ministères au niveau technique et les capacités au sein des ministères clés ont par conséquent accrue d'autant. La Vision 2030 du pays et son 8e plan quinquennal de développement socioéconomique (2016-2020) ont fourni une orientation globale et un cadre politique jusqu'en 2020, qui a bénéficié d'une large adhésion au sein du gouvernement ainsi que des partenaires de développement. Les estimations pour les investissements en capital ainsi que les sources de financement ont fait l'objet d'inscription dans le plan.

Comme le montre le graphique (2) ci-dessus, les ressources publiques nationales ont augmenté significativement en termes réels entre 2000 et 2015, d'environ 570 millions de dollars à 2,2 milliards de dollars. Ce succès n'était pas seulement dû à des niveaux élevés et soutenus de croissance économique mais aussi à des niveaux croissants de collecte de recettes en proportion de la production économique (d'environ 14,5% en 2000/2001 à 19% en 2014/2015). Cette meilleure mobilisation des ressources publiques nationales en pourcentage du PIB résultait de l'augmentation des ressources et les revenus non basés sur les ressources naturelles. Cependant, au cours de l'exercice 2015/2016, les recettes ont baissé à la fois en termes réels et en pourcentage du PIB (à 16,2%), en raison de la baisse des prix mondiaux des minéraux et des revenus hors ressources inférieurs aux prévisions (en particulier la taxe sur la valeur ajoutée (TVA) et les droits d'accise) aux niveaux du gouvernement central et des gouvernements locaux. Cela a eu un impact significatif sur le déficit budgétaire et a nécessité une révision du budget pour réduire les dépenses du gouvernement jusqu'en 2020.

Malgré ce revers, le gouvernement lao est resté optimiste quant au potentiel d'élargir ses propres ressources publiques. En effet, la stratégie de développement des finances publiques 2017 du ministère des Finances (MOF) ciblait la mobilisation des ressources publiques nationales pour la période 2016-2020 entre 16 et18% du PIB, sur la base d'une croissance économique de 7,2% par an. Cet objectif devait être atteint en principe avec la mise en service de nouvelles centrales hydroélectriques, combinée à des augmentations de la TVA indirecte et des droits d'accise et des taxes commerciales suite à l'amélioration de la collecte des recettes (§ tableau 6). Mais en 2020, le Covis-19 est bien plus qu'une crise sanitaire, c'est aussi une crise socioéconomique sans précédente, mettant sous pression l'économie lao et a bouleversé les prévisions du gouvernement.

Tableau 6 : Ressources publiques nationales

	2015/2016	2017	2018	2019	2020
1. Recettes Taxes (% PIB)	14,3	14,3	14,8	15	15,4
Bénéfices	1,9	1,9	1,6	1,5	1,5
Revenus	1	1	1	1,1	1,2
TVA	3,8	3,9	4	4,2	4,3
Accises	3	3,3	3,6	3,7	3,6
Droits d'importation	1,5	1,5	1,6	1,7	1,7
Royalties hydroélectricité	0,7	0,8	0,8	0,9	0,9
Royalties mines	0,5	0,4	0,3	0,2	0,2
Autres	1,8	1,8	1,8	1,8	2
2. Recettes Non-Taxes (%PIB)	1,9	2,3	2,3	2,3	2,4

Source: IMF Country Report No.17/53, based on MOF long-term fiscal outlook

Le 9e plan quinquennal de développement vise une croissance en baisse par rapport au plan précédent mais tout en restant optimiste sur le rebond de l'économie grâce aux nombreux projets d'infrastructures, au développement de l'agriculture commerciale, à la mise œuvre des outils de technologies modernes et au numérique pour la collecte des revenus et taxes qui doit se situer à environ 15,5% du PIB.

Afin d'augmenter les revenus non basés sur les ressources naturelles, le gouvernement a ciblé une amélioration de son administration et une meilleure efficacité du personnel (par exemple, amélioration de la perception de l'impôt forfaitaire) et a adopté des modifications du régime fiscal tel que défini dans la loi fiscale de 2015, comme l'augmentation de la taxe d'accise sur certains biens. Parallèlement, pour améliorer l'administration des recettes et renforcer les ressources humaines, depuis 2017, le gouvernement a mis en place le système de paiement de taxes et de gestion financière en ligne. L'e-gouvernement se veut désormais de réduire les fraudes, la corruption parmi des agents fiscaux des districts. En outre, aujourd'hui, les entreprises informelles échappent à tout contrôle du gouvernement. Mais, l'AEC va par ailleurs impacter l'encaissement des taxes douanières au Laos, car les recettes vont diminuer et le déficit devra alors être comblé par d'autres sources de revenus. Toutefois, les nouvelles opérations minières peuvent fournir des ressources nationales publiques accrues, bien que le moratoire soit sélectivement levé depuis 2019, le gouvernement tient à s'assurer cependant que l'activité minière prenne en compte les intérêts des communautés locales, car et il est soucieux de l'impact l'environnemental[173].

La nature de recettes nationales collectées est donnée dans le graphique (4). Il montre que le taux de croissance de la collecte des recettes nationales augmente de manière continue de 2001 à 2018 en raison de la réforme et des mesures administratives prises au cours des périodes correspondantes. S'agissant des ressources publiques internationales, l'aide publique au développement de l'étranger a joué un rôle majeur dans le financement du développement au Laos, elle continue à maintenir son assistance à ce pays. Depuis 2000, les niveaux des ressources publiques internationales sont restés relativement stables en termes réels, de sorte que cette source de financement représente désormais une proportion plus faible dans le développement global comme le montre le graphique (7) ci-dessous. Néanmoins, le pays reste l'un des plus grands bénéficiaires de l'aide étrangère dans la région de l'ASEAN.

Graphique 4 : Evolution par nature des recettes nationales annuelles/PIB

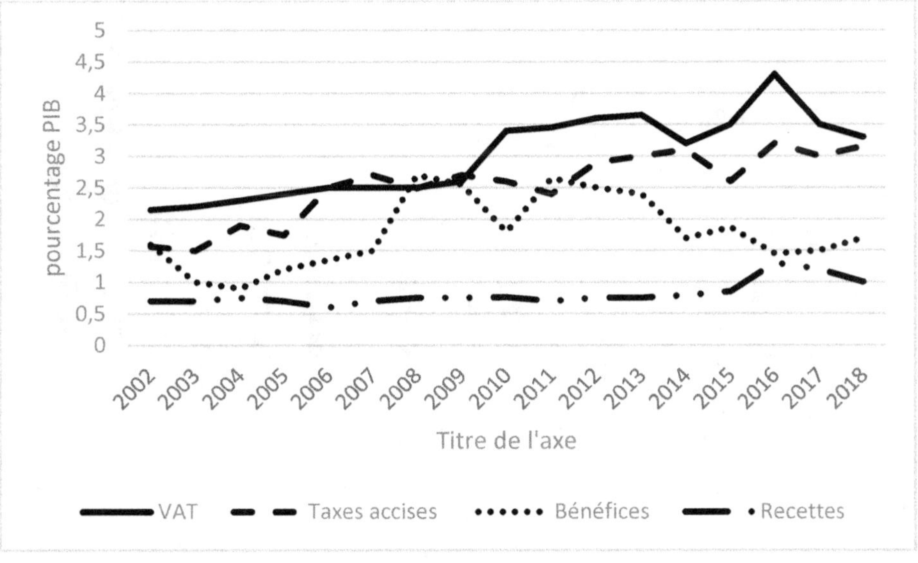

Source: Fiscal Policy and Law Department, Ministry of Finance of Lao PDR

Dans l'ensemble des ressources, l'aide publique au développement (ODA) était jusqu'à récemment la principale source de financement public international, bien que depuis 2013, les emprunts publics aient été augmentés – principalement contractés auprès de la Thaïlande et de la Chine pour soutenir le développement des infrastructures (§ graphique 5). Les autres flux officiels

[173] http://www.vientianetimes.org.la/FreeContent/FreeConten_PM245.htm.

(OOF), malgré sa faible part dans le total des ressources publiques dans le passé, ils étaient plus récemment financés par le biais de l'ADB en 2014 et de la France en 2012 pour soutenir le développement hydroélectrique (Nam Theum 2).

Le montant total estimé des ressources publiques internationales en 2015 était de 1,8 milliard de dollars, il était nettement supérieur au niveau d'investissement décrit dans le 8e plan quinquennal d'environ 764 millions de dollars. Cependant, l'utilisation croissante des emprunts non concessionnels depuis 2014 a augmenté le niveau de la dette publique à 65,8% du PIB, 12,8% étant non concessionnels contre 3% en 2013. Cela a conduit le FMI à déclarer que le gouvernement était à risque de surendettement extérieur[174]. Ceci est souligné par le fait que les paiements d'intérêts du financement extérieur est passé de 0,2% du PIB en 2013/2014 à 1,1% en 2015/2016.

Graphique 5 : Financement ODA et emprunt gouvernement

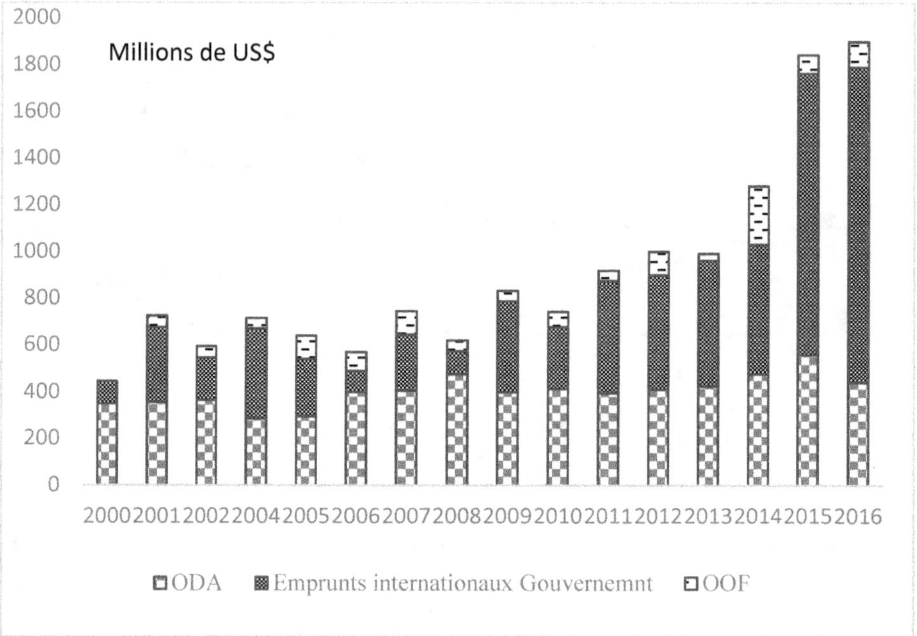

Source: Banque mondiale, 2018; IMF Country Report No.17/53.

Quant à l'ODA, en 2015, les décaissements bruts totaux s'élevaient à 538 millions de dollars, mais sont descendus à 440 millions de dollars en 2016 dont les deux tiers sous la forme des subventions. Les décaissements de dons d'ODA ont été répartis dans un large éventail de domaines de secteurs comme

[174] IMF Country Report No.17/53.

l'économie, le social et la gouvernance. Bien que les prêts aient représenté un tiers de l'ODA, celle-ci était concentrée principalement dans le secteur des infrastructures (§ tableau 7).

Tableau 7 : Subventions et Prêts ODA par secteur en 2015

Secteur	Subventions ODA millions (US$) (US$)	Prêts ODA millions
Agriculture & Sécurité alimentaire	41,5	2,4
Banques et Entreprises	6,7	0
Éducation	44,2	-0,2
Environnement	14,4	0,8
Gouvernance et Sécurité	44,4	0
Santé	56,3	0
Humanitaire	8,6	11,5
Industrie et Commerce	15	2,1
Infrastructures	39,6	96,7
Eau et Sanitaire	37	1,2
Autres Services sociaux	5,4	7,7
Autres	70,9	35,4

Source: OECD Creditor Reporting System (CRS).

Le Laos recevait de nombreuses aides, subventions et prêts concessionnels venant de l'ODA, des donateurs et des partenaires de développement, en moyenne 420 millions de dollars par an depuis 2010. Il est à noter cependant que dès le début des années 2000, l'aide publique au développement était en baisse, elle représente aujourd'hui entre 15% et 20% du budget du plan quinquennal, alors qu'elle était plus de 25% ; les dons et subventions ont également diminué, car le Laos est passé du statut de pays à faible revenu au statut de pays à revenu faible intermédiaire. Cela a aggravé davantage la dette publique, les déficits importants de compte courant ont néanmoins persisté en raison de la demande croissante d'importation d'équipements. Le graphique (6) donne l'évolution des dix principaux donateurs et les montants décaissés par l'ODA pour renfoncer la capacité de l'État lao.

Toutefois, en 2020, l'aide de l'ODA a dépassé l'objectif du budget. Le montant octroyé au Laos a atteint 992,73 millions de dollars (environ 8 934 milliards kip), dépassant l'objectif de 10%, selon la directrice générale du Département de coopération internationale, Sisomboun Ounavong, du MPI, lors de la réunion du processus de la Table ronde en février[175]2021. Cette réunion est présidée par le vice-ministre Kikeo Chanthaboury, du MIP en présence d'une centaine de cadres du ministère, elle est soutenue par le gouvernement du Luxembourg sous le projet « Renforcer l'efficacité de la gestion de l'ODA au Laos ». L'aide financière a permis de financer le développement de 404 projets, dont 320 projets d'un montant de plus 285 millions de dollars sont à titre de subvention et les 84 autres projets d'un montant de 707 millions de dollars sont sous forme de prêt. Pour 2021, l'aide attendue de l'ODA est plus de 727 millions de dollars. Sur ce montant, 251,93 millions de dollars seront les subventions utilisées pour les projets relevant du ministère de l'Investissement et de la Planification, 72,72 millions de dollars seraient utilisés pour d'autres projets subventions et 402 millions de dollars seraient sous forme de prêts pour les projets encadrés par le ministère des Finances.

Aux effets des donateurs et partenaires de développement pour des projets d'infrastructures, il faut rappeler que les organisations non gouvernementales internationales (ONG) qui sont présentes au Laos ont également contribué avec efficacité au développement dans les domaines aussi variés que l'agriculture, l'éducation, la réduction de la pauvreté et la santé.

Parmi les pays donateurs qui ont accordé de subvention pour le développement du Laos, le Japon a octroyé le plus grand nombre de subventions à l'aide publique au développement suivi de la Corée du Sud, cette dernière entend être un acteur majeur de l'ODA.

---

175 2020 Official Development Assistance exceeds target, Vientiane Times, 26/02/2021.

Graphique 6 : Le top 10 des donateurs pour le Laos 2015-2016 (en millions de dollars)

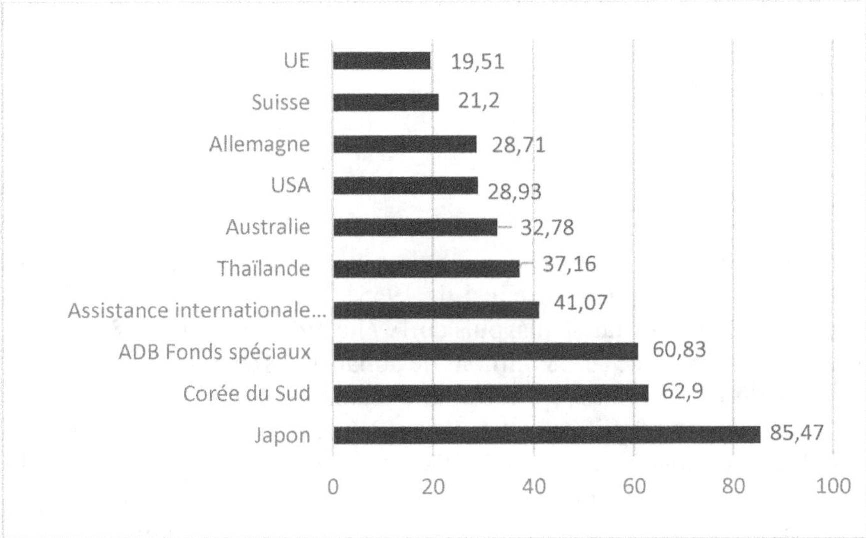

Source : OCDE, 2017

En effet, le Japon est le plus généreux au regard des subventions au développement pour le Laos, en outre le Japon a toujours occupé le poste le plus important au sein de l'ADB, son influence dans cette banque multilatérale a été perçue comme un outil au service de la diplomatie japonaise[176]. L'agence officielle de coopération au développement du gouvernement japonais à l'internationale (JICA) travaille sur le développement au Laos depuis 1958 et est reconnue comme la principale organisation bilatérale de développement au Laos, fournissant une assistance dans divers secteurs de l'économie en partenariat avec le peuple lao. L'Union européenne (UE) joue un rôle important dans la diplomatie et s'efforce de promouvoir la stabilité, la sécurité et la prospérité, la démocratie, les libertés fondamentales et l'État de droit au niveau international, mais contribue également au développement des infrastructures, des écoles, des dispensaires et à l'inclusion sociale grâce à un meilleur accès aux services sociaux de base et à la réduction des coûts des biens de consommation.

La contribution des différentes sources de financement rapporté au PIB est donnée par le tableau (8).

176 Faure, G. (2010). The Asian Development Bank and Chinese and Japanese Power Plays.

Tableau 8 : % source de financement par rapport au PIB

	2013	2014	2015	2016	2017	2018	2019	2020(e)
FDI % du PIB	19,7	21,3	16,7	16,8	17,3	15,6	13,5	9,9
ODA% du PIB	3,5	3,6	3,3	2,8	2,8	2,6	2,5	-
Gouvernement % du PIB	16,9	17,9	19	16,2	16,6	17	17,3	17,8

Source: IMF Country Report No.17/53

Pour rappel, le Laos a toujours pu attirer un montant important d'aide étrangère à son développement, ainsi de 1955 à 1970, le pays recevait 695 millions de dollars des États-Unis, puis de 1971 à 1975 près de 180,8 millions de dollars, soit un total de 874,8 millions de dollars mais ce montant ne prenait pas en compte l'aide militaire directe américaine[177]. Par la suite, de 1975 à 1990, le Laos a reçu 3,4 milliards de dollars d'aide, y compris 2,6 milliards de dollars des pays socialistes. Depuis, l'assistance publique par le biais de l'ODA, une source officielle importante de financement pour le développement socioéconomique et la réduction de pauvreté au Laos a continué son aide de 8,3 milliards de dollars entre 1990 à 2016[178], l'aide s'est poursuivie de 2016 à 2020, et a atteint 3 6281 milliards de kips soit près de 4 milliards de dollars et certainement plus de 4,6 milliards de dollars [179]. L'aide internationale vise à financer à la fois l'amélioration du réseau routier dans les zones rurales, qui ont une forte densité de population pauvre et sont les plus vulnérables aux impacts du changement climatique, et la construction d'infrastructures complémentaires dans les secteurs de l'eau potable et de l'assainissement, de l'agriculture, de la santé et de l'éducation.

On retient que l'aide publique internationale et la contribution des partenaires ont permis une rapide transformation économique du Laos. Elles ont fourni à titre gratuit et financé les opérations n'ayant pas une productivité immédiate. Quant au secteur industriel, il est animé par le flux de capitaux privés, tandis que la mise en place de l'infrastructure et le développement de l'agriculture sont financés à partir du fonds public. Quant aux capitaux privés, ils s'intéressent aux seules activités ayant un caractère de rentabilité. Le graphique (12) plus bas montre comment le total des investissements est réparti entre les différentes sources de financement dans le cadre des plans

[177] Barbier, J.P., Dix-sept ans d'aide économique au Laos: un pays malade de l'aide étrangère; USAID, Mission to Laos 1973.

[178] Net official development assistance and official aid received Laos, US$, The World Bank. https://data.worldbank.org/indicator/DT.ODA.ALLD.CD

[179] Wise foreign policy elevates Laos' profile, Vientiane Times, 06/11/2020; MPI to boost quality and efficiency in planning and nvestment sector, Vientiane Times, 08/12/2020.

quinquennaux de développement socioéconomique. Ainsi, la part du privé national et du privé international est prépondérante, suivie de l'ODA.

Si les partenaires de développement, en particulier les pays occidentaux et certaines organisations internationales ont laissé entendre que la « démocratisation » est l'objectif ultime de leurs contributions par le biais de l'ODA, en réalité, même s'ils fournissaient une aide pour améliorer le développement socioéconomique du Laos, on peut penser que leur assistance vient avec des arrière-pensées liées à leurs intérêts au service du « capitalisme » et du développement occidental. Le Laos tout en reconnaissant de l'aide internationale que lui a apportée, il reste toutefois circonspect quant à l'influence occidentale et son impact quant au mode de vie sur la société lao.

Il convient de noter que la stratégie des partenaires de développement vise quatre domaines d'intervention : la réduction de la pauvreté, le renforcement des capacités, la protection de l'environnement et la résilience au changement climatique et la bonne gouvernance. Pour le gouvernement lao, le but est d'atteindre les Objectifs ODD et de sortir le Laos de son statut de pays les moins avancés. Cependant, ce pays a encore un long chemin à parcourir pour se conformer aux normes de développement internationales. Aussi, le Laos pour rattraper son retard, a cherché d'autres moyens qui pourront l'aider à accélérer sa transformation économique, comme par exemple d'émettre des actions via des banques en Thaïlande ou de recourir à l'émission des obligations à la bourse de Vientiane ou encore de faire appel aux prêts non conditionnels auprès de ses partenaires alliés comme le Vietnam et la Chine. Par ailleurs, le Laos entretient des relations bilatérales privilégiées avec ces deux pays, dont l'aide au développement est sous forme de quasi-dons, dons ou prêts à taux zéro, cette aide reste souvent opaque pour le public.

4.5 Les investissements directs étrangers (IDE) boostent la croissance du Laos

Encadré 11 : Les IDE au Laos. L'État et le gouvernement lao ont approuvé plus de 6000 projets d'investissement avec un financement combiné de 36 milliards de dollars depuis l'introduction de l'économie du marché dans les années 80. Selon les chiffres récents du ministère du Plan et de l'investissement (MPI), qui est en charge de l'administration des investissements publics et privés, et plus précisément de 1989 à 2019, le nombre total de projets était de 6 144, avec un montant total d'investissement de 36,8 milliards de dollars. Le gouvernement a commencé à encourager les investissements privés à partir de 1986 après avoir introduit sa politique d'ouverture, qui a permis au secteur privé de jouer un plus grand rôle dans la croissance économique et de stimuler le développement national. Selon les statistiques publiées sur le site Web du ministère, du nombre total de projets d'investissement, 2 621 projets ont été financés par des entités lao avec un montant de 13 milliards de dollars, tandis que le reste était financé par des pays étrangers. Selon les statistiques, la Chine est au top des investisseurs étrangers avec un total de 862 projets avec un investissement combiné de 12 milliards de dollars. La Thaïlande et le Vietnam étaient les deuxième et troisième plus grands investisseurs étrangers avec des montants d'investissement de 4,7 milliards de dollars et 4,1 milliards de dollars respectivement. Parmi les autres top 10 des investisseurs étrangers de 1989 à 2019, il y avait la Corée du Sud, la France, les États-Unis, le Japon, la Malaisie, et l'Australie [180].

Le secteur d'investissement le plus prisé à la fois par les entreprises lao et étrangères de 1989 à 2019 était la production d'électricité, qui attirait environ 14 milliards de dollars d'investissement, c'était le plus premier secteur d'investissement au Laos. Le deuxième secteur qui attirait un nombre important d'investisseurs lao et étrangers était les mines, avec un investissement total de 7,5 milliards de dollars. Les autres secteurs importants qui ont également attiré de nombreuses entreprises à investir étaient les services, l'agriculture, l'industrie manufacturière et l'artisanat. Par ailleurs, l'un des secteurs dans lequel le Laos a un énorme potentiel et encore peu exploité, c'est l'agriculture grâce à l'abondance de terres fertiles. D'autant plus, selon le MPI, la demande toujours croissante des consommateurs chinois pour des produits agricoles, devrait booster la production et l'augmentation des investissements dans ce secteur au Laos.

La politique du gouvernement vise à promouvoir davantage d'investissement privé dans les années à venir. Pour y parvenir, les autorités lao ont pris des mesures d'incitation et d'encouragement, notamment en améliorant le climat des affaires, en facilitant les opérations des entreprises exerçant au Laos et en simplifiant la paperasse administrative pour les investisseurs.

Afin de faciliter la tâche des entreprises pour démarrer leur activité, le gouvernement a émis une liste des activités contrôlées dans lesquelles les entreprises doivent demander l'autorisation de s'engager. Les entreprises peuvent opérer sans restriction si leurs activités ne sont pas dans la liste des activités contrôlées.

Le gouvernement lao accueille donc à bras ouverts les investissements nationaux et étrangers, l'un des axes de sa stratégie de développement, il cherche à maintenir des taux de croissance élevés et une économie résiliente. Le rythme des investissements étrangers a augmenté très significativement au cours des dernières années. Le Laos a vu le nombre d'investissements étrangers exploser au cours de la décennie. Selon les statistiques du gouvernement lao, l'exploitation minière et l'hydroélectricité représentent 56% des IDE et l'agriculture représente 40% des IDE. La Chine, le Vietnam, la Thaïlande, la Corée, la France et le Japon sont les principales sources d'investissement étranger, la Chine représentant 77,5% de tous les IDE en 2017, selon la Conférence des Nations Unies sur le commerce et le développement (CNUCED). Le Département de la promotion des investissements du MOIC encourage les investissements en créant son site Web *www.investlaos.gov.la* et organise un dialogue annuel avec le secteur privé et les chambres de

[180] Laos attracts investment of US$36 billion since opening up to the world, Vientiane Times, 14/04/2020.

commerce et d'industrie lao et étrangère par le biais du processus du Forum des entreprises lao.

En conséquence, les IDE ont joué un rôle important dans la récente croissance économique du Laos. Les flux d'IDE entrants vers le Laos ont commencé véritablement à croître qu'en 2006, après une baisse en 1996, selon le Rapport sur l'investissement dans le monde 2020 de la CNUCED. Les flux d'IDE au Laos, d'après les données du Secrétariat de l'ASEAN, sont passés de 333 millions de dollars en 2010 à 1,7 milliard de dollars en 2017. Cependant, les entrées d'IDE au Laos ont diminué de 557 millions de dollars en 2019, contre 1,3 milliard de dollars en 2018 et 1,7 milliard de dollars en 2017 ; tandis que le stock d'IDE s'élevait à 10 milliards de dollars en 2019 (§ graphique 7).

S'agissant des IDE à destination de l'ASEAN, le Laos recevait en 2017 seulement 1,69 milliard de dollars par rapport à un total de 147,08 milliards de dollars pour l'ASEAN, et 1,32 milliard de dollars en 2018 sur un total 152,76 milliards de dollars entrant dans l'ASEAN, soit 0,9% la part du Laos dans le total d'IDE destiné à la région, ce qui était relativement modeste.

Malgré l'introduction d'une loi favorisant l'investissement et le démarrage de nouveaux projets d'électricité et de services, le pays a enregistré en 2019 une deuxième année de légère baisse de croissance. Les projets dans les domaines de la production d'énergie hydraulique et de l'exploitation des ressources minières représentaient environ 80% des investissements étrangers accumulés au cours des dix dernières années. Les infrastructures de transport, le tourisme et les grands projets agroforestiers attirent aujourd'hui de nouveaux investisseurs. En outre, le gouvernement vise à intégrer le Laos dans les chaînes d'approvisionnement régionales en développant une industrie manufacturière légère afin de faire de ce pays une base d'exportation à faible coût. Selon les données du Département national de promotion des investissements, les principaux pays investisseurs au Laos sont des grands voisins tels que la Chine, la Thaïlande, et le Vietnam, mais aussi la France et le Japon.

Graphique 7 : Évolution des flux entrants des IDE de 2009-2019 (en millions de dollars)

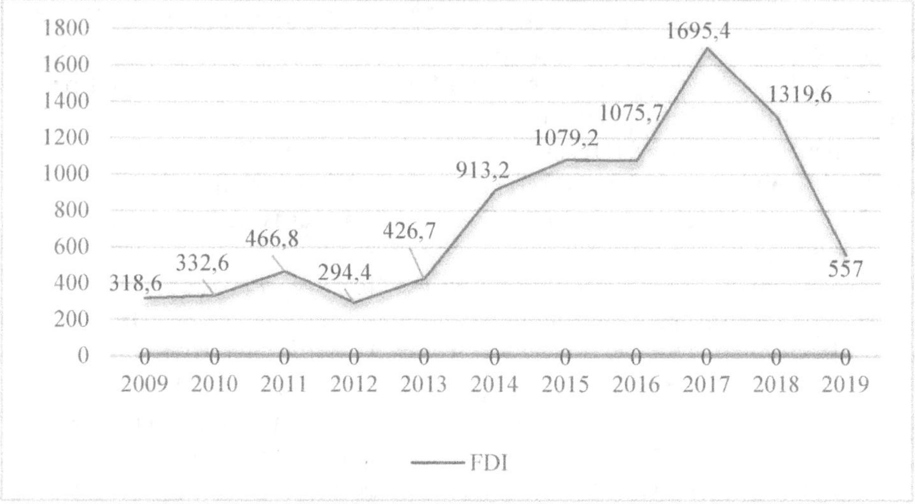

Source: Asean Statistic Year Book 2019; FMI 2020.

Encadré 12 : Présence économique de la Chine au Laos. Depuis la réconciliation entre le gouvernement chinois et le gouvernement lao amorcée dès 1989, la reprise de relations diplomatiques est revenue d'un niveau normal avec la Chine. Dès lors la coopération bilatérale et multilatérale entre les deux pays s'est intensifiée. L'influence chinoise au Laos est patente quand on examine l'investissement étranger direct au Laos, conséquence de la stratégie de « sortie » recommandée par le gouvernement chinois à ses entreprises et ressortissants de sortir du pays pour faire des affaires. En outre, le développement des infrastructures dans le cadre de la GMS a étroitement lié les deux pays par la route dans le corridor économique Nord-Sud. Les IDE chinois sont devenus le principal moteur de l'économie laotienne, à travers 830 projets de développement d'un montant de plus de 5 milliards de dollars entre 1989 et 2014. La montée de l'influence chinoise au Laos est due selon les experts et autorités lao, du fait que les conditions de prêt et d'assistance attachées aux accords avec le gouvernement chinois sont flexibles et avec moins de conditions que celles négociées avec les partenaires de développement des autres pays. En conséquence, les investissements chinois dans les mines, les barrages hydroélectriques, l'agriculture, les transports, l'immobilier, et le tourisme sont en plein essor.

Ainsi, parmi des pays qui ont de plus contribué au développement du Laos, la Chine est aujourd'hui un pays incontournable pour l'économie du Laos, elle est en même temps investisseur et pays donateur. L'investissement total cumulé chinois dans l'électricité, les transports, l'agriculture, les zones économiques frontalières, et d'autres projets s'élève déjà à 12 milliards de dollars à fin 2019, selon le quotidien

Xinhua citant des chiffres du Laos[181]. C'est plus du double de l'investissement de la Thaïlande, le deuxième plus gros investisseur. La Chine est le plus grand créancier du Laos, cette situation va assujettir encore davantage le petit pays enclavé à l'influence de son imposant voisin du nord. Le manque de fonds a poussé le gouvernement laotien à demander de l'aide financière extérieure, en particulier chinoise, ce qui en vient à créer une relation de dépendance forte avec la Chine. Par la même occasion, cette relation de dépendance maintient l'influence chinoise dans la région[182]. Face à cela, la volonté du gouvernement lao consiste à équilibrer sa dépendance vis-à-vis de la Chine en ayant plusieurs partenaires : le Vietnam, le Japon, la Corée du Sud, l'UE, les USA, la Russie, l'Inde.

Bien que l'influence chinoise soit présente depuis longtemps au Laos, les premiers investissements chinois au Laos sont apparus vers le début des années 90, mais avec une forte intensité à partir des années 2000. On n'a jamais vu ou presque par le passé autant d'investissements au Laos consentis en matière d'infrastructures en si peu de temps. Le Laos n'est plus une chasse gardée (japonaise, thaïe, française), la concurrence que l'on y rencontre de plus en plus maintenant entre bailleurs est extrêmement stimulante. Les évolutions récentes peuvent être désagréables à quelques compagnies étrangères et à leurs financeurs, mais la concurrence des investissements et crédits chinois semble bien plus efficace pour accroître le revenu du Laos que la rhétorique de haut vol sur les vertus de la gouvernance qu'assènent certains pays de l'OCDE.

Plus précisément, les Chinois sont partout dans l'agriculture commerciale, les infrastructures, les centrales hydroélectriques, les mines, le transport de réseaux électriques (très haute tension), l'immobilier, les ZES de Boten, Saysettha, et du Triangle d'or à Luang Namtha, les casinos, les centres commerciaux, le tourisme et l'hôtellerie. Et plus récemment le chemin de fer en partenariat avec l'État lao, l'auto route Vientiane Vangvieng, et l'accord signé entre EDL et China Southern Power Grid Co. pour la création d'une coentreprise de transmission de lignes électriques dans laquelle les Chinois détiennent la majorité du capital. Il convient de noter également l'aide importante chinoise dans de nombreuses réalisations, comme le Palais présidentiel, le Centre de convention internationale, l'hôpital 100 lits à Luang Prabang, le nouvel hôpital en construction de Mahosot à Vientiane, l'immeuble du Front national lao de développement (LFND), etc. Aujourd'hui, la Chine est à l'origine de près de 40 % des projets d'investissements au Laos. Que ce soit grâce à des aides officielles, à des investissements publics ou à l'implantation d'un nombre croissant d'entreprises privées, la Chine contrôle désormais de vastes pans de l'économie laotienne.

Une étude publiée en 2019 par le Lowy Institute basé en Australie évaluait la dette du Laos envers la Chine à 45% du PIB. Les relations économiques avec Pékin ont également renforcé les liens politiques et culturels, le Laos étant un soutien véritable de la position de la Chine sur des questions telles que la mer de Chine méridionale au sein de l'ASEAN. Par ailleurs, le Laos a été le premier pays à approuver le message politique du dirigeant chinois Xi Jinping de « construire une communauté au destin commun ».

[181] China announces further support Laos, The Nation, 15/10/2020.

[182] Aroonpipat, Sunida. 2018. « Governing aid from China through embedded informality: Institutional response to Chinese development aid in Laos ».

Le Laos serait aujourd'hui selon les économistes en risque de surendettement face aux investissements du géant chinois. Le risque de repousser la Chine était trop grand, car une croissance soutenue et un développement plus rapide sont vitaux pour garantir la légitimité du Parti au pouvoir. Dans le cas d'investissements massifs étrangers, pourraient-ils signifier une perte de souveraineté pour le Laos et générer des problèmes d'ordre politique ? La Chine est régulièrement accusée de déployer une « diplomatie de la dette » pour soutirer des avantages stratégiques au sein des pays qui peinent à rembourser les prêts contractés auprès de la Chine dans le cadre du vaste projet mondial d'infrastructure "Belt and Road Initiative" (BRI) du président Xi Jinping (comme au Sri Lanka ou en Éthiopie). Le simple fait est que le Laos, comme les autres Etats qui ont adhéré à la BRI, a conclu des accords, seul, avec qui il veut de manière démocratique. Si la présence de la Chine au Laos suscite des inquiétudes chez certains analystes aux accents paternalistes, attention cependant à ne pas s'alarmer indûment. La Chine est un partenaire comme les autres. Dans le commerce, comme dans les relations internationales, les rapports de forces s'accommodent mal des idées préconçues et des fausses convenances. Les autorités lao affirment que les investissements chinois au Laos sont une stratégie « gagnant-gagnant » pour les deux pays.

En matière d'investissement, les étrangers peuvent désormais investir dans n'importe quel secteur ou entreprise, à condition de ne pas constituer une menace pour la sécurité nationale, la santé ou les traditions nationales, ou avoir un impact négatif sur l'environnement. Cependant, il subsiste des obstacles pour attirer les IDE, en particulier la longue procédure d'obtention des autorisations d'investissement requises, le chevauchement des juridictions entre les différents ministères, les inégalités en termes d'avantages fiscaux, les coûts tarifaires élevés et les infrastructures de mauvaise qualité (bien qu'ils se soient améliorés).

Toutefois, les perspectives des entrées d'IDE pour les années à venir restent encourageantes, grâce au dynamisme de l'économie régionale qui va tirer la croissance du Laos, en particulier pour le secteur non lié aux ressources. D'autre part, le Laos est également perçu par les entreprises étrangères comme une option alternative de relocalisation possible de leur production dans les SEZ ainsi qu'une opportunité de rayonner les marchés de la région. D'autres facteurs favorables y ont également contribué : la stabilité politique et macroéconomique, une politique d'investissement libérale, une meilleure intégration au niveau régional et mondial et une amélioration constante du climat de l'investissement à la fois en termes d'infrastructure matérielle et immatérielle. Malgré des efforts déployés par le gouvernement, d'autres réformes doivent être poursuivies pour rendre le Laos plus compétitif et attractif face à la concurrence de ses pays voisins.

La Banque mondiale a mesuré l'indice de la facilité de faire des affaires (EODB) dans 190 économies à l'échelle mondiale, dans le Rapport annuel d'activité 2020, le Laos est classé 154e dans le monde, suivi seulement du

Myanmar (165e), et 9e dans l'ASEAN. Sur la base de ce classement, la Banque mondiale a encouragé le Laos à continuer de réformer la réglementation et d'améliorer l'environnement des affaires avec des recommandations suivantes : améliorer le contexte des affaires dans le pays, surtout l'assouplissement de la réglementation et les mécanismes de coordination dans la facilité à faire des affaires au Laos ; faciliter les opérations d'import-export, le passage des frontières, les importations temporaires et les mouvements de marchandises dans le pays ; améliorer les services administratifs pour les investissements ainsi que les licences d'exploitation commerciale. En conséquence, le gouvernement lao a explicitement instruit les autorités locales pour améliorer des indices EODB de la Banque mondiale. Pour y parvenir, dans le but d'améliorer la situation des nouveaux opérateurs économiques, de rendre plus attractif le climat des affaires au Laos, le MPI a mis en place un guichet unique de services « one stop-service » en vue de faciliter la tâche des hommes d'affaires, notamment en matière d'autorisation d'investissement et d'enregistrement, ainsi que de minimiser la fourniture des divers documents administratifs.

Quel est l'impact des IDE pour le Laos ? Dans de bonnes conditions, les IDE vont stimuler la création d'emplois, l'augmentation des revenus pour le pays, le transfert de technologie et de savoir-faire pour les entreprises lao, et permettront des entreprises étrangères de créer de liens entre les fournisseurs étrangers et locaux. De tels avantages renforceront le développement économique et éradiqueront la pauvreté à moyen terme. La plupart des projets d'IDE sont dirigés jusqu'à présent vers les ressources naturelles nécessitant un capital intensif, elles ont été parmi les principaux moteurs de la croissance économique au cours de la dernière décennie. De ce fait, le Laos a rapidement développé une dépendance financière envers ses bailleurs, bien que, fait rare, cette dépendance financière n'ait pas soustrait des conditions ou de la remise en cause de sa souveraineté.

La contribution de l'investissement étranger à l'emploi a été limitée dans certains secteurs, elle s'explique par la nature des projets. De nombreuses entreprises étrangères opérant dans les secteurs de l'énergie et des infrastructures font venir de la main-d'œuvre étrangère pour leurs projets et embauchent localement pour des emplois peu qualifiés et pendant une période limitée. Les autorités ont consacré des efforts considérables pour attirer de gros investisseurs étrangers, tandis que les entreprises lao ont tendance à se sentir parfois désavantagées par rapport aux entreprises étrangères. Certes, les entreprises chinoises, vietnamiennes, japonaises ou sud-coréennes ont investi au Laos, mais aussi pour faciliter le travail de leurs entreprises.

Où allaient les investissements directs étrangers de 1989 à 2015 et quels étaient les pays qui investissaient au Laos ? Le graphique (8) représente la destination des investissements au Laos et le graphique (9) des pays investisseurs. Le graphique d'IDE par secteur ci-dessous montre l'importance des investissements dans la production d'électricité et dans l'exploitation minière, ces deux activités représentaient plus de la moitié du stock total d'IDE et contribuaient fortement à la croissance rapide de l'économie. Le secteur minier comprenait principalement des petites entreprises et des deux grandes : Phu Bia Mining Ltd et LXML (§ chapitre 6). Les projets hydroélectriques et les barrages étaient dominés par les investisseurs chinois et les thaïlandais, ces derniers sont également actifs dans la production, le transport et le négoce d'électricité. La part d'agriculture comportait également la sylviculture, l'agroforestier et l'agriculture commerciale.

Comme le montre le graphique (9), l'IDE au Laos est dominé par ses trois grands voisins, la Chine, la Thaïlande et le Viet Nam, qui sont également ses principaux partenaires commerciaux. Ces trois pays représentaient près des trois quarts de tous les projets d'IDE approuvés de 1989 à 2015. Les investisseurs chinois dont près d'un tiers sont concentrés dans la production hydroélectrique, les infrastructures, le transport et le commerce de l'électricité mais aussi dans les mines, l'agriculture et l'immobilier. Les investissements thaïs et vietnamiens sont concentrés plus particulièrement dans l'hydroélectricité, l'agriculture et les projets de construction.

Graphique 8 : Les Investissements directs étrangers par secteur 1989-2015

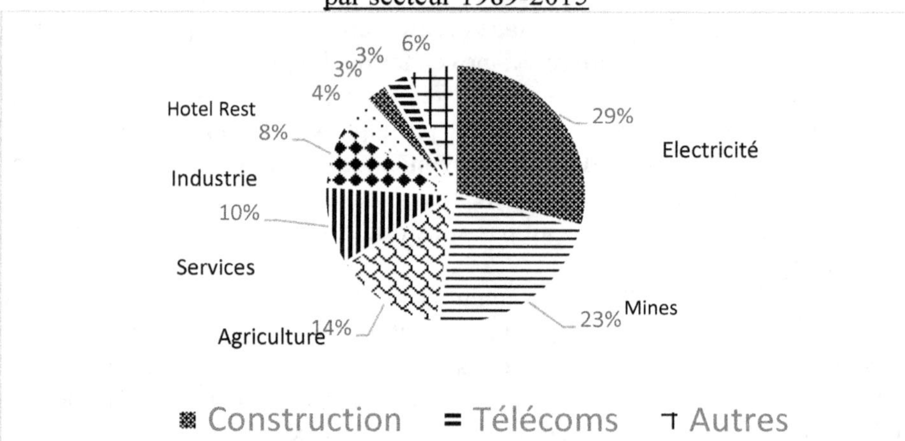

Source : Département de promotion des investissements, MPI 2016.

Selon l'OCDE, l'investissement des entreprises de pays de l'OCDE est plutôt limité au Laos. La Corée du Sud est le cinquième investisseur le plus important des pays de l'OCDE, depuis 2015 avec 4% du stock d'IED du Laos (§graphique 11). La France est le premier investisseur des pays membres de l'Union européenne ; on retient la présence de la Banque Franco-Lao (BFL) née d'un partenariat entre la BRED et la BCEL en 2012. Quant aux entreprises coréennes, elles sont bien ancrées dans l'économie et sont présentes dans différents secteurs économiques. Par exemple, Kolao Holdings est l'un des plus grands investisseurs présents dans l'industrie, principalement actif dans l'industrie automobile, y compris dans les activités de traitement et d'assemblage ainsi que la distribution. Le Laos et la République de Corée ont développé des liens forts aussi bien politiques qu'économiques, comme par exemple avec la création du Bureau coréen d'investissement et commercial en 2011 à Vientiane ainsi qu'une liaison aérienne directe entre Vientiane et Séoul, en outre le nombre de touristes coréens est en fort croissant depuis 2012.[183] La Corée du Sud a prévu par ailleurs d'investir entre 2020 et 2023 environ 500 millions de dollars dans des projets.

Graphique 9 : Les projets d'investissements approuvés par pays d'origine de 1989 à 2015

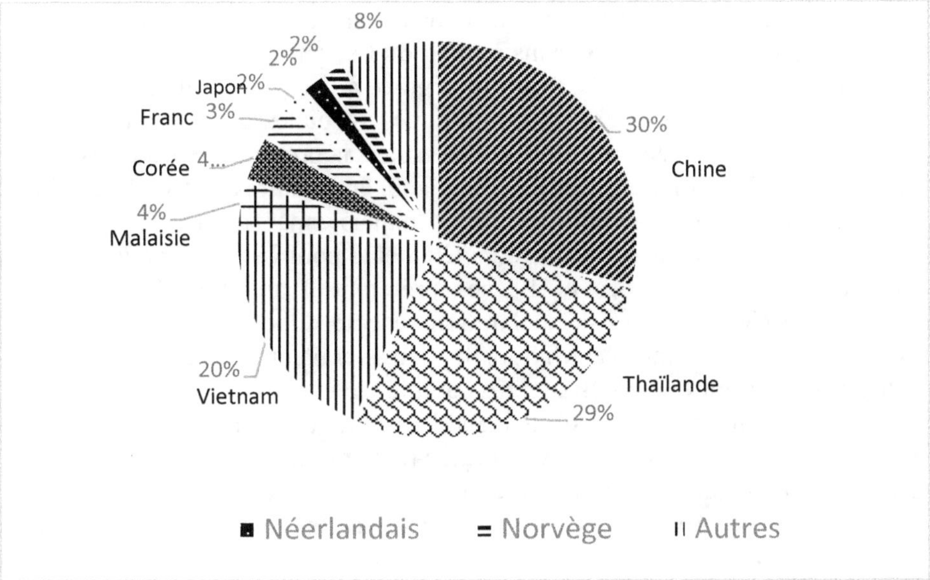

Source : Département de promotion des investissements, MPI 2016.

Néanmoins, le Japon, qui est le plus gros investisseur de l'ASEAN dans son ensemble, ne compte que pour 2% du total des projets d'IDE au Laos. Cela pourrait s'expliquer par le fait que les entreprises japonaises sont majoritairement présentes dans les petites opérations du secteur manufacturier plutôt que de grands projets miniers et hydroélectriques. Nikon, pour exemple, a

[183] Trends in foreign investment and trade in Lao PDR, OECD investment policy reviews: LAO PDR, 2017.

établi une opération de production de caméras en 2013. La même année Toyota Boshoku a établi une usine pour produire des composants intérieurs et des couvertures de sièges pour les constructeurs automobiles opérant dans la région (ASEAN). D'autres investisseurs japonais, comme Suzuki (pièces automobiles) ; Toshiba (hydroélectricité) ; Dai-ichi Denshi, Mitsubishi Materials, et Kitani, pour les composantes électroniques ; Daiwa et Toyota pour les câbles électriques de voitures sont aussi présents. Parmi les autres investissements récents des pays de l'OCDE, on cite Coca-Cola (USA), et Bosch (Allemagne). Bien que n'étant pas un investisseur majeur, l'Australie a une présence durable dans de nombreux secteurs de l'économie lao, y compris dans les services miniers, manufacturiers, financiers et éducatifs. La plupart des entreprises étrangères se trouvent dans les SEZ à Vientiane et à Savan-Seno, cette dernière a été créée en 2003, est particulièrement attrayante pour les entreprises souhaitant s'implanter sur le corridor économique Est-Ouest reliant le Vietnam, le Laos et la Thaïlande. Les investisseurs coréens et japonais sont également très présents dans les SEZ, ces derniers misent sur la réexportation vers les pays voisins à partir du Laos, tout comme la France qui est représentée dans la SEZ Savan-Seno grâce à l'implantation d'Essilor. Au moins quatre des douze zones économiques spéciales dans le pays ont été créées avec un financement chinois (Boten dans la province de Luang Namtha et Saysettha Development Zone à Vientiane, entre autres). Dans le cadre de l'AEC, les entreprises manufacturières malaisiennes et thaïlandaises ont également investi dans des usines de vêtements pour bénéficier des coûts de main-d'œuvre plus faibles et l'accès préférentiel au marché de l'Union européenne (SGP). Selon la déclaration récente du chef économiste de la Banque mondiale, Aaditya Mattoo, le Laos serait en mesure d'attirer des relocations des entreprises étrangères compte tenu de l'amélioration du climat des affaires constatée aujourd'hui, toutefois, il doit continuer « des réformes et l'amélioration de la connectivité régionale ; le renforcement de son secteur des transports, des télécommunications, des finances publiques et des services. Telles seront les clés de son succès, selon le chef économiste de la Banque mondiale[184] ».

Les récents chiffres du MPI ont confirmé l'approbation du gouvernement pour des projets d'investissement lao et étrangers qui ont été réalisés pour un montant estimé à 40,3 milliards de dollars entre 1988 et 2020, tout secteur d'activité confondu[185]. Actuellement, il y a plus de 4 635 projets d'investissement de 53 pays opérant au Laos, et 848 entreprises ont investi dans les 12 zones économiques spéciales ou spécifiques (SEZ) à l'échelle nationale avec un capital social total de 13,9 milliards de dollars. Ce qui démontre le

[184] Business climate improvement can attract relocating firms: World Bank economist, Vientiane Times, 02/10/2020.
[185] MPI to boost quality and efficiency in planning and investment sector, Vientiane Times, 08/12/2020.

dynamisme de l'économie lao, notamment depuis les deux dernières décennies, grâce à l'exploitation des ressources naturelles et au développement de l'hydroélectricité qui ont entraîné la croissance économique rapide, les deux secteurs étant largement dirigés par des investisseurs étrangers. Parallèlement, la gouvernance économique, la politique des réformes et l'adaptation pragmatique à la lumière de l'évolution économique des dirigeants lao, ont permis la réalisation de ces bons résultats. Toutefois, l'État et le gouvernement lao sont conscients que l'investissement ne doit pas être considéré comme une fin en soi. Ainsi, l'impact de l'investissement sur la croissance et le développement dépend autant, sinon plus, sur la qualité de l'investissement comme sur la quantité. Aussi le gouvernement préconise-t-il pour le 9e plan quinquennal (2021-2025) des investissements plus utiles, plus verts et plus diversifiés pour ne pas dépendre excessivement de son secteur d'énergie.

4.6 Création de la bourse de Vientiane (LSX) en 2010

Le financement des entreprises par le biais de la Bourse de Vientiane (LXS), la Lao Securities Exchange (LSX), a été créé en 2010[186]. Au fil du temps, les investissements étrangers ont augmenté et de nouvelles sociétés ont été cotées, il n'y pas de limite pour le nombre de participations étrangères[187], le marché boursier permet la négociation de titres de propriété des entreprises qui y sont cotées. Ce marché permet aux entreprises de financer leur développement par augmentation de capital via un appel public à l'épargne. De même, le marché obligataire qui permet aux entreprises, aux institutions financières ou à la BOL d'emprunter des capitaux sur le moyen ou le long terme pour financer le déficit budgétaire de l'État.

Le portefeuille de ressources en fonds propres et le financement privé national ont ainsi augmenté grâce au marché boursier à Vientiane, cela offre des opportunités supplémentaires aux entreprises pour se financer, c'est un moyen alternatif aux crédits bancaires. Les entreprises ont ainsi la possibilité de lever davantage de fonds et de diversifier les sources de financement en réunissant de nombreux investisseurs. Le portefeuille de financement par actions a significativement augmenté depuis le lancement de la première bourse du Laos. On observe cependant que la LSX a eu du mal à attirer l'introduction en bourse des entreprises publiques, d'où la capitalisation boursière est restée relativement modeste ces dernières années, elle est nettement inférieure comparée autres pays de l'ASEAN. En 2020, onze

---

[186] Songvilay, L. and Vanthana Nolintha (2011), Securities Market in Lao PDR: Challenges for Security Market Development at Early Stage, National Economic Research Institute, 2011, Vientiane.

[187] http://www.lsx.com.la/.

entreprises sont cotées en bourse, avec une capitalisation boursière 24 502 milliards de kips soit environ 16% du PIB, selon le président de LSX, Oth Phonhxiengdy ; ce qui a néanmoins plus que doublé par rapport à la période d'ouverture du marché en 2010, ces entreprises sont dans les secteurs : énergie, industrie, finance, agriculture, commerce, et services[188]. Avec une étroite coopération et le soutien du gouvernement ainsi que le secteur privé, le marché boursier avait 15 961 comptes de placement, dont 3 394 comptes détenus par des ressortissants étrangers de 47 pays. Parmi les entreprises cotées, seules deux : BCEL et EDL-Gen - avaient le plus grand nombre d'actionnaires. La capitalisation boursière d'EDL-Gen, la plus importante de la bourse totalisait plus de 12 000 millions de kips. La liste des onze entreprises cotées est donnée ci-dessous :

- Banque Pour Le Commerce Extérieur Lao Public (BCEL)
- EDL Generation Public Company (EDL-Gen)
- Lao World Public Company (LWPC)
- Petroleum Trading Lao Public Company (PTL)
- Souvanny Home Center Public Company (SVN)
- Phousy Construction and Development Public Company (PCD)
- Lao Cement Public Company (LCC)
- Mahathuen Leasing Public Company (MHTL)
- Lao Agrotech Public Company (LAT)
- Vientiane Center Lao Public Company (VCL)
- Lao ASEAN Leasing Public Company (LALCO)

Bien que le marché boursier se soit progressivement développé et établi après l'essor du secteur bancaire, la capitalisation boursière par rapport au PIB représente toujours un tiers du crédit bancaire, ce qui montre l'amélioration sensible du marché des capitaux en corrélation avec le secteur bancaire[189].

Le Laos demeure toutefois un acteur boursier mineur dans l'ASEAN. Les investisseurs locaux représentent 79% versus 21% d'investisseurs étrangers. Pour accroître davantage des introductions en bourse, il faudrait selon des analystes, plus de participation des entreprises publiques (SOE), cela sera possible que lorsque celles-ci seront prêtes à développer une meilleure gouvernance et à présenter de solide bilan financier[190].

Dans le cadre de l'effort de renforcement de la gouvernance d'entreprise, une mise à jour du règlement de cotation des entreprises à la Bourse a été

[188] LSX focuses on IT development, information dissemination to attract more investors, Vientiane Times, 27/11/2020.

[189] Dalaloy, Vathana, Presentation on Lao PDR Perspectives on Capital Market Development, Asia-Pacific Outreach Meeting on Sustainable Development Financing, June 2014, Jakarta.

[190] Somvixay Chanthavong, Stock Market Development in Country with Least Development but Fast Economic Growth: A Case Study of Lao PDR.

publiée par le LSX en novembre 2015. Pour les entreprises, les exigences relatives à la cotation initiale comprennent la divulgation des éléments financiers et non financiers. Les éléments financiers concernent : 1) l'historique d'exploitation (trois ans ou plus nécessaires depuis la constitution), 2) la taille de l'entreprise (capital de 8 milliards de kips, soit environ 1 million de dollars), 3) distribution des actions (au moins 100 actionnaires minoritaires et plus de 10% des actions détenues par des actionnaires minoritaires), et 4) la performance de l'entreprise (le chiffre d'affaires d'au moins 24 milliards de LAK ou environ 3 millions de dollars). Les autres exigences concernent la diffusion et la qualité de l'information sur la société, la gouvernance d'entreprise et autres questions jugées « nécessaires à la promotion de l'intérêt du public et la protection des investisseurs ». Ces critères sont en conformité avec ceux formalisés par l'OCDE.

En dépit de récente amélioration du marché boursier lao en 2020, celui-ci continue à souffrir de nombreuses faiblesses, qui limitent son attrait auprès des investisseurs privés. Tout d'abord, le marché boursier lao souffre d'un déficit d'attraction. En dix ans, il y a seulement 11 entreprises qui sont entrées en bourse dont 3 entreprises publiques, cela réduit l'étroitesse du marché boursier. Depuis 2012, le gouvernement a augmenté la proportion d'actions que les étrangers peuvent détenir dans une société cotée de 10% à 20%.

Plus généralement, le marché boursier souffre d'un déficit de confiance dans la capacité de régulation et de surveillance des marchés boursiers par la Commission des valeurs mobilières lao (LSC)[191]. Ainsi, certaines sociétés semblent avoir été introduites en bourse, sans pour autant satisfaire les critères de la bonne gestion et de la transparence des comptes, en outre l'évaluation du bilan des entreprises ne reflète pas la réalité. Les entreprises cotées donnent peu d'information au public aussi bien en ligne que par leurs intermédiaires financiers. Or, le déficit chronique du budget de l'Etat et la dette publique en augmentation constante du pays contribue à accentuer la volatilité du marché boursier lao. D'autre part, selon la BOL, les règles d'investissement ne sont pas suffisamment spécifiques, notamment en ce qui concerne le financement des particuliers et le type des titres ne sont pas expliqués en détail pour les institutions centrales, en particulier de la part des entreprises impliquées dans l'actif d'évaluation des entreprises. En plus, le contenu des informations en ligne, la diffusion des rapports et des bases de données sont incomplets. En vue d'optimiser et de rendre plus performant le marché boursier, le gouvernement lao a révisé en décembre 2020 la loi sur des valeurs mobilières. Afin d'attirer plus d'investissements sur le marché des capitaux, le gouvernement a abaissé le pourcentage de l'impôt sur les bénéfices payé par des sociétés cotées de 20 à 13% pour une période de quatre ans. Le

191 (LSC), présidée par le vice-Premier ministre et deux vice-présidents (le gouverneur de la Banque centrale du Laos et le ministre des Finances).

gouvernement a également renoncé au paiement de l'impôt sur le revenu d'argent issu de la vente d'actions, de transferts d'actions et de dividendes[192].

Comme il n'y a pas de marché à ce jour de la dette des entreprises au Laos, le gouvernement avait émis sa première d'obligation souveraine transfrontalière sur le marché de la dette thaïlandaise en 2013. Plus récemment en novembre 2020, pour équilibrer son budget fiscal, le gouvernement lao a émis des obligations d'une valeur de 3 200 milliards de kips et 50 millions de dollars disponibles en vente à la Bourse de Vientiane, co-arrangées par les sociétés Lanexang Securities Public Company, BCEL-KT Securities Limited Company, et Lao-China Securities Limited Company[193]. 1 700 milliards de kips sont sous forme de bons du Trésor et les 1 500 milliards de kips sont les obligations classifiées comme obligations « Budget Balancing Bonds » pour combler le déficit budgétaire tout comme les 50 millions de dollars en obligations. Compte tenu de la situation critique des finances publiques, le gouvernement lao pourrait à l'avenir recourir à l'émission d'obligation en monnaie locale via LSX pour combler son déficit fiscal plutôt que de recourir au marché d'émission des obligations à l'étranger. Le nouveau gouvernement du Premier ministre Phankham Viphavanh a annoncé que le gouvernement fera appel au marché boursier LSX chaque fois que cela sera jugé nécessaire.

Conscient des freins au développement du marché boursier et du nombre encore trop restrictif des sociétés cotées, le gouvernement a adopté un plan stratégique (2016-2020) dans le but de restructurer et moderniser le marché des capitaux et de favoriser ainsi son développement. La LSC cherche également à améliorer les outils de régulation et de sécurité du marché, pour mieux circonscrire les risques inhérents aux activités financières. Elle cherche ainsi à mettre en place des procédures plus transparentes pour l'examen et l'approbation des demandes d'inscription à la bourse des entreprises. Elle met en œuvre le cadrage d'un plan de développement stratégique pour 2021, en particulier pour l'utilisation des technologies modernes d'information et du système intégré appelé « Bank Link ».

Quant au cadre institutionnel, le Bureau de la Commission lao des valeurs mobilières (LSCO), créé en 2009, il supervise la Bourse de Vientiane, la Lao Securities Exchange (LSX), celle-ci est régie par la Loi sur les valeurs mobilières de 2012. La LSCO est sous l'autorité des 13 membres de la Lao Commission des valeurs mobilières (LSC), présidée par le vice-Premier ministre et deux vice-présidents (le gouverneur de la Banque centrale du Laos et le ministre des Finances).

Malgré ces réformes, d'importantes lacunes subsistent. En effet, dans la pratique, la divulgation sur les éléments financiers et non financiers reste limitée ; les rapports sont généralement difficiles d'accès en ligne ou en

[192] Law on Securities under revision to clarify stock market trade, Vientiane Times, 18/12/20.
[193] Government approves additional bonds of 3,200 billion kip for trade on LSX, Vientiane Times, 16/11/2020.

anglais ; un grand nombre de compétences sont requises pour mettre en œuvre et créer une culture de bonne gouvernance d'entreprise, y compris les compétences en comptabilité et en vérification. De plus, l'application de la loi reste incohérente. L'existence d'un grand nombre de décrets gouvernementaux conduit à une prise de conscience limitée pour les participants au marché de valeurs mobilières. Dans ce contexte, cela explique pourquoi le nombre d'entreprises privées et publiques rencontraient des difficultés à se faire coter à la bourse.

On note cependant que les autorités lao sont en train de renforcer la capacité de développement de la bourse de Vientiane par : l'exploration du marché obligataire, l'introduction des fonds communs de placement, la prolongation des heures de transactions mobilières au-delà de la session du matin, et le lancement d'un nouvel échange pour les petites et moyennes entreprises. Pour améliorer la relation avec les investisseurs régionaux et étrangers, LSX a signé des protocoles d'accord avec la Bourse de Hanoi, la Bourse de Ho Chi Minh et la Bourse de Thaïlande. Pour l'avenir, LSX vise à devenir un membre de la Fédération mondiale des bourses. Le marché des capitaux reste relativement modeste par rapport aux pays membres de l'ASEAN, le grand défi pour l'Etat lao est d'accroître le volume de capitalisation en faisant coter davantage d'entreprises d'État et d'entreprises privées à la Bourse. En effet, LSX a commencé ses activités en janvier 2011, EDL-Gen et la BCEL, toutes deux détenues majoritairement par l'État, ont été les deux premières entreprises cotées. Plus récemment LSCO a encouragé le secteur agriculture d'investir dans le marché boursier[194].

Le MOF et la LSC envisagent également de faire coter les SME et de diversifier les produits boursiers, notamment en lançant une série de mesures visant à doper la croissance de la bourse : par exemple, établir une Caisse d'investissement dans les biens immobiliers, une Caisse à participation volontaire des personnes à la retraite, introduire des titres de valeurs émis par le Trésor public dans les transactions boursières.

4.7 L'essor du commerce extérieur et le renforcement des lois internationales se sont améliorés

La structure sectorielle des échanges montre que le commerce repose principalement sur les ressources extractives et l'exportation de produits agricoles non transformés et forestiers. Le commerce et l'investissement sont déterminants pour permettre au Laos d'atteindre ses objectifs économiques et sociaux. Le ratio des échanges de biens et de services au PIB a significativement augmenté et s'est établi à environ 75% en 2018, contre 60% en 2013, selon l'OMC. Les exportations sont concentrées dans les secteurs des

---

194 LSCO encourages agriculture sector to invest in stock market, Vientiane Times, 16/03/2021.

ressources naturelles, qui représentaient environ 53% des exportations totales en 2017. L'électricité constitue la principale catégorie d'exportation. La principale destination des exportations de marchandises est la Thaïlande, suivie de la Chine et du Vietnam. La plupart des importations du Laos viennent d'Asie, dont la part dépasse aujourd'hui 92% (§ 8.4).

Depuis 2013, le Laos a entrepris un second amendement de sa Constitution, modernisé ses politiques en matière du commerce et de l'investissement, et a engagé certaines réformes des institutions et de la réglementation portant notamment sur l'élaboration de la législation, l'accès à l'information, l'administration en ligne, la lutte contre la corruption, la promotion de l'investissement, le règlement des différends en matière commerciale, la Loi de 2015 sur la concurrence, qui est entrée en vigueur en janvier 2016, la Loi sur les sauvegardes a été promulguée en décembre 2017 ; approuvée par l'Assemblée nationale en juin 2019, la Loi sur les mesures antidumping, et la mise en place de la Loi sur la faillite des entreprises. Le Laos reste attaché au système commercial multilatéral. Au cours de la période 2012-2020, il a élargi ses engagements dans le cadre de l'OMC en ratifiant l'Accord sur la facilitation des échanges (AFE) le 29 septembre 2015. Parallèlement, il a continué de se concentrer sur le renforcement de l'intégration économique régionale grâce à la mise en œuvre et/ou à la participation à la négociation de plusieurs accords de l'ASEAN, dont le Partenariat économique régional global (RCEP). Dans le cadre du Système généralisé de préférences (SGP), le Laos continue de bénéficier des schémas SGP de plusieurs pays et il peut prétendre à des préférences additionnelles propres à la catégorie des PMA accordées par certains régimes. Par ailleurs, le Laos a continué de recevoir une assistance pour atteindre ses objectifs en matière de développement économique dans le cadre des projets du Cadre intégré renforcé (CIR), afin d'améliorer, entre autres, des normes de ses infrastructures, d'accroître les exportations et de soutenir les investissements et le développement commercial de ses entreprises.

4.7.1 Application des Lois commerciales internationales

Le Laos se met progressivement aux normes et pratiques internationales en matière de lois du commerce : Lois sur la concurrence et anti-trust, l'arbitrage, les résolutions des conflits ou d'insolvabilité et la Loi sur les droits de propriété intellectuelle.

Il n'y a pas eu de mises à jour depuis 2017. Une nouvelle Loi sur **la concurrence** a été approuvée en 2015 et s'applique aux personnes physiques et morales étrangères et nationales. La loi a été rédigée avec l'aide du gouvernement allemand et d'autres donateurs. La loi sur la concurrence était l'un des efforts politiques du gouvernement lao pour se mettre en conformité dès 2016 avec les réglementations et normes de l'AEC. La loi a créé deux nouvelles entités gouvernementales, la Commission de contrôle de la concurrence des entreprises (BCC) et le Secrétariat de la BCC. La Commission BCC est l'organe principal et sa composition est décidée par le Premier ministre avec l'avis du ministre de l'Industrie et du Commerce. Selon la législation, il devrait inclure des hauts fonctionnaires de plusieurs ministères ainsi que des hommes d'affaires, des économistes et des avocats. La Commission BCC peut rédiger des règlements, approuver les fusions, imposer des sanctions et fournir des orientations générales sur la politique et la réglementation gouvernementales en matière de concurrence. Le Secrétariat de la BCC, une institution de niveau inférieur équivalent à un département ou une division du MOIC, peut entendre les plaintes, mener des enquêtes et mener des recherches et des rapports à la demande de la Commission. Plus précisément, La Loi sur **les sauvegardes** a été promulguée le 7 décembre 2017. Approuvée par l'Assemblée nationale en juin 2019, la Loi sur les mesures antidumping et les mesures compensatoires devrait être promulguée à la fin de 2019. Le principal texte législatif régissant la politique de la concurrence au Laos est la Loi de 2015 sur la **concurrence**, qui est entrée en vigueur en janvier 2016. La Loi est administrée par la Commission lao de la concurrence, qui a été établie en 2018. La Loi porte sur la concurrence déloyale, qui englobe les comportements trompeurs ; la violation des secrets d'affaires ; la coercition en matière commerciale ; la diffamation des autres opérateurs commerciaux ; l'imposition d'obstacles aux opérations commerciales ; la publicité mensongère ; la promotion déloyale des ventes ; la discrimination par les associations professionnelles ; et toute autre pratique établie dans les lois et règlements pertinents. Au Laos, le prix de la plupart des marchandises est déterminé par le marché ; néanmoins, en vertu du Décret de 2010 du Premier ministre sur l'administration des prix des marchandises et des tarifs des services, certains biens et services sont assujettis à un contrôle ou à une surveillance des prix.

Le Laos n'est pas membre du Centre international pour le règlement des différends relatifs aux investissements (ICSID Convention). Il est cependant signataire de la Convention pour la reconnaissance et l'exécution des sentences arbitrales étrangères (Convention de New York de 1958). En matière de **résolution de conflit et d'arbitration**, le Laos se conforme aux lois internationales, mais son application est encore à ses débuts. Au-delà des différends commerciaux, des expropriations ou des compensations, il n'y a pas de mécanismes formels de résolution alternative des litiges prévus dans la loi lao, mais sur la base de la loi modifiée sur la promotion des investissements et de la loi sur la résolution des investissements datée du 22 juin 2018, les deux parties peuvent décider si elles souhaitent avoir l'arbitrage au Laos ou à l'étranger comme mentionné dans le contrat. Il n'y a pas d'antécédents connus du Laos dans l'application de décisions arbitrales commerciales étrangères.

La Loi de 1994 sur **la faillite autorise l'entreprise** ou le créancier à demander au tribunal de rendre un jugement de faillite et autorise les entreprises à demander une médiation. La loi autorise également la liquidation des biens à la demande d'un débiteur ou d'un créancier. Cependant, il n'existe aucune trace d'une entreprise à capitaux étrangers, que ce soit en tant que débiteur ou en tant que créancier, demandant aux tribunaux un jugement de mise en faillite. Selon le rapport sur la facilité de faire des affaires de la Banque mondiale, le Laos reste tout en bas du classement mondial pour la facilité de résolution de l'insolvabilité.

Sur les droits de **propriété intellectuelle (IPR)**, la protection de la propriété intellectuelle au Laos est faible, mais en constante amélioration. L'aide américaine USAID a créé le projet Lao PDR-U.S (USAID LUNA II) en vue d'aider le gouvernement lao dans ses efforts pour accroître sa capacité dans le domaine de protection des droits de propriété intellectuelle et pour progresser sur les engagements relatifs à l'IPR pris dans le cadre du programme d'adhésion du Laos en 2013 à l'OMC. L'USAID LUNA II a travaillé avec le Département de la propriété intellectuelle du ministère de la Science et de la Technologie lao pour créer un portail en ligne fournissant des informations détaillées sur l'enregistrement des droits d'auteur, des marques, des indicateurs géographiques et des variétés végétales. Le ministère de la Science et de la Technologie contrôle la délivrance des brevets, des droits d'auteur et des marques. Le Laos est membre du système commun de dépôt des brevets de l'ASEAN mais manque d'examinateurs qualifiés de brevets. L'accord bilatéral sur les IPR entre la Thaïlande et le Laos stipule qu'un brevet délivré en Thaïlande doit également être reconnu au Laos. Le Laos est membre de la Convention de l'Organisation mondiale de la propriété intellectuelle (WIPO) et de la Convention de Paris sur la protection de la propriété industrielle mais n'a pas encore à ce jour adhéré à la Convention de Berne sur les droits d'auteur.

En 2011, l'Assemblée nationale a adopté une révision complète de la Loi sur la propriété intellectuelle qui la met en conformité avec les normes de l'Organisation mondiale de la propriété intellectuelle et des aspects de la propriété intellectuelle qui touchent au commerce (WIPO). Des modifications de la loi de 2011 sur la propriété intellectuelle ont été rendues publiques en mai 2018. La consolidation de la responsabilité des droits de propriété intellectuelle au sein du ministère de la Science et de la Technologie est une évolution positive, mais le ministère manque de capacité d'application.

4.7.2 Tendances et structure du commerce extérieur

Depuis 2013, les parts des exportations et des importations de marchandises dans le PIB ont toutes deux augmenté; la part des exportations est passée de 19,0% en 2013 à 29,6% en 2019, tandis que celle des importations est passée de 25,5% à 34,5% sur la même période. En revanche, les exportations et les importations de services ont toutes deux diminué pendant cette même période, bien que le solde du compte des services se soit amélioré en valeur absolue. L'amélioration est principalement imputable à un accroissement des recettes au titre des services de transport et des services relatifs aux voyages, ce qui dénote une augmentation significative des activités touristiques dans le pays. Le volume total des échanges commerciaux (importations et exportations des biens) du Laos atteignait en 2018 et 2019, respectivement 13,5 milliards de dollars et près de 15 milliards de dollars (9,6 milliards de dollars en 2017), un rebondissement du commerce grâce aux efforts déployés par le gouvernement, en particulier dans la réhabilitation des infrastructures, l'amélioration de l'environnement des affaires et des services. Les exportations ont atteint 5,6 milliards de dollars (+ 10% en un an) et les importations 5,8 milliards de dollars (+ 22%) en 2019 (voir graphique ci-dessous). Le gouvernement prévoyait pour 2020, un total des échanges commerciaux de 13,2 milliards de dollars, ceci avant la crise du coronavirus. À fin 2020, les échanges extérieurs atteignaient environ 11,9 milliards de dollars, les exportations étaient en baisse avec seulement 4,28 milliards de dollars, soit 70,8% du budget prévu ; quant aux importations, elles étaient à 3,8 milliards de dollars, soit 64,7% du budget[195].

Les bonnes performances à l'exportation ont contribué à réduire le déficit du compte courant. Les exportations ont continué de croître, tirées par la hausse des prix mondiaux des produits de base, ainsi que certains changements dans la structure des exportations du Laos. La tendance haussière s'est poursuivie dès 2016, les exportations ont accru grâce à l'augmentation de la capacité de production hydroélectrique ; la structure sectorielle des échanges a montré que le commerce reposait principalement sur les ressources naturelles (hydroélectricité, minerais, bois), l'exportation de produits agricoles non transformés et l'industrie manufacturière.

Les exportations d'électricité vers la Thaïlande ont augmenté de 25% à 1,8 milliard de dollars en 2019 contre moins de 0,8 milliard de dollars en 2013, la part des exportations d'électricité représentait 26,5% des exportations totales en 2019, contre 13% en 2010. En 2019, selon les statistiques du MOCI, les exportations minières ont aussi augmenté de 1,3 milliard de dollars en 2019, contre environ 1 milliard de dollars en 2013 en raison de l'effet du prix du cuivre, malgré la baisse de ses ventes ; les exportations des produits miniers atteignaient 22% du total des exportations, en baisse par rapport aux deux dernières années en raison de la baisse du prix du cuivre sur le marché international ; en revanche l'électricité était en forte augmentation. Fin 2020, le Laos a achevé la construction de 20 barrages hydroélectriques d'une puissance installée supplémentaire de 2 707 MW, ceci malgré le

[195] Zero percent tariff to boost Laos-China trade, Vientiane Times 04/11/2020.

ralentissement des travaux en raison de l'effondrement du barrage déjà mentionné dans la province d'Attapeu en juillet 2018, qui a entraîné la mort d'une trentaine de personnes et des centaines de disparus. Une grande partie des 85% d'électricité produite par ces centrales est exportée. Les exportations d'électricité et des mines représentaient environ 50% du total des exportations lao. La part de l'agriculture à l'export (essentiellement de produits non transformés) a continué de croître passant de 7,5% en 2010 à 15,5% en 2019, en raison de la forte demande du café, des bananes et du manioc en Chine. Cependant, l'exploitation des produits du bois a considérablement baissé, elle représentait environ un tiers des exportations du pays dans les années 1990, et continuait de baisser de 14,7% en 2010 à 5,5% en 2019. La déforestation s'est poursuivie sur un rythme important malgré l'interdiction d'exportation du bois brute décidait par le gouvernement depuis 2004. Les produits manufacturés continuaient de croître régulièrement à l'export de 12% en 2010, ils étaient à 19% en 2019[196]. Les exportations dans la catégorie « autres » comme des produits manufacturiers ont augmenté de 12% à 17%, ainsi que les produits agricoles de 7% à 11% au cours de la même période, le bois a subi une forte baisse de 7% à 4%, le café a augmenté de 4% à 7%, alors que la confection a connu une bonne performance, ses exportations bondissaient de 6 à 10%.

En 2019, le principal marché d'exportation du Laos était la Thaïlande, suivie de la Chine et du Vietnam. La part de la Thaïlande a fortement augmenté suite à la hausse des exportations d'électricité et de composants électriques. Les parts de la Chine et du Vietnam ont également augmenté, tout comme celles de l'Asie et de l'ASEAN. En revanche, selon le MOIC, l'année 2020 était mauvaise pour le commerce extérieur laotien, les exportations en très forte baisse près de 18% en raison de la crise coronavirus.

Le commerce entre le Laos et la Chine vient de recevoir un coup de pouce en début novembre 2020 après que le gouvernement chinois a annoncé qu'il réduirait les tarifs à 0% pour les importations du Laos, un mouvement qui couvrira 97% de tous les produits laotiens. Selon les experts, étant donné la faible capacité de production industrielle et la rentabilité de l'agriculture lao, et ajoutée à la faible compétitivité des produits, l'annonce chinoise donnera un nouvel espoir au Laos pour renforcer ses secteurs agricole et industrie manufacturière. Les entreprises lao pourront ainsi accéder au grand marché chinois et améliorer leur productivité[197]. Cette initiative chinoise est un levier de croissance pour l'économie lao, elle stimulera les investissements au Laos, et de surcroît le chemin de fer Vientiane-Boten justifiera alors sa raison d'être.

Le graphique (10) montre la croissance dynamique des secteurs de l'énergie et des mines à l'export. L'électricité, les produits miniers et l'agriculture ont continué de croître annuellement à l'exportation. À noter qu'en 2019, les exportations du Laos atteignaient 31% du PIB, tandis qu'en 2010,

---

[196]https://fr.countryeconomy.com/commerce/exportations/laos.

[197] Zero percent tariff to boost Laos-China trade, Vientiane Times, 05/11/2020.

elles représentaient 23,2%. Le graphique (11) ci-dessous montre des exportations en valeurs par secteur d'activité de 2013 à 2019. Ainsi, les exportations des produits miniers restaient à peu près constantes à partir de 2015 autour de 1,2 milliard de dollars, tandis que le secteur électricité augmentait à partir de 2016, en raison du nombre croissant de nouvelles centrales hydroélectriques. Les exportations du secteur « autres » augmentaient fortement passant de 400 millions de dollars en 2003 à 2,3 milliards de dollars en 2019, grâce aux produits manufacturiers, le textile, les composantes mécaniques et électroniques.

Graphique 10 : Évolution des exportations par secteur en % total des exportations

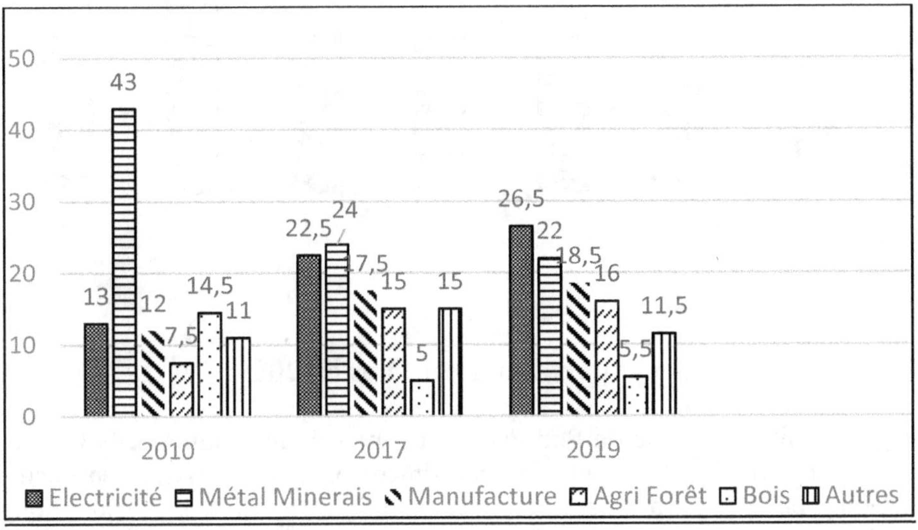

Source MPI ; Banque centrale du Laos, 2012 et 2019.

Graphique 11 : Évolution des exportations en milliards de dollars par secteur de 2013-2019

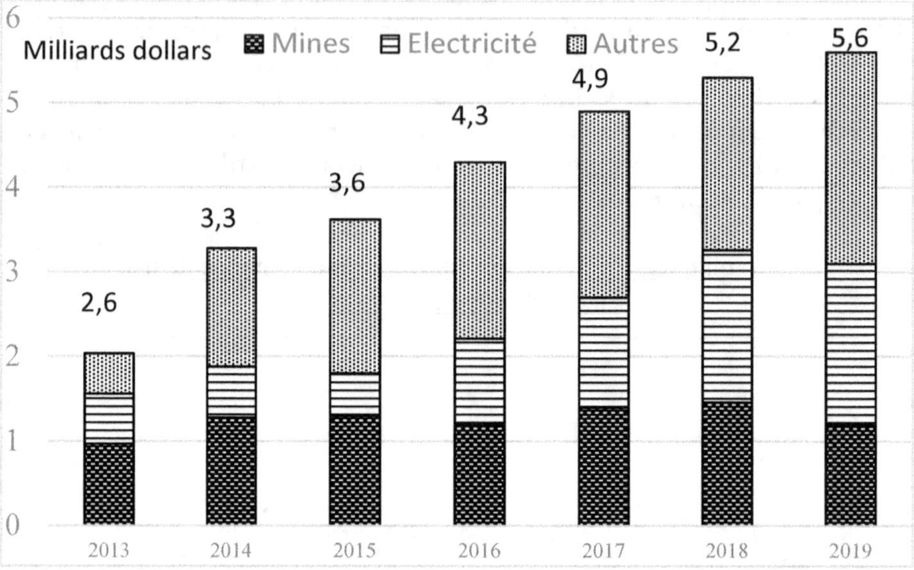

Source: Bank of the Lao PDR.

4.7.3 Le Top 10 des exportations du Laos en 2019

Pays sans littoral d'Asie du Sud-Est de la péninsule indochinoise, le Laos a expédié des marchandises d'une valeur estimée à 5,74 milliards de dollars dans le monde en 2019 ; il a considérablement amélioré ses revenus d'exportation, ce chiffre qui était de 5,4 milliards de dollars en 2018[198]. Ce montant en dollars reflétait une augmentation de 92,2% depuis 2015 mais un gain plus faible de 2018 à 2019, ce qui s'est traduit par un progrès significatif de son industrie et le dynamisme de son commerce.

Les dernières données disponibles par pays de 2018 montraient que 97,5% des produits exportés du Laos ont été achetés par des importateurs des pays suivants : la Thaïlande (48,2%), la Chine (26,6%), le Vietnam (15,2%), l'Inde (2,2%), le Japon (1,5%), l'Allemagne (1,3%), Hong Kong (0,5%), les États-Unis (0,5%), la Suède (0,4%), la Suisse (également 0,4%), le Royaume-Uni (0,3%) et les Émirats arabes unis (également 0,3%)[199].

On remarque que 95,5% des exportations laotiennes en valeur ont été livrées aux pays d'Asie, tandis que 3,7% ont été vendues à des importateurs

[198] Value of Lao imports dips in 2019: report, Xinhua, 27/02/2020, Report Ministry of Industry and Commerce. Légères différentes de valeurs données avec les chiffres de la BOL.
[199] MOCI, 2019; ASEAN Secretary.

en Europe. Des pourcentages plus faibles sont allés à l'Amérique du Nord (0,7%), à l'Afrique (0,04%), à l'Océanie, en tête l'Australie (0,03%) puis à l'Amérique latine hors Mexique mais en incluant les Caraïbes (0,02%).

Le tableau (9) ci-dessous montre le classement de marchandises exportées en dollars en 2019. Le pourcentage indique la part de chaque catégorie de marchandises exportée par rapport à la valeur totale des exportations.

Tableau 9 : Le Top 10 des exportations de marchandises du Laos en dollars

1	Électricité, combustibles : 1,4 milliard (24.8%)
2	Pièces mécaniques, électroniques : 675,3 millions (11.8%)
3	Cuivre : 614,6 millions (10.7%)
4	Minéraux, scories, cendres : 539,1 millions (9.4%)
5	Pâte de bois : 269,7 millions (4,7%)
6	Caoutchouc, articles en caoutchouc : 260,9 millions (4,5%)
7	Vêtements et accessoires : 226,8 millions (8%)
8	Bois : 218.7 millions (3.8%)
9	Sel, soufre, pierre, ciment: 119,6 millions (2,1%)
10	Des légumes : 111,5 millions (1,9%)

Source : National Statistics Bureau, UN

Selon la Banque mondiale et le MOIC, les 10 principales exportations du Laos en 2019 représentaient 77,7% de la valeur globale de ses exportations mondiales. Le bois a été la catégorie de produit qui augmentait le plus rapide parmi les 10 principales catégories d'exportation, en hausse de 449,5% de 2018 à 2019. En deuxième place, les vêtements et accessoires non tricotés et non crochetés ont augmenté de 76,1%. Les exportations lao du sel, du soufre, des pierres, et du ciment ont enregistré en valeur la troisième augmentation la plus rapide +54,9%. Les minerais, les scories et les cendres ont été la principale baisse parmi les 10 principales catégories d'exportation du Laos, une baisse de 29,1% d'une année sur l'autre. En 2019, le Laos a exporté près de 2 milliards de dollars de produits industriels, ce montant est tombé à 1,7 milliard de dollars en 2020.

Bien que la valeur des exportations de produits manufacturés ait décliné pendant la pandémie du Covid-19, ce secteur reste néanmoins relativement dynamique. Les principales exportations du Laos en 2020 n'ont pas beaucoup changé, elles comprennent l'électricité, le minerai de cuivre, les accessoires faits en cuivre, les pâtes de bois, les pièces de caméra, les boissons, le caoutchouc, le bétail, le manioc, les lingots d'or et d'or mixtes, les vêtements, les bananes, les machines et équipements électriques, les fruits et les noix.

Les bons résultats des exportations ont été tirés par la hausse des prix mondiaux des produits de base, une demande régionale soutenue et une structure des exportations du Laos de plus en plus diversifiée. Pour les exportations d'électricité et des produits miniers (voir plus haut). En ce qui concerne des exportations de produits manufacturés, elles ont presque triplé depuis 2013, boostées principalement par les exportations de matériel électronique, de télécommunications et électrique provenant des SEZ, de denrées alimentaires, et de boissons. Cependant, les exportations de produits agricoles ont stagné suite au ralentissement des exportations de caoutchouc vers la Chine et de légumes vers la Thaïlande, en partie en raison de la chute des prix du caoutchouc et du café. En outre, les exportations de bananes vers la Chine ont également été affectées par un contrôle plus strict de l'utilisation de produits chimiques dangereux et la suspension des nouvelles plantations.

Les principales importations sont le carburant, les véhicules autres que les tracteurs et les motos, le fer et les produits en acier, les équipements mécaniques les électroménagers, les fils de câble isolés, les machines et équipements électriques, les plastiques, les barres et tiges d'acier, l'acier de construction, les pièces de véhicules et matériel de communication[200].

Pour appuyer les exportations dans d'autres secteurs, comme l'artisanat et l'agroalimentaire, le MOIC et le Cadre intégré renforcé (CIR) ont officiellement lancé une nouvelle initiative en mars 2019 en vue d'accroître les exportations du Laos et soutenir les investissements dans le développement commercial d'agriculture familiale. Le projet fait partie de la troisième génération de partenariat du Laos avec le CIR et vise à soutenir la vision du gouvernement pour le développement du commerce et du secteur privé, en particulier pour renforcer la compétitivité des entreprises lao, améliorer l'environnement commercial et favoriser l'intégration économique au sein de l'OMC et de l'ASEAN, selon Khemmani Pholsena, ministre du Commerce et de l'Industrie. Les exportations ciblent des secteurs dans trois provinces septentrionales du Laos où les améliorations permettraient d'augmenter directement les revenus des ménages pauvres et en particulier des femmes. Les investissements portent sur l'augmentation de la productivité des entreprises agroalimentaires et le soutien aux entreprises locales.

Selon le MOIC, le Laos a bénéficié d'un excédent commercial de 1,1 milliard de dollars en 2020, mais la valeur totale des échanges ne correspondait pas à l'objectif révisé de 11 952 millions de dollars par l'Assemblée nationale pour tenir compte de la crise du Covid-19 en fin de 2020 ; en effet les exportations représentaient 6 168 millions de dollars tandis que les importations atteignaient 5 064 millions de dollars, soit une valeur totale des échanges de 11 232 millions de dollars. Le gouvernement avait

[200] Bananas remain a large slice of Laos' export pie, Vientiane Times, 17/03/2021.

initialement budgété un montant des échanges à 13 037 millions de dollars pour 2020[201].

Toutefois, Le Laos pourrait faire face à une perte commerciale de 102 millions de dollars au titre du régime spécial tarifaire si le pays sortait du statut de pays les moins avancés en 2026, selon une étude récente. Un document de recherche réalisé dans le cadre du projet du Centre du commerce international et financé par l'Union européenne a mis en évidence les projections des échanges et des tarifs ainsi que les impacts prévisibles sur les exportations[202]. Au fil des décennies, le Laos a considérablement bénéficié du système généralisé de préférences (SGP), qui a permis aux exportateurs lao de payer moins ou pas de droits sur leurs exportations vers d'autres pays. Une fois sorti du statut de PMA, le Laos ne pourra plus exporter au titre des régimes tarifaires préférentiels unilatéraux que 24 marchés du monde mis en place pour les pays de cette catégorie. Ce pays a exporté des marchandises d'une valeur moyenne de près de 4,3 milliards de dollars sur la période 2014-2018. L'étude du Centre commercial international prévoyait d'autre part que le Laos pourrait augmenter ses exportations à 8,6 milliards de dollars d'ici 2024 dans une situation hypothétique où il continuerait de bénéficier des préférences des PMA. L'un des principaux défis pour le Laos est que le pays souffre d'un déficit commercial, car il importe plus qu'il n'exporte. Les augmentations tarifaires sur des marchés importants peuvent entraîner des pertes commerciales qui pourraient à leur tour nécessiter la conclusion d'accords de libre-échange supplémentaire.

4.8 La connectivité et le développement des infrastructures sont les enjeux de la transformation économique lao

Situé à un carrefour stratégique entre le sud de la Chine, la Thaïlande et le Vietnam, le Laos se désenclave sous l'impulsion de nouveaux enjeux régionaux. Depuis quelques années, ce pays s'attèle à développer les infrastructures de transports, clés pour son développement économique et la réalisation de la connectivité. Des constructions de routes, de ponts, d'aéroports, des implantations d'entreprises étrangères, des concessions sur la terre, des nombreux projets miniers et hydrauliques, sont entreprises ou en cours de réalisation. Le pays est conscient que sans une infrastructure appropriée, des réseaux routiers et de transports performants, il ne serait pas en mesure d'être compétitif et attractif pour les investisseurs et pour le développement durable de son économie.

---

[201] Sethakit, 18/03/2021; Laos enjoys trade surplus but falls short of target.

[202] Laos to lose favorable trading status after LDC graduation, Vientiane Times, 03/09/2020.

4.8.1. La stratégie de développement du secteur d'infrastructure

Quelle stratégie pour le gouvernement dans le secteur d'infrastructure ? Le développement des infrastructures du Laos doit être apprécié tout d'abord relatif au développement d'infrastructure sur le plan interne et puis sur sa coopération dans le cadre de l'AEC. Depuis l'arrivée au pouvoir du PPRL en 1975, l'État a mis l'accent sur l'importance du développement des infrastructures, en particulier le secteur routier, le transport et les communications, comme facteur clé du développement et de la connectivité de ce pays. Ainsi, le ministère des Travaux publics et des Transports (MPWT) joue un rôle central au même plan que le ministère des Postes et des Télécommunications. Le gouvernement a développé une stratégie sectorielle pour 2020 ainsi que dans chaque plan quinquennal basé sur le principe de faire du Laos un pays « lié à la terre ». Il a élaboré plusieurs programmes dont l'objectif est de soutenir la stratégie globale du pays, en particulier la coopération avec la GMS et d'autres coopérations comme la LMC[203] entre autres. Le Laos investit donc dans les infrastructures pour propulser vers l'avenir.

Les 6e, 7e, et 8e plans quinquennaux identifient la nécessité de renforcer l'intégration économique au sein de la région et une diversification économique plus large, notamment par développer l'industrie agroalimentaire et touristique, en tant qu'objectifs stratégiques, et reconnaissent l'importance du développement des équipements infrastructures pour soutenir la transition d'une économie enclavée à une économie liée à la terre. D'autre part, le Laos a continué à améliorer ses échanges avec ses principaux partenaires du commerce grâce à ses réseaux de transports et ses investissements pour la modernisation des réseaux routiers afin de suivre le rythme de demande en croissance rapide des économies régionales. Compte tenu de la vulnérabilité du Laos au changement climatique et des catastrophes naturelles, une importante mise à niveau du réseau routier existant est donc nécessaire.

S'agissant du développement des infrastructures propres au pays, le gouvernement lao a poursuivi ses efforts depuis le 7e Plan quinquennal 2011-2015 en donnant la priorité au développement routier, conformément au plan global, tel que : poursuite la construction des routes nationales qui sont dans les provinces assurant le lien du nord au sud et de l'est à l'ouest, et aboutissement de la construction de routes pavées à Vientiane, la capitale, reliant les communes des provinces entre-elles par les routes asphaltées. Certaines routes et voies sont en béton dans les villes, comme on l'a pu constater aujourd'hui. De même, les routes reliant les communes aux districts dans les provinces ainsi que les routes reliant des communes aux zones de développement économique sont praticables pendant les deux saisons. Par ailleurs, une attention particulière est accordée à l'entretien et à la restauration

---

[203] Lancang Mekong Cooperation.

des routes pour qu'elles durent plus longtemps ; à l'amélioration et à la modernisation des voies routières, ainsi qu'aux voies navigables. Les autorités lao s'efforcent en outre de donner une meilleure garantie de qualité et d'efficacité de ses services publics et de sécurité. Le gouvernement a poursuivi la qualité des services de la poste, développé des réseaux de téléphones mobiles et l'accès rapide à Internet partout dans le pays avec le 4G, grâce au satellite de communication et à l'application de nouvelles technologies. Des aéroports existants sont rénovés et modernisés pour accueillir l'augmentation du nombre des voyageurs et répondre aux standards internationaux comme celui de l'aéroport international de Paksé ou de Savannakhet et de l'agrandissement de celui de Luang Prabang. Le nouveau terminal international de l'aéroport de Wattai à Vientiane a été construit grâce à l'aide japonaise ; trois autres aéroports sont construits au cours du 8e Plan quinquennal 2016-2020 à Sam Neua, Luang Namtha et à Attapeu. Le gouvernement a d'autre part poursuivi l'amélioration et la restauration de la propreté dans les communes dans le cadre de l'urbanisation et de l'extension des services d'approvisionnement en eau qui couvrent aujourd'hui au moins 85% de la population totale des communes. À présent, 95% de foyers ont désormais accès à l'électricité, selon le MEM.

Le développement des infrastructures dans le cadre de l'AEC comporte deux volets, dont un plus large et plus complexe qui porte sur plusieurs secteurs prioritaires, comme les voyages aériens et le tourisme ; en outre, la coopération maritime a été incluse comme domaine de coopération en vue de l'établissement d'une Communauté de l'Asean de sécurité (ASC). Ensuite, l'essor de la Zone du triangle de développement (Cambodge – Laos – Viet Nam), dont les infrastructures en partie sont déjà entreprises au cours du 8e plan quinquennal avec la SEZ de Paksé, de plus le projet futur de l'aéroport de Paksong est également envisagé. Ce Triangle du développement couvre le territoire des provinces suivantes : Mondulkiri, Rattanakiri et Stung Treng (Cambodge) ; Attapeu, Saravan et Sekong (Laos) ; et Dak Lak, Daknong, Gia Lai et Kon Tum (Viet Nam). Ces provinces sont situées dans les zones frontalières de ces trois pays et partagent de nombreuses similitudes en termes de conditions économiques et sociales[204]. Cependant, le niveau de développement de ces provinces dans le Triangle de développement est généralement plus faible en moyenne par rapport au niveau national de leurs pays respectifs. L'un des principaux objectifs de développement et de coopération de ce Triangle de développement dans les zones frontalières est la coordination des plans de développement et des infrastructures, dans le but de soutenir des exigences principales d'activités économiques de cette zone. D'autre part, un méga projet : complexe industriel, parc de loisir, immeubles et villas résiden-

[204] Oraboune, S. (2008), 'Infrastructure Development in Lao PDR', in Kumar, N. (ed.), International Infrastructure Development in East Asia – Towards Balanced Regional Development and Integration, ERIA Research Project Report 2007-2.

tiels est également envisagé dans la province de Champassak avec un investissement de 9 milliards de dollars sur plusieurs années. Pour parvenir à tel accomplissement, des nouvelles routes, des liaisons routières, des transports et infrastructures logistiques, les travaux ont déjà commencé, certaines portions du réseau routier a vu le jour. Ainsi, les besoins d'investissement sont immenses qui dépassent de loin la capacité de financement du Laos seul.

4.8.2 L'aide publique internationale et des partenaires pour le développement des infrastructures

Il convient de noter que le Laos a participé activement au programme de coopération économique de la GMS pour le développement des infrastructures lao depuis le lancement du programme en 1992. Il a participé notamment au Laos à de nombreux projets financés par l'ADB dans le cadre de la GMS. Le Laos a été bénéficiaire ainsi de prêts ADB multi-pays, comme par exemple pour le projet de corridor économique Est-Ouest (EWEC), ces prêts comprenant, entre autres, les activités d'infrastructures prioritaires du programme de la GMS ; l'accord de transport transfrontalier GMS ; l'étude sur le plan régional d'interconnexion électrique avec la GMS ; l'accord intergouvernemental sur le commerce régional de l'énergie ; l'accord régional d'exploitation sur le commerce de l'électricité et commerce régional ; la coordination et le développement de la stratégie énergétique, et l'étude de stratégie du secteur des transports. Comme en témoigne la vente d'électricité lao à Singapour et à la Malaisie, via les réseaux de transport électrique 500 KV de la Thaïlande, un succès du programme GMS.

Ainsi de nombreux ouvrages tels que : routes, ponts, aéroports, bâtiments publics (hôpitaux, dispensaires, écoles) électrification rurale et réseaux de télécommunication ainsi que le développement social ont été réalisés pendant période 2010-2020. L'ensemble des investissements du 8e plan quinquennal représentait un montant total de 62 000 milliards de kips, près du double du plan précédent. L'investissement public représentait 24 747 milliards de kips dont 3 982 milliards de kips en provenance du budget du gouvernement et 20 765 milliards de kips de l'ODA[205]. Quant aux fonds venant de l'ODA, 58% étaient sous forme de dons et 42% de prêts. Il convient de noter que l'aide internationale finançait environ 3 à 5% du PIB, principalement les programmes de réduction de la pauvreté et de développement des infrastructures.

L'ODA a joué un rôle essentiel pour l'amélioration de la connectivité des infrastructures au Laos mais également dans le développement social. Pour financer ses projets, le Laos comptait aussi sur l'aide de donateurs bilatéraux

---

[205] LPDR, Draft 8th National Socio-Economic Development Plan, 2016-2020, Ministry of Planning and Investment, October 2015.

et multilatéraux. Selon les statistiques de l'OCDE, les décaissements bruts au titre de l'ODA du Comité d'aide au développement de l'OCDE et les organisations multilatérales au Laos totalisaient 472 millions de dollars en 2014, dont 53 millions de dollars, soit environ 12% vers l'infrastructure économique, le reste, le secteur routier, qui concentrait l'essentiel des besoins d'investissement. Le MPWT a cependant renforcé au fil du temps sa capacité à financer les dépenses des infrastructures, notamment grâce à une augmentation substantielle de la taxe sur les carburants et une augmentation des redevances et des dividendes de grands projets hydroélectriques (exemple : la centrale hydroélectrique de Nam Theun 2). Mais les partenaires de développement ont continué à contribuer encore une part importante du financement total des travaux d'infrastructures. De 2009 à 2015, les autorités lao estimaient que le gouvernement avait contribué à environ 44% du total disponible des investissements pour des routes et des ponts, y compris les dépenses d'entretien. Selon l'ADB, environ 50 millions de dollars sont nécessaires par an des partenaires de développement pour soutenir le programme de financement routier du gouvernement.

Le graphique (12) détaille comment le Laos finançait son programme de développement au cours des 7e et 8e plans quinquennaux. La source de financement du secteur privé national et international contribuait très largement à la réalisation des projets au Laos, suivie de celle des banques commerciales et de l'ODA, tandis que le financement de l'Etat était resté faible.

Graphique 12 : Sources de financement au plan quinquennal de développement (% du total d'investissements)

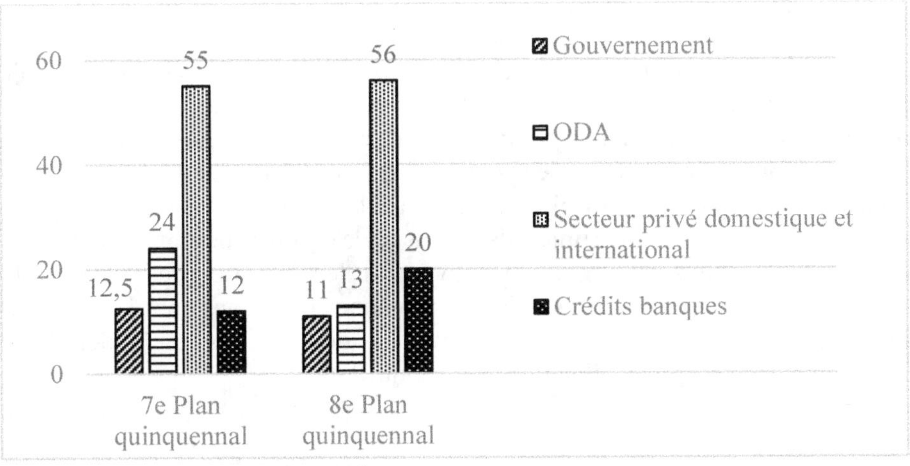

Source : Ministère des Finances lao

Parmi les pays donateurs qui ont accordé de subvention pour le développement du Laos, le Japon a octroyé le plus grand nombre de subventions au développement. En effet, le Japon est le pays le plus généreux, en outre ce pays a toujours occupé le poste le plus important au sein de l'ADB, son influence dans cette banque multilatérale a été perçue comme un outil au service de la diplomatie japonaise[206]. L'agence officielle de coopération au développement du gouvernement japonais à l'internationale (JICA) travaille sur le développement au Laos depuis 1958 et est reconnue comme la principale organisation bilatérale de développement dans ce pays, fournissant une assistance dans divers secteurs de l'économie en partenariat avec le peuple lao. Actuellement, les principaux objectifs de la JICA au Laos sont les suivants : renforcer la connectivité avec les pays de la région sur les fronts tangible et intangible ; développer les ressources humaines et améliorer et corriger les disparités grâce au développement urbain et régional équilibré qui prend en compte la préservation de l'environnement et de la culture. Au cours de l'exercice fiscal japonais 2015, plus de 2,77 milliards de yens avaient été approuvés pour être mis en œuvre le développement du Laos. Une telle action pour la connectivité du Japon soutient l'approche du corridor économique de l'ADB. En 2000, par exemple, le gouvernement japonais a accordé 5,46 milliards de yens pour la construction d'un pont à Paksé appelé pont Lao-Nippon. D'autres réalisations importantes, plus récentes, comme le nouveau terminal de l'aéroport de Wattai à Vientiane, et en 2019, la JICA a subventionné le projet d'expansion du système d'approvisionnement en eau à Luang Prabang pour un montant de 1,9 milliard de yens.

4.9 La gestion des finances publiques et des systèmes monétaires se renforcent et se modernisent

Le gouvernement lao reconnaît que la bonne gouvernance économique fait partie intégrante du développement durable et représente un élément clef de la réduction de la pauvreté. Une bonne gestion des finances publiques soulève requiert un processus budgétaire rigoureux, axé sur les résultats : les dépenses publiques doivent faire l'objet d'un contrôle afin de s'assurer qu'elles atteignent effectivement les objectifs prévus, et le contrôle devrait garantir que les services publics atteignent effectivement les bénéficiaires visés. Les questions essentielles dans la gestion des finances publiques sont le degré de discipline, l'efficacité dans le recouvrement des recettes et le degré de transparence, de responsabilisation et de contrôle

[206] Faure, G. (2010). The Asian Development Bank and Chinese and Japanese Power Plays.

4.9.1 Les politiques monétaires et le rôle renforcé de la Banque centrale lao (BOL)

Depuis la mise en œuvre du NME, les autorités lao ont continuellement adapté leurs politiques économiques pour promouvoir la croissance à long terme du PIB du pays. La BOL est la banque centrale du Laos et fait office de secrétariat du gouvernement de la RDP Lao pour administrer le système financier et guider la mise en œuvre du NME. La BOL supervise la monnaie et les institutions financières ainsi que la promotion et la supervision des flux de capitaux pour soutenir le développement national[207]. Dans ce rôle, la BOL dirige le développement, le suivi et l'ajustement de la politique monétaire nationale, tout en conservant un rôle clé dans la mise en œuvre des politiques monétaires. Les objectifs de la BOL consistent en priorité à maintenir le kip et un taux de change stables ainsi que maintenir un taux d'inflation bas[208].

L'autonomie de la Banque centrale (BOL) revêt de l'importance. Mais cela ne signifie pas qu'elle ne répond pas de ses actes. La BOL doit être sensible au contexte social, politique et économique général dans lequel la politique monétaire est fixée et elle doit tout mettre en œuvre pour expliquer ses politiques au gouvernement et au grand public. Elle est sous la tutelle du MOF. Bien que la BOL soit dotée de l'autonomie juridique qui lui permet de gérer ses affaires et d'appliquer des politiques monétaires, c'est l'État et le gouvernement qui ont le dernier mot en ce qui concerne certaines politiques de la Banque.

Plusieurs missions sont menées à bien par la BOL sous la tutelle du MOF. Elle doit tout d'abord garantir la stabilité de la monnaie à l'intérieur et à l'extérieur du pays. La BOL est aussi chargée de renforcer la sécurité et l'efficacité des systèmes de paiement, elle garantit la solvabilité du système bancaire afin de favoriser la transparence de la politique monétaire. Elle contrôle aussi les flux d'argent et contribue ainsi au développement socioéconomique du pays. Elle joue le rôle de prêteur en dernier ressort pour les banques commerciales et les institutions financières. De plus, à travers la fixation des taux débiteurs et la supervision des banques commerciales, la BOL joue un rôle de facilitateur majeur non seulement dans la disponibilité du crédit, mais aussi en abaissant les taux de crédit aux entreprises. Le FMI, dans son dernier rapport en 2018, a recommandé qu'un certain nombre de réformes doivent être poursuivies en matière de politique monétaire, y compris le développement des marchés locaux, des changes et de la dette publique ainsi que le développement d'un cadre institutionnel et une indépendance plus claire pour la banque centrale afin de permettre une plus

---

207 Loi BOL n ° 5, 1994.

208 Kyophilavong, P. Monetary and exchange rate policies in the Lao PDR, Monetary and Exchange Rate Policies in Cambodia, Laos, and Vietnam (2007).

grande flexibilité d'ajustement des taux d'intérêt. Le rôle de la BOL est d'ailleurs renforcé depuis 2018 avec des responsabilités de gestion budgétaire et de contrôle financier élargis, elle a entre autres initié un certain nombre de projets et la mise en place du système de transaction et des paiements numérique. Elle a signé plusieurs des accords de coopération monétaire bilatérale en vue de renforcer l'utilisation des monnaies locales dans le commerce et l'investissement avec la Chine, la Thaïlande, et le Vietnam.

Sur le plan monétaire et politique budgétaire, des pressions accrues sur le kip ont conduit à une dépréciation du taux de change en 2018 et en 2019 ; s'agissant de la dépréciation du kip, parmi les facteurs intérieurs, on peut citer : les restrictions imposées à l'achat de devises dans les banques commerciales et la hausse de la demande de devises pour se protéger contre la dépréciation du taux de change. Le taux de référence nominal officiel kip lao/dollar s'est déprécié de près de 2% en 2018 et 4% en 2019 et plus de 6% en 2020, tandis que le taux de change kip lao/baht thaïlandais avait perdu 9,8%[209]. Quant aux facteurs extérieurs de la faiblesse du kip, ils s'expliquent par le renforcement général du dollar et la hausse de la demande de devises pour rembourser la dette extérieure. Force est de constater toutefois que la BOL exhorte la population à utiliser pour toutes les transactions la monnaie nationale ; de même, le système de TVA institué depuis 2014 n'a jamais été réellement appliqué devient à présent une obligation pour les vendeurs, marchands, fabricants, et entreprises, sous peine de sanctions. De plus, la BOL continue de mener une politique monétaire prudente et d'adopter la gestion du régime de taux de change flottant, au sein de la fourchette, assorti d'une variation de pourcentage définie, visant à maintenir une faible inflation et à promouvoir un environnement macroéconomique stable pour soutenir une croissance économique durable. Les autorités reconnaissent qu'un niveau élevé de dollarisation limite la capacité à mettre en œuvre une politique monétaire efficace ; elles s'efforcent constamment de promouvoir une utilisation accrue de la monnaie nationale. Parmi les mesures adoptées dans ce cadre, on peut citer une stratégie à plusieurs volets comprenant l'introduction d'une assurance des dépôts, le renforcement des prescriptions relatives aux réserves en devises, et l'application de la législation aux transactions intérieures réalisées en kip. Et plus récemment, la BOL a demandé à Lao Star Telecom de mettre en place le système l'e-Banking et la mise en œuvre de la Cyber-Security qui protège son système, les réseaux et les programmes contre les attaques numériques. Ces cyberattaques visent généralement à accéder à des informations sensibles, à les modifier ou à les détruire, à extorquer de l'argent aux clients, ou à interrompre les processus normaux de l'entreprise. D'autre part, la BOL a introduit de nouvelles procédures visant à éviter les risques financiers dans le secteur bancaire.

---

[209] OMC, Examen des politiques commerciales, 14/10/2019.

Celles-ci incluent des instructions à toutes les banques commerciales pour préparer des plans d'action pour se conformer aux exigences de Bâle II en matière d'adéquation des fonds propres[210].

La BOL continue de mettre en œuvre l'ensemble de mesures visant à faciliter la dé-dollarisation. En outre, les autorités en vue d'améliorer des services bancaires et pour mieux gérer le taux d'inflation et la stabilité du taux de change, encouragent le public à utiliser les transactions en monnaie locale par le téléphone mobile. Pour garantir une gestion durable et adéquate de la dette publique ; à cet égard, une loi sur la gestion de la dette publique a été présentée à l'Assemblée nationale en 2018. Ses principales caractéristiques sont un plafond réglementaire de la dette publique fixé à 65% du PIB et l'obligation de faire approuver par l'Assemblée nationale les projets d'investissement d'un montant supérieur à 50 millions de dollars. Les autorités laotiennes sont conscientes de la nécessité d'une stabilité macroéconomique, mais au Laos, la politique prime. Autrement dit, les décisions finales ne sont pas prises par la Banque centrale, ni même par le ministère des Finances, mais par le Bureau politique.

4.9.2 Le système bancaire s'oriente vers les normes internationales

La législation régissant le système bancaire lao est orientée vers les normes internationales. En 2016, le gouvernement a renforcé les principales réglementations concernant la confiscation des avoirs, la déclaration à la frontière et les sanctions pour les entités non conformes. Il prévoit également de lancer une évaluation nationale des risques, comme recommandé par le groupe d'action financière (FAFT). Ces réformes ont contribué à retirer le Laos de la liste du FAFT des « juridictions ne faisant pas suffisamment de progrès ». En outre, la Banque centrale lao (BOL) a supprimé la limite de taille minimale des prêts à enregistrer dans son registre de crédit et élargi la couverture des emprunteurs. Plus récemment, en août 2018, le gouvernement a révisé la loi sur la BOL, lui permettant de s'orienter vers une supervision basée sur les risques et les réformes supplémentaires conformes aux normes internationales.

La mise en œuvre est un défi permanent pour la MOF. L'ingérence politique est grande dans le secteur, par exemple le financement des entreprises publiques par les banques commerciales publiques (SOCB). Bien que la part des actifs de la SOCB ait diminué avec l'expansion du secteur bancaire privé étranger et national, le secteur public reste dominant,

---

[210] Les normes Bâle II (le second accord de Bâle) constituent un dispositif prudentiel destiné à mieux appréhender les risques bancaires et principalement le risque de crédit ou de contrepartie et les exigences, pour garantir un niveau minimum de capitaux propres, afin d'assurer la solidarité financière. La plupart des banques commerciales au Laos sont en cours de mettre en place des exigences des normes Bâle II.

représentant près de la moitié du total des prêts bancaires. Ayant été restructurées et refinancées à deux reprises en raison de prêts non performants, les SOCB ont affiché une performance améliorée au cours de la dernière décennie. Cependant, certaines SOCB (ainsi que certaines banques privées) maintiennent des ratios capital / actif inférieurs au niveau réglementaire minimum de 8%.

Dans le secteur de la banque privée, il y a eu une forte expansion des banques étrangères au cours des deux dernières décennies avec l'arrivée de nouvelles succursales étrangères sur le marché, en particulier en provenance de Chine, de Taiwan, de Malaisie et de Thaïlande. Avec la croissance en même temps des banques nationales et des banques en coentreprise, le nombre total de banques privées au Laos est passé à plus de 40. Bien que ces banques varient en taille et en rentabilité, le ratio capital / actif global est supérieur au niveau réglementaire minimum de 8%. Néanmoins, la révision de la loi sur la BOL a été entreprise en partie pour répondre aux préoccupations croissantes concernant la surveillance bancaire, étant donné la vitesse et l'ampleur de cette expansion par rapport à la petite économie du Laos.

La croissance du crédit a continué modérément au cours de la période 2017-2018, passant de plus de 20% début 2017 à 5% fin 2018, malgré une réduction du taux directeur en 2017 par la BOL. Cet assouplissement était dû à la modération de l'activité économique, au resserrement des dépenses budgétaires et à un effort accru des banques pour filtrer les clients et améliorer la qualité des prêts. Néanmoins, la rentabilité (rendement des actifs et rendement des capitaux propres) est restée relativement faible par rapport aux secteurs de la région. En outre, le ratio des prêts non productifs (NPL) a légèrement augmenté pour atteindre 3,1% du total des prêts, relativement élevé cependant pour la région, avec quatre des 14 banques auditées au premier trimestre de 2018 déclarant des NPL supérieurs à 10%.

4.9.3 La stratégie de développement des finances publiques

Au cours des quinze dernières années, sous la direction du bureau politique et du gouvernement, la gestion des finances publiques (GFP) du Laos n'a cessé de se développer[211]. La politique et l'engagement du gouvernement ont considéré la gestion des finances publiques comme essentielle pour la mise en œuvre politique de la gestion macroéconomique, la rédaction de l'orientation politique et le plan national de développement socio-économique (NSEDP) doivent ensuite présenter au Comité central du parti. Le MOF est directement responsable de la GFP, au nom du gouvernement. À ce titre, le MOF élabore et améliore des politiques, des mesures et des mécanismes pour gérer les revenus et les dépenses conformément aux lois et règlements pertinents. Le MOF est mandaté pour développer et moderniser les outils de la GFP dans le

[211] Vision to 2030 and Public Finance Development Strategy to 2025, Lao PDR.

but d'accroître les revenus annuels, de financer le développement socioéconomique[212]. Cette autorité a contribué à la réalisation des Objectifs du Millénaire pour le développement (OMD) et des objectifs nationaux de réduction de la pauvreté.

La GFP a déployé des efforts considérables pour améliorer les revenus et la gestion des dépenses durant le 8e plan. Les recettes budgétaires ont augmenté régulièrement d'année en année pour financer la mise en œuvre du plan quinquennal. Les principaux objectifs du programme pour consolider la GFP consistent à améliorer le rendement et l'efficacité de la gestion financière visant à renforcer la transparence de la GFP dans le pays grâce aux actions politiques, à la législation, et au développement du budget recettes-dépenses, ainsi qu'à l'utilisation d'outils modernes (e-Banking et e-gouvernement) pour soutenir la croissance économique. Le gouvernement a donc mis en place des politiques de revenus pour promouvoir l'investissement privé et les entreprises dans le but d'élargir ses sources de revenus et d'augmenter la perception des impôts. L'objectif de l'amélioration du régime fiscal était de garantir des règles du jeu équitables pour les entreprises en créant les conditions pour faciliter la croissance continue et promouvoir les investissements dans les industries productives. Dans le même temps, la gestion fiscale et les procédures pertinentes ont été simplifiées pour être plus rapides et plus transparentes. L'introduction d'outils modernes, tels que ASYCUDA, les machines à rayons X, aux points de contrôle frontaliers internationaux et le transfert des paiements de taxes via les systèmes bancaires (Smart Tax, Easy Tax et autres) pour faciliter les contribuables et les inciter à se conformer pleinement à leurs obligations et agir conformément aux lois et règlements en vigueur.

Les orientations et politiques du parti et du gouvernement lao ont été ainsi traduites en lois et règlements, y compris une nouvelle législation fiscale pour aligner progressivement la gestion des revenus de la GFP. Cette législation visait à remédier aux fuites de revenus et à évoluer vers des bonnes pratiques de la GFP. Par exemple, la législation révisée comprend : la loi fiscale, la loi sur la TVA, la loi douanière, la loi budgétaire de l'État, la loi sur les biens de l'État, la loi de comptabilité nationale, la loi sur l'indépendant de l'audit et, enfin la loi sur les assurances.

La GFP a accompli des tâches qui lui ont été attribuées par le parti et le gouvernement. Cependant, elle est toujours confrontée à des défis qui doivent être encore relevés pour être plus efficace. Par exemple, les recettes n'ont pas été gérées de manière centralisée, la gestion des recettes budgétaires n'a pas été à la hauteur et pas entièrement conforme aux cadres juridiques, il y a eu une augmentation d'évasion fiscale et les systèmes ne sont pas en mesure de fournir un accès à l'information. L'élaboration de politiques et des mesures visant à créer une base de revenus durable ont été lentes et, les fonctionnaires,

---

212 Letter of development policy from MOF to World Bank Group, 25/04.2017.

en particulier, dans le secteur des finances publiques n'ont pas été bien formés. Toutefois, depuis 2020, avec l'aide de l'Union européenne et de la Banque mondiale de nombreux agents et cadres du MOF (Finances et Trésor public) ont été formés tant au niveau central qu'au niveau provincial[213].

Les réformes de la GFP, la stratégie de développement des finances publiques 2025 et la Vision 2030 ont été approuvées en juillet 2017 par le Premier ministre. Ces actions portent sur : le plan de développement de la stratégie fiscale 2018-2020 définissait les tâches détaillées de l'administration fiscale en contribuant à soutenir sa mise en œuvre pour atteindre la Vision 2030 ; la Stratégie de développement socioéconomique 2025 et le 8e plan national de développement socio-économique (2016-2020).

Il y a 10 stratégies définies dans la Stratégie de développement des finances publiques 2025 et la Vision 2030, elles sont mises en œuvre en trois phases par le MOF, y compris le maintien de la stabilité macro-économique ; la politique de revenus ; et la mobilisation les ressources pour maximiser la collecte des recettes ; la politique des dépenses et des dépenses rationnelles ; le développement de la gestion efficace et prudente de la dette publique ; la capacité technique des fonctionnaires, le renforcement de la comptabilité nationale, de l'audit et de l'inspection financière ; la modernisation des entités de finances publiques en fonction des tendances régionales et internationales. La stratégie de développement prévoit également le développement et l'amélioration d'un cadre global de la gestion des finances publiques, et enfin la coopération et l'intégration internationales ainsi que la gestion et le développement des entreprises publiques. Le plan d'action pour la mise en œuvre les 10 stratégies jusqu'en 2025 a également été amélioré par le ministre des Finances du Laos. Le MOF, en coordination avec les donateurs / la Banque mondiale, est en train de mettre en œuvre des trois phases de réformes de la GFP : réformes du cadre juridique et des recettes et dépenses gérées de manière centralisée ; mise en place la conformité financière et des contrôles fiscaux pour un solide corps de la GFP ; amélioration de la stabilité et viabilité budgétaire et, enfin rendement et efficacité dans la prestation des services publics.

Sur le plan institutionnel, le gouvernement a adopté la Loi de finances révisée en décembre 2015, qui prévoyait une plus grande surveillance budgétaire par l'Assemblée nationale et renforçait l'autorité du MOF dans la gestion budgétaire. Toutefois, le MOF reconnaît que pour parvenir à atteindre des résultats de la bonne gouvernance, le processus sera long et exige de l'aide continue des partenaires de développement. Il est nécessaire de renforcer le contrôle interne et l'intégrité des agents, en outre des domaines importants à améliorer sont la comptabilité nationale, l'audit et le contrôle financier. L'inspection interne doit être en mesure de fournir une évaluation objective

213 EU, WB support real-time finance tracking course, Vientiane Times 24/11/2020.

qui a un impact sur la gestion des risques, la gouvernance et les contrôles internes. Une approche plus systématique et structurée est nécessaire au niveau national, provincial et district.

Ainsi, comme on l'a pu constater grâce à la mise à niveau continuelle des banques commerciales, le système bancaire au Laos a su se développé et devenir plus stable, soutenu par le Master Plan et la mise en œuvre du plan de la BOL pour superviser le développement bancaire vers des normes de Bâle de 2017-2025, un dispositif prudentiel destiné à mieux appréhender les risques bancaires et principalement le risque de crédit ou de contrepartie et les exigences, pour garantir un niveau minimum de capitaux propres, afin d'assurer la solidarité financière. Les banques laotiennes améliorent aujourd'hui leurs systèmes pour offrir des services de qualité localement et à l'étranger.

En ce qui concerne la BOL, le Plan stratégique et les facteurs externes pour l'intégration internationale, en particulier l'intégration dans le Cadre de l'intégration bancaire de l'ASEAN[214], il y a des facteurs cruciaux autour du besoin de mettre en œuvre les Principes fondamentaux Bâle et la surveillance de la banque en conformité avec des normes de Bâle. Car cela est nécessaire pour réaliser le Plan stratégique de la BOL et le Cadre d'intégration financière de l'ASEAN, rendant impératif le développement de la supervision bancaire aux normes de Bâle. En conformité avec le Plan stratégique de la BOL, il renforce ainsi la réglementation bancaire tout en améliorant la réglementation vers l'adoption de Bâle II[215].

4.9.4 L'intervention de l'État pour assainir le déficit budgétaire persistant

Depuis la crise financière asiatique, où l'inflation au Laos frôlait les 110% en 1998-1999, la politique de réforme du gouvernement au cours de la dernière décennie était de maîtriser l'inflation via un programme de stabilisation macroéconomique. Depuis lors, le gouvernement a maintenu une politique monétaire efficace. L'inflation a été ramenée à 15% en moyenne entre 2000 et 2003 et est restée inférieure à 10% depuis 2005. Depuis qu'elle est tombée à zéro en 2009, dans le sillage de la crise financière mondiale, l'inflation annuelle a généralement oscillé entre 4% et 5,7%. En 2015, lorsque l'inflation globale est tombée à 1,3% en raison de la baisse des prix du pétrole et des matières premières, la BOL a cherché à stimuler la demande en réduisant son taux de base et en effectuant d'autres changements qui ont contribué à réduire les taux de dépôt et de prêt d'environ trois points de pourcentage.

Le Laos a souffert d'un déficit budgétaire chronique, ce qui a conduit à l'accumulation d'une dette publique importante et à des tensions budgétaires.

---

214 The Asean Banking Integration Framework.

215 Lao banks upgrade systems to provide quality services locally and overseas, Vientiane Times, 30/11/2020.

En effet, la dette reste élevée après avoir culminé à 29,1% du PIB de 2012 à 2013 ; toutefois les dépenses publiques sont tombées à 26,8% de 2014 à 2015 (8,9% en 2010). Sur cette même période, les recettes publiques restaient relativement stables entre 23% et 24%, le déficit budgétaire est passé de 6% à 3,7%. On note cependant que la principale source d'économies publiques était due au gel des salaires dans le secteur public et au contrôle du recrutement public. L'amélioration du recouvrement des recettes en 2018 et en 2019 était grâce à un contrôle plus strict des dépenses publiques. Les recettes totales atteignaient 17% du PIB en 2018, à la faveur d'une hausse des recettes intérieures et des dons. En 2018 et en 2019, la demande accrue d'importations associée à un dollar fort a entraîné une nouvelle dépréciation du kip et a encore creusé le déficit. Mais l'énorme déficit s'explique aussi, selon le ministère des Finances, par le plan d'investissement de l'État qui a été élaboré sur la base des besoins d'investissement proposés par les départements et les provinces qui n'étaient d'aucune utilité publique. Beaucoup trop de dépenses résultaient d'une mauvaise gestion de l'argent des contribuables : gaspillages, décisions ineptes des administrations responsables.

D'autre part, la collecte des impôts sur le revenu ainsi qu'une dizaine de taxes, telle la TVA, celles sur les tabacs et alcools, taxes sur les sociétés, les amendes, les taxes foncières ou la taxe sur les véhicules, n'a pas été d'une grande efficacité. Les recettes de l'État lao sont inférieures par rapport au budget prévisionnel pour couvrir des dépenses, ces résultats inférieurs aux objectifs traduisent une activité économique modérée et des processus de planification infructueuse. Mais au fil du temps elles se sont légèrement améliorées grâce à une meilleure collecte par le paiement électronique et en ligne, mais les subventions sont en baisse depuis 2016, comme illustre dans le tableau (10).

Convaincu qu'il importe de réduire le déficit face à un défi social et économique, l'Etat a pris des mesures énergiques dès la mi-juin 2019 : toutes les dépenses publiques doivent être conformes désormais au budget disponible afin que le gouvernement n'ait pas à emprunter à l'étranger. Le budget 2020 doit être établi avec des dépenses basées sur des sources de revenus internes et des subventions étrangères. De plus, toutes les dépenses dépassant le budget disponible seront coupées. Pour garantir un investissement efficace de l'État et limiter les dépenses inutiles, le gouvernement a décidé d'autre part que les nouveaux investissements de l'État ne devraient se concentrer que sur des projets pertinents et bénéfiques à l'économie[216]. À cet égard, le vice-premier ministre et ministre des Finances, Somdy Duangdy, a déclaré que le gouvernement accorderait une importance particulière à l'investissement dans le tourisme, la logistique et l'industrie de transformation, ainsi qu'à l'amélioration de l'environnement des affaires ; l'État concentre les dépenses sur l'exécution

[216] Laos: Massive budget deficit reduction set by 2020, Vientiane Times, 30/01/2019.

des projets en privilégiant les nouveaux investissements budgétés[217]. Plus récemment, la tension budgétaire a forcé le gouvernement à rationaliser davantage son administration pour devenir plus efficace au service de la nation. Le programme de restructuration est un changement majeur pour réduire les coûts administratifs au regard des difficultés économiques liées à la pandémie du coronavirus dès le début de 2020. Ainsi l'Etat envisage de faire des coupes sur les coûts administratifs et réduire des suremplois dans les ministères, fusionner des services redondants dans les Ministère de l'Information, Culture et tourisme, etc., en ligne avec les politiques du gouvernement. Il reste à voir si ces ordres seraient suivis et que la discipline budgétaire peut être maintenue. De plus pour 2021, le nouveau gouvernement de Phankham Viphavanh a annoncé de réduire des dépenses en salaires du personnel dans la fonction publique dans la limite de 40% du budget d'État contre 50% en 2020. Autrement dit, le nombre de recrutements dans la fonction va être réduit.

Tableau 10 : Indicateurs recettes fiscales et Dépenses de 2011-2019

	2011	2012	2013	2014	2015	2016	2017	2018	2019
Recettes fiscales / Recettes fiscales totales	62%	62%	63%	65%	68%	75%	77%	73%	71%
Non recettes fiscales/ Recettes totales	5%	6%	8%	8%	7%	9%	10%	12%	12%
Subventions/Recettes totales	13%	12%	11%	12%	8%	6%	7%	6%	6%
Dépenses courantes /Dépenses totales	51%	62%	61%	60%	59%	63%	57%	59%	60%
Dépenses en capital/Dépenses totales	45%	37%	39%	40%	42%	30%	43%	41%	43%

Source: Ministry of Finance, Annual Report 2016, 2019

Le déficit budgétaire est élevé malgré les efforts d'assainissement du gouvernement. En matière fiscale, la consolidation budgétaire, tirée par la baisse des dépenses en capital, a connu toutefois un déficit budgétaire en baisse à 4,4% du PIB en 2018 et 4,3% en 2019 (§graphique 13). La pandémie du coronavirus de portée mondiale, a aggravé le déficit en 2020 de plus de 5,7% du PIB, chiffre élevé en raison de l'arrêt de plusieurs mois des activités industrielles et commerciales, ce qui a affaibli considérablement le kip et s'est

[217] Résolution adoptée lors de la 7e session plénière du Comité central du PPRL.

traduit par une instabilité financière en fin du 8e plan quinquennal et une année 2021 difficile pour les finances publiques. Le déficit a commencé en 2017 en raison d'une hausse des investissements publics et du règlement des arriérés. Le gouvernement reconnaissait que les recettes des années 2018, 2019 et 2020 étaient bien en dessous du budget, conséquence de la corruption, des mesures trop laxistes, des déficiences du système de collecte, des surcoûts liés aux projets d'infrastructure, mais également en raison d'une activité économique modérée et des processus de planification inefficaces qui généraient des objectifs ambitieux. En outre, suite à la catastrophe naturelle et à l'effondrement du barrage hydroélectrique en construction dans la province d'Attapeu, une partie des dépenses était affectée pour secourir les villages sinistrés. Le gouvernement a alloué par ailleurs une aide d'urgence pour les secteurs des eaux et forêts, travaux publics et transports dans cette province. En 2018 et 2019, la demande accrue d'importations associée à un dollar fort a entraîné une nouvelle dépréciation du kip et donc creusé encore le déficit ; la crise sanitaire a vu une baisse de 32% des recettes de l'État en 2020. En outre, la persistance de déficits budgétaires élevés a généré un encours élevé de la dette publique, ce qui constituait un défi pour le gouvernement. Dès lors, les obligations d'État qui étaient émises (1 700 milliards de kips) en fin 2019 étaient en vente en juin en 2020 à la Bourse de Vientiane (LSX) pour financer opportunément le déficit budgétaire et relancer l'économie[218]. Cette opération n'étant pas suffisante, le déficit fiscal a continué de s'aggraver et la baisse inquiétante des réserves de devises obligeait le gouvernement à émettre un lot supplémentaire d'obligations de 1 500 milliards de kips et 50 millions de dollars à échanger sur la Bourse de Vientiane en septembre[219].

Par ailleurs, le crédit a en même temps diminué en raison du ralentissement économique et de la restriction relative aux prêts improductifs (NPL) d'une part, et du resserrement budgétaire, d'autre part. Par la suite, la réglementation d'octroi des prêts en devises s'est encore durcie en 2018, elle n'est autorisée qu'à des fins strictement définies régies par la *Law on the Management of Foreign Currency*. Dès le début de 2019, le plafonnement des dépôts et des prêts bancaires introduits en 2015 ainsi que les taux d'intérêt ont été levés. En outre, les prêts en devises nationales et étrangères ont connu une phase de ralentissement. La part des prêts en devises est restée stable aux alentours de 50%, mais sa part dans les dépôts a augmenté progressivement pour atteindre environ 54%. Les recettes de l'État ont chuté de 21,6% par rapport à l'année précédente[220]. Selon la déclaration du ministre des Finances lors de la 10e session ordinaire de la 8e législative en novembre 2020, l'impact du

[218] Government bonds on sale at BCEL Bank, Vientiane Time, 25/05/2020.
[219] Government issues additional batch of bonds for trading at LSX, 08/09/2020.
[220] Government adjusts GDP growth target, 25/06/2020.

coronavirus sur l'économie a conduit des recettes de l'Etat à trois ans en arrière au niveau de 2017[221].

Graphe 13 : Évolution Recettes-Dépenses-Déficit budgétaire 2015-2019

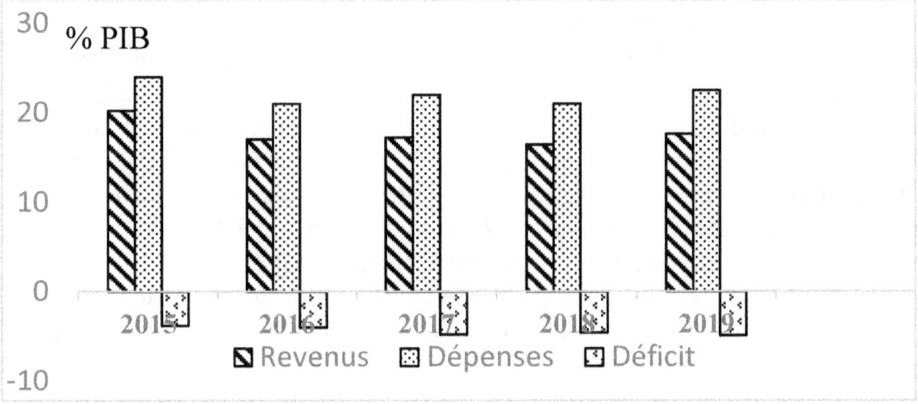

Source : Ministère des Finances lao.

Pour parvenir à résoudre ces insuffisances, le gouvernement a reconnu la nécessité de déclencher une nouvelle vague de réformes. Afin de maintenir une forte croissance, il a restructuré des entreprises publiques, réduit des formalités administratives, diminué les prêts improductifs dans le secteur bancaire et accroître la transparence du secteur financier. Les autorités ont mené des réformes budgétaires et des initiatives visant à maintenir un niveau d'endettement soutenable en coupant des dépenses publiques. L'intervention de l'État dans l'économie consiste en l'utilisation de la politique budgétaire comme instrument de politique économique et sociale. Ainsi, la nouvelle loi sur l'administration fiscale a permis, d'une part, d'améliorer des recettes de l'Etat provenant d'une hausse prévue sur les taux des droits d'accise, et d'autre part, de renforcer la collecte des recettes. Cela grâce à une amélioration de l'administration des impôts et un lancement d'un système informatique moderne de gestion des recettes[222]. Parmi d'autres mesures, on note : le paiement des taxes par le biais du système bancaire pour réduire les pertes et élargir la base d'imposition, un système de paiement électronique de l'impôt foncier (en ligne directe par Internet)[223], et la gestion des bases de données fiscales des contribuables.

221 DPM: Pandemic has set revenue collection back three years, Vientiane Times, 03/11/2020.
222 Government's restructuring scheme intends to cut administrative costs, Vientiane, Times, 07/08/2020.
223 Ministry builds capacity for more effective electronic tax management, Vientiane Times, 03/11/2020.

Malgré les efforts déployés par le gouvernement et la poursuite de l'assainissement des finances publiques, le déficit affiché est considérable en 2020, la collecte des recettes était insuffisante en raison de l'activité économique fortement réduite ce qui risquerait d'aggraver la vulnérabilité macroéconomique du pays pour les prochaines années[224]. Selon le gouvernement, le déficit budgétaire pour la seule année 2020 s'élevait à plus de 20 trillions de kips[225], dont 11,5 trillions de kips provenaient des prêts de l'étranger pour financer le développement des projets et combler le déficit du budget, les 9,2 trillions restant provenaient de sources domestiques. Le gouvernement a d'autre part annoncé que, dans le contexte actuel de crise, il évitait d'emprunter plus à l'étranger et appelait les entreprises nationales à produire mieux et à être plus compétitives pour le marché domestique[226].

Effectivement, certains projets non essentiels prévus pour 2021 sont annulés pour éviter les dettes ingérables afin de maintenir une liquidité financière suffisante ; seuls les nouveaux projets tels que la réduction de pauvreté, le développement des ressources humaines et des compétences professionnelles, la promotion des SME, ainsi que le développement de l'agriculture pour des produits destinés à l'exportation seront maintenus[227].

En début de l'année 2021, la BOL a lancé la feuille de route d'inclusion financière 2018-2025 approuvée par le gouvernement en présence du représentant de l'UNPD, des officiels des ministères concernés et des partenaires de développement. Selon les explications données par la BOL, l'inclusion financière est importante car elle peut améliorer la vie des gens. Ce n'est pas une fin en soi, mais c'est un moyen pour créer des emplois, permettre aux gens de participer à l'économie numérique et se protéger en cas de maladie, de catastrophe ou d'un accident. Elle aide aussi à autonomiser des femmes et augmenter les revenus et la productivité, et est bénéfique pour les individus, les familles, les communautés et tout le peuple lao. La BOL consciente de l'importance d'inclusion financière a pris les devants pour collaborer avec les parties prenantes concernées pour étudier et développer la feuille de route pour l'inclusion financière, c'est un guide de document visant à améliorer l'accès des gens aux produits finances et services afin que l'inclusion financière soit la plus large possible, fournissant ainsi les avantages durables aux Lao. La BOL a retenu cinq éléments pour soutenir la feuille de route de l'inclusion financière après études et consultation avec les acteurs économiques, notamment : 1) améliorer la disponibilité et la durabilité du crédit ; 2) autonomiser des consommateurs et protection ; 3) renforcer les fonds des villageois pour la durabilité et la pertinence de l'inclusive financière

[224] Laos faces lowest economic growth in decades, Vientiane Times, 16/09/2020.
[225] 1 trillion= 1 milliard de milliards.
[226] Govt vows to reduce fiscal deficit, debt burden, Vientiane Times, 05/11/2020.
[227] Government announces cuts in state-funded projects, Vientiane times, 06/11/2020.

pour la population ; 4) améliorer l'écosystème des paiements; et 5) élargir la portée des banques et autres fournisseurs de services financiers[228]

4.9.5 Politiques monétaires et de taux de change

L'intégrité des systèmes monétaires et financiers est indispensable pour une croissance économique durable et un fonctionnement efficace de l'économie de marché. Les autorités monétaires, la Banque centrale (BOL), ont toute une gamme de responsabilités : contrôler la politique monétaire ; assurer la stabilité de la monnaie et veiller à ce que l'inflation reste faible. La BOL règle réglementent le système de crédit, supervise les institutions financières, gère les réserves de change et serve de prêteur en dernier ressort.

Les politiques monétaires et le taux de change sont axés sur la stabilité. Le gouvernement vise des taux de croissance des agrégats monétaires inférieurs à 20% en glissement annuel, en ligne avec les taux de croissance attendus et l'évolution de l'inflation, avec la nécessité d'améliorer le fonctionnement du mécanisme de transmission monétaire. Néanmoins, étant donné les niveaux importants de la dollarisation et la domination des transactions en espèces, la BOL a introduit des plafonds sur les taux de prêt et de dépôt. Pour éviter les perturbations des flux économiques, la politique de change a consisté à équilibrer la stabilité des prix et la compétitivité du secteur privé, cependant une plus grande flexibilité du taux de change a contribué également à protéger les réserves de change[229].

La conduite de la politique monétaire relève de la BOL, les principaux objectifs de la politique monétaire consistent à maîtriser l'inflation et à préserver la stabilité du taux de change. Parmi les instruments dont dispose la BOL pour atteindre ses objectifs de politique monétaire figurent les prescriptions en matière de réserves obligatoires, l'émission d'obligations, des découverts pour les prêts des banques commerciales et des remises pour les prêts garantis par des bons du Trésor et des obligations de la BOL. Le taux directeur utilisé par la BOL est le taux prêteur à court terme auquel la BOL prête aux banques commerciales ne disposant pas de liquidités suffisantes au cours de la période d'ajustement des prescriptions en matière de réserves.

Afin d'encourager les investissements du secteur privé et de stimuler la croissance, la BOL a légèrement assoupli les conditions monétaires. Les taux directeurs sont restés inchangés en 2018, mais la croissance du crédit a ralenti. Les prêts des banques commerciales au secteur privé et aux entreprises publiques sont tombés, en glissement annuel, de 12% en octobre 2017 à 5,5% en octobre 2018. Par conséquent, le ratio du crédit total au PIB a légèrement diminué, pour s'établir à environ 45,4% en 2018, contre 47,6% en 2017. Le mécanisme de transmission de la politique monétaire n'est pas efficace en

---

[228] BOL launches Lao financial inclusion roadmap, Vientiane Times, 14/01/2021.
[229] MOF's Letter to World Bank Group, 25/11/2017.

raison de la dollarisation élevée et du caractère informel de l'économie, ce qui limite l'efficacité de cette politique[230].

Les autorités lao reconnaissent qu'un niveau élevé de dollarisation limite la capacité à mettre en œuvre une politique monétaire efficace; elles s'efforcent constamment de promouvoir une utilisation accrue du kip lao. Parmi les mesures adoptées dans ce cadre, on peut citer une stratégie à plusieurs volets comprenant une campagne promotionnelle en faveur du kip lao, l'introduction d'une assurance des dépôts, le renforcement des prescriptions relatives aux réserves en devises et l'application de la législation aux transactions intérieures réalisées en kip lao.

Depuis septembre 2016, le kip lao a eu tendance à se déprécier par rapport au dollar EU. Les autorités lao ont donc visé à limiter les fluctuations du taux de change par rapport aux principales devises, y compris le dollar et le baht thaïlandais, dans une fourchette de +/- 5% par an. Toutefois, des pressions accrues sur le kip lao : les restrictions imposées à l'achat de devises dans les banques commerciales ; la hausse de la demande de devises pour se protéger contre la dépréciation du taux de change ; le renforcement général du dollar ; et la hausse de la demande de devises pour rembourser la dette extérieure. Par conséquent, toutes ces pressions ont conduit à une dépréciation du taux de change en 2018 et à un élargissement à la hausse de la fourchette de variation de ce taux. Le taux de référence nominal officiel kip lao/dollar s'est déprécié de près de 2% en 2018, tandis que le taux de change kip lao/baht thaïlandais avait perdu 7,8%.

Cependant, au cours du 8e plan quinquennal, une gestion macroéconomique prudente a généré une inflation modérée et un taux de change stable, mais la hausse des prix intérieurs de détail des carburants ; l'augmentation des prix des produits alimentaires frais suite à la désorganisation temporaire de l'approvisionnement alimentaire causée par les inondations ; et la dépréciation du kip lao, qui a engendré une hausse des prix à l'importation. D'où, le taux d'inflation globale atteignait 2% en 2018 et 3,3% en 2019, il a atteint à plus de 5,7% en 2020 en raison de la pandémie contre 0,8% en 2017[231]. En 2020, le kip est déprécié de plus de de 8% par rapport au bath et de 7,2% par rapport au dollar.

4.9.6 Le risque inquiétant de surendettement public

Depuis qu'il a été avisé en 2011 par le Bureau politique et les experts de la nécessité de veiller sur les dépenses, le gouvernement de Thongsing Thammavong tout comme celui du Premier ministre Thongloun Sisoulith ont

---

[230] Adresse consultée : http://www.worldbank.org/en/country/lao/publication/lao-pdr-economic-updates.

[231] Banque mondiale, Lao PDR Economic Monitor Report, juin 2018 et janvier 2019. Adresse consultée: http://www.worldbank.org/en/country/lao/publication/lao-pdr-economic-updates.

démontré une prise de conscience accrue de la nécessité d'une discipline budgétaire. Sur le plan institutionnel, le gouvernement a adopté une loi révisée sur le budget de l'État de décembre 2015, qui prévoit un contrôle budgétaire accru par l'Assemblée nationale et renforce l'autorité du MOF en matière de gestion budgétaire, et par conséquent depuis 2018, le rôle de la BOL est renforcé. À la suite de ces décisions, la gestion budgétaire du gouvernement s'est quelque peu améliorée. Toutes ces mesures progressaient dans le bon sens pour une gestion de la dette publique plus saine, mais la pandémie du Covid-19 est venue en 2020 perturber la politique d'assainissement financier et budgétaire du gouvernement.

En ce qui concerne la dette publique, elle s'est aggravée au cours du 8e plan quinquennal et le risque de surendettement est élevé. Une grande partie du stock de la dette publique et de la dette garantie par l'État est contractée à l'extérieur (dettes contractées par les entreprises publiques et les emprunts de la Banque du Laos), elles dépassaient 56,3% du PIB en 2013 à environ 61% en 2017, et 65% en 2018, environ 67% en 2019 et plus de 68% en 2020. Près de 65% de la dette publique étaient sous conditions concessionnelles et demi concessionnelles (§ graphique 14).

Le déficit public a creusé la dette extérieure, exposant le Laos ainsi à des risques de non-soutenabilité alors que les réserves en devises demeuraient particulièrement faibles. Au regard des dettes, son niveau ne cessait d'accroître par rapport au PIB, principalement lié aux IDE. Fin 2018, l'encours total de la dette extérieure du gouvernement s'élevait à 9 761,50 millions de dollars et en 2019 à 10 750 millions de dollars, en hausse de 10,12% par rapport à l'année précédente et représentait 53,34% du PIB[232], dont la dette bilatérale s'établissait à 6 377,19 millions de dollars, le principal partenaire de développement était la Chine couverte par 53,5% de la dette bilatérale totale, suivie par la Thaïlande 21,12%, la Russie 4,2% et l'Australie 2%, respectivement. En 2018, la dette multilatérale atteignait 1 771, 24 millions de dollars dont l'ADB représentait 52,2% de la dette multilatérale totale et la Banque mondiale à hauteur de 35,8%, selon le ministère des Finances lao[233].

Dans le but de maîtriser la dette publique, la nouvelle loi sur la gestion de la dette publique (2018) stipule que les emprunts hors budget non approuvés par l'Assemblée nationale sont désormais interdits. Contrairement au passé, tous les emprunts contractés par le gouvernement central et les gouvernements provinciaux, les entreprises publiques, et les partenariats public-privé (PPP) doivent être approuvés par l'Assemblée nationale ; le MOF négocie désormais les conditions des prêts. Cette loi est une avancée importante, car il y eut dans le passé trop de laxisme, de dérives, et de corruption, en particulier dans les secteurs de la construction et des BTP.

---

232 Statista, 2020 ; Banque mondiale, Lao PDR Economic Monitor Report, janvier 2019.

233 Ministère des Finances, rapport annuel 2018.

La Banque mondiale a actualisé dès juin 2020 ses prévisions, elle a estimé que la dette souveraine du Laos s'élèverait à 12,6 milliards de dollars, ce qui représentait 68% de son PIB, contre 59% de l'année précédente. Dès lors, le pays était considéré comme le pays d'Asie du Sud-Est qui risquerait de se retrouver en défaut de paiement vis-à-vis de son créancier principal chinois. Dans le même temps, l'agence de notation Moody's avait mis en garde contre « une probabilité significative de défaut de paiement à court terme » de ce pays[234], elle avait abaissé la note de perspective négative de crédit du Laos à Caa2. Ce ratio d'endettement est inscrit sur une trajectoire résolument ascendante. Compte tenu de ce qui est exposé plus haut, et selon la Banque mondiale, le Laos doit en outre faire face désormais aux risques de taux des prêts avec des conditions moins favorables à présent.

Le gouvernement a cité cinq causes qui ont entraîné une dette publique en spirale au cours des cinq dernières années, cette situation continue de s'aggraver bien que les mesures aient été apportées pour y remédier. S'exprimant lors de la 10e session à l'AN, le vice-premier ministre et ministre des Finances, M. Somdy Duangdy a décrit les cinq causes suivantes : 1) l'augmentation des énormes prêts contractés pour financer la construction des projets hydroélectriques, qui a considérablement alimenté la dette publique ; 2) un grand nombre des prêts ont été engagés dans des projets qui n'ont pas produit des rentabilités économiques ou généré des revenus afin que le gouvernement puisse rembourser ses dettes. Ces projets étaient improductifs. En effet, au cours des dernières années, une grande partie du budget a été utilisée pour acheter des véhicules et construire des bâtiments publics, qui nécessitaient davantage de dépenses non productives ; 3) le déficit budgétaire chronique a conduit le gouvernement à émettre des obligations et à emprunter plus d'argent pour équilibrer le déficit fiscal, ce qui expliquait que le fardeau de la dette du Laos s'est encore accru parce que le gouvernement a dû chercher plus de financement pour rembourser le prêt principal et les intérêts. En plus, les fluctuations du taux de change ont affecté la capacité du gouvernement à rembourser ses dettes parce que la plupart des prêts ont été consentis en devises étrangères, notamment le baht thaïlandais et le dollar américain ; 4) les ministères et l'administration à Vientiane ainsi que les autorités de provinces n'ont pas suffisamment évalué et priorisé la plupart du temps le développement des projets avant de solliciter des prêts pour les réaliser, d'où de nombreux projets pour lesquels des prêts ont été obtenus étaient considérés par la suite comme inutiles et improductifs ; et 5) le manque de revenus de l'État sur plusieurs années a donc sévèrement limité la capacité financière du gouvernement et réduit sa possibilité de rembourser ses dettes. En effet, depuis quelques années, le gouvernement a commencé à réduire le nombre de prêts auprès de ses partenaires de développement afin d'alléger la pression sur la

---

[234] L'énergie du Laos captée par la "diplomatie de la dette" chinoise, https://lepetitjournal.com/node/264433, Bangkok Reuter, 08/09/2020.

finance publique ; ainsi les prêts obtenus pour les projets ont été réduits de 3 milliards de dollars en 2016 à environ 261 millions en 2019[235].

Graphique 14 : Total des dettes en % du PIB 2008-2020 (e)

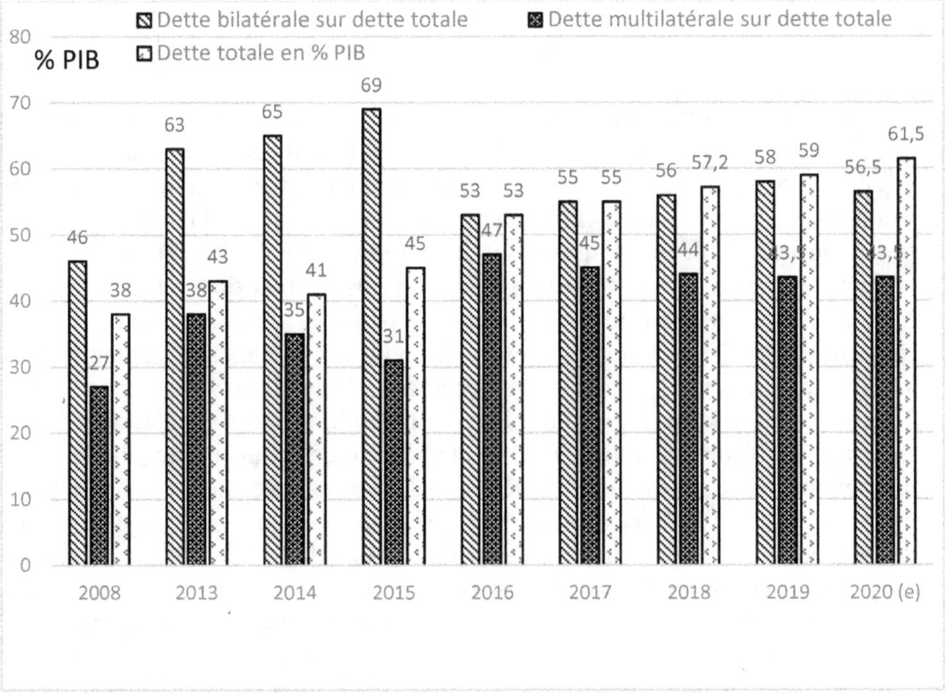

Source: Lao Statistics Bureau, Ministry of Planning and Investment 2019.

Afin d'assurer la réduction du déficit, les coupes budgétaires étaient nécessaires, aussi de nouveaux projets d'investissement ont été suspendus et les autorités ont fait le point de tous les projets existants dans le but de redéfinir la priorité des dépenses en investissement et entreprendre les réparations des infrastructures en mauvais état. Le déficit a principalement été financé par des emprunts extérieurs, y compris, en octobre 2017, par l'émission d'obligations sur le marché des capitaux thaïlandais pour un montant avoisinant 420 millions de dollars, et par des emprunts auprès du secteur bancaire. D'autre part, en 2019, la Banque centrale lao émettait des obligations en kip à des banques commerciales en vue des paiements d'arriérés aux entreprises lao relatifs aux projets d'infrastructures antérieurs (équivalent à 3,1% du PIB de

[235] Government explains main reasons for rising debt burden, Vientiane Times, 19/11/2020.

2018)[236], leur permettant ainsi de poursuivre les chantiers des BTP. Ainsi, sur le plan régional, le recul du stock de réserves du Laos a généré une contraction du bilan de la BOL et son intervention sur le marché des changes en 2019[237]. Dès lors, le gouvernement laotien s'efforçait de contrôler la qualité des projets, leur finalité et diversifier des prêts de l'aide internationale ; les investissements étrangers devaient dès 2020 correspondre à une « aide » véritable, les investissements publics devraient être cadrés et répondre aux besoins réels du pays.

Pour aider le gouvernement lao à remédier au déficit de sa dette publique, la Banque mondiale a proposé une série d'options politiques pour atténuer les effets de la pandémie de Covid-19, précisant que le pays a besoin d'un soulagement économique immédiat tout en soutenant la reprise et en favorisant la résilience à moyen et long termes. Compte tenu de l'espace budgétaire limité, il est important pour le Laos de redéfinir les priorités en matière de dépenses et de mobiliser des ressources supplémentaires afin de soutenir une assistance sociale bien ciblée pour les ménages et les entreprises touchés par la crise, a écrit la Banque mondiale dans son rapport pays. Toujours selon la Banque mondiale, « il serait primordial d'accélérer les réformes de l'administration des recettes pour créer un espace budgétaire permettant au gouvernement d'atténuer les chocs ». De même, l'Assemblée nationale, lors de la 9e session de la 8e législature en juin, a proposé un plan de relance par une série de mesures pour contenir le déficit budgétaire à 6%, et en particulier, les aides aux petites et moyennes entreprises en difficulté, les exemptions et reports de taxes pour des entreprises, ainsi que les aides financières destinées aux chômeurs en raison de la pandémie[238]. D'autre part, suite à l'annonce du vice-premier ministre de l'Économie, à la 10e session de l'AN, le gouvernement a fait savoir qu'il n'accepterait plus de prêts des pays étrangers pour combler le déficit budgétaire. Seuls les prêts pour rembourser des dettes existantes qui arrivent à l'échéance seront pris en considération. Toutes ces mesures prises ont démontré la bonne gouvernance des autorités lao pour assainir la dette publique.

---

[236] La BOL a déjà émis les bons de Trésor pour 230 millions de dollars sur le marché thaï auprès d'une banque thaïe à Bangkok en 2017.

[237] La Banque centrale du Laos (BOL), Annual Report 2019.

[238] NA's session kicks off debating agenda to overcome difficulties, Vientiane Times, 25/06/2020. [238]

4.9.7 Faiblesse de la finance publique et persistance du déficit de la balance des paiements

La structure sectorielle des échanges du commerce repose principalement sur les ressources naturelles (hydroélectricité, minerais, bois) et l'exportation de produits agricoles non transformés. Les échanges sont surtout concentrés vers la Thaïlande, la Chine, et à un degré moindre le Vietnam. Le gouvernement lao s'est assigné avant la crise du coronavirus l'objectif en 2020 d'atteindre 13 milliards de dollars d'échanges commerciaux, dont 6,4 milliards de dollars d'exportations[239], mais la pandémie est venue contredire les prévisions. Le gouvernement gardait toutefois un espoir malgré le déficit commercial affiché depuis de nombreuses années qui s'est fortement creusé au fil des années, en effet le déficit pourrait s'inverser dans les années à venir en raison de la croissance régulière des exportations d'hydroélectricité, de la réalisation de projets d'infrastructure et le développement des zones économiques spéciales, selon le MPI. Mais cet optimisme doit toutefois être relativisé.

Le tableau (11) montre l'évolution des finances publiques et la balance des paiements. Le solde de compte courant recense les échanges internationaux de biens et services (la balance commerciale), ainsi que les revenus du travail et du capital et transferts courants. Le déficit de la balance des opérations courantes a culminé à près de 3,2 milliards de dollars en 2015 (22,4% du PIB); il a toutefois diminué depuis, principalement en raison d'une baisse considérable du déficit de la balance du commerce des marchandises. Le déficit était principalement financé par les flux entrants d'IED et des emprunts à l'étranger, le solde étant couvert par les réserves en devises. Dès 2018, le déficit du compte courant s'est creusé et a dû néanmoins persister en raison des mégaprojets en cours, le train à grande vitesse Laos-Chine et des importations croissantes de biens et d'équipements ; en revanche, les exportations d'électricité continuaient d'augmenter. Par conséquent, les réserves brutes en devises étrangères ont atteint 873 millions de dollars en 2018, et une légère remontée de 1 087 millions de dollars à la fin de 2019, ce qui a permis de couvrir à peine 1,3 mois d'importations des biens et services. Dès 2020, l'économie laotienne est fortement impactée par la pandémie de coronavirus et par la baisse brutale de ses revenus issus de l'activité touristique, il en résulta une baisse drastique des flux de devises dans le pays, faisant craindre le défaut de paiement. Au mois de septembre, les réserves de change du pays s'élevaient à 731 millions d'euros, une somme largement insuffisante pour faire face aux 846 millions d'euros de service de la dette que le pays devait verser chaque année jusqu'à 2024, selon le FMI. Mais le gouvernement était moins alarmé que les institutions nationales, il comptait faire appel à des prêts à l'étranger et emprunter de l'argent sur les

[239] Le Courrier du Vietnam, 23/03/20.

marchés financiers de la bourse de Vientiane notamment par le biais d'obligations du Trésor pour financer son déficit.

Tableau 11 : Indicateurs économiques et financiers

Finances publiques en % PIB	2015	2016	2017	2018	2019	2020 (p)
Revenus et subventions	20,2	16	16,1	15,5	15,8	15,9
Dépénses	28,2	21,1	21,6	19,9	20,1	20
Solde global	-5,6	-5,1	-5,5	-4,4	-4,3	-4,1
Balance des paiements						
Exportations (en millions de dollars US)	3 753	4 409	5 110	5 295	6 037	6 535
Variation en %	12,9	17,5	15,9	3,6	14	8,3
Importations (en millions de dollars US)	6 728	5 904	6 546	6 903	7 597	8 298
Variation en %	-6,2	-12,2	10,9	5,5	10,1	9,2
Solde de compte courant (en millions dollars)	-3 220	-1 752	-1 816	-2 170	-2 311	-2 543
en%	-22,4	-11	-10,6	-12	-12,1	-12
Réserves officieles brutes en millions dollars)	987	815	1 016	873	1 087	1 458
Réserves en mois d'importation	1,7	1,3	1,5	1,2	1,3	1,7

Source: IMF Country report No. 19/267, MPI, MOF Lao

Précisément, les réserves en devises sont restées très en dessous des attentes du gouvernement. Celles-ci étaient les plus faibles de la région, la moyenne étant de 3 à 4 mois. Selon le FMI, les perspectives du Laos étaient peu encourageantes[240], les risques de ralentissement résultaient aussi bien du niveau élevé de la dette que des déficits publics, d'une dollarisation élevée dans le secteur bancaire, ainsi qu'une position extérieure vulnérable en raison du bas niveau des réserves de devises, de la baisse des prix du cuivre, et de la faible productivité de son industrie, avaient pour conséquence la mise en place d'une politique budgétaire rigoureuse du gouvernement et un soutien fort au secteur privé.

Au cours des 15 dernières années, sous la direction du Politburo et du gouvernement, la gestion des finances publiques au Laos n'a cessé d'occuper une place importante dans le débat[241]. Les politiques et le gouvernement ont considéré la gestion des finances publiques comme essentielle pour la mise en

---

[240] FMI, Country Report n° 18/84.

[241] Vision to 2030 and Public Finance Development Strategy to 2025, Lao PDR.

œuvre de la politique de gestion macroéconomique et l'ont fait adopter au congrès du parti, puis cette orientation politique et des objectifs sont inscrits dans le plan national de développement socioéconomique. Le MOF est alors directement responsable de la gestion des finances publiques, au nom du gouvernement. À cette fin, il a élaboré et amélioré des politiques, des mesures et des mécanismes pour gérer les revenus et les dépenses conformément aux lois et règlements applicables. Le MOF est mandaté pour développer et moderniser les outils de la gestion dans le but d'augmenter les revenus annuels, de financer le développement économique. Cette politique a contribué à la réalisation des Objectifs OMD et des objectifs nationaux de réduction de la pauvreté. Plus récemment, l'Union européenne (UE) a assisté le MOF pour développer la capacité professionnelle des fonctionnaires du Trésor national au niveau des 80 districts sur l'utilisation du nouveau système de gestion à temps réel de la trésorerie « Real Time Treasury Information System (RTIS) ». La formation est financée par la Banque mondiale, elle avait pour but de mise à niveau des compétences des responsables de district en utilisant le RTIS, elle comprenait également la délivrance de reçus, surveillance les dossiers des comptes bancaires de RTIS en rapport avec les banques et les enregistrements manuels pour la comptabilité, l'audit et certification de l'exactitude des registres quotidiens dans RTIS[242]. Un réel progrès a donc été réalisé pour moderniser les finances publiques et renforcer les prérogatives du MOF.

4.9.8 Gouvernance bancaire et lutte contre le blanchiment d'argent et le financement du terrorisme

Le gouvernement lao a accordé une attention particulière à la mise en place de réglementations, de lois et d'un comité national de coordination pour la lutte contre le blanchiment d'argent (AML) et contre le financement terroriste (CTF) sous les directives de l'OCDE. Pour l'OCDE, le fait de lutter contre les crimes économiques tels que le blanchiment d'argent, le financement du terrorisme, la corruption, et la fraude fiscale, constitue une priorité pour défendre les principes de bonne gouvernance.

Aussi le gouvernement lao met-il en œuvre les mesures et les normes internationales pour lutter contre la criminalité financière afin de rendre transparence son système financier et atteindre l'objectif consistant à donner confiance aux investisseurs. À cet égard, le Comité national pour l'AML et le CFT ont organisé la deuxième évaluation des mesures de mise en œuvre de la lutte contre le blanchiment d'argent et le financement du terrorisme en septembre 2020 avec le Groupe/Asia, dont le Laos est membre. Lors de sa première évaluation en 2010, le Laos a été classé dans la liste grise foncée du

242 EU supports professional training for Laos' RTIS system, Vientiane Times, 18/11/2020.

Groupe d'action financière internationale (GAFI). Cela montrait que le pays était exposé au risque de crime financier. Les principaux secteurs vulnérables à ce risque sont les banques, la bourse, les assurances, les casinos, l'immobilier, les institutions financières, et les bureaux de change, a rapporté le bureau de renseignement anti-blanchiment de BOL. Cette situation a causé des difficultés pour les banques commerciales nationales lors des transactions avec des banques partenaires étrangères et leurs banques commerciales au Laos. La criminalité financière est un obstacle au développement, le gouvernement lao attache une priorité à la combattre, car elle peut compromettre le développement durable, parce qu'elle réduit les ressources susceptibles d'être affectées à des services publics essentiels, amoindrit la capacité du pays à attirer des investisseurs pour stimuler l'économie, et met à mal le lien de confiance entre les citoyens et l'État.

Depuis, le Laos a fait des progrès tangibles à l'égard de cette lutte, il a continué à renforcer les mesures contre tout blanchiment d'argent ; de ce fait, le pays a été retiré de la liste grise foncée en 2017[243]. Au cours de cette deuxième évaluation, la vice-gouverneur de la BOL, Vatthana Dalaloy, a déclaré que : « *le gouvernement lao a fait de la question d'AML et de CTF une priorité, y compris à améliorer des diverses mesures politiques et règlements connexes pour empêcher tout incident* », et ajoutant d'autre part que « *des crimes liés à AML et CTF sont susceptibles de causer d'énormes dommages au développement socioéconomique du pays*[244] ». La Banque mondiale a réitéré l'engagement de s'associer au Laos dans ses efforts pour développer un système solide capable de lutter efficacement contre la criminalité financière et de renforcer ses systèmes de lutte contre le blanchiment d'argent et le financement du terrorisme.

4.9.9 Faiblesse de la transparence et obligation de rendre compte

La transparence et l'obligation de rendre compte dans le domaine des finances publiques posent toujours problème au Laos. En effet, introduire la transparence dans les procédures de passation des marchés publics demeure une gageure. Les résultats du pays en matière de contrôle budgétaire sont plus ou moins conformes à la bonne gouvernance, en raison essentiellement du manque de ressources, des procédures appliquées claires au sein de l'organisation d'audit de l'État, de déficiences dans l'exercice des pouvoirs et des fonctions de contrôle par l'Assemblée nationale, ainsi que du manque de coopération de l'organe exécutif de l'État.

L'État et le gouvernement reconnaissent qu'il faut d'urgence accélérer les réformes et renforcer les capacités en matière de gestion des finances

---

[243] Laos to re-evaluate anti money laundering efforts, Vientiane Times, 14/01/2020.

[244] Laos conducts evaluation of anti-money laundering measures with Asia Pacific Group, 02/09/2020.

publiques (s'agissant des dépenses publiques et de la gestion financière), notamment pour promouvoir la transparence et l'obligation de rendre compte ainsi que pour lutter contre la corruption. Si l'on en juge par les tendances récentes des recettes en pourcentage du PIB, des améliorations notables ont été constatées dans la gestion des finances publiques. En dépit de quelques résultats positifs, le Laos affiche toujours des résultats médiocres en matière de lutte contre la corruption, d'intégrité des régimes fiscaux, de transparence et d'obligation redditionnelle. Ainsi, le comité central du parti du 11e congrès national a exigé la mise en œuvre d'une politique de contrôle plus rigoureuse sur les finances publiques et l'intensification de lutte contre la corruption. À cet égard, la récente résolution du Bureau politique a placé l'Autorité d'inspection d'État (SIA) désormais directement sous l'autorité du nouveau secrétaire général du parti et président de la République, Thongloun Sisoulith. De même que l'Organisation d'audit d'État (SAO). Ces deux organismes ne sont plus placés sous l'autorité du gouvernement et seront plus indépendants pour accomplir plus efficacement leur mission.

4.9.10 Bilan économique des deux dernières décennies

Le Laos a réalisé de bonnes performances au cours des trois derniers plans quinquennaux en termes de croissance, de l'attraction des IDE pour le pays, de l'accroissement de ses exportations, de la modernisation et de la gestion de ses finances publiques. Tout au long du 8e plan quinquennal on retient l'attachement du gouvernement à rendre plus transparentes ses règles de gouvernance économique, la réduction de la pauvreté, l'amélioration des infrastructures et équipements associés, et le souci constant de ne pas laisser se creuser les déficits fiscaux et dettes publiques. Il a réussi à lancer une série de réformes économiques et financières et à structurer son commerce pour se conformer aux règlementations et normes internationales.

Ainsi, dans les deux décennies qui ont précédé la crise récente du coronavirus, le Laos a connu d'importantes transformations économiques. Son développement s'est appuyé sur un modèle de croissance fondé largement sur le secteur de l'énergie et l'exploitation de ses ressources premières, ainsi que sur le financement de l'aide publique internationale et l'endettement des entreprises publiques, ce qui a entraîné de forts déséquilibres internes (dettes excessives, dépendance financière externe, système bancaire fragile).

Les perspectives pour 2020 et 2021 s'avéraient favorables, grâce aux nouvelles centrales hydroélectriques, aux infrastructures, aux réseaux nouveaux routiers et grands travaux (autoroute Vientiane-Vangvieng, train rapide Vientiane-Boten). Une croissance notable dans le secteur agricole et en particulier l'agriculture biologique ainsi que l'industrie manufacturière. Mais la crise sanitaire a lourdement impacté l'activité de 2020. La pandémie du Covid-19 a réduit considérablement les perspectives du 9e plan quinquennal.

En conclusion, quel bilan économique retient-on de ces deux dernières décennies ? Le Laos s'illustre, depuis le NME, par un certain pragmatisme. Il se caractérise par l'acceptation des réformes de fond et de la remise en cause partielle des idéologies issues des principes de l'économie socialiste à planification centralisée, dans la mesure où ces modulations sont favorables au développement économique pour le Laos et ne remettent pas en cause le modèle d'État à parti unique et ne menacent pas le PPRL. Par conséquent, la réforme a permis l'émergence dynamique d'un secteur privé, de plus le pays a été le plus important bénéficiaire des flux d'aide publique au développement de la région, la communauté internationale ayant eu à cœur d'y intervenir pour aider le Laos à sortir de l'impasse socioéconomique dans laquelle il se trouvait à la fin des années 1980. Cette aide, combinée aux évolutions de la politique économique et sociale du pays, à l'afflux des investissements étrangers et nationaux ont été source du décollage économique. Le Laos est d'ailleurs relativement transparent au sujet de sa gouvernance, actuellement au centre de l'attention du gouvernement en raison notamment des engagements commerciaux internationaux souscrits par ce pays. Le Laos se caractérise ainsi par une économie capitaliste sans les institutions habituelles du capitalisme.

Les gouvernements successifs ont pris conscience qu'il était en outre indispensable de se pencher rapidement sur les préoccupations intérieures : sortir des milliers de personnes de la pauvreté, réduire les inégalités de revenus qui ne cessent de s'accroître et endiguer la corruption endémique. Ainsi, des efforts ont été déployés pour soutenir et développer le secteur privé, les nouvelles lois plus souples sur les investissements ont été promulguées pour attirer aussi bien les investisseurs étrangers que nationaux, les SEZ se sont développées et de nombreuses facilités sont offertes aux entreprises pour s'y implanter. La loi de 2016 sur la promotion des investissements a clarifié les politiques d'investissement et introduit des incitations fiscales complètes, elle facilite la création des SEZ. Les salaires et le coût de la main-d'œuvre sont relativement bas attirent déjà des entreprises étrangères ayant l'ambition d'y produire des équipements à forte intensité de main-d'œuvre axés sur l'exportation vers les pays limitrophes et au-delà. Le Laos pourrait servir ainsi de tête de pont pour ces entreprises.

Toutes ces mesures ont permis effectivement l'émergence rapide d'une classe moyenne urbaine et l'apparition des hommes et des femmes d'affaires, des entrepreneurs, des commerçants, des fabricants et les grands agriculteurs. La croissance a entraîné d'autre part une réduction du taux de pauvreté et une amélioration de certains indicateurs sociaux, chez de nombreuses familles pauvres.

Une autre raison du succès du développement de l'économie lao peut s'expliquer par les décisions du gouvernement dans le cadre de sa stratégie de développement à long terme et le plan Vision 2030, donnant une impulsion à la réalisation des projets de travaux d'infrastructures, une stimulation des échanges avec l'ASEAN, et une amélioration des services financiers. À cet effet, le Premier ministre, Thongloun Sisoulith, a appelé à poursuivre l'amélioration de la gouvernance économique, à coopérer avec les institutions internationales, les bailleurs de fonds, et les partenaires du développement, à renforcer les bilans bancaires, à maintenir la croissance pour un développement durable et une économie verte. Cette instance soutient également la politique des « trois ouvertures » conduite par le Premier ministre, qui souhaite « *ouvrir les portes, les barrières et les esprits* », afin de promouvoir l'intégration économique. Aussi de vastes réformes structurelles ont été mises en œuvre pour stimuler l'investissement privé et le potentiel de croissance et rendre les processus de développement plus inclusifs.

Mais malgré ces perspectives et cette réussite, le pays reste une petite économie : aux nombreux défis sans précédent que représente son développement économique - le projet de construire une nouvelle société où la pauvreté sera éradiquée pour 7,2 millions de personnes –, son rattrapage économique n'est pas exempt de difficultés majeures. Et pour cause, en dépit d'une croissance soutenue ces dernières années, le PIB par habitant reste encore loin de celui des économies avancées de ses voisins.

CHAPITRE 5

LE DÉVELOPPEMENT DES SECTEURS PUBLIC ET PRIVE AU LAOS ET LA GOUVERNANCE D'ENTREPRISE

Les entreprises publiques, les micros et petites et moyennes entreprises lao (MSME) sont des acteurs économiques moteurs du développement du pays. À ce titre, l'appui aux entreprises fait partie intégrante des politiques de développement du gouvernement, tout comme des programmes de lutte contre la pauvreté et l'inégalité sociale. Ces politiques de développement doivent tenir compte de la multiplicité des contraintes qui pèsent sur le développement de ces acteurs économiques. Alors que les autorités lao ont fait des progrès ces dernières années dans le domaine de la gouvernance d'entreprise, l'ensemble juridique et réglementaire dans le cadre de la gouvernance reste un grand défi, avec des incohérences disséminées et parfois une compréhension limitée des acteurs du marché.

Dans le cadre du NME, les réformes incluent la libéralisation du commerce intérieur et extérieur, la privatisation des entreprises publiques (SOE) et la délégation de pouvoirs aux autorités régionales et aux gouvernements locaux. Après 35 ans de réformes, un certain nombre de défis demeurent encore face au développement d'un bon environnement commercial, comme par exemple l'accès au financement pour les entreprises reste difficile ; les responsabilités du conseil d'administration ne sont pas toujours clairement indiquées ; la divulgation financière reste limitée ; et les rapports financiers ne sont souvent pas soumis en anglais pour le marché boursier ou en temps opportun. Pour répondre à certains de ces défis, les autorités lao ont pris ces dernières années des mesures pour établir le cadre juridique et réglementaire de la gouvernance d'entreprise. La loi sur les entreprises de 2013, qui a été adoptée dans le cadre du processus de réforme législative en préparation de l'intégration du Laos dans l'AEC en 2015, s'applique à toutes les entreprises du Laos et aide à établir des règles du jeu équitables en soumettant les entreprises publiques aux mêmes règles que les entreprises privées[245].

5.1 Les principales caractéristiques des entreprises au Laos

Le troisième recensement économique sur les entreprises publiques et privées conduit par le Bureau des statistiques en 2019-2020 a publié des résultats qui sont résumés dans l'encadré (13). Le Laos comme pays le moins avancé, est encore largement dominé par les microentreprises représentant 94,2% de

[245] OECD investment policy reviews: LAO PDR © OECD 2017.

l'ensemble des entreprises au Laos, le nombre total d'entreprises officiellement enregistrées en 2019 était de 133 997 en augmentation de 9 124 par rapport à 2013. Pour rappel, le nombre d'entreprises est passé d'environ 25 200 en 2004 à environ 124 567 entreprises en 2013[246]. Le capital social de toutes les entreprises enregistrées en 2019 totalise 649 000 milliards de kips. En 2018, l'ensemble de ces entreprises ont généré un revenu combiné de 107 584 milliards de kips. Il est évident que ces chiffres ne tiennent pas compte des dizaines de milliers d'entreprises informelles.

Encadré 13 : Les chiffres clés des entreprises lao. Les microentreprises représentaient 12 168 du total des entreprises, soit 94,2% ; suivies de 6 600 petites entreprises, soit 4,9% ; puis de 954 entreprises moyennes, soit 0,7% et enfin, les grandes entreprises au nombre de 276, soit 0,2%. Les entreprises grossistes et détaillants constituent le plus grand pourcentage d'entreprises enregistrées au Laos, suivi d'entreprises de vente de véhicules et des ateliers de réparation de motos avec un pourcentage combiné de 61,2%. Les usines manufacturières représentent 14,7%, tandis que l'hôtellerie et restaurant, ces entreprises constituent 10,6%. L'enquête a montré que l'ensemble de ces entreprises emploient 490 373 travailleurs dont 50,1% de femmes. Environ 90,6% de toutes les entreprises emploient seulement 1 à 5 travailleurs chacune.

Une remarque significative, un grand nombre d'entreprises et de tout type de secteur d'activité se trouvent dans la région centrale du pays et dans les villes. Il y a moins d'entreprises dans le sud du pays et dans les zones rurales où il n'existe pas de route l'accès. La plupart des grandes entreprises se trouvent dans les provinces de Vientiane, Luang Prabang, Khammuan, Savannakhet et Champassak.

D'autre part, en matière des prêts auprès des banques commerciales, l'enquête indique que les microentreprises représentent le plus petit pourcentage en termes d'accès au financement des banques, même si elles constituent le plus grand nombre de tous les types d'entreprises dans le pays. Ainsi, les entreprises de taille moyenne ont le plus sollicité de prêts auprès des banques avec 29,7%, suivies par les grandes et petites entreprises représentant 27 et 24,6% respectivement, tandis que le nombre des microentreprises ayant recours aux prêts bancaires classiques ne représente que 8,7% du total d'entreprises[247].

L'accès limité aux crédits bancaires nécessaires pour le démarrage, la survie, voire la croissance de toute activité économique est l'un des principaux problèmes qui se posent aux petites et moyennes entreprises (SME) au Laos.

---

[246] Number of basic economic units rises to 133,997, census reveals, Vientiane Times, 17/02/2021.

[247] Sethakit, 17/02/2021; Microbusinesses dominate Laos' enterprises: survey Vientiane Time, 18/02/2021.

Aujourd'hui, les SME sont aidées en termes de financement de leurs opérations par de multiples plans et initiatives du gouvernement (MOIC, BOL, LNCCI) mis en place par les banques commerciales dédiées aux SME, avec l'assistance des institutions internationales et des partenaires de développement. Quant aux microentreprises, elles peuvent désormais compter sur les institutions de microfinances.

5.2 Les entreprises publiques lao (SOE)

L'entreprise publique lao fut, initialement, conçue dans le contexte de la socialisation du régime politique et économique du Laos au lendemain de 1975. Dans les années qui suivirent le NME ; des réformes substantielles furent adoptées, certaines se contentant de légaliser et d'encadrer des initiatives lancées par des entreprises publiques, d'autres cherchant à opérer des changements dans la pratique des gestionnaires de ces entreprises. Les réformes successives ont cherché à accorder une autonomie accrue aux entreprises et à écarter les autorités de tutelle de la gestion de celles-ci, en clarifiant les fonctions de régulation et de propriété de l'État. Toutefois, la mise en œuvre de ces réformes s'est révélée lente, en raison notamment des lacunes institutionnelles et un manque de formation et d'expérience du personnel administratif et des directions d'entreprises de l'époque. De plus, ces réformes ont par conséquent été conçues et appliquées, par un gouvernement qui n'avait pas, lui-même, d'expérience d'une économie de marché.

Loin de se limiter au seul secteur privé, la transition vers l'économie de marché s'étend également aux entreprises d'État. À la fin des années 80, le gouvernement, répondant aux préoccupations croissantes concernant la faible performance des entreprises publiques, a commencé à formuler une stratégie de privatisation et de réforme des entreprises publiques. La privatisation des entreprises publiques au Laos concernait le portefeuille de l'État qui regroupait des centaines d'entreprises et sociétés d'État, et des participations à hauteur variable dans le capital de certaines sociétés d'économie mixte.

Au début, de 1988 à 1990, l'accent était mis sur l'octroi d'une plus grande autonomie de gestion aux entreprises publiques, et le programme de privatisation était limité principalement aux petites entreprises. À partir de mars 1991, l'accent du programme a changé pour inclure plus de grandes entreprises, et un plan plus articulé était annoncé par lequel une « série d'entreprises » devaient être privatisées. Dans l'ensemble, le programme de privatisation, bien que plus lent à se concrétiser que prévu initialement, était assez réussi ; sur quelque 200 entreprises existantes gérées au niveau central en 1989, 65 ont été privatisées à la fin 1994[248].

[248] Latdavanh Songvilay, Sthabandith Insisienmay, and Mark Turner, Trial and Error in State-Owned Enterprise Reform in Laos, 2017.

Selon la Banque mondiale, le secteur des SOE à la fin de 1989 comprenait environ 640 entreprises (commerce, vente de détails, grossistes, marchands divers, transports) et représentait pratiquement tout le secteur industriel. Celles-ci employaient environ 16 000 travailleurs (environ 10% de la main-d'œuvre non agricole). Environ les deux tiers de ces entreprises (principalement les plus importantes) étaient gérées au niveau central, tandis que les autres étaient gérées par les autorités provinciales et du district[249]. Les trois quarts des SOE étaient engagées dans la fabrication et les autres dans la construction, l'électricité et l'exploitation minière. Dès 1988, le gouvernement a accordé l'autonomie aux entreprises publiques. La plupart d'entre elles, y compris les plus grandes, sont devenues libres de déterminer leur niveau de production, politique de salaires et de prix, ainsi que des plans d'investissement. Le décret de mars 1988 annonçait la stratégie de privatisation de l'État lao, il visait à réduire le rôle du gouvernement dans la production et à renforcer l'activité du secteur privé[250].

Après l'apparition des SOE faisant suite à la transition économique de 1986, le régime et les caractéristiques des entreprises publiques relèvent désormais de la Loi sur les Entreprises de 2005, qui a harmonisé le régime applicable à l'ensemble des entreprises, qu'elles soient à capitaux publics, privés ou étrangers.

5.2.1 Les caractéristiques principales de l'entreprise publique.

L'entreprise publique lao est une entreprise commerciale de droit privé, dont plus de 50% du capital est détenu par l'État. Celle-ci est néanmoins soumise à certaines règles dérogatoires quant à son régime social, tarifaire et fiscal. En effet, avant les réformes, l'entreprise publique dont la gestion résultait alors essentiellement de décisions administratives. La Loi des Entreprises de 2005, qui dispose que « *l'entreprise économique ayant son propre nom, ses propres actifs et un siège social permanent, et qui est immatriculé afin d'exercer ses activités, en conformité avec la loi* ». Parallèlement, les principes fondamentaux des opérations commerciales des entreprises publiques sont énoncés dans la loi suivante : 1) le strict respect des règles du PPRL et du plan de développement socioéconomique du gouvernement ; 2) les opérations commerciales indépendantes fondées sur les principes commerciaux ; 3) un système de gestion transparent et moderne sous contrôle d'audits internes et externes ; et 4) la pleine participation de l'ensemble des organisations, en vue de contribuer à l'amélioration de l'efficacité des opérations commerciales. Ainsi, l'entreprise publique lao se caractérise donc par sa finalité économique,

---

[249] The World Bank, Lao PDR Economic Monitor, 2004.

[250] Latdavanh Songvilay, Sthabandith Insisienmay, and Mark Turner Trial and Error in State-Owned Enterprise Reform in Laos, 2017.

son autonomie organique et patrimoniale vis-à-vis de l'administration publique, ainsi que par la participation majoritaire de l'Etat à son capital.

La personnification juridique des entreprises publiques remonte au début des années 1990, lorsque le Laos amorçait sa transition d'une économie planifiée à une économie de marché. La constitution d'une personnalité propre visait à séparer les fonctions de réglementation et de régulation de l'État de ses activités économiques. L'entreprise des autorités de tutelles (ministères des Finances, de l'Énergie et des Mines, des Ressources et des Forêts, etc.) sur la marche des entreprises publiques doit ainsi être atténuée, ce qui n'est pas toujours le cas, afin d'accélérer leur transition d'une gestion bureaucratique vers une gestion plus autonome, qui devait leur permettre de se familiariser aux mécanismes de marché et ainsi améliorer leur compétitivité. Cette autonomie patrimoniale et financière doit également simplifier leur supervision et l'évaluation de leur rôle pour se concentrer sur le contrôle et la régulation.

En outre, autonomies juridiquement et financièrement, les SOE peuvent plus facilement renforcer leurs fonds propres ou constituer des partenariats avec d'autres entreprises, en créant notamment des filiales ou en acquérant des parts dans leur capital. Leur capital social dorénavant composé de parts sociales ou d'actions cessibles, doit ainsi faciliter les opérations en capital, que la gestion patrimoniale des entreprises publiques peut nécessiter. De plus, la personnalité juridique des entreprises publiques permet également d'assurer, en principe, une égalité avec les nouveaux acteurs économiques privés. Un cas illustratif de ce mouvement de personnification des entreprises publiques est la création de l'Entreprise Telecom Lao en 1993, qui vise non seulement à distinguer les activités économiques des fonctions de réglementation et de régulation dorénavant affectées à la Direction générale des Postes et des Télécommunications, mais également à faciliter la supervision des opérations de Lao Telecom par le gouvernement et préparer une ouverture à la concurrence du secteur.

5.2.2 Le régime juridique du personnel des entreprises publiques

Depuis des années 1990, le régime juridique du personnel des entreprises publiques est distinct du régime applicable aux employés recrutés au sein d'agences publiques non commerciales, en vertu de la Loi sue les Employés Publics, et relève essentiellement du droit commun du travail.

Le personnel des entreprises publiques est recruté au moyen de contrats soumis au Code du Travail. Les litiges d'ordre individuel relatifs aux contrats de travail sont portés devant les juridictions ordinaires. Dans les entreprises à capitaux publics ou privés, le directeur général est responsable de la gestion du personnel. Il évalue les besoins en ressources humaines de l'entreprise, décide des recrutements, détermine les standards professionnels de la société, prépare le règlement disciplinaire interne. Il doit tenir l'ensemble des organes de gestion et de contrôle ainsi que les associés, informés de la situation de l'entreprise. Dans le cadre des sociétés anonymes SA, les salaires et primes doivent être validés par le conseil d'administration.

La Loi sur les syndicats s'applique aux employés des SOE. Les syndicats au Laos ont néanmoins une influence relativement faible en pratique, et ne sont généralement pas des acteurs majeurs dans la vie associative. Les employés des SOE jouissent en principe d'un droit de grève, également relativement peu utilisé au Laos. Toutefois, les employés de certaines entreprises fournissant des services ou des produits d'utilité publique sont prohibés d'exercer leur droit de grève, notamment les entreprises opérant dans l'électricité, des transports, de la poste et des télécommunications et de l'eau. Les conflits s'il y en a au sein de ces entreprises doivent être gérés selon des règles spécifiques. Les employés, qui ne détiendraient pas eux-mêmes une part du capital de l'entreprise publique, ne sont généralement pas impliqués dans la gouvernance d'entreprise.

Il est généralement reconnu que les principes et statuts de l'entreprise publique en matière de politique de ressources humaines ne sont pas appliqués avec éthique pour le personnel. Le recrutement se fait par relation, le favoritisme est légendaire et à la discrétion des autorités de tutelle ; cependant, pour le poste de directeur général ou de président de société, celui-ci est nommé par l'Organisation des ressources humaines au niveau central du parti. Mais dans la fonction publique, l'instauration du système des quotas est encore plus opaque dans le recrutement : il y a des titulaires et des bénévoles, ces derniers sont employés quel que soit leur diplôme et qualification avec des salaires bien moins que le titulaire du poste pendant des années sans espoir d'être recruté comme fonctionnaire.

5.2.3 La politique de restructuration des entreprises publiques

La restructuration des SOE fut initiée progressivement à partir du milieu des années 1990 et s'est accélérée au fil des années, suite à la politique des réformes dans un contexte international de libéralisation et de privatisation de l'économie, où l'intervention de l'État était généralement remise en cause. En effet, à partir du début des années 1980, de nombreux pays comme la Chine mirent en œuvre des mesures de désengagement de l'État de la sphère économique, à travers de vastes programmes de libéralisation de secteurs marchands et de privatisation d'entreprises publiques. Le Laos n'a pas échappé à ce mouvement et opta pour des réformes graduelles qui visaient à encourager l'émergence d'un secteur privé, sans toutefois remettre en cause le rôle central de l'État et des SOE dans l'économie lao.

Divers problèmes se sont posés durant la première phase de privatisation. L'un de ces problèmes se posait lorsque les acheteurs potentiels étaient des investisseurs nationaux. Dans le pays où les marchés financiers n'existaient pas, les investisseurs locaux sont confrontés à une double difficulté : absence de fonds propres et accès difficile aux marchés du crédit. Le choix des techniques de financement de la privatisation devait tenir compte des contraintes qui pouvaient limiter leur efficacité. En effet, la privatisation a été progressivement plus lente que dans les autres pays en développement, principalement parce que le Laos était sérieusement inhibé par des nombreuses contraintes et limites au financement de la privatisation, c'était le cas par exemple de la faiblesse de l'épargne nationale et de la difficulté de mobiliser l'épargne étrangère au début des années 1990.

Rappelons ici que, les opérations de privatisation font appel à une gamme variée de techniques qui reposent sur des instruments juridiques et financiers dont le choix, étroitement lié aux objectifs poursuivis, aux caractéristiques du pays, à la situation de l'entreprise et de son secteur d'activité, s'opère généralement en fonction de l'une ou l'autre des stratégies suivantes. La privatisation de la propriété qui conduit au transfert du patrimoine de l'État (actifs et/ou titres) au secteur privé, et la privatisation de la gestion qui consiste à céder la gestion au secteur privé (§ 1.3.8). Dans tous les cas, les opérations de privatisation peuvent se réaliser de gré à gré ou par appel d'offres, mais le plus souvent du gré à gré. Les investisseurs lao n'ayant pas suffisamment de fonds pour acquérir une entreprise au moment de la vente, une partie de l'entreprise est vendue via crédit-bail ou location-vente. Ce qui n'a pas été payé à la vente le sera sur les profits futurs.

Les procédures d'enchères (appel à la concurrence) ont souvent été utilisées pour privatiser les petites entreprises, telles que les fermes agricoles ou d'élevage (Ferme d'élevage porcin Latkhouay, Nabong Elevage de bovins), et les petits ateliers de mécaniques ou de tôleries (Atelier mécanique Tha Ngone 1). Pour les grandes entreprises industrielles ou les hôtels (Usine de Tabac, Hôtel Phousi, Usine lao de textile de Femme N°1), la méthode souvent adoptée fut celle de la négociation bilatérale avec le gouvernement. Naturellement, si les firmes sont vendues moyennant un paiement au comptant des actions cédées (ou d'actifs), peu d'acheteurs étaient disposés à acheter au comptant les grandes entreprises. Ainsi, le gouvernement lao est amené à négocier avec un acheteur potentiel (ou un consortium d'acheteurs) pour chaque entreprise. En revanche, dans des cas exceptionnels, des offres non monétaires étaient autorisées. Toutefois, la méthode de vente par enchères était généralisée à la vente des grandes entreprises en dépit de leur importance (hôtels, usines). Mais les enchères concernant les grandes entreprises industrielles ou les hôtels étaient rares au Laos, car les concurrents étaient trop peu nombreux ou inexistants sur ces affaires.

Lorsque la politique nationale de privatisation cherchait à favoriser l'acquisition d'entreprises par des nationaux, il faut reconnaître que ces derniers n'avaient pas toujours la possibilité de mobiliser les fonds nécessaires à l'acquisition de l'entreprise. Dans le cas où les investisseurs éventuels n'étaient pas en mesure de financer avec leurs propres fonds l'acquisition d'une entreprise d'Etat, les investisseurs avaient recours aux méthodes suivantes : le paiement différé (paiement du prix d'acquisition sur plusieurs années), la prise en compte de la dette (le prix d'acquisition est structuré sous forme d'emprunt qui serait remboursé au gouvernement sur une période à déterminer), le crédit-bail, le contrat de location-vente. Du point de vue du gouvernement, chaque solution présentait des avantages différents. Malgré quelques difficultés apparentes dans la mise en œuvre de ces méthodes, force est de constater qu'elles pourraient faciliter la privatisation, bien que les avantages pour les finances publiques soient différés[251]. L'obstacle le plus difficile à surmonter dans le processus de privatisation était la détermination du prix. Depuis des années 1990 jusqu'à une période récente, la privatisation ou l'actionnariat des entreprises publiques ont souvent fait l'objet de favoritisme et de relations politiques à l'égard de l'acheteur ou de l'investisseur au Laos.

Ce n'est qu'à la fin des années 1990 que la restructuration des entreprises publiques est devenue plus systématique. Les entreprises à privatiser devaient être classées sur la base des critères suivants : 1) coût pour le budget ; 2) besoin de capital ; 3) possibilité d'attirer les investisseurs ; et 4) capacité des employés à gérer ou à posséder, ou les deux, les entreprises. Dans la pratique, un certain nombre d'autres facteurs ont été également importants : la taille des entreprises (préférence était donnée aux plus petites entreprises) ; la capacité de mener une évaluation acceptable et l'impact sur l'emploi attendu.

Entre le début du programme de privatisation en 1989 et décembre 1994, 64 entreprises publiques gérées au niveau central ont été privatisées sur un total d'environ 130. Le nombre d'entreprises privatisées a augmenté chaque année entre 1989 et 1992 avant de se stabiliser en 1993 et 1994. Entre 1989 et 1992, 39 entreprises ont été privatisées, avec une valeur totale de 41,4 millions de dollars; entre 1993 et 1994, 25 entreprises supplémentaires ont été privatisées, avec une valeur totale de 26,8 millions de dollars. Sur les 58 entreprises privatisées disposant de données sur mode de privatisation, 78% ont été en location-bail, 19% ont été vendues) et 3% de location–achat (contrat d'achat avec paiement mensuel). La valeur moyenne des SOE en location-bail (environ 40 000 dollars) était plus élevée que celle des entreprises vendues (environ 23 000 dollars) ou en location-achat (origine des investisseurs : 42% d'entre elles ont été cédées aux investisseurs nationaux, 26% aux coentreprises, et 32% aux investisseurs étrangers. La valeur moyenne des SOE privatisées par entreprise (environ 28 000 dollars) était plus élevée que la valeur moyenne de celles qui ont été entièrement vendues à des investisseurs étrangers (environ 18 000 dollars) ou à des investisseurs nationaux (environ

---

[251] Ce compte rendu a été rapporté et enrichi par de nombreux entretiens avec des acteurs qui ont réalisé des opérations d'achat de sociétés.

4 000 dollars). Dès lors, les progrès substantiels ont été accomplis avec le programme de privatisation au Laos. De nombreuses entreprises de tailles et d'activités diverses ont été privatisées sans impact négatif significatif sur l'emploi[252].

Le processus de l'actionnarisation, du désinvestissement et de la restructuration des SOE et le développement des entreprises se sont poursuivis à partir de 2006. Leur mouvement précédait l'ascension du pays à l'OMC en 2013, qui prévoyait l'élimination de certaines barrières tarifaires et non tarifaires. Dès lors, le mouvement de privatisation a été au cœur du programme de libéralisation économique au Laos, l'intervention de l'État dans l'économie est considérable et les SOE continuent de peser sur les recettes publiques. Les entreprises publiques sont incitées à améliorer leur rentabilité ou disparaître ; dans ce cadre, les autorités ont élaboré un plan stratégique de restructuration des entreprises publiques. Le gouvernement classe actuellement les SOE en deux catégories : celles qui devraient réaliser un profit et celles qui fournissent des services sociaux. Par ailleurs, un décret définissant les principes de gestion des entreprises publiques est adopté en 2020. Parmi les principaux domaines de réforme prévus dans le plan figurent la coentreprise, l'embauche de professionnels de la gestion et l'amélioration des normes comptables, dans le but d'accroître la rentabilité et la transparence, et de minimiser l'impact sur le bilan du gouvernement. La stratégie de restructuration du gouvernement a donc pour objectif la réduction du nombre d'entreprises publiques et la participation du gouvernement à un niveau plus approprié à moyen terme. Le Plan cible quelques entreprises publiques, comme EDL, BCEL ou Lao Airlines. En fin de 2015, il y avait 130 entreprises entièrement détenues par l'État et environ 55 de ces entreprises publiques opéraient au niveau central dont 42 étaient sous la responsabilité du ministère des Finances, selon les statistiques du Ministère du Plan de l'époque.

À ce jour, 37 entreprises sont considérées comme importantes du point de vue de la sécurité nationale, de la défense et du développement économique et social, elles restent majoritairement détenues par l'État jusqu'à ce que le gouvernement estime qu'il est faisable de réduire sa part. Deux types d'entreprises publiques à distinguer : 1) les entreprises d'État, qui sont créées par l'Etat et bénéficient d'un apport en capital de l'Etat de plus de 50% du capital total, et 2) les entreprises mixtes, qui sont investies conjointement par l'Etat et une autre partie (investisseur lao ou étranger).

On citera quelques entreprises publiques importantes, comme l'Entreprise de télécommunication lao (ETL) ; Lao State Fuel Company (LSFC) ; la Poste du Laos ; la Loterie nationale ; la Banque pour le commerce extérieur du Laos (BCEL) ; Electricité du Laos (EDL) ; Lao Petroleum State Enterprise, Lao Asia Telecom State Entreprise (LAT) ; la Banque de développement

[252] OMC, CNUCED, Privatisation des entreprises publiques au Laos, 2006.

lao (BDL) ; State Enterprise for Agricultural Service (SAS) of Laos ; Lao Holding State Enterprise (LHSE) ; BPKP (Société de développement des régions montagneuses) ; Thangone Agricultural Machinery ; Lan Xang Development Import–Export ; l'Entreprise d'État de développement agricole et industriel ; la Société de développement de l'industrie agro-sylvicole (DAFI) ; Usine pharmaceutique n° 3 ; la Société internationale d'import-export du Laos ; la Société d'approvisionnement en eau du Laos ; la Société cotonnière d'État du Laos ; la Société commerciale d'import-export du Laos ; la Société de construction et de transport fluvial du Laos, Lao State Enterprise for Construction and Communication. Selon l'OMC, une trentaine d'entreprises commerciales d'État employaient moins de 15 000 personnes et représentaient environ 4% du PIB en 2002, ce chiffre atteignait probablement 6% en 2019[253]. Un programme de restructuration des SOE en vue d'améliorer leur efficacité est en cours. Le gouvernement a affirmé que le processus de restructuration n'incluait pas nécessairement une privatisation mais qu'il pouvait y conduire.

Afin d'améliorer la gouvernance et l'efficacité des entreprises publiques, le gouvernement a encouragé un certain nombre d'entreprises publiques à s'associer à des entreprises étrangères, soit par les joint-ventures ou en invitant des partenaires stratégiques dans leurs participations. Ainsi, en 2005, la brasserie danoise Carlsberg a pris une participation de 50% dans Lao Brewery, le gouvernement lao conservant les 50% restants. En 2011, la Russie Vimpelcom, qui exploite la marque Beeline, a acquis 78% du capital Millicom Lao, l'un des principaux opérateurs de télécommunications mobiles, a conduit à la création de Vimpelcom Lao. En 2012, Compagnie Financière de la BRED, filiale de la banque française BRED Banque Populaire, a pris une participation de 10% dans la Banque pour le Commerce Extérieur Lao (BCEL), société cotée à 70% appartenant au gouvernement lao. En 2014, la BCEL a créé une coentreprise avec la Fudian Bank, une banque chinoise, pour créer la Lao China Bank avec un capital social initial de 37 millions dollars.

Ainsi, la restructuration de : EDL, Lao Airlines, l'Office national du tourisme, ETL, LAT, est aujourd'hui dans la ligne de mire de l'État. Plus récemment BCEL a continué de céder ses actions 30% aux investisseurs privés. Les petites et moyennes entreprises publiques non stratégiques et non rentables sont ainsi sorties du secteur public par privatisation, la vente, ou simplement la liquidation. Tandis que les entreprises de moyenne et grande taille avec un fort potentiel de développement ont fait l'objet d'un programme dit « d'actionnarisation », consistant en leur transformation en société anonyme de droit privé, puis de l'ouverture d'une partie de leur capital à des investisseurs privés, comme pour BCEL. Le gouvernement espère par la restructuration de ses SOE augmenter les recettes pour la caisse de l'État. Les

253 OMC, Country Report Laos, 2017.

SOE ont toutefois la vocation à demeurer le bras armé de la nouvelle économie de marché. Alors que la plupart de ces entreprises ont été vendues ou privatisées d'une manière ou d'une autre, le gouvernement conserve le contrôle de celles qu'il considère comme « stratégiques » ou essentielles pour le développement national. Celles-ci ont tendance à être monopolistiques, bien que cela ait changé dans certains secteurs, notamment les secteurs comme les télécommunications, les banques ou l'aviation. La nouvelle Loi sur la concurrence a adopté une approche large et ouverte, y compris potentiellement les SOE, mais elle vise également à protéger les droits et les intérêts de l'État. Les SOE continuent de jouer un rôle capital dans l'économie globale et particulièrement important dans des secteurs clés tels que la finance, les télécommunications, l'énergie et l'exploitation minière[254]. Selon le Comité national du développement des affaires lao, les entreprises publiques avaient un actif de 11,7 milliards de dollars, et un chiffre d'affaires de 2,8 milliards de dollars avec des bénéfices de 119 millions de dollars en 2015.

Malgré les réformes visant la réduction du nombre de SOE ainsi que la libéralisation de certains secteurs de l'économie au profit du secteur privé, l'État est déterminé à contrôler la transition du pays vers une économie de marché « d'orientation socialiste aux spécificités lao », afin de protéger la légitimité du PPRL à diriger seul le pays. À ce jour, par rapport à l'annonce du gouvernement de sa politique de privatisation, sa mise en œuvre reste graduelle et le nombre d'entreprises privatisé reste encore limité. Selon les cabinets de conseil et les économistes, le gouvernement n'a pas spécifié de code ou de politique pour sa gestion des entreprises publiques et n'a pas adopté les lignes directrices de l'OCDE pour la gouvernance d'entreprise des entreprises publiques. Il n'y a pas d'organisme gouvernemental unique qui supervise les entreprises publiques. Plusieurs entités gouvernementales distinctes exercent la propriété des entreprises publiques dans différentes industries. La haute autorité de gestion des SOE ne relève pas uniformément d'un ministre de tutelle. Des informations complètes sur les conseils d'administration ou leur indépendance ne sont pas accessibles au public. Bien qu'il existe peu de preuves d'une manière ou d'une autre, les entreprises privées supposent généralement que les décisions de justice favoriseraient une entreprise publique par rapport à une autre partie concernant le règlement des différends en matière d'investissement ou commercial[255]. Il n'y a pas de programme officiel de privatisation des entreprises publiques, bien que Thongloun Sisoulith lorsqu'il fût encore Premier ministre avait ouvertement discuté de la subordination de certaines entreprises publiques à une concurrence accrue et à une éventuelle privatisation, le gouvernement avait parfois lancé au cours des dernières années des idées pour accroître la

[254] Corporate governance in Lao PDR, Chapter 4, OECD Investment Policy Reviews Lao PDR, 2017.

[255] 2020 Investment Climate Statements: Laos, US State Department of State.

propriété privée de certaines entreprises publiques par le biais de l'introduction partielle en bourse (LSX). Le 9e plan quinquennal 2021-2025 a appelé toutefois à accélérer le programme de privatisation des entreprises publiques et à encourager les coentreprises avec les entreprises étrangères, avec l'appui du nouveau Secrétaire général du parti et Président de la République Thongloun Sisoulith. À ce jour, quelque 130 entreprises totalement publiques au Laos. Environ 55 de ces entreprises publiques opèrent au niveau central, dont 42 sont sous la tutelle du ministère des Finances.

En conclusion, l'entreprise publique lao a considérablement évolué depuis sa forme initiale d'inspiration socialiste des années 1980. L'entreprise publique contemporaine bénéficie, ainsi, d'un cadre juridique, certes parfois lacunaire et certainement perfectible, mais néanmoins relativement satisfaisant au regard des standards internationaux de gouvernement d'entreprise. Cependant, en dépit de la refonte substantielle du statut et du régime juridique de l'entreprise publique lao, celle-ci continue de souffrir de graves défaillances de gestion, affectant sa compétitivité et sa rentabilité, ce qui explique pourquoi le nombre d'entreprises publiques éligibles à l'introduction en bourse est encore limité.

5.3 Le secteur privé : force locale, action régionale

Les choix idéologiques des réformes marquent encore la structure de l'industrie lao. On rappelle que d'inexistant pendant des premières années du nouveau régime, le secteur privé a progressé jusqu'à plus de trois quarts de la valeur ajoutée après le tournant des années 1990. Il en représente aujourd'hui un peu plus de 80% dans des unités de production très concentrées : près de 90% du nombre d'entreprises mais plus de 60% du capital (IDE compris). Le tabou politique des entreprises publiques se traduit par une phase de consolidation autour d'un noyau dur concentré dans les industries de base comme l'énergie, la finance, les transports ou les télécommunications, mais ouvert désormais à la concurrence privée. Les autres secteurs connaissent un mouvement rapide de désinvestissement public, notamment dans les provinces qui rassemblent plus de la moitié du secteur public qui n'ont plus les moyens de se développer. En revanche, le secteur privé connaît une croissance dynamique et rapide entraînant un changement remarqué dans l'industrialisation du Laos.

5.3.1 L'émergence des entreprises privées joue un rôle majeur dans la croissance économique du Laos

Le NME marqua en effet la reconnaissance officielle du secteur privé comme composante de la nouvelle économie de marché. La Constitution de 1991 (article 16 chapitre 2)[256] reconnaissait le secteur privé et la liberté des entreprises privées à exercer des activités commerciales, ainsi que leur droit de posséder et de céder des « moyens de production ». Le gouvernement considère que ce secteur est essentiel à l'économie et à la prospérité future du pays, en conséquence il fait l'objet d'attention soutenue des pouvoirs politiques, et de ce fait le rôle de l'Etat a été minoré, le nombre d'entreprises publiques a diminué au fil des années. La reconnaissance par l'État de « l'existence » et du « rôle positif sur le long terme » du secteur privé dans l'économie nationale était affirmée dès le début de la politique des réformes, de même que sa volonté d'encourager tous les secteurs économiques à participer au développement économique du pays et à la « construction du socialisme » lao, a donné un nouvel élan aux entrepreneurs et milieux d'affaires lao. Ce fut à partir de 1992 que de nombreuses entreprises privées lao se constituaient petit à petit. Tout d'abord dans la construction, puis dans l'hôtellerie et dans le commerce d'import –export. Vers les années 2000, on voyait ainsi l'émergence des micros et petites et moyennes entreprises privées (MSME) dans l'économie du pays. La Loi sur les entreprises Privées de 1988 posera les bases légales pour l'établissement d'entreprises unipersonnelles à responsabilité non limitée, tandis que la Loi sur les sociétés introduira les entreprises à responsabilité limitée et les sociétés anonymes. La Loi sur les sociétés de 1992 fut largement inspirée de la loi française sur les sociétés commerciales. On précise d'autre part que la particularité du Laos reste la prédominance du caractère familial des entreprises.

En revanche, au cours des deux dernières décennies, le développement du secteur privé au Laos, de par sa nature, présente certains défis pour un objectif d'une économie large, inclusive et une croissance durable. L'activité économique dans le secteur privé est en croissance, notamment dans les zones économiques spéciales (SEZ) récemment créées. Cependant, le gouvernement lao maintient les participations dans des secteurs clés de l'économie tels que les télécommunications, l'énergie, la finance, les mines et les services publics à travers les réseaux d'entreprises publiques. La 8e résolution du PPRL et le 6e plan quinquennal accéléraient le développement par le biais de la politique du NME et le rôle prépondérant donné au secteur privé dans l'économie du pays.

Le secteur privé au Laos est très fragmenté. Les chiffres officiels des entreprises enregistrées montrent que les petites entreprises (1 à 19 employés) représentent entre 98 et 99% de toutes les entreprises du Laos. Ce pays ne compte qu'environ 1 100 entreprises de taille moyenne (20 à 99 employés) et 200 grandes entreprises (100 employés ou plus). Alors que les entreprises de moins de 20 salariés représentent une part importante du total des entreprises

[256]La Constitution de 1991, en son article 16 chapitre 2, stipule que « l'État protège et encourage toutes les formes de propriété : propriété étatique, propriété collective, propriété individuelle, propriété privée des bourgeois et propriété des étrangers investissant en République démocratique populaire lao ».

dans de nombreux pays en développement, les chiffres de la RDP lao se situent à l'extrémité supérieure du spectre, selon une étude de GIZ[257].

À partir du milieu des années 1990, le nombre d'entreprises dans le secteur privé augmentait rapidement après la promulgation de la Loi sur les Sociétés et de la Loi sur les Entreprises Privées en 1992. En 2000, on estimait 3 500 entreprises privées nationales enregistrées au MOIC. Les trois quarts de ces entreprises étaient des entreprises unipersonnelles, la forme sociale la plus simple ; environ deux tiers opéraient dans le secteur commercial, tandis qu'un tiers opérait dans le secteur industriel (agroalimentaire, restauration et hôtellerie). On voit apparaître aujourd'hui l'importance économique des grandes entreprises, elles sont environ une bonne centaine, opèrent surtout dans la construction : bâtiments, travaux publics (routes, transports et logistiques, canalisations, ponts), mais aussi dans les cabinets professionnels comme architectes, experts-comptables, juristes, ingénieurs conseil et avocats d'affaires.

À l'issue des échanges et des initiatives qui ont meublé des groupes de travail du MOIC, de la LNCCI, des associations professionnelles et des partenaires de développement tout le long des années 2010, plusieurs plans d'action et d'engagements ont été pris. Ainsi, tous les acteurs se doivent œuvrer pour la promotion d'un environnement des affaires qui accélère le développement des entreprises lao : améliorer la qualité du partenariat et des cadres de dialogue réunissant l'État et le secteur privé ; renforcer les capacités techniques des services publics pour une meilleure prise en compte des enjeux du secteur privé et poursuivre la dynamique des réformes engagées par l'État en faveur du secteur privé. Sur le plan financier, il a été recommandé des réformes garantissant un financement adapté à tous les types de petites et moyennes entreprises ; créer un cadre réglementaire pour les financements alternatifs à l'endroit des marchés de niche et accroître la part des MSME à l'export en leur accordant l'aide appropriée. Au plan économique et commercial, il est question de s'approprier les programmes d'intégration régionale de l'AEC comme outil de croissance des entreprises ; améliorer la fluidité des échanges domestiques et internationaux pour une meilleure compétitivité des entreprises et améliorer la qualité de l'offre et l'accès aux infrastructures de base pour toutes les entreprises notamment au sein des zones économiques spécifiques et spéciales. Sur le plan fiscal, le gouvernement améliore déjà pour le secteur privé l'efficacité des cadres de collaboration entre les contribuables et l'Administration fiscale et a accéléré la mise en œuvre de la réforme fiscale en mettant l'accent sur l'élargissement de l'assiette fiscale. Sur le plan sécuritaire, le gouvernement lao crée déjà un environnement sécuritaire favorable à l'investissement par la mise en place de

---

[257] La Deutsche Gesellschaft für Internationale Zusammenarbeit (GIZ) est l'agence de coopération internationale allemande pour le développement, elle est très présente et active au Laos depuis de nombreuses années.

sécurité juridique et judiciaire pour le développement des entreprises et la création des conditions favorables à l'innovation et à la protection de la propriété intellectuelle. Enfin, sur le plan social et environnemental, un dialogue plus dynamique et adapté au contexte socioéconomique a été instauré pour encourager tous les acteurs à s'engager dans une démarche environnementale et sociétale responsable pour créer un cadre économique durable ; adapter les curricula de formation aux évolutions sectorielles notamment dans les secteurs d'avenir tels que l'économie numérique et promouvoir la gouvernance politique, gage d'un environnement des affaires propice.

En conclusion, le secteur privé contribue à atténuer la pauvreté au Laos du fait qu'il crée des emplois et génère des revenus, fournit des biens de consommation et des services essentiels, et investit dans l'infrastructure. Bien que le Laos ait affiché des taux de croissance remarquables au cours de la dernière décennie, les inégalités et le chômage, surtout chez les jeunes, se sont aggravés. En conséquence, pour l'avenir, la difficulté consistera à promouvoir une croissance inclusive et durable. En outre, le gouvernement est conscient du fait que la taille des SME les empêche souvent de se mondialiser, aussi encourage-t-il les entreprises à se renforcer en partenariat avec les entreprises étrangères, en particulier les entreprises publiques non performantes. D'autre part, le 9e plan de développement 2021-2025 met l'accent sur l'expansion des SME, le nouveau secrétaire général du parti Thongloun Sisoulith a appelé au 11e Congrès national les acteurs de l'économie à se renforcer en misant sur les marchés à l'exportation avec les pays de la région.

5.3.2 La performance des grandes entreprises privées lao est visible dans de nombreux secteurs d'activité

Parmi les entreprises de notoriété, même si la concurrence interne est rude entre elles, on cite pêle-mêle quelques entreprises familiales qui se révèlent performantes et à même de s'adapter au niveau régime comme Viengthon Farma, Saysanath Pharma, D&K Pharma, Burapha Agro-Forestry, Lao German Construction, ou les entreprises beaucoup plus politiques et agressives sur le plan national, comme Phongsavanh Group, ST Group, Khamphay Sana Group, Dao Heuang, VKK Industrial Co., Souvany Group, Xaignavong Group, Vansana Construction, Soukchaleun Farm, Lao Forwarding Cie, Lao Cement, DM Construction, Toyo Industry Lao Factory, Khounta Sign Advertising, Xayavong Group, Osiano Trading, Saysagnavong Group, SV Group, Vientiane Steel Factory, Lao Law Consultancing Group, Deuan Savan Group, Baazar B Cash and Carry, Sinouk Café, Xaoban Group, Sitthi Logistics Lao, etc. Cette liste n'est évidemment pas exhaustive. Il n'y a pas encore à ce jour de recentrage ou de fusion entre les différentes entreprises lao sur leurs points forts ou de spécialités afin de faire face aux concurrents étrangers de la région en vue de constituer une taille critique. Au-delà des difficultés rencontrées pour le développement des entreprises, le manque de stratégie commune des patrons pour surmonter ce handicap est révélateur de l'état de la culture lao, car elle ne facilite pas un quelconque rapprochement ou entente entre entreprises, leurs dirigeants ont un ego surdimensionné, chacun désire rester maître de sa destinée et de na pas avoir à rendre des comptes aux autres.

On observe néanmoins une certaine professionnalisation croissante des cadres dirigeants comme chez Souvany Group, Petroleum Trading Lao, Deuan Savan Group, Lao Brewery Co., Phonesack Group, CBF Pharma ou Phongsavanh Group[258]. On recense moins d'une centaine d'entreprises de taille importante avec un chiffre d'affaires entre 20 et 80 millions de dollars, dont la majorité opère dans les secteurs : BTP, transports et logistiques, matériaux de construction, distribution, agriculture, agroalimentaire, hôtellerie ou le commerce. Par ailleurs, les entreprises privées et publiques se font concurrence en principe selon les mêmes modalités et conditions du marché, mais souvent les relations politiques comptent pour beaucoup. On remarque que depuis une dizaine d'années, quelques entreprises lao en informatique se font remarquer au niveau national par leur professionnalisme et compétences, comme Lao IT Development Co., APIS, Datacom, Mekong Software Solutions, Lailaolab ICT Solutions Co., ou ICT Solutions. Ces entreprises sont souvent en compétition avec les entreprises thaïes, sud-coréennes et vietnamiennes ; la plupart du temps, elles perdaient des contrats, et n'obtenaient pas d'appui des autorités lao pour les marchés publics, quand bien même leurs offres seraient compétitives ; de ce fait, il y a un sentiment de frustration chez les entrepreneurs lao vis-à-vis de l'administration. Cependant, tout récemment la société Laolaolab ICT Solutions a remporté un contrat d'application de suivi des financements de l'ODA. Ce projet a été soutenu par le MPI.[259]

Il convient de préciser qu'au Laos la croissance du secteur privé a été largement concentrée dans les industries minières et hydroélectriques. Les entreprises opérant dans ces secteurs sont majoritairement étrangères, elles contribuent une part importante à l'économie nationale : exportations, investissements directs et rapportent des revenus au Trésor public, mais ne fournissent qu'une petite part de l'emploi aux travailleurs locaux ; ces entreprises offrent peu d'opportunité aux SME[260] en termes de valeur ajoutée.

Au cours du 8e Plan quinquennal, le gouvernement a continué de tenir des consultations régulières avec le secteur privé, ce qui a permis à ce dernier de défendre ses intérêts, de soulever des questions pertinentes directement auprès du gouvernement et de nourrir les débats politiques et d'influencer éventuellement des propositions de loi et des règlements liés aux entreprises

---

[258] Selon l'information de LNCCI, chiffres 2019.

[259] Barnhao Sole Co., Ltd. selected for ODA project monitoring application, Vientiane Times, 16/02/2021.

[260] Les SME ne sont que les sous-sous-traitants des groupes étrangers la plupart du temps sur les gros chantiers, selon les interviews réalisées auprès des entrepreneurs.

et au commerce. Le secteur privé devrait s'accroître rapidement à mesure que le Laos avance dans l'AEC, il est représenté par la LNCCI, une organisation qui chapeaute l'ensemble des associations professionnelles, et par les associations d'entreprises étrangères telles que l'Association professionnelle entre l'Amérique et le Laos et la Chambre européenne de commerce et d'industrie au Laos (ECCIL). Dans le monde actuel et en particulier dans le contexte de l'AEC, les entreprises et en particulier les SME peuvent aussi avoir un rôle politique important aux côtés du gouvernement pour construire cette nouvelle force économique. Car leur contribution sociale devient de plus en plus capitale. Les grandes entreprises lao commencent à se structurer et à s'organiser aujourd'hui, elles ont acquis un certain savoir-faire et une certaine connaissance technique, et sont en mesure d'exécuter des projets importants. En moins d'une quinzaine années, certaines d'entre-elles se sont renforcées en créant de partenariat avec les entreprises étrangères et ont gagné en crédibilité.

Le gouvernement s'est engagé dans le cadre du 9e plan 2021-2025 à continuer de réformer le secteur public en réduisant le nombre d'entreprises publiques de 130 à environ 30, principalement en attirant des capitaux privés. Les entreprises publiques dont la performance financière est solide seront incitées à coter en bourse. Les objectifs déclarés des réformes sont les suivants: renforcer la performance du secteur public ; maximiser l'utilisation des ressources publiques ; améliorer la contribution des recettes au budget de l'État ; promouvoir l'utilisation du numérique dans les entreprises et améliorer la qualité des services publics. Parallèlement, pour développer les marchés de la dette et des actions au Laos et permettre aux entreprises lao d'accéder aux marchés financiers régionaux afin de financer leurs investissements à long terme, le gouvernement met l'accent sur la mise en œuvre de bonnes pratiques de gouvernance d'entreprise dans toutes les entreprises lao. Jusque-là, les efforts pour établir une séparation entre le propriétaire et la régulation ont été limités. Il n'y a actuellement pas de politique claire en matière de propriété au Laos.

5.3.3 Le recours au Partenariat public privé (PPP) est en plein essor

Le gouvernement lao reconnaît que le mauvais état des infrastructures et des services publics dans le pays est l'un des principaux obstacles à la réalisation de ses objectifs de croissance économique. Historiquement, la fourniture d'infrastructures et de services publics reposait dans une large mesure sur le budget du gouvernement et l'aide publique au développement. Cependant, les plans nationaux de développement socio-économique successifs ont identifié le secteur privé comme le principal moteur de la croissance et le gouvernement s'est alors engagé à favoriser une transition vers une économie de marché dirigée par le secteur privé. Le gouvernement lao se rend compte qu'il n'a pas, à lui seul, les ressources nécessaires pour assurer une croissance durable. De plus, bien des services et entreprises publics ont été inefficaces et sources de gaspillage en raison de la mauvaise gestion et de la corruption.

Le partenariat entre le gouvernement et le secteur privé s'entend dans un contexte « gagnant-gagnant » pour les deux parties. Le gouvernement a souligné l'importance du modèle BOT[261]dans le domaine des grands projets et en particulier le schéma du partenariat public-privé (PPP) en tant qu'outil utile pour réaliser des travaux d'infrastructure, le concept a été mis en œuvre avec l'aide de l'ADB[262]. Pour certains projets à caractère stratégique, le gouvernement lao et les acteurs comme le MPWT ou EDL ont adopté depuis des décennies le modèle PPP pour construire des centrales hydroélectriques.

Ainsi, Le Laos a réalisé 34 projets PPP entre 1990 et 2019, principalement dans le secteur de l'énergie. L'expérience positive du gouvernement dans ce secteur a montré que le modèle PPP peut aussi réussir dans d'autres secteurs, notamment les infrastructures routières. Cependant, les PPP nécessitent une mobilisation de ressources importantes et contraignent l'État lao à recourir aux capitaux provenant de sources commerciales privées. « *Un partenariat public-privé est une solution gagnant-gagnant pour le projet. La mobilisation des fonds et de l'expérience du secteur privé aidera le gouvernement à atteindre ses objectifs de développement des infrastructures à long terme* », a déclaré Oulay Phadouangdeth, directeur général par intérim du Département de la planification et de la coopération, ministère des Travaux publics et des Transports (MPWT)[263]. Au cours des dernières années, le Laos a connu un développement économique rapide, il a su renforcer les liens commerciaux régionaux et réduire la pauvreté rurale, grâce aux investissements importants dans les réseaux routiers et de transport. D'autant plus que le volume du trafic dans le pays a considérablement augmenté, reflétant le taux de croissance vigoureuse de son économie. Le nombre de véhicules (y compris les motocyclettes) immatriculés est passé de 200 000 en 2002 à 1,3 million en 2012 et plus de 2,4 en 2019[264]. Le MPWT avec le soutien du Groupe de la Banque mondiale, a réalisé en 2016 la construction de la route nationale RN13 en PPP. Cette route, le corridor Nord-Sud de 1500 km est le réseau fédérateur du Laos, reliant la province la plus septentrionale de Luang Namtha, à Vientiane et va jusqu'à la province la plus méridionale de Champassak à la frontière du Cambodge.

S'agissant des grands projets, le gouvernement privilégie la formule du partenariat public privé (PPP) mais également le schéma de la concession

---

[261] Build, Operate and Transfer. Concession pour une durée de 20 à 50 ans selon la nature des projets.

[262] Lao PDR, Decree on Public Private Partnerships in the Lao PDR, Draft, June 2015

[263] Ministry of Public Works and Transport Presents Business Case for National Road 13 Public-Private Partnership in Lao PDR, Vientiane Times, 29/10/2014.

[264] ADB, 2019

BOT avec ou non une faible participation de l'État dans le projet[265], comme c'est le cas du projet de l'autoroute Vientiane-Vangvieng[266], où l'État possède 5%. L'intérêt du PPP pour le Laos, une initiative partenariale inédite entre un territoire et les entreprises illustre la capacité d'action collective des acteurs publics lao et privés au service de l'intérêt général.

Le montant total engagé des projets en PPP au Laos a atteint 23,7 milliards de dollars depuis 1990 dont certains sont en cours de réalisation comme le train à grande vitesse Laos-Chine[267]. Tout suggère que d'autres projets de ce schéma de partenariat vont continuer à voir le jour, ce qui conduira selon les experts à augmenter encore plus la dette publique du Laos.

Lors de son rapport économique au 11e Congrès national du parti, le nouveau secrétaire général du parti Thongloun Sisoulith a souligné que le gouvernement favorisera désormais des grands projets entre les étrangers et l'Etat ou avec les entreprises privées lao ou encore la formule de consortium d'entreprises, le but pour le gouvernement est de ne pas alourdir davantage la dette publique. En outre, le PPP est désormais possible pour les projets de prestations de services publics. Ainsi, cette formule sera généralisée pour des projets d'infrastructure au cours du 9e plan quinquennal. Toutefois, pour les autres projets d'investissement étranger, l'apport des capitaux propres sera sollicité.

La conclusion dégagée aujourd'hui, c'est que non seulement les entreprises ou organisme d'État, mais aussi les services sociaux tels que la santé et l'éducation sont, dans une certaine mesure, dans les mains des privées. Il a été également fait valoir que l'accomplissement des fonctions économiques traditionnelles de l'État - créer un environnement porteur et réglementer la conduite des affaires - exige des connaissances techniques et d'autres compétences encore du secteur privé. Des partenariats publics privés feront en sorte que les activités des deux secteurs se renforcent mutuellement plutôt que d'être antagoniques. À la lumière de ces considérations, le gouvernement lao s'efforce d'associer le secteur privé à la prise de décisions économiques et de créer des mécanismes pour renforcer la collaboration entre les deux parties.

---

265 Built, Operate and Transfer, une formule de concession de 25 à 30 ans selon les projets.

266 Une concession de 50 ans, China's Yunnan Construction and Investment Holding (YCIH) Group possède 95% d'investissement dans le projet.

267 https://pppknowledgelab.org/countries/lao-pdr, Lao PDR, PPP Framework. Le gouvernement Chinois détient 70%, le gouvernement lao 30%.

5.3.4 Les micros et les petites et moyennes entreprises (MSME) créent une grande partie des emplois formels et dynamisent la croissance économique

Le Laos a axé sa politique en faveur des MSME qui comptent 98% de toutes des entreprises du Laos, en améliorant l'environnement juridique et la réglementaire de ses entreprises afin de soutenir leur développement. Il développe des politiques ciblées sur les entreprises nationales depuis le début des années 2000 et leur fait bénéficier d'un cadre institutionnel relativement satisfaisant et d'un fonds pour financer leur croissance ainsi que des prêts aux MSME qui contribuent pour 16% du PIB. L'État et le gouvernement soutiennent les politiques visant à améliorer la productivité des entreprises et leur intégration dans les chaînes de valeurs régionales, mais les MSME n'atteignent actuellement pas de taille critique, manquent de compétences en ressources humaines, de compétitivité et souffrent cruellement de financement.

Le diagramme ci-dessous donne un aperçu général des points forts et faibles des SME au Laos, selon l'OECD. Ainsi, le cadre institutionnel est bien défini, représente l'environnement mit en place par les institutions, dans lequel évoluent les entreprises, c'est le contexte économique dans lequel les opérations commerciales sont effectuées entre les entreprises et entre les entreprises et les particuliers au Laos, tandis que l'accès au crédit bancaire et la productivité, la technologie et l'innovation constituent un fort handicap pour le développement des petites et moyennes entreprises lao.

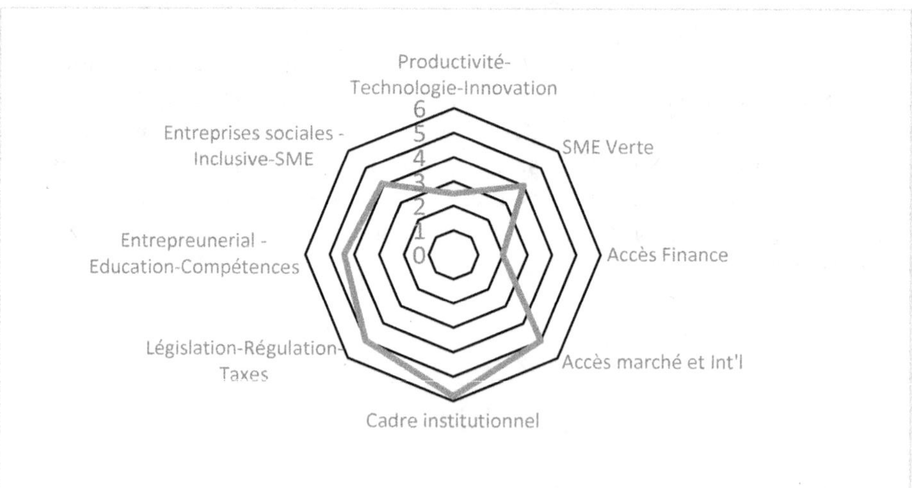

Source: 2018 SME policy index scores for Lao PDR, OECD, ERIA.

Le gouvernement dans le cadre du 9e plan quinquennal 2021-2025 vise une croissance annuelle de 2% pour les MSME au Laos et leur contribution à la croissance du PIB de 18%. Il reconnaît le rôle clé des MSME dans le développement socioéconomique du pays depuis des décennies, il s'est engagé dans un ambitieux plan de développement des MSME qui aspire d'accroître davantage de participation de ces entreprises à l'économie nationale. Un plan a donc été rédigé pour promouvoir le développement de ce secteur dans le 9e plan quinquennal. Ce plan a été esquissé par le secrétaire général du parti Thongloun Sisoulith lors du 11e Congrès national du parti avec une feuille de route pour les cinq prochaines années, à savoir : le pays continuera à travailler pour le développement des MSME en relation avec le marché et les chaînes de production des grandes entreprises aussi bien locales qu'internationales ; promouvoir et faciliter l'accès au financement, à la technologie et les nouvelles innovations, une priorité absolue pour leur développement ; soutenir des nouvelles startups, renforcer les capacités des entrepreneurs ; améliorer la qualification des travailleurs et la productivité dans les entreprises. Le secrétaire général du parti Thongloun a souligné d'autre part que le nouveau gouvernement coopérera avec le secteur privé pour stimuler la contribution des MSME et leur participation à la croissance de l'économie et à la création d'emplois dans le pays. À cet égard, le MOIC avec les partenaires de développement ont mis en place un plan de développement stratégique pour les MSME, un fonds de promotion pour le financement des SME de 200 milliards de kips par les banques commerciales afin d'accorder des prêts aux clients.

Par ailleurs, la BOL a travaillé avec les secteurs concernés pour accélérer l'allocation des 300 millions de dollars fournis par la Banque de Développement de Chine destinés aux prêts pour les SME. Le plan existant de développement stratégique a déjà vu de nombreux séminaires et formations organisés pour les MSME dans le cadre des efforts déployés par le gouvernement pour s'assurer que les plans de promotion sont productifs, efficaces et réalistes. On note également qu'afin de soutenir et œuvrer aux côtés du secteur public, l'Association lao de promotion des petites et moyennes entreprises a été créée, un plan stratégique SME 2020-2023 a été conçu pour promouvoir la coopération locale et internationale. Les principaux objectifs de l'Association sont d'assurer la solidarité, de renforcer les capacités des membres et de partager les informations sur les micros, petites et moyennes entreprises qui sont intégrées au niveau local et international. Selon une étude récente mise à jour du Département de promotion des SME du MOIC, les MSME dans l'ASEAN représentent pour 88,8 à 99,9% de toutes les entreprises. Quelque 51,7 à 97,2% sont engagées dans création d'emplois et contribuent à hauteur de 10 à 29,9% des exportations[268].

[268] Development of MSMEs to serve as backbone of economy, Vientiane Times, 19/01/2021

Le Laos a axé sa politique en faveur des microentreprises et des SME sur l'amélioration de l'environnement juridique et réglementaire pour soutenir le développement de ses entreprises. Il développe des politiques ciblées depuis le début des années 2000 et fait bénéficier des SME d'un cadre institutionnel relativement favorable et d'un fonds pour leur développement. Les autorités lao s'intéressent de plus en plus aux politiques visant à améliorer la productivité des SME et leur intégration dans les chaînes de valeurs régionales, mais ces entreprises manquent encore actuellement de financement suffisant pour se développer.

Au-delà des grandes entreprises lao, le secteur privé lao se compose principalement de petites exploitations agricoles et de micro et de petites entreprises de fabrication, de l'industrie artisanale, de commerce, de construction et de services. Bon nombre de ces petites entreprises opèrent dans l'économie informelle, elles sont peu à vouloir se transformer en entreprises formelles qui pourraient aider ce pays à renforcer la base économique et le marché domestique.

Les SME dans le commerce, l'agriculture, les services, la restauration, l'hôtellerie, l'agroalimentaire, le tourisme, le transport et la construction, constituent l'épine dorsale de l'économie du Laos, selon un rapport du Département de la promotion des SME du MOIC, environ 200 000 entreprises opèrent dans tout le territoire et fournissent des emplois à plus de 470 000 personnes, représentant 83 % de l'emploi total dans le secteur industriel et les services, elles contribuent pour 16% du PIB et 13% des exportations, ce qui est faible comparé aux chiffres des autres pays de l'ASEAN[269]. Parmi les entreprises à succès, on citera quelques-unes, qui sont Agroforex, présente au Laos depuis le début des années 1990 (plantations, production, transformation et exportation directe des différentes ressources naturelles vers les industries spécialisées) ; V.K. Cooling (fabricant de machines à glaçon pour les hôtels et restaurants ainsi que les véhicules frigorifiques) ; Katu textiles group ; Magic Lao Carpets Handicrafts ; Pakxong Development Export -Import ; Savan Pacifica Development Company ; Khompanya Entertainment ; Phetphathai Jewellery ; Muang Khong Clean Energy Co Ltd ; Meely Decor ; Khonsavanh Phetphouthong Cattle Farm ; Nam Pian Yorlapa ; Innogreen Engineering, Lao Best Group, etc.

Le développement des SME constitue un élément clé de la stratégie à long terme pour le Laos, car ces entreprises créent effectivement le plus d'emplois dans le secteur privé et participent à réduire la pauvreté dans le pays. À cet égard, des mesures spécifiques ont été prises par le gouvernement avec la Banque centrale (BOL) et le Département de promotion du MOIC ainsi que la

---

[269] SMEs Development Plan 2016-2020, Department of SMEs Promotion, Ministry of Industry and Commerce.

LNCCI pour les soutenir[270]. Les fonds d'aide ont été spécialement créés pour assister les SME depuis 2016 ; ces fonds proviennent généralement des institutions internationales, des partenaires de développement ou certaines banques commerciales, ils sont destinés à financer la création et la croissance des SME. Plus récemment en novembre 2020, le gouvernement a alloué 60 milliards de kips (soit environ 6,8 millions de dollars) pour le développement et la promotion des SME via les banques commerciales à un taux d'intérêt uniforme de 3% seulement dans le but de financer le développement des SME prioritairement dans les secteurs : transformation des produits agricoles, artisanat, plantation de cultures, l'élevage d'animaux, et tourisme. Selon le vice-ministre du MOIC, Somchit Inthamith, les prêts bonifiés du gouvernement combinés avec des prêts accordés par les banques commerciales aux SME totalisent à ce jour 20 000 milliards de kips[271].

Il faut savoir que les entreprises lao en 2020 sont très morcelées ce qui est un handicap pour leur expansion, car elles ne profitent pas de toutes des infrastructures mises en place. Selon le MOIC, les chiffres officiels des entreprises enregistrées ont montré que les petites entreprises (1 à 19 employés) représentent environ 98% de toutes les entreprises du Laos, soit quelque 120 000 entreprises. Le pays ne compte qu'environ 2 500 entreprises moyennes y compris des entreprises agricoles (20 à 99 employés) et une bonne centaine de grandes entreprises (avec 100 employés ou plus). Il est encourageant de constater que le nombre des petites entreprises enregistrées à la LNCCI détenues par des femmes a augmenté ces dernières années, passant de 44% en 2009 à 55% en 2012 et 62% en 2019. Bien qu'il soit difficile de déterminer avec précision des entreprises informelles, la BOL estime à environ 200 000 le nombre de ces entreprises (tous métiers et marchands confondus), elles jouent un rôle important dans de nombreux secteurs de l'économie, notamment la petite fabrication, le commerce, la restauration, transport et les services. Les MSME représentent jusqu'à 98% de toutes des entreprises enregistrées au Laos, elles créent le plus grand nombre d'emplois dans le secteur privé au Laos, et sont essentielles pour le renforcement de l'agriculture et de l'industrie et la matérialisation d'une croissance plus inclusive ; elles contribuent à la croissance de tous les secteurs de l'économie et sont une source majeure de vente à l'exportation et d'accroissement des recettes publiques. Les MSME concourent à enrayer la pauvreté à la source, la réalisation des Objectifs OMD exige une croissance tirée par le secteur privé. Or, au Laos, qui dit secteur privé aujourd'hui dit SME. De nombreuses entreprises enregistrées aujourd'hui (77% en 2020 alors qu'elles étaient 42%

---

[270] Phouphet Kyophilavong, National University of Laos: SME Access to Finance: Evidence from Laos, 2011.

[271] 80 billion kip low-interest loans issued to SMEs, parliament told, Vientiane Times, 27/11/2020.

en 2012) se plaignaient de la concurrence déloyale à laquelle elles étaient confrontées avec les entreprises informelles. [272].

En effet, on note que les politiques de concurrences peinent encore à satisfaire les attentes des entreprises enregistrées à la LNCCI. Ces entreprises du secteur formel ont fort à faire avec la concurrence des nombreux acteurs informels, qui, pour la plupart, produisent des biens et des services qui ne sont pas toujours conformes aux exigences de normes de qualité, de sécurité et de pratiques usuelles. Ainsi, ces entreprises préfèrent probablement rester dans l'informalité pour échapper à l'impôt, aux règlementations et aux normes de bonnes pratiques[273], tout en maintenant leur capacité d'adaptation aux marchés. Cette situation est peut-être rentable mais elle les empêche d'accéder au crédit formel et restreint leurs chances d'expansion. Qui plus est, la concurrence des structures informelles pénalise sérieusement les entreprises formelles, surtout au Laos où les acteurs qui respectent les règles doivent consacrer beaucoup de temps à se conformer aux règlementations. Pour inciter ces petites entreprises à rejoindre le secteur formel, il faut simplifier les exigences bureaucratiques, en réduisant des procédures ainsi que le volume de documents à fournir. N'étant pas enregistrées à LNCCI, les entreprises informelles ne pourront donc pas bénéficier des services ou accéder aux prêts bonifiés des banques commerciales, elles se confronteront par conséquent aux difficultés pour se développer.

Le MOIC pour soutenir l'expansion des SME a donc encouragé l'organisation des foires commerciales à l'étranger (Thaïlande, Singapour, Chine, France...) en vue de donner à ces entreprises une meilleure connaissance des marchés exports. Au contact avec l'étranger, certaines d'entre elles investissent déjà dans la nouvelle technologie, améliorent leurs produits et packagings, explorent des partenariats étrangers pour se renforcer, et se dotent d'outils modernes et interactifs, l'e-commerce est déjà présent dans certaines entreprises. De nombreuses SME ont compris l'avantage du e-commerce et entrent dans l'ère dynamique du digital. La croissance des SME est un enjeu national, un enjeu d'entreprise. Le gouvernement a compris que remettre les SME dans une ambition de croissance est un enjeu majeur pour l'économie lao et pour l'emploi des générations futures. Un ensemble de mesures d'incitation à l'investissement prévues par la Loi des investissements, en outre, des allègements fiscaux ont été consentis au secteur privé, des réformes douanières, fiscales et sectorielles ont été entreprises dans le cadre de l'AEC où les entreprises lao pourront en bénéficier. Dans ce contexte, le

---

[272] SMEs Development Plan 2016-2020, Department of SMEs Promotion, Ministry of Industry and Commerce.

[273] Selon la LNCCI, les plaintes sont nombreuses de la part des entreprises enregistrées formellement. Car, les entreprises informelles ne paient pas de taxes et les différentes cotisations sociales, coûts de registration et autres, alors que les entreprises formelles ont tout à payer.

Laos a un atout non négligeable : sa population est jeune, sa main-d'œuvre est compétitive, son électricité est très compétitive, ses ressources naturelles sont abondantes, ses infrastructures sont en constante amélioration : c'est donc un enjeu considérable. Cependant, les SME sont encore réticentes à former leurs employés, à s'équiper de nouveaux outils et à remettre en cause leur management, car elles considèrent toutes ces dépenses non comme un investissement mais comme un coût[274].

D'autre part, le gouvernement lao s'est montré soucieux de promouvoir la croissance des SME, notamment pour les exportations de leurs produits. Par la Loi de 2011 sur les SME[275], il a encouragé tous les secteurs de l'industrie à soutenir l'accès des SME aux marchés. Les initiatives de promotion des exportations des SME sont principalement conduites par le MOIC, le DOSMEP, le Département Import-Export, et le Département de la promotion du commerce, du MOIC. Beaucoup d'initiatives de promotion pour des exportations sont encore peu suivies et reposent sur le soutien des donateurs étrangers. En février 2017, le premier centre de services aux SME du pays (SSC) a été créé au bureau de la LNCCI à Vientiane, sous l'initiative conjointe du MOIC et de la LNCCI, deux autres centres ont été créés depuis à Luang Prabang et à Paksé. Le SSC fournit aux SME des informations actualisées sur le marché et la connectivité à travers des séminaires et des sessions de formation, avec le soutien d'un Projet-lao de coopération allemand connu sous le nom d'intégration économique régionale du Laos dans l'ASEAN, le développement du commerce et de l'entrepreneuriat (RELATED), la GIZ allemande organise régulièrement une évaluation de la mise en œuvre du projet RELATED dont la mission de soutien aux SME s'est terminée en fin 2020.

5.4 Une amélioration tangible de l'environnement des affaires

Les réformes annoncées en 1986 avaient permis une grande transformation du secteur du commerce et des échanges extérieurs. Elles avaient autorisé le pays à s'engager vers les premières étapes provisoires pour le renforcement du rôle du secteur privé et l'ouverture de l'économie aux forces du marché, au commerce et aux investissements. Le partenariat entre le gouvernement et le secteur privé s'entend dans un contexte de renforcement de l'économie du pays. Ainsi, au fil des décennies, de nouvelles réformes ont été progressivement introduites pour supprimer les contraintes pesant sur la vie économique, un cadre juridique a été établi pour les transactions commerciales et la privatisation des entreprises publiques non stratégiques et non rentables. Depuis le milieu des années 90, des liens économiques sont devenus plus

[274] John Christopher Walsh & Nittana Southiseng, Competition and Management Issues of SME Entrepreneurs in Laos, 2010.

[275] Law on the Promotion of Small and Medium-Sized Enterprises, Article 21.

étroits avec ses voisins et l'impact de l'économie mondiale a donné une impulsion à la poursuite des réformes économiques au Laos, en particulier dans les domaines de libéralisation des échanges et de la concurrence. Le Laos est alors considéré comme un État ouvert et flexible en matière de commerce et d'investissement par les institutions internationales et les investisseurs étrangers.

Depuis son adhésion en 2013 à l'OMC, le Laos était subordonné à l'adoption des engagements de cette institution, notamment la limitation des droits de douane, l'ouverture partielle ou totale de tous les secteurs, le respect des règles concernant les inspections avant expédition et l'adoption de mesures antidumping, néanmoins l'État maintient des restrictions à l'importation de certains biens tels que les produits chimiques, les armes et certains types de médicaments. Le bois et les armes ne peuvent pas être exportés. Des permis spéciaux sont requis pour exporter du riz, des diamants bruts, de l'or et de l'argent poli. Toutefois, le gouvernement lao a annoncé récemment qu'il pourrait examiner la possibilité de déroger aux licences d'importation et d'exportation pour la production de ciment, d'acier et de riz.

L'ouverture à l'international a donné un coup d'accélérateur à l'économie lao. La stabilité politique et sociale a favorisé les IDE à partir des années 1990, ceux-ci ont permis aux entreprises lao d'accéder rapidement aux nouvelles technologies, de fabriquer les produits de qualité, d'adopter les méthodes de gestion modernes, et de booster l'activité commerciale dans le pays. Pour accompagner le processus de transformation de l'économie, le Laos a créé des zones économiques spéciales (SEZ) dotées des conditions très favorables pour les investissements étrangers et nationaux. Bien qu'une politique économique orientée vers le marché ait été lancée à la fin des années 80, ce n'est qu'au début des années 2000 que le cadre juridique nécessaire a été développé.

Le changement de paradigme opéré par le parti au pouvoir est intervenu avec l'adoption de la 9e résolution du PPRL en 2011. En novembre 2012, une résolution du Comité central a examiné la situation des entreprises opérant au Laos et a donné les directives pour améliorer l'environnement des affaires du pays. La résolution précisait la nécessité de renforcer les entreprises publiques afin qu'elles puissent acquérir des compétences et s'introduire en bourse ; le besoin impérieux de soutenir la production et les services du secteur privé en améliorant la législation ; la simplification des procédures administratives ; et l'amélioration du climat des affaires ; ainsi que l'ouverture de secteurs supplémentaires pour accroître les investissements. En mars 2013, la résolution n° 5 du Comité central du parti a formulé les directives visant à promouvoir le secteur privé et le commerce au Laos, celle-ci a en outre précisé l'importance de la Chambre nationale laotienne du commerce et de l'industrie (LNCCI) et des associations professionnelles pour leur rôle dans la promotion des petites et moyennes entreprises du pays (SME).

Le Lao Business Forum (LBF), qui est soutenu par la Banque mondiale, fournit les principales opportunités et possibilités de dialogue entre le secteur privé et le gouvernement. Le Forum, qui a commencé en 2005, a tenu sa 10e session en mars 2017. Cette dernière session a été considérablement restructurée par rapport aux précédentes, et avait aidé à résoudre des questions importantes, soit au niveau ministériel ou par le biais de directives émises par le cabinet du Premier ministre sur les problématiques d'investissements, de taxes et d'aide de financements aux SME. La Banque mondiale dans son Rapport *2020 Doing Business* a classé la compétitivité du Laos en 113e rang sur 190 pays, inchangé par rapport à l'année précédente. Le tableau ci-dessous donne les indices de la facilité de faire des affaires au Laos qui mesurent la réglementation des affaires et son application effective dans 190 économies, depuis 2014. L'indice classe les économies de 1 à 190, la première place étant la meilleure. Un classement élevé signifie que l'environnement réglementaire du pays est favorable aux activités commerciales. L'indice correspond à la moyenne des classements sur 10 sujets couverts par l'enquête *Doing Business.* Globalement sur la facilité de faire des affaires au Laos, ce pays est classé 153 sur 190 et a un score de 50,1 points. Le score va de 1 à 100, sont les points donnés à chaque évaluation du sujet enquêté (Tab 12).

Tableau 12 : Mesures sur la facilité de faire des affaires au Laos

	Création entreprise	Permis de construction	Accès Électricité	Transfer de propriété	Obtention de crédit	Protection actionnaire minoritaire	Paiement taxes et impôts	Échanges frontaliers	Exécution contrat	Résolution insolvabilité
Rang	181	99	144	88	80	179	151	70	161	168
Score	62,76	63,3	58	64,9	60	20	54,2	78,1	42	0

Source: The World Bank Doing Business 2020, Measuring Business Regulations, Lao PDR.

Des efforts importants déployés par le gouvernement sont considérables pour mobiliser des ressources internes en vue d'améliorer le climat des affaires et de stimuler les SME pour se conformer aux pratiques internationales. On note également que la Loi sur la comptabilité de 2013, entrée en vigueur en juillet 2014, permet désormais aux entreprises d'utiliser le Système international de *reporting* financier pour préparer et tenir à jour leurs dossiers financiers, après l'approbation du MOF. Auparavant, les entreprises privées opérant au Laos ont dû utiliser les normes comptables lao. Par ailleurs, l'insécurité juridique, en particulier le manque de transparence et de nombreuses lois existantes qui ne sont pas claires, voire contradictoires, a dissuadé ainsi un certain nombre d'investisseurs. L'État et le gouvernement se sont penchés sur ces lacunes, aussi le Premier ministre pour réduire des obstacles susceptibles de freiner les investissements étrangers, une loi sur les investissements a été votée en 2018 pour faciliter et attirer davantage d'investisseurs[276]. Le gouvernement a bâti un système financier et juridique plus souple. Les procédures ont été accélérées, il faut désormais quelques jours pour créer une entreprise.

En outre, la nouvelle loi favorise le commerce transfrontalier et les investissements dans les secteurs aussi variés que le tourisme, les infrastructures et la logistique. Parallèlement, depuis l'entrée en application de l'AEC, l'ouverture du service à guichet unique permet de simplifier les passages en douanes et de faciliter le commerce commence à voir le jour. À ce titre, il suffit au transporteur de présenter tous les documents nécessaires à la détermination de l'admissibilité des marchandises sous forme normalisée, en une seule fois, aux autorités chargées des contrôles aux frontières et à un portail unique. Un gain de temps et moins de tracasseries pour les opérateurs de commerce. De plus, un site Web a été mis en service pour permettre aux investisseurs un accès facile aux informations concernant les informations utiles sur les investissements.

Les autorités lao tentent aujourd'hui de mieux donner des moyens aux SME pour faire face aux concurrents des pays voisins. La bonne gouvernance d'entreprise serait de contrôler l'évasion fiscale généralisée. Les SME sont devenues une priorité politique pour le gouvernement en transition vers le secteur de non-ressource dans l'objectif d'innover, de diversifier l'économie et de générer une croissance plus inclusive et l'emploi. Ces objectifs sont précisés dans le 9e plan quinquennal et annoncés lors du 11e Congrès du parti. Par ailleurs, le nouveau Président Thongloun Sisoulith a recommandé au gouvernement de redoubler des efforts et de continuer des réformes qui sont nécessaires pour que les entreprises deviennent des moteurs de croissance. En particulier, adopter la bonne gouvernance qui consiste à :

- Inspirer des expériences des membres de l'ASEAN dans les nouvelles technologies et l'innovation des SME ;
- Simplifier l'environnement réglementaire pour les SME afin de permettre la formalisation des pratiques commerciales;
- Faciliter la connaissance des outils financiers aux SME et les produits de prêt bancaires aux entreprises ;
- Améliorer l'éducation et le niveau des élèves dans l'enseignement secondaire ;
- Adapter les programmes de formation aux femmes cheffes d'entreprise ;

[276] Lao PDR's Prime Minister issued the Order No.02/PM dated on February 1, 2018.

- Adopter des processus et des outils numériques pour atteindre des objectifs commerciaux stratégiques et de productivité pour les entreprises.

En conclusion, l'aperçu sur les pratiques nationales en gouvernance d'entreprise montre que l'environnement des affaires au Laos peut s'appuyer sur un dispositif juridique et institutionnel. Celui-ci comprend, outre le ministère de l'Industrie et du commerce en charge de la promotion du secteur privé, et le ministère du Plan et de l'investissement, la Chambre du Commerce et de l'industrie lao (LNCCI), ainsi que les structures d'appui et de facilitation et les organisations et associations professionnelles. Le cadre institutionnel de l'environnement des affaires présente de faibles performances, comme signalé dans le classement de la Banque mondiale du rapport *Doing Business* 2020, mais des progrès ont été réalisés et le nouveau gouvernement de Phankham Viphavanh s'engage à le rendre plus attractif pour les investisseurs. L'environnement des affaires au Laos fut l'un des moins incitatifs de l'ASEAN il y avait une dizaine d'années, il a donné aujourd'hui un nouveau regard que les marchés portent sur ce pays : capable de renouveau et de capacité d'initiative et d'adaptation.

5.5 L'accès au crédit demeure le plus grand défi pour des entreprises lao

Les petites et moyennes entreprises (SME) constituent un élément vital du processus de développement économique du Laos. Aujourd'hui, leur contribution en termes de production, d'emplois et de revenus dans les économies est largement reconnue. Cependant, le financement de leurs activités a toujours constitué une préoccupation majeure pour les chefs d'entreprises et autorités politiques du pays. Les banques commerciales se montrent frileuses dans l'octroi de crédits aux petites et moyennes entreprises. En effet, sur le plan financier, le système bancaire a une préférence pour le financement des grandes entreprises au détriment SME, car les banques recherchent des garanties incontestables que peu d'entreprises peuvent offrir. Toutefois, même si le secteur privé est souvent associé à certaines réformes, il n'existe pas encore de cadre formel de concertation entre l'Etat et le secteur privé, excepté pour des grands projets ou affaires politiques qui sont traités bilatéralement avec des pays partenaires stratégiques.

Les entreprises au Laos considèrent l'accès au financement comme l'un de leurs trois principaux obstacles à leur croissance. Seulement 20% des micro-petites entreprises et 45% des entreprises de taille moyenne ont eu un prêt ou une ligne de crédit à court terme dans une banque en 2018. Les difficultés auxquelles se heurtent les SME au Laos en matière de financement sont généralement de nature structurelle, en interne, il s'agit de l'absence de sûretés à constituer en garanties auprès des banques et des investisseurs, ainsi que des compétences financières insuffisantes des propriétaires et des gérants de SME. D'autre part, l'accès des SME au crédit bancaire continue de poser des difficultés insurmontables pour la plupart d'entre elles, eu égard aux critères sélectifs des banques commerciales. Sur le plan commercial, le financement pour les entreprises était limité jusqu'à présent par des taux d'intérêt élevés octroyés par les banques pour les prêts commerciaux. Les SME ont de plus en plus recours aux nouveaux modes de financement, le fonds d'aide SME ou se tournent de plus en plus vers des sources « alternatives », tandis que le crédit bancaire classique recule faute de pouvoir pour les entreprises de présenter de cautions exigées.

Seule une petite partie des grandes SME (environ 30%) est en mesure d'accéder au financement long terme auprès des banques. Plus précisément, les grandes entreprises privées nationales, avec une surface financière solide, et qui sont déterminées à accroître leurs entreprises semblent avoir une plus grande possibilité d'accéder au crédit des banques commerciales. Le gouvernement encourage à terme ces entreprises performantes et solides à se faire coter à la bourse pour accroître leur capacité à emprunter sur le marché des capitaux pour financer leur croissance.

Le secteur privé est devenu vital dans la promotion d'une croissance durable et du développement, le gouvernement a rassuré le secteur à propos de son rôle et de son importance dans l'économie nationale, et s'efforce de donner des facilités, en déployant des moyens pour leur développement grâce au financement sur les fonds spécifiques et des prêts accordés par des partenaires de développement.

5.5.1 Comment les entreprises financent-elles leur développement

Parmi des sources de financement, les entreprises trouvent tout d'abord des prêts auprès de leur famille ou des circuits parallèles à un taux très élevé dépassant souvent les 30% par an. Au fil des années, de nombreuses initiatives se sont multipliées de la part de l'État et du gouvernement ainsi que la Banque mondiale, du FMI, de l'UE, de l'ADB et des partenaires de développement pour aider les SME à accéder aux prêts bancaires, ils ont apporté l'innovation dans le processus d'aide au financement. Car, la contribution des SME est un facteur déterminant pour la réalisation du plan quinquennal de développement socioéconomique et l'agenda des Objectifs ODD. Ainsi la BOL en 2019 a-t-elle pris l'engagement auprès de dix banques commerciales[277] pour solliciter un prêt de 300 millions de dollars auprès de la China Development Bank

[277] La Banque pour le Commerce Extérieur Lao (BCEL), Lao Development Bank (LDB), Agricultural Promotion Bank (APB), Maruhan Japan Bank Lao Company Limited, Joint Development Bank (JDB), Lao-China Bank, Lao-de Viet Bank, ST Bank, Military Commercial Joint Stock Bank-Lao Branch, Saigon Thuong Tin Bank.

(CDB) pour la promotion et le développement des SME au Laos[278]. La dernière en date, la LNCCI a signé en juin 2020 une coopération avec la Sacombank, pour les prêts destinés aux SME sans que celles-ci ne soient obligées d'hypothéquer leur terrain ou maison. Ce type de partenariat est considéré comme innovant ; car jusqu'ici, les entrepreneurs, commerçants et agriculteurs pour obtenir un prêt bancaire doivent apporter une garantie sur leurs biens personnels[279]. Ainsi, sans le soutien du gouvernement, des institutions internationales et des partenaires de développement, les SME ne pourront survivre face à la concurrencer des entreprises des pays de l'ASEAN. L'accès au financement est donc la clé de succès pour le développement des SME.

Un plan de relance a été mis en place pour aider les petites entreprises en difficulté et des ménages vulnérables en raison de la pandémie du Covid-19. Ainsi, un ensemble de mesures a été adopté récemment par le gouvernement qui inclut l'accès privilégié des ménages pauvres au crédit par la microfinance et également pour les SME, les fonds d'aide spécifique leur ont été alloués, ainsi que des programmes nationaux de formation et d'information leur sont donnés à travers le territoire.

5.5.2 La microfinance, moyen d'ouvrir la voie vers l'autonomie aux microentreprises.

La microfinance aide les populations exclues des circuits bancaires classiques, ce qui est le cas au Laos. Elle offre de solutions financières aux microentreprises. On notera cependant que les microentreprises, agriculteurs, artisans et petits marchands se financent via des fonds coopératifs, des banques de villages, grâce à la microfinance. Pour toutes ces entreprises, l'accès, à chaque étape de leur cycle de vie, à des sources de financement est indispensable pour leur donner des moyens de démarrer et de croître.

Le développement de la microfinance au Laos remonte au début des années 1990 lorsque le pays s'est ouvert et a commencé à évoluer vers une économie de marché. Le processus a commencé avec le soutien des agences de développement multilatérales et bilatérales pour la mise en place de programmes de crédit villageois et de fonds renouvelables. Aujourd'hui, les associations professionnelles et réseaux d'institutions de microfinance jouent un rôle essentiel pour accélérer l'inclusion financière. En contribuant à créer des conditions favorables au développement du secteur, elles constituent un puissant moyen d'expansion des services et produits de la finance inclusive.

La microfinance fait surtout référence ici au micro-crédit. Il correspond à un crédit d'un faible montant destiné avant tout à des personnes n'ayant pas

[278] Ten Lao banks to seek loan for promotion of SMEs, Asia News Network, 17/09/2019.
[279] SMEs have new option in obtaining a loan, Vientiane Times, 02/06/2020.

ou peu de revenus : petits agriculteurs, ménages, petits commerçants ambulants, etc. Le secteur sert à la fois à financer une activité génératrice de revenus, mais également à améliorer les conditions de vie du foyer (paiement des frais scolaires, achat de mobilier, de vêtements, etc.) ou à acheter les semences pour les agriculteurs. Ce qui fait souvent défaut au Laos, ce ne sont pas les initiatives pour tenter de s'en sortir, mais bien l'argent nécessaire pour lancer son entreprise. Pour répondre aux besoins de cette clientèle atypique, les institutions de microfinance ont mis en place des services et des produits financiers et non financiers qui sont autant d'outils importants pour lutter contre la pauvreté. La microfinance est donc un moyen d'ouvrir la voie vers l'autonomie pour beaucoup de pauvres au Laos.

La Lao Microfinance Association (LMFA) a été fondée en mai 2007 en tant que réseau national de l'industrie de la microfinance. L'association compte au total 92 membres en décembre 2016 dont 74 institutions de microfinance réglementées ainsi que des bailleurs de fonds, des agences bi /multilatérales, des ONG, des prestataires de services et des personnes travaillant dans le domaine de la microfinance. Environ 72% des institutions de microfinance enregistrées au Laos sont membres du réseau de LMFA.

Aujourd'hui, la microfinance est une source importante de financement pour les ménages à faible revenu et les microentreprises agricoles au Laos, en particulier dans les zones rurales, où vivent 70% de la population. Ce secteur est relativement modeste, mais s'accroît rapidement. En 2017, il a progressé de 11% par rapport à l'année précédente avec un actif combiné d'environ 450 millions de dollars (environ 3% du PIB) et un portefeuille total de prêts d'environ 88 millions de dollars à la fin de 2017[280]. En outre, il y a jusqu'à 4 000 banques villageoises qui accordent de petits prêts pour les urgences, les frais de subsistance et permettent ainsi aux microentreprises de recevoir des fonds nécessaires pour monter leurs affaires[281]. Actuellement, les taux de prêts bancaires atteignent environ 11% par an, tandis que ceux des institutions de microfinance pourraient atteindre 25% compte tenu des coûts de financement et des primes de risque plus élevés qu'elles prennent sur les agences et clients. Mais ces taux sont en baisse significatifs en 2018 et en 2019. Selon la BOL, il existe à ce jour environ 250 000 clients et 62 000 de prêteurs actifs avec un portefeuille total de prêt de plus de 100 millions de dollars.

Les textes et les règlements qui régissent la microfinance sont nombreux depuis 2008 sur les institutions de microfinance, ils sont décrétés par la BOL. Avec l'aide des institutions de microfinance via des banques commerciales dédiées comme la Nayoby Bank, la Banque de développement agricole, la BDL, l'Ecleda, la LaoVietBank, la Maruhan Japan Bank Laos, etc., et sous l'autorité de la BOL, elles sont une structure de proximité (ONG, association, coopérative...) qui fournissent des services financiers directement ou par

280 Association de la microfinance lao.

281 Plan d'action du gouvernement – Stratégie Finance 2018–2025, Vision 2030.

l'intermédiaire des agences à des populations n'ayant pas accès au système bancaire classique. Les femmes et les hommes des zones rurales bénéficient aujourd'hui de plus en plus de services financiers grâce à des institutions plus stables, ces dernières ont une meilleure éducation financière et un cadre juridique amélioré.

Lorsqu'on évoque la microfinance, il faut retenir la contribution du Dr Sisaliao, ce dernier était considéré comme un pionner dans ce secteur au Laos[282] ; en 1996, il a créé la première institution de microcrédit dans le pays, avec le soutien financier et technique de la SIDI, Solidarité Internationale pour le Développement et l'Investissement, une entreprise solidaire d'utilité sociale, créée en 1983, par l'ONG de développement CCFD-Terre Solidaire, cette organisation a pour mission de contribuer à la promotion d'une économie plus inclusive, qui donne sa chance aux populations défavorisées. Par ailleurs, le Dr Sisaliao était le précurseur pour avoir créé en 2003, le Fonds coopératif, ce fonds octroyait à quelque 1 000 à 2 000 personnes des microcrédits, dont 99% se trouvaient dans les zones rurales, des femmes pour la plupart ; l'objectif était d'aider des paysans à sortir de la pauvreté en leur procurant des moyens financiers nécessaires pour acheter du matériel et des matières premières via le Fonds coopératif grâce à la microfinance. D'autre part, le Dr Sisaliao a créé la Lao's Farmer Products (LFP), la première entreprise agroalimentaire indépendante du pays ; et quelques années plus tard, une deuxième société agroalimentaire Batieng Products a été créée dans le sud du pays. Ces entreprises achètent une partie de la récolte des paysans, la transforment en divers produits (confiture, jus de fruit), les commercialisent, et les livrent aux points de vente du commerce équitable sur le marché international : l'Europe et les USA[283]. Une étonnante réussite, qui vaut aujourd'hui à ce réseau solidaire une véritable reconnaissance, même au sein du parti.

Plus récemment, une heureuse initiative a été prise par une institution privée de microfinance avec la création de Simoung Express Loan, pendant la période de la pandémie Covid-19. Il s'agit des prêts à court terme de 3 à 6 mois pour les SME et pas seulement qui ont besoin de trésorerie rapide pour faire vivre leur entreprise et éviter la faillite. Les prêts peuvent être accordés également pour les startups avec un taux de 2 à 3% par mois. Alors que la pandémie frappe de nombreuses entreprises, les prêts rapides à obtenir sont une bouée de sauvetage pour de nombreux entrepreneurs. Le développement de la qualité et de la compétitivité des SME sont parmi les priorités du gouvernement dans le cadre de ses efforts de diversification de la structure économique du pays ; les SME deviennent aujourd'hui l'épine dorsale de l'économie. À cet égard, Simoung Express Loan pourrait certainement

---

[282] Mathieu Ricard, Plaidoyer pour l'altruisme: La Force de la bienveillance.

[283] Le journal La Montagne : Soutenu par le CCFD, Sisaliao Svengsuksa vient en aide aux paysans du Laos, 27/03.2015.

contribuer à la croissance de l'économie en facilitant l'accès des SME et startups aux prêts rapides[284].

5.6. La gouvernance d'entreprise

La gouvernance d'entreprise est l'ensemble des règles qui répartissent les pouvoirs entre les différents acteurs d'une entreprise, elle est une condition sine qua non du développement du secteur public et privé au Laos. L'État et le gouvernement lao ont reconnu que la mauvaise gouvernance d'entreprise a empêché les entreprises lao de mobiliser des ressources financières sur les marchés financiers nationaux et de fonctionner de manière transparente et socialement responsable. La gouvernance d'entreprise peut donc se définir comme l'ensemble des règles qui régissent la manière dont les entreprises sont contrôlées et dirigées. Elle répartit les droits et les obligations des différents intervenants au sein de l'entreprise, tels que les actionnaires ou les dirigeants, et pose les règles et les procédures de prise de décision, ainsi que l'obligation de rendre compte et de lutter contre la corruption.

Jusqu'à une date récente, le Laos ne s'attardait guère sur les questions de la gouvernance d'entreprise, croyant à tort que cet aspect n'a que peu d'impact sur l'économie et qu'elle relève de la responsabilité du secteur privé. Le gouvernement disposait de peu de compétences techniques pour s'attaquer au problème et craignait qu'une réglementation par trop active n'éloigne les investissements privés, en particulier les IDE. Une exception où le gouvernement était intervenu dans les cas flagrants de corruption comme le casino dans la zone économique spéciale de Boten, les sociétés qui n'ont pas payé des impôts, les sociétés « fantômes » ou la société PS, Lao Agriculture and Industry Promotion Import-Export, qui a escroqué en 2017 plus de 200 000 petits épargnants, il s'agissait d'une arnaque sous forme de système de Ponzi ou système pyramidal[285].

Même s'il n'existe pas de définition unique, le concept d'application est encore récent dans le contexte lao, la gouvernance d'entreprise peut se définir comme le cadre institutionnel, juridique et réglementaire qui régit la relation entre les dirigeants et les investisseurs au sein d'une entreprise, que celle-ci soit publique, privée ou cotée en Bourse. Elle sous-entend que le conseil d'administration et la direction poursuivent des objectifs représentant les intérêts de l'entreprise et de ses actionnaires, et veillent en outre aux résultats et à l'efficience de l'utilisation des ressources de l'entreprise. Plus généralement, la gouvernance d'entreprise sous-entend que l'entreprise non seulement maximise la richesse des actionnaires, mais trouvent un équilibre

---

[284] Sethakit, *Express Loan*, 07/04/2021.

[285] Lao Investors Defrauded by Pyramid Scheme Still, Wait to be Repaid, RFA Laos Service, 09/10/2020. Son dirigeant Pao Heu est toujours en prison et les victimes ne sont toujours pas indemnisées.

entre les intérêts de ces derniers et ceux des autres parties prenantes, c'est-à-dire les salariés, les clients et les fournisseurs, mais aussi la collectivité au sein de laquelle elle opère. La gouvernance d'entreprise est rendue nécessaire par la séparation entre la direction et la propriété d'une entreprise.

Cependant, au Laos, on fera une distinction entre l'entreprise publique et l'entreprise privée, en raison du régime politique de ce pays. Ces deux types d'entreprise ne fonctionnent pas de la même manière. Mais les principes de la gouvernance d'entreprise restent les mêmes pour les deux types d'entreprise au regard des textes de l'OCDE sur la gouvernance. Dans la pratique, le fonctionnement et la gestion de ces deux types d'entreprise diffèrent, ils se différencient par la composition du conseil d'administration, la stratégie et la finalité de l'entreprise. L'entreprise publique lao pose moins de problème sur son équilibre financier et son financement que celle du privé, car elle est sous la tutelle du ministère concerné, qui lui-même est sous influence de la politique du Parti concernant la stratégie et la gestion de l'entreprise. Le problème principal-agent apparaît lorsque la direction d'une entreprise poursuit des activités ou prend des décisions qui ne correspondent pas aux intérêts des actionnaires ou des investisseurs de l'entreprise et/ou de la société dans son ensemble, c'est le cas pour une entreprise privée, alors que l'entreprise publique lao est soumise aux décisions et à l'arbitrage du gouvernement et n'a pas à affronter son conseil d'administration[286].

Pour ce qui concerne **l'entreprise publique**, il convient de noter que malgré l'économie de marché affiché par le gouvernement et l'appel à la bonne gouvernance, c'est toujours l'État qui arbitre tous les grands projets et investissements du pays pour l'entreprise. Mais cela n'empêche pas certaines entreprises publiques, comme EDL, BCEL, LAT, LFSC, DAFI ou ETL, d'opérer comme de véritables entreprises internationales avec peu de contraintes de l'État actionnaire, mais avec le fort soutien et l'apport en capitaux de l'État, ce qui fait dire que l'État lao fonctionne comme un « État capitaliste ». En effet, le rôle interventionniste de l'État dans l'économie et la médiation du système financier étatique ont conduit très souvent à une situation dans laquelle des entreprises bien connectées, sous le patronage du gouvernement ou détenu partiellement par le gouvernement, ont prospéré dans les affaires. Les consortiums d'entreprises publiques avec les entreprises étrangères ainsi que les entreprises internationales ou privées nationales ont également bénéficié de ce système lao et ont pu ainsi se développer. Ce système a permis malgré ses imperfections à la croissance de l'économie du Laos. C'est précisément ce qui peut se produire en l'absence d'un cadre juridique et réglementaire général, doté d'institutions fortes chargées du suivi et de la mise en œuvre, ainsi que de procédures internes à l'entreprise qui garantit la transparence, la communication des informations et la

286 The G20/OECD Principles of Corporate Governance and the OECD Guidelines on Corporate Governance of State-owned Enterprises were both revised in 2015,

responsabilité. Un système de bonne gouvernance d'entreprise protègerait par conséquent ces intérêts et, partant, atténuerait le problème principal-agent.

Mais les attitudes commencent à changer au Laos, essentiellement grâce à l'incitation et aux activités de sensibilisation de l'extérieur et, en particulier, des pressions exercées par les institutions internationales, les partenaires de développement, les investisseurs étrangers et l'AEC. Ces efforts se limitent toujours largement à l'adoption de codes sur la bonne gestion de l'entreprise et à des mesures visant à assurer la crédibilité internationale dans les pratiques comptables et d'audit. L'accent est mis sur l'instauration de la confiance et de la crédibilité dans la façon dont l'entreprise est gérée afin d'encourager les investissements privés. Ce n'est que rarement que ces efforts s'étendent à la responsabilité sociale de l'entreprise et à la façon de garantir que la gestion des entreprises apporte une contribution effective à la réalisation des objectifs politiques et économiques globaux.

Ainsi, pour assurer une bonne gestion de l'entreprise, l'entreprise publique et privée au Laos doivent être gérées de façon transparente et de façon à rendre compte. La transparence est la mesure dans laquelle les parties prenantes extérieures ont accès à l'information concernant les affaires financières des entreprises pour leur permettre d'émettre des jugements en connaissance de cause, c'est encore rarement le cas au Laos. Par ailleurs, aujourd'hui, les salaires, les primes et la rémunération des membres du conseil d'administration dans l'entreprise ainsi que son fonctionnement sont clairement définis dans les statuts de l'entreprise, mais mal appliqués.

Pour rappel, la composition du Conseil d'administration d'une entreprise est un élément clé de la bonne gouvernance et elle doit garantir que les décisions sont prises dans l'intérêt de la société. Cette composition doit être basée sur une nécessaire diversité ainsi qu'une complémentarité d'expériences, de connaissances et de compétences. Pour ce qui est de la complémentarité des compétences, les administrateurs qui font partie du même organe collégial jouent un rôle spécifique et complémentaire au sein du Conseil d'administration. La présence d'administrateurs indépendants au sein du Conseil est assez rare au Laos, car elle aurait permis une meilleure gestion des situations de conflit d'intérêts entre actionnaires, administrateurs ou dirigeants. Néanmoins, le rôle et les missions du conseil commencent à prendre de l'importance au Laos au sein de l'entreprise publique et privée. Le conseil conduit l'élaboration de la stratégie de l'entreprise, il reçoit de la direction générale les explications permettant d'apprécier les raisons pour lesquelles les objectifs ne pourront pas être ou n'ont pas été atteints. Il appartient au conseil de surveiller les pratiques de la société en matière de bonne gouvernance. Le conseil doit recruter les principaux dirigeants, déterminer leurs rémunérations, suivre leurs activités et, le cas échéant, les remplacer et préparer les plans de succession. Il doit être en mesure de porter un jugement objectif et indépendant sur la conduite des affaires de l'entreprise. Il doit s'assurer entre autres que ses obligations vis-à-vis de tous les actionnaires sont comprises et remplies en respectant le principe d'équité : tous les actionnaires doivent disposer des mêmes informations et pouvoir participer aux assemblées[287].

En matière de fonctionnement, la Loi sur les entreprises 2013 stipule qu'une société anonyme avec des actifs plus de 50 milliards de kips (6,25 millions de dollars) doit avoir un conseil d'administration et un auditeur. Le vote pour la sélection ou l'éviction d'un membre du conseil d'administrateur peut être exécuté par vote cumulatif ou simple vote, et le vote par procuration est autorisé. Les entreprises lao utilisent un système de conseil à un niveau. Les actionnaires doivent recevoir un préavis d'au moins cinq jours ouvrables avant la tenue d'une assemblée générale des actionnaires. L'audit externe est missionné par des auditeurs élus à l'assemblée générale des actionnaires.

Par ailleurs, les mécanismes essentiels de l'obligation redditionnelle sont les règles sur les procédures comptables et d'audit ainsi que la divulgation, aux actionnaires, aux fonctionnaires gouvernementaux et au public, de renseignements financiers et autres sur l'état de l'entreprise. Mais l'entreprise lao d'une manière générale ne répond pas encore à toutes les directives de la gouvernance d'entreprise, excepté celle qui est cotée en bourse ou la coentreprise de l'adhésion aux traités et organisations régionaux et internationaux. Il faut dire que l'AEC a beaucoup stimulé et tiré le Laos vers le haut en matière de gouvernance d'entreprise.

La mesure la plus importante pour instaurer la confiance en matière de comptabilité et d'audit est l'adhésion aux normes internationales. Un gros travail a été accompli ces deux dernières années par le MOIC et LNCCI en coopération avec des partenaires de développement pour assister les entreprises à renforcer des procédures en matière de finance et de normes internationales. Les entreprises lao se font également assister par les cabinets de conseil et d'audit implantés au Laos pour renforcer leur crédibilité dans le domaine comptable et financier. L'appui du MOIC facilite également l'accès des SME au crédit spécifique accordé par des banques en permettant à celles-ci d'évaluer les perspectives des entreprises. On note aussi que le Laos a adhéré à un nombre croissant d'accords multilatéraux régionaux et internationaux sur le commerce. À l'instar de ses homologues de l'ASEAN, la récente politique d'investissement du Laos dans de nombreux cas a été portée par une nouvelle dynamique régionale : depuis 2009, le groupe des États membres de l'ASEAN a signé des accords avec l'Australie et la Nouvelle-Zélande (2009), la Corée (2009), la Chine (2009) et l'Inde (2014). L'ASEAN inclut en 2020 un chapitre d'investissement de l'accord commercial de partenariat économique régional global (RCEP)[288] .

---

[287] Principes de la Gouvernance d'entreprise de l'OCED, 2004.

[288] Zone de libre-échange entre les dix états de l'ASEAN, la Chine, le Japon, la Corée du Sud, l'Australie et la Nouvelle-Zélande.

Des progrès significatifs ont été enregistrés parmi les entreprises lao, s'agissant d'assurer le respect des normes et pratiques en matière commerciale, de comptabilité et d'audit, ils sont reconnus par les investisseurs étrangers[289]. Cependant, en ce qui concerne les SME, où les pratiques comptables et d'audit souffrent de faiblesses institutionnelles dans les domaines de la réglementation, du respect des normes et de l'application de la bonne gouvernance. Les lois et réglementations régissant l'établissement des rapports financiers et les impératifs éthiques nationaux imposés aux vérificateurs sont rarement conformes aux normes internationales ni même aux normes comptables nationales du Laos. Toutefois, les experts interrogés ont estimé que le gouvernement lao assure toujours la transparence et l'obligation redditionnelle dans la gestion, en particulier les entreprises cotées, les grandes entreprises nationales et les coentreprises dans le secteur d'énergie, de construction ou des mines comme Nam Theum 2, Lane Xang Minerals Limited's Sepono ou encore Lao State Fuel Company (LSFC).

Un certain nombre de grandes entreprises nationales, comme LSHE, EDL, LSFC, Star Telecom, Lao Asia Pacific Satellite Co., Ltd. (LAOSAT) ou ETL ont adopté des codes de gestion des entreprises, un dispositif qui contient des règlements tendant à assurer la fiabilité de l'information comptable et financière, à adapter les modèles de comptabilité aux normes internationales, à promouvoir une gestion moderne dans la société et à partager l'information avec diverses parties prenantes ; ces entreprises sont souvent en partenariat avec les entreprises étrangères ou par ce qu'elles se préparent à l'introduction en bourse. Il existe d'autre part un cadre uniforme pour l'harmonisation du droit des sociétés, ainsi que des pratiques et procédures connexes, basés sur le droit commercial et civil au Laos. De même, le renforcement des institutions en vue de promouvoir la bonne gestion des entreprises et de créer un environnement porteur pour des pratiques rationnelles au sein des sociétés progresse lentement parmi les entreprises lao.

Le Laos vise à l'harmonisation des bonnes pratiques des affaires internationales, il a progressé sensiblement grâce à la coopération avec l'ASEAN Business Association et la Société financière internationale (SFI) dans le secteur bancaire et, en ce qui concerne le droit des sociétés et les normes comptables par le biais de l'ASEAN, cette consultation continue avec tous les partenaires cités a permis de faciliter le dialogue entre le secteur privé et le gouvernement lao. Le Laos en matière de gouvernance d'entreprise doit encore améliorer avec le soutien des institutions internationales et partenaires de développement dans plusieurs aspects, à savoir : améliorer le droit des sociétés ; introduire des normes de gestion des entreprises ; mettre au point des organes réglementaires ; renforcer le marché financier ; assurer la protection contre la corruption et la mauvaise gestion ; promouvoir la transparence

289 Accounting Law (Amended) 2013.

dans la vie économique ; renforcer les capacités des sociétés ; mettre en place des systèmes visant à assurer le respect des bons principes de gestion des entreprises ; et enfin, protéger des droits des actionnaires, qui figurent parmi les Principes de gouvernement d'entreprises de l'OCDE[290]. Nombre de structures nécessaires pour ce faire sont déjà en place, mais leur efficacité est limitée par le manque de capacités et de moyens du pays. Il convient de noter d'autre part que la structure du capital d'une entreprise familiale peut être telle que les actionnaires sont dominés par un petit groupe de membres de la famille. À cet égard, les actionnaires ont une influence souvent limitée dans la nomination des cadres dirigeants dans les entreprises familiales au Laos.

On retient que la Banque mondiale a étudié le respect de la gestion des entreprises dans les pays de l'ASEAN selon les principes de l'OCDE, s'agissant le Laos, elle a constaté divers degrés de progrès dans le respect des droits des actionnaires, des exécutions de contrats, de la gouvernance, ainsi que la lutte contre le blanchiment d'argent et le financement du terrorisme. D'autre part, le Laos a pris un certain nombre de mesures au cours des dix dernières années pour renforcer le moteur de la croissance, le développement social et la transformation structurelle. Les mesures employées ont été les suivantes par les entreprises publiques et les groupes privés : création d'un environnement porteur pour le développement du secteur privé par la promotion de la concurrence au sein de l'économie ; dispositions pour que les opérateurs soient libres d'exercer leurs activités dans tous les secteurs de l'économie ; réduction de la charge à supporter dans les transactions ; octroi d'exonérations aux investisseurs privés, adoption de mesures spéciales pour le développement du secteur informel et des SME ; renforcement des partenariats public-privé ; exécution de contrats d'entreprise ; protection des droits de propriété et encouragement de la bonne gestion des entreprises. En résumé, l'amélioration de la gouvernance d'entreprise au Laos constitue un objectif de la politique gouvernementale. D'autre part, le Premier ministre et la Commission de bourse ont promulgué une loi améliorée d'investissement en 2018 et le Code pour la gouvernance des entreprises cotées en bourse et ont lancé une évaluation systématique de leur gouvernance. Le secrétaire général du parti Thongloun Sosoulith au 11e Congrès national a réaffirmé la détermination du gouvernement de placer la gouvernance d'entreprise au centre des réformes, en particulier des règles qui répartissent les pouvoirs entre les différents acteurs de l'entreprise et des administrations d'État.

5.6.1 La pratique des bonnes gouvernances d'entreprise

Le terme de gouvernement d'entreprise paraît plus approprié pour réaliser un parallèle entre problématiques liées au gouvernement d'État et gouvernance

[290] OCDE, Corporate Governance Guidelines 2004.

d'entreprise. Les mécanismes de gouvernance choisis relèvent d'une conception culturelle et socio-économico-politique spécifique et se font écho du public au privé. La manière dont s'organise la gouvernance publique au Laos est liée à son régime institutionnel mais aussi de la nature du système dans son rapport à la société civile qui demeure encore à être amélioré. La façon dont s'organise le gouvernement d'entreprise reflète l'idée que le Laos se fait de la place et de la responsabilité de l'entreprise dans la communauté. Dans les deux cas, un ensemble de principes et de mécanismes intervient pour réguler les relations entre acteurs.

État et entreprise : des logiques de transparence similaires. Des processus assez similaires. Le gouvernement lao a un système organisé avec des contre-pouvoirs limités, néanmoins se renforce peu à peu (Parlement, Autorité de l'inspection d'État, Organisation de l'Audit d'État), il applique le principe de transparence (déclarations des intérêts financiers des ministres et fonctionnaires), la circulation des informations relativement ouverte, l'accessibilité aux fonctionnaires et élus et une intervention de la société civile institutionnalisée en progrès. Un gouvernement d'entreprise pérenne repose sur des dispositifs créateurs de transparence : contrôle des comptes, rapports financiers, déclaration sur le gouvernement d'entreprise et la responsabilité sociale des entreprises, et des mécanismes protecteurs des minoritaires : droit de poser des questions et de proposer, présence d'administrateur indépendant potentiel arbitre de conflits d'intérêts, protection des intérêts de catégories spécifiques d'acteurs dont les salariés. Enfin, les dispositifs de responsabilisation du management, etc. En revanche au Laos, la plupart des entreprises sont familiales, dirigées et assumées par leurs propriétaires et une direction de management réduite avec très peu de personnes extérieures au cercle familial.

Le Code des bonnes pratiques de gouvernance est un ensemble de règles de bonne conduite de l'entreprise qui précisent les textes de l'OCDE. Il s'applique en premier lieu aux conseils d'administration. Il permet aux entreprises d'organiser efficacement le fonctionnement et le processus de décision des instances les plus importantes : l'Assemblée des actionnaires, le Conseil d'administration et la direction générale. Toutes les entreprises peuvent mettre en œuvre les pratiques de bonne gouvernance, y compris : les sociétés contrôlées par l'État et toutes les entreprises privées. Ce Code prévoit que les entreprises doivent assurer un traitement équitable des actionnaires ; elles doivent veiller aux bonnes relations entre les actionnaires et garantir la diffusion en temps opportun d'informations exactes sur tous les sujets significatifs notamment la situation financière, les résultats, et l'actionnariat. Le traitement équitable doit être garanti sur deux plans. IL faudra donc encore beaucoup de temps aux entreprises lao de se conformer à tous les principes de bonne gouvernance de l'entreprise. L'AEC peut faire avancer le Laos dans la gouvernance de l'entreprise comme dans beaucoup de domaines.

Le Laos continue de travailler avec ses partenaires de développement pour améliorer le renforcement des capacités des organes législatifs centraux et locaux afin de promouvoir la bonne gouvernance, les droits de l'homme et l'état de droit, a souligné le ministre de la Justice, M. Xaysi Santivong, lors d'ouverture du 3e Séminaire sur les perspectives de la bonne gouvernance et de l'état de droit au Laos en 2019 sur le thème : « processus et avantages potentiels, y compris la justice sociale pour le Laos [291]».

Malgré quelques initiatives et engagements du gouvernement, les bonnes pratiques de la gouvernance d'entreprise n'ont pas encore atteint les normes internationales pour les entreprises lao, il reste beaucoup à améliorer et à s'inspirer des pays de l'ASEAN. La gouvernance étant évolutive, une des toutes premières « bonnes pratiques » pour une entreprise est de se mettre en ordre de marche pour la faire évoluer. Grâce à un code interne de gouvernance, l'entreprise publique définit sa pratique et l'éthique sur laquelle elle se fonde. Par ailleurs, l'entreprise désignera au sein de son conseil d'administration un administrateur référent, qui veillera au maintien ou à l'amélioration des pratiques dans ce domaine. Tandis qu'au Laos, le conseil d'administration est composé de représentants des ministères (4 à 8 membres selon les statuts prévus de l'entreprise), le président ou le directeur général de l'entreprise publique est nommé par le comité central de l'Organisation du personnel du parti, ce qui entrave les actions et la liberté du dirigeant de l'entreprise. Le comité central du 11e congrès national a débattu sur ce point et a demandé au parti de revoir et d'améliorer la gestion de ressources humaines dans toutes les organisations du pays (membres du parti, fonctionnaires, administration, entreprises).

S'agissant des grandes entreprises lao ou des SME, il conviendra plus particulièrement de veiller à ce qu'une charte privilégie la compétence des embauches extérieures et d'organiser la formation des membres de la famille appelés à des fonctions clés (conseil d'administration ou encadrement), cette règle est quasiment inexistante au Laos, mais commence à être perçue comme une nécessité dans quelques entreprises. Il ne s'agit pas d'interdire à un membre de la famille de prendre des responsabilités, mais de veiller à ce que la compétence prime, afin d'assurer la qualité du travail, la sérénité de l'ensemble des collaborateurs et la pérennité de la société. En outre, le dirigeant prendra soin d'organiser à l'avance sa succession ou, a minima, le processus de succession, la famille peut s'organiser en « conseil » ou en « assemblée de famille » pour bien distinguer ce qui relève du fonctionnement de l'entreprise (et qui revient au conseil d'administration, composé au moins de 4 membres), de la gestion des affaires familiales. Cela permet d'éviter toute interrogation sur le rôle des organes de gouvernance et de combattre le népotisme. Au Laos, la plupart des grandes ou petites entreprises

[291] Nation reaffirms commitment to good governance, rule of law, Vientiane Times, 18/12/2019.

appartiennent à une personne ou à une famille. De ce fait, une véritable culture d'entreprise n'est pas encore ancrée dans les pratiques. Aussi pour l'essentiel, la pratique de la gouvernance d'entreprise n'est pas considérée comme une priorité. Les aspects de la gouvernance qui posent les problèmes les plus contraignants se rapportent à la promotion de bonnes pratiques commerciales telles que les ressources humaines, la comptabilité et la gestion. En outre, beaucoup de dirigeants des entreprises privées confondent leur patrimoine personnel avec celui de leur entreprise (le patrimoine professionnel). Cela peut s'expliquer par le fait que d'une part le monde des affaires lao est marqué par l'importance de la propriété familiale qui coexiste avec d'autres régimes différents de propriété telle que la propriété individuelle, et d'autre part, l'entreprise est considérée comme un « bien individuel » appartenant à son créateur, son fondateur, avant d'être vue comme une « personne morale distincte » de son propriétaire, puis comme un « bien appartenant à la collectivité ou communauté familiale ». Enfin, pour les dirigeants interrogés, l'entreprise est un lieu de tissage des liens sociaux, un « lieu de socialisation » où l'imbrication entre les individus prime sur les relations professionnelles. L'influence du modèle mental partagé est prégnante dans la conception de l'entreprise et de son rôle vis-à-vis de la société, surtout dans le monde de la très petite et de la petite entreprise que d'aucuns appellent le monde de l'informel. L'entreprise n'est pas considérée comme le lieu de réalisation à long terme des projets portés par un individu ou le lieu d'accomplissement personnel, mais plutôt comme une source de revenus pour la satisfaction des besoins matériels et financiers ou un lieu de socialisation.

Parallèlement, la succession et la transmission de l'entreprise familiale sont fréquemment la difficulté majeure à laquelle se trouvent confrontés les dirigeants-fondateurs de certaines entreprises. Les principales raisons évoquées : les entreprises se sont développées trop vite et manquent de cadres pour gérer la suite ainsi que l'absence des héritiers motivés ou capables d'assurer la relève. Les fondateurs d'entreprises doivent faire face à leurs enfants qui n'ont pas envie de continuer l'œuvre des parents, comme par exemple chez Khampha Sana Group, Dao Heuang, ou Vansana Group.

D'autre part, le conseil d'administration est au cœur du système de gouvernance. La bonne gouvernance d'entreprise, c'est que le conseil ne gère pas directement l'entreprise, mais il en nomme les dirigeants. Pour l'entreprise publique au Laos, c'est la politique qui prime, la grande majorité des membres d'administration sont membres du parti et sont désignés par leur ministère ou organisme d'État de tutelle, c'est le cas par exemple de Lao State Petroleum Enterprise, ETL, LHSE, Lao Star Telecom ou EDL. En ce qui concerne l'entreprise privée non cotée à la bourse, le rôle opérationnel du conseil d'administration consiste à discuter, confronter, valider et approuver la stratégie et les principales décisions prises par les dirigeants. C'est le pacte d'actionnaires (entre membres de la famille) plus que les statuts de l'entreprise, qui définissent la stratégique de l'entreprise par rapport à l'assemblée générale et aux cadres dirigeants. Néanmoins, l'adoption d'un règlement intérieur propre au conseil d'administration où ses membres siègent constitue un atout en termes de gouvernance d'entreprise vis-à-vis de l'extérieur et du marché. Avec l'entrée du Laos dans l'AEC, les choses changent, les entreprises publiques ou privées commencent à adopter une gouvernance proche des normes internationales. La compétence des administrateurs, liberté de parole et intérêt de l'entreprise sera toujours privilégié : de ces principes découlent des « bonnes pratiques » relatives à la composition des conseils. Il comprend aujourd'hui des administrateurs, non liés aux actionnaires ou à la direction et donc mieux armés pour défendre les intérêts de l'entreprise publique ou privée. Ils sont en mesure d'interroger les dirigeants sur leurs décisions. Ils tempèrent les débats et forment une force neutre et médiatrice en cas de non-alignement des intérêts des actionnaires.

En outre, le défi de la bonne gouvernance pose tout d'abord la politique qui garantit la transparence et lutte contre la corruption et la mise en place d'un système juridique et judiciaire efficace est impérative pour garantir les droits fondamentaux de l'individu, les droits de propriété et stimuler l'investissement national comme international. Il importe que soient créées les conditions propres à donner confiance aux investisseurs et que soit mis en place un système fiscal efficace et fiable. À la lumière des observations de la Banque mondiale et des partenaires de développement sur des imperfections en matière de gouvernance d'entreprise, le gouvernement lao s'attend à prendre davantage de mesures incitatives dans le cadre du 9e plan quinquennal et à renforcer l'attractivité du Laos et son environnement des affaires pour les investisseurs. Depuis le début 2021, une volonté politique du gouvernement du Premier ministre Phankham Viphavanh visant à faire du PPRL un élément central de la gouvernance d'entreprise au Laos repose formellement sur une séparation entre les fonctions politiques du parti et les activités commerciales des entreprises.

5.7. Le Laos et la corruption

La corruption est un gros problème pour la gouvernance et le développement lao. Elle mine la capacité de fournir des services de façon efficace, d'assurer la sécurité et de maintenir la paix, l'ordre et la stabilité sociale. La corruption est particulièrement néfaste pour le Laos, le pays qui veut quitter le statut des PMA en 2024. Elle sape la capacité de réaliser les Objectifs du Millénaire pour le développement (OMD) et des 18 Objectifs de développement durable (ODD), car des ressources destinées à l'éducation, à la santé, à la construction de routes rurales et à l'électrification sont détournées à des fins personnelles. Elle augmente aussi le coût des transactions et représente un obstacle à l'investissement direct étranger.

5.7.1 Le contexte de la corruption au Laos

L'omniprésence de la corruption, en particulier en Asie du Sud-Est, a suscité la dynamique nécessaire pour s'attaquer au problème. L'Organisation des Nations Unies a conçu la Convention des Nations Unies contre la corruption. La société civile et les gouvernements de l'ASEAN unissent leur force contre la corruption. Ainsi, l'accélération de la mise en œuvre de la Convention des Nations Unies contre la corruption (UNCAC) était l'objectif de la conférence en 2017 organisée par l'ONUDC et soutenue par le Bureau des Affaires étrangères du Royaume-Uni et du Commonwealth, à Bangkok. La conférence régionale fut l'opportunité de créer et d'encourager des partenariats et d'établir une plateforme régionale pour accélérer l'implantation de l'UNCAC en soutien au Programme de développement durable à l'horizon 2030 et particulièrement à l'Objectif ODD numéro 16. Bien que le Laos dispose de systèmes opérationnels de comptabilité, de systèmes d'audit et de contrôle parlementaire pour les fonds publics, il y a eu des cas de corruption et d'autres infractions. Le cadre juridique chargé de lutter contre la corruption financière au Laos est mis en place par la Loi sur la corruption et la délinquance économique.

Les recommandations de l'UNCAC se sont basées sur les priorités suivantes :

1) Les États membres doivent joindre leurs efforts dans le cadre de l'ASEAN pour lutter contre la grande corruption et créer un mécanisme régional pour recevoir et traiter les plaintes concernant la corruption transrégionale ;

2) Ils doivent également s'engager à mettre en œuvre et alimenter le « Dialogue ASEAN pour l'Intégrité » dans le but d'organiser des discussions conjointes sur la suite des engagements dans le cadre de l'UNCAC et de l'Objectif ODD numéro 16, mais également de la Vision communautaire de l'ASEAN à l'Horizon 2025 et des trois Plans de la Communauté de l'ASEAN 2025 ;

3) Promouvoir l'adoption et l'application du principe de liberté d'accès à l'information ; et

4) Mettre en place des systèmes de lancement d'alerte qui incluent la protection des témoins et des lanceurs d'alerte dans le secteur public comme privé.

D'autre part, la Convention des Nations Unies et la Convention de l'ASEAN donnent, toutes deux, un catalogue d'actes qui sont criminalisés en vertu de plusieurs lois pénales nationales et font à présent partie des cadres juridiques internationaux et régionaux de lutte contre la corruption. Dans la Convention des Nations Unies, les actes en question sont notamment les suivants : corruption d'agents publics nationaux : corruption d'agents publics étrangers et de fonctionnaires d'organisations internationales publiques ; soustraction, détournement ou autre usage illicite de biens par un agent public ; trafic d'influence ; abus de fonctions ; enrichissement illicite c'est -à-dire augmentation substantielle du patrimoine d'un agent public que celui-ci ne peut raisonnablement justifier par rapport à ses revenus légitimes ; corruption dans le secteur privé ; soustraction de biens dans le privé ; blanchiment du produit du crime ; recel ; entrave au bon fonctionnement de la justice. On rappelle que le dénominateur commun de ces actes est qu'ils consistent en l'obtention d'un avantage indu d'agents publics ou d'entités privées pour en tirer un gain privé ou personnel. Aussi, de nombreux actes incriminés ci-dessus sont monnaie courante au Laos[292]. S'agissant du blanchiment d'argent ou de financement du terrorisme (§4.4.8), les deux Conventions sont fondamentalement semblables, bien que la Convention des Nations Unies soit plus détaillée.

L'ASEAN reste un terrain de jeu pour les corrupteurs locaux et internationaux et le Laos n'échappe pas à la règle. L'organisation *Transparency International* publie chaque année son rapport sur la corruption mondiale. Son édition 2020 sur la perception de la corruption vient de sortir. Malgré ses initiatives en matière de lutte contre la corruption (voir ci-après), le Laos continue d'être mal classé dans ce domaine aux niveaux régional et international, selon le rapport Le Laos est classé 134e dans 180 pays du monde, avec un score de 29 sur 100[293]. Toujours selon cette organisation, les pays les moins corrompus de l'ASEAN sont Singapour classé 3e avec un score de 85 et Brunei 35e avec un score de 60.

Le Laos, comme les autres États de l'ASEAN, a été appelé à garantir une indépendance politique et fonctionnelle, et le soutien aux institutions luttant contre la corruption. Il a été également recommandé aux autorités lao d'établir dans la loi - et dans les faits - la publication de la liste des personnes politiquement exposées et de leurs déclarations de patrimoine, en lien avec les principes des données ouvertes. Les Organisations de la société civile (CSO) présentes à la Conférence ont également préconisé la construction par les Etats d'un réseau pour les registres publics centralisés des propriétés avantageuses et de leur garantie de peines adéquates à l'encontre des facilitateurs professionnels d'évasion fiscale et de corruption. Mais des personnes reconnues de corruption active dont les noms sont rarement mentionnés au Laos. Bien que le Laos ait ratifié en 2009 la Convention des Nations Unies et est également membre du réseau des Parties d'Asie du Sud-Est contre la corruption (SEA-PAC), son attachement à ces instruments concerne plus la forme que le fond.

---

292 World Bank, INTIU/EAP, Presentation on Combating Fraud and Corruption at the World Bank, WB Presentation in Vientiane: July 2002.

293 L'indice est publié chaque année depuis 1995. Il est calculé sur la base d'avis d'experts de la corruption dans le secteur public se basant sur différents facteurs. Il traduit les perceptions de la corruption du secteur public. Le nombre de pays pris en compte dans le classement ayant doublé depuis 2001, le score reste l'élément le plus pertinent lorsqu'il s'agit de suivre l'historique d'un pays. Le score sur une échelle allant de 0 à 100, où 0 est considéré comme le plus corrompu, et 100, l'exemplarité parfaite.

Il n'a pas transposé au plan national toutes les dispositions des Conventions internationales – en faisant des parties intégrantes de son droit national -, si bien que le cadre juridique de la lutte contre la corruption est faible. De surcroît, certains dirigeants politiques lao sont réticents à transposer au plan intérieur et à mettre en œuvre des cadres internationaux et régionaux de peur que ces derniers n'entravent leur accès à la richesse et ne ferment les voies menant aux ressources publiques.

La corruption est un problème grave au Laos qui affecte tous les niveaux de l'économie[294]. Le gouvernement lao a élaboré plusieurs lois anti-corruption, mais leur application reste faible. Depuis son entrée en fonction au début de 2016, le gouvernement lao dirigé par le Premier ministre Thongloun Sisoulith a tenté de régner dans la corruption endémique qui sape la confiance dans la nation, il a mis un accent renouvelé sur les efforts du gouvernement contre la corruption, et les médias lao et l'Assemblée nationale font désormais régulièrement état de la contestation de la corruption et du licenciement de la discipline des fonctionnaires corrompus. Les entreprises nationales et internationales ont à maintes reprises identifié la corruption comme un problème dans l'environnement des affaires et un frein majeur pour les entreprises internationales qui explorent des investissements ou ont des activités commerciales sur le marché local. L'Autorité nationale d'inspection et de lutte contre la corruption (SIAA), un organisme indépendant au niveau ministériel, est chargée d'analyser la corruption au niveau national et sert de bureau central pour recueillir des détails et des preuves de corruption présumée. De plus, chaque ministère et province dispose un bureau SIAA indépendant de l'organisation dans laquelle il est hébergé. Ces bureaux SIAA alimentent le système central du SIAA[295].

Selon la loi lao, donner et accepter des pots-de-vin sont des actes criminels passibles d'amende et/ou d'emprisonnement. Les entreprises étrangères citent fréquemment la corruption comme un obstacle à leurs activités au Laos. On observe que le Laos n'est pas signataire de la Convention de l'OCDE sur la lutte contre la corruption.

En 2014, un régime de déclaration de patrimoine est entré en vigueur pour les dirigeants lao et les agents du gouvernement, qui les obligeait à déclarer les revenus, les avoirs et les dettes pour eux-mêmes et les membres de leur famille ; cela a été encore renforcé en 2017 et 2018. Les fonctionnaires sont désormais tenus de déposer une déclaration de tout actif évalué à plus de 2 500 dollars, y compris les terrains, les structures, les véhicules et l'équipement, ainsi que les liquidités, l'or et les instruments financiers. Ces déclarations seraient détenues de manière privée et sécurisée par le gouvernement. Si une plainte pour corruption est déposée contre un fonctionnaire, la SIAA peut

---

[294] Martin Stuart-Fox, The Political Culture of Corruption in the Lao PDR, Asian Studies Review, 2006.

[295] 2020 Investment Climate Statements: Laos, U.S State Department of State.

comparer la déclaration scellée avec la richesse actuelle du fonctionnaire. On ignore si ce programme a fonctionné ou fonctionne encore à ce jour.

En raison des exigences des organisations de la société civile, des institutions internationales, des efforts des parlementaires et parfois même de l'initiative de certains membres de l'exécutif politique, des lois progressistes pour lutter contre la corruption sont promulguées au Laos, par exemple : la Loi sur les marchés publics ; la Loi sur la responsabilité financière ; la Loi portant création de la Commission indépendante sur les pratiques de corruption ; la Loi portant création de l'organisme d'audit interne ; la Loi sur le blanchiment d'argent. C'est la tendance générale observée au Laos. Le gouvernement lao à présent actualise ces lois et les mettre en conformité avec la Convention des Nations Unies et la Convention régionale, ainsi que veille à leur mise en œuvre active, selon les recommandations du 11e Congrès national du parti.

5.7.2 Le phénomène de la corruption au Laos

En 2017, Vienthong Siphandone, présidente de l'Organisation d'audit de l'État (SAO)[296], a recommandé à l'Autorité d'inspection du gouvernement (GIA), Bounthong Chitmany, vice-premier ministre et président de la GIA d'inspecter les projets après avoir pris connaissance des irrégularités. Ainsi, pas moins de 1 225 projets d'investissements publics ont été réalisés illégalement au cours des dernières années, a rapporté la GIA.

Il en ressort de cette enquête que certains projets ont été exécutés sans entreprendre une évaluation appropriée pour savoir s'ils avaient vraiment besoin d'être réalisés. Le paiement de certains projets à leur achèvement a été dupliqué. La construction de plusieurs projets a été signalée comme étant entièrement achevée, mais ne l'a pas été. Les travaux sur certains projets ont été réduits mais le coût d'investissement est resté inchangé, on trouve également de nombreux projets dits « fantômes ». Pire encore, des normes de qualité médiocres ont été appliquées à la construction de nombreux projets, entraînant des dommages aux infrastructures avant la période définie. De plus, les coûts d'investissement pour de nombreux projets étaient déraisonnablement élevés ou surfacturés.

Tous ces problèmes sont apparus parce que des fonctionnaires chargés des projets et de ceux des secteurs concernés ainsi que des cabinets de conseil qui conspiraient à des fins personnelles. Les responsables gouvernementaux ont aidé les entreprises contractantes à dissimuler la vérité et n'ont pas rapporté les faits à leurs autorités supérieures, selon la GIA. L'inspection avait permis au gouvernement d'économiser des milliers de milliards de kip projets. Le

---

[296] Depuis le 11e congrès national du parti, SAO est sous la supervision du secrétaire général du parti et président de la République.

ministre des Travaux publics et des Transports, Bounchanh Sinthavong, a déclaré aux médias locaux que le gouvernement aurait pu économiser plus de 3,5 billions de kips (près de 419 millions de dollars) sur des projets surévalués dans le secteur à la suite d'inspections par les autorités compétentes[297]. Les surcoûts ont été découverts lors de l'inspection de 18 projets en 2017 et de 12 projets inspectés au cours des 10 premiers en 2018[298]. Ainsi, la corruption fleurit dans les domaines de l'affectation des ressources et de passation des marchés publics dans le secteur d'infrastructure et de BTP au Laos[299].

En vue de mettre fin à la corruption parmi les agents gouvernementaux, le gouvernement a sensibilisé aux besoins des cadres fonctionnaires à une plus grande intégrité et transparence, a annoncé le vice-président de l'Autorité d'inspection du gouvernement, Sinay Mienglavanh, responsable de l'anti-corruption de cette organisation, lors de la Journée Anti-corruption en décembre 2019. En 2019, les officiels de la lutte contre la corruption ont mené des enquêtes sur 945 personnes ciblées, 196 d'entre-elles sont reconnues coupables de corruption dans 18 différents secteurs. Sur un total de 464 personnes, les cas impliquant 380 personnes dans l'administration étaient résolus, 84 personnes ont été poursuivies, 62 personnes envoyées au tribunal, et 34 personnes ont été condamnées. Dans la même année, l'Autorité anti-corruption a reçu 1 038 plaintes concernant des actes illicites et non conformes à la pratique de transparence des fonctionnaires. Cette organisation a mis l'accent sur la transparence, car son objectif est considéré comme un indicateur clé des progrès réalisés dans la lutte contre la corruption[300]. Le journal Vientiane Times rapportait qu'en 2019, de nombreux haut- fonctionnaires et cadres du parti ont été sanctionnés ou démis de leurs fonctions dans les provinces d'Attapeu, de Savannakhet et de Xayaboury pour avoir vendu du bois illégal, accepté des pots-de-vin ou pratiqué une corruption active. À l'issue de l'investigation du Comité d'inspection de l'État, le vice-premier ministre et ministre des Finances, Somdy Duangdy, a publié un guide anti-corruption destiné aux cadres du secteur financier[301]. Plus récemment, le comité d'inspection du Comité central du parti a révélé que 749 personnes ont été jugées impliquant dans des pratiques de corruption au cours des années 2016-2020, parmi ces personnes, 630 étaient les fonctionnaires du gouvernement. Plus de 990 milliards de kips ont été détournés par la mise en œuvre frauduleuse des projets de développement, les lois ont été ainsi violées. Toutefois, selon le rapport de sécurité interne en janvier 2021, plus de 400 milliards de kips des fonds perdus ont depuis été récupérés[302]. Dans le but de

297 Lao officials are returning money they earned through corruption, RFA, 24/01/2017.
298 Lao Inspection Reveals 1,002 Cases of Corruption in 2018, Vientiane Times, 28/03/2019.
299 EIU (2018), Country Report, 23 août.
300 Government attempts to stem rising tide of corruption, Vientiane Times, 29/12/2020.
301 Attapeu penalises, fires officials over misconduct, Vientiane Times, 25/01/2019.
302 Over 740 people identified as corrupt, Vientiane Times, 01/02/2021.

sévir contre la corruption, les ministères se sont associés pour renforcer la lutte contre les pratiques malhonnêtes. Le gouvernement a également renforcé les capacités humaines pour effectuer des contrôles et continue à améliorer la loi.

Lors de la première session de l'AN de la 9e législature, le nouveau président de l'Autorité de l'inspection d'État (SIA), Khamphanh Phommathath, dans son rapport a révélé que l'État a perdu plus de 5,6 billions de kips au cours de ces cinq dernières années en raison de la corruption et des activités illicites avec au moins 1 000 complices des personnes malhonnêtes dont 127 cadres du gouvernement, 246 hommes d'affaires et 764 villageois. Les investigations se sont concentrées sur les projets de fonds publics impliquant des agents de l'État, des fonctionnaires et des cadres d'entreprises publiques. En outre, dans le cadre de l'arrêté du Premier ministre n°15, les investigations ont découvert les exploitations illégales de coupe de bois, l'approvisionnent illégal des bûches aux usines et l'exportation non autorisée du bois[303].

Les pots-de-vin, les commissions, la falsification de documents et la fraude font désormais partie de la vie au Laos et les fonctionnaires ont souvent utilisé leurs fonctions pour s'enrichir eux-mêmes, leurs familles et leurs proches collaborateurs. La SAO a joué un rôle important dans la croisade anti-corruption de Thongloun Sisoulith, car les agents d'audit ont été un outil clé dans les tentatives d'extirper les hauts fonctionnaires impliqués dans la corruption, y compris une enquête gouvernementale sur un ancien ministre des Finances[304].

La corruption ne se limite pas au secteur public et à la fonction publique. Les acteurs non étatiques sont aussi activement engagés dans le labyrinthe de la corruption au Laos. Le secteur privé au Laos n'est donc pas à l'abri de la corruption. La volonté de maximiser les bénéfices influe souvent sur les transactions et les relations des entreprises avec le gouvernement et d'autres entreprises. La corruption fleurit dans ce secteur de plusieurs façons : versement de pots-de-vin à des agents publics pour enregistrer des entreprises ou influer sur les contrats de l'État ; inscription d'agents publics comme membres de conseils d'administration dans les entreprises privées afin d'infléchir les mesures et les politiques gouvernementales en faveur desdites entreprises ; dons à des personnalités politiques ou des cadres dirigeants des entreprises publiques ou privées en prévision d'avantages futurs ; collusion avec des fonctionnaires gouvernementaux afin d'éviter de payer les impôts ou de pouvoir payer moins et commission de fraude pure et simple. Face à la bureaucratie, les entreprises privées préfèrent corrompre les agents publics, afin de raccourcir la longue procédure pour l'octroi d'une autorisation, l'obtention d'un permis de travail ou le traitement d'une soumission. La faible

---

303 Inspection body reveals huge loss of state property, 25/03/2021.

304 Phouphet Khamphounvong, ministre des Finances 2012-2014, et ancien gouverneur de la Banque centrale du Laos.

rémunération du secteur public au Laos fait des fonctionnaires des complices de tels actes de corruption. Le Business Anti-Corruption Portal a indiqué que les entreprises ont fait face souvent à la corruption lorsqu'elles ont affaire aux autorités gouvernementales au Laos[305]. Toutefois, il faut se garder de généraliser, la corruption ne touche pas toute la classe politique lao et ne pas accabler tous les fonctionnaires ; la corruption affecte également les pays occidentaux et les pays riches, selon *Transparency International.* Au Laos, il y a des gens honnêtes et intègres comme partout et dans tous les pays.

5.7.3. La lutte contre la corruption renforcée dans le cadre du 9e plan quinquennal

Au 11e congrès national, le Comité central appelé à la poursuite des enquêtes sur les affaires de corruption, disant qu'elles doivent être « objectives, précises, claire et juste » ; le Bureau politique a nommé ainsi Khamphanh Phommathath, au nouveau poste de président de l'Autorité d'inspection de l'État (SIA) sous l'autorité du président de la République, Khamphanh Phommathath, homme à poigne, ce dernier est également membre du Politburo et du secrétariat du CC. Thongloun Sisoulith, le nouveau Secrétaire du parti et Président de la République a nommé les zones où la corruption est la plus répandue en citant : le centre de perception des impôts ; la gestion des recettes et des dépenses de l'État ; les investissements dans le développement d'infrastructure ; le bureau d'études et de conception du développement des projets ; les appels d'offres de projets et les achats publics ; et la gestion des terres et des forêts ainsi que l'exploitation minière. Autres domaines où la corruption se produit comprennent : la cour de justice, le tribunal, les fonctionnaires dans les services publics, les inspections et les audits. Le secrétaire général du parti a également souligné la nécessité de surveiller la conduite des dirigeants du parti et des cadres du gouvernement ainsi que les membres du parti, fonctionnaires, officiers de l'armé et de la police, les employés dans les entreprises publiques, les chefs de village, et les personnes qui étaient exceptionnellement riches. Le secrétaire général du parti a d'autre part indiqué que les entreprises publiques requises en particulier d'être contrôlées contrôle plus approfondi pour connaître les responsables qui ont permis des pertes d'actif d'État, exacerbant ainsi la dette publique, « *nous devons découvrir la mauvaise conduite et utiliser des mesures appropriées pour lutter contre ce fléau* », a ajouté Thongloun Sisoulith. De même, la déclaration de patrimoine personnel des fonctionnaires, officiers de l'armée et de la police doit être désormais effectuée conformément au décret sur la

---

[305] Le Business Anti-Corruption Portal a été mis au point par le Ministère danois des affaires étrangères, la Deutsche Gesellschaft für Technische Zusammenarbeit et le Ministère néerlandais des Affaires étrangères.

déclaration de patrimoine. L'Autorité de l'inspection devra prendre des mesures contre ceux qui ont enfreint les règles. Thongloun Sisoulith a également conseillé à l'Autorité de l'inspection de prendre des mesures draconiennes de surveillance pour détecter et prévenir la corruption et de s'inspirer des méthodes réussites des autres pays[306].

En ce qui concerne les efforts de lutte contre la corruption au Laos, le cadre juridique s'est considérablement amélioré ces dernières années avec l'adoption de la loi anti-corruption en 2005 et de la Stratégie nationale de lutte contre la corruption à l'horizon 2020, qui constituent des avancées majeures, en dépit des imperfections et son effective application. Cette dernière avance en particulier 5 mesures :

1) renforcer la transparence des autorités et des agences;
2) parachever le régime de gestion économique;
3) créer un environnement commercial équitable et compétitif;
4) améliorer la supervision, la surveillance, mener des enquêtes et des poursuites dans les affaires de corruption;
5) sensibiliser la société à son rôle dans la lutte contre la corruption.

Par ailleurs, le cadre juridique de lutte contre la corruption au Laos est considéré comme un progrès limité par le *Global Integrity Report* (2019). Le gouvernement lao a récemment adopté une série de décrets anti-corruption. Des améliorations ont également été soulignées dans la récente déclaration sur le climat de l'investissement du Département d'État américain (2020) sur le Laos. En effet, selon cette publication, le cadre juridique actuel existe en matière de lutte contre la corruption et l'amélioration du climat d'investissement[307]. Cependant, le cadre juridique ne suffit pas seul à lutter efficacement contre la corruption.

Pour endiguer ce fléau, le rôle de l'Assemblée nationale devient désormais capital, comme on l'a pu constater très récemment sur un nombre de sujets économique et social. Le parlement est doté à présent de capacités institutionnelles importantes peut promouvoir l'obligation de rendre compte et la transparence dans le secteur public et combattre la corruption. Le progrès est que l'AN au Laos peut mener son programme de lutte contre la corruption par le biais du contrôle qu'il exerce sur les institutions et les organismes publics, des audiences publiques, des enquêtes des commissions parlementaires et de l'affectation de fonds au gouvernement. En outre, l'Autorité de l'inspection générale vient en appui de l'AN pour renforcer la lutte contre la corruption. De plus, le rôle de la communauté internationale est capital. Dans un monde globalisé où presque tous les pays participent à l'économie de marché, les interdépendances et les régulations internationales s'imposent à tous. Dès lors, des organisations internationales telles que le UNDP, la Banque mondiale, le FMI, la Banque de Développement Asiatique, peuvent avoir un réel impact sur la politique anti-corruption du Laos. Cela peut se faire par le biais d'une

---

[306] Party chief calls for crackdown on corruption, Vientiane Times, 10/02/2021.
[307] 2020 Investment Climate Statements: Laos, U.S State Department of State.

dissuasion morale, mais également par une assistance technique afin d'aider le pays dans sa lutte contre la corruption. Mais aujourd'hui, l'engagement en faveur de la lutte contre la corruption vient du Comité central du parti à l'issue du 11e Congrès national et, du secrétaire général du parti en particulier, qui ont montré leur volonté politique et leur détermination d'endiguer le fléau. Plus récemment, le Laos a participé avec 37 pays membres de l'Organisation internationale d'instituts d'audit suprême à une réunion en Hongrie[308], l'objectif est pour la SAO de renforcer et de rehausser les normes d'audit de l'État, et de bâtir la capacité des agents gouvernementaux au Laos.

En conclusion, la corruption est omniprésente au Laos, de sorte que le gouvernement ne parvient généralement pas à la contenir ou difficilement. Le problème est exacerbé par l'exemple donné par un petit nombre de fonctionnaires et par la volonté des investisseurs étrangers d'acheter un soutien politique et de payer les officiels. La corruption est encouragée non seulement en raison des pratiques de favoritisme, mais aussi en raison de la structure du parti et du chevauchement extraordinaire entre les membres du parti, le gouvernement, la bureaucratie et la judiciaire. Certes, selon les organisations internationales et les partenaires de développement, les lois existent contre la corruption ainsi que les organisations de lutte anti-corruption et de contrôle mises en place par le gouvernement, dont les responsables appartiennent au Comité central et ont un pouvoir très élargi au sein de l'appareil de l'État, on pourra alors poser la question sur leur indépendance par rapport au parti. Le problème de la corruption a été fréquemment soulevé à l'Assemblée nationale, mais là encore, personne n'a divulgué de noms ; toutefois, des progrès sont enregistrés pour dénoncer et obliger le gouvernement à prendre des actions.

Le nouveau gouvernement lao dirigé par Phankham Viphavanh a annoncé à l'AN la poursuite de la lutte contre la corruption l'une de ses priorités tout comme le gouvernement précédent. Il prend conscience que la corruption demeure un grand problème pour le développement de l'économie en cette période de pandémie du Covid-19. De l'avis général des experts et des citoyens, nombre de services publics sont corrompus à des degrés divers ainsi que les institutions non étatiques de la société civile et le secteur privé. La corruption demeure le plus important défi qui se pose sur la voie de l'élimination de la pauvreté, de la création d'un environnement prévisible et favorable à l'investissement ainsi que du développement socioéconomique. Elle continue d'aggraver la pauvreté et d'entraver la réalisation des Objectifs du Millénaire pour le développement OMD et des Objectifs de développement durable ODD.

On peut s'attendre que la présente administration, par rapport aux précédentes, soit intransigeante sur les questions de corruption parmi ses fonctionnaires ; parallèlement, les représentants de la nouvelle Assemblée

---

308 Laos partners with other countries to raise state audit standards, Vientiane Times, 15/02/2021.

nationale vont être plus critiques à l'égard de ce fléau social. De même, s'ils bénéficient du soutien des principales organisations de lutte contre ce fléau, la société civile et les médias peuvent également constituer un groupe non négligeable dans la lutte contre la corruption au Laos. L'ensemble des acteurs et des institutions impliquées dans la campagne nationale pour cette lutte doivent collaborer et procéder régulièrement à un échange d'idées et d'informations.

Chapitre 6

LES POLITIQUES SECTORIELLES EN SOUTIEN À LA CROISSANCE ÉCONOMIQUE ET AU DÉVELOPPEMENT DURABLE

Ces deux dernières décennies, et notamment les années qui ont suivi le début du nouveau millénaire, ont été une période de croissance économique soutenue pour le Laos. Cette croissance ayant été dynamisée par un contexte externe favorable et une politique sectorielle tout d'abord tirée par les secteurs de l'énergie et de l'exploitation minière mais une industrie qui demeure encore le maillon faible des tissus économiques. Toutefois, l'industrie manufacturière, l'agriculture et les services commencent à se développer. Ce chapitre se propose de faire le point sur les structures de l'industrie lao, les sept secteurs qui soutiennent la croissance du Laos, à savoir : l'hydroélectricité, les mines, l'agriculture, l'industrie manufacturière, la confection, le tourisme et les services. Parallèlement, il décrit comment le gouvernement a mis en œuvre des politiques d'accompagnement pour atteindre les objectifs d'accroissement du niveau de vie et de réduction de la pauvreté.

6.1 Les caractéristiques des structures de l'industrie lao

Le Laos fait face à une dialectique complexe : capacités industrielles limitées et forte dépendance aux exportations de l'hydroélectricité. Cette situation est non seulement source de vulnérabilité économique mais pèse également sur son niveau de productivité industrielle, mettant sous tension la compétitivité des économies. Depuis longtemps, le Laos est resté relativement à l'écart du processus de l'industrialisation (notamment l'industrie lourde), comparé aux États membres de l'Asie du Sud-Est. Ce pays avait relativement peu d'industrie jusqu'en 1995, et produisait peu de choses, l'industrie n'employait que 3,3% de la main-d'œuvre, elle est composée de petites entreprises (industrie manufacturière légère, services, commerce, hôtellerie, agriculture, scierie, transport, textile, artisanat, agroalimentaire).

L'analyse du domaine de produits au Laos entre 1980 et 2014 par les Nations Unies[309] a souligné que le Laos a exporté presque le même nombre de produits et sans aucune nouveauté. En 1980, 62 de ces produits ont baissé à 60 en 2014. La plupart de ses exportations se trouvaient en périphérie et en partie isolées de l'ensemble des produits. Cela a montré que les capacités utilisées dans la production des entreprises lao n'étaient pas facilement

[309] United Nations Commodity Trade Statistics. http://comtrade.un.org/db/default.aspx (accessed March 2017.

transférables. En outre, l'ensemble des gammes de produits n'ont pas beaucoup changé. L'incapacité du Laos à améliorer les capacités requises pour produire des produits à valeur ajoutée apparaissait comme une contrainte majeure sur la transformation structurelle. L'évolution de la transformation structurelle indique une augmentation marginale du nombre d'articles par exemple de vêtements qui passaient de 9 en 1980 à 12 en 2014, tandis que les produits miniers ont augmenté de 4 à 10. Les autres produits d'exportation qui ont émergé et occupé dans l'ensemble des produits en 2014 comprenaient les matériaux construction, les matériaux de transformation d'aliments, le tabac, les céréales et les huiles végétales. L'analyse de l'ensemble de produits a également montré que le Laos n'a pas réussi à élargir les connaissances nécessaires pour développer des produits à forte valeur ajoutée. Il est donc fixé dans la fabrication des produits à faible valeur ajoutée. Par conséquent, la majorité de la population active est restée engagée dans des activités à faible productivité, entravant ainsi le processus de changement structurel.

Les causes de cette sous-industrialisation constituent des obstacles à l'industrialisation de ce pays. Ces obstacles sont liés à la structure économique ou géographique (revenus faibles, pauvreté, isolement, pays enclavé notamment), à la gouvernance (politique, niveau d'éducation, corruption…) ou aux politiques économiques. Mais avant tout, le Laos n'a jamais eu une tradition industrielle préexistante. À l'époque de la présence française, il n'y avait pas de foyers industriels dans le pays.

Par ailleurs, au milieu des années 1990, le boom de l'exploitation de ressources naturelles (hydroélectricité) et des industries extractives, qui traduisait par un détournement des ressources productives au détriment des secteurs manufacturier et agricole. Ce point amène à différencier dans la suite les performances du secteur manufacturier de celles du secteur industriel (ou des industries extractives). Les données de la Banque Mondiale (Indicateurs de Développement) permettent de construire des indicateurs distinguant le secteur manufacturier des autres secteurs industriels (mines, construction, électricité, et eau). Les niveaux d'industrialisation sont alors confrontés aux caractéristiques structurelles.

On ne répète pas assez que les handicaps qui pèsent sur le développement d'une industrie manufacturière au Laos sont légion, on indique ici : faible productivité, investissements limités, main-d'œuvre à faible qualification, marché intérieur étroit. Une production qui reste orientée vers l'exportation des produits miniers. De plus, le Laos doit confronter à des défis supplémentaires : l'industrie est pour l'essentiel récente, des capacités humaines limitées et une forte dépendance du secteur de l'énergie et des mines, ce dernier représente 31% du PIB du pays, avec un risque de volatilité fort. D'autre part, la contribution à la valeur ajoutée manufacturière est la plus faible de l'ASEAN. Le tissu industriel est encore embryonnaire, le taux d'industrialisation est bas par rapport à ses voisins. Avec une telle faiblesse de production, le secteur industriel exploite difficilement les opportunités offertes par les marchés de l'ASEAN et des pays en dehors de la région.

A l'origine de cette faible industrialisation, plusieurs obstacles, aujourd'hui bien identifiés par le gouvernement lao : pays enclavé qui explique la proximité ou l'éloignement relatif des flux économiques mondiaux ; absence de capitaux, infrastructures de base déficientes (routes, transport, logistique) ; manque de technologie et de savoir-faire ; produits non compétitifs, poids de la bureaucratie sur le secteur formel ; faible protection de la justice ; la vétusté des machines et des usines. En outre, il faut également mentionner les services aux industries encore contestables. Toutes ces insuffisances sont vulnérables pour le développement du Laos. Toutefois, le Laos bénéficie d'une population jeune et active, et cela pourrait être mis à profit pour la croissance future[310].

En dépit de nombreuses difficultés auxquelles fait face l'industrie lao, elle commence à s'organiser et à rattraper son retard. La restructuration des entreprises publiques et la modernisation des outils de production des entreprises privées ont produit de résultats appréciables au cours des deux dernières décennies. L'aide des différentes organisations internationales et les investissements étrangers ont par ailleurs largement contribué à relever le niveau technique et la capacité de management des entreprises de ce pays. En effet, avec leur influence politique et financière, les investisseurs et les partenaires de développement peuvent donner de la cohérence et du poids aux projets et au développement de ce pays. D'autre part, en l'absence de véritables infrastructures et industries de base, l'hydroélectricité apparaît comme le meilleur moyen satisfaisant pour aider des entreprises locales et leur permettre d'établir une base de sous-traitantes solides au Laos.

On peut dire que l'industrie au Laos commence à s'organiser et à se structurer progressivement qu'à partir du début des années 2000 avec l'apport des investisseurs étrangers, ces derniers ont créé des usines de production et de transformation. Cependant, le taux de croissance de ces usines au Laos croît moins rapide que des petites manufactures (5% par an contre 8%), selon les statistiques collectées par le Département de l'industrie et de l'artisanat sous le MOIC. Cela malgré le fait que le gouvernement ait amélioré la politique et les réglementations pour stimuler le secteur privé et attirer les investisseurs étrangers et nationaux.

À partir de 2011, le Laos a élargi la gamme de ses produits comprenant les produits comme les vêtements ; l'exploitation minière ; le tabac; et le coton ; le riz ; le soja et bien d'autres. Cependant, la majorité des produits appartenant à des catégories qui ont une faible valeur ajoutée. Le Laos a également pu par la suite ajouter de nouveauté dans la gamme de produits mix comme les produits agrochimiques, les sels inorganiques et les acides ainsi

---

310 World Bank (2016a), World Development Indicators.

que les produits d'agriculture tropicale. Puis, les produits chimiques et ceux liés à la santé. Parmi les nouveaux produits, on cite les pièces mécaniques et électroniques, les produits chimiques, les produits de santé traditionnels.

En résumé, le Laos n'a pas réussi à exporter des produits diversifiés et non traditionnels. Il produit en grande partie des produits périphériques de l'ensemble des produits. Le pays doit trouver des moyens d'améliorer sa connaissance technique et de production. Le développement de telles activités nécessite un ensemble de compétences plus avancées et d'organisation. Ainsi, avec l'appui du gouvernement et des partenaires de développement, les secteurs se structurent, s'affirment et contribuent au développement de l'économie du pays. Une croissance à présent tirée par les exportations de l'hydroélectricité, l'exploitation des mines, la confection puis l'essor de la construction et l'industrie manufacturière, aujourd'hui plus diversifiée : l'agriculture, le boom du tourisme, les services financiers, etc.

Le Laos se trouve aujourd'hui confronté à de nouveaux horizons. Il ouvre un nouveau chapitre économique grâce aux différents secteurs à fort potentiel qui ont contribué à la croissance vigoureuse de ces quinze dernières années et ont permis la rapide transformation économique du pays. Les progrès dans l'industrie sont sensibles, mais le Laos reste freiné par le faible niveau d'éducation et par l'inadéquation des qualifications de son personnel. Les dépenses d'éducation ne représentent encore que 2,5 % du PIB et 13,1% du budget national[311]. Le Laos a besoin d'une industrie plus diversifiée, plus productive, une main-d'œuvre plus qualifiée et d'une gouvernance plus solide. Ce pays est à la veille d'un grand changement, dans tous les secteurs de l'industrie et des services, ce sont les jeunes qui doivent gérer ce changement et, le gouvernement a initié d'ores et déjà en coopération avec des partenaires de développement (GIZ, KOICA, JICA) et des institutions internationales comme la Banque mondiale, IFM, l'UNPD et l'ADB un certain nombre de mesures pour donner aux jeunes la possibilité d'acquérir les compétences et les connaissances dont ils ont besoin, ils ont besoin d'éducation et ils ont besoin d'emplois.

6.1.1. Priorités sectorielles en évolution

Les priorités sectorielles évoluent pour tenir compte de la capacité et la pérennité du Laos à fournir de l'électricité à ses voisins, à maîtriser ses ressources naturelles, à développer son secteur agricole, son industrie manufacturière et les services. La stratégie sectorielle du gouvernement a pour objectif de transformer le Laos en base de production, de services et

[311] Draft ESSDP 2021-25, Minister of Education and Sport, Laos; UNESCO Institute for Statistics.

d'accélérer la croissance et l'inclusion sociale. Le développement de l'économie nationale constitue en effet un levier crucial pour :

- L'inclusion sociale et le bien- être de la population ;
- La création d'emplois et la réduction de l'inégalité ;
- Le développement économique de tous les secteurs d'activité, y compris le secteur de l'économie numérique ;
- La transparence de la gouvernance et l'efficacité de l'administration, orientées autour des usagers ;
- La connectivité régionale et internationale du Laos.

Le pays est riche en ressources naturelles (sous-sol et forêts), mais celles-ci sont exportées non transformées et donc peu profitables aux Lao, d'où un très faible apport bénéfique pour l'économie du pays. L'exploitation en bonne et due forme de toutes ces ressources, une bonne gouvernance économique ainsi qu'une redistribution équitable des richesses générées suffiraient certainement à faire reculer la pauvreté de la population, y compris celle des minorités ethniques. Le secteur des services représente la plus grande part du PIB avec 44,7 %, suivi par l'industrie (33 %) et de l'agriculture (12 %). En 2020, les secteurs industriel et services ont enregistré la plus forte croissance avec respectivement 9,2 et 6,2 % (§ Graph 15).

Selon les informations publiées sur le site Web du MPI, en 2016, le Laos avait 13 148 usines et ateliers de production. D'après les statistiques, 700 usines (électricité, mines, cimenterie, aciérie, usine de boisson, brasserie, distillerie, textile, confection, cigarettes, usine de fabrication de glace, usines de transformation du bois, des métaux, etc.) contribuaient significativement au développement du pays et plus de 90% étaient des micros, petites et moyennes entreprises individuelles ou familiales. La sécurité et la protection de l'environnement de ces unités de production étaient très insuffisantes et inadéquates, elles étaient de plus énergivores et rejetaient des polluants atmosphériques à un taux élevé. La plupart de ces usines sont situées aujourd'hui dans les provinces de Vientiane, Borikhamxay, Khammouan et Oudomxay, et autour de Vientiane, Savannakhet et Paksé.

Les usines produisent plus de 80 types de produits industriels et services, beaucoup sont des petites usines, des moulins à riz, des fabriques de pâtes et de produits alimentaires, d'eau minérale, etc. Les produits fabriqués varient du ciment, des fils métalliques de construction aux meubles. Les unités de production dans les secteurs comme l'agriculture et l'agroalimentaire ainsi que les services généraient annuellement plus centaines de milliards de kips de chiffre d'affaires, et contribuaient par conséquent au développement socioéconomique, aux revenus pour l'État et employaient plus de 145 000 personnes[312].

[312] Investment in Lao industry stagnates, Vientiane Time 21/10/2019.

La volonté du pays à s'attaquer au renforcement de son industrie, alors qu'il s'ouvre sur une économie de marché fait partie intégrale de l'engagement politique du gouvernement, comme en atteste les objectifs des 7e et 8e Plans quinquennaux. Le gouvernement s'attache aussi à relever la faiblesse du tissu industriel et à renforcer la formation professionnelle dans des collèges techniques pour des jeunes. En outre, il affronte un certain nombre de défis potentiels pour maintenir des niveaux d'investissement élevés et la compétitivité des produits lao ; mais le plus grand défi rencontré par les industriels et entrepreneurs aujourd'hui, c'est qu'il existe encore peu d'usines capables de fournir l'essentiel de matériaux de construction et de biens d'équipement dans le pays, ce qui contraint les usines de production et les manufactures lao à s'approvisionner au Vietnam, en Chine ou plus particulièrement en Thaïlande. Le Laos souffre aujourd'hui de la faiblesse de son industrie et de la dissémination de ses petites entreprises ainsi que de l'insuffisance du secteur manufacturier qui freinent son potentiel de croissance. Un changement notable est constaté aujourd'hui, les investisseurs étrangers et nationaux visent d'ores et déjà le secteur agricole (agriculture commerciale et agriculture biologique), l'industrie manufacturière et artisanale ainsi que le secteur des services, ce qui permet d'accroître la diversification de l'économie, et conforte la stratégie du gouvernement lao.

On retient que les trois principaux contributeurs au PIB de l'économie du Laos sont l'industrie, les services et l'agriculture ; les secteurs de l'industrie et des services ont augmenté régulièrement et ont contribué de manière importante au PIB national. Le PIB du Laos est dominé par les services, la part représentée par l'industrie est également notable, mais celle-ci est due à l'importance des industries énergétiques et extractives. La contribution du secteur agricole a également joué un rôle important dans le développement socioéconomique du pays, elle est restée stable autour de 16% et conserve une place vitale dans l'économie à terme pour ses produits à l'exportation. Cependant, malgré un fort potentiel constitué de vastes étendues de terre et de conditions climatiques relativement favorables par rapport à ses voisins immédiats, la richesse agricole du pays est encore sous-exploitée. Ce secteur devrait générer davantage d'activité de transformation industrielle au niveau local.

L'évolution des secteurs de l'industrie et des services ont augmenté régulièrement. La croissance de ces secteurs est due à la politique du gouvernement de promouvoir le commerce et de transformer progressivement le pays à prédominance agricole à un pays moderne et industriel. En effet, la part de l'agriculture représentait 19% du PIB en 2012, elle baissait à 16% en 2019, comme le montre le graphique (15). L'industrie en progression se maintenait à 33% en 2019 contre 32% en 2012. Quant au secteur des services, il atteignait en 2019 à 44,7% alors qu'il était à 40% en 2012. L'industrie a bénéficié de la croissance d'activité dans la construction, plus de 21,9% en 2018 et 2019 grâce au projet de chemin de fer Laos-Chine ; le secteur des services a continué de croître, il est soutenu par le dynamisme du commerce, la distribution, la finance et l'immobilier ; l'agriculture a continué de baisser en raison de la restriction des coupes de bois et des exportations de produits forestiers. Les taxes sur les produits et droits de douane contribuaient en moyenne 10,5% par an à la croissance du PIB, mais son évolution commence à s'améliorer en raison de la mise en place des systèmes de paiement électronique et les procédures d'harmonisation de taxes avec les pays membres de l'ASEAN.

De nombreux secteurs prometteurs présentent de réelles opportunités pour les investisseurs, l'industrie manufacturière, le numérique, l'agriculture biologique et le tourisme. Mais surtout le secteur de l'énergie avec aujourd'hui les énergies renouvelables qui se développe.

Graphique 15 : Composition du PIB par secteur d'activité (en %) de 2012-2019

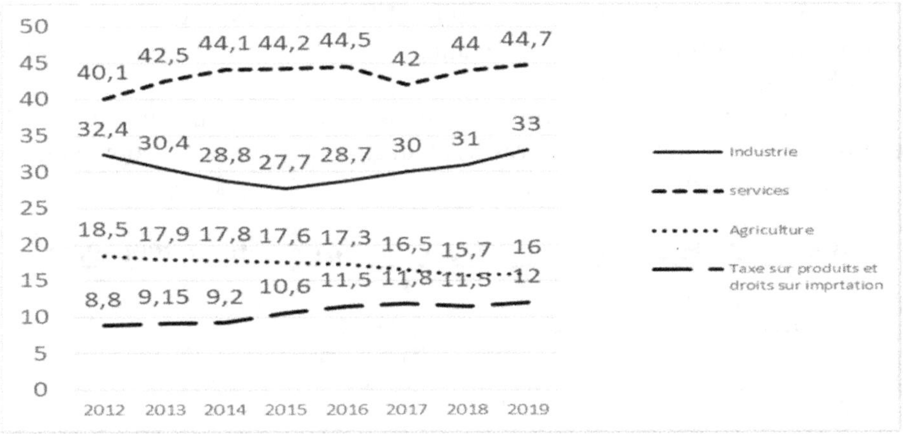

Source : Ministère des Finances lao, Rapport annuel 2016 et 2019

Le gouvernement s'est donné depuis 2011 des moyens pour moderniser son industrie et renforcer l'appareil de production du pays tout en misant sur le secteur de l'énergie. Le pays a la stratégie et la volonté d'entreprendre à terme une transformation structurelle importante, faisant évoluer son économie vers l'industrie manufacturière légère, l'agriculture et l'écotourisme. Il sait qu'il est vulnérable aux aléas internationaux et doit œuvrer à la diversification de sa production en vue de réduire sa dépendance aux importations, notamment de produits de première nécessité. De toute évidence, l'agriculture et l'agroalimentaire vont prendre de l'importance dans l'économie, un changement de structure d'économie est en train de s'opérer.

Aujourd'hui, jamais les appels en faveur de l'industrialisation du pays ne se sont faits aussi pressants. Entreprises, investisseurs, partenaires de développement, bailleurs de fonds : l'industrialisation du Laos est au centre des préoccupations du gouvernement lao et de tous les acteurs. Le 9e plan 2021-2025 a inscrit la modernisation de l'industrie lao l'un de ses premiers objectifs. Pour ce faire, le Laos doit s'appuyer sur ses avantages comparatifs tels que la croissance des marchés de niche attendus : l'hydroélectricité, l'agriculture biologique, les plantes et herbes médicinales, les industries manufacturière et artisanale ou encore ses riches ressources naturelles et les transformer en avantages concurrentiels.

6.1.2 Structure d'activité économique et de l'emploi par secteur au Laos

De 1986 à 1990, l'industrie a augmenté en moyenne de 8% par an, en particulier pour le secteur manufacturier, de 2011 à 2015, le taux d'expansion était 13% et à partir de 2016-2020, il était de 9,2%. Les secteurs les plus performants étaient la transformation alimentaire, la production de pièces de véhicules et de minéraux[313].

Le tableau (13) donne l'évolution de croissance en pourcentage annuel des trois secteurs : agriculture-forestier, industrie et services au cours des 6e, 7e et 8e quinquennaux.

Tableau 13 : la croissance en % des secteurs d'activité 2006-2020

Secteur	2006-2010 (% moyenne/an)	2011-2016 (% moyenne/an)	2016-2020 (% moyenne/an)
Agriculture/Forestier	3,4	3,5	2,4
Industrie	12,6	13,0	9,2
Services	8,5	6,5	6,2

Source : Plans quinquennaux de développement socioéconomique, MPI 2006, 1011, et 2016 ; MPI 2021.

[313] Economy booms under Party leadership, Vientiane Times, 07/12/2020.

Le secteur agriculture reste le principal employeur au Laos, sa part dans l'emploi total a considérablement diminué depuis les années 2010, passant de 73% dans les années 1990 à 59,9% en 2019. Ce recul s'est fait principalement au profit du secteur de services. Bien que ce dernier présente un véritable potentiel de croissance, le secteur industriel reste cependant le plus déterminant pour la transformation structurelle de l'économie, compte tenu de son incidence sur le marché de l'emploi et sur la productivité (tableau 14). La transition vers une économie de services génère des gains de productivité limités, tandis que le secteur industriel concentre le gros du potentiel.

Tableau 14 : Indicateur emploi et activité par secteur en 2019

Répartition activité économique par secteur	Agriculture	Industrie	Services
Emploi/secteur en % emploi total	59,9	9,8	29,0
Valeur ajoutée en % du PIB	16,2	30,9	41,5
Valeur ajoutée en croissance annuelle en %	2,9	11,6	6,7

Source : Banque Mondiale 2019.

L'expérience a montré que c'est lorsque le secteur industriel s'oriente vers un modèle à plus forte valeur ajoutée technologique que son impact est le plus fort pour l'économie, c'est le cas de l'exploitation des mines et de construction des centrales hydroélectriques.

Selon l'UNPD, il y a encore trop d'emplois informels au Laos. D'autre part, les femmes lao sont plus susceptibles d'exercer un travail familial non rémunéré, mais si elles travaillent dans les entreprises, elles gagnent en moyenne 20 % de moins en salaire horaire que les hommes. Les femmes créent de plus en plus leurs propres entreprises et participent à la vie économique et politique du pays. Dans le cadre du développement durable (ODD), le gouvernement entreprend une politique active pour réduire l'inégalité entre hommes-femmes. Des progrès ont été réalisés, mais il reste encore certains domaines à améliorer. Cette évolution positive s'est produite, pour l'essentiel, sous l'action conjointe de trois facteurs : le développement de la scolarisation des filles, l'entrée massive des femmes dans le monde du travail.

6.2 Les sept principaux secteurs qui pèsent sur la transformation économique du Laos

L'amorce d'une industrialisation a modifié la structure des échanges extérieurs du Laos en faveur des produits extractifs. Du côté des exportations, ce phénomène s'est traduit par la montée du secteur de l'énergie et des mines et l'arrivée des secteurs potentiels, comme l'industrie manufacturière légère, l'industrie textile, l'industrie artisanale, et le secteur des services ainsi que l'industrie du tourisme. L'exploitation agricole a vu également une expansion importante, en particulier, l'agriculture commerciale. En soutien à la stratégie industrielle et commerciale, les entreprises d'État sont étroitement associées aux investisseurs étrangers, notamment en coentreprise ou en partenariat public privé. À l'exclusion des projets d'infrastructure qui sont souvent signés bilatéralement avec les pays partenaires ou en partenariat public-privé (PPP), la politique pour attirer des IDE fait effectivement ressortir une stratégie sectorielle ciblée du gouvernement. On retient ici que plus de 50% de la richesse du Laos est sous forme d'actifs en ressources naturelles : eau, terre agricole, forêts, minéraux.

Pour relever les défis de demain avec une croissance stable et réduire la pauvreté ainsi que les inégalités, le gouvernement cherche à consolider ses acquis, à renforcer sa base d'industrie manufacturière et son agriculture commerciale et industrielle, par la production d'éléments à valeur ajoutée, notamment grâce aux IDE. Les défis restent toutefois importants pour maintenir le développement économique pérenne. Pour cela, le Laos se doit d'envisager de diversifier davantage ses activités et mieux cibler les secteurs d'exportation. On décrit dans cette section les sept principaux secteurs qui ont contribué au développement économique du Laos de ces quinze dernières années et qui ont un potentiel de croissance pour les années à venir.

6.2.1 L'énergie : Fort du potentiel du secteur hydroélectrique, le Laos exporte 70% de l'électricité qu'il produit

La production d'électricité en 2000 était de 3 438 GWh, elle passait en 2020 à 52 210 GWh, cette augmentation rapide de production a montré le dynamisme du secteur d'énergie. Le gouvernement lao fait de l'exportation d'électricité le cœur de la stratégie de développement économique du Laos.

La géographie du Laos permettant l'abondance source d'énergie, en effet le Mékong et ses nombreux affluents offrent des possibilités importantes pour la construction de centrales hydroélectriques. Dès le milieu des années 1990, le gouvernement laotien a mis en œuvre une politique de développement massif de l'hydroélectricité afin de lutter contre la pauvreté et d'initier une croissance économique rapide pour le pays, ce choix stratégique lui a rapporté aujourd'hui une entrée de devises (revenus et royalties) entre 280 millions et

450 millions de dollars par an[314], la part de l'hydroélectricité atteigne 7% du PIB. L'hydroélectricité a stimulé la croissance du PIB par l'intermédiaire du secteur de la construction, étant donné un grand nombre de projets de barrages construits ou en construction dans les années à venir.

Le potentiel hydroélectrique de cette ressource exploité en 2019 représentait 85% du mix électrique. À fin 2019, le Laos a achevé la construction de 20 barrages hydroélectriques d'une puissance installée supplémentaire de 2.707 MW, ceci malgré le ralentissement des travaux en raison de l'effondrement du barrage de Xe Pian-Xe Nam Noi en juillet 2018, qui a entraîné la mort d'une trentaine de personnes et des centaines de disparus.

Le nombre de centrales en 2020 en service est de 78 (appartenant à EDL, aux coentreprises et aux producteurs indépendants d'électricité (IPP)), dont 60 hydroélectriques, 1 centrale thermique, deux centrales alternatives. Il faut également ajouter cinq centrales solaires de petites puissances, l'ensemble de ces centrales fournit une puissance totale installée de 9 972 MW qui produit 52 210 GWh par an d'électricité[315] (voir carte du réseau électrique).

En ce début de 2021, selon la déclaration du vice-ministre de l'Énergie et des Mines (MEM), Daovong Phonekeo[316], dans une conférence de presse en marge de l'ouverture du 11e Congrès national du parti, le Laos compte actuellement 81 centrales avec une capacité installée combinée de 10 328 MW, qui sont en mesure de produire 53 640 millions kWh. Celles-ci incluent les centrales hydroélectriques, thermiques, biomasse et six centrales solaires. Le Laos a pour objectif d'exporter 33 400 millions de kWh d'électricité en 2021 pour un montant de 19 925 milliards de kips, suite à la croissance rapide du secteur de l'énergie et des mines, en grande partie alimenté par l'augmentation de la demande d'électricité. EDL fournira également pour le pays 9 021 millions de kWh d'électricité, d'un montant de 7 547 milliards de kips. Pour atteindre ces objectifs, tous les efforts seront mis en œuvre pour produire 41 916 millions de kWh d'électricité, d'une valeur de 21 640 milliards de kips.

D'après les chiffres d'EDL, 70% de la production d'électricité sont exportés vers la Thaïlande, le Vietnam et la Chine, les 30% restants sont dédiés à la consommation locale. La consommation domestique en électricité en 2019 était de 1 222 MW, compte tenu de l'augmentation de la demande intérieure, EDL prévoit un accroissement de consommation intérieure de 500 MW pour les prochaines années. La demande intérieure croît annuellement de 11% en moyenne durant les dix dernières années.

Les exportations d'électricité ont augmenté en 2019, elles ont continué d'accroître en 2020, grâce à de nouvelles capacités de production, ce qui a permis d'augmenter déjà le volume des exportations du pays de 12 % en 2019

---

314 ADB, South East Asia, Data 2018.

315 Laos boosts electricity generation amid surge in demand, Vientiane Times, 23/09/2020.

316 Il deviendra ministre dans le nouveau gouvernement de Phankham Viphavanh.

et autant en 2020. Selon le MOIC, les ventes d'électricité en 2019 à la Thaïlande ont rapporté 1,02 milliard de dollars au Laos, c'est le plus important client du Laos. L'électricité représentait la première source de devises pour le Laos. En 2019, ce pays a fourni à la Thaïlande 5 620 MW, par ailleurs un contrat d'achat est signé entre les gouvernements thaï et lao pour la fourniture de 9 000 MW par an à la Thaïlande à l'horizon 2030. La fourniture d'électricité au Vietnam reste encore modeste, 570 MW en 2019, et a rapporté 46 millions de dollars au Trésor laotien, elle sera portée à 1 000 MW par an en 2021, et croîtra à 3 000 MW en 2025. D'autre part, l'Électricité du Vietnam s'est engagée à acheter 5 000 MW par an à l'horizon 2030. Les ventes pour le Myanmar sont encore modiques, 10 MW en 2020 puis 20 MW en 2022. Ce pays a signé avec le Laos un contrat d'achat de 300 MW par an dès 2025. D'autre part, un contrat de coopération d'énergie à l'horizon 2030 est signé entre le Cambodge et le Laos pour 6 000 MW par an. La centrale de Don Sahong a commencé à fournir 195 MW en 2019 puis 100 MW en 2020 pour le Cambodge, il est également prévu à l'horizon 2027 de fournir à ce pays 2 900 MW . Deux centrales en lignite sont prévues en construction avant la fin de 2021 dans la province de Xekong, totalisant 2 500 MW de puissance installée, la majorité de la production sera destinée au Cambodge[317]. D'autre part, en 2019 le Laos a fourni 100 MW puis 300 MW par an en 2020 à la Malaisie à travers le réseau 500 KV de la Thaïlande, dans le cadre de l'Asean Power Grid (APG). En 2020, la valeur de la production d'électricité a bondi à 20 616 milliards de kips, en augmentation de 33% par rapport à 2019 et 98% de l'objectif[318], le Laos a exporté 3 575 GWh d'électricité au cours de 2020. En même temps, davantage de lignes de transmission sont en cours de construction, il y a à présent 67 643 kilomètres de lignes électriques transportant 500 KV, 115 KV et 22 KV et 84 postes d'interconnexion, de distribution et de sous-station. En 2020, la valeur combinée de la production du secteur énergie et mines a augmenté et atteignait 31 468 milliards de kips, soit une augmentation de 16% par rapport à 2019 et représentait 102% de la valeur budgétée pour l'année. Le MEM reste optimiste et maintient son plan de construction des centrales, cela en dépit de l'incertitude de l'économie du pays, des catastrophes naturelles et de la pandémie du Covid-19. Les négociations sont en cours pour approvisionner Singapour en électricité[319]. Les centrales au Laos sont construites en coentreprises avec l'État laotien ou en concession (BOT) ; après une période de 25 ou 30 ans d'exploitation la propriété de ces barrages sera cédée par la coentreprise ou le consortium à

[317] Une première centrale de 1 800MW sera construite par Phonesack Group, la deuxième centrale 700 MW par une société chinoise.
[318] Laos targets electricity exports of 33,400 millions kWh in 2021, Vientiane Times, 11/01/2021.
[319] Laos improves dam safety amid surge in energy exports, Vientiane Times, 02/03/20.

l'État laotien. EDL prévoit d'exporter 6 017 GWh de sa production d'ici 2025 avec un taux d'augmentation annuel moyen de 11%.

On note que 37 autres centrales sont en cours de construction, la majorité sera en exploitation en 2021. Lorsque ces 100 centrales seront toutes en opération, le Laos aura alors une puissance totale installée de 13 062 MW et produira 66 945 GWh par an d'électricité, selon le ministre de l'Énergie et des Mines), Khammany Inthirath[320]. À présent, 95% de familles ont accès à l'électricité et 93% de tous les villages ont de l'électricité et toutes les villes et capitales provinciales sont connectées au réseau électrique. Paradoxalement, le Laos a dû importer au cours du 8e plan 2 972 GWh d'électricité de ses voisins : Chine et Thaïlande, pour un montant de 170 millions de dollars, ces importations sont destinées aux villages frontaliers éloignés des réseaux électriques d'EDL d'une part, et en raison du déficit de production d'autre part, pendant la sécheresse où les centrales produisent alors peu d'électricité. Cependant, les importations d'électricité ont toutefois diminué de 52% par rapport au plan quinquennal précédant[321]. Selon EDL, Le Laos vend de l'électricité à la Thaïlande pour seulement 0,05 dollar le kWh mais en achète en retour à 0,11 dollar le kWh, ce qui ajoute à un fardeau supplémentaire aux dettes d'EDL. Le potentiel de la capacité installée totale du pays est estimé selon les experts à quelque 27 000 MW (alors qu'en 2005 elle était 700 MW)[322]. Entre 2020 et 2030, cette capacité pourra atteindre rapidement 20 000 MW afin de répondre aux besoins voraces en énergie de ses voisins immédiats et aussi Singapour et la Malaisie[323]. Précisément, le développement de l'hydroélectricité est au cœur du plan économique du Laos qui consiste à exporter environ 20.000 mégawatts d'électricité vers ses grands voisins d'ici 2030.

Après l'effondrement du barrage de Xe Pian-Xe Nam Noi, le gouvernement a mis certes un frein temporaire au développement de nouveaux projets et a renforcé les contrôles sur l'ensemble des barrages du territoire, mais il n'y a pas eu d'interruption de travaux de construction pour des centrales en cours[324]. Un centre de gestion de la sécurité des barrages est installé depuis afin de procéder à des évaluations et à des révisions techniques supplémentaires. Il est vrai que la tentation est forte, car avec la baisse continuelle des exportations de bois et la production des mines d'or et de cuivre ces dernières années, la logique de l'Etat, c'est de vouloir tirer le maximum de profit de cette manne, appelée encore de « l'or bleu ».

Le MEM a souligné lors de la présentation du 9e plan quinquennal 2021-2025 que l'ensemble des centrales produiront une augmentation de 79%

---

320 Electricity generation sparks 6,457MW in exports, Vientiane Times, 05/02/20.

321 Value of electricity consumption surges, imports decline· Vientiane Times, 06/03/20.

322 Données compilées par Stimson Center de Washington, 2019

323 Electricity generation sparks 6,457MW in exports, Vientiane Times, 05/02/20.

324 DPM calls for action to prevent poor dam development, disasters, Vientiane Times, 30/07/2020.

d'électricité pour la consommation du pays et pour l'exportation par rapport au plan précédent 2016-2020, soit une production de 276 096 millions de kWh et d'une valeur de 140 879 milliards de kips au cours du 9e plan. D'autre part, EDL estime une réduction probable de 2 880 MW d'importation d'électricité au cours du plan pour les besoins du pays, avec une croissance annuelle de 8 à 10% de la demande d'électricité, mais le Laos continuera de racheter de l'électricité à ses voisins. Selon EDL, au cours des cinq prochaines années plus de centrales électriques seront construites, la capacité de production sera augmentée de façon significative[325].

À fin 2020, deux centrales, celles de Sayaboury (1 285 MW) et Don Sahong (260 MW), dans la province de Champassak sont construites sur le Mékong, la troisième à Luang Prabang (1 400 MW) dont les travaux de préparation du site ont commencé en 2020. Une quatrième centrale de 684 MW sur le Mékong est planifiée, et le barrage de Sanakham, financé par la Chine, sera construit à environ 2 kilomètres en amont de la frontière avec la Thaïlande. Ce projet a été notifié en juillet 2019 à la Commission du Mékong (MRC)[326], en outre le rapport technique a été révisé et soumis par l'investisseur chinois Datang au Comité nation du Mékong de la Thaïlande en janvier 2021, mais le gouvernement thaï l'a refusé. L'Office national Ressources en eau de la Thaïlande (ONWR), a averti que la Thaïlande pourrait refuser d'acheter de l'électricité du barrage, invoquant des inquiétudes concernant les impacts environnementaux[327]. Par ailleurs, les gouvernements du Cambodge, de la Thaïlande et du Vietnam ont fait part au Laos de leurs préoccupations et ont demandé davantage de temps pour effectuer l'étude d'impact après que la commission a officiellement achevé une procédure de consultation concernant le projet. Les études de la MRC et les experts ont montré que les barrages traditionnels sur le Mékong peuvent endommager les terres agricoles en aval en empêchant le flux d'alluvions vers le delta du fleuve et en bloquant la migration des poissons. Six autres centrales sur le Mékong sont prévues par le gouvernement lao dans les quinze prochaines années, selon le plan du MEM.

Selon les écologistes, de telles infrastructures et leur nombre ne peuvent pas rester sans effet sur l'écosystème, les centrales hydroélectriques au Laos suscitent de nombreux débats et craintes, elles posent plusieurs problèmes d'ordre environnemental - risques de ruptures comme cela est arrivé -, économique, social et politique.

---

[325] Laos eyes 79 percent increase in electricity generation, Vientiane Times, 28/01/2021.

[326] Mekong River Commission. Le processus de consultation de la MRC dure normalement six mois et permet aux autres membres, parmi lesquels la Thaïlande, le Cambodge et le Vietnam, d'examiner le projet et d'en évaluer l'impact éventuel

[327] 'Not Sufficient': Thailand Rejects Report on Lao Hydropower Dam, The Diplomat, 26/01/2021.

Qui sont les investisseurs dans le secteur ? La Chine est de loin l'un des plus importants investisseurs, elle est suivie par la Thaïlande ; les deux pays réalisent environ 70% du nombre total de projets hydroélectriques. Selon les données de l'ONG International Rivers, les projets phares chinois au Laos sont les centrales Pak Beng, Nam Ou, Nam Kham 3, Nam Beng, Nam Leuk 1 et 2, Nam Ngum 5, Nam Tha 1, Nam Mang et Nam Phay. La centrale hydroélectrique de Luang Prabang est un projet conjoint entre le gouvernement du Laos, les filiales de la société vietnamienne de pétrole et de gaz, PetroVietnam Power Cooperation, et le géant thaïlandais de la construction, l'entreprise publique Ch. Karnchang PCL. Citant un rapport de la Banque mondiale, les investissements chinois et thaïlandais devraient continuer à croître dans les années à venir. De même, des sociétés vietnamiennes sont très présentes après les chinoises et les thaïlandaises, et à un degré moindre des entreprises malaisiennes, sud-coréennes, japonaises et plus récemment des russes. Cependant on ne trouve plus d'entreprises européennes depuis 2010, année où EDF a mis en service la centrale Nam Theun 2. On retient que la plupart des projets sont opérés par les IPP qui représentaient une augmentation dans les exportations d'électricité et en valeur d'exportations de 15% en 2011 et 23% en 2020. D'autre part, la valeur totale moyenne des exportations d'électricité de 2011 à 2019 se montait à 7,3 milliards de dollars, selon le MEM[328].

Plus récemment, LHSE[329] a signé un mémorandum avec la société Lanexang Development Co., Ltd. pour une étude de faisabilité d'une centrale thermique au charbon dans le district de Bualapha, province de Khammuan, avec une capacité installée de 2 000 MW, capable de produire environ 14 865 GWh d'électricité par an. Dans le même temps, le gouvernement a demandé à cette entreprise de commencer des études de faisabilité conjointe pour plusieurs projets de barrage sur le Mékong[330].

Par ailleurs, le Laos est également doté d'un important potentiel de ressources en matière d'énergies renouvelables comprenant le solaire, la biomasse, les microcentrales hydroélectriques et l'éolien. Effectivement, le plan stratégique de développement des énergies renouvelables 2011-2025 du gouvernement vise à promouvoir les ressources renouvelables non hydroélectriques pour atteindre 30% de la demande énergétique totale du pays d'ici 2025[331]. À cet égard, la société National Consulting Group (NCG) et la société Thepvongsa Power et le Wealth Power Group (WPG) du Vietnam ont accepté de développer conjointement les projets d'énergie solaire dans les provinces de Champassak et de Xekong. L'investissement en énergie solaire est un excellent exemple d'énergie renouvelable, il est entièrement soutenu par le

---

328 Laos boosts electricity generation amid surge in demand, Vientiane Times, 23/09/2020.

329 Le holding du ministère des Finances pour prendre des participations dans les centrales.

330 State power player boosts revenue, profit, Vientiane Times, 12/03/2020.

331 ADB, LPDR, energy sector assessment, strategy, and road map, Nov 2019.

gouvernement pour assurer la consommation durable de la demande domestique ainsi que pour les exportations vers les pays voisins. Le développement solaire dans la province de Xekong, s'étend sur 720 hectares de terrain et a une capacité installée de 500 MW et 739 GWh électricité par an. Le total du coût du projet est estimé à 332,3 millions de dollars. Celui de la province de Champassak s'étend sur plus de 93,1 hectares et a une capacité installée de 80 MW et produira 123 GWh d'électricité par an, pour un coût total estimé à plus de 57,3 millions de dollars. Les deux projets solaires fourniront 10% de la demande intérieure alors que 90% seront exportées vers le Vietnam et le Myanmar, en particulier[332].

Assurément, à défaut d'être un pays manufacturier, le Laos ambitionne de devenir le premier pays producteur d'électricité de la région du Bas-Mékong en utilisant la société d'État Lao Holding State Enterprise (LHSE), son nom n'est pas connu du grand public, elle est le bras armé du ministère des Finances (MOF), créée en 2005 pour prendre des participations jusqu'à 25% dans la plupart des projets de centrales avec les consortiums étrangers[333]. LHSE dans son rapport annuel 2019 a annoncé avoir perçu 17 millions de dollars de dividendes et royalties pour ses participations dans les coentreprises, entre 2011 et 2019, elle en avait encaissé 118 millions de dollars dont 25,3 millions pour la seule année 2016. Incontestablement, l'hydroélectricité est pour le Laos un marché de niche clairement affiché, elle contribue à un changement positif dans sa quête de reconnaissance dans l'Asie du Sud-Est. Selon une étude de la Banque mondiale, le revenu fiscal pour le gouvernement lao devrait monter à 850 millions de dollars en 2025. En 2019, il était de 480 millions de dollars.

Cependant, EDL pour accroître, renforcer la stabilité de son réseau et assurer une bonne interconnexion avec ses voisins immédiats, il doit investir davantage dans les lignes de transport très haute tension et construire des postes de sous-station, c'est justement l'argent qui lui manquait. Ainsi, EDL appuyé par l'Etat a créé en septembre 2020 une coentreprise de réseau de transport électrique, l'Electricité du Laos Transmission Company Limited (EDLT)[334], avec la China Southern Power Grid (CSG) qui est majoritaire dans la société conjointe. Un accord important pour la coopération entre la Chine et le Laos dans l'industrie de l'énergie, c'est aussi l'aboutissement de la Déclaration de Vientiane des dirigeants des pays (Chine, Myanmar, Thaïlande, Laos, Cambodge, Vietnam) lors de la troisième réunion de LMC. L'ambition d'EDLT est de contribuer au développement socioéconomique et à l'amélioration du niveau de vie de la population au Laos. Il permettra le Laos de renforcer la stabilité dynamique de son réseau et l'interconnexion

[332] Companies join hands to develop solar power, Vientiane Times, 03/09/2020.

[333] Les centrales de Hongsa et de Nam Theun 2 entre autres.

[334] Bien qu'on n'ait pas à ce jour les détails sur l'actionnariat de la société, les experts pensent que CGS serait largement majoritaire dans la coentreprise.

électrique avec ses pays voisins et de transformer ses ressources en eau en avantage économique pour soutenir les efforts du Laos à bâtir « un pays de batterie d'énergie propre » dans l'Asie du Sud -Est. Le ministre du MEM, Khammany Inthirath, a déclaré à cette occasion qu'avec la nouvelle entreprise EDLT, la CSG apportera les avantages dans le domaine de ressources humaines, de gestion du réseau, tandis qu'EDLT suscitera une nouvelle perspective pour l'industrie électrique lao et contribuera à bâtir un avenir de communauté partagée Chine-Laos. D'autre part, EDLT prévoit d'investir environ 2 milliards de dollars au Laos dans la construction de réseau national de transport électrique transfrontalier avec un réseau d'interconnexion entre le Laos et ses voisins, puis de concrétiser les projets, comme le réseau d'interconnexion Laos-Cambodge et le réseau d'interconnexion Laos-Chine[335].

[335] EDL, CSG sign agreement to establish transmission line firm, Vientiane Times, 04/09/2020.

Carte centrales électriques EDL

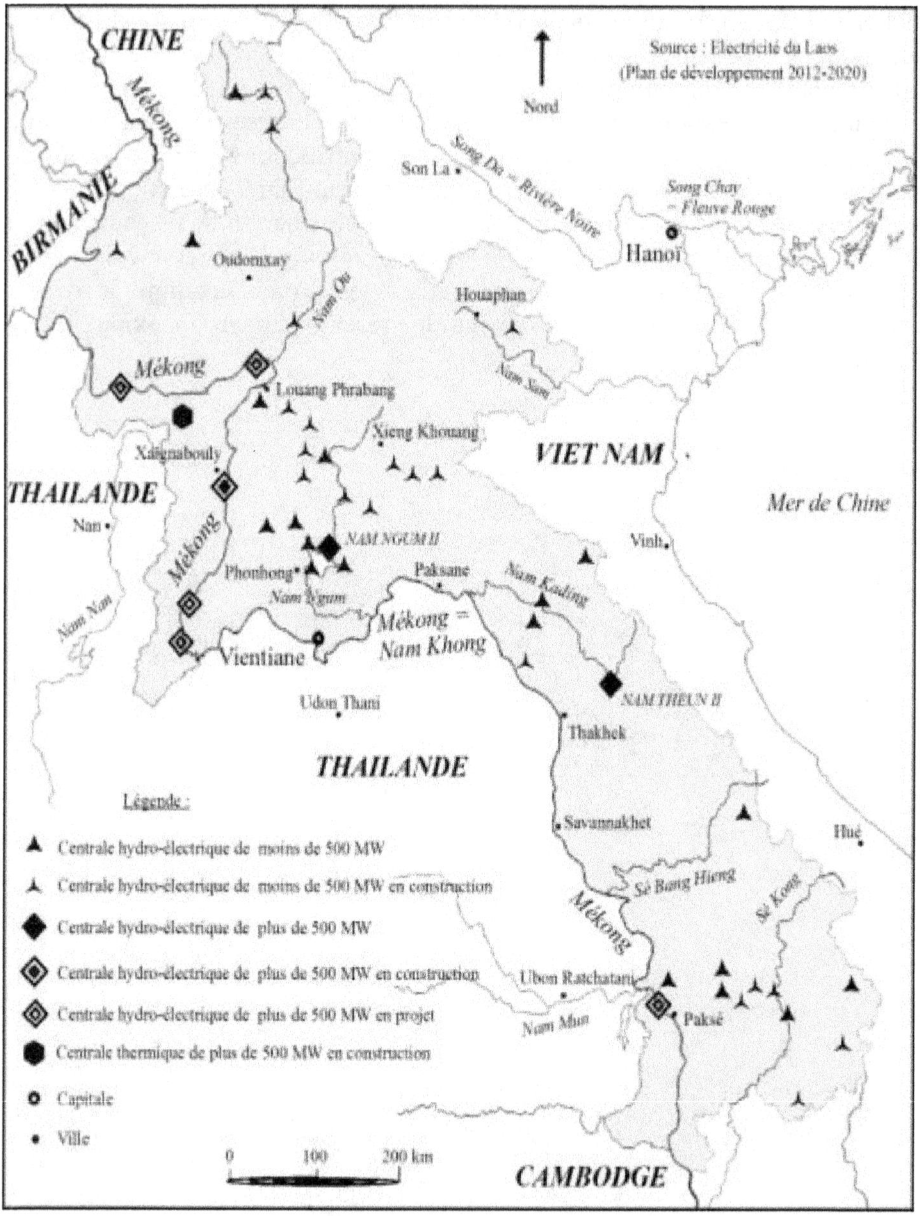

Source : Fabrice Mignot, *Les grands aménagements hydroélectriques du Laos au cœur du bassin du Mékong.*

6.2.2 L'industrie minière : L'exploitation prometteuse des riches ressources minières du Laos

Le Laos a été classé comme l'un des pays les plus riches en ressources en Asie. Plus de 570 gisements minéraux ont été identifiés, y compris l'or, le cuivre, le zinc, le lignite, la bauxite, l'argent, le potassium, l'étain, le plomb, etc. Le sous-sol n'avait jamais été vraiment exploité avant les années 2000. Le gouvernement lao a des stratégies et des politiques claires pour promouvoir l'exploitation minière et pour stimuler le développement économique et éradiquer la pauvreté. Depuis, l'investissement étranger afflue et l'exploitation du sous-sol connaît une forte croissance. Aujourd'hui, l'industrie minière est devenue l'un des piliers de l'économie, elle est une source importante de croissance économique et de revenus pour le Laos. Ce secteur a progressé à partir de 2003 et a contribué directement ou indirectement au développement de l'économie. La contribution du secteur minier au PIB est passée de 0,5% en 2002 à 8% en 2005 et à 10,3% en 2011. Cependant, au fil des années, la croissance du secteur a baissé, elle était à 6,3% en 2014 et environ 6% en 2019. En 2020, la valeur de production du secteur était de 10 851 milliards de kips, une baisse de 7% par rapport à 2019 mais réalisant 113% du montant budgété pour 2020[336].

On rappelle que la Loi sur les Mines a été promulguée en avril 1997 par l'Assemblé nationale, elle avait pour but d'encourager les investissements étrangers et nationaux dans l'exploration et l'exploitation des ressources minières du pays en leur donnant un cadre juridique. La stratégie du gouvernement est de promouvoir et de stimuler le secteur, l'objectif est clairement inscrit dans le Plan de développement socioéconomique en vue d'éradiquer la pauvreté. La Loi de 1997 a été révisée en 2006 puis de nouveau en 2011 pour tenir compte de la situation économique mondiale et des problématiques environnementales et sociales du pays[337]. Le secteur depuis 2006 était sous tutelle du MEM, il passe désormais sous tutelle du ministère de Ressources naturelles et d'environnement (MONRE), créé en août 2011. Cependant, le Département des mines (DOM) dépendant du MEM garde la responsabilité de la gestion et de la promotion du secteur auprès des investisseurs ainsi qu'un regard sur les exportations des produits miniers. Quant au DGM, le Département de géologie et des minerais, dépendant du MONRE, il gère la prospection et l'exploration des ressources minières du pays. Le DGM instruit notamment les dossiers d'études de faisabilité des investissements nationaux

[336] Laos targets electricity exports of 33,400 million kWh in 2021, Vientiane Times, 11/01/2021.
[337] Law on minerals (Revised Version) part 1 general provisions, No. 02/NA, Vientiane, dated 20 December 2011.
Vientiane, dated 20 December 2011.

et étrangers, participe à la négociation et signe les accords d'investissements de prospection et d'exploration au nom du gouvernement[338].

L'introduction de la Loi sur les minerais de 2011 a permis au gouvernement d'entamer une politique et une stratégie claire sur les investissements des ressources du pays tout en permettant à l'État d'être propriétaire sur la totalité des minerais et de jouer un rôle majeur dans le processus de contrôle sur le plan environnemental ; ainsi des zones minières sont désormais améliorées pour des fouilles régulières en évitant les impacts socio-environnementaux. Par ailleurs, afin d'améliorer la production minérale, le gouvernement préconise à ce que les minerais bruts soient traités et aient une valeur ajoutée sur place avant de les exporter, comme le cuivre et l'or, représentant de loin les plus importants minéraux exploités et exportés. D'autre part, dans le cadre de la Loi sur les minerais, le gouvernement exerce un contrôle sur le bien-fondé des permis de prospection accordés, les entreprises sont désormais dans l'obligation de suivre une procédure d'octroi de permis de prospection en plusieurs étapes. Le prérequis obligatoire à la mise en œuvre d'un projet minier est comme suit : dans un premier temps, l'entreprise doit obtenir un permis de prospection valable deux ans extensible pour une année supplémentaire, puis la soumission des études de faisabilité avec le dossier sur l'impact environnemental. Si le délai de prospection de deux ans plus une année n'avait pas commencé, le permis sera annulé. Cette mesure est perçue comme légitime afin d'éviter que l'entreprise n'accapare pas le terrain indéfiniment ou de rétrocéder le permis d'exploitation à une autre société comme cela se pratiquait dans le passé. Le processus d'obtention depuis le permis de prospection jusqu'à l'exploitation est long et pourra durer une bonne dizaine d'années. La concession maximum accordée pour la prospection est de 300 km^2.

Suite à des concessions de terre accordées de manière trop complaisante pour des projets miniers et les plantations d'hévéa qui provoquaient la crainte des populations locales et les inquiétudes soulevées par des membres de l'Assemblée nationale après qu'une série de projets de développement ont empiété sur les terres de villageois et porté atteinte à l'environnement, le gouvernement lao est conscient de cette réalité comme le démontre le moratoire sur les concessions minières et agricoles décidé en 2012 de suspendre jusqu'à fin 2015 de l'attribution de nouvelles concessions minières[339], sans pour autant remettre en cause le plan de développement minier déjà approuvé en 2008. Depuis, les permis d'exploration continuent à être accordés mais de manière plus sélective et la production minière a

338 Mining activity in Lao PDR, Department of Energy and Mines, Ministry of Energy and Mines.

339 Laos – Le gouvernement suspend la concession de terrains pour les mines, Le Petitjournal Bangkok, publié le 27/06/2012.

toutefois augmenté malgré la baisse des prix de produits minéraux dans le monde.

Quels sont les principales réserves, la situation actuelle du secteur minier, et les investisseurs du pays ? Selon le département de la géologie (DOG) du MEM, les réserves les plus importantes et significatives pour l'économie nationale comprennent : l'or entre 500 et 700 tonnes, le cuivre 8 à 10 millions de tonnes, et le zinc 2 à 3 millions de tonnes[340]. On note que les exportations minières ont représenté jusqu'à 45% des exportations totales du pays. En particulier, les mines de Sepon et de Phu Kham ont contribué à 90% de la production minière totale du pays. La bauxite et l'alumine sont extraites du plateau des Bolovens conjointement avec l'Australie et la Chine. Le cuivre, l'or, et l'argent sont extraits par MMG Ltd[341] à Sepon et Pan Aust Ltd[342] dans la mine de Phu Kham, Ban Houaixay, province de Xaysomboun, les deux plus grandes entreprises minières opérant au Laos à ce jour.

Les investissements et le développement dans le secteur ont proliféré de 2003 à 2017, générant environ 150 millions de dollars par an en moyenne pour le budget du gouvernement ainsi que la création d'emplois pour les populations locales. En 2012, la contribution du secteur des mines et des carrières au PIB était de 7%. Il représentait 10% des recettes publiques, 10% du revenu national et 80% provenaient des investissements étrangers directs. Cependant, outre des avantages significatifs procurés pour l'économie nationale, il existe des risques d'impacts environnementaux et sociaux. Ainsi, le gouvernement avait précédemment cessé d'autoriser de nouvelles études de faisabilité minière et annulé des concessions pour plusieurs projets afin de garantir que la production minérale ne nuise pas à l'environnement[343].

Au cours de la période du 7e plan quinquennal 2011-2015, la valeur de la production totale dans le secteur minier atteignait 6 674 millions de dollars, avec un taux de croissance annuel moyen de 6,9%, ce qui dépassait l'objectif du plan quinquennal de 184%. La production de plaques de cuivre était de 427 329 tonnes, l'or mélangé à l'argent 85,94 tonnes, le lignite 1,60 million de tonnes, l'anthracite 876 704 tonnes, la poussière de cuivre 1,53 million de tonnes, le gypse 3,93 millions de tonnes et la production d'autres minéraux a également suivi une tendance à la hausse. La valeur brute des exportations de minéraux était supérieure à 8 milliards de dollars, couvrant 60% des exportations totales du pays. Au cours du 7e Plan quinquennal, 74 sociétés nationales et étrangères ont obtenu des contrats d'exploration, dont 25 étaient au stade de la préparation en vue de l'exploration et de la construction d'une usine de transformation et 49 d'entre eux étaient opérationnelles et exportaient

---

340 DOG, Ministère de l'énergie et des mines, 2009.

341 https://www.mmg.com/media-release/181130-mmg-completes-sale-of-sepon-mine/.

342 https://panaust.com.au/laos.

343 Mining in Laos, economic growth, and price fluctuation, Itthilith Ngangnouvong, Department of Foreign Trade Policy, Ministry of Industry and Commerce,

déjà. La plupart d'entre elles étaient des petites et moyennes entreprises. Pour des exploitations à grande échelle, Lane Xang Minerals Ltd (LXML) et Phu Bia Mining Ltd (PBM), ces deux entreprises produisaient en valeur plus de 500 millions de dollars. D'autre part, des nouvelles mines importantes en exploitation étaient le sel de kali à Thong Mang, province de Vientiane, et le sel de potassium dans la province Khammouan.

Le 8e plan quinquennal 2016-2020 confirmait la continuité de la politique minière du gouvernement lao, en particulier : établir des mécanismes financiers durables pour gérer les ressources naturelles et protéger l'environnement ; transformer le secteur minier en un secteur générateur de revenus durables pour résoudre la pauvreté de la population rurale ; établir une politique et une réglementation d'accompagnement pour assurer que les avantages sociaux et économiques soient réalisés pour les populations locales et le peuple lao en général ; accroître la transformation des minéraux et réduire les exportations de minéraux non transformés ; augmenter la valeur des produits minéraux et faire en sorte que les avantages de ce secteur contribuent à améliorer les moyens de subsistance des populations.

On indique ci-après les deux grands investisseurs exploitant les mines au Laos depuis le début des années 2000 :

1. La mine Lane Xang Minerals **(LXML)** de Sepon de la société MMG Ldt est une mine de cuivre à ciel ouvert dans la province de Savannakhet, au sud du Laos, la société appartient à Minmetals Resources Limited (MMR) d'origine australienne, est cotée à la bourse de Hong Kong. La mine de Sepon a produit son premier oxyde d'or en 2003, commençant des opérations de cuivre à grande échelle en 2005 et à ce jour a produit plus de 900 000 tonnes de cuivre et plus de 1,2 Moz d'or. Le projet aurifère de Sepon a donné son premier or et argent doré en décembre 2002. Au début de 2005, une expansion de l'usine de traitement d'or à l'origine a été achevée, doublant la capacité de l'usine de traitement d'or à 2,5 Mt / an de minerai. Au cours de ses opérations, l'exploitation aurifère de Sepon a produit plus de 1,2 Moz d'or par extraction à ciel ouvert et le traitement conventionnel de minerai d'or oxydé. Le propriétaire australien de la mine de Sepon, MMG Ltd, a cessé la production d'or sur le site en décembre 2013 en raison de la diminution des réserves de minerai et de la réduction des marges. Par conséquent, la partie de l'usine de production d'or a été placée en entretien et maintenance, mais la production de cuivre a continué. En 2018, la mine de Sepon a produit 62 941 tonnes de cathodes en cuivre et 75 000 tonnes de cathodes de cuivre en 2019, avec une prévision en baisse de 45 000 T pour 2020. L'exploitation actuelle du cuivre de Sepon a une durée de vie projetée vers 2020.

En 2018, la société MMG Ltd a convenu de vendre sa participation de 90% dans Lane Xang Minerals (LXML) à Chifeng Jilong Gold Mining Co Ltd pour 275 millions de dollars, le gouvernement lao maintient les 10% du capital de la mine. Chifeng Jilong Gold Mining est un producteur de métaux précieux coté à Shanghai dont le siège est à Chifeng, en Mongolie intérieure. Il s'agit d'un important producteur d'or en Chine. La durée de vie de la mine de Sepon pourrait ainsi prolonger en tant qu'exploitation aurifère primaire. En conséquence, la nouvelle société pourra axer la production sur l'or avec les moyens modernes de l'exploitation pour donner un meilleur avenir et essor par le passage de la production de cuivre aux opérations aurifères primaires à la mine de Sepon. Ainsi, la société chinoise Chifeng Jilong Gold Mining a relancé la production d'or de sa mine Sepon en 2019, après un arrêt de près de six ans et demi. La production de la mine Sepon pourra atteindre jusqu'à 1,6 tonne d'or en 2020. La société a annoncé en septembre 2020 que la mine a commencé le traitement du minerai d'or primaire, dans l'espoir de profiter de la hausse du prix de l'or sur le marché mondial. Le projet aurifère primaire devrait générer environ 30 millions de dollars par an de recettes publiques et d'avantages économiques[344].

Selon, la direction générale de LXML, la production pourra augmenter à 7 tonnes en 2021[345]. La mine de Sepon a contribué significativement au développement socioéconomique du Laos et dans la région de Khammouan : en particulier par les taxes, les dividendes, et les bénéfices versés au gouvernement, puis les revenus salariaux des employés laotiens, les dépenses liées aux services locaux lao, le fonds de développement communautaire, la prise en charge des infrastructures routières, ensuite les dons et le parrainage pour la province et à la sécurité sociale accordée aux employés. La société a assuré en outre la formation des cadres et ouvriers laotiens et emploie plus de 2 000 personnes sur son site. Elle a contribué à améliorer les conditions de vie des populations et de nombreuses familles d'agriculteur de la région, et a permis en outre aux familles de cultiver des produits agricoles et élever des poissons pour alimenter la base de vie de Sepon.

2. **Phu Bia Mining** (PBM), dont le propriétaire australien est PanAust détenant une participation de 90% dans la société enregistrée au Laos, Phu Bia Mining Limited (Phu Bia Mining) ; le gouvernement lao détient les 10% restants. PBM est depuis 2016 une société australienne constituée en société appartenant à Guangdong Rising H.K. (Holding) Limited, filiale à 100% de Guangdong Rising Assets Management Co. Ltd (GRAM). GRAM est une société publique chinoise réglementée par la Commission de supervision et d'administration des actifs appartenant à l'État, le gouvernement de la province de Guangdong en Chine. Depuis que Phu Bia Mining a commencé ses opérations au Laos en 2006, la société a versé au gouvernement près de 6 248 billions de kips (716 millions de dollars). L'entreprise produit entre

344 Sepon gold project expects to generate US$30m annually, Vientiane Times, 04/09/2020.
345 FocusEconomics, Economic Forecast from the World's Leading Economics, Laos, 26/05/2020.

80 000 et 90 000 tonnes de cuivre par an et entre 150 000 et 200 000 onces d'or chaque année. La société a versé plus de 500 millions de dollars au gouvernement sous toutes les formes d'impôts et de redevances et représente généralement plus de 4% du PIB national. Pour la seule année 2019, la société a versé plus de 573 milliards de kips (86,35 millions de dollars) en contributions directes au gouvernement par le biais de l'accise douanière, de la taxe sur les salaires, des redevances, des frais de concession, de la taxe de circulation, des dividendes et de l'impôt sur les bénéfices. Entre-temps, la société a indirectement contribué au Laos via des infrastructures routières publiques en améliorant et en entretenant des tronçons des voies de transport publiques, de transport de la mine de Phu Kham (or, cuivre, argent) et de la mine de Ban Houayxai (or, argent) dans la province de Xaysomboun et dans d'autres sites situés dans la zone contractuelle de Phu Bia de 2 600 km². De plus, selon son président, Chanpheng Bounnaphol, Phu Bia Mining a également créé plus de 3 200 emplois, dont 90% des travailleurs sont des ressortissants lao. Outre les possibilités d'emploi direct, l'entreprise a formé des femmes au chômage à cultiver des légumes biologiques qui sont vendus ensuite à l'entreprise pour générer des revenus complémentaires pour leurs familles. Parallèlement à ses activités minières, Phu Bia Mining tout comme MMG Ltd ont également soutenu le développement communautaire, comme par exemple la construction d'écoles et l'embauche d'enseignants pour enseigner aux élèves pendant les vacances scolaires, ainsi que la construction de sanitaires, de dispensaires communautaires et d'autres installations[346].

Selon le MEM, la valeur des exportations de minéraux et des ventes intérieures au Laos a augmenté au début de 2018 malgré la baisse des prix des matières premières sur le marché mondial. En 2018, les ventes nationales de minéraux ont atteint 66,2 millions de dollars, soit une augmentation de 38,8% par rapport à l'année précédente, tandis que les exportations ont atteint 1 439 millions de dollars, soit une augmentation de 8,2% par rapport à 2017. Parallèlement, les ventes de minéraux sur le marché intérieur ont augmenté de 43% en 2019 par rapport à la même période de l'an dernier, ce qui représentait 25% du plan annuel, toujours selon MEM.

Le gouvernement lao a autorisé au cours des dix dernières années les investissements dans le secteur, ainsi en 2018, selon le MEM, quelque 281 entreprises ont investi dans le secteur minier, dont 110 entreprises dans l'exploration et 171 autres dans la production. Le gouvernement a encouragé les opérations minières à porter la production totale à 11 509 milliards de kips (environ 1,3 milliard de dollars), soit une augmentation de 7,5% par rapport à 2017. Cependant, les revenus miniers du Laos ont été considérablement affectés par la baisse des prix mondiaux des produits de base en 2016-2017, dès lors, le taux de croissance du secteur minier a baissé en 2018 de 4,3% par

[346] Research shows quality mining central to Laos' LDC graduation, Australian Embassy, Lao People's Democratic Republic.

rapport à 2017[347]. Toutefois, l'exploitation minière reste un secteur clé, l'un des trois secteurs avec l'énergie et le tourisme générant des revenus confortables pour la caisse de l'État[348]. Les exportations en 2019 ont atteint plus de 550 millions de dollars, soit une augmentation d'environ 11% par rapport à la même période de l'année précédente. Les principaux minéraux explorés au Laos sont l'or, le cuivre, le potassium, l'argent, le lignite, le métal et la chaux.

Qui sont les investisseurs ? Parmi des acteurs du secteur minier, on trouve de nombreuses petites entreprises minières artisanales, très répandues dans les zones rurales, ces exploitations sont plus ou moins légales ; elles étaient tolérées dans les années 1990 et 2000 afin de permettre à la population rurale d'avoir un complément de revenus et d'échapper à la pauvreté ; mais aujourd'hui ces exploitations illicites sont plus surveillées et représentent une menace pour l'environnement et un obstacle pour la politique d'investissement du gouvernement. Ensuite, on constate la présence des petites et moyennes entreprises minières lao ou des entreprises appartenant à l'armée. Ces entreprises coopèrent souvent avec les investisseurs étrangers en raison de leur manque de moyens financiers, avec les contrats de partage de bénéfices et des moyens à mettre en place par les investisseurs étrangers qui sont le plus souvent des Chinois, Thaïs et Vietnamiens. Enfin, les grandes entreprises au Laos déjà mentionnées, elles sont à l'origine étrangères comme la Lane Xang Minerals Sepon (LXML) ou la PanAust, ces deux entreprises passent aujourd'hui sous contrôle des sociétés chinoises avec un management australien. En dépit de l'importance du secteur minier dans l'économie laotienne, le secteur n'a pas créé suffisamment d'emplois pour les travailleurs lao, moins de 1% de la population active est employée par cette industrie, selon le MEM. Cependant, les mines de LXML et de Phu Bia Mining sont les seules à fournir d'emplois de manière significative et décente aux cadres laotiens et travailleurs des villages.

On retient que de 2005 à 2015, les sociétés susmentionnées ont rempli leurs obligations financières envers le gouvernement sous forme d'impôts, de redevances et de paiements de concession s'élevant à 1,89 milliard de dollars. Cependant, les revenus du pays provenant de l'exploitation minière ont chuté de manière significative en raison de la forte baisse des prix mondiaux des minéraux en 2016-2017, le secteur minier au Laos a connu d'une part, une baisse de 18% de 2016 à 2020, selon les statistiques fournies par le MEM, et d'autre part, du fait que les deux grandes mines (Sepon et Phu Bia) vont cesser leur exploitation vers 2020 en raison de l'épuisement des ressources.

---

[347] Growth of mines sector drops 18.69 percent over last five years, Vientiane Times, 06/02/2020.

[348] Laos' mineral output rises despite world commodity price drop, Xinhua Asia & Pacific, 06/11/2019.

Un nouvel investisseur fait son apparition en 2017 avec un projet de mine d'or comprenant le développement d'infrastructures et d'autres installations sur un site de 234,6 km² dans la région du village de Naty dans le district de Longchaeng, province de Xaysomboun. Il s'agit de la société Jo Bounmy Mining Development, en partenariat avec le ministère de la Défense nationale, le projet encouragera également les populations locales à s'engager dans l'agriculture commerciale pour augmenter leurs revenus et offrir aux villageois des opportunités d'emploi, a rapporté le quotidien KPL.

Toutefois, des mesures plus restrictives concernant les investissements sont apparues en septembre 2020, en effet, le ministre du MEM a annoncé de nouveaux contours de règlementation plus contraignants pour les investissements, en particulier tout investisseur pour l'exploration des mines de métaux précieux doit désormais avoir une surface financière minimum de 10 millions de dollars[349] ; et tout investisseur ou entreprise proposant d'investir dans l'exploration et cartographie des minéraux doit avoir à une expérience d'au moins cinq ans et des références dans les projets miniers. Les investisseurs inexpérimentés sont désormais obligés d'embaucher des experts ou entreprises spécialisées. Le gouvernement a suspendu des permis d'exploration jusqu'à fin 2020. Les nouveaux permis à partir de 2021 devront tenir compte des réglementations énoncées plus haut.

On mentionne d'autre part que le Laos continue de produire du charbon, principalement sous forme de lignite. Entre 2013 et 2015, la production de charbon a augmenté de 454% ; en 2014, les exportations ont cessé pour assurer l'approvisionnement de la centrale de Hongsa (HPCI), qui fonctionne au lignite, est entrée en service en 2015 pour répondre à la demande d'électricité en Thaïlande[350].

Au cours de 2020, le Laos a perçu 10 851 milliards de kips de l'exploitation minière, une augmentation de 13% par rapport au plan. Les explorations ont repéré 570 gisements minéraux sur 162 104 kilomètres carrés, soit 70% de la superficie du pays[351].

En conclusion, le parti et le gouvernement poursuivent une politique ouverte pour attirer des investisseurs nationaux et internationaux à investir dans les opérations minières. Au cours des cinq dernières années, 193 permis miniers ont été délivrés, 69 ont entrepris des enquêtes et des explorations, 43 entreprises ont mené des études de faisabilité et 81 entreprises engagées dans des opérations minières. Le développement minéral au Laos est rapidement

---

[349] Government sets mining investment criteria to maximise benefit, Vientiane Times, 16/09/2020.

[350] La HCPI est la coentreprise entre Banpu Power Limited (BPP) 40%, RH International (Singapore) Corporation Pte. Ltd. – une filiale de la Ratchaburi Electricity Generating Holding Public Company Limited (RATCH) 40% –, et Lao Holding State Enterprise (LHSE) 20%). MEM/Institut de recherche économique pour l'ASEAN et l'Asie de l'Est (2018), Lao PDR Energy Statistics 2018, 2 juillet.

[351] Economy booms under Party leadership, 07/12/2020.

devenu une composante importante de croissance économique et de réduction de la pauvreté au service du développement durable. Pour 2021, le MEM vise dans le cadre du plan 9e quinquennal une production minière de valeur 13 812 milliards de kips, soit une augmentation de 27,28% par rapport à 2020[352].

Liste des sociétés minières majeures opérant au Laos

N°	Société et activité	Pays
1	Lane Xang Mineral Limited, Sepon (LXML) : or, cuivre	(Australie) > Chine
2	Phu Bia Mining, Phu Kham (PBM) : or, cuivre, argent	(Australie) > Chine
3	Lao-Korean TinMines N/D : étain	Laos
4	Padeng Industry Public Co. Ltd., Kayso : zinc	Thaïlande
5	Phialat Gold Panning Phialat : cuivre	Laos-Thaïlande
6	Lao Intl Trade and Service, Houaixay : sapphire	Laos
7	Gypsum Mining Co.Ltd., : gypse	Laos
8	Hill End Gold Limited (HEG) - Project Lak Sao, situé sur la ceinture de Troungson comme la mine de Sepon : or	Australie
8	Sino Resources Mining Corporation, dans province de Bokeo : saphire	Hong Kong Chine

Source: Ministère de l'Énergie et des Mines, DOM

Le gouvernement s'attend à ce que les recettes du secteur minier contribuent 5% de plus au budget 2021-2025 comparées aux cinq dernières années année 2016-2020. Les revenus proviendront des redevances de concession, d'impôt sur les bénéfices, d'impôt sur les dividendes, de dividendes, d'impôt sur les salaires et de royalties, selon le MEM. En 2016-2020, le gouvernement a encaissé 838 millions de dollars de revenus du secteur minier malgré une baisse de production[353], mais espère augmenter à 880 millions de dollars en 2021-2025. Le gouvernement mise sur l'augmentation de la production de 4% et la disponibilité des minéraux pour approvisionner le marché intérieur ainsi qu'une augmentation d'environ 3% à l'exportation. Dans le cadre du 9e plan quinquennal 2021-2025, le Laos vise sur les revenus de 8,3 milliards de dollars de vente de minéraux, dont 1,97 milliard de dollars proviendront de l'approvisionnement intérieur et 6,4 milliards de dollars provenant de

[352] Laos targets electricity exports of 33,400 million kWh in 2021, Vientiane Times, 11/01/2021.

[353] Laos mining sector sees decline despite riche resources, Vientiane Times, 06/02/2020.

l'exportation. Les ressources minérales sont principalement exportées vers la Chine, le Vietnam et la Thaïlande[354].

6.2.3 L'agriculture : un secteur potentiel en forte croissance et pilier de l'économie

Le Laos s'étend sur environ 1 700 km² du nord au sud, mais seulement environ 100 km de diamètre dans sa plus petite largeur. La faible population du pays d'environ 7,2 millions d'habitants en 2020 et la topographie montagneuse limitent l'expansion du développement agricole, avec seulement environ 10% de la superficie du pays est utilisée pour l'agriculture. De plus, les terres agricoles sont dispersées, surtout dans les montagnes du nord. Environ 50% des terres arables soutiennent des cultures annuelles, pour les cultures pérennes (comme le café, l'hévéa) ou les pâturages et les prairies. Seulement quelques-unes des zones le long du Mékong et de ses affluents ont de vastes terres cultivées contiguës, notamment dans la plaine de Vientiane, et dans les plaines fluviales du centre et du sud de Sayabouri, Khammouan, provinces de Savannakhet et Champassak.

Les terres non agricoles sont soit boisées (environ 11 millions d'hectares) à divers degrés, de la forêt primaire pleinement mature à la forêt secondaire clairsemée. Le pays est encore relativement abondant en biodiversité et en faune, bien qu'il y ait un empiètement continu sur ses ressources forestières et fauniques du fait du braconnage, de l'exploitation minière, du développement hydroélectrique, de la culture itinérante et des plantations commerciales et industrielles. Les experts estiment que 446 249 ha sont utilisés pour les plantations. Le secteur agricole lao est par conséquent prometteur et constitue une priorité de l'action politique du gouvernement lao. La terre est sous-utilisée. La faible densité de population au Laos et les grands marchés de produits agricoles et de bétail sur les marchés voisins ont amené de nombreux nouveaux investisseurs à explorer les opportunités agricoles, notamment aujourd'hui dans l'élevage de bétail, la construction de laiteries et l'investissement dans l'agro-industrie. Il existe des possibilités d'exportation de technologies modernes de récolte, de plantation, de transformation et d'autres technologies qui aideraient le secteur à se développer. Le gouvernement lao a pris conscience des atouts dont possèdent le pays et encourage fortement des investissements étrangers et nationaux en accordant des concessions de terre allant de 30 à 50 ans et plus.

Le secteur agricole, ce secteur contribue aujourd'hui à 14-15% du PIB. Le riz est la principale culture du Laos, représentant 50% de la production agricole nationale. Environ 960 000 ha sont en riziculture et sont cultivés en

[354] Government eyes additional 5 per cent earnings from mining, Vientiane Times, 02/02/2021.

saison des pluies en grande partie pour la subsistance. En raison du déficit de couverture d'irrigation, seulement 4% de la superficie est cultivée en saison sèche. La production de paddy des bas-fonds représente 75% de la riziculture, est largement concentrée dans les quatre provinces : Sayaboury, Khammouan, Savannakhet, et Champassak. Entre 2005 et 2014, la superficie plantée en riz a augmenté de 30%, tandis que la production a accru de 56%, le Laos a dépassé l'autosuffisance en riz au cours de la dernière décennie, selon le rapport de l'UNPD. Le riz de montagne prédomine dans les zones montagneuses, en particulier dans la région le nord. D'autres cultures économiques importantes comprennent le café, le maïs, la banane, la canne à sucre, le manioc, la patate douce, qui sont cultivés à des fins de subsistance et commerciales, et les arbres industriels par les investisseurs étrangers (comme le caoutchouc, l'eucalyptus et l'acacia). Le pays riche en ressources naturelles et possède une biodiversité importante. En effet, l'agrobiodiversité procure des avantages indispensables aux ruraux pauvres, car c'est une source de nourriture, de nutrition et de revenus. Dans le domaine de la foresterie, par exemple, certains produits forestiers non ligneux tels que les animaux chassés, les pousses de bambou et de rotin, les agrumes, les légumes verts, les plantes médicinales et le miel sont vendus sur les marchés locaux et certains sont commercialisés au niveau international. En outre, ces produits, y compris les insectes comestibles, fournissent 60% du revenu monétaire des villages ruraux. On estime que 40% de la consommation de protéines provient de la pêche, ce qui en fait la principale source de protéines animales.

Dans ces limites naturelles, le Laos reste une économie agraire, la plupart de la population dépend de l'agriculture. Selon les statistiques nationales, la propriété foncière moyenne est de 1,62 hectare, 27% des ménages ayant 2 hectares ou plus et 36% ayant moins de 1 hectare. Un chiffre élevé a montré que de 97% des agriculteurs possèdent leurs propres terres. En 2019, le total de la population agricole est estimé à 70%. Dans une certaine mesure dans le secteur de l'agriculture, de ressources naturelles et du développement rural (ANRRD), 50% de l'ensemble des ménages sont encore essentiellement ou partiellement des agriculteurs de subsistance[355]. Les caractéristiques du secteur ANRRD du Laos incluent une gamme relativement étroite de produits agricoles qui impliquent de petits volumes de production fragmentés, des chaînes de marché extrêmement courtes - principalement locales - et saisonnières, et le coût élevé du fret. Compte tenu de sa nature de subsistance, de sa faible productivité, l'agriculture laotienne n'a pas joué un rôle majeur dans le commerce extérieur du pays jusqu'au début des années 2000. Les principaux produits d'exportation du secteur agricole du Laos sont le bois, le bois d'œuvre, le contreplaqué et le café. Les principales importations agricoles sont le sucre, le lait concentré et le riz à grains longs.

355 ADB. 2017. Lao PDR: Accelerating Structural Transformation for Inclusive Growth: Country Diagnostic Study. Manille.

De 2010 à 2014, par rapport à l'économie nationale, le secteur ANRRD s'est développé à un rythme plus lent. L'économie globale a augmenté de 7% à 8% par an, tandis que la croissance de l'ANRRD est restée stable à environ 3,7% et moins de 3% en 2020.

Bien qu'elle ait progressivement diminué en termes de contribution au PIB ces dernières années, l'agriculture lao continue de jouer un rôle majeur. Le Laos a atteint l'autosuffisance en riz vers 2000, une étape majeure dans l'histoire du pays. À cet effet, ce pays a commencé depuis 2016 à exporter de petite quantité de riz à la Chine, il a exporté 20 000 tonnes en 2020 sur un contrat signé pour 50 000 tonnes. La production totale de riz en 2020 était de 3,7 millions tonnes en baisse par rapport à 2019 qui était 4,2 millions de tonnes, en cause, l'extrême condition climatique et l'invasion des ravageurs. Le gouvernement prévoit pour 2021 une production de 5 millions de tonnes si les conditions climatiques sont favorables et vise 80 000 tonnes à l'exportation[356].

Le gouvernement a appelé à accroître les investissements dans l'agriculture pour stimuler son marché d'exportation et a soutenu l'agriculture industrielle, à cet égard, il a accordé, facilité et simplifié des procédures des d'investissement. Le gouvernement a également transformé le système d'agriculture de subsistance en production commerciale pour répondre aux besoins des marchés de l'ASEAN. La quasi-totalité de la production agricole relève aujourd'hui du secteur privé, il en résulte un grand changement de mode de production permettant d'accroître le commerce extérieur du pays. À l'image d'autres pays, comme le Cambodge et le Vietnam, la mise en valeur du territoire laotien a été faite sous l'égide d'investisseurs privés, aussi les terres agricoles au Laos sont elles aussi mises en valeur, elles ont pour but de favoriser comme on l'a observé l'émergence d'une agro-industrie rentable et exportable comme celle de l'huile de palme, de l'hévéa et de l'eucalyptus.

Le 8e plan quinquennal de développement socioéconomique (2016-2020) et la stratégie de développement agricole à l'horizon 2025 ainsi que la vision à l'horizon 2030 ont eu pour objectifs de : maintenir la croissance économique de manière continue, garantir des zones rurales, et accroître la croissance de l'agriculture et de la forêt à 3,4% par an (15% à16% du PIB d'ici 2025). L'objectif politique principal était de réduire la pauvreté parmi les groupes ethniques minoritaires, de protéger et d'utiliser efficacement, durablement les ressources naturelles et l'environnement, et d'assurer la sécurité alimentaire et nutritionnelle.

En outre, la stratégie du gouvernement pour le secteur agricole prône pour l'utilisation d'une approche de développement axée sur les résultats qui met l'accent sur la production commerciale de produits agricoles et la valeur ajoutée de transformation de produits agroforestiers. À court terme, le Laos

---

[356] Laos shifts rice market to China, Vientiane Times, 26/02/2021.

vise une productivité agricole plus élevée qui augmentera les moyens de subsistance d'environ 4,5 millions de personnes vivant dans des fermes. À plus long terme, une productivité et une mécanisation accrue réduiront finalement la demande de main-d'œuvre agricole, libérant ainsi les travailleurs pour des emplois productifs dans d'autres secteurs. Au cours du 8e plan, la logistique transfrontalière est développée pour faciliter le commerce régional ; de même la science et la technologie sont utilisées en vue de produire des produits agricoles propres pour les industries agroalimentaires. Le plan propose de fournir de l'eau à partir de projets d'irrigation pour 31 5000 ha de riziculture en développant dans les zones à grande espace agricole à fort potentiel, comme dans la province de Khammouan. L'accent supplémentaire est mis sur la modernisation des périmètres d'irrigation dans le nord du pays[357], des investissements privés seront également sollicités.

Les objectifs de développement rural sont définis dans la Stratégie de développement agricole 2011-2020 (ADS) du ministère de l'Agriculture et des forêts (MAF) et regroupés autour de : la modernisation de l'agriculture et la commercialisation, l'amélioration de la gestion des concessions agricoles et la promotion des investissements dans les zones de montagne prioritaires et isolées sont des priorités essentielles.

Bien que le gouvernement ait récemment appelé à une augmentation des investissements dans l'agriculture pour stimuler son marché d'exportation, plusieurs problèmes et contraintes limitent cependant son développement : le pays est mal placé pour relever les défis de la concurrence avec les produits importés des pays voisins ou pour répondre aux normes de qualité de plus en plus élevées (y compris la sécurité alimentaire) exigées par les pays importateurs ; de graves problèmes de déforestation, de dégradation des forêts, de dégradation des ressources aquatiques et de perte de biodiversité ont été observés[358] ; et selon l'ADB, le secteur de l'ANRRD est caractérisé par le manque d'entreprises en aval, un handicap majeur pour son développement. D'autre part, la politique d'octroi de concessions agricoles aux IDE a certes stimulé les exportations agricoles, mais a également considérablement aggravé les problèmes d'épuisement et de dégradation des terres et des forêts et les conflits liés aux terres[359]. Par ailleurs, selon l'Organisation des Nations Unies pour l'alimentation et l'agriculture (FAO), bien qu'environ 70% des Laotiens travaillent dans le secteur agricole, l'agriculture de subsistance est toujours la norme et les méthodes de production traditionnelles ne produisent pas suffisamment pour répondre à la demande du marché, l'exemple de

[357] 8th National Socioeconomic Development Plan; Gouvernement de la RDP Lao, MAF. 2015. Stratégie de développement agricole à l'horizon 2025 et Vision à l'horizon 2030. Vientiane.
[358] The Asian Post, Why agriculture investment in Lao is lacking, 30/08/2019.
[359] UNDP, Climate change adaptation, Improving the Resilience of the Agriculture Sector in Lao PDR to Climate Change Impacts.

l'exportation du riz vers la Chine illustre bien cette carence[360]. Plus récemment, le changement climatique et le risque de catastrophes naturelles telles que les inondations et la sécheresse ont également découragé les investisseurs.

Aujourd'hui, le secteur agricole a un potentiel important, la production agricole est de plus en plus commercialisée et s'oriente vers l'agriculture biologique, un marché niche que le Laos est en mesure de mettre en avant. Ainsi, de nombreux producteurs de café du Laos se tournent déjà vers l'agriculture biologique, les producteurs ruraux de café du sud du pays (plateau des Bolovens) partagent des pratiques agricoles durables pour protéger à la fois leurs terres et leur santé contre les méthodes chimiques.

En ce qui concerne le café, eu égard à certains avantages qualitatifs liés au sol volcanique et au climat frais et humide, la filière laotienne du café est potentiellement prometteuse sur le marché international, en dépit de la baisse des prix et de la concurrence sur le marché. Une dizaine d'entreprises sont équipées mécaniquement pour le séchage. Elles appartiennent en majorité à des investisseurs locaux. Le plateau des Bolovens, dans le district de Paksong, est le principal pôle de production du café au Laos ; 95 % de la production nationale provient de ce plateau de 500 km^2 dont l'altitude varie de 600 à 1 300 m. Le café est la troisième culture agricole la plus exportée du pays, selon la Banque mondiale, avec environ 14% des exportations agricoles en 2017. C'est l'un des principaux revenus parmi tous les produits agricoles exportés par le Laos. La qualité des produits du café lao s'est améliorée grâce à la coopération et au soutien des organisations gouvernementales et du secteur privé. La culture du café couvre actuellement une zone de 100 000 hectares produisant plus de 100 000 tonnes par an, et environ 90 % de la production sont cultivées dans les régions du Centre et du Sud, tandis que le Nord ne produit que 10%[361].

En 2018, le Laos a exporté 33.000 tonnes de café pour 63 millions de dollars, alors qu'en 2017 l'exportation était de 28 320 tonnes pour 85millions de dollars. En 2019, les exportations atteignaient près de 23 200 tonnes de café d'une valeur d'environ 55 millions de dollars. Le Vietnam est le plus grand marché export du Laos, représentant 65% des exportations totales de café, suivi de la Thaïlande, du Japon, du Cambodge, de la Belgique, de la Suisse et des États-Unis. Toutefois, en raison de la pandémie du Covid-19, la plupart des producteurs de café lao ont été confrontés à une pénurie de travailleurs pour s'occuper de la cueillette, car la plupart de la main-d'œuvre provient d'autres provinces. Cependant, au cours les six premiers mois de 2020, en dépit de la crise sanitaire, le Laos a exporté près de 22 300 tonnes de grains de café d'une valeur de près de 40 millions de dollars, contre 20 millions de

360 En effet, le Laos a pu fournir que 20 000 tonnes de riz sur les 50 000 tonnes passées par la Chine en 2020, de plus la sécurité sanitaire des aliments est souvent compromise.

361 Coffee festival brews up interest in northern crop, Vientiane Times, 07/10/2020.

dollars à la même période de l'année précédente, selon l'Association laotienne du café, en raison de l'augmentation du prix de marché du café dans le monde, ainsi qu'une meilleure qualité des grains de café[362]. La FAO a estimé que la production de café au Laos a augmenté en moyenne de 12% entre 2012 et 2017, de 87 330 tonnes à 150 795 tonnes. Le MAF vise à augmenter la production de café pour atteindre 1 million de tonnes d'ici 2025[363]. Le Laos est encore un petit producteur et exportateur du café, la production laotienne ne représente cependant qu'à peine 0,25 % de la production mondiale[364], c'est un petit acteur dans le secteur, mais il est déterminé à y rester. Il y a plus de 25 000 familles de petits exploitants pour gagner leur vie en vendant des grains de café, et plus 300 000 personnes (soit environ 6% de la population en âge de travailler) occupant des emplois liés à l'industrie du café[365]. La chute des prix du marché mondial et de l'augmentation de la production de grains de café vert en Indonésie, l'un des plus gros exportateurs en 2018, ont incité les producteurs de café du sud du Laos à demander de l'aide au gouvernement pour créer un fonds pour soutenir la transformation des grains de café et fournir des conseils techniques aux producteurs locaux, a déclaré Sivixay Xayyaseng, président de l'Association du café lao[366].

Les parties prenantes du secteur du café au Laos se sont réunies à Vientiane en janvier 2020 pour convenir d'une stratégie à suivre et ont issu une nouvelle feuille de route pour les cinq ans à venir eu regard des exportations du secteur du café. Les discussions et consultations entre les représentants des secteurs publics et privés ainsi que des partenaires du développement ont porté sur les défis et les opportunités le long de la chaîne de valeur ainsi que sur l'accès aux marchés internationaux. L'élaboration de la feuille de route formulée fait partie du plan national lao des quatre ans du Programme Plus de soutien renforcé à l'intégration régionale de l'ASEAN par l'Union européenne (ARISE). Financé par l'Union européenne et mis en œuvre par l'ITC (International Trade Center), le projet ARISE Plus-Lao PDR contribue à l'intégration des entreprises laotiennes dans les chaînes de valeur globales en apportant un soutien ciblé aux secteurs public et privé. Selon les estimations de l'ITC, le potentiel de croissance des exportations du café au Laos pourrait accroître de 62 millions de dollars, desservant les marchés régionaux et mondiaux. En mettant l'accent sur une croissance inclusive et durable, elle mettra en évidence les opportunités et les actions visant à favoriser la production et les exportations de café biologique lao. La feuille de

362 Coffee exports brew up to almost US$40 million, Vientiane Times, 27/08/2020.

363). Laos to expand coffee plantation, eyes 1 million tons by 2025, Vientiane Times. 15/11/2017.

364 http://www.fao.org/3/ae939e/ae939e03.htm.

365 2020, United Nations Conference on Trade and Development, Lao PDR, Sustainable Commercialization in the coffee value chain.

366 Trouble brews as Lao coffee growers request government help, Vientiane Times, 19/01/2019.

route identifiera également les marchés cibles d'exportation à fort potentiel et des mesures concrètes permettant aux exportateurs lao de saisir et de maintenir les opportunités sur ces marchés[367]. Récemment, le gouvernement et ses partenaires continuent de soutenir les acteurs du café laotien et d'examiner le retour de l'économie laotienne dans ce secteur après la crise de la pandémie du Covid-19 lors « *Lao Coffee Festival* », organisé à Paksé ayant pour but la promotion du café laotien à l'échelle mondiale[368]. Le secteur du café est sans conteste un marché porteur pour les producteurs lao.

Par ailleurs, pour répondre à la demande croissante des pays voisins, le gouvernement lao a levé un certain nombre de contraintes, en particulier l'interdiction d'exportation de riz en 2008 a été levée depuis et, on note que la loi de 2016 sur la promotion des investissements a clarifié les politiques d'investissement et introduit des incitations fiscales avantageuses pour les entreprises. D'autre part, l'élevage de bétail au Laos est une filière très prometteuse depuis quelques années, les entreprises chinoises et japonaises dans ce secteur ont déjà investi. Ce secteur concerne l'ensemble du pays, mais l'essentiel de cette activité se situe dans les régions du Nord et du Centre. Le nombre de fermes d'élevage progresse régulièrement, en particulier celui des exploitations de volailles, bovins et porcins, en raison notamment de la création par le gouvernement de zones dédiées à l'élevage. Une augmentation significative du nombre de fermes piscicoles a également été observée.

L'ensemble du secteur agricole aussi bien dans la production que la commercialisation commence à se structurer de manière professionnelle par les agriculteurs et fermiers lao, les entreprises nationales sont conscientes que l'intégration des meilleures pratiques dans l'agriculture est essentielle tout comme il est nécessaire de relier des agriculteurs et des producteurs aux agro-entreprises de transformation pour assurer les ventes de leurs produits à l'exportation. Le vice-ministre lao de l'Agriculture et des forêts (MAF) Bounkhuang Khambounheuang, a souligné la nécessité pour ce pays d'attirer les investisseurs étrangers et nationaux dans le secteur afin de renforcer le marché d'exportation. Toujours, selon la déclaration du vice-ministre, 833 entreprises ont investi jusqu'à présent dans le secteur de l'agriculture et de la sylviculture avec un capital de 3,4 milliards de dollars, le Laos possède encore un énorme potentiel pour de cultures et la possibilité d'élever plus d'animaux pour l'exportation vers les marchés de la région, selon Bounkhuang Khambounheuang, il a ajouté d'autre part que Cuba serait prêt à commander 100 000 tonnes de riz du Laos, tandis que l'Indonésie a demandé un million de tonnes de riz et que le Vietnam a besoin de 500 000 animaux, mais le Laos est incapable de répondre à toutes ces demandes[369]. Dans l'agriculture, les

[367] Coffee stakeholder meet in Vientiane, Laos to plan a five-year export roadmap, International Commnunicaffe, January 2020.

[368] Gov't, partners extend support for Lao coffee stakeholders, Vientiane Times, 17/02/2021.

[369] Xinhua More investment needed for Laos to reap profits from agriculture: minister

investissements directs étrangers ont été limités jusqu'en 2005, mais en augmentation depuis. En 2017, sur un total des 1,7 milliard de dollars d'investissement entrant au Laos, la part d'agriculture représentait 184 millions de dollars soit 10% du total d'investissement.

D'autre part, de 2012 à 2019, les protocoles sont signés entre le MAF et le ministère chinois de l'Agriculture pour les exportations de maïs, manioc, bananes, riz, pastèques et pommes de terre. Dès lors, les formalités ont été simplifiées et le processus d'exportation est devenu plus facile, rapide et conforme aux réglementations chinoises. Cela a conduit à une augmentation de la valeur des récoltes vendues par le Laos à la Chine. En 2019, les ventes étaient de 181 millions de dollars mais elles ont atteint 231 millions dollars en 2020. La plupart des cultures sont exportées des provinces de : Phongsaly, Luang Namtha, Bokeo, Oudomxay et Xayaboury. Or, le marché chinois est devenu très attractif pour le Laos. L'agriculture est considérée comme un secteur clé à renforcer pour les exportations vers la Chine. On voit aujourd'hui le nombre croissant des investisseurs chinois au Laos et les projets de coopération entre les deux pays se sont intensifiés depuis 2018 et a par conséquent boosté le commerce entre les deux pays. En raison de la pandémie du Covid-19, il y a eu cependant une baisse momentanément des exportations vers la Chine, les autorités chinoises se sont dites préoccupées par la qualité de la récolte et les maladies des plantes, craignant la contamination[370].

La stratégie de développement de l'agriculture et du gouvernement dans le plan Vision 2030 est explicite, le Laos se veut une agriculture verte, intensive mais sans recourir aux grands moyens de ses voisins ni l'emploi des pesticides à grande échelle. Le secteur agricole est confronté à de sérieux défis pour répondre à la demande des marchés internationaux et nationaux, en raison des problèmes de productivité, de qualité des produits et de rentabilité. Les autorités lao espèrent relever ces défis en promouvant les meilleures pratiques agricoles, pour améliorer la qualité des produits et réduire les coûts. Pour ce faire, elles préconisent de relier les agriculteurs aux agro-entreprises pour améliorer la commercialisation ; réduire la pauvreté dans le milieu rural en faisant travailler les familles agriculteurs[371]. Le passage à des installations et des technologies de traitement plus modernes et plus respectueuses de l'environnement sera en mesure d'améliorer la valeur du produit et de réduire les pertes. Pour stimuler les exportations et fournir de source de croissance économique inclusive, le gouvernement accorde la priorité à la croissance verte qui est inscrite dans sa stratégie de développement agricole et forestier à long terme, de même il décide de se focaliser sur la qualité agricole des

---

Source: Xinhua| 2019-08-2

[370] Govt lists priority crops for possible sale to China, Vientiane Times; 18/01/2021.

[371] Marc Dufumier, Conférence au Comité de Coopération avec le Laos, organisée le 19 janvier 2014 à Paris, une table ronde animée autour du thème : «L'agriculture au Laos à l'heure de la mondialisation »

producteurs, sur des produits sûrs en comptant sur les petites et moyennes entreprises comme principaux acteurs de cette politique. Parallèlement, la production animale est devenue de plus en plus commercialisée ces dernières années, tirée par une demande régionale qui devrait croître entre 3,5 et 4% par an au cours de la présente décennie. Les investisseurs ont commencé à élever des bétails à Xieng Khouang au nord du Laos.

Dès lors, les cultures commerciales et d'élevage ont fait un bond important aujourd'hui dans le secteur agricole, elles bénéficient du développement des populations urbaines de la région qui demandent une grande quantité de légumes, de fruits et de viande. Ces cultures sont très souvent faites dans de grandes exploitations agricoles appartenant à des sociétés étrangères (chinoises, vietnamiennes, thaïlandaises). Les grosses entreprises agricoles étrangères emploient de nombreux salariés souvent non locaux. En même temps, depuis quelques années, les plantations industrielles (caoutchouc, eucalyptus, jatropha, etc.) gagnent du terrain. Le problème posé par l'agriculture industrielle et commerciale à grande échelle, c'est qu'elles n'hésitent pas à pratiquer la déforestation pour augmenter la surface cultivée.

Le secteur agricole bénéficie du soutien des pouvoirs publics et attire de nouveaux investissements nationaux et étrangers, en particulier dans l'agriculture biologique aux fins d'exportation, cette filière a une forte potentielle de croissance[372]. Celle-ci se développe rapidement dans certaines parties du pays, à Vientiane plus particulièrement, il existe déjà des marchés vendant des légumes biologiques dans la capitale, la plupart des produits agricoles sont consommés dans le pays.

Sur le plan d'exportation, entre 2013 et 2017, la valeur totale des exportations agricoles a considérablement augmenté, de 530,2 millions de dollars à 1 milliard de dollars, les bananes, le café, et la canne à sucre représentaient respectivement 16,1% (11,6% en 2013), 9,4% (14,7% en 2013) et 8,8% (6,6% en 2013) des exportations totales de produits agricoles. Les importations ont également progressé de 169,5 millions de dollars à 631,6 millions de dollars, la canne à sucre et le riz comptant pour 11,9% (10,7% en 2013) et 7,1% (2,6% en 2013) des importations totales de produits agricoles en 2017. En effet, bien que le Laos ait atteint son autosuffisance pour le riz – un aliment de base – depuis le début des années 2000, il est toujours un importateur net de produits alimentaires et la sécurité alimentaire reste un objectif de politique publique, le pays achète toujours du riz des pays voisins pour approvisionner le marché national, car le riz produit dans le pays est plus élevé de 10 à 15% que du riz importé de la Thaïlande ou du Vietnam par exemple[373]. D'autre part, il convient de mentionner qu'une coentreprise a été créée en début de 2021 entre le ministère de la Défense lao (20%) et une

[372]https://www.oecd.org/aidfortrade/countryprofiles/dtis/Lao%20PDR-DTISU-2012.pdf.
[373]http://annx.asianews.network/content/laos-exports-imports-rice-hit-same-value-2017-58404.a.

entreprise d'État chinoise (80%) pour un méga projet dont l'objectif est d'investir 300 millions de dollars pour exploiter une ferme bovine, créer un centre de quarantaine pour animale et de prévention des maladies animales, un centre de contrôle, un abattoir moderne, un marché de vente de bétail. Le but du projet est de vendre à terme 400 000 têtes de bétail par an en Chine[374]. En 2020, les exportations de bétail, y compris les buffles et les bovins a rapporté 250 millions de dollars pour le Laos, dont 10 millions de dollars provenant de la Chine, selon le MAF.

On retient d'autre part que le Laos reçoit de nombreuses aides et assistances pour son développement agricole des diverses organisations internationales comme la Banque mondiale, l'ADB, l'UNPD, la FAO, la JICA, le GIZ, l'AFD, l'UE, et les ONG internationales. Ainsi, la Banque mondiale soutient le Laos dans le cadre de son partenariat pays 2017-2021, qui s'articule autour de trois domaines prioritaires : croissance inclusive, investissement dans les personnes et protection de l'environnement, qui seront tous soutenus par le nouveau projet agricole[375]. La France soutient également différents projets de développement agricole financés par l'Agence française de Développement (AFD) au nord du Laos[376] ; par ailleurs, le projet en cours de réalisation par l'AFD avec le soutien de l'UE qui contribue à améliorer la sécurité alimentaire et nutritionnelle des populations les plus vulnérables et à promouvoir une agriculture durable, répondait ainsi à la stratégie nationale de nutrition 2025 du gouvernement lao, elle soutient ainsi les efforts du gouvernement pour sortir de la catégorie de pays les moins avancés et améliorer durablement la qualité de vie des habitants. Plus récemment, la France étend son soutien à la durabilité dans chaîne de valeur agricole du Laos à travers le Projet « Mekong Tea » financé par l'AFD avec le support technique d'AVSF, GRET et LCG, dont l'objectif principal de ce projet de trois ans est d'augmenter les revenus des petits producteurs de thé, grâce à une meilleure gouvernance de la chaîne de valeur du thé et un meilleur accès au marché avec la promotion de produits de haute qualité. Ainsi, « *la culture du thé lao peut bâtir sur une base plus solide et promouvoir l'image et la réputation du thé laotien sur le marché international tout en sauvegardant les intérêts des petits producteurs et des entreprises locales* », a souligné l'Ambassadrice de France au Laos, Florence Jeanblanc-Risler[377].

---

374 Planned mega project eyes export of cattle to China, Vientiane Times, 28/01/2021.

375 The World Bank, Lao PDR to Increase Productivity and Quality in Agriculture's, April 26, 2018.

376 Ambassade de France à Vientiane, La France soutient le développement agricole durable dans la province de Luang Prabang, 28/01/2019.

377 France extends support for Laos' sustainable agriculture value-chain through Mekong Tea Project, Vientiane Times, 09/03/2021.

Encadré 14 : Concessions et modèle commercial pour l'investissement agricole. Les investisseurs étrangers au Laos utilisent généralement l'un des deux modèles commerciaux pour acquérir des terres agricoles productives : la terre en concession et l'agriculture contractuelle. Les concessions foncières accordent l'utilisation des terres et des ressources en eau associées à un investisseur pendant un certain temps. Elles sont courantes dans l'agriculture laotienne parce que, selon la Constitution, toutes les terres appartiennent techniquement à l'État, et donc la vente de terrain n'est pas possible. Les concessions foncières sont plus couramment utilisées au Laos pour la culture d'arbres pérennes et les plantations (hévéa, eucalyptus). Les concessions sont populaires auprès des investisseurs en raison du plus grand niveau de contrôle qu'ils acquièrent sur les terres et l'eau associée. Le développement de l'agriculture par les concessions a contribué à la croissance de la production agricole au cours des dernières années. Officiellement, le pouvoir des provinces d'autoriser les contrats pour les baux et les concessions foncières est limité à un maximum de 100 hectares de terres forestières, tandis que le pouvoir des districts est limité à moins de 3 hectares. Le ministère d'Agriculture et des Forêts peut accorder les concessions de terre jusqu'à 10 000 hectares. Toute superficie de plus de 10 000 hectares est soumise à l'approbation de l'Assemblée nationale. Ces réglementations semblent cependant être largement ignorées, avec quelques concessions de milliers d'hectares octroyés par les autorités provinciales.

Quant à l'agriculture contractuelle, au cours des dix dernières années, il y a eu une augmentation rapide de ce type de contrat au Laos : le contrat est défini comme un accord verbal ou écrit entre les agriculteurs et les transformateurs ou négociants agricoles concernant la production et les ventes aux prix convenus. L'agriculture contractuelle fonctionne généralement sous la forme d'une modalité 2 + 3 où les agriculteurs fournissent des terres et de la main-d'œuvre et l'investisseur fournit le capital, la technique et le marché[378].

Le secteur agricole reçoit prioritairement l'appui de la FAO, à ce titre, il bénéficie du cadre de programmation pays qui porte sur les six années allant de 2016 à 2021, pour atteindre les quatre grands objectifs du 8e Plan quinquennal : favoriser la production agricole et le développement ; amélioration de la sécurité alimentaire et de la qualité nutritionnelle en faveur des personnes les plus vulnérables ; protection et le renforcement des forêts et d'autres écosystèmes ; renforcement des capacités pour répondre aux menaces et aux urgences alimentaires et agricoles et pour faire face à l'impact du changement climatique[379].

[378] The Impact of Contract Farming on Poverty an environment in Lao PDR, MPI, NERI, August 2015.

[379]FAO (2016), CPF 2016-21 (final draft), mai, adresse consultée: http://www.fao.org/3/a-br864e.pdf.

L'agriculture conserve donc un rôle vital quoique en décroissance dans l'économie pour ce qui est du maintien de la sécurité alimentaire et du développement de l'économie rurale. Sa contribution au PIB a progressivement baissé de 20,4% (2012) à 17,9% (2018) et en 2019 à 15% en raison des conditions météorologiques (comme les fortes inondations de 2018) et de l'essor rapide de la construction des centrales hydroélectricités et des plantations industrielles qui ont accaparé les terres. La part de l'agriculture dans l'emploi total est également tombée, selon les estimations du MAF, de 71,3% en 2010 à 61,3% en 2019. Selon des autorités lao, l'agriculture a du mal à satisfaire la demande intérieure et extérieure à cause de difficultés liées à la productivité agricole, au manque de valeur ajoutée nationale, à la qualité des produits et à la fragmentation des chaînes de valeur. Le gouvernement a estimé toutefois une croissance de 2,8% du secteur en 2020 et a appelé à plus d'investisseurs nationaux et étrangers pour développer l'agriculture industrielle et l'agriculture commerciale[380]. En prime, le Laos a un excellent potentiel pour développer l'agriculture biologique, étant donné que les agriculteurs sont traditionnellement habitués à des systèmes de production sans produits chimiques.

Le gouvernement s'est efforcé de promouvoir les exportations de l'agriculture et des produits de la sylviculture et s'est fixé un objectif pour 2020 de 1,2 milliard de dollars pour stimuler le développement socioéconomique. Par conséquent, le MAF escomptait ainsi que le taux de croissance de l'agriculture et le secteur forestier pouvait atteindre entre 2,3 et 2,5%, cela se traduisait par une croissance du PIB de l'ordre de 15 à 17%. Cependant ces objectifs n'ont pas été atteints, en raison de la crise sanitaire. Toutefois, le ministre du MAF, le Dr Lien Thikeo, a informé lors de la 9e session ordinaire du l'Assemblée nationale de la 8e législature, le 2 juillet 2020, que la production du riz paddy était de 3,5 millions de tonnes, sur un total de 750 000 hectares cultivés, en plus des 1,8 million de tonnes de légumes. Le gouvernement a encouragé également les agriculteurs à produire 1,3 million de tonnes de fruits, 300 000 tonnes de pommes de terre, 160 000 tonnes de café, 1 million de tonnes de maïs doux, et 1,5 million de tonnes de sucre. En 2018, le Laos a exporté pour 600 millions de dollars produits agricoles, l'exportation a atteint en 2019 à 750 millions de dollars et 943 millions de dollars en 2020, avec 80% vers la Chine. Les bananes continuent d'être le gagnant parmi tous les produits agricoles, avec la valeur d'exportation totale des produits agricoles en 2020 atteignant presque un milliard de dollars malgré les restrictions commerciales en raison de covid-19. La valeur des bananes vendues vers les pays voisins, principalement la Chine et la Thaïlande, en 2020 a augmenté à environ 227,4 millions de dollars, soit plus que des années précédentes, selon le MOIC. La plupart des marchandises ont été vendues en Chine. Afin

[380] Agriculture experiences slow growth rate, Vientiane Times, 05/08/2019.

d'augmenter l'exportation des produits agricoles, le ministère a négocié les ventes de produits agricoles, des fruits et du bétail à la Chine, au Vietnam, à la Thaïlande et à l'UE, dont 80% des exportations seront à destination de la Chine.

Assurément, la Chine devient le plus grand marché pour les exportations laotiennes avec 50 000 tonnes de riz et 500 000 bovins par an. Selon le MAF, le Laos envisage d'exporter 100 000 têtes de bétail en Chine en 2021 dans le cadre d'un accord de 500 000 têtes de bétail signé entre les gouvernements chinois et lao sur les quotas d'exportation. Les 3 000 premiers bovins ont été expédiés fin avril après avoir été mis en quarantaine dans un centre de quarantaine pour animaux dans la province de Luang Namtha. En 2022, le Laos exportera 200 000 bovins vers la Chine et 200 000 autres en 2023[381]. La Chine est une option attrayante pour l'expansion des entreprises lao. Parallèlement, elle a négocié avec le MAF pour les achats du maïs, du manioc, des bananes, des pastèques, des patates douces, des agrumes, et des 24 autres cultures dans le cadre d'un projet de remplacement de la culture de l'opium, selon le MAF[382]. Dans le cadre de l'AEC, avec les facilitations du commerce et la connectivité au niveau national et régional, il y a davantage de possibilités pour le Laos d'accroître la diversification de son commerce. En outre, il existe des opportunités potentielles pour ce pays de se connecter aux chaînes de valeur régionales. Le Laos pourrait ainsi rejoindre les chaînes de valeur régionales dans certains secteurs tels que l'agro-industrie, cela stimulerait la production et l'exportation de produits agricoles.

Mais au cours des cinq dernières années, selon le Premier ministre sortant et Secrétaire général du parti, Thongloun Sisoulith, le secteur de l'agriculture comme la plantation (production végétale) a chuté à 3,7 millions de tonnes par rapport aux prévisions de 4,35 millions de tonnes, affecté par pandémie Covid-19 et des catastrophes naturelles. Cependant, le bétail et l'aquaculture ne sont pas touchés par la baisse de la production. Par ailleurs, d'après le MAF, près de 70% de Lao comptent encore sur l'agriculture pour leurs moyens de subsistance, alors que ce secteur a augmenté à un rythme de 3% seulement au cours des deux dernières décennies. De plus, des milliers d'hectares de récoltes sont détruits en raison des inondations dues au changement climatique, suscitant de plus grandes préoccupations pour les agriculteurs et le gouvernement, ce qui pourrait menacer la sécurité alimentaire du pays. En effet, selon les prévisions des experts, le changement climatique affectera la baisse du rendement agricole de 30% d'ici 2050.

Dans le cadre du 9e plan 2021-2025 annoncé par le Secrétaire général du parti Thongloun Sisoulith au 11e Congrès national du parti, le gouvernement vise une croissance annuelle à 2,5% pour le secteur agricole et 15,3% du PIB

381 Laos eyes sale of 100,000 cattle to China in 2021, Vientiane Times, 22/02/2021.
382 Government sets US$1.2 billion target for agricultural, forestry exports, Vientiane Times, 30/07/20.

au cours des cinq années du plan, et considère le secteur comme le moteur de développement stratégique alimentaire et l'assurance de la pérennité économique du pays. Les objectifs du 9e plan pour l'agriculture se déclinent comme suit : paddy riz, production annuelle 3,4 à 4 millions de tonnes par an ; manioc, 3,6 millions de tonnes ; maïs doux, 0,637 tonne ; canne à sucre, 1,6 million de tonnes ; café, 0,175 tonne an ; buffle croissance annuelle 1% par an ; bétail, croissance annuelle 3 à 4% par an ; porc croissance annuelle 4% par an ; chèvre, croissance annuelle 5% par an ; volaille, croissance annuelle 5% par an ; aquaculture, croissance annuelle 3 à 4% par an. Le gouvernement encourage les agriculteurs à élever plus d'animaux et à se focaliser sur les cultures commerciales afin de produire au moins 1 200 tonnes de produits agricoles à l'exportation au cours du 9e plan quinquennal. Pour les cinq prochaines années, la valeur des exportations des produits agricoles table sur une moyenne de 1,2 milliard de dollars par an.

Ainsi, pour une bonne gouvernance de la politique forestière, le gouvernement continue de travailler en coopération avec des partenaires de développement, des institutions internationales et des ONG pour préserver l'économie du secteur et l'environnement[383].

Au cœur des préoccupations de l'Etat et du gouvernement se situent l'adaptation de la forêt aux risques des changements climatiques et la gouvernance et la stratégie en matière de la gestion de la Forêt et du Bois. Ainsi, l'arrêté n° 15 du Premier ministre pour le Renforcement, la rigueur et l'inspection de la gestion de la récolte et de l'industrie du bois, a été émis pour lutter contre les problèmes chroniques dans le secteur forestier et réduire leurs effets néfastes. Cet arrêté du Premier ministre a eu pour conséquence la fermeture des milliers de petites usines de transformation du bois et entreprises qui opéraient illégalement dans le trafic des coupes de bois ou de transport. En 2020, selon les autorités locales, plus de 2 600 mètres cubes de bois récoltés et plus de 290 tonnes de bois illicites ont été saisis pendant les opérations menées par des fonctionnaires pour empêcher le bois de quitter le Laos illégalement.

Le Laos encourage également les agriculteurs à planter les eucalyptus, avec les arbres, ils peuvent produire de la pâte de bois, qui est ensuite utilisée pour fabriquer de la pâte à papier, des poteaux électriques et meubles ou du charbon de bois pour l'approvisionnement local et pour l'exportation. En 2017, le Laos a vendu un peu plus de 1 million de dollars de pâte à papier et de vieux papiers pour recyclage à l'export, ce chiffre a atteint près de 300 millions de dollars en 2020 a indiqué le MOIC. La plupart de ces produits ont été vendus à la Chine pour 285 millions de dollars, tandis que le reste était exporté vers la Thaïlande et le Vietnam. La pâte de bois et de déchets de papier représente le quatrième revenu à l'exportation pour l'État après l'électricité, le

[383] Paxason, 18/01/2021.

minerai d'or et le cuivre[384]. Par ailleurs, une coentreprise Lao-Suédoise a été créée avec succès, la Burapha Agroforestry Company Ltd., elle s'est engagée dans la plantation d'eucalyptus, possède sa propre scierie et une installation de transformation du bois.

En conclusion, l'agriculture est le pilier de l'économie du Laos, ce pays a des potentiels pour développer le secteur compte tenu de son sol fertile, de nombreuses rivières, et le fait que la plupart des gens sont des agriculteurs, mais la production est faible et l'approvisionnement est très déficient par rapport aux pays voisins, le secteur a peu d'accès à la technologie moderne et souffre de la concurrence thaïlandaise. En conséquence, les Lao continuent à acheter des produits agricoles (fruits et légumes) en provenance de la Thaïlande parce qu'ils sont moins chers et plus variés que la production nationale. Aussi pour atteindre les directives du gouvernement de croissance de 2,3 à 2,5%, représentant 15 à 16% du PIB dans les prochaines années, afin d'assurer la sécurité alimentaire et résoudre le problème de la faim, il faudrait tout d'abord, assurer la protection des producteurs nationaux, dont le but sera de stimuler la production et l'investissement. Puis il faudrait donner des moyens techniques et capitaux nécessaires aux agriculteurs pour cultiver la récolte pendant la saison des pluies et acheter des machines agricoles modernes. En outre, une promotion active du secteur agricole devrait être entreprise par toutes les agences du MAF ; les barrières et obstacles de transport des marchandises des fermes aux marchés devraient être simplifiées et des routes améliorées. De même, selon les agriculteurs, il y a aussi de nombreux contrôles (marchandises, taxes) par les autorités et trop de paperasse qui devraient être supprimés ou réduits, sans oublier de mentionner que l'obtention d'un crédit est pratiquement impossible pour les petits agriculteurs et fermiers auprès des banques pour financer leur exploitation. Beaucoup d'agriculteurs se plaignaient également du prix d'électricité trop cher qui constituait un obstacle majeur pour leur compétitivité, ce qui est paradoxal pour un pays d'exportateur d'électricité. Pour le gouvernement lao, l'espoir repose sur le commerce avec la Chine pour booster ses ventes de produits agricoles. D'autre part, le changement dans la gouvernance globale de la forêt et du bois est devenu une préoccupation de l'État et du gouvernement. Le bois illégal dans l'exploitation et la commercialisation de la forêt est désormais un acte contrevenant à la loi nationale. On retient d'autre part que le Laos a réaffirmé son adhésion à la lutte contre le changement climatique et s'engage à la protection de l'environnement et de a forêt lors du 11e Congrès national du parti. Le défi du Laos est la gestion durable de ses ressources naturelles.

---

[384] Income earned from wood pulp, waste paper soars in wake of PM's order, Vientiane Times, 24/02/2021: Sethakit, 23/02/201.

6.2.4 L'industrie manufacturière en forte progression et se diversifie

Historiquement, le Laos a relativement peu d'industrie, ce secteur n'employait que 3,3% de la main-d'œuvre en 1995. Il n'y a pas d'industrie lourde et une grande partie de l'industrie du pays est composée de petites entreprises. En 1999, il n'y avait que 108 établissements dans tout le pays comptant plus de 100 employés. Cependant, il y avait 19 797 établissements comptant moins de 9 employés. Ces petits établissements se consacrent principalement à la production de textiles et d'artisanat. Même si l'industrie (énergie, mines, infrastructures, transport) jouait un rôle limité dans l'économie laotienne, son importance a considérablement augmenté. En effet, en 1987, l'industrie ne représentait que 11% du PIB du pays, tandis qu'en 1999, elle représentait 22%, soit le double depuis l'introduction de la politique du nouveau mécanisme économique. En 2020, la part de l'industrie dans le PIB atteignait 33%. Tandis que le secteur manufacturier évolue de 11% en 2010 à 8% en 2015 et 7,6% en 2019[385].

Jusqu'au le début des années 1990, il y avait encore peu de véritable industrie au Laos en dehors de la récolte du bois et des scieries, de la production d'électricité, et de l'extraction minière. Néanmoins, le secteur manufacturier représentait environ la moitié de toute l'activité industrielle. Les autres activités de fabrication comprenaient la production d'outils agricoles, de bois, d'aliments pour animaux, de briques, de cigarettes, de détergents, d'artisanat, d'insecticides, d'allumettes, d'oxygène, de plastiques, de chaussures en caoutchouc, de sel, de boissons gazeuses et de bière, de textiles et de vêtements et de produits vétérinaires. Le secteur manufacturier n'employait qu'environ 2% de la population active en 1991. Quelques usines de la région de Vientiane ont été réhabilitées depuis le milieu des années 80.

Le sous-secteur manufacturier était composé de plus de 600 usines et ateliers, dont un tiers appartenait à l'État en 1991, il y avait peu de produits manufacturés dans des villes. La plupart des activités manufacturières étaient destinées à la consommation intérieure et étaient concentrées dans la région de Vientiane. Entre 1989 et 1990, il y avait une augmentation rapide des industries artisanales telles que la filature et le tissage du coton, l'artisanat traditionnel du village, la vannerie et la production de boissons alcoolisées. Plus de 80% de l'industrie manufacturière était alors dans la production de vêtements, de produits alimentaires et de boissons, de produits métalliques, de produits du tabac et de produits du bois. La production industrielle de bois rond a augmenté de 71% entre 1975-1977 et entre 1985-87 pour atteindre une moyenne annuelle de 330 000 mètres cubes, puis a diminué à 309 400 mètres cubes en 1990, selon les statistiques des Nations Unies. La production de

385 The World Bank: Laos: Share of manufacturing.

cigarettes a également augmenté de plus de 61% en 1990. Les statistiques sur une longue période de temps pour la production d'autres biens importants n'étaient pas facilement disponibles ; cependant, la Banque asiatique de développement a estimé que la valeur des produits métalliques, des aliments, et boissons et des vêtements avaient considérablement augmenté 55% et 196% respectivement entre 1980 et 1990[386]. Une tendance générale à la hausse de la croissance de la production est confirmée par les statistiques officielles du Laos.

L'industrie manufacturière a commencé véritablement à partir du milieu des années 1990, avec l'émergence du secteur privé et des investisseurs nationaux et étrangers. Elle représentait un potentiel important pour le Laos, et permettait de développer la durabilité et la résilience des économies en réduisant la sensibilité aux chocs exogènes et stabilisait le développement à long terme. En plus, l'industrie manufacturière tendait à favoriser l'inclusion et à améliorer l'ensemble du climat socioéconomique du pays.

À partir de 1994, l'industrie du vêtement est « en plein essor » avec les investissements en provenance de la Chine, de la France, de Taiwan et de la Thaïlande; il y a plus de quarante usines de confection dans la région de Vientiane. Le secteur manufacturier (7,7% du PIB en 2019), qui comprend la transformation des produits alimentaires, des diverses boissons, la fabrication de matériaux de construction, les vêtements et la soie, les objets de vannerie, les cigarettes. L'industrie manufacturière est une activité relativement variée et morcelée, du point de vue de sa contribution à l'économie et à l'emploi, elle est restée dans la moyenne. Elle progresse et se renforce aujourd'hui dans la fabrication de produits pharmaceutiques, de ciment, de produits détergents, de matériaux de construction, de pièces mécaniques, de produits artisanaux, de meubles et d'autres produits et accessoires à base de coton. Pendant la période 2011-2020, la politique du gouvernement avait entre autres objectifs la transformation de la structure industrielle pour en faire une activité à forte croissance, et la diversification de la production de marchandises commerciales pour répondre à la demande intérieure et aux besoins de l'exportation. La protection tarifaire pour le secteur manufacturier a légèrement diminué. Les incitations fiscales et non fiscales qui prennent la forme d'avantages tarifaires et fiscaux et la création de zones économiques spéciales ou de zones industrielles ont favorisé les activités manufacturières. Des prix plafonds continuent de s'appliquer à l'acier et au ciment utilisés dans la construction.

Le secteur manufacturier reste modeste du point de vue de sa contribution à l'économie et aux exportations de marchandises jusqu'en 2006. Sa part du PIB a légèrement diminué, de 9,9% en 2012 à 8,3% en 2018, tandis que sa part dans l'emploi total est passée de 9,4% à 9,7% (2017) pendant la même période; cette évolution est le signe d'une petite réduction de la productivité

[386] U.S. Library of Congress ; http://countrystudies.us/laos/77.htm

du travail dans le secteur manufacturier[387]. La part des exportations de certains produits manufacturés a considérablement augmenté, passant de 25,4% des exportations totales de marchandises en 2013 à 34,7% en 2017; en 2017, parmi les produits exportés, on cite les pièces mécaniques, le matériel électrique (8,9% des exportations totales), les produits alimentaires et le tabac (8,5%), les matières textiles et les ouvrages en ces matières (3,8%), les plastiques et le caoutchouc (3,2%) et les produits chimiques (3,1%)[388].

Où sont réparties des entreprises ? En 2015, on comptait 13 148 établissements de fabrication (18,5% dans la capitale Vientiane, 17,0% à Borikhamxay, 13,2% à Khammuan et 12,8% à Savannakhet), elles sont constituées par des grandes (5,4%), moyennes (environ 6%), micro (37,6%) et petites (51,0%)[389] entreprises. L'investissement dans ces entreprises était étranger (2,7%), sous la forme de coentreprises (16,0%) et national (81,2%). La valeur ajoutée dans le secteur manufacturier provenait principalement de la production de la bière (18,8%), du ciment (14,0%), des vêtements (11,5%) et des meubles en bois (9,0%), et 97% de la production était destinée au marché national. La production d'alcool/de bière répond à 100% de la demande intérieure, et pour les boissons non alcoolisées, le ciment et les barres en acier, les pourcentages sont de 89%, 65% et 25%, respectivement. Puis, de nouvelles activités manufacturières, comme la fabrication de fil et de textiles de soie, d'aliments pour animaux et de transformation (viande, sucre, caoutchouc, latex, café, résine de pin et traitement du potassium), de produits chimiques, de matériaux de construction (par exemple le ciment), de matériel technique (par exemple les machines agricoles, le matériel de télécommunication et les pièces de rechange), de produits de l'artisanat et de vêtements et d'autres produits à base de coton[390], sont alors apparues. L'État semble toujours intervenir dans le secteur manufacturier, et notamment pour la production et/ou le commerce de produits pharmaceutiques. Les graphiques ci-dessous donnent la transformation structurelle et la valeur ajoutée (VA) en % de l'entreprise dans divers secteurs ; la taille de l'entreprise dans chaque secteur et la VA par taille de l'entreprise.

[387] https://www.statista.com/statistics/804983/employment-by-economic-sector-in-laos".
[388] OMC, rapport Laos 2019.
[389] Portail pour le commerce de la RDP lao. Adresse consultée: https://www.laotradeportal.gov.la/kcfinder/upload/files/Pub_1530524761.pdf.
[390] MPI (2016), 8e Plan quinquennal (2016 2020) (officiellement approuvé à la VIIIe séance inaugurale de l'Assemblée nationale, 20-23 avril 2016, Vientiane), juin. Adresse consultée: "http://www.la.one.un.org/media center/publications/258-8th-five-year-national socio-economic-development-plan-2016-2020".

Graphique 16 : les sous-secteurs clés contribution à 88,4% de la VA des manufactures

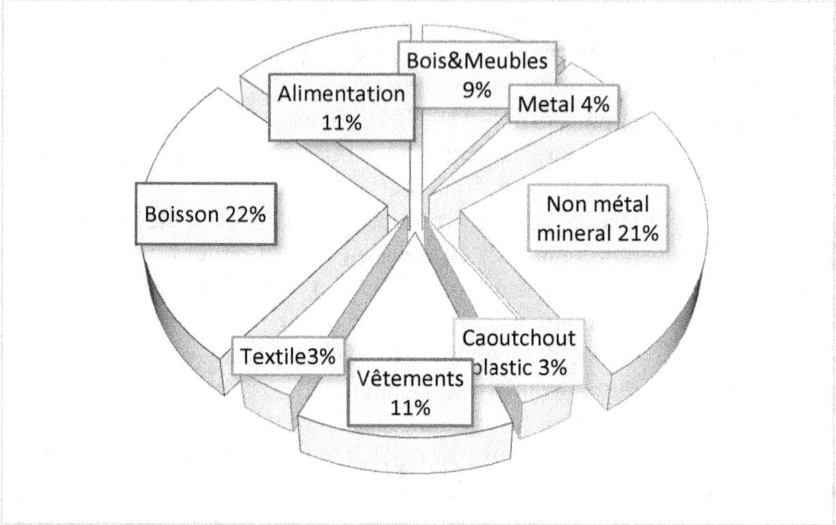

Graphique 17 : Nombre d'entreprises manufacturières par taille en % du total

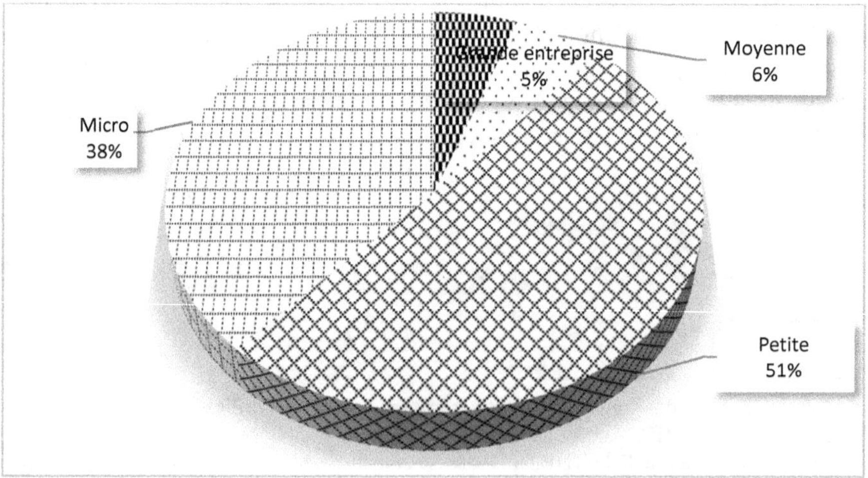

Graphique 18 : VA par taille de l'entreprise

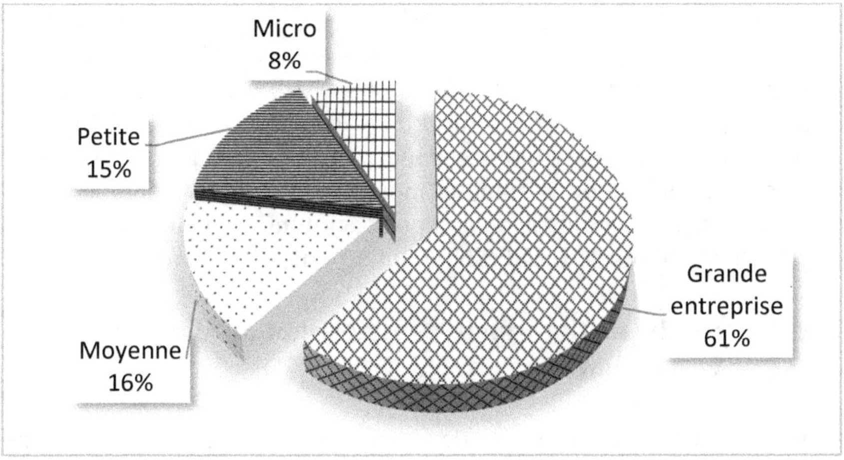

Dans le cadre du 8e Plan, les principaux objectifs de la politique dans le secteur manufacturier sont les suivants : développer le secteur afin qu'il devienne une activité à forte croissance tant du point de vue quantitatif que qualitatif ; diversifier la production de marchandises commerciales et modernes pour répondre à la demande intérieure et aux besoins de l'exportation ; et accroître la compétitivité en donnant davantage plus à ce secteur pour appuyer la qualité, la création d'emplois et la croissance économique et durable en fixant un objectif de croissance d'environ 15% par an (comme pour les services). Par ailleurs, le plan quinquennal prévoit également la mise en œuvre de politiques, de lois et de mécanismes de gestion et de création d'environnement favorable pour les industries de transformation (en mettant à profit les matières premières offertes par les produits agricoles, sylvicoles et minéraux) et l'activité artisanale présentant un potentiel (socioéconomique) ainsi que les produits qui font partie du patrimoine du pays et ceux pour lesquels il existe une demande (comme les vêtements, le tissu de soie et les sarongs tissés, la vannerie en bambou et les produits en bois sculpté) ; le soutien octroyé à l'investissement dans les activités d'assemblage (par exemple les véhicules, les machines, les pièces de rechange) ; et l'augmentation de la production par l'application du concept "1-3-3-4" (une zone économique centrale, trois corridors économiques, trois zones de production industrielle et quatre zones de coopération économique aux frontières) pour obtenir des résultats plus concrets. Les autorités ont mis en place un plan de développement industriel et commercial 2015-2020, elles prévoyaient le soutien à l'industrie de transformation des produits agricoles et à la fabrication de vêtements. Le gouvernement vise à intégrer le Laos dans les chaînes d'approvisionnement régionales en développant une industrie manufacturière légère afin de faire du pays une base d'exportation à faible coût.

Le ralentissement dans le secteur de l'industrie manufacturière en 2020 s'est fait ressenti principalement dû à la conjoncture économique mondiale, à la guerre commerciale entre les États-Unis et la Chine, et cela s'ajoute à pandémie du Covid-19 ; par conséquent, la croissance en Chine s'est quelque peu amoindrie; elle a impacté la cadence de l'activité économique au Laos, l'élan s'est tout particulièrement essoufflé dans le secteur manufacturier dont l'activité n'a jamais été aussi morose depuis la crise financière mondiale. Toutefois, selon l'analyse de la Banque mondiale, l'activité manufacturière devrait rebondir en 2022 en raison de la reprise économique de la Chine d'une part, et des pays membres de l'ASEAN, d'autre part.

6.2.5 L'industrie du textile : forte contribution au développement de l'économie et de l'emploi

Les réformes économiques de la fin des années 90 ont créé des conditions favorables à l'industrialisation au Laos, notamment dans la confection pour les entreprises d'habillement. Les IDE dans le secteur ont commencé à émerger au début des années 90 suite à l'introduction des avantages préférentiels octroyés par l'Union européenne et les États-Unis. Les IDE dans le secteur représentaient 7,3% du total des investissements étrangers approuvés au Laos au début des années 1990. Les vêtements ont contribué à 12,6% de la valeur ajoutée du secteur manufacturier pendant la période 2005-2012. L'industrie du vêtement laotienne a démarré avec une seule usine de confection en 1984 et le nombre a augmenté à plus de 100 usines en 2012 dont 54 usines à vocation d'exportation. La part des exportations de vêtements dans les exportations de produits manufacturés a fluctué entre 70% et 98% sur la période 1995-2009 avant de baisser à 54% en 2011. Les vêtements ont contribué à environ 30% des recettes totales d'exportation entre la fin des années 90 et le début années 2000. De plus, cette industrie est devenue une source importante d'emplois non agricole et a permis la mise à niveau technologique dans le secteur manufacturier au Laos. L'emploi total dans le secteur de la confection était d'environ 30 000 travailleurs en 2012, soit 19,6% de l'emploi du pays, ce qui a considérablement augmenté comparé aux 800 employés en 1990. Les ateliers de confection au Laos ont bénéficié de plusieurs sites, mais principalement dans Vientiane, la capitale ; les sources d'investisseurs sont nombreuses, la plupart sont de grands enseignes internationaux qui approvisionnaient en matières premières des usines et les ateliers au Laos ; le secteur bénéficie des conditions favorables des marchés pour des produits finis et autres supports marketing et logistiques des investisseurs. Cependant, la fabrication de vêtements a quelque peu chuté depuis 2015 en raison de la concurrence d'autres sites de production dans la région, de l'appréciation du kip et de l'augmentation des coûts de production[391].

Toutefois, jusqu'en 2015, le secteur du vêtement est resté une activité essentiellement orientée vers l'export, assurant 11,5% de la valeur ajoutée manufacturière, et c'était le plus gros employeur du secteur de l'industrie manufacturière (18,5% de l'emploi total du secteur), la grande majorité des employés sont des jeunes filles (90%), selon l'OMC. Le Laos comptait 92 usines de confection en 2015 dont il n'en reste plus que 78 en 2018, selon l'Association lao de l'industrie du vêtement. Sept d'entre eux appartiennent à des hommes d'affaires laotiens, sept sont des coentreprises et le reste appartient à des intérêts étrangers[392]. Les Japonais sont de gros investisseurs dans le secteur du vêtement, suivis des ressortissants thaïlandais. Actuellement, un total de 50 usines sont membres de l'Association avec 40 usines de fabrication exclusivement destinées à l'exportation et six autres desservant le marché intérieur ainsi que les exportations. La plupart des usines et ateliers de confection font le travail de coupe, du montage et des finitions, elles reçoivent leurs commandes d'agents implantés dans la région ou de leurs filiales qui leur fournissent les tissus et accessoires, ces usines et ateliers travaillent comme sous-traitants pour les plus grandes entreprises européennes ou américaines.

Ainsi, l'industrie du textile est une source de revenus importante pour l'Etat après l'électricité, les mines et le tourisme, de plus elle génère d'emplois pour beaucoup de jeunes sans qualification venant des provinces pauvres du nord et du sud. En 2016, le secteur a rapporté 174 millions de dollars de revenus au Laos (en baisse de 5% par rapport à 2015), 185 millions de dollars en 2018 et en 2019 le pays a exporté dans 55 pays de vêtements pour 170 millions de dollars, en Asie, Europe, Amériques et le Moyen-Orient, selon un récent rapport du Département de l'Industrie et de l'artisanat, le secteur a créé plus de 26 000 emplois parmi les 182 ateliers de fabrication et de confection de vêtements, et huit ateliers de couture, y compris de très nombreux petits ateliers de tissage traditionnel de la soie naturelle qui sont établis un peu partout à travers le territoire (à Luang Prabang notamment) ; l'influence occidentale et la compétition avec les usines de fabrication de textiles ont rendu difficile la préservation de cette tradition.

En 2019, selon l'Association lao de l'industrie du vêtement, 99% de vêtements produits au Laos sont destinés à l'exportation. L'Allemagne, le plus gros acheteur pour 68 millions de dollars de vêtements, le Japon avec des achats d'une valeur de près de 21 millions de dollars, c'est aussi le plus gros investisseur dans le secteur, suivis par la Suède avec des achats d'environ 20 millions de dollars, et le Royaume-Uni avec 14 millions de dollars. Le Danemark a acheté au Laos des vêtements d'une valeur de 12 millions de

[391] https://unctad.org/en/PublicationsLibrary/dtlstic
2018d3_en.pdf.

[392] Lao garment industry continues to face challenges, Vientiane Times, 10/12/2018.

dollars, l'Italie pour 11 millions de dollars, le Portugal 11 millions de dollars, et 8 millions de dollars de vêtements vendus aux États-Unis. Cependant, le Laos achète toujours des vêtements d'autres pays, avec des importations d'une valeur d'environ 23 millions de dollars en 2019. Le plus gros achat venait de Chine d'une valeur de 9 millions de dollars, de 6 millions de dollars du Vietnam, 5 millions de dollars de Thaïlande, plus de 1 million de dollars de la France. Comme dans d'autres secteurs, les entreprises de confection au Laos sont face aujourd'hui à un défi important, une pénurie de main-d'œuvre qualifiée ; ce pays n'est pas en mesure de rivaliser avec ses voisins (Cambodge, Vietnam) en raison du manque de matières premières disponibles localement et des coûts de transport trop élevés en l'absence de port maritime et aussi de la qualité de la main d'œuvre, selon l'Association lao des Industries du vêtement lao[393].

La productivité de l'industrie du vêtement au Laos est relativement faible par rapport à ses concurrents en raison du manque de formation, de compétences, et de la gestion du personnel. La plupart des usines emploient 90% de travailleurs femmes moins de 20 ans et qui viennent en ville pour trouver du travail, le turnover est élevé[394]. Les entreprises laotiennes produisent des articles de qualité inférieure par rapport au Cambodge ou Vietnam. Les usines de confection doivent les former entièrement sur place. Il est incontestable que les salaires au Laos sont bas, mais les travailleurs aussi ont une faible productivité.

En 2020, l'industrie du vêtement laotienne était en crise suite à une baisse significative des commandes de pays étrangers en raison de la pandémie du Covid-19, elle devait à présent compter sur le marché intérieur pour soutenir son activité et maintenir sa main-d'œuvre déjà formée depuis de longue date, 12 à 15 entreprises ont déjà fermé leurs portes, ce qui a eu un impact sur les exportations, a déclaré Xaybandith Rasphone, président de l'Association lao de confection[395]. Les exportations ont chuté de 40 à 50%, plus de 26 000 travailleurs d'usines textiles au Laos ont été ainsi affectés par la crise sanitaire et l'économie mondiale, selon l'Association Lao de l'industrie des vêtements.[396]

L'Allemagne a octroyé 1,8 million de dollars aux travailleurs dans la confection touchés par la pandémie avec l'aide de l'ILO. Plus de 20 000 ouvriers du vêtement ont sollicité l'aide du programme d'assistance de revenu, à cet égard, 17 000 ouvriers seulement ont bénéficié de l'aide urgente

[393] Laos earns US$212 million from clothing exports in 2019, Vientiane Times, 03/2/2020.
[394] Improving the Garment Sector in Lao PDR: Compliance through Inspection and Dialogue, ILO 2017.
[395] Garment makers to focus on domestic market as foreign orders slump, 28/08/2020.
[396] Garment workers to benefit from German-funded programme, Vientiane Times, 20/09/2020.

financière pour vivre. De l'aide allemande, chaque ouvrier reçoit 900 000 kips (100 dollars) par l'Organisation de la sécurité sociale lao[397].

Mais le Laos reste toutefois confiant pour le rebond de ce secteur, car c'est un pays de sous-traitant compétitif pour l'industrie du textile. Parallèlement, dans le cadre du Système généralisé de préférences (SGP), le Laos continue de bénéficier des schémas SGP de plusieurs pays et il peut prétendre à des préférences additionnelles propres à la catégorie des PMA accordées par certains régimes. Le Laos espère aussi attirer des entreprises qui songeaient à délocaliser leurs unités de production de Chine ou de la Thaïlande. Pour cela, les entreprises lao doivent mieux s'équiper, moderniser leurs usines ou ateliers, former leur personnel, augmenter le salaire. Quant au gouvernement lao, il doit donc fournir un soutien supplémentaire pour améliorer la productivité du travail des ouvriers et éduquer les travailleurs industriels sur les normes du travail et faciliter le logement et le plan social des travailleurs dans l'industrie. On retient cependant que le secteur de confection a reçu de l'aide des partenaires de développement et du gouvernement pour sortir de la crise, un plan de soutien pour aider les plus vulnérables et leurs familles est déployé ainsi que la formation des employés.

6.2.6 Le tourisme : le boom de l'industrie du tourisme, une source importante de devises pour le Laos

L'industrie du tourisme joue non seulement un rôle important dans le dynamisme de la croissance économique, mais elle crée également un grand nombre d'emplois pour la population locale. C'est l'un des sept principaux secteurs de l'économie, il stimule la croissance et contribue à la réduction de la pauvreté, a souligné le ministère de l'Information, de la Culture et du Tourisme. En outre, le tourisme a permis d'améliorer les services et les infrastructures connexes, notamment les routes et de construire de nouveaux hôtels, restaurants, aéroports et autres équipements. Le développement et la croissance de ce secteur sont vitaux pour permettre au Laos d'obtenir des recettes en devises supplémentaires indispensables. Le Laos possède des attractions touristiques fascinantes dans toutes les provinces, allant des zones de beauté naturelle aux sites culturels et historiques. Au cours des dernières décennies, le gouvernement a investi une somme considérable pour améliorer les sites touristiques et les accès routiers ainsi que pour faciliter les investissements dans l'industrie du tourisme, le tout dans le but d'accroître le nombre l'arrivée de touristes. Cependant le gouvernement est conscient qu'il faut injecter encore plus d'argent dans le développement des équipements et infrastructures pour stimuler davantage la croissance du secteur et développer

[397] Germany provides US$1.8 million for garment workers affected by pandemic, Vientiane Times, 24/02/2021.

une économie durable. L'objectif du gouvernement est de faire du Laos une destination de réputation mondiale en termes de tourisme durable et d'écotourisme : promouvoir la vie traditionnelle des minorités sous la direction de guides locaux, dans un souci de respect de l'environnement. Toutefois, le nombre de touristes est en légère baisse depuis 2016.

Pour rappel, l'industrie du tourisme est relativement récente ; en effet, le Laos s'est ouvert au tourisme au début des années 1990. En 2005, ce secteur représentait la principale source de devises devant l'hydroélectricité. En 2009, le pays a accueilli 2 millions de visiteurs, plus de 2,5 millions de visiteurs en 2010, et en 2015 la meilleure année à plus de 4,6 millions de visiteurs. Sur l'ensemble de l'arrivée des touristes, les Thaïlandais sont les plus nombreux (environ 60 %), viennent ensuite les Chinois (13 %) les Vietnamiens (11 %) et les Européens (Américains, Français et Allemands, environ 10 %)[398]. En 2012, le ministère de l'Information, de la Culture et du Tourisme laotien a lancé une campagne à l'étranger pour promouvoir le tourisme dans tout le pays. En 2013, le Laos a été élu meilleure destination mondiale par le Conseil de l'Union européenne pour le tourisme et le commerce. Le tourisme international croît rapidement dans la région, au Laos, les arrivées annuelles de touristes ont augmenté de plus de 20% ces dernières années.

De 2010 à 2016, l'embellie du marché du tourisme était l'un des rares résultats tangibles du gouvernement. Le secteur est l'un des principaux moteurs économiques du Laos. En 2015, il a contribué ainsi à générer 725 millions de dollars, mais en 2016, ce chiffre était en légère baisse à 724 millions de dollars pour 4,2 millions de touristes. En 2017, le gouvernement prévoyait que 4,8 millions de personnes se rendraient au Laos, injectant 843 millions de dollars dans le budget du pays. Mais le nombre d'arrivées de touristes n'a finalement atteint que 3,86 millions, soit 8,73% de moins qu'en 2016, la contribution des voyageurs et du tourisme au PIB du Laos s'élevait alors pour ces trois années à environ 2 milliards de dollars, soit 13,7 % du total PIB. D'autre part, le gouvernement prévoyait 5,2 millions de visiteurs attendus dans le cadre de la campagne « Visit Laos 2018 », il y eut seulement 4,1 millions de visiteurs, le pays n'a pas atteint ses objectifs touristiques, une année décevante pour le Laos qui espérait une retombée de 900 millions de dollars de recettes, mais ne percevait que 755 millions de dollars de revenus malgré des efforts déployés par le gouvernement pour attirer des touristes. Les fortes inondations des deux dernières saisons des pluies, le mauvais état des routes et le manque d'infrastructures, à cela s'ajoutait la catastrophe du barrage dans la province d'Attapeu, étaient pour le ministère du Tourisme lao les principales causes de ce revers.

Le ministère du Tourisme a lancé en 2019 la campagne « Visit Laos-China 2019 », en partenariat avec la Chine et a réussi à attirer 4,6 millions de

[398] Chiffres actualisés en 2019 par le Ministère du Tourisme du Laos.

visiteurs plus 9% par rapport à l'année précédente, dont 1,02 million de Chinois (+ 27%). En termes de revenus, l'année « Visit Laos-China 2019 » a rapporté 800 millions de dollars pour le pays. Le Département du marketing du tourisme du ministère du Tourisme a continué d'organiser, tout au long de l'année, des actions afin de promouvoir le tourisme au Laos dans des grandes expositions touristiques internationales en Chine et en Europe. Le gouvernement s'attendait dépasser l'arrivée de 6 millions de touristes en 2020 et générer des revenus supérieurs à 993 millions de dollars, tout en créant davantage d'emplois, mais cet espoir ne s'est pas réalisé en raison de la crise sanitaire, le nombre de visiteurs était seulement 980 000 et des revenus encaissés étaient près de 300 millions de dollars. Plus récemment, compte tenu de la baisse du secteur touristique, le vice-ministre de l'Information, de la Culture et du Tourisme, Savankhone Razmountry, avec les organisations de voyages et la LNCCI, ont lancé une campagne « Lao Visite Laos » pour inciter les Lao à visiter le pays et à s'imprégner plus de la culture nationale[399].

Quelle est la politique du gouvernement dans ce secteur qui rapporte des devises à la caisse de l'État ? Le gouvernement lao a adopté des politiques destinées à développer et à faciliter le tourisme, notamment l'amélioration du temps de passage à l'immigration et des visas délivrés par voie électronique pour les touristes. En outre, le gouvernement a affecté des fonds à la réparation et à la modernisation des infrastructures et équipements touristiques. Le gouvernement cible l'écotourisme, comme un domaine majeur de croissance future. Le Laos tente d'attirer plus de touristes haut de gamme sur son marché en libéralisant sa politique aérienne, ce qui se traduit par des vols plus fréquents et moins chers à destination et à l'intérieur du pays. Le gouvernement lao n'encourage pas le tourisme de masse comme ses voisins, il échappe donc à ce fourmillement qu'on constate dans la région et propose de plus en plus un tourisme vert, afin de préserver la nature pour le plus grand plaisir des visiteurs mais surtout des Laotiens. Les autorités du tourisme lao proposent de faire la promotion centrer sur la beauté naturelle du Laos et les attractions culturelles ainsi que les sites historiques et l'écotourisme, sans oublier la participation des populations locales, et fournir des services de haute qualité.

Le Conseil mondial des voyages et du tourisme des Nations Unies a récemment publié son dernier rapport, qui indiquait que le tourisme a directement entraîné la création de 114 000 emplois au Laos. Ce chiffre devrait passer à 121 000 emplois en 2028, ce qui représentera environ 3% de l'emploi total de ce pays.

Plus de 21,7 millions des visiteurs étrangers sont venus au Laos au cours de la période 2016-2020, une augmentation de 17,7% par rapport au cinq années précédentes, selon le dernier le rapport soumis par le ministère de

[399] Lao Thiew Lao encourages cyclists to explore nature in Khammuan, Vientiane Times, 17/09/2020.

l'Information, de la Culture et du Tourisme au 11e Congrès national du parti, le Laos selon le rapport, a des potentiels inexploités et qui pourrait aller plus loin pour promouvoir le tourisme. Pour maximiser le potentiel touristique, le Laos doit investir davantage pour améliorer les sites touristiques et les activités connexes ainsi que les infrastructures, notamment les accès routiers aux attractions touristiques des communautés éloignées. D'autre part, le rapport a souligné que les services et les facilités donnés ne sont pas à la hauteur des normes internationales. En dépit de nombreuses insuffisantes dans la gestion et le développement de l'industrie du tourisme, le secteur a été bien progressé dans beaucoup d'aspects ces cinq dernières années. Le secteur de l'hôtellerie a vu le nombre de ses hôtels augmenter de 4%, le secteur du tourisme a permis de créer des emplois pour 1 275 guides touristiques[400].

Au 11e Congrès national du parti, le nouveau secrétaire général du parti Thongloun Sisoulith, a annoncé les objectifs du 9e plan quinquennal 2021-2025 au regard du tourisme, le Laos s'attend à l'arrivé de 15 millions de touristes et espère percevoir 3,8 milliards de dollars de recettes au cours des 5 années du plan, si la pandémie du Covid-19 s'apaise. D'ores et déjà, le gouvernement fait la promotion du tourisme « Lao Thiao Lao ou Lao Visit Laos » en encourageant les ressortissants lao de voyager dans le pays dans le but de faire vivre des entreprises. Cette campagne joue un rôle déterminant dans les efforts pour soutenir l'industrie du tourisme en l'absence des visiteurs étrangers. D'autre part, le gouvernement vise à accroître la contribution du secteur des services à 41,3% du PIB d'ici 2025, ce qui en fera le plus grand contributeur de l'économie nationale par rapport à l'industrie et l'agriculture et stimulera la croissance du secteur touristique[401]. De fait, le secteur bénéficiera de nouvelles opportunités comme le chemin de fer Vientiane-Boten et l'autoroute Vientiane-Vangvieng. De même, les restaurants et les hôtels ainsi que tous les services associés bénéficieront également de l'essor du tourisme, y compris l'agriculture biologique et l'industrie artisanale. Pour soutenir le secteur, le gouvernement va promouvoir les programmes de voyage qui s'intègreront avec la région et au-delà et cherchera une synergie et une coopération avec les pays voisins.

6.2.7 Le secteur des services : l'ensemble des activités économiques des services font un bond remarquable dans la transformation de l'économie

Le secteur des services au Laos n'en est qu'à ses débuts de développement. Traditionnellement, le pays a été une économie rurale et agraire et ce n'est que

[400] Laos records 21.7 million foreign visitors in past five years, Vientiane Times, 03/02/2021.
[401] Laos eyes over US$3,800 million in tourism revenue over next five years, Vientiane Times, 18/01/2021.

récemment qu'il s'est développé dans l'industrie manufacturière, le tourisme, le commerce international et les services modernes tels que la finance, les technologies de l'information et de la communication (TIC). En outre, le pays a seulement commencé à développer des villes, qui jouent généralement un rôle de premier plan dans la promotion de la manufacture, de l'industrie, des services modernes, de l'enseignement supérieur, de la technologie, des finances et du commerce internationaux.

À partir de 1986, la transition d'une économie planifiée à une économie de marché, le secteur des services a fait des progrès remarquables et il est désormais l'un des principaux contributeurs à la croissance économique du pays. Ce secteur continue de se développer à mesure qu'il progresse dans l'amélioration de la facilité de faire des affaires au Laos, à savoir : le déploiement de l'infrastructure et des services bancaires, l'amélioration du système d'éducation et de la formation ainsi que le développement du tourisme et du transport et logistique.

Aujourd'hui, ce secteur est essentiel à la transformation économique du Laos. Le secteur a accru en moyenne de 8,2% par an ces dernières dix années et sa part du PIB en 2010 était 41,3% elle passait à 44% en 2019 et à 33,5% en 2020. La contribution au PIB du secteur des services a dépassé le secteur de l'industrie et de l'agriculture. Au cours de la période couverte par les 7e et 8e plans quinquennaux, les objectifs de croissance du PIB de l'industrie ont été atteints, tandis que les services ont progressé plus rapidement que prévu[402].

Selon les données de l'enquête du gouvernement lao, les niveaux de compétences sont relativement élevés dans les services tels que l'administration publique, les banques, l'éducation et les activités de travail social, tandis que la majorité des travailleurs non qualifiés se trouvent généralement dans le commerce de gros et de détail, ainsi que dans les services de l'hôtellerie et de restauration. La prédominance des emplois dans l'agriculture et le secteur des services - tous les deux sont principalement des emplois à faible productivité - suggère qu'une part importante de l'emploi est informelle[403].

S'agissant des services d'échanges transfrontaliers (par exemple, conseils, études de marché, services de conception et études) tels que : services fournis par le Laos aux consommateurs d'un autre pays (par exemple le tourisme, l'éducation, les services de santé) ; prestations fournies par le biais de tout type d'entreprise ou d'établissement professionnel lao à un autre pays ; services fournis par des ressortissants lao sur le territoire d'un autre pays, tous ces services sont importants pour le Laos, mais les progrès globaux dans le développement des services commerciaux ont été limités, le volume des services commerciaux reste relativement faible. Toutefois, les exportations de services ont considérablement augmenté non seulement dans le commerce transfron-

---

402 Lao Statistics Bureau, 2013, MPI, 8th NSEDP.

403 Lao Statistics Bureau, Lao Expenditure and Consumption Survey 2007-2008 and 2012-2013, Vientiane.

talier, mais aussi dans la consommation à l'étranger et cela grâce aux travailleurs lao dans d'autres pays. L'exportation de services continue d'être dominée par les voyages, suivis des transports et le TIC.

La Banque mondiale (2016) révèle que malgré l'augmentation des exportations de services au Laos, le pays est resté bien en deçà de son potentiel. La part des exportations de services dans le PIB en 2015 était estimée à environ 6,5%, la croissance étant concentrée dans les services traditionnels tels que les transports et les voyages. La part des services dans les exportations totales du Laos était de 18,3% en 2015, ce qui était inférieur à 23,3% par rapport à 2010. Les voyages et transports combinés représentaient 85,6% des exportations de services en 2010, qui avaient encore augmenté pour atteindre 93,4% en 2015. De plus la désagrégation révélait que si la part des voyages était passée de 74,7% en 2010 à 85,0% en 2015, la part des transports, elle passait de 10,9% en 2010 à 8,4% en 2015[404].

En outre, l'expérience du Laos indique que la production de biens utilisant des services est affectée négativement par l'indisponibilité d'une offre plus large de services ainsi que par la faible qualité des services tels que les transports, l'électricité et les services financiers. Ainsi, le gouvernement a pris conscience de toutes ces lacunes qui doivent être résolues en augmentant la concurrence dans le secteur des services, en réduisant les réglementations faussées et inefficaces, en ouvrant le secteur des services aux participations étrangères et en renforçant les compétences et les investissements dans les infrastructures matérielles et immatérielles.

Le Laos considère que l'essor du secteur des services est étroitement lié à la production, ce qui a favorisé la croissance, la création d'emplois ainsi que la fourniture de marchandises et de services diversifiés pour satisfaire la demande intérieure et extérieure[405]. Dans ce secteur se trouvent toutes les activités économiques, il regroupe tout ce que l'on appelle au Laos les assurances, les banques, la santé, l'éducation, les services publics, le tourisme, le transport, etc. Ce secteur conserve un rôle essentiel dans le soutien de la croissance économique ces dix dernières années. Il est le plus grand contributeur à la croissance du PIB, selon l'OMC ; sa part a atteint un niveau record en 2015 (49,4% ou 55,7% si l'on inclut la construction), avant de redescendre progressivement à son niveau de 2013 en 2017 et 2018 (47,0% ou 54,7% si l'on inclut la construction) et 42,6% en 2019. La croissance annuelle du secteur a diminué, tombant de 9,7% en 2013 à 4,5% en 2017, mais elle a augmenté jusqu'à atteindre 7,9% en 2018. En 2017, le commerce de gros et de détail, ainsi que l'administration publique et la défense, occupaient un poids important dans le PIB, devant les activités immobilières et les activités

---

[404] Edimon Ginting, Kaukab Naqvi, and Raja Mitra for Asian Development Bank Publication, Lao PDR—Accelerating Structural Transformation for Inclusive growth.

[405] MOIC/Département de la planification et de la coopération (2012), Diagnostic Trade Integration Study 2012, Trade and Private Sector Development Roadmap, juillet.

financières et d'assurance. Les services de gros et de détail et le secteur de la réparation de véhicules ont augmenté de 9,9% et ont contribué à 1,4% à la croissance du secteur des services ; l'immobilier a augmenté de 6,7% pour 0,4% de la croissance du secteur, la finance et les valeurs mobilières de 7,7% pour 0,2% et les chambres d'hôtes, hôtels et restaurants ont augmenté de 5,3% pour 0,1% pour la croissance du secteur[406]. Le secteur de la construction a enregistré une croissance comprise entre 8,1% (2014) et 20,9% (2018). La part des services dans l'emploi total a connu une hausse régulière, passant de 25,2% (2013) à 29,0% (2017) – cela a reflété une légère diminution de la productivité du travail dans les activités de services au Laos[407]. Le gouvernement a annoncé que le secteur des services a atteint en 2019 d'environ 7,2% et a enregistré une augmentation de 0,4% du PIB. Le 9e plan de développement quinquennal prévoit pour le secteur une contribution de 41,3% du PIB avec un objectif de croissance annuelle de 6% au cours de 2021-2025.

D'autre part, il convient de noter que les activités du secteur des services de la banque, de l'assurance, et en particulier la microfinance, se sont développées depuis une dizaine d'années. Le taux de pénétration bancaire reste toutefois encore faible, les trois banques publiques détenant une large proportion des actifs totaux et les crédits restant concentrés dans les services. L'évolution numérique a transformé aujourd'hui les services attendus par l'usager, le commerçant, l'entreprise, et le rapport entre les banques et leurs clients au Laos

On observe aujourd'hui que la relation des banques avec leurs clients au Laos est impactée par le succès des nouveaux canaux Web et Internet, ces canaux digitaux s'expliquent en grande partie par l'essor du smartphone et de l'Internet et son utilisation croissante au sein des Lao. Le succès s'explique aussi par la qualité des services proposés par les banques et de plus en plus par la valeur ajoutée qu'elles apportent. Ainsi, le secteur bancaire a donc été au rendez-vous du digital et a su intégrer efficacement les nouveaux canaux à son écosystème relationnel. C'est une transformation remarquable que les Lao ont connu ces temps-ci, lorsqu'ils ont à payer les diverses taxes, amendes, impôts, paiements en ligne, transferts d'argent d'un pays à un autre, etc. L'introduction du nouveau système d'information sur la gestion des recettes fiscales (TAXRIS) a débuté en 2019, elle fait partie des efforts du gouvernement pour moderniser le système de paiement de la taxe électronique et accroître la transparence dans le secteur financier.

Comme dans la plupart des pays qui commencent à développer leur secteur financier, la banque domine le secteur[408]. En juin 2019, on comptait

---

406 Service sector's contribution to economy still not enough in Laos, Vientiane Times 16/12/2019.

407 Statista. "https://www.statista.com/statistics/804983/employment-by-economic-sector-in-laos".

408 CNUCED (2018), Lao People's Democratic Republic, Rapid eTrade Readiness Assessment.

43 institutions bancaires (13 en 2006), dont 28 succursales ou filiales de banques étrangères, 7 banques privées nationales, 3 banques en coentreprise (participation de l'État), 3 banques appartenant intégralement à l'État (la BCEL, la LDB, la Lao Agricultural Bank) et 1 banque d'État spécialisée (Nyobe Bank). En 2018, les actifs étaient détenus à environ 43% par les trois banques publiques, à 28% par les succursales de banques étrangères, à 18% par les banques privées et à 10% par les banques commerciales constituées en coentreprises (participation de l'État)[409]. L'activité bancaire est relativement faible, mais sera appelée à croître lorsque la population aura une plus grande pratique du système financier et la confiance à cette mode de transaction. En 2014, selon le FMI, 47% de la population adulte utilisaient des services formels, 36% avaient un compte bancaire, 25% utilisaient d'autres produits/ services non bancaires formels, 60% avaient recours à des mécanismes informels pour gérer leurs finances et 25% étaient financièrement exclus. Les crédits restent concentrés dans les services (y compris la construction d'infrastructures publiques et d'installations manufacturières), l'industrie et le commerce[410]. Au Laos, les distributeurs automatiques de billets (ATM) sont partout sur le territoire du pays : à Vientiane, la capitale et dans les villes de province. Ils facilitent la vie quotidienne des habitants et des touristes. Les salaires des fonctionnaires sont virés chaque mois à leur compte bancaire qu'ils pourront ensuite retirer leur argent depuis 2013 dans les ATM, les jeunes ont la facilité de tirer leur argent de poche au distributeur de billets. Le nombre de distributeurs automatiques de billets a augmenté de 2,57 pour 100 000 adultes au Laos en 2008 à 25,7 pour 100 000 adultes en 2018[411]. Le nombre de ces distributeurs installés à travers tout le pays en 2018 était 1 225, selon la Banque centrale nationale.

Une nouveauté, désormais les transferts entre les banques lao et la bourse de valeurs lao (LSX) sont possibles. Un système est maintenant en place permettant le transfert électronique d'espèces entre les banques lao, y compris la bourse. Cela rend les ATM plus flexibles et partage les transactions plus facilement. Jusqu'à présent, les espèces devaient être retirées dans une banque et déposées physiquement dans une autre. Parallèlement, la BCEL en coopération avec UnionPay International (UPI) a proposé un service de paiement via QR Code UnionPay pour faciliter la vie de leurs clients.

Ainsi, les services au sens large comprenant en outre la finance, les banques, et le commerce au Laos sont rentrés dans la modernité, le numérique s'invite dans toutes les transactions commerciales et financières aujourd'hui, les clients lao s'adaptent très vite la mise en place de ces outils de gestion et

---

[409] FMI (2018), Lao People's Democratic Republic: Technical Assistance Report – The Development of Risk-Based Supervision, Mai.

[410] FMI (2018), 2017 Article IV Consultation – Press Release; Staff Report; and Statement by the Executive Director for Lao People's Democratic Republic, 23 mars.

[411] Statista, Laos number of ATM -2008-2017, May 2020; World Bank, 2020.

de ces nouvelles perspectives de leur parcours en ligne. La part du secteur services est en pleine croissance, ce secteur connaît un développement régulier et rapide. Le pays serait-il en train de connaître un changement rapide dans le secteur des services avec l'arrivée du numérique ?

6.2.8 Les zones économiques spéciales (SEZ), une stratégie de développement du gouvernement lao pour capter des IDE

L'État et le gouvernement lao ont créé des zones économiques et spécifiques spéciales en 2000. Ils considèrent à l'instar de la Chine que les SEZ constituent un des objectifs importants pour l'essor socioéconomique et la création d'emplois dans le pays. De même, tout comme l'importance et le rôle majeur que jouent les SME dans l'économie, l'État reconnaît que les SEZ créent des emplois, contribuent à la croissance du secteur manufacturier et attirent les investissements étrangers au Laos. À cet égard, les SEZ sont des espaces bénéficiant d'un régime juridique particulier qui les rend plus attrayants pour les investisseurs étrangers et nationaux. Ces zones proposant aux entreprises étrangères des conditions préférentielles (droits de douane, libre rapatriement des investissements et des bénéfices, pas d'impôts pendant plusieurs années puis impôts très bas, etc.)[412].

Le Laos peut-il réaliser son rêve de SEZ ?

La nouvelle Loi sur l'investissement étranger permet la création de zones économiques spéciales et de zones économiques spécifiques (toutes deux appelées SEZ). Les zones économiques spéciales sont destinées à soutenir le développement de nouvelles infrastructures et installations commerciales, elles obtiennent de fortes incitations à l'investissement du gouvernement central et des autorités locales. Les zones économiques spécifiques sont destinées au développement d'infrastructures et d'installations existantes et obtiennent un niveau moins élevé d'incitations et de soutien que pour les zones économiques spéciales. Mais en pratique, peu de différents les distinguent en termes davantage octroyés par le gouvernement[413].

Le Laos multiplie l'ouverture de SEZ à proximité des frontières dans l'espoir de stimuler le développement économique du pays en s'appuyant sur le dynamisme des pays voisins. Le développement des SEZ fait partie de la politique du gouvernement visant à booster la croissance économique. À cette fin, le gouvernement laotien a modifié ses politiques et réglementations plus

---

[412] http://investlaos.gov.la/start-up-business/special-economic-zone/.

[413] Understanding Laos' Special Economic Zones: Untapped Potential, Asian Briefing, October 2015.

flexibles avec des mesures incitatives fortes afin d'attirer les investisseurs et de faciliter leurs implantations[414].

En 2003, le gouvernement a créé la première zone économique spéciale à Savan Seno connu sous le nom de Savan Park, le long du corridor économique Est-Ouest (EWCE), c'est aujourd'hui parmi l'une des quatre zones les plus dynamiques de toutes les SEZ (70 entreprises y sont implantées : lao, française, japonaise, thaïlandaise, chinoise, canadienne, hollandaise) avec celle de la SEZ à Boten (où la majoritaire d'entreprises sont chinoises, une véritable petite ville chinoise), cette SEZ était ouverte en 2004 et fermée en 2011 par les autorités lao ; autrefois très décriée est aujourd'hui revitalisée pour devenir une zone industrielle, commerciale et manufacturière et un centre de transit et logistique et financier important, en raison la frontière avec la Chine et le passage du train Laos-Chine[415], les entreprises chinoises vont investir plus de 10 milliards de dollars dans cette zone[416] ; ensuite celle de Bokeo dans la province de Luang Namtha connue sous le nom de SEZ du Triangle d'Or, puis Vientiane Industry and Trade Area SEZ, et le Parc logistique de Vientiane (VLP) ou encore le VITA Park, à Vientiane. Ces SEZ ont réussi à attirer des investisseurs étrangers. Pour rappel, la SEZ du Triangle d'or est accusée d'activité illégale qui abrite le Kings Roman Casino. Au début de 2018, le Département du Trésor américain, le Bureau du contrôle des avoirs étrangers, a désigné le Kings Roman Casino et ses propriétaires comme organisation criminelle transnationale pour se livrer au trafic de drogue, au trafic d'êtres humains, au blanchiment d'argent, à la corruption et au trafic d'espèces sauvages. On s'attend à ce que davantage d'entreprises chinoises investissent dans les années à venir dans les SEZ, en particulier le long de la ligne ferroviaire Chine-Laos. La vague de créations de SEZ au Laos résulte clairement du dynamisme de l'économie chinoise que le Laos compte en profiter en s'appuyant sur les « Nouvelles routes de la soie ». De même, des entreprises thaïlandaises, japonaises, malaisiennes explorent également de nouveaux parcs industriels de type SEZ le long de la voie ferroviaire Laos-Chine et des axes de corridors économiques Est-Ouest et Nord-Sud.

Douze zones économiques spéciales ont été créées en 2020 (voir carte) à travers le pays et ont attiré des investissements d'environ 5,7 milliards de dollars, elles ont créé des milliers d'emplois pour la population locale, selon un rapport publié du Bureau de la promotion et de gestion de SEZ. Les promoteurs et investisseurs des zones ont investi 4,3 milliards de dollars, les entreprises individuelles ont investi 1,4 milliard de dollars, et le gouvernement lao a souscrit les 52 millions de dollars restants. Les SEZ comprennent : la zone économique spécifique du marais de That Luang à Vientiane ; la zone économique spéciale de Savan-Seno dans la province de Savannakhet ; la zone

[414] Investment grows at SEZs in Laos, The Nation Thailand, 19/10/2016.
[415] The Boten crossborder zone is revived, The Economist, 07/09/2015.
[416] Boten Special Economic Zone to lure $10B investment, Xinhua, 29/10/2019.

économique spéciale du Triangle d'or dans la province de Bokeo ; la zone économique spécifique de Boten Dankham dans la province de Luang Namtha ; le parcours de golf de Vientiane Long Thanh ; Vientiane Nonthong Industry and Trading SEZ ; Saysetha Specific Economic Zone ; Saysetha Kuamluam Specific Economic Zone ; Dongphosy Specific Economic Zone ; Phoukhiew zone économique spécifique dans la province de Khammuan ; et la zone économique spécifique Paksé-Japon dans la province de Champassak[417].

Le nombre de zones est passé de 10 au cours de l'exercice 2013-2014 à 12 en 2020, avec un investissement total estimé à 43,77 milliards de dollars et un capital social de 14,30 milliards de dollars. En 2018, ces zones avaient attiré des capitaux d'investissement effectifs de près de 5,7 milliards de dollars, selon un rapport du Bureau de promotion et de gestion de SEZ. 806 entreprises ont investi dans les zones comprenant 26,34% dans le secteur industriel, 25,26% dans le commerce et 48,4% dans le secteur des services, toujours selon le Bureau de promotion et de gestion de SEZ. Les produits manufacturés exportés des zones valaient 1,75 milliard de dollars en 2018. En outre, les zones ont contribué pour plus de 349 milliards de kips sous forme de diverses taxes et redevances au budget de l'État. L'ensemble des SEZ ont créé 55 771 emplois, dont 12 596 emplois pour les travailleurs laotiens. Les entreprises sont majoritairement étrangères (74%), les entreprises nationales (19%), et les joint-ventures (7%). Au total, quelque 29 489 hectares de terres ont été octroyés pour le développement des SEZ.

En 2019, on comptait 202 entreprises enregistrées au Bureau de promotion et de gestion de SEZ, dont 193 étrangères, 5 en joint-ventures avec les entreprises lao et 4 entreprises lao. Ces entreprises ont un capital social combiné de plus de 629,7 millions de dollars et un capital d'investissement de plus de 1,4 milliard de dollars. D'autre part, le Bureau de promotion et de gestion de SEZ a attiré en 2020 quelque 163 nouvelles sociétés à concrétiser leur plan d'investissement de 477,5 millions de dollars dans des SEZ. La valeur des exportations des SEZ a atteint 394,4 millions de dollars en 2019 alors que la valeur des importations était de 1,1 milliard de dollars (principalement des équipements et véhicules de transport). Les éléments exportés comprenaient les pièces électroniques, les pièces de rechange pour automobiles et autres produits, alors que les éléments importés étaient essentiellement des machines, des matériaux bruts, et des équipements de construction pour le développement des infrastructures dans les zones[418].

Pour 2020, le gouvernement vise 151,46 milliards de kips de recettes pour le Trésor de l'État. Selon le plan du gouvernement, les marchandises exportées des SEZ pourront atteindre 426,7 millions de dollars, tandis que les

---

417 Investment opportunities in SEZ in Lao PDR, Government's Office Lao National Committee for Special Economic Zone Secretariat Office.

418 Special economic zones in Laos attract huge investments and create jobs, Vientiane Times, 06/02/2020.

importations de matières premières, des matériaux de construction, et des biens d'équipements s'élèveront à 719,4 millions de dollars, mais ces objectifs ne seraient probablement pas tenus en raison de la crise sanitaire du Covid-19. Pour l'année 2021, les autorités de SEZ prévoient d'attirer environ 140 entreprises avec plus de 655,7 millions de dollars d'investissement ; le gouvernement espère obtenir 119 milliards de kips de revenus et la création de 16 000 emplois pour les SEZ, mais ces prévisions sont faites avant la pandémie du Covid-19.

Il est à noter d'autre part que le gouvernement lao et un investisseur chinois ont finalisé en juin 2018, un accord de concession pour bâtir la zone économique spéciale de Khonphapheng dans l'extrême sud de la province de Champassak, à 80 km de Paksé. Le montant du projet est estimé entre 9 et 19 milliards de dollars. Les études de faisabilité du projet et les travaux préparatoires sont achevés.

Par ailleurs, les autorités lao étudient actuellement la création d'une autre zone économique spéciale appelée «Smart & Eco-City» à cheval sur les provinces de Luang Namtha et d'Oudomxay. Des efforts pour améliorer l'administration des zones, y compris un service unique pour mieux faciliter les investissements et les opérations commerciales, sont déployés par le Bureau de promotion et de gestion de SEZ sous l'impulsion du MOIC et du MPI. Le gouvernement attache une grande importance à ce que les SEZ soient également des bassins d'emploi qui profiteront les régions.

Le gouvernement élabore la stratégie de développement des SEZ 2021-2030 avec les acteurs économiques concernés afin d'explorer le potentiel inexploité associé à l'initiative des « Nouvelles de la soie » du chemin de fer Laos-Chine et d'examiner comment de nouvelles zones de développement économique pourraient être créées à cet égard. Attirer plus de projets d'investissements dans les SEZ serait le plus grand challenge pour le nouveau gouvernement de Phankham Viphavanh. Assurément, les ZES sont devenues le principal moteur de la croissance dans les secteurs de l'industrie, de l'agriculture, et des services au Laos, jetant les bases de la diversification future de l'économie nationale, mais on observera cependant que la rapidité du développement des SEZ est inégale d'une zone à l'autre, l'ensemble de ces SEZ est morcelé et certaines ne sont pas en rapport avec la finalité des objectifs attendus.

Les 11 Zones économiques spéciales (SEZ) + Champassak

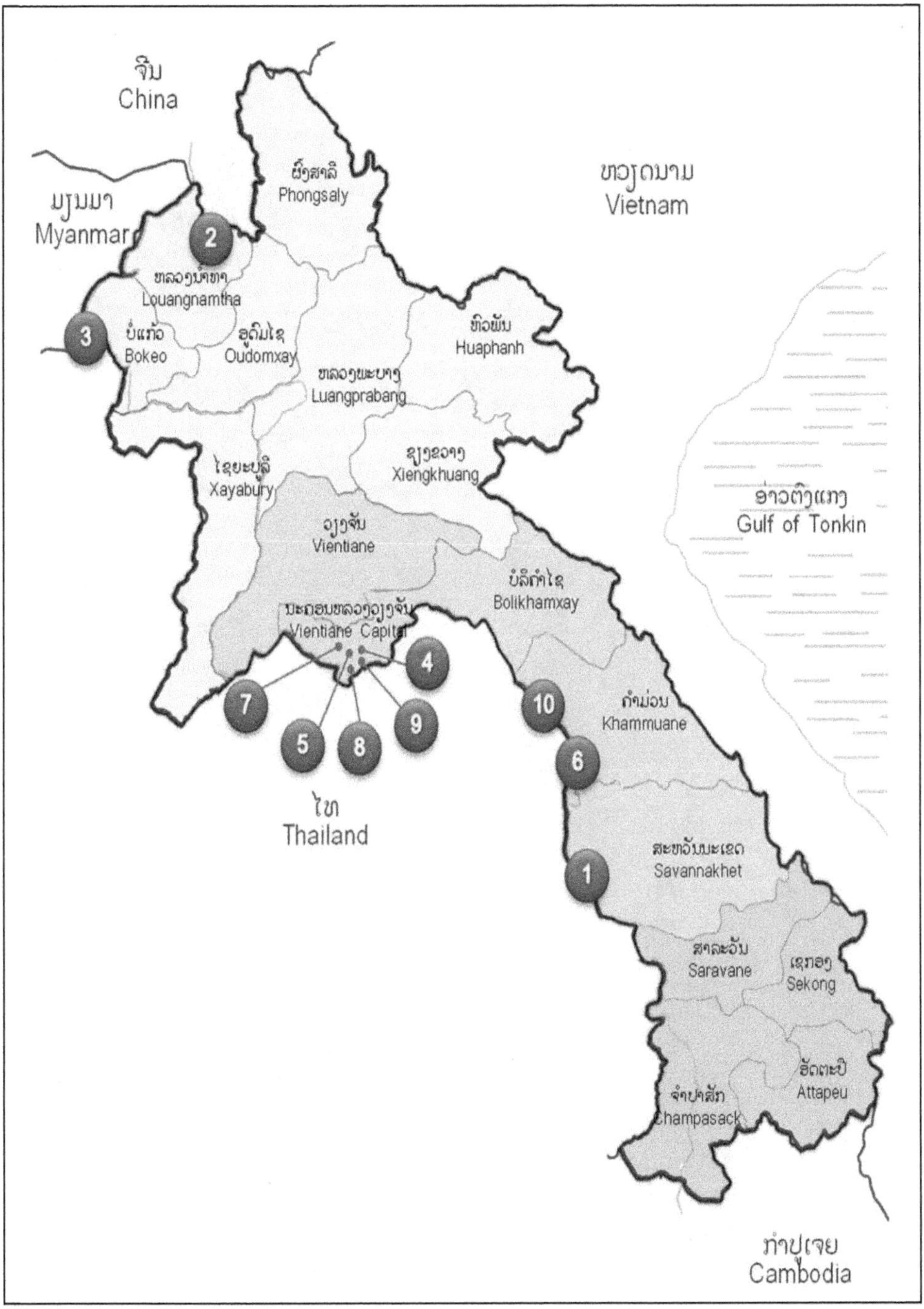

Chapitre 7

GOUVERNANCE ET DÉVELOPPEMENT SOCIAL

Avec un taux de croissance du PIB de 6,3% au cours de deux décennies écoulées, le Laos peut se prévaloir d'une croissance économique récente résiliente. A elle seule cependant, la croissance économique ne suffit pas à améliorer le bien-être de la population. Pour qu'elle puisse stimuler le développement économique, la croissance économique doit reposer sur une large assise, propre à relever le niveau de vie de la majorité de la population. Une analyse des résultats par rapport aux Objectifs du Millénaire pour le développement (OMD) ainsi que les rapports de la Banque mondiale et de l'UNPD peut révéler la mesure dans laquelle la croissance économique au Laos a impacté significativement ou pas assez la croissance de l'emploi, l'éducation, l'éradication de la pauvreté, l'amélioration de la santé, l'accès aux besoins minimum, la réduction des inégalités et la promotion de l'égalité des sexes et l'autonomisation des femmes.

Le développement humain et social du Laos a montré une réalisation remarquable comme en témoigne l'indice HAI[419] (Human Assets Index) évalué par le Comité des politiques de développement CDP des Nations unies en 2018. L'indice du capital humain est un rapport préparé par la Banque mondiale. Il mesure quels pays sont les mieux à même de mobiliser le potentiel économique et professionnel de ses citoyens. L'indice mesure combien de capital chaque pays perd par manque d'éducation et de santé, a été publié pour la première fois en octobre 2018 et classé 157 pays. Au classement actuel, Singapour se classe au premier rang de l'indice du capital humain. L'indice de capital humain se situe entre 0 et 1, 1 signifiant que le potentiel maximum est atteint. Le Laos en 2018 est classé 111e rang[420] sur 157 avec un score de potentiel atteint à 45%.

7.1 La population active et l'éducation

Le succès d'un pays dépend en grande partie de la manière dont il emploie sa main-d'œuvre et développe les connaissances et les compétences de ses citoyens. Le Rapport mondial sur le capital humain du Forum économique mondial mesure les éléments quantifiables de la façon dont un pays développe

[419] HAI est un indice composite d'éducation et de santé utilisé pour l'identification des PMA par le Comité des politiques de développement des Nations unies (UN-CDP), mais dont la disponibilité temporelle était jusqu'alors très limitée.
[420] HAI Index 2018, The World's Bank World Development Report

ce « capital humain ». Il combine des dimensions démographiques, d'éducation et de santé en se basant sur des fondements statistiques et économétriques complémentaires. Il est utilisé par la Banque mondiale en matière de développement humain à des fins de suivi et de comparaison, dans le temps et dans l'espace.

Le rapport 2017 sur le capital humain dans le monde a classé le Laos au 84e rang sur 130 pays (où 1 est la meilleure position). C'est bien en dessous de la moyenne, mais une amélioration par rapport à son classement de 106e en 2016. Le Laos se classe très bien (12e) pour le déploiement qui reflète son taux élevé de participation de sa population active et son faible taux de chômage. Il se classe cependant mal pour le développement (97e), la capacité (99e) et le savoir-faire (105e). Le capital humain du Laos est relativement faible. Les taux d'alphabétisation et de numératif sont les plus bas d'Asie du Sud-Est. Cela se traduit pour le pays par une pénurie de main-d'œuvre qualifiée. En outre, la population active du Laos est de petite taille. La population âgée de 15 à 64 ans compte 4,2 millions d'habitants et ne devrait atteindre que 7 millions en 2050. Tous ces facteurs posent des défis en termes de productivité du travail et de taille pour le pays.

7.1.1 L'emploi au Laos

Le secteur agriculture reste le principal employeur au Laos, sa part dans l'emploi total a cependant considérablement diminué depuis les années 2010 au profit du secteur des services et de l'industrie. Le rôle des femmes gagnent peu à peu le monde du travail au Laos ; néanmoins, elles restent encore cantonnées dans le monde rural et exercent un travail familial non rémunéré. Dans les entreprises, elles gagnent au moins 20% de moins que les hommes pour le même travail. Toutefois, on voit de plus en plus de femmes créant leurs propres entreprises ou participant à la vie sociale et politique au Laos. La place des femmes dans le monde du travail est un enjeu primordial puisque c'est par le travail que les femmes gagnent leur autonomie financière, l'un des piliers de l'égalité, aussi le gouvernement lao assisté des organisations internationales ont entrepris dans le cadre des Objectifs de développement durable (ODD) les programmes de promotion de l'égalité des sexes et de l'autonomisation des femmes, quelques avancées ont été enregistrées mais encore insuffisantes, selon l'UNPD, il reste encore certains domaines à améliorer.

Cette politique active pour réduire l'inégalité entre hommes-femmes a bien progressé, l'évolution positive s'est produite, pour l'essentiel, sous l'action conjointe de trois facteurs : le développement de la scolarisation des filles, l'entrée massive des femmes dans le monde du travail et la maîtrise de la fécondité. Environ 70% des travailleurs au Laos travaillent dans le secteur de l'agriculture et de la pêche. Le secteur agricole ayant une faible productivité, ce pourcentage élevé a des implications négatives pour le travail décent et la réduction de la pauvreté. Les secteurs émergents comprennent la santé, le tourisme, l'éducation et les industries extractives telles que l'exploitation minière. Le chômage au Laos est faible, en 2015, il était à 2% pour les hommes et les femmes. Les taux de chômage sont plus élevés chez les jeunes âgés de 15 à 24 ans, en particulier parmi les nouveaux diplômés et dans les zones rurales. Les pauvres ne peuvent pas se permettre de rester sans travail, alors que les jeunes dans les villes et ceux appartenant au groupe les plus aisés peuvent être plus sélectifs quant à la qualité du travail qu'ils font.

Même si les taux de chômage sont généralement faibles jusqu'en 2019 avant la pandémie du Covid-19, la proportion de personnes occupant un emploi vulnérable reste élevée. Cela s'explique par le grand nombre de personnes qui travaillent dans le secteur de l'agriculture et de la pêche, des vendeurs et ceux qui exercent des métiers très basiques ou des travailleurs informels.

Bien que le ratio emploi-population du pays ait diminué, il reste parmi les plus élevés de la région (77,7% en 2010). Le taux de chômage à baisser à 1,7% en 2019 mais a bondi à 20% en 2020 en raison de la pandémie du Coronavirus, mais le Laos est toujours confronté à un problème majeur - il y a moins de travailleurs qualifiés que ce dont le pays a besoin et plus de travailleurs non qualifiés que ne le demande le marché. Autrement dit, le Laos est en situation de déficit chronique en main-d'œuvre.

Au Laos, les risques professionnels ont conduit à de nombreux accidents, à la propagation de maladies, à une perte auditive, à des troubles liés au stress, selon le rapport de l'UNPD. Bien que la loi prévoie des conditions de sécurité du travail et une rémunération plus élevée pour un travail dangereux, elle ne protège pas directement le droit d'un travailleur de s'éloigner d'une situation à haut risque. Les blessures et les décès au travail obligent les employeurs à indemniser le travailleur et / ou sa famille. Les employeurs sont également responsables des travailleurs qui deviennent handicapés au travail. La sécurité sociale y compris l'assurance maladie est instaurée pour tous les travailleurs dans le secteur formel (fonctionnaires, employés dans les entreprises publiques et privées) ; en revanche, les travailleurs dans l'économie informelle ne bénéficient pas de la couverture de base. Le Département de la gestion du travail du ministère du Travail et des affaires sociales est chargé des inspections sur le lieu de travail. Le ministère de la Santé publique avec les différents ministères concernés sont en train de mettre en place la couverture maladie universelle sur tout le territoire.

Quant à la liberté d'association et au droit de négociation collective, la loi accorde aux citoyens le droit de grève et de former des syndicats de leur choix, bien qu'il y ait peu de grève dans les entreprises au Laos. En outre, les employeurs ne sont pas autorisés à licencier les employés qui sont soit des représentants, soit des dirigeants de syndicats.

Le salaire minimum est instauré au Laos depuis 2012 par le gouvernement, le minimum mensuel pour tous les travailleurs du secteur privé est de 1 300 000 kips par mois (environ 140 dollars) avec une allocation de repas de 50 000 kips par jour (environ 5,90 dollars). Les fonctionnaires et les employés des entreprises publiques reçoivent un montant plus élevé de 1,400 000 kips par mois (environ 150 dollars). Le Laos est l'un des pays de l'Asie à instaurer le salaire minimum pour les travailleurs à la satisfaction de l'Organisation internationale du travail (ILO). Aujourd'hui, quelque 12% de la population bénéficie d'une protection sociale et santé, essentiellement dans le secteur formel, autrement dit des fonctionnaires et employés du secteur privé. L'assurance maladie universelle accessible à l'ensemble de la population commence à voir timidement le jour dans les provinces de Savannakhet, Champassak, Khammouan et Vientiane. Parallèlement, le système de sécurité sociale est en train de s'étendre à tous les employés du secteur public et privé[421]. Cependant, la loi sur le salaire minimum n'est pas encore effectivement appliquée par toutes les entreprises, en particulier en provinces et des entreprises familiales.

Un autre souci qui inquiète le gouvernement et les organisations, ce sont la précarité et la malnutrition des enfants. La pauvreté et le manque d'intérêt à l'école ont été cités comme principales raisons pour lesquelles certains enfants travaillent dans les petites entreprises de leurs communautés locales et aussi dans certaines usines. Au Laos, les autorités lao estiment que plus de 260 000 enfants âgés de 15 à 17 travaillent dans les petites entreprises et usines dans le but d'apporter un supplément de revenus à leurs familles. Ces enfants vivent ainsi dans des conditions de vulnérabilité. En collaboration avec les partenaires de développement et le secteur privé, le gouvernement travaille pour apporter les soins, la récupération et la réintégration des enfants victimes et améliorer la protection des enfants mineurs dans le cadre de l'Objectif n° 8 de l'ODD et l'élimination de toutes les formes de travail des enfants d'ici à 2025[422].

En ce qui concerne la migration de main-d'œuvre interne, en 2015, 17% de la population étaient considérés comme des « migrants à vie » au Laos. La proportion de migrants internes à vie dont les quartiers de résidence actuels sont différents de leurs lieux de naissance enregistrés, est de 23 à 25% chez les hommes adultes et de 21 à 22% chez les femmes. En conséquence, la migration interne de main-d'œuvre est assez courante dans le pays. Les femmes migrantes sont généralement impliquées dans le travail domestique, le secteur de la confection, le travail dans les bars ou le commerce du sexe. Comme la plupart des travailleuses migrantes internes travaillent dans des

[421] Vientiane Times, 06/03/2019, ILO, government join forces to increase social security coverage.

[422] Ministry mulls ways to reduce number of child workers, Vientiane Times, 25/02/2021.

contextes informels, elles ne sont pas enregistrées ni éligibles à la sécurité sociale et à la protection sur le lieu de travail.

Aujourd'hui la migration des travailleurs lao à l'étranger constitue une source de devises non négligeable pour l'Etat. De même, les migrants lao qui travaillent en dehors du pays constituent une importante source de revenus pour leurs familles vivant dans le sud du Laos. En 2013, les envois de fonds envoyés au pays par les migrants lao représentaient 2,5% du PIB du pays. Ces travailleurs lao à l'étranger représentent environ 8% de la population active lao. Ils constituent cependant un groupe vulnérable, travaillant principalement à des postes faiblement rémunérés et à forte intensité de main-d'œuvre principalement en Thaïlande, les autorités lao estiment qu'en 2019, environ 200 000 travailleurs y sont employés. La crise sanitaire avec le retour des émigrés a privé les envois de fonds de plus de 150 millions de dollars à leurs familles.

Les travailleurs lao à l'étranger, en particulier en Thaïlande sont exposés de manière disproportionnée à une série de travail de bas besogne, y compris des accidents du travail ou des maladies professionnelles, une faible représentation, des menaces et des extorsions de la part de la police et d'autres autorités thaïes. Les migrants courent également un plus grand risque de devenir des victimes de la traite et de divers trafics, comme cela a été souvent rapporté par les médias et par les migrants eux-mêmes.

Esclavage moderne et traite des êtres humains : le Laos est avant tout une source, mais aussi un pays de transit et de destination pour les femmes, les enfants et les hommes victimes de la traite, selon les autorités lao. Les principales causes de la traite au Laos sont l'inégalité des revenus, le manque de moyens pour contrôler les zones frontalières et un développement économique accru. Etant donné que la pauvreté et le manque d'opportunités éducatives sont répandus au Laos, de nombreuses jeunes filles et femmes sont conduites hors du pays et tombent dans la prostitution. L'indice mondial de l'esclavage 2018 classe le Laos au 22e rang sur 167 pays (où 1 est le pays le moins bien classé).

Toutefois, le Laos en matière d'emploi a fait des progrès mais il lui reste a encore du chemin à parcourir pour parvenir à un emploi productif et à un travail décent pour tous ses demandeurs d'emploi. La productivité du travail a certes augmenté de 1995 à 2010, selon le ministère des Affaires sociales, mais cela s'explique par le fait qu'une forte croissance économique a dépassé la croissance de l'emploi. La croissance est largement tirée par les ressources et les investissements massifs étrangers ; elle a par conséquent entraîné une augmentation du PIB par personne employée, mais n'a pas généré un nombre suffisant d'emplois décents. Les secteurs de l'agriculture et de la pêche dominent au Laos, représentant environ 70% des personnes employées en 2010[423]. Cela a des implications pour le travail décent et la réduction de la pauvreté, car le secteur agricole enregistre une faible productivité (4 à 10 fois inférieure à celle des secteurs non agricoles en 2010) avec un manque de valeur ajoutée domestique. Un pourcentage élevé d'employés travaillent dans l'agriculture de semi-subsistance, qui est le principal moteur du ratio emploi-population élevé. Ce pourcentage est le plus élevé dans les zones rurales éloignées sans accès routier et le plus bas dans les zones urbaines. Le quintile le plus pauvre de la population des ménages a un ratio emploi-population élevé de 85% (contre 71% pour les plus riches). Environ 36% des personnes employées appartiennent aux deux quintiles les plus pauvres de la population des ménages, selon ILO. Les travailleurs à leur propre compte et les travailleurs familiaux non rémunérés constituent 84% de ceux qui travaillent.

La part de l'emploi vulnérable au Laos reste malgré tout un souci pour les autorités lao. On déplore cependant que le niveau élevé d'emploi vulnérable est imputable au secteur de l'agriculture et de la pêche, aux vendeurs et aux professions élémentaires (aides de ménage, ouvriers sans qualification, manœuvrés, vendeurs ambulants). Dans ces trois secteurs, respectivement 99, 73 et 73 % des travailleurs occupent un emploi vulnérable (travailleurs indépendants, mais pas employeurs, ou dans un travail non rémunéré pour la famille). L'essentiel du travail agricole se caractérise par de faibles revenus, de mauvaises conditions de travail et des déficits d'accès à la fois à la protection sociale et à la représentation sur le lieu de travail. Cependant, l'emploi vulnérable ne se limite pas à l'agriculture. Selon l'UNPD, l'emploi informel étant très répandu, d'autres emplois sont souvent mal rémunérés et dans de mauvaises conditions de travail.

Rendre le secteur agricole - en particulier le secteur du riz - plus productif est la clé à la fois de la réduction de la pauvreté et de l'amélioration des moyens de subsistance au Laos, tel est l'objectif de l'Etat et du gouvernement. Le recensement agricole (2012) a estimé une « population agricole » à 4,5 millions : ceux qui vivent dans des « ménages agricoles », la définition étant un ménage engagé dans des activités de production agricole telles que la culture, l'élevage de bétail ou l'aquaculture représentaient environ 70% des personnes employées , tandis qu'environ 76% de tous les ménages du pays cultivent du riz. L'agriculture commerciale (par exemple le manioc et le maïs) se développe rapidement et les cultures sont généralement cultivées par de petits agriculteurs sous contrat. Les plantations, telles que les bananes et le caoutchouc, sont normalement des concessions gérées par des entreprises, qui dépendent d'une main-d'œuvre manuelle bon marché, généralement à bas salaires. Selon l'UNPD et les statistiques lao, la population totale employée dans le secteur agricole en 2020 est d'environ 68%. Il y a une réserve de potentiel importante pour les travailleurs, car une grande partie de la main-

[423] Ce chiffre selon le Bureau des statistiques a diminué en 2020 à près de 60%.

d'œuvre agricole est sous-employée. Seuls 11% des agriculteurs déclarent travailler 9 à 12 mois par an dans la ferme familiale, tandis que 45% ne travaillent que 3 à 6 mois. La productivité agricole au Laos est toujours inférieure à la moitié de celle de la Thaïlande, bien qu'elle ait augmenté au cours des dernières années pour dépasser la productivité au Vietnam et au Cambodge. Une plus grande productivité améliorerait non seulement les moyens de subsistance d'une grande partie des agriculteurs, mais aussi libérerait de la main-d'œuvre pour se diriger vers des secteurs à plus haute productivité, comme dans l'industrie manufacturière, l'industrie textile, la fabrication, et dans la restauration, sans compter que les SEZ ont besoin de la main-d'œuvre. Aussi, le gouvernement a mis en œuvre des mesures d'aide aux agriculteurs en coordination avec les organisations internationales et les partenaires de développement, en particulier à construire des canaux d'irrigation, à former des agriculteurs et fermiers aux techniques modernes, à encourager les villageois à utiliser des équipements mécaniques, et à cultiver une variété de légumes et des fruits destinés à l'exportation.

L'immense défit au Laos est le déficit de la main-d'œuvre qualifiée dans tous les secteurs de l'activité, cependant la croissance économique est jusqu'ici tirée essentiellement par les industries extractives et énergétiques qui ont peu d'impact direct ou indirect sur l'emploi. Le taux de chômage chez des jeunes est plus fort que celui des garçons, toutefois dans l'industrie textile, les femmes constituent 95% des effectifs. Pendant la saison sèche, des jeunes de la zone rurale viennent chercher du travail en ville, et en particulier dans la capitale. Pour ces jeunes, c'est un travail d'appoint, pour les entreprises qui les emploient, cette main-d'œuvre est volatile.

L'entrée du Laos dans l'AEC offre des opportunités de travail décent aux Lao, mais le changement doit être correctement géré. De ce fait, selon les estimations de l'ADB et de l'UNPD, 130 000 emplois supplémentaires et une augmentation d'emplois dans l'industrie et les services seront créés. Néanmoins, l'agriculture restera le premier employeur du pays. Avec l'expansion attendue dans des secteurs tels que les automobiles, le commerce et les transports, la demande de travailleurs moyennement qualifiés et hautement qualifiés devrait augmenter, même si les flux de travailleurs peu qualifiés devraient se poursuivre à court et moyen terme. Ainsi, le gouvernement n'ignore pas que la création d'emplois est un défi majeur pour le pays, les entreprises ont à faire face à un manque crucial de la main-d'œuvre. Toutefois, il est certain que la majeure partie de demandeurs d'emploi lao peuvent ne pas répondre aux dispositions et aux critères de compétence de l'AEC. Par conséquent, sans les mesures appropriées mises en place par le gouvernement lao comme la formation continue ou les stages spécialisés, l'AEC pourrait ne pas offrir un emploi de qualité pour la majorité des demandeurs d'emploi et pourrait perpétuer ainsi les disparités entre les sexes (puisque la main-d'œuvre féminine est moins scolarisée que l'homme).

C'est pourquoi le gouvernement en coopération avec l'UNPD et les partenaires de développement (Pays-Bas, Suisse, Japon, Allemagne, Corée du Sud, France), ont mis en place un enseignement et formation technique et professionnel efficace pour doter les travailleurs des compétences nécessaires dans des secteurs clés. Le plan stratégique pour le développement de l'enseignement et formation technique (2006-2020) du gouvernement visait à aborder les questions politiques, réformer et promouvoir la formation des jeunes à vocation technique, tout en leur fournissant une assurance qualité et une meilleure information sur le marché du travail. A cet égard, le collège technique allemand a créé un deuxième centre en 2020 de formation à Vientiane pour former les jeunes et répondre aux besoins des entreprises. Une étude récente sur les employeurs de l'ASEAN a révélé que seulement un tiers des répondants étaient d'avis que les compétences des diplômés du secondaire au Laos correspondaient bien aux besoins des entreprises.

D'autre part, les facteurs structurels démographiques et économiques suggèrent que les migrations sortantes du Laos se poursuivront. Les travailleurs peu qualifiés constituent la majeure partie des émigrants lao, l'emploi étant concentré dans des secteurs tels que l'agriculture, la construction et le travail domestique. Dès lors, le gouvernement a pris des mesures pour protéger les migrants lao dans les pays d'accueil en matière de loi du travail, de l'immigration et de protection sociale, avec les services juridiques des partenaires membres de l'ASEAN. Le défi que posent les autorités lao à moyen terme est comment retenir les jeunes lao pour constituer une main-d'œuvre dont le pays a besoin ?

Le Laos a fait du progrès dans le domaine de la protection des travailleurs, il a adopté et modifié une loi du travail (la Loi du travail de 2013) qui est plus conforme aux normes internationales. La nouvelle loi est entrée en vigueur le 4 novembre 2014. Elle visait à répondre aux préoccupations de la Fédération des syndicats lao (LFTU), selon lesquelles la législation du travail de 2006 était inadéquate pour la protection des travailleurs. La nouvelle loi fixe des limitations de la durée du travail, des heures supplémentaires et prévoit le repos hebdomadaire, les congés de maladie et les droits au congé avec des dispositions spéciales pour les femmes enceintes et les femmes qui ont accouché. En outre, elle contient une clause sur la sécurité sociale obligatoire pour les salariés conformément à la nouvelle loi sur la sécurité sociale. Parmi les autres changements figurent l'obligation pour les employeurs de dispenser une formation pour développer les compétences des employés et garantir l'hygiène et la sécurité du travail.

S'agissant de la fonction publique, le Laos emploie en 2018 plus de 184 800 fonctionnaires, soit 2,8% de la population totale. Ce chiffre ne comprend pas les soldats, les policiers, les volontaires et les employés des entreprises publiques. Le ratio de 2,8% place le Laos à la deuxième plus grande proportion de fonctionnaires parmi les 10 pays membres de l'ASEAN après le Brunei. Le premier ministre Thongloun Sisoulith a déclaré à l'AN en 2018 que : « *nous ne pouvons pas permettre à notre structure organisationnelle de gonfler davantage. Une bonne gouvernance ne signifie pas simplement attirer davantage de fonctionnaires pour faire tout le travail* ». Le premier ministre a chargé les autorités locales de revoir le nombre de fonctionnaires, d'agents contractuels et de bénévoles qu'il y a dans chaque ministère. Le personnel de la fonction publique devrait être employé désormais en fonction des besoins réels. Cette décision du gouvernement consistait de réduire les structures organisationnelles du département d'État et de réduire le nombre de fonctionnaires.

En conséquence, le Décret n° 3 du premier ministre de 2018 a permis de rationaliser et de réduire la structure organisationnelle de l'Etat. Cela a obligé tous les départements d'Etat à fusionner les bureaux dont la portée des travaux se chevauchait. Le gouvernement a également réduit le nombre de nouveaux fonctionnaires recrutés chaque année de plus de 10 000 personnes auparavant à 3 000 en 2018 et à 1 500 en 2019. Les responsables ont déclaré que la réduction des quotas, qui est inférieure au nombre de travailleurs prenant leur retraite, a permis au gouvernement de réduire le nombre total de fonctionnaires. Ainsi, près de 4 000 fonctionnaires ont pris leur retraite en 2018[424]. Plus de 26 000 fonctionnaires travaillaient au niveau central et 165 900 au niveau local. Plus de 36 000 fonctionnaires travaillaient pour les autorités provinciales et 120 700 pour les autorités de district. Les salaires des fonctionnaires représentaient 40% des dépenses de l'Etat dans de nombreux pays, alors qu'au Laos, ce chiffre atteignait environ 50% en 2018.

Selon la dernière déclaration de Khammoune Viphongxay, vice-ministre du Travail et des Affaires sociales, au quotidien Vientiane Times, le nombre de fonctionnaires s'élevait à plus de 170 000 en 2020 avec un recrutement de moins de 2 000 fonctionnaires, ce qui était plus que nécessaire ; la majorité était recrutée pour les ministères de l'Education et de la Santé publique. La bonne gouvernance exige que le gouvernement restructure les organisations d'Etat et d'accroître les responsabilités des fonctionnaires, assurant que si une personne peut faire plus et mieux son travailler, cela réduit les dépenses de l'Etat. Les contraintes budgétaires ont obligé le gouvernement à rationaliser davantage sa structure pour réduire les coûts administratifs dans un contexte de baisse drastique des revenus et de difficultés économiques en raison de la pandémie de coronavirus. De ce fait, le gouvernement a accepté en principe de recruter 1600 fonctionnaires en 2021 conformément à une proposition du ministère de l'Intérieur[425]. Le nouveau secrétaire général du parti et premier ministre sortant, Thongloun Sisoulith, lors de la dernière réunion de son

---

[424] Stop employing additional people, PM tells government departments, Vientiane Times, 14/06/2019.

[425] Government plans to hire fewer civil servants next year, Vientiane Times, 24/09/2020.

cabinet, a exhorté les administrations de réduire les dépenses, de limiter au strict nécessaire le recrutement des fonctionnaires, de donner la priorité à l'éducation et l'emploi, de protéger les plus vulnérables de la pandémie[426].

7.1.2 Valorisation l'éducation et son système éducatif

Le Laos a atteint la couverture universelle des taux de scolarisation dans le primaire, le taux de survie dans l'enseignement primaire reste faible et le pays n'a pas encore pleinement atteint les objectifs OMD 2 consistant à terminer l'enseignement primaire, selon l'UNPD. La scolarisation dans le secondaire s'est améliorée, même si elle reste faible en raison du faible taux de survie au primaire. Les disparités sont importantes dans l'enseignement, plus encore au niveau secondaire. La qualité des résultats de l'enseignement et de l'apprentissage est inadéquate, de même pour les programmes de formation des enseignants et la répartition des enseignants. Les dépenses publiques ont considérablement augmenté dans le secteur, mais la part du budget de fonctionnement non salarial est encore insuffisante, selon l'UNPD. L'éducation de la petite enfance a besoin de plus d'attention, notamment pour garantir une meilleure préparation scolaire des enfants. La principale cause des résultats médiocres dans l'enseignement aussi bien dans le primaire que secondaire provenait du manque de motivation des enseignants en raison des trop bas salaires. On constate que les zones rurales souffrent de déficit d'enseignants de qualité plus que dans les zones urbaines, car ces derniers peuvent trouver un deuxième travaille en ville et améliorer ainsi leurs revenus. Effectivement, la répartition des enseignants n'est pas équitable et varie d'une province à l'autre. Phongsali et Houaphan font partie des provinces connaissant une pénurie d'enseignants. Les régions éloignées, généralement des communautés dont langue d'origine n'est pas le lao ont du mal à attirer et à maintenir des enseignants qualifiés.

Les résultats des évaluations de l'UNPD sur l'apprentissage ont montré que les enseignants pouvaient ne pas dispenser l'enseignement de qualité nécessaire pour développer des compétences en résolution de problèmes ou en réflexion indépendante aux élèves. Alors qu'environ 98% des enseignants du primaire et 99,6% des enseignants du secondaire ont reçu une formation, un rapport a noté que le développement professionnel continu était peu fréquent. Des évaluations ont montré que les programmes de formation initiale des enseignants reposent fortement sur l'apprentissage du par cœur, avec très peu d'interactions significatives entre les élèves-enseignants et peu de possibilités pour les stagiaires à apprendre à penser par eux-mêmes. Cette approche de l'enseignement est ensuite répercutée dans les écoles. Le programme existant et les ressources limitées disponibles pour les enseignants tendent à

[426] Outgoing administration outlines final mission, Vientiane Times, 02/03/2021.

renforcer l'apprentissage du par cœur en tant que méthodologie d'enseignement, selon une étude réalisée sur l'enseignement primaire de l'Ambassade australienne au Laos.

On observe toutefois que dans le domaine de l'éducation, l'écart en matière d'égalité entre les sexes s'est rétréci aux trois niveaux de scolarisation, l'équité entre les sexes étant pratiquement atteinte pour l'enseignement primaire. Cependant, les filles rencontrent toujours des difficultés pour poursuivre leurs études secondaires et parmi les jeunes, l'écart entre les sexes en matière de taux d'alphabétisation ne s'est pas beaucoup réduit. Le mariage précoce est l'un des nombreux facteurs qui empêchent les filles de poursuivre leurs études, toujours selon l'UNPD.

Concernant l'autonomisation des femmes, le récent examen de la Déclaration et Programme d'action de Beijing[427] (BPfA) en 2019 a montré que l'égalité des sexes et l'autonomisation des femmes au Laos ont atteint un niveau respectable. Les principaux progrès réalisés dans la mise en œuvre du BPfA au cours des cinq dernières années comprennent :

1) La formulation de cadres juridiques qui fournissent une architecture globale pour la mise en œuvre effective de la promotion des droits de la femme ;
2) L'amélioration des soins et services de santé pour répondre aux besoins médicaux des femmes et ;
3) Un meilleur niveau d'éducation des femmes.

Malgré les réalisations, il existe également des défis tels que le manque de ressources humaines et financières pour la mise en œuvre du BPfA, et le faible niveau de compréhension et d'acceptation de l'égalité des sexes parmi le grand public, en particulier ceux résidant dans zones rurales et montagneuses. L'évolution des formes de traite des êtres humains rend également difficile la mise en œuvre du BPfA au Laos.

D'autre part, il convient de noter que les enfants de certains groupes ethniques sont confrontés à des défis particuliers. Les personnes issues de communautés non « lao loum » ont du mal à être éduquées dans une langue qui n'est pas leur langue maternelle, ce qui a un impact direct sur leur capacité à acquérir les compétences fondamentales requises pour obtenir leur diplôme de l'enseignement primaire. En outre, malgré la politique nationale d'éducation inclusive, les enfants handicapés rencontrent des difficultés pour aller à l'école, même s'ils peuvent s'inscrire dans une école.

Le grand défi du gouvernement est donc d'assurer la poursuite de l'aide des partenaires de développement et des ONG internationales pour une éducation inclusive et de qualité. Améliorer le développement humain et lutter contre le faible taux d'achèvement du primaire étaient les objectifs clés du

---

[427] La Déclaration et le Programme d'action de Beijing, adoptés à l'unanimité par 189 pays, forment un programme pour l'autonomisation des femmes considéré comme le principal document de politique mondiale en matière d'égalité des sexes.

8ème plan quinquennal de développement socioéconomique (2016-2020). Parmi les autres cadres de référence pour l'éducation figurent le projet de stratégie nationale de développement des ressources humaines (2016-2025) et le plan de développement du secteur de l'éducation (2016-20) du gouvernement, ainsi que la Loi sur l'éducation de 2015. L'objectif ODD 4 est beaucoup plus large que celui de l'OMD 2 sur l'enseignement primaire (et comprend tous les niveaux d'enseignement, car il assure l'accès de tous à une éducation de qualité, sur un pied d'égalité, et promouvoir les possibilités d'apprentissage tout au long de la vie.

Le gouvernement a révélé que 10 des cibles inscrits dans le 8ème plan 2016-2020 concernant l'accès à l'éducation et la qualité de l'éducation n'étaient pas atteints, aussi le 9ème plan 2021-2025 va focaliser plus à l'amélioration de la qualité de l'enseignement et à assurer le taux de fréquentation élevé dans les collèges et les lycées et délivrer une éducation de qualité pour toutes les communautés. Selon l'UNPD, pour combler le déficit de l'offre de compétences et de qualifications de la main-d'œuvre lao en vue de répondre à l'évolution des demandes de l'économie, le soutien de l'ONU au gouvernement lao en matière de l'éducation est donc essentielle. Le manque de compétences de base entraîne des problèmes de capacité lorsqu'il s'agit d'entreprendre une éducation et une formation complémentaires au niveau requis sur le marché du travail. Le système d'enseignement technique professionnel et la formation actuelle doivent être améliorés et élargis sur tout le territoire ; cependant quelques initiatives ont déjà été entreprises par le gouvernement avec l'aide des partenaires de développement. Pour continuer à recevoir de l'aide des institutions internationales, le gouvernement lao se doit de coordonner et harmoniser le soutien des partenaires GIZ, KOICA, JICA et des entreprises en veillant à ce que cela s'aligne étroitement avec le plan de développement du secteur de l'éducation national (2016-2020) et les besoins de l'industrie. Par ailleurs, le 9ème plan de développement quinquennal fait de l'éducation et de la formation des jeunes une des priorités pour le développement de l'économie.

D'autre part, dans le cadre du 9ème plan quinquennal 2021-2025, le nouveau gouvernement a annoncé de vastes projets concernant l'éducation. En particulier, grâce à l'aide de l'ODA, avec la construction des dortoirs pour les élèves dans le secondaire ainsi que les dortoirs et laboratoires pour étudiants dans les universités. Un autre projet sera d'améliorer l'enseignement de mathématiques pour l'école primaire et la formation des professeurs. Le gouvernement et les partenaires de développement continueront de mettre en place l'enseignement professionnel et la formation technique pour encourager des jeunes à entreprendre un métier. Au cours du 11ème Congrès national du parti, le nouveau secrétaire général du parti Thongloun Sisoulith a décrit six principaux objectifs du 9ème plan de développement socioéconomique, y compris le développement des ressources dans le secteur de l'éducation, c'est pour dire, l'importance de l'éducation dans le développement du Laos.

7.2 Persistance de la pauvreté et des inégalités sociales

Le Laos est considéré comme moyennement pauvre, selon les indicateurs donnés par l'UNDP, les inégalités sociales et géographiques se maintiennent. Le fossé persiste, les résultats dépendent en grande partie de la situation géographique, entre les régions développées et sous-développées du pays en dépit des progrès réalisés ces dernières années en termes de croissance du PIB et des politiques de développement mises en place par les autorités, afin de favoriser la région centrale et la région sud du pays[428]. La moitié de tous les pauvres est concentrée dans le nord du pays et, dans certaines provinces septentrionales, presque trois-quarts des habitants sont totalement démunis. La pauvreté touche particulièrement les groupes de minorités ethniques. Certains indicateurs des objectifs de développement pour le Millénaire (ODM) au regard de la pauvreté du Laos sont parmi les plus bas en Asie de l'Est et dans la région du Pacifique. Par exemple, l'espérance moyenne de vie est de 64 ans au Laos, alors que la moyenne régionale est de 70 ans ; le taux de scolarisation net dans le primaire est de 84 % au lieu de 99 % pour l'ASEAN ; et la mortalité infantile, au taux de 98 pour 1 000, représente plus du double de la moyenne régionale de 37 pour 1 000. Le Laos a su maintenir cependant un cadre macroéconomique stable, mais le revenu national par tête d'habitant 2 664 dollars en 2020 est encore faible comparé à ceux des pays de l'ASEAN pour atteindre les objectifs de l'ODM. La gestion de cette transition économique reste délicate. D'autre part, la population des travailleurs migrants vers la capitale, issue des campagnes laotiennes, dont les conditions restent précaires, notamment en matière de l'emploi et de protection sociale. Faute de formation et de qualification adéquate, et face à la hausse des coûts de la vie dans les villes, les travailleurs doivent faire face à une situation désespérée. Aussi de nombreux jeunes lao traversent-ils chaque année le Mékong pour trouver du travail en Thaïlande.

Le gouvernement lao prévoyait au cours du 8ᵉ Plan quinquennal des taux de croissance de 7 % par an et de rester à ce niveau jusqu'en 2020, et projetait une croissance de 6,5% par an pour le prochain plan quinquennal, conditions nécessaires pour réduire la pauvreté et améliorer le niveau de vie et le bien-être de la population ; cette perspective aujourd'hui n'est plus réalisable en raison de la pandémie du Covid-19. Toutefois, les autorités lao se donnent comme prioritaire d'accélérer le développement du système de protection

---

[428]Le Nord dans la province de Luang Namtha avec la dynamique ZES à Boten, le Centre avec les ZES à Vientiane, et à Thakhek, Khammouan, et le Sud, avec le développent en cours de la ZES de Champassak.

sociale, la réduction des inégalités et la lutte contre la pauvreté. Le défi le plus retenu est le niveau de couverture universelle d'ici 2025 que le gouvernement envisage de mettre en place progressivement, face à la démographie croissante et d'une population jeune, ainsi que l'harmonisation des mesures de développement social avec les pays de l'ASEAN. Le tableau ci-dessous donne un résumé de l'évolution des indicateurs sociaux.

<u>Tableau 15 : Evolution des principaux indicateurs sociaux</u>

	2009	2010	2011	2012	2013	2014	2015	2016	2017	2018
Taux alphabétisation adulte en %	nd	75,3	nd	nd	79	nd	84,7	nd	nd	nd
Elèves en école primaire en %	91,6	92,7	94,1	95,2	97,3		98			
Elèves en secondaire en %	36,6	33,9	33,4	34,7	nd	nd	nd	nd	nd	nd
Mortalité enfantile par 1000 naissance	59,2	55,6	68	51,5	48,9	46,5	57	48,9	49	38
Taux de fécondité en %	3,4	2,7		3,4	3,2	2,8	2,9	2,7	nd	2,1
Espérance de vie (année)	64	64,7	65,4	66,1	66,9	68	68	nd	67	67,3

Source : ASEAN Secrétariat 2019

Selon la publication du rapport 2020 sur le Développement Humain par l'UNPD, l'indice de Valeur du développement humain au Laos a augmenté de 0,405 à 0,613, une augmentation de 51,4% entre1990 et 2019, positionnant le Laos au 137e rang sur 189 pays. Le rapport classe l'indice de développement humain des pays basés sur la réalisation moyenne des trois aspects fondamentaux de développement humain, à savoir l'espérance de vie, l'éducation et le revenu par habitant. Ainsi le Laos a montré en vingt ans une certaine progression sur les conditions de vie de la population.

7.2.1 Les inégalités de développement

La vigoureuse croissance connue ces dernières années au Laos, suivie de rapides transformations dans la vie économique et sociale, une telle accélération dans les mutations sociales a aussi ses parts d'ombre, qui sont en général bien connues : aggravation des disparités régionales en termes de développement, augmentation des inégalités sociales, décrochage des campagnes par rapport aux villes, en particulier une désertion vers la capitale, très forte imbrication du politico-administratif et de l'économique qui mène à des logiques d'injustice, de violence, de corruption, et de dégradations environnementales au nom d'un développement à tout prix. Les inégalités régionales se maintiennent en termes relatifs, malgré un essor global du pays. La lecture de l'espace lao fait apparaître un écart de développement tant en termes économiques qu'urbanisation. Les faits constatés : l'accès aux services sociaux de base constitue également un problème récurrent. Malgré une amélioration en matière d'enseignement primaire, les disparités entre les centres urbains et le monde rural sont encore très grandes ; une grande partie d'industrie se concentre autour de la capitale et les provinces immédiates, les infrastructures et équipements y ont bien dotées. Les provinces, exceptées celles de Luang Namtha, Bokeo, Borikhamsay, Vientiane, Savannakhet, Khammouan et Champassak, accusent un retard de développement que seuls d'importants investissements pourraient aider à combler. Toutefois, grâce aux actions des ONG, depuis 2012, la réduction de la pauvreté et de la faim ainsi que l'inégalité dans les régions du nord (Phongsali, Xieng Khuang) et du sud (Attapeu, Saravan) ont progressé de manière significative ; mais la malnutrition et certaines maladies demeurent encore un problème critique.

On retient que le Laos a atteint les Objectifs de l'OMD consistant à réduire de moitié la proportion de personnes souffrant de la faim[429]. La proportion de personnes sous-alimentées dans la population est passée de 42,8 pour cent en 1990 à environ 18,5 pour cent en 2015[430]. Cependant, le pays a encore un niveau de faim significatif, tel que mesuré par l'indice de la faim dans le monde, selon la FAO. Environ un cinquième de la population consomme moins que les besoins énergétiques alimentaires minimaux. De plus, l'inégalité la plus fragrante est en matière de la nutrition. En effet, la dénutrition au Laos montre de fortes inégalités entre les régions et les groupes ethniques, associées aux modèles de pauvreté. Dans les zones rurales sans accès routier, le retard de croissance et la prévalence de l'insuffisance pondérale sont deux fois plus élevés que dans les zones urbaines. Les taux de prévalence du retard de croissance chez les enfants des groupes ethnolinguistiques Hmong-Lu Mien et sino-tibétain dépassent 60%, soit près en matière de la nutrition, du double de ceux des enfants du groupe Lao-Tai. La prévalence du retard de croissance chez les enfants des ménages les plus pauvres est trois fois plus élevée que celle des ménages les plus riches[431].

Face à un tel déséquilibre, les autorités laotiennes ont eu l'objectif, sinon de le résoudre, du moins d'accroître les logiques d'intégration territoriale à l'échelle du pays, en créant du lien territorial à la fois dans un projet économique de développement intégré des périphéries et suivant une politique d'unité nationale dans un temps d'ouverture du pays. Ainsi, le gouvernement depuis 2003 a créé des zones spéciales économiques dans différentes régions avec les infrastructures associées, dont l'objectif était de développer le pays grâce aux investisseurs, de créer les emplois et de réduire les disparités régionales. Une bonne gouvernance économique ainsi qu'une redistribution équitable des richesses générées suffiraient certainement à faire reculer la pauvreté de la population. L'Etat et le gouvernement visent également à

---

429 FAO, 2015.

430 FAO projection for 2014-2016.

431 Lao Statistics Bureau 2012.

parvenir à un développement régional et local équilibré et à une amélioration du niveau de vie.

7.2.2 L'accès aux services sociaux, à la santé et à la protection sociale

Des améliorations sont visibles en matière d'accès aux soins de santé, aux infrastructures de base ainsi qu'à la protection sociale, elles sont des défis majeurs du gouvernement depuis deux décennies.

En matière de santé publique, ces dernières années, selon le ministère de la Santé, le Laos a réussi à réduire le nombre de décès chez les mères et les enfants, mais de nombreux défis demeurent pour atteindre l'Objectif ODD 3 sur la mortalité enfantine, autrement dit, 12 décès chez les enfants en dessous de 12 mois pour chaque 1 000 naissances vivantes et, parmi les enfants en dessous de 5 ans, il y aura seulement 25 décès pour 1 000 naissances vivantes. Concernant la mortalité maternelle, le ministère de la Santé souhaite faire baisser le taux de mortalité d'enfants à 70 pour 100 000 naissances. Un autre objectif annoncé par le Pr. Phouthone Muongpak, vice-ministre de la Santé, est d'offrir un service professionnel en matière de santé à plus de 95% de la population d'ici 2030. Mais ces objectifs restent un grand défi en particulier pendant la pandémie de Covid-19[432].

Plus récemment, au cours d'une conférence annuelle de l'Association de la santé lao, le Pr. Phouthone Muongpaka déclaré que le gouvernement prévoit pour que tout le monde ait accès aux services de santé de qualité dans les cinq prochaines années, mais cet objectif peut ne pas être atteint si les autorités de la santé locale ne savent pas comment tirer le meilleur parti des politiques de santé en les interprétant convenablement, dit-il. Les vaccinations contre la rougeole-rubéole, le polio et d'autres maladies sont fournies chaque année mais le programme ne réussit pas toujours à faire vacciner la population, parce que les autorités locales suivent strictement aux ordres qu'elles reçoivent du ministère de la Santé ou du gouvernement sans chercher à coopérer ou accepter les idées des habitants dans leur communauté. Le ministère s'emploie à ce que tous les enfants puissent avoir l'accès à de bons soins de santé, y compris les vaccins contre les maladies courantes afin de renforcer leur immunité dans le cadre de la politique du gouvernement de donner des services complets de santé. Le gouvernement a pris conscience qu'il est essentiel de s'adapter à la politique de santé avec les communautés locales[433].

Dans le cadre du plan quinquennal du développement pour 2021- 2025, le gouvernement a annoncé son support pour 12 projets majeurs et prioritaires pour le développement du secteur de la santé, comme la qualité du service de santé et l'accès à la nutrition. Le gouvernement mettra l'accent sur la gestion

---

[432] Public health conference calls for further reform, Vientiane Times, 13/11/2020.
[433] Adapt health policies to suit local communities, officials told, 23/11/2020.

de la santé dans les hôpitaux et la gestion administrative et médicale des hôpitaux, il cherchera à motiver les professionnels de la santé. Le gouvernement continuera de fournir des équipements et d'innover des hôpitaux de provinces à Saravan, Khammuan, Sayaboury, Champassak et Oudomxay. En plus, le gouvernement continuera la construction d'hôpital à Vientiane, la construction d'hôpitaux dans quatre provinces du sud dont Savannakhet. Le plan de développement sanitaire du 9ème plan vise d'autre part, à abaisser le taux de mortalité des nourrissons âgés de moins de 12 mois à 20 pour 1 000 naissances vivantes[434].

En matière de vaccination, le taux cible de vaccination a été fixé à 95%, et de la population aura accès à de l'eau potable. La promotion de la nutrition est une priorité clé du gouvernement, et en 2021 le gouvernement et les partenaires de développement ont lancé un projet pour améliorer la nutrition parmi les familles d'agriculteurs des hautes terres, grâce à une meilleure alimentation, les pratiques d'hygiène et diététique.

A ce jour, le Fonds national de la sécurité santé fonctionne dans 17 provinces (mais pas la capitale), couvrant 75% de la population, avec 93% de couverture fourni par la garantie de l'Etat et les organisations de la sécurité sociale. Le ministère de la Santé publique vise à atteindre dans le cadre du plan à 100% la couverture.

En ce qui concerne l'accès aux infrastructures, 93,8% des villages ont un accès routier pendant la saison sèche, une augmentation par rapport à la dernière enquête (76,4 %). L'enquête a révélé que 90,7% des villages ont pu accéder à l'eau potable tandis que l'assainissement s'est amélioré avec seulement 19,% de la population sans toilettes. Au niveau national, l'accès à un assainissement amélioré et à des sources d'eau a considérablement augmenté au cours de la dernière décennie. Le Laos a atteint les Objectifs de l'OMD relative à l'eau potable et à l'assainissement[435]. En 2015, 76% de la population auraient accès à des sources améliorées d'eau potable contre 57% en 2005[436]. L'estimation de la couverture par un assainissement amélioré est de 71% contre 43% en 2005. La forte prévalence de la défécation à l'air libre est toujours préoccupante (38% en 2011/12 et 23% en 2015).

Le fossé entre les zones rurales et urbaines s'est rétréci en ce qui concerne l'accès à l'eau potable, mais les disparités restent importantes encore. Environ 97,5% de la population ont accès aux programmes de vaccination, 39,3% ont accès à une pharmacie de village et 36,4% des villages ont des pharmacies certifiées. Selon le ministère de l'Energie et des mines (MEM), en 2020, 95% des familles ont accès à l'électricité et 93% de toutes les provinces et des villes

---

[434] Government's new development plan targets improvements in health, Vientiane Times, 29/01/2021.

[435] Lao Statistics Bureau, 2012 (LSIS2011/12) and UNICEF/WHO Joint Monitoring Programme (JMP, update June 2015).

[436] UNICEF/WHO Joint Monitoring Programme (JMP, update June 2015).

sont désormais connectées aux réseaux d'EDL. Le gouvernement s'est engagé d'autre part à fournir des protections à tous les citoyens dans les domaines de l'assurance maladie, sociale sécurité et protection sociale dans le cadre de la Stratégie de protection sociale nationale (NSPS) 2025. Le NSPS a été adopté par Décret n° 224 du Premier ministre en avril 2020, il a été progressivement mis en œuvre qui prend en compte les conditions de ressources humaines et financières disponibles, selon le Département de la planification et de la coopération sous le ministère du Travail et des Affaires sociales. Le processus de la protection sociale a reçu des soutiens techniques de l'IOL et d'autres agences des Nations Unies dont l'objectif est de protéger tous les citoyens des risques et des vulnérabilités, ainsi que des chocs socioéconomiques et des catastrophes environnementaux.

Plus précisément, le NSPS envisage des protections pour groupes bien ciblés, par exemple les pensions pour les personnes âgées ou des subventions en espèces aux enfants nécessitant de protection spéciale et aux handicapés qui ne peuvent pas s'aider eux-mêmes. Dans le cadre de la stratégie de protection envisagée, les chômeurs âgés de 14 à 60 ans sans opportunités d'emploi seront pris en compte. De même, les victimes de catastrophes naturelles et artificielles, telles que les incendies, les inondations, les séche-resses, les épidémies, le froid, les glissements de terrain, les tremblements de terre et les éruptions volcaniques, qui entraînent la perte de vies ou de biens ou des dommages à l'économie et à l'environnement dans la région touchée, sont inclus dans le cadre de NSPS. Les personnes vulnérables et défavorisés sont les individus qui n'ont pas de possibilités d'accéder aux services lié à l'éducation, au développement professionnel et formation, à l'emploi décent, aux premiers soins, au conseil psychologique, à la nourriture, et à un abri[437].

Malgré la politique gouvernementale de réinstallation des villages ruraux et éloignés pour créer des « zones focales » avec un meilleur accès aux services (santé, éducation), la prestation de services reste encore inégale dans ces zones. Les liaisons de transport et de communication dans les zones reculées, bien que peu répandues, s'améliorent lentement, mais la topographie du Laos est difficile et les autorités travaillent à partir d'un état d'infrastructures très mauvais. Le point le plus remarquable est peut-être le succès du programme d'électrification du gouvernement, qui a débuté dans les années 1990 et qui a depuis vu l'accès à l'électricité des ménages passer tout d'abord de 16% en 1991 et 87% en 2014, puis à 95% en 2020.

---

[437] Lao government committed to providing social protection, Vientiane Times, 24/11/2020.

7.3. Des progrès dans la réduction de la pauvreté, mais l'inégalité reste encore importante et structurellement enracinée

L'inclusion sociale par la mise en place de systèmes de sécurité sociale ainsi que les questions environnementales figurent parmi les défis primordiaux pour éradiquer la pauvreté et promouvoir un développement durable et inclusif. Comme soulignent des récents rapports de la Banque mondiale et de l'UNPD, alors que l'économie du Laos a continué de croître à un rythme rapide d'environ 7% durant ces dernières années, la réduction de la pauvreté et la consommation sont en retard sur le PIB et les inégalités augmentent, en particulier dans les zones urbaines et entre les zones urbaines et les zones rurales. Certes, des progrès significatifs ont été réalisés grâce à l'assistance des institutions internationales, des partenaires de développement et des ONG internationales, de ce fait le gouvernement lao a pu poursuivre l'éradication de la pauvreté et la réduction des inégalités qui sont une priorité de l'agenda national. L'écart d'accès aux services publics de base s'est réduit au fil des années grâce aux programmes élaborés avec les partenaires des organisations internationales et les ONG. On retient également que les investissements apportés par les entreprises étrangères et nationales, en particulier dans les secteurs comme le tourisme, l'agriculture, la confection et la manufacturière ont contribué à faire avancer les progrès sociaux et l'inégalité dans la population.

Quel constat fait-on aujourd'hui ? Le gouvernement s'est engagé à renforcer sa base de données factuelle pour la politique, la planification et l'évaluation. A cette fin, les ministères concernés, avec le soutien du Bureau des statistiques du Laos (LSB), ont mené plusieurs enquêtes et études au cours des dernières années, dont un certain nombre mentionné le rapport du recensement de la population et du logement de 2015. La disponibilité et la robustesse des données se sont améliorées ces dernières années, mais les données ne sont pas toujours utilisées efficacement dans la planification et le ciblage des actions. De plus, les limites de l'accessibilité aux données brutes entravent le creusage de l'analyse. La réduction de la pauvreté est une priorité de l'agenda national. Ainsi, l'objectif global du 8ème plan quinquennal comprenait la réduction de la pauvreté, le retrait du statut des PMA et une croissance soutenue et inclusive. Le plan visait également à parvenir à un développement régional et local équilibré ainsi qu'une amélioration du niveau de vie. Le 9ème plan de développement 2021-2025 réaffirme la priorité du gouvernement à avancer pour réduire les inégalités dans le pays et poursuivre à améliorer le bien-être et à élever le niveau de vie de la population.

En conséquence, les pauvres en moyenne aujourd'hui sont devenus moins pauvres. Le pays a connu une réduction constante de l'écart de pauvreté et de la gravité de la pauvreté au fil du temps. L'écart de pauvreté est passé de 11,2% en 1992/93 à 5,5% du seuil de pauvreté national en 2012/13, tandis que l'écart de l'indice de gravité de la pauvreté est passé de 3,9 à 1,9 au cours de la même période[438]. Cependant, la réduction de la pauvreté et la croissance de la consommation sont en retard par rapport à la croissance du PIB du pays. La pauvreté au Laos continue de diminuer à mesure que l'accessibilité des infrastructures s'est améliorée, en particulier l'accès à l'électricité routière, à l'eau potable et à l'assainissement, selon les données de l'Enquête sur la consommation et les dépenses du Laos[439] en 2018-2019 du LSB. D'autre part, la consommation et les dépenses des ménages dans le pays ont également augmenté de manière constante, en particulier l'augmentation de la consommation alimentaire et la baisse du taux de pauvreté. En effet, le taux de pauvreté a continué de baisser régulièrement. En 1992-1993, le taux était de 46% et est tombé à 39% en 1997-1998 et à 33,5% en 2002-2003. En 2007-2008, ce taux est tombé à 27,6%, puis 23,3% en 2012-2013. Le Laos a réduit de moitié son taux de pauvreté national au cours de la dernière décennie, une performance pour ce pays. Le LSB, relevant du MPI a annoncé en juillet 2020, les résultats de la 6ème enquête sur la consommation et les dépenses du Laos en 2018-2019, en présence du vice-ministre du MPI, Kikeo Chanthabouly. Selon cette enquête, le taux de pauvreté au Laos a atteint 18,3% en 2018-2019 tandis que la consommation nominale par ménage a augmenté de 28,7% par rapport à 2012-2013 (de 2 millions de kips à 2,6 millions de kip). Ainsi, le secteur socioéconomique a continué de progresser et a contribué à la réduction de la pauvreté, avec 4 649 familles qui sont sorties de la pauvreté en 2019 et 200 villages sont élevés au-dessus du seuil de la pauvreté. Dans l'ensemble, la consommation et les dépenses des ménages ont augmenté de manière significative, les familles déplaçant lentement leur consommation de riz vers d'autres aliments sains et réduisant la consommation de leurs propres produits pour acheter de la nourriture sur les marchés. Ce qui se traduit par une augmentation de pouvoir d'achat des familles[440]. Le Laos a atteint les Objectifs de l'OMD consistant à réduire de moitié son taux de pauvreté national au cours de la dernière décennie. Le bien-être des ménages s'est également amélioré en termes de propriété des actifs, de conditions de logement et d'accès aux services[441].

D'autre part, le plan 9ème plan de développement socioéconomique 2021-2025 fixe un objectif pour des personnes vivant sous le seuil de pauvreté de baisser à 13,9% de la population avec le nombre total de ménages dans cette catégorie de tomber à 9,5% d'ici 2025. Pour atteindre cet objectif, le

---

[438] Pimhidzai, et al, 2014. LECS 5, 2012/13.

[439] L'enquête est menée tous les cinq ans depuis 1992-1993. Il a échantillonné 636 villages et 10 176 ménages avec des entretiens s'étalant sur 12 mois de juin 2018 à juin 2019.

[440] Poverty rate continues downward trend to 18.3 percent, Vientiane Times, 29/07/2020.

[441] 76 Pimhidzai, et al., 2014. LECS 5, 2012/13.

gouvernement va accélérer le développement rural et les efforts de réduction de la pauvreté en resserrant l'écart de développement entre les communautés urbaines et rurales[442].

Un autre aspect social qui a fait de véritable progrès depuis une dizaine d'années, il s'agit du confort des ménages, ceux-ci ont vu leur bien-être améliorer, en termes de conditions de logement, et d'accès aux services. Environ 86% des ménages pauvres possèdent désormais un téléphone portable, 77% possèdent une télévision et 80% possèdent une moto. Au cours de la même période, la croissance de la consommation a davantage profité aux quintiles les plus riches qu'aux segments les plus pauvres de la population. Le taux de pauvreté dans les zones rurales est 2,9 fois celui des zones urbaines. Un tiers de la population des zones montagneuses est toujours en dessous du seuil de pauvreté, tandis que dans les zones de la plaine, environ un cinquième de la population est pauvre (18,8%). L'ethnicité et l'éducation jouent également un rôle déterminant. Les inégalités se sont accrues, notamment dans les zones urbaines, selon l'UNPD. De même, la population pauvre est inégale parmi les provinces. Précisément, l'inégalité et l'écart de développement entre les riches et les pauvres au Laos sont extrêmement grandes, en particulier lorsque l'on compare les zones rurales et urbaines, Vientiane, la capitale a le taux de pauvreté le plus bas avec 8,5%, tandis que le taux de pauvreté le plus élevé est Saravan avec 48,5%, comme le montre le graphique (19).

Les inégalités se sont accrues, notamment dans les zones urbaines aussi. Le coefficient de Gini a légèrement augmenté de 35,0 à 36,2 pendant la période 2007/8 à 2012/13. Une analyse par zones rurales et urbaines a montré que les inégalités avaient diminué dans les zones rurales au cours de cette période 2008 -2013 (en raison d'un ralentissement de la croissance des revenus de la population rurale non pauvre)[443]. Cependant, cela a été plus que compensé par l'augmentation des inégalités dans les zones urbaines. Les inégalités se sont donc accrues au sein des zones urbaines et entre les zones rurales et urbaines. Bien que les pauvres du Laos se soient améliorés en termes réels au cours des deux dernières décennies, les riches en ont davantage bénéficié, en termes proportionnels et absolus. Un rapport des Nations-Unies a montré que l'augmentation des inégalités a ralenti le rythme de la réduction de la pauvreté. Si les inégalités n'avaient pas augmenté, une plus grande réduction de la pauvreté aurait été réalisée au niveau national[444].

Toutefois, le tableau est plus encourageant et significatif dans le cas de la lutte contre l'exclusion liée au genre. Le Laos s'est engagé avec le soutien des partenaires de développement du Luxembourg, de l'Allemagne, de la France, du Japon, de l'Australie et de la Suisse dans cette action. L'indice

---

[442] Govt outlines plan to improve living standards, Vientiane Times, 19/01/2021.

[443] Warr, P., et al., 2015.

[444] United Nations Capital Development Fund (UNCDF) et al. FinScope Survey, 2015.

d'inégalité entre les sexes au Laos s'est considérablement amélioré, passant de 0,534 en 2013 à 0,461 en 2017, un résultat qui était également nettement meilleur que 2012 (0,496). En conséquence, le classement du pays a passé de 118 sur 152 (2013) à 109 sur 160 (2017), comparable à son résultat de 2012 (100 sur 148 pays).

Graphique 19 : Effectifs de pauvreté (%) dans les 17 provinces + la capitale

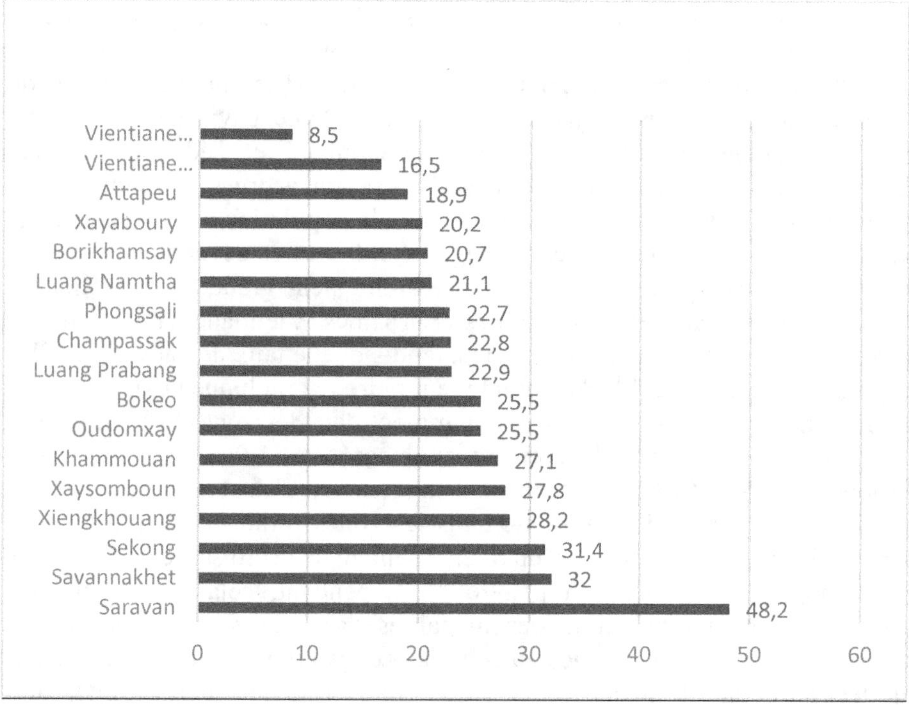

Source : Banque mondiale, 2016.

Néanmoins, un domaine de désavantage persistant entre les sexes est l'éducation. Malgré des améliorations constantes, seulement 33,6% des filles ont au moins passé un certain temps dans le secondaire, contre 45,2% des garçons. Le taux d'alphabétisation des femmes adultes reste également nettement inférieur à celui des hommes (79,4% contre 90% en 2015). En revanche, les femmes représentent la moitié de la population active (avec un taux de participation de 76,9% contre 79,7% pour les hommes) et ont obtenu 27,5% des sièges à l'Assemblée nationale aux élections de la 8ème législative de 2016 et 22% sièges à la 9ème législative de 2021, une proportion relativement élevée pour la région[445].

Si des progrès dans certains aspects sociaux ont enregistré des résultats significatifs, ces gains reposent sur des niveaux soutenus de la croissance économique, parmi les plus élevés de la région. Néanmoins, la réduction de la pauvreté engendrée par cette croissance a en fait pris du retard par rapport à des pays comparables de la région comme le Cambodge et le Vietnam. Cela est dû à la dépendance disproportionnée pour la croissance du secteur de l'énergie à forte intensité capitalistique qui ne se traduit pas par l'emploi et la consommation des ménages.

En 2016, le nombre de familles pauvres au Laos est passé de 6,59% à 6,3% en 2019 dans le pays. Le gouvernement ambitionne d'élever 3 200 familles au-dessus du seuil de famille pauvre en 2020, et si ce nombre est atteint, cela signifierait que seulement 4,9% ou 60 000 familles au total seraient toujours classées comme en dessous de pauvreté. Un progrès très sensible. Pour ce faire, le gouvernement a investi 112 milliards de kips pour réaliser le plan de réduction de la pauvreté en 2019 qui portait sur 659 projets. Ceux-ci concernaient la construction et la réparation de routes, le développement de petits systèmes d'irrigation ; la construction d'écoles, des dispensaires et des latrines ainsi que la formation à l'agriculture et à l'élevage des habitants ruraux. En outre, 137 milliards de kips ont été alloués sous forme de prêts pour fournir un financement aux communautés. Soulignant les réalisations au cours des neuf mois de 2019, le gouvernement a annoncé que 112 villages, soit 56% des objectifs, et 2 209 familles, soit 47,5% des objectifs, ont réussi à améliorer leur condition de vie[446].

Il convient de faire une mise au point concernant la définition donnée au seuil de pauvreté[447] au Laos, le chef du Bureau du Comité directeur national pour le développement rural et l'éradication de la pauvreté, Kongkeo Vongpaseuth, a établi en 2017 des critères pour sortir de la pauvreté qui sont approuvés par le gouvernement[448]. De ce fait, pour rester au-dessus du seuil

---

[445] OCDE (2020), Institutions sociales et égalité femme-homme (indicateur). doi: 10.1787/8b5a1b34-fr.

[446] Laos aims to cut number of poor families to 5% in 2020, Vientiane Times, 13/01/2020.

[447] Les seuils de pauvreté fixés dans le décret du Premier ministre de 2013 ne mettent l'accent que sur le revenu d'une personne, quels que soient son âge et son sexe. En moyenne, une personne qui gagne 192 000 kips lao (23 dollars américains) par mois reste au-dessus du seuil de pauvreté. Dans les zones rurales, 180 000 kips (près de 22 dollars américains) par mois et par personne sont considérés comme vivant au-dessus du seuil de pauvreté, tandis qu'une personne résidant dans une ville devrait avoir 240 000 kips (environ 29 dollars américains) par mois pour rester au-dessus du seuil de pauvreté, selon le décret de 2013.

[448] Poverty reduction, Vientiane Times, 26/07/2017.

de pauvreté, une personne doit avoir de la nourriture qui fournit au moins 2 100 kilocalories par jour, des vêtements et un abri résidentiel permanent. La personne doit également être en mesure de payer ses propres soins de santé en cas de maladie, d'accéder à l'éducation de base et à d'autres services publics de base. Ainsi, le seuil de pauvreté nouvellement rédigé attire l'attention sur la sécurité de la vie des populations, leur sécurité alimentaire, leur accès aux services publics de base et à d'autres questions similaires. Toutefois, selon la Banque mondiale, plus de 23% de la population vit encore sous le seuil de la pauvreté au Laos en 2019, contre 40% en 2001, un progrès significatif, reconnu par la Banque mondiale et selon la définition de pauvreté définit par cette institution[449].

Plus récemment, les résidents de 12 districts des provinces du nord de Oudomxay, Phongsaly, Xieng Khuang et Huaphan ont gagné une meilleure qualité de vie grâce au Projet d'agriculture pour la nutrition (AFN) qui traite la sous-nutrition chronique et l'insécurité alimentaire dans les zones de hautes terres, avec le soutien du plan national stratégique de nutrition 2016-2025 et le plan d'action 2016-2020. Le projet AFN favorise également la sécurité alimentaire et augmente la nutrition grâce à l'amélioration de la production (apport de la technologie) et à une agriculture diversifiée. Le projet est subventionné par des organisations internationales au Laos, y compris le Fonds international pour développement agricole (FIDA) et est mis en œuvre par le MAF. Le coût total du projet est de 38,8 millions de dollars, quelque 34 000 ménages de petits exploitants dans 400 villages cibles bénéficieront de cette aide, et à ce jour plus de 25 000 ménages ont vu une amélioration de vie dans leur quotidien. Ce projet prendra fin à la mi-2022[450].

Pour conclure sur cet aspect social, malgré des progrès socio-économiques qui ont été réalisés, les inégalités restent importantes et structurellement enracinées. Selon la Banque mondiale, la pauvreté rurale reste jusqu'à quatre fois plus élevée que dans les zones urbaines (40% et 10% respectivement), malgré les envois de fonds des migrants ruraux de l'étranger (Thaïlande, en particulier). En 2018, le coefficient de Gini de répartition des revenus[451] s'est légèrement amélioré pour s'établir à 36,4 (contre 37,9 en 2008).

En matière de la réduction des inégalités, le gouvernement lao s'est lancé en mettant en place des mesures concrètes, par exemple d'investir plus dans

[449] Les autorités lao affichent 6,4% le taux des familles pauvres en 2019. La Banque mondiale indique le seuil de pauvreté à 23% de la population lao vivant moins de 2,5 dollars par jour.

[450] Int'l partners strengthen rural development in north, Vientiane Times, 01/10/2020.

[451] Plus le coefficient de Gini est proche de zéro, plus la société a une répartition égalitaire des revenus. Inversement, plus la valeur est proche de 100, plus les revenus sont très inégalement répartis dans toute la société.

l'agriculture pour assurer un développement de ce secteur qui ont permis à nombreuses familles pauvres de survivre, il a soutenu les investissements dans le secteur non-agricole afin d'augmenter la disponibilité d'emplois à plus de valeur ajoutée qui permettraient aux familles de la classe moyenne d'augmenter leur niveau de vie. Le gouvernement a encouragé également le déplacement des populations plus pauvres du nord vers les villes et les régions plus peuplées et riches afin d'augmenter les conditions de vie de ces gens, et de réduire les écarts entre les individus possédant de biens et ceux qui n'en ont pas.

7.4 Les munitions non explosées (UXO), un grand défi pour le développement du Laos

On l'ignore trop souvent, mais la guerre du Vietnam s'est aussi exportée au Laos. Ce pays est même devenu en 9 ans de guerre le territoire le plus bombardé de l'Histoire. Une page sombre qui porte un nom : la guerre secrète. Quarante-sept ans après la fin du conflit, des millions de bombes non explosées font encore des victimes au Laos. En effet, à la suite des bombardements et des combats au sol qui ont eu lieu dans les années 60 et 70, il reste de grandes quantités UXO dans 16 des 18 provinces du pays. On compte au Laos plus de 200 accidents causés chaque année par les UXO, dont près de la moitié concernent des enfants.

L'UXO reste un défi pour les progrès du développement au Laos et entrave le développement socioéconomique de ce pays, qui est en train de quitter son statut de pays le moins avancé. On estime que 80 millions de sous-munitions en grappe n'ont pas été explosées. Ces bombes limitent l'accès sûr à l'agriculture et aux terres pour les projets de développement et rendent la construction d'infrastructures de transport et d'électricité, d'écoles, d'hôpitaux et d'installations d'approvisionnement en eau beaucoup plus coûteuse et dangereuse.

Plus de 50 000 victimes ont été signalées de 1964 à 2012, soit une moyenne de 997 personnes par an tuées, blessées ou mutilées par des UXO, selon l'UNPD et l'UNICEF. La plupart des victimes étaient en âge de travailler actifs entre 15 et 35 ans. Ces dernières années, une éducation efficace au risque des mines et le déminage des zones à haut risque ont vu le nombre de victimes passer de 300 en 2008 et 119 en 2010 à 45 en 2014. Plus d'hommes et de garçons sont touchés que les femmes et les filles, car les hommes et les garçons sont plus susceptibles de s'aventurer plus loin en dehors des limites du village dans la forêt. Une proportion importante des victimes d'UXO sont des enfants. Les enfants représentaient 62% de toutes les victimes d'UXO signalées (mortes et blessées) en 2014, 61% en 2013, 41% en 2012 et 57% en 2011. Les besoins des survivants sont grands: l'enquête de 2010 a révélé que parmi les milliers de blessures subies par des survivants nécessitant une prothèse, seuls 583 survivants ont déclaré en avoir reçu une.

C'est pourquoi, le Gouvernement laotien a lancé un vaste programme d'information à destination des enfants mais aussi des parents qui vivent dans des régions reculées. Ces territoires sont malheureusement touchés plus fortement que les autres par les bombardements des années 60-70.

Même si le nombre de victimes d'UXO a diminué de 85% au cours de la dernière décennie, selon les données de l'Autorité nationale de régulation en 2018, le nombre de victimes ont vu passer de 302 en 2008 à 41 en 2017 et 2018 respectivement, les UXO constituent toujours une menace pour le développement socioéconomique du Laos. Le Laos a enregistré plus de 53 000 hectares de terres qui ont été débarrassées des UXO et plus de 1,3 million d'articles UXO ont été détruits.

Aborder et même quantifier l'impact des UXO reste un défi. L'ampleur et l'impact du problème des UXO dépassent de loin les ressources disponibles pour y faire face, notamment en termes de manque de capacité de déminage. Il reste des millions d'UXO et des milliers d'hectares de terres et de forêts doivent encore être défrichés. En plus des terres agricoles, les UXO Lao ciblent des zones réservées à des activités de développement comme la construction d'écoles ou de centres de santé villageois. Le soutien pour atteindre les trois cibles de l'ODD 18 n'est pas équilibré, par exemple, le financement de l'enquête est actuellement déséquilibré avec le financement alloué pour le déminage, l'éducation aux risques et le soutien aux victimes des UXO. Des capacités insuffisantes de coordination, de planification, de gestion de la qualité et de gestion de l'information empêchent une performance opérationnelle optimale, selon les autorités lao. D'autres secteurs n'incluent pas le travail sur les UXO dans leur planification stratégique, leur budgétisation ou leurs plans d'action.

L'UNPD gère aussi le Fonds d'affectation spéciale pour les engins non explosés, mécanisme créé en 2010 pour mobiliser, coordonner et gérer l'aide internationale dans ce secteur. En 2021, réduire l'impact des bombes non explosées est devenu l'Objectif ODD 18 du pays. Les UXO Lao, qui bénéficient de l'appui de l'UNPD depuis 1996, sensibilise aussi la population aux risques encourus dans les zones hautement contaminées. Les adultes et les enfants dans la campagne apprennent à vivre avec le risque permanent que posent ces engins. Rien qu'en 2014, la campagne d'information a touché 200 000 personnes dans 650 villages, dont une moitié d'enfants[452].

[452] Déminer la voie pour le développement en RDP lao, UNPD

7.5 Le 9e plan quinquennal met l'accent sur l'amélioration du niveau et de la qualité de vie de la population

Un grand nombre de personnes vivant en dessous du seuil de pauvreté dans les zones rurales et éloignées du pays ont bénéficié des avantages du gouvernement au cours du dernier plan quinquennal de développement, le plan leur a permis d'améliorer leur condition de vie matériellement et moralement. Le gouvernement a incorporé l'objectif d'amélioration des conditions de vie et le bien-être de la population rurale dans l'objectif du 9ème plan quinquennal de développement, il a été présenté par le secrétaire général du parti Thongloun Sisoulith au 11ème Congrès national du parti et il sera mis en exécution sur les cinq prochaines années[453].

Le plan fixe un objectif à abaisser des personnes vivant dans le seuil de pauvreté à 13,9% de la population totale ainsi que le nombre total de ménages de cette catégorie à 9,5% d'ici 2025. Pour y parvenir, le gouvernement va accélérer le développement rural et les efforts de réduction de la pauvreté en diminuant l'écart de développement entre les communautés urbaines et rurales. Le gouvernement va promouvoir l'agriculture commerciale, donner l'accès à un plus grand nombre de personnes au crédit bancaire, encourager les gens à se lancer dans un métier et développer une expertise, s'assurer qu'ils aient un lieu de résidence permanente et sont en mesure de gagner leur vie. Pour ce faire, il va améliorer également les réseaux d'utilité publique afin de réduire la disparité dans l'accès aux installations et services de base. L'objectif pour la population est d'avoir accès à 98% d'électricité au réseau national électrique et aux autres sources d'énergie. Un autre objectif est de s'assurer que 90% de ménages puissent accéder à des routes qui leur permettent de voyager toute l'année.

L'égalité des sexes sera également l'objectif priorité du plan ; en effet, des femmes sont encouragées à jouer un plus grand rôle dans le développement socioéconomique du pays, elles doivent occuper au moins 20% de postes de leadership. Le gouvernement présente également dans le plan d'amélioration du niveau de vie à ce que des femmes constituent au moins 30% de membres à l'Assemblé nationale et aux Conseils populaires de provinces.

Un autre axe important du plan sera de renforcer la formation et l'éducation des jeunes pour qu'ils aient de meilleures qualifications afin d'obtenir un emploi. L'objectif est d'atteindre 20% de jeunes chômeurs pour qu'ils reçoivent une formation de réparation de motos et de voitures, deviennent l'agriculteur et l'éleveur d'animaux ; de même ces jeunes peuvent se former comme électricien, soudeur, tailleurs et technicien divers, dont les entreprises ont grand besoin.

---

[453] Government outlines plan to improve living standards, Vientiane Times, 19/01/2021.

Une plus grande sécurité sociale sera également accordée pour le grand public, travailleur et travailleur informel, le nombre de 157 500 nouveaux membres qui vont s'inscrire dans les régimes d'assurance sociale. Enfin, le dégagement de munitions non explosées est également un élément du plan, le gouvernement espère faire le point de la situation dans environ 3 000 villages et mener les enquêtes relatives aux UXO sur 250 000 hectares de terres. L'UNICEF, l'UNPD et les partenaires de développement ont contribué financièrement au programme de désengagement des UXO, mais il reste encore insuffisant selon les analystes et les autorités lao, compte tenu de vastes champs à explorer.

Chapitre 8

LE LAOS ET L'INTÉGRATION DANS LA COMMUNAUTÉ ÉCONOMIQUE DE l'ASEAN (AEC)

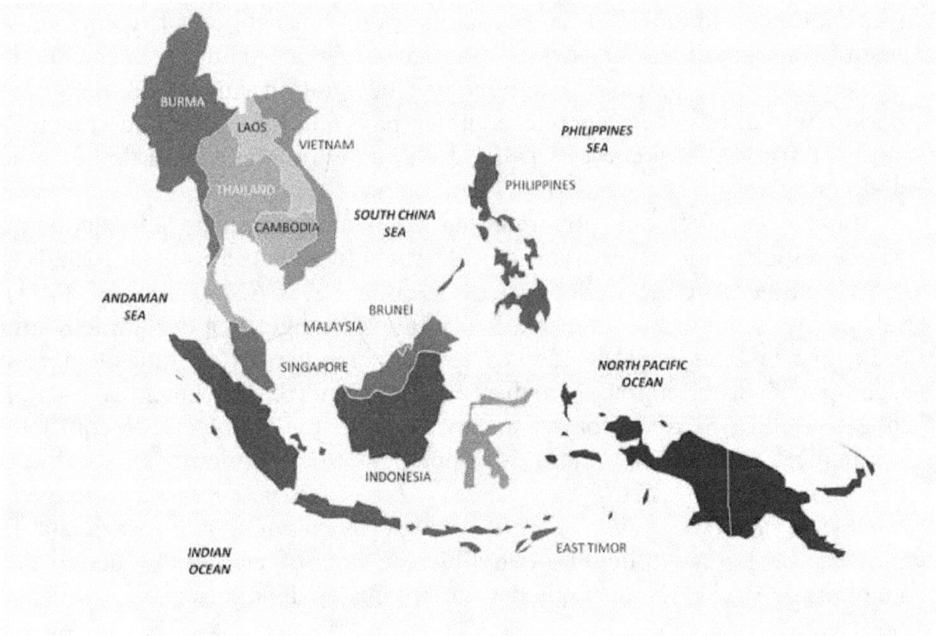

8.1 L'adhésion du Laos à l'ASEAN

Le Laos a rejoint l'ASEAN en 1997 et accorde une grande importance à son adhésion. Ayant longtemps cherché à équilibrer la coopération et l'autonomie par rapport à ses grands voisins, il apprécie le principe de non-ingérence de l'ASEAN, coopère activement, et rempli ses obligations depuis son entrée dans l'Association avec les États membres. L'ASEAN[454] a permis le Laos de sortir de son isolement diplomatique et lui confère une position visible sur la scène régionale et internationale. L'intérêt pour le Laos sur le plan économique, il a accès à un plus grand marché, à travers l'AFTA (Asean Free Trade Area). D'autre part, étant un pays de peu d'envergure et de faibles capacités économiques et militaires, il a toujours été le lieu de projections de puissances étrangères, car entouré des États susceptibles de faire basculer son équilibre ;

[454] https://asean.org/asean/about-asean/.

en conséquence, il est logique pour le Laos de se protéger au sein de la communauté. On retient que la ligne directrice de la diplomatie de l'État et du gouvernement lao est de s'en tenir à une politique de non-alignement, et rester ami avec tous les États membres de l'association et les puissances de la région.

On rappelle que le Laos a assumé la présidence tournante de l'ASEAN en 2016 (ASEAN Summit), sa deuxième présidence dans ce rôle (la première fois en 2005). Le Laos a été félicité pour sa bonne performance dans l'organisation de ces sommets et, en particulier pour son habileté et compétence lorsqu'il assumait la présidence tournante en 2016. Effectivement, le gouvernement lao a réussi à rédiger une déclaration sur la mer de Chine méridionale qui était acceptable pour les pays impliqués dans les revendications territoriales, y compris l'allié traditionnel du Vietnam et de la Chine elle-même.

Lors d'une cérémonie pour marquer le 53e anniversaire de la fondation du groupe régional des 10 membres de l'ASEAN (8 août 1967 - 8 août 2020) et le 23e anniversaire de l'adhésion du Laos à l'ASEAN (23 juillet 1997), Saleumxay Kommasith, ministre des Affaires étrangères, a déclaré le 8 août 2020, que le Laos au cours de ces 23 dernières années comme membre a accompagné de nombreuses réalisations et participé activement à l'action collective de l'ASEAN, le pays a pu ainsi s'élever et l'Association a contribué de manière significative au développement socioéconomique du Laos. « *Devenir membre de l'ASEAN a permis le Laos de se hisser vers une nouvelle dimension dans la région et dans l'arène internationale* », a déclaré le ministre. Le Laos continue de bénéficier de la confiance et du soutien des membres de l'ASEAN ainsi que des partenaires de dialogues[455].

8.2 Le Laos de l'ASEAN à l'AEC et à l'accord de RCEP

La transformation du système économique socialiste et le passage à une économie capitaliste d'État, en tant que processus de reconfiguration institutionnelle globale, se sont opérés en moins de quatre décennies environ au Laos, sans rupture du régime politique, par un changement graduel et des voies évolutionnistes, qui se sont accompagnés d'une croissance élevée, ainsi la Laos a la reconnaissance du monde comme État souverain et indépendant à travers ses actions à l'international.

Assurément, aujourd'hui le contexte géopolitique offre au Laos l'occasion de tisser des liens les plus étroits entre ses voisins immédiats dont Chine, le grand voisin du nord. L'AEC créée le 31 décembre 2015 a marqué une étape importante dans l'intégration économique régionale en Asie du Sud-Est, à laquelle, le Laos est adhéré à marche forcée. Elle a depuis établi un marché hautement intégré composé de 625 millions de consommateurs avec

455 Laos highly les reforms values Asean's role, accomplishments, Vientiane Times, 10/08/2020.

un pouvoir d'achat combiné de 2,3 milliards de dollars. Pour un petit pays enclavé et sans base d'industrialisation solide, l'accès aux chaînes de valeurs régionales représente un grand intérêt pour les entreprises lao. L'Etat a fait de la connectivité aujourd'hui un argument de sa politique économique pour ses partenaires de l'ASEAN.

8.2.1 Le fondement de l'AEC

L'objectif de l'AEC est d'instaurer un marché unique, permettant la libre circulation des biens, des services, des investissements, de la main-d'œuvre qualifiée, et la libre circulation des capitaux dans les dix pays de l'ASEAN, c'est un long processus d'intégration économique s'appuyant sur la réduction progressive des barrières protectionnistes internes à la zone. Elle devient un bloc économique fort, occupant le 6e rang dans le monde et le 3e en Asie avec un Produit intérieur brut de 2 550 milliards de dollars en 2016. À l'horizon 2050, cette entité a pour l'ambition d'occuper le 4e rang mondial[456].

On retient ici que l'AEC est fondée sur quatre éléments interdépendants et qui se renforcent mutuellement : un marché et une base de production uniques ; une région économique très compétitive ; une région caractérisée par un développement économique équitable ; et une région pleinement intégrée dans l'économie mondiale. Dans le cadre de l'AEC, les droits d'importation au sein de l'ASEAN ont été pratiquement éliminés et les restrictions formelles dans le secteur des services ont été progressivement supprimées. Le schéma directeur de l'AEC à l'horizon de 2025 doit guider l'intégration économique de l'ASEAN entre 2016 et 2025 pour parvenir aux résultats suivants : une économie très intégrée et fondée sur la cohésion ; une ASEAN compétitive, innovante et dynamique ; une connectivité et une coopération sectorielle renforcées ; une ASEAN résiliente, inclusive et axée sur les populations ; et une ASEAN intégrée à l'économie mondiale. La création de l'AEC marque un tournant historique dans les 50 ans d'existence de l'association. D'autre part, la communauté ASEAN est axée sur trois piliers : économie, politique-sécurité et culture-société. Le pilier économique est considéré comme le plus important et susceptible de promouvoir la création des deux autres. L'AEC a été créée pour développer un marché unifié entre ses membres, assurer une production concertée, établir une zone économique compétitive, permettre le développement de la région de manière uniforme et son intégration à l'économie mondiale. Les pays de l'ASEAN se sont employés à libéraliser le commerce, les services, les finances, l'investissement et l'emploi, à réformer les procédures douanières, à réduire et supprimer des taxes et à mettre en place des mesures favorisant le commerce[457].

---

456 https://asean.org/asean-economic-community/.

457 ASEAN Economic Integration: Features, Fulfillments, Failures and the Future, ADB

Pour édifier une zone économique compétitive, l'AEC se concentre sur la politique en matière de concurrence, la protection des consommateurs, la garantie du droit de propriété intellectuelle et le développement des infrastructures. Parallèlement, pour créer une région uniformément développée, l'ASEAN cherche à élaborer une stratégie de développement des SME, un programme-cadre aux entrepreneurs des membres de l'ASEAN tout en mettant en œuvre l'Initiative d'intégration de l'ASEAN.

La création de l'AEC a marqué un tournant dans le processus d'intégration de l'entité. La croissance de l'ASEAN profite à tous ses membres. Cette communauté offre au Laos l'opportunité d'accéder à un marché plus important, celui de l'ASEAN mais également des pays en dehors du bloc car les pays membres de l'entité sont signataires d'accords de libre-échange avec de grands partenaires du monde entier. L'ASEAN, qui fait face à de grands défis, doit se solidariser pour développer ses infrastructures et renforcer la connexion en son sein, pour faciliter le commerce frontalier en vue d'édifier un marché ASEAN unifié et efficace. En réalisant la Vision de 2025, le Laos et les autres pays de l'ASEAN sont déterminés à approfondir les relations au sein de cette Communauté, à édifier une communauté de l'ASEAN opérationnelle reposant sur le droit, au service et dans l'intérêt de la population, entretenant des relations étendues avec ses partenaires.

8.2.2 Le RCEP

Un évènement historique de libre-échange a vu le jour à l'occasion du 37e sommet ASEAN en novembre 2020 dont le Vietnam a assuré la présidence tournante. Quinze pays d'Asie et du Pacifique ont signé un important accord commercial, promu par la Chine, à l'occasion de la clôture de ce sommet virtuel. « *Je suis heureux qu'après huit années de négociations complexes, nous puissions terminer officiellement aujourd'hui les négociations du RECEP* », a exprimé le premier ministre vietnamien Nguyen Xuan Phuc. Ce Partenariat régional économique global (RCEP) devient l'accord commercial le plus important du monde en termes de Produit intérieur brut, selon des analystes, et concernera plus de 2 milliards d'habitants. Il vise à créer une gigantesque zone de libre-échange entre les dix états de l'ASEAN plus la Chine, le Japon, la Corée du Sud, l'Australie et la Nouvelle-Zélande. Cet accord est historique. Et il consacre le basculement du centre du monde vers l'Asie. Une étape majeure pour la libéralisation du commerce et de l'investissement, le RCEP, dont les membres représentent 30 % du PIB mondial[458], et selon les prévisionnistes, cet accord va générer 200 milliards de dollars de PIB en plus chaque année. Le pacte doit maintenant être ratifié avant d'entrer en vigueur, un processus qui devrait prendre plusieurs mois avant de démarrer et

[458] Asian trade megadeal RCEP signed after years of talks, Nikkei Asia, 15/11/2020.

quelques années pour être finalisé. Il entrera en vigueur une fois qu'un nombre suffisant de pays participants - au moins six pays membres et trois pays non-membres de l'ASEAN- l'auront ratifié au niveau national (parlement) dans les deux années à venir. Le RCEP offre une certaine souplesse aux membres les moins développés pour mettre en œuvre les changements pratiques et législatifs dont ils ont besoin. Le Cambodge et le Laos, par exemple, disposent de trois à cinq ans pour moderniser leurs procédures douanières.

Ce pacte, dont l'idée remonte à 2012, est considéré comme la réponse chinoise à une initiative américaine aujourd'hui abandonnée, le Partenariat Trans-Pacifique (TPP) mais qui pourrait revenir d'actualité avec la nouvelle administration de Joe Biden. Le RECEP consolide les ambitions géopolitiques régionales plus larges de la Chine autour des « Nouvelles routes de la soie ». Cela montre clairement que le multilatéralisme est la bonne voie dans la région, selon des économistes. *« Dans les circonstances mondiales actuelles, le fait que le RCEP ait été signé après huit ans de négociations apporte un rayon de lumière et d'espoir au milieu des nuages »* a déclaré d'autre part le Premier ministre chinois Li Keqiang. La signature de cet accord intervient dans un contexte de forte crise économique en raison de l'épidémie de Covid-19 pour les dix membres de l'ASEAN. Beaucoup de signataires luttent encore contre le coronavirus et espèrent que le RCEP les aidera à atténuer le coût de la pandémie, qui a donné un énorme coup de frein à leurs économies.

Selon Phouphet Kyophilavong, économiste à la Faculté d'économie et de gestion de l'Université nationale du Laos, les bienfaits que le Laos captera du RCEP ne sont pas seulement en termes de commerce et d'investissement, mais également de la confiance créée pour le Laos parmi les investisseurs étrangers[459]. Mais pour que cela se réalise, l'espoir et les bonnes intentions ne suffisent pas, d'autant que le Laos n'est pas le seul pays à vouloir être le plus créatif pour attirer les investisseurs. Les autres pays voisins partagent la même ambition. La compétition pour attirer les talents et le capital est rude. Il faudrait donc élaborer des politiques nationales imaginatives et promouvoir les marchés de niche au Laos.

8.3 L'AEC : Quels intérêts, bénéfices, impacts et enjeux pour le Laos ?

Membre à part entière de l'ASEAN, le Laos a poursuivi ses efforts en vue de renforcer sa participation et d'approfondir son intégration dans l'AEC. Les enjeux pour ce pays consistent à participer fermement au sein de la communauté et à réaliser la connectivité avec la Sous-région du Grand Mékong (GMS). Le Laos a manifesté ces dernières années une certaine volonté de s'éloigner de la poursuite d'objectifs uniquement nationaux pour se tourner vers une politique étrangère et de sécurité plus active, ainsi que vers

[459] Laos expects to benefit from RCEP, Vientiane Times, 19/11/2019.

une coopération accrue en matière de finance et d'économie, sa position géographique force les solidarités, le voisinage, la géopolitique et façonne la convergence de visions stratégiques et de coopération.

Adhérer à l'AEC justifie un réel intérêt pour le Laos, c'est un facteur déterminant dans la transformation du Laos pour son économie et pour son marché domestique[460]. Le Laos est un « nain » économique par rapport à ses partenaires, son marché est étroit et fragmenté, son économie reste vulnérable ; sa population est faible avec moins de trente habitants au kilomètre carré. De plus, le pays est sans littoral et une infrastructure déficitaire. La faiblesse des réseaux routiers place le Laos dans une position désavantageuse, car elle retarde le transport des marchandises et rend le coût du transport élevé pour des échanges transfrontaliers. Le gouvernement en est conscient, aussi les investissements publics pour améliorer l'état des infrastructures ont été augmentés significativement chaque année pour surmonter ces handicaps qui freinent son développement. D'autre part, l'industrie lao est encore dans une phase balbutiante en raison du manque d'investissements privés nationaux et de base de production solide, dès lors, l'AEC est donc profitable pour le développement du Laos.

Tableau 16 : Population ASEAN de 2009-2018 en millions d'habitants

Pays	2008	2009	2010	2011	2012	2013	2014	2015	2016	2017	2018
Brunei	33 534	28 454	35 525	47 116	47 647	44 560	41 521	31 385	27 435	28 256	30 688
Camabodg	802,7	731,5	785,1	881,7	950,4	1 052,70	1 122,60	1 190,60	1 257,40	1 402,40	1 539,80
Indonésie	2 243,60	2 359,30	3 032,40	3 498,20	3 563,20	3 636	3 527	3 347	3 598,10	3 871,10	3 923,80
Laos	981,8	913	1 079,10	1 262,40	1 564,20	1 779,40	1 949,40	2 221,20	2 400,40	2 510,50	2 627,50
Malaisie	8 329	7 215,70	8 771,60	10 258,80	10 670,60	10 662,80	10 999	9 630,10	9 441,90	10 041	10 087,40
Myanmar	491	538	811,4	1 126,40	1 189,40	1 208,40	1 275,40	1 140	1 221,30	1 248,80	1 440,20
Philippine	1 917	1 828,30	2 147,20	2 363,40	2 596,70	2 737	2 852,50	2 880	2 950	2 992,70	3 088
Singapour	39 724	38 577	47 237	53 886	55 546	56 967	57 562	55 646	56 724	63 036	64 567
Thaïlande	4 389	4 215,60	5 180	5 602	5 982	6 003,60	6 079	5 973	6 113	6 737	7 446,30
Vietnam	1 164,80	1 232,40	1 337,40	1 542,50	1 754,40	1 907	2 052,50	2 111,60	2 216	2 390	2 546

Source: ASEAN Statistical Yearbook 2019

[460] Kham Vorapheth, Laos' Path Towards the ASEAN Economic Community.

Tableau 17: Évolution PIB/habitant ASEAN de 2009-2019 en millions $

Pays	2008	2009	2010	2011	2012	2013	2014	2015	2016	2017	2018
Brunei	33 534	28 454	35 525	47 116	47 647	44 560	41 521	31 385	27 435	28 256	30 688
Camabodg	802,7	731,5	785,1	881,7	950,4	1 052,70	1 122,60	1 190,60	1 257,40	1 402,40	1 539,80
Indonésie	2 243,60	2 359,30	3 032,40	3 498,20	3 563,20	3 636	3 527	3 347	3 598,10	3 871,10	3 923,80
Laos	981,8	913	1 079,10	1 262,40	1 564,20	1 779,40	1 949,40	2 221,20	2 400,40	2 510,50	2 627,50
Malaisie	8 329	7 215,70	8 771,60	10 258,80	10 670,60	10 662,80	10 999	9 630,10	9 441,90	10 041	10 087,40
Myanmar	491	538	811,4	1 126,40	1 189,40	1 208,40	1 275,40	1 140	1 221,30	1 248,80	1 440,20
Philippine	1 917	1 828,30	2 147,20	2 363,40	2 596,70	2 737	2 852,50	2 880	2 950	2 992,70	3 088
Singapour	39 724	38 577	47 237	53 886	55 546	56 967	57 562	55 646	56 724	63 036	64 567
Thaïlande	4 389	4 215,60	5 180	5 602	5 982	6 003,60	6 079	5 973	6 113	6 737	7 446,30
Vietnam	1 164,80	1 232,40	1 337,40	1 542,50	1 754,40	1 907	2 052,50	2 111,60	2 216	2 390	2 546

Source : ASEAN Statistical Yearbook 20

Mais le Laos possède de nombreux atouts qui lui sont avantageux : énergie, mines, tourisme, et agriculture. Les terres fertiles de ce pays n'ont pas encore été pleinement exploitées. L'intégration accrue dans l'ASEAN offre des opportunités pour le commerce, le tourisme, et une participation élargie aux chaînes de valeur régionale. Autre intérêt aussi important pour le Laos, l'AEC facilite l'introduction de nouvelles technologies, méthodologies, et l'innovation dans de nombreux domaines, comme par exemple l'amélioration de la qualité des produits et la hausse du niveau de son développement industriel. Elle renforce également la compréhension et la culture entre les peuples de l'ASEAN grâce à la connectivité. En particulier, l'AEC incite les entreprises lao à produire davantage et mieux pour les marchés domestiques et internationaux. La croissance économique contribuera ainsi à élever le niveau de vie de la population et à réduire la pauvreté du pays[461].

Les bénéfices pour le Laos et ses entreprises sont nombreux : tout d'abord, pour le Laos, l'AEC favorise l'harmonisation des institutions juridiques lao avec les membres de l'ASEAN ainsi que le renforcement du droit des affaires, elle permet à ce pays d'accélérer son programme d'infrastructures dans le cadre de la GMS et à devenir le carrefour de connectivité de l'ASEAN avec l'accès aux

461 Sthabandith Insisienmay and KhammerngBannalath, The Regional and International Integration and Connectivity Vision of the Lao PDR, 2019.

ports maritimes de la Thaïlande et du Vietnam ; puis pour les entreprises, l'AEC leur procure une meilleure intégration dans les réseaux commerciaux régionaux ; un renforcement de la gouvernance d'entreprise ; une facilitation des échanges intra-ASEAN ; et enfin la levée des barrières non commerciales (NTB).

De plus, l'intégration régionale présente des possibilités mutuellement bénéfiques pour tous les membres, comme par exemple des accords globaux sur l'investissement et sur la protection des indications géographiques, une coopération et des échanges sans frontière au sein de l'ASEAN. De ce fait, le Laos jouira de nouvelles opportunités qui lui seront offertes, car la croissance de l'économie dans la région tirera le développement du pays. Cela constitue autant de possibilités pour les entreprises et autant de débouchés lao à l'export pour son agriculture, en particulier l'agriculture organique. Parallèlement, les marchés de niche profiteront de cette dynamique qui sont : l'écotourisme, les produits artisanaux, le textile et la soie lao, et les herbes et plantes médicinales[462].

À cet égard, le Laos se veut d'être un centre de transit de marchandises et de voyageurs pour la Chine, lorsque la ligne de chemin de fer en construction sera en opération entre les deux pays à partir de 2022, cela s'ajoutera aux multiples projets de lignes ferroviaires et de routes entre le Laos et le Vietnam. Et quand tous ces projets seront achevés, ils devront permettre le Laos de se désenclaver, tout en réduisant les coûts pour les importateurs et les exportateurs de 30% à 40%. Cependant, le fait de s'intégrer davantage dans l'économie régionale et mondiale contraint les autorités lao à élaborer et à mettre en œuvre des politiques et des réglementations économiques, plus transparentes et inclusives. De plus, une harmonisation et intégration du système financier régional facilitera l'accès aux marchés et le commerce du Laos avec les pays de l'ASEAN. Par ailleurs, grâce à sa position de carrefour et de pôle géostratégique majeur dans de « Nouvelles routes de la soie », la place du Laos sera d'autant prépondérante dans l'AEC. Dans ce contexte, le Laos pourra bénéficier la dynamique du marché de l'ASEAN et des retombées des investissements étrangers. Tandis que les zones économiques spéciales se sont organisées pour accueillir des industries intensives en main d'œuvre et les entreprises étrangères qui veulent s'y implanter pour bénéficier de la main d'œuvre à bas coût. Sur le registre du tourisme, l'AEC ouvre un nouvel horizon pour le Laos, le nombre de touristes des pays de l'ASEAN et de la région : le Japon, la Corée du Sud et la Chine vont continuer d'augmenter ; à cet effet, les autorités lao ont affecté des fonds importants pour la rénovation et la modernisation des transports ainsi que le développement des infrastructures touristiques avec l'aide de l'ADB. L'industrie du tourisme aura donc un grand impact sur tous les secteurs et branches de l'économie de ce pays.

---

462 Dr. Leeber Leebouapao,2014, Opportunities and Challenges of Lao PDR's Integration into ASEAN Economic Community (AEC) by and after 2015.

8.3.1 L'impact sur l'économie et les enjeux de l'immigration

Cependant, en s'insérant dans le commerce régional suivant les mêmes avantages comparatifs que ses voisins, le Laos subit de plein fouet la concurrence étrangère et le fait que les entreprises des membres de l'ASEAN bénéficient d'économies d'échelle leur permettant de produire à bas coûts et de meilleure qualité, les consommateurs lao pourront tenter d'acheter des produits et de biens d'équipement importés des pays de la région beaucoup moins chers. La solution pour que les Lao achètent le « Made in Laos » serait que les entreprises nationales apprennent à mieux produire, à structurer leur offre pour être plus compétitive et de bonne qualité, ainsi qu'à répondre aux normes internationales.

D'autre part, l'impact du flux migratoire est important dans le cadre de l'AEC, il apporte de la main-d'œuvre et techniciens qualifiés dont le Laos en a besoin en raison de la croissance et du développement économique tiré par le dynamisme de la région. Le pays, dans sa phase d'apprentissage par la pratique, accueillera favorablement les compétences venant de l'ASEAN. D'ores et déjà, de nombreux employés des pays de la région (Myanmar, Vietnam, Thaïlande) travaillent dans des hôtels, restaurants, exploitations agricoles, et autres secteurs de services et d'industries au Laos. Sans oublier que dans les années à venir, le pays aura besoin plus de talents, en particulier des ingénieurs, financiers, informaticiens, avocats d'affaires, médecins spécialistes, chirurgiens, experts en logistique, chefs de projet, et avocats en droit des affaires internationales. En créant une communauté économique plus intégrée, l'AEC encourage les pays de production à coût élevé tels que Singapour ou la Malaisie à déplacer leur production vers des pays à moindre coût comme par exemple au Laos, au Cambodge ou en Myanmar. Mais il y a un revers de la médaille toutefois dans la libre circulation des personnes, les jeunes lao éduqués et formés pourraient également tenter de quitter le pays pour trouver un meilleur emploi et salaire à l'étranger. Le défi sera grand pour le gouvernement d'arrêter la fuite des talents laotiens. Par ailleurs, l'ouverture du marché du travail pourrait créer de problème de l'immigration et susciter une tension raciale à long terme pour le Laos, compte tenu de sa petite population. Dès lors, il appartient au gouvernement de contrôler les flux d'immigration et de mettre en place une politique d'emploi aussi bien pour les immigrés que pour les nationaux ; en particulier, procurer du travail et valoriser le travail des jeunes lao, car la reconnaissance du résultat du travail et la valorisation des compétences avec une rémunération conséquente font partie des motivations des cadres lao d'aujourd'hui.

8.3.2 Les contraintes et obligations imposées pour le Laos

L'intégration du Laos dans l'AEC suscite de nombreux espoirs, le Laos cherche à sortir de son cycle de sous-développement et à s'engager dans la modernisation, mais une telle politique oblige le pays à se conformer à un certain nombre d'obligations et de contraintes, aussi bien économique que sociale. L'AEC ouvre certes des perspectives prometteuses, mais entraîne également de sacrifices pour le Laos, de multiples contraintes lui sont imposées, le pays a besoin un certain temps pour s'organiser et s'adapter au nouvel environnement. Il doit notamment poursuivre une croissance de qualité, équilibrée, durable et verte, et s'engager à respecter des réglementations aussi variées que le commerce, la pratique transparence des affaires, les normes internationales, la finance, et le droit juridique. Aussi le Laos déploie-t-il toutes des ressources pour moderniser son industrie et, renforcer la compétitivité de ses entreprises. De plus, le management et le personnel des entreprises lao n'ont encore que peu d'expérience et de pratique des affaires internationales, et le nombre de cadres parlant l'anglais est encore limité, ce qui constitue un handicap majeur à court terme.

De surcroît, le Laos respecte les devoirs afférents à ses droits. Il se doit de conformer aux objectifs définis dans l'agenda 2025 de l'AEC, une série de mesures définissant les obligations à prendre en compte, parmi celles-ci : l'amélioration des infrastructures ; la réalisation de la connectivité avec l'ASEAN. Cependant, le Laos n'est pas prêt à supprimer tous les tarifs d'importation, car certains produits représentent les principales sources de revenus pour le pays, car les droits de douane étaient source majeure de revenus. En effet, dans le passé, 11% des revenus de l'État provenaient des droits d'importation. À présent, l'impact des baisses tarifaires oblige le gouvernement lao à imposer les taxes de consommation (TVA) pour remplacer les revenus perdus. Les contraintes pour rester en conformité avec des règles de l'AEC représentent une lourde charge pour les finances du Laos, elles apparaissent sous de nombreux aspects, comme par exemple : la gestion relative aux questions environnementales, le renforcement de la compétitivité des SME, l'investissement dans la gestion et la formation pour le personnel des entreprises, l'amélioration de l'efficacité et de la productivité des entreprises, l'approbation des certifications et des tests des produits, la mise à niveau des outils industriels et la formation continue. Parallèlement, le Laos a également renforcé la lutte contre la corruption, le blanchiment d'argent, la promesse d'un développement équitable, la transparence dans la transaction du commerce et la bonne gouvernance.

Le gouvernement lao a également engagé plusieurs réformes pour améliorer l'économie et créer un environnement commercial attractif pour les investissements étrangers, il a créé en 2016 un portail de commerce en ligne, disponible en anglais, pour aider les entreprises dans leurs opérations commerciales à l'intérieur et à l'extérieur du Laos. Ce portail rassemble également d'information sur les questions douanières, les actualités, les publications et articles de loi, les événements saillants du Laos, et les offres d'emploi, etc. Le site Web a été créé grâce à un prêt de l'ADB dans le cadre des efforts du gouvernement pour promouvoir les SME. On a pu ainsi mesurer les efforts du gouvernement mettant pleinement en œuvre ses engagements dans l'AEC.

8.4 Les échanges commerciaux se font essentiellement avec l'ASEAN

Le volume des échanges et des investissements du Laos depuis son adhésion à l'ASEAN a augmenté au fil des ans, avec une croissance annuelle moyenne de 17% et 15% respectivement[463]. Le Laos profite du dynamisme de la région, qui se traduit par un afflux d'investissements internationaux, essentiellement asiatiques (Chine, Thaïlande, Vietnam, Japon, Corée, etc.). Son commerce extérieur reste, essentiellement orienté vers l'Asie.

Pour le commerce, les principaux partenaires commerciaux du Laos, à la fois clients et fournisseurs, sont la Thaïlande, le Vietnam et la Chine, et le volume des échanges avec ces pays représente près de 90% du commerce total, dont 55% avec la Thaïlande, 20% avec la Chine, et 12% avec le Vietnam. Environ 70% des échanges de marchandises avec la Thaïlande se font en termes d'importations, tandis qu'environ la moitié des échanges avec le Vietnam sont importés du Vietnam par le Laos. De plus, presque tous les échanges de marchandises avec la Thaïlande, la Chine et le Vietnam sont effectués par voie terrestre. Les produits exportés sont peu diversifiés. Les exportations d'électricité et de produits miniers couvrent plus de 50% des exportations totales et le reste comprend certains produits agricoles et manufacturés. La plupart des produits agricoles sont des matières premières qui contribuent moins au volume total des exportations[464].

En 2018, le principal marché d'exportation du Laos dans l'ASEAN était la Thaïlande et Viet Nam, suivis de la Chine (hors ASEAN), voir graphique (4) en dessous. La part de la Thaïlande a fortement augmenté suite à la hausse des exportations d'électricité et de composants électriques. Les parts de la Chine et du Vietnam ont également augmenté, tout comme celles de l'Asie et de l'ASEAN. Tandis que les importations sont fortement concentrées, près de 97% venant d'Asie, dont la part est restée stable pendant la période 2017-2018. En 2018, la principale source des importations du Laos était la Thaïlande, suivie de la Chine et du Viet Nam. Les parts de la Chine et du Viet Nam ont augmenté depuis 2013, tandis que celle de la Thaïlande a baissé. Par ailleurs,

---

[463] World Bank Data, 2018.
[464] OMC/ WT/TPRS/S/O394, October 2019.

la part de l'ASEAN a augmenté, alors que celle de l'Asie dans son ensemble a diminué.

Les partenaires commerciaux du Laos sont essentiellement des pays de l'ASEAN et ceux de l'Asie. Ainsi, en 2018, la Thaïlande et la Chine importent 73% de marchandises du Laos (respectivement 2,5 milliards de dollars et 1,4 milliard de dollars). Les pays de l'ASEAN moins la Thaïlande ne représentent que 17% du total des exportations laotiennes en 2018. S'agissant des importations pour le Laos, la Thaïlande est, de loin, le premier fournisseur (56% du total des importations), suivie par la Chine (24% du total). La part des importations en provenance de Chine a cependant augmenté en 2018, passant de 17% à 23,6% du total, soit + 70% en 2018, à 1,4 milliard de dollars contre 817 millions de dollars l'année précédente. Le Vietnam est le troisième partenaire commercial du Laos avec 885 millions de dollars d'exportations (16% des ventes) et 693 millions de dollars d'importations (12% des achats) en 2018[465], comme le montre le graphique ci-dessous. Cependant, les échanges avec l'U.E et les États-Unis sont faibles, ses exportations vers l'U.E. ne représentent que 4% du total, malgré le fait que le Laos bénéficie de l'accès préférentiel au marché européen grâce au programme « Tout sauf les armes ». Quant aux exportations vers les États-Unis, elles ne représentent que 1,3%. En revanche, le Laos importe en 2018 de l'U.E. pour 87 millions de dollars. Quant à la France, elle est le 20e client (0,15% des exportations) du Laos ainsi que son 18e fournisseur (0,16% des importations)[466], mais est le premier investisseur européen.

Le Laos importe principalement de Thaïlande via le premier pont de l'amitié Thaïlande-Laos) à Nong Khai-Vientiane et les exportations ne représentent que 30% du commerce total à travers ce poste de contrôle. Les marchandises exportées à ce poste de contrôle couvrent des produits comme les boissons, le cuivre, l'aluminium, les meubles, etc., tandis que les importations comprennent les véhicules, les matériaux de construction, les médicaments, etc. Pour le commerce avec la Chine, la plupart des marchandises et des produits passent par le poste de contrôle à Boten. À ce poste, les principaux produits d'exportation sont les produits agricoles, tels que les bananes, la citrouille, la canne à sucre, la pastèque, le thé, le café, le manioc, ou encore les corbeaux, les buffles, et plus récemment du riz[467], etc. Alors que les principales importations comprennent des machines, du matériel électrique, des véhicules, de l'alimentation, des boissons gazeuses, etc. En revanche, le Laos importe principalement du Vietnam via le poste de contrôle de Naphao dans la province de Khammuan et le point de contrôle de Namphao

[465] Statistiques du MOCI.

[466] Ambassade de France au Cambodge, Service économique : Les échanges extérieurs du Laos en 2018.

[467] Au premier semestre 2020, le Laos a exporté 15 000 tonnes de riz à la Chine, Farm sector record modest growth, stronger domestic supply, Vientiane Times, 25/06/2021.

dans la province de Borikhamxay. Au poste de contrôle de Namphao, les exportations comprennent le charbon de bois blanc, les produits du bois, le caoutchouc, le café, les produits forestiers non ligneux, etc., tandis que les importations sont principalement des pièces de motos, des matériaux de construction, du carburant, etc. Autre échange avec l'international, le commerce de transit est également important pour le Laos. Actuellement, il existe dix passages de contrôle internationaux avec la Thaïlande, huit points de contrôle internationaux avec le Vietnam et deux passages de contrôle internationaux avec la Chine.

Les investissements de l'ASEAN entre 2009-2018 au Laos étaient relativement modestes, le pays recevait 1,37 milliard de dollars d'investissements sur un total de 200,7 milliards de dollars dans l'ASEAN au cours de la période considérée, soit à peine 0,8%[468]. Depuis 1991 à 2019, le cumul d'investissements vietnamien au Laos atteignait 4,22 milliards de dollars avec 411 projets, principale dans les secteurs : infrastructure, énergie, mines, transport, et agriculture. Quant à la Thaïlande, elle a investi depuis le début des années 1990 environ 6,5 milliards de dollars avec l'objectif d'atteindre 10 milliards en 2021, essentiellement dans le secteur d'énergie et dans l'agriculture. Le volume des échanges commerciaux bilatéraux entre ces deux pays progresse de 12% par an. Les tableaux (18 et19) ci-dessous montrent l'évolution des exportations et des importations du Laos avec l'ASEAN.

Tableau 18 : Les exportations lao vers les pays ASEAN 2017-2018

	Valeurs en milliers US$		% total exportations	
	2017	2018	2017	2018
Intra-ASEAN	**3 127 299**	**3 452 146**	**63,72**	**62,30**
Brunei	7	-	-	-
Cambodge	15 595	7 028	0,32	0,13
Indonésie	696	1 701	0,01	0,03
Malaisie	7 544	9 604	0,15	0,16
Myanmar	240	613	0,00	0,01
Philippines	283	2 994	0,01	0,05
Thaïlande	2 363 288	2 528 134	48,13	45,63
Singapour	17 867	17 268	0,36	0,31
Vietnam	722 769	885 344	14,72	15,98

Lao Statistics Bureau, Yearbook 2018.

[468] Asean Statistical Yearbook 2019.

Le total des exportations du Laos vers l'ASEAN plus les exportations hors Asean en 2017 et en 2018, atteignait respectivement 4 909 735 de dollars et 5 540 842 de dollars. De même pour les importations, le Laos importait toutes les régions confondues, en 2017 et en 2018, respectivement 5 159 712 de dollars et 5 848 147 de dollars.

Tableau 19 : Les importations du Laos en provenance de l'ASEAN 2017-2018

	Valeurs en milliers US$		% total importations	
	2017	2018	2017	2018
Intra-ASEAN	**3 062 441**	**3 445 601**	**59,35**	**58,92**
Brunei	231	7	-	-
Cambodge	645	288	0,01	0,00
Indonésie	75 826	52 748	1,47	0,01
Malaisie	20 171	21 742	0,39	0,00
Myanmar	76	189	0,00	0,00
Philippines	2 071	2 586	0,04	0,00
Thaïlande	2 497 369	2 864 977	48,40	49,00
Singapour	96 096	117 329	1, 86	0,02
Vietnam	369 956	385 735	7,17	0,07

Lao Statistics Bureau, Yearbook 2018.

En conclusion, les échanges du Laos se font essentiellement avec la Thaïlande et le Vietnam dans le cadre de l'ASEAN, et en dehors de l'ASEAN avec la Chine. Toutefois, depuis quelques années, on voit apparaître de plus en plus la Corée du Sud, ses échanges avec le Laos sont encore modestes, mais les échanges et investissements coréens vont devenir plus importants dans les prochaines années. En revanche, les échanges avec les pays développés sont très faibles, malgré les préférences tarifaires liées au statut de PMA dont bénéficie le Laos. Il reste à démontrer si l'accord de RCEP profiterait encore plus le Laos et accroîtrait davantage à terme son commerce extérieur et les flux entrants d'investissement dans ce pays, compte tenu des échanges et des investissements déjà réalisés avec la Chine, le Japon, l'Australie, et la Corée du Sud.

La structure sectorielle des échanges montre que le commerce repose principalement sur les ressources extractives et l'exportation de produits agricoles non transformés et forestiers. Le Laos est dépendant des importations en provenance de la Thaïlande et à degré moindre, du Vietnam pour les carburants, les véhicules, les produits courants de consommation ; tandis que la Chine fournit principalement les matériaux de construction et les intrants nécessaires à son industrie (machines et équipements mécaniques et électriques). Les graphiques (20 et 21) ci-dessous donnent les exportations et les importations du Laos en 2018 par pays en pourcentage du total. On voit ainsi que les exportations représentaient 89% vers l'ASEAN et les importations 92% en provenance de l'ASEAN.

Dans la mesure où le Laos se doit de suivre la dynamique de l'AEC et d'harmoniser ses actions avec des membres de l'ASEAN, il a depuis 2016 mené avec détermination des réformes sur la diversification de son industrie, le renforcement de la compétitivité de ses entreprises, l'amélioration du climat des affaires, la poursuite des réformes budgétaires, et le contrôle de la dette publique. D'autres réformes nécessaires sont en cours, par exemple axées sur l'amélioration du capital humain par le biais de la formation professionnelle. Ces mesures devraient contribuer à réduire les inégalités, ainsi que les disparités régionales et entre les sexes. De telles réformes ont permis le Laos d'atteindre jusqu'à présent ses objectifs en matière de politique économique et de protection sociale, ainsi que de s'intégrer davantage dans le système commercial régional et mondial.

Graphique 20 : Les exportations du Laos par pays en 2018

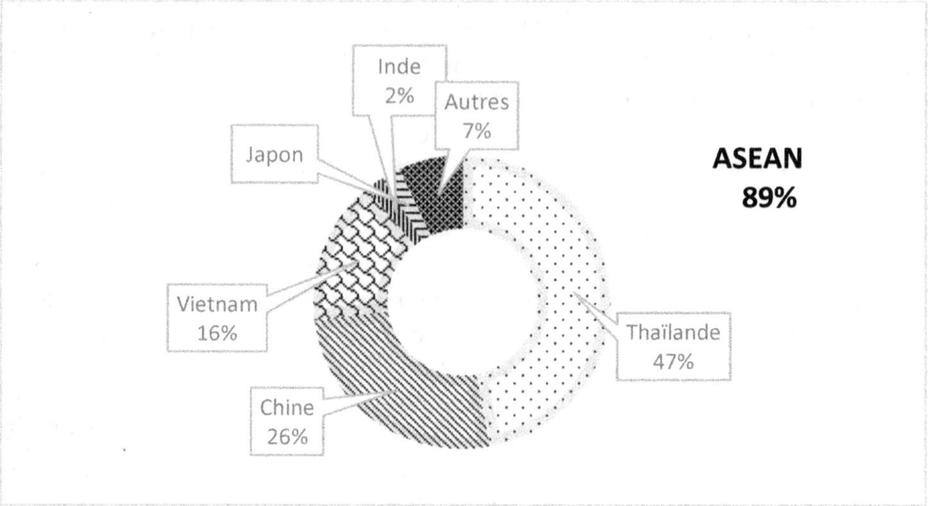

Asean Statistical Yearbook 2019

Graphique 21 : Les importations du Laos par pays en 2018

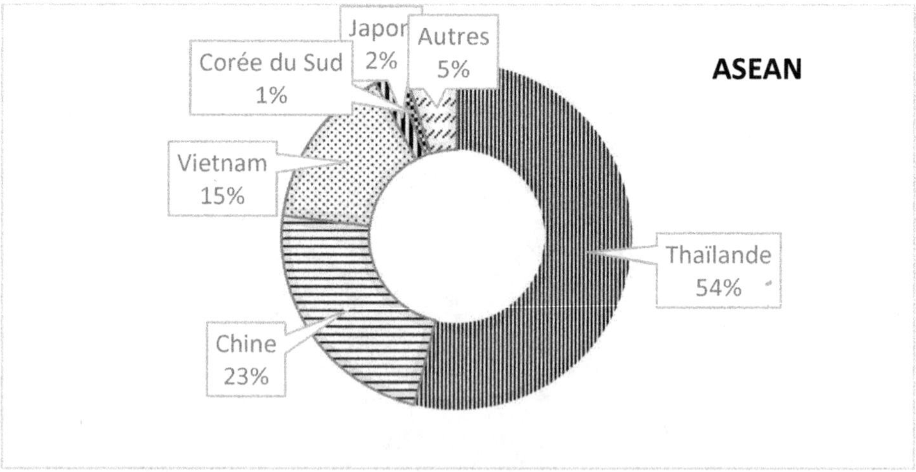

Asean Statistical Yearbook 2019

Chapitre 9

LES TROIS DÉCENNIES QUI ONT TRANSFORMÉ LA FACE DU LAOS

Ce chapitre n'a nullement la prétention de faire le bilan statistique de ces trente dernières années de politique d'ouverture et de ses conséquences sur la vie économique lao, et encore moins de décrire l'impact que la crise actuelle de la pandémie du Covid-19 pourrait avoir au Laos en appelant éventuellement à changer le modèle de développement de ce pays. Ce n'est pas sa vocation. Il se limite à donner un éclairage sur la façon dont les trente années de réformes ont bouleversé et changé le visage de ce pays, ses habitants, son mode de vie, ses valeurs et ses rapports avec la société moderne.

En l'espace d'une génération (trente ans), le Laos a transformé d'un État pauvre et isolé sur la scène internationale et d'une politique de planification économique autoritaire en un État ouvert au monde, une croissance économique qui fait envier à beaucoup de pays et une reconnaissance internationale de cet État. Cette synthèse idéologique a permis le Laos d'ouvrir progressivement son économie tout en conservant son régime politique. Le Laos a entamé ainsi à partir du milieu des années 1980 une libéralisation progressive du marché intérieur et une ouverture graduelle aux investissements internationaux.

Un sacré saut pour un pays qui fête ses trente-cinq ans d'économie de marché socialiste, ses huit années d'appartenance à l'OMC et cinq ans de son intégration dans l'AEC. Une bonne image de ce pays est aujourd'hui perçue dans le monde, la confiance la plus étonnante vient aujourd'hui des pays de l'ASEAN[469].

Assurément, on peut se demander de quand date le changement faisant que le Laos n'est plus tout à fait un « pays oublié » ? Et comment et en quoi est-il parvenu à changer vis-à-vis du regard critique de l'extérieur ? Le chemin parcouru s'est avéré ardu et a exigé d'énormes sacrifices pour toute une population. Du début de l'Etat exsangue qui vit en autarcie aux différents plans quinquennaux socioéconomiques, le Laos après moins d'un demi-siècle de pouvoir socialiste, est devenu un pays « respectable ». En trois décennies, le Laos s'est transformé. Il dispose aujourd'hui d'une voix au chapitre importante dans le monde.

Le pays s'est profondément transformé sur le plan économique et sociétal depuis l'adoption des réformes entreprises en 1986 et plus précisément à partir du 2e plan quinquennal, période clé qui amorce ce retournement. On évoquera brièvement dans ce chapitre, en particulier les grands changements survenus

[469] Laos celebrates achievements of past 45 years, Vientiane Times, 03/12/2020.

depuis lors dans la réalisation des infrastructures, du développement social et comment le Laos a su donner une bonne image de respectabilité au public international. Le point de départ du chapitre est l'idée selon laquelle le dynamisme économique à partir du 2e plan quinquennal lao a entraîné un changement de régime de croissance. La croissance lao est désormais fondée sur une nouvelle stratégie de développement adoptée par le parti, celle-ci a impacté sur les réformes économiques, le dynamisme sectoriel, les institutions politiques et administratives, les réformes de la finance, la rupture avec l'ancienne société, le mode de vie quotidienne de la population, la culture et les valeurs ancestrales et la reconnaissance de l'État lao dans le monde. Et tout cela s'ajoute à l'inégalité sociale et d'un point de vue politique, les avancées restent limitées.

9.1 Un Laos nouveau et transformé

Depuis la politique de réforme et d'ouverture, l'économie lao a connu un développement considérable. Entre 1986 et 2020, le développement des infrastructures, de l'investissement, du commerce, de la production et des services ont été les leviers de croissance et de transformation du Laos ces trente-cinq dernières années. Cette mutation est faite en deux phases :

1) La première phase de 10 ans allant de 1975-1985. L'Etat-parti qualifie la première phase de cette période de restauration sociale, culturelle et économique : indépendant économique, autosuffisance, augmentation de production agricole, démarrage de l'industrie de transformation, instauration du premier plan quinquennal de développement socioéconomique. Cette phase inclut la reconstruction du pays : routes, ponts, services publics.

2) La deuxième phase de 35 ans allant de 1986 à nos jours. Le développement socioéconomique a commencé en 1986 lorsque le nouveau plan de réforme NME est entré en vigueur. Bien que les difficultés et des défis subsistent, le Laos est capable de réaliser de progrès significatifs et a remporté des succès rapides dans divers domaines, tels que la stabilité politique, la construction d'une économie résiliente, le maintien de l'ordre social et du bien-être de la population et du développement des relations constructives avec ses voisins et partenaires. Le Laos se lance dans l'exploration et l'exportation de ses ressources naturelles, l'industrie manufacturière, l'agriculture et le tourisme. Le Laos se modernise et s'intègre dans la communauté internationale.

Le PIB a multiplié par 13 de 1990 à 2020 et son PIB/habitant a progressé de 207 dollars en 1990 à 2 664 dollars en 2020, selon le ministère du Plan et de l'investissement. Le gouvernement lao a approuvé un total de 40,3 milliards d'investissements étrangers et nationaux entre 1988 et 2020. Le nombre de projets réalisés est 4 635 par les investisseurs en provenance de 53 pays. À fin 2020, 848 entreprises ont investi dans les 12 SEZ avec un capital enregistré de 13,9 milliards de dollars. Le dynamisme du secteur privé engendre un accroissement rapide de l'économie du pays.

En trente ans, on a donc assisté au Laos à la mise en place des infrastructures de base sur tout le territoire, d'une industrialisation orientée pour une grande part vers l'exportation de l'hydroélectricité, des produits miniers mais aussi agricoles. Le boom de l'industrie touristique a fait venir les millions de visiteurs par an. La pauvreté recule, une classe moyenne urbaine émerge mais les inégalités se creusent en dépit de la forte croissance économique du pays.

Quelques chiffres clés de l'évolution économique

On rappelle ici les performances économiques de 1990 à 2020 :

Période	1991-1995	1996-2000	2001-2005	2006-2011	2012-2015	2016-2020
Croissance par an (%)	6,3	6,2	6,3	7,9	7,9	5,8

9.1.1 Qu'est-ce qui explique cette transformation économique ?

Les réformes et l'ouverture au monde. Il y a trente-cinq ans, le Laos était un pays à l'économie fermée, et où les entreprises industrielles et commerciales n'existaient presque pas encore. Dans ce processus, les propriétés collectives sont devenues étatiques et le commerce du marché était interdit. Les conséquences désastreuses de la politique de collectivisation de production agricole puis des difficultés économiques et financières ainsi que la paupérisation de la population ont forcé le parti et le gouvernement à reculer sur le plan des politiques radicales des coopératives.

Après l'échec de la première phase de la gestion socialiste post-guerre de « libération », le Laos fait le choix d'entrer dans la mondialisation. Dix ans seulement après la Chine, il libéralise son économie, ouvre progressivement ses frontières, et commerce enfin avec le monde. Et là, tout change, c'est une mutation radicale qui s'engage en une génération, et les « vestiges capitalistes » sont à nouveau permis.

La transformation s'est opérée graduellement, elle s'oriente aujourd'hui vers une croissance durable au moyen du rééquilibrage de son économie, en passant de l'investissement à la consommation et de la production manufacturière et artisanale aux services. Les échanges avec les membres de l'ASEAN se sont accrus. Le Laos s'est profondément changé et n'a plus grand-chose à voir avec les années 1970. Sous le concept du NME, cette politique de réforme prône le passage à une économie de marché. Cette évolution imposée par les échecs des choix économiques précédents survient opportunément avec son entrée dans la nouvelle ère géopolitique de l'Asie du Sud-Est.

La croissance a atteint alors rapidement un rythme élevé comme l'a montré le tableau ci-dessus, le Laos aboutit aujourd'hui à l'autosuffisance alimentaire, il devient même un petit exportateur de riz. Il s'affirme d'être le fournisseur régional d'électricité et le pays a de nombreux atouts qui a permis la croissance rapide de son économie jusqu'ici : ses ressources naturelles, son agriculture encore peu exploitée, sa jeune population. L'évolution conjointe d'une baisse du rôle rigide du dogme socialiste et d'une hausse de celui des mécanismes de marché a été très incitative et a conduit à une amélioration des revenus d'une grande partie de la population et l'émergence de la classe moyenne urbaine. Le Laos a réussi à réduire progressivement la grande pauvreté et a amélioré les conditions de vie et le bien-être des familles, en particulier au cours de ces deux dernières décennies (§ 7.3). L'illettrisme a reculé. La mortalité infantile est en forte baisse. Quasiment tous les foyers utilisent des toilettes plutôt que d'aller dehors, en particulier dans les campagnes.

D'autre part, la stabilité politique et l'ordre social ont favorisé le développement socioéconomique du pays et attiré des investissements étrangers de grande ampleur dans les secteurs de l'énergie, des mines et de l'agriculture commerciale et industrielle, ils ont contribué de manière significative aux revenus de l'État et ont permis de financer la santé, l'assurance maladie, l'éducation des enfants et la réduction de pauvreté entre autres.

Les raisons de la réussite du développement et de la transformation

Le Laos connaît un développement économique relativement constant et vigoureux dans l'histoire moderne, le pays reçoit l'admiration des économies les plus avancées de la région et des institutions internationales pour ses bons résultats. Le pays a effectivement réussi le décollage économique avec des taux de croissance de l'ordre de 7% ces dernières années, devenant un partenaire crédible au sein de l'ASEAN. Par ailleurs, le Laos a su maintenir un cadre macroéconomique stable jusqu'à présent. L'essor du secteur privé constitue un des faits les plus marquants du développement lao.

Quelles sont les lignes de force du succès économique du Laos ? Le pays s'est engagé sur la voie d'un développement durable et a su tirer parti des opportunités offertes par les réformes réalisées jusqu'ici. La collaboration du gouvernement avec la communauté internationale s'est intensifiée à partir du milieu des années 1980, grâce à l'aide publique au développement octroyée par la Banque mondiale, le Fonds monétaire international (FMI), la Banque asiatique de développement (ADB), l'Agence officielle de développement (ODA), les Nations Unies pour le programme de développement (UNPD), les partenaires du développement et les ONG internationales. Le programme de financement comprenant des opérations de soutien des règles d'action et une série de crédits destinés au développement rural, à la sylviculture, aux transports, à l'énergie, aux télécommunications, à l'éducation, à la santé et à l'industrie. De ce fait, l'ADB a été l'une des principales institutions internationales partenaires à assister le Laos depuis 1970 dans son développement économique. L'assistance de l'ADB est étroitement liée aux priorités de développement du gouvernement lao, en particulier : réduire la pauvreté du pays, accroître son économie, moderniser des infrastructures, développer des ressources humaines, et soutenir le développement de l'agriculture. S'ajoutant de l'aide complémentaire fournie par d'autres donateurs et d'institutions multilatérales, ces capitaux ont aidé le pays à jeter les bases de son réseau d'infrastructures, à élargir l'accès à de meilleurs services de santé et d'éducation, et à faciliter la transition rapide entre une économie planifiée et une économie de marché.

Un des faits peut-être les plus marquants de cette réussite lao de ces dernières années, et qui devrait se confirmer de façon plus large à moyen terme, réside d'une part dans la stabilité politique, et la stratégie du gouvernement d'ouvrir largement aux investisseurs étrangers dans le secteur de l'énergie avec ou sans la participation au capital de l'État, d'autre part.

Les gouvernements successifs ont pris conscience qu'il était en outre indispensable de se pencher rapidement sur les préoccupations intérieures : sortir des milliers de personnes de la pauvreté, réduire les inégalités de revenus qui ne cessent de s'accroître et endiguer la corruption endémique. Ainsi, des efforts ont été déployés pour soutenir et développer le secteur privé, les nouvelles lois plus souples sur les investissements ont été promulguées pour attirer aussi bien les investisseurs étrangers que nationaux, les SEZ se sont développées et de nombreuses facilités sont offertes aux entreprises pour s'y implanter. La Loi de 2016 sur la promotion des investissements a clarifié les politiques d'investissement et introduit des incitations fiscales complètes, elle facilite la création des SEZ. Les salaires et le coût de la main-d'œuvre sont relativement bas ont ainsi attiré des entreprises étrangères ayant l'ambition d'y produire des équipements à forte intensité de main-d'œuvre pour l'exportation vers les pays limitrophes et au-delà.

Toutes ces mesures ont permis effectivement l'émergence rapide d'une classe moyenne urbaine et l'apparition des hommes et femmes d'affaires, entrepreneurs, commerçants et grandes fermes agricoles. La croissance a entraîné d'autre part une réduction du taux de pauvreté et une amélioration de certains indicateurs sociaux, par exemple, le nombre de familles pauvres est passé de 46 % au total en 1992-1993 à environ 29 % (soit 137 500 foyers) en 2004-2005. Il est descendu à environ 23% en 2012, 19% en 2017 et à 6% en

2019[470] (§ 7.3). Mais, selon les critères de la Banque mondiale, le seuil de pauvreté du Laos demeure encore autour de 23%[471]. La réduction de la pauvreté et le développement social réalisés par les autorités lao constituent un progrès significatif qui est reconnu par la Banque mondiale et l'UNPD dans leur rapport Pays.

Une autre raison du succès du développement de l'économie lao peut s'expliquer par les décisions du gouvernement dans le cadre de la stratégie de développement à long terme et le plan Vision 2030, donnant l'impulsion à la réalisation des projets de travaux d'infrastructures, aux échanges avec l'ASEAN, au passage à l'économie numérique, à l'amélioration des services financiers et à la modernisation des finances publiques. À cet effet, le Premier ministre d'alors, Thongloun Sisoulith, a appelé à poursuivre l'amélioration de la gouvernance économique, à coopérer avec les institutions internationales, les bailleurs de fonds et les partenaires de développement, à renforcer les bilans bancaires, et à maintenir la croissance pour un développement durable et une économie verte. Aussi de vastes réformes structurelles ont été mises en œuvre pour stimuler l'investissement privé et le potentiel de croissance et rendre le processus de croissance plus inclusif.

Mais malgré ces perspectives et cette réussite observée, le pays reste une économie en devenir : aux nombreux défis sans précédent que représente son développement économique - le projet de construire une nouvelle société où la pauvreté sera éradiquée pour 7,2 millions de personnes –, son rattrapage économique n'est pas exempt de difficultés majeures. Et pour cause, en dépit d'une croissance soutenue ces dernières années, le PIB par habitant reste encore loin de celui des économies avancées de ses voisins (§8.3. tableau 17).

9.1.2 Comment caractériser la transformation du Laos ? Quels sont les principaux facteurs favorables qui ont contribué à cette mutation ?

1. Augmentation de la productivité agricole et exportation.

La production de riz a augmenté largement depuis 1990, le riz est suffisant aujourd'hui pour la consommation locale, le Laos commence à exporter le surplus chaque année de son riz à la Chine et au Vietnam (§ 6.2.3). En 1990, les agriculteurs produisaient plus de 1,4 million de tonnes de riz cultivé sur 650 300 hectares avec un rendement de 2,29 tonnes par hectare. En 2010, les agriculteurs plantaient du riz sur 719 000 hectares de rizières et produisaient plus de 2,3 millions tonnes de riz avec des rendements de 3,7 tonnes par

---

470 Statistiques Bureau nation lao, Ministère du plan et d'investissement.

471 Population qui vit avec moins de 1,5 dollar par jour, définition retenue selon la Banque mondiale.

hectare. En 2015, la production était de 3,5 tonnes. Les agriculteurs utilisent de plus en plus de tracteurs et d'engins motorisés ainsi que les entrants en provenance de la Thaïlande. En même temps, la culture de légumes, des fruits ainsi que les fermes d'élevage ont considérablement augmenté pour satisfaire à la demande du marché local et export. Un exemple, en 2016 il y avait plus de 1,9 million de têtes de bétail, ce nombre est passé à 2,6 millions en 2020.

2. Une industrie structurante et le dynamisme commercial.

Le parti et le gouvernement soutiennent l'industrie, la croissance de ce secteur a montré une grande importance pour le développement économique et la création d'emplois pour le pays (§ 6.1). De 1986 à 1990, l'industrie a augmenté en moyenne de 8% par an, en particulier dans l'industrie de transformation, ce qui n'existait pas avant 1986 dans le pays. De 2011 à 2015, le taux de croissance était 13% et à partir de 2016-2020, il était de 9,2%, affaibli par le Covid-19. Les secteurs les plus performants sont aujourd'hui l'agroalimentaire, la production des pièces pour véhicules et des minéraux. Un grand changement, à présent, le Laos possède 18 cimenteries dans tout le territoire et ont une capacité de production de 10 millions de tonnes par an, toutefois le pays continue d'importer du ciment de la Thaïlande, mais de moins en moins. L'industrie manufacturière lao est en mesure maintenant de fabriquer toute une variété de produits : tuiles, tôles galvanisées, fils en acier ou fer forgé, clous, barres de fer, sacs plastiques, briques, poutrelles, panneaux de menuiserie, meubles, céramiques, canalisations en PVC, les transformateurs MT/BT, les câbles électriques basse tension. Le Laos a 856 marchés (grand, moyen et petit) dont 28 centres commerciaux et centres d'exposition de produits nationaux et importés. Chose impensable il y a encore une décennie, les échanges se font aujourd'hui essentiellement avec l'ASEAN et avec la Chine à présent, en raison de l'augmentation de l'offre des produits lao, et plus particulièrement l'hydroélectricité, le textile, le cuivre, les produits agricoles. La base de production lao s'est accrue et les produits artisanaux et la soie « Made in Laos » sont appréciés à l'étranger. La création des zones économiques spéciales (SEZ) au nombre de 12 attire de plus en plus d'investisseurs étrangers et nationaux, la base industrielle s'accroît[472].

3. Les secteurs de l'énergie et des mines, principaux contributeurs au budget de l'État ont permis l'émergence économique du pays

Le secteur de l'énergie et des mines au Laos croît à un rythme rapide, ce secteur fournit de l'électricité pour le pays et pour l'exportation, il créé de l'emploi et contribue de manière substantielle au budget de l'État et au développement

---

[472] Government vows achievements in 45 years for planning, investment sector, Sethakit, 03/12/2020.

socioéconomique. Au cours des 45 dernières années, le secteur a vu son plus grand succès dans la construction des centrales hydroélectriques. Parallèlement, plusieurs mines sont en cours d'exploitation au Laos, le cuivre et l'or sont parmi les minéraux les plus exportés. Historiquement, on retient qu'en 1975, le développement d'énergie était presque inexistant, le financement était limité. Selon le ministre Khammany Inthirath du MEM, pendant ce temps- là, le pays n'avait qu'une seule grande centrale hydroélectrique, le barrage de Nam Ngum 1 avec une capacité installée de seulement 30 MW. Il y avait aussi deux petites centrales hydroélectriques, le barrage de Nam Dong dans la province de Luang Prabang avec une capacité installée combinée de 1 MW et le barrage de Xe Labam dans la province de de Champassak avec une capacité installée combinée de 1 MW. Il y avait aussi de l'électricité produite par des groupes électrogènes fonctionnant au fuel dans cinq grands districts des provinces de Vientiane, Luang Prabang, Khammuan, Savannakhet, Champassak, et seulement 19 000 ménages ou 10% de la population avaient accès à l'électricité. En 1997, la Loi sur l'électricité a été promulguée, ouvrant la voie pour les investisseurs étrangers d'opérer au Laos à travers des producteurs indépendants d'électricité (IPP). Au premier trimestre de 2021, on compte 81 centrales avec une capacité installée combinée de 10 328 MW avec une production de 53 640 millions kWh (§ 6.2.1), 13 autres centrales sont en cours de construction et seront opérationnelles pour la fin de l'année 2021. Le Laos ambitionne de devenir « la pile électrique » de l'ASEAN.

L'exploitation minière a également été un important contributeur au budget de l'État et au développement de l'économie lao. Le Laos est l'un des pays le plus riches en ressources naturelles de l'Asie. Depuis 1990, 214 entreprises ont obtenu l'autorisation pour exploiter 319 projets miniers. Les opérations minières ont été autorisées sur presque 7,3 millions d'hectares ou 30,75% des terres du Laos (§6.2.3). Le secteur a rapporté plus de 10,967 milliards de kips au Trésor public et en 2020 près de 10,851 milliards de kips. L'énergie et le secteur extractif constituent l'essentiel des recettes d'exportation du pays[473].

9.1.3 Les principales réalisations des infrastructures qui ont changé le paysage du Laos

Les accomplissements des travaux d'infrastructure sont remarquables au cours de ces 45 années : routes, autoroutes, transport aérien, ferroviaire et fluvial, aéroports, ponts et d'autres infrastructures ont été réalisés pour connecter les différentes parties du Laos et le reste de la région. Cela fait partie du plan du gouvernement pour transformer le Laos d'un pays enclavé en pays relié à ses voisins par la terre. Ainsi, l'amélioration de son réseau routier pour

[473] Economy booms under Party leadership, Vientiane Times, 07/12/2020.

le transport des marchandises, qui constituent une part importante des exportations et la prospérité du pays.

Le secteur des travaux publics et des transports a porté ses efforts sur le développement des infrastructures contribuant au développement socioéconomique, à l'intégration régionale et internationale et à la modernisation du pays.

On décrit dans cette section, le développement dans le domaine de la construction ; du transport terrestre ; du transport fluvial et aérien ; du développement des chemins de fer ; dans de la planification urbaine et du développement dans l'approvisionnement en eau ; ainsi que la réalisation dans la poste, les télécommunications et la communication.

1. Travaux publics et Transport ont accéléré le désenclavement du Laos

L'enclavement du Laos le rend fortement dépendant du transport routier et cela influe sur les coûts de transport liés au commerce extérieur; le pays est bien connecté aux passerelles internationales via la Thaïlande principalement, cependant les entreprises de camionnage influent sur le coût des transports internationaux du Laos. Des mesures sont prises pour moderniser le réseau routier et construire un réseau ferroviaire. Le transport aérien, dont tous les segments font l'objet d'une participation active de l'État, a continué de se développer, entre autres, grâce à la modernisation des infrastructures et à la croissance du secteur du tourisme ; le cadre réglementaire principal a été mis à jour en 2018 et les efforts d'intégration du secteur de l'aviation dans les marchés internationaux ont été poursuivis grâce à la participation à certains accords bilatéraux et régionaux sur les services aériens. Le cabotage n'est autorisé ni dans le transport routier, ni dans le transport aérien.

D'autre part, selon les statistiques du MPI, en 1976, les routes totalisaient 12 000 km et jusqu'en 2019 la longueur totale des routes s'étendaient sur plus de 60,3 millions de km. En outre, plus de 11,6 millions de km de routes pavées sont en béton ou en asphalte. Les routes en villes sont pavées en asphalte, toutefois à Vientiane, Luang Prabang, Paksé et Savannakhet, les habitants commencent à rouler sur les routes en béton. 93,2% des districts ou villes ont à présent des routes asphaltées.

La construction de routes et de ponts a progressé de manière significative, plus que des autres secteurs, comme en témoigne l'augmentation du réseau routier de 39 584 km en 2010 à 51 597 km et plus de 65 300 km en 2019. On retiendra qu'en 2014, les routes goudronnées sont passées de 5 426 km en 2010 à 8 272 km en 2014 et 11 200 km en 2019. Les routes nationales ont été modernisées pour devenir des routes qui répondent au standard de l'ASEAN reliant les routes nationales aux pays voisins le long des corridors économiques régionaux, tels que les 2 200 km de route améliorés le long du corridor économique Nord-Sud, et les 1280 km de route le long du corridor économique Est-Ouest. La construction de routes principales de district, routes rurales reliant les zones centrales et le développement du village de Kum Ban. De plus, de nombreux projets de construction ont été achevés, comme la construction de la route 2W de Nguen au district Pak Beng ; le 3e pont de l'amitié de Khammouan à Nakon Panom ; le 4e pont de l'amitié depuis Thaïlande-Laos de Huai Xay à Xiengkong ; le pont d'amitié lao-birmane à Luang Namtha; le 5e pont de l'amitié entre la Thaïlande et le Laos en construction pour relier Bueng Kan au nord-est de la Thaïlande à Paksane, dans la province de Bolikhamxay au centre du Laos ; la route 6A pour se connecter Sop Bao avec Ban Dan ; le projet de réhabilitation de la route R3 ; le pont Xe Kaman sur la route 16B (district de Dak Chueng); la route 2E (district de Khua à Taichang), la route de Nam Kueng au village de Ban Mom (province de Bokeo) ; la route 1D (ministère de la Défense nationale) ; et la route 1B (de Paknamnoy au village de Nhor). On indiquera également les projets de la construction de route du nord n°13 (Nateuy à Pak Mong, province d'Oudomxay), la construction du pont du Mékong entre Nasak et Kokkaodor, le pont de Xe Kaman ; la route n° 16B (province de Sekong, district de Dak Chueng) ; la route n° 16A de Paksong au km 52 dans la province d'Attapeu, et autres projets. Et plus récemment la nouvelle route asphaltée, 90 km qui relie Savannakhet à Saravan, est achevée en octobre 2020, grâce au prêt de la China North Industries Group Corporation (NORINCO).

Le Laos a emprunté à des nations étrangères pour financer les travaux afin de transformer le pays enclavé à un « pont terrestre ». On observera que le pays est à présent bien relié à ses trois partenaires commerciaux principaux, la Thaïlande, le Vietnam et la Chine, ainsi qu'aux marchés et fournisseurs étrangers par la route et à la fin de l'année 2021 par le train[474]. La construction routière a connu d'importantes avancées, comme en témoigne l'augmentation des réseaux routiers et des routes asphaltées pour devenir des routes de l'ASEAN qui relient le Laos aux pays voisins le long des corridors économiques régionaux.

Parmi les réalisations phares les plus récentes, on cite l'autoroute Vientiane-Vangvieng, distance de 109 km qui sera ensuite prolongée jusqu'à la frontière chinoise ou encore le chemin de fer Laos-Chine, distance de 409 km dont l'inauguration est prévue pour la fin de l'année 2021, cette ligne ferroviaire reliant Vientiane à la frontière chinoise fera partie d'une voie ferrée allant de Kunming (Chine) à Bangkok puis jusqu'à Singapour. Un projet d'autoroute d'un montant de 4,5 milliards de dollars reliant Vientiane à Hanoï viendra également soutenir l'activité économique[475] ainsi qu'un autre projet de route à quatre voies en cours de construction entre Vientiane et Paksé. Par

---

[474] Banque mondiale (2014), Lao PDR: Trade and Transport Facilitation Assessment, avril, Washington, D.C. Adresse consultée: "https://openknowledge.worldbank.org/bitstream/handle/10986/18739/720610REVISED00FA0Final0web0June013.pdf?sequence=1&isAllowed=y".

[475] MPI (2016), 8e Plan quinquennal (2016-2020).

ailleurs, l'étude de faisabilité concernant la ligne ferroviaire de 217 km reliant Savannakhet à Lao Bao (frontière entre le Laos et le Viet Nam) a été menée à bien. Le parti et le gouvernement lao ont pour objectif de moderniser les routes reliant le Laos à ses voisins ainsi que les routes supportant des véhicules transportant onze tonnes de marchandises. Au cours des cinq prochaines années du 9e plan, le Laos sera sans le doute un « pont terrestre dans la région du Mékong », il pourra servir comme centre de logistique régional[476].

En matière d'approvisionnement en eau, les réseaux de distribution d'eau ont été installés dans les zones rurales et urbaines, les habitants peuvent ainsi accéder à l'eau potable. 80% de personnes vivant en milieu urbain ont la distribution de l'eau par la canalisation. À présent, il y a 163 usines de traitement d'eau capables de traiter 674 232 mètres cubes d'eau par jour.

2. Forte augmentation des services de transport de marchandises et de passagers. Le secteur en passe de s'internationaliser

Le transport de marchandises et de passagers se fait essentiellement par route, ces services se sont progressivement améliorés. Le Laos ne dispose pas encore d'un réseau ferroviaire de transport de fret et le transport par voie fluviale se limite aux portions du Mékong qui constituent la frontière avec la Thaïlande, c'est pourquoi le trafic international repose fortement sur le transport routier. Pendant la période 2011-2018, la contribution au PIB des services de transport et d'entreposage est tombée de 3,3% (2012) à 2,8% (2018). Entre 2012 et 2017, le volume du transport de marchandises a augmenté de 43,5% pour s'établir à 8,6 millions de tonnes, et le nombre de passagers transportés a augmenté de 41,8% pour s'établir à 71,8 millions. En 2017, le transport de fret au Laos mesuré en millions de tonnes par km s'effectuait à 88,5% par voie terrestre, à 11,5% par voie fluviale et à 0,1% par voie aérienne, tandis qu'en 2012 ces proportions étaient, respectivement, d'environ 82,0%, 17,9% et 0,1%. Le transport de passagers, mesuré en millions de passagers par km, s'effectuait à 84,5% par voie terrestre, à 11,8% par voie aérienne et à 3,7% par voie fluviale, tandis que ces proportions étaient, respectivement, de 91,9%, 5,6% et 2,5% en 2012[477]. Le secteur de la logistique reste peu développé encore et très fragmenté du fait de la petite taille de son marché. Il se limite aux services de base – transport routier, entreposage et dédouanement des marchandises, et il est exploité principalement par de petites entreprises familiales. En 2018, on recensait 24 entreprises d'expédition de marchandises, dont des entreprises internationales, la plupart fournissant à la fois des services de dédouanement et des services d'expédition de marchandises. Toutefois, dans la SEZ de Savan Seno, le port sec de cette zone est le seul en opération et possède des entreprises de logistiques dignes de ce nom. Un deuxième parc

[476] Laos urged to think beyond being a land bridge country, Vientiane Times, 15/01/20.
[477] Bureau lao de la statistique (2018), Statistical Yearbook 2017.

logistique à Vientiane est créé, il va devenir un centre très important comme nœud de transit, de dépôt et de logistique entre le chemin de fer Vientiane-Boten et la connexion vers la Thaïlande. La logistique est certainement un secteur qui va se développer très vite dans les prochaines années. Les entreprises lao vont acquérir rapidement des compétences nécessaires dans ce secteur en partenariat avec les étrangères.

Le gouvernement a donc procédé à des améliorations dans le domaine du transport et de la logistique, activité définie comme prioritaire du 9e plan quinquennal pour soutenir la croissance et la compétitivité de l'économie.

On notera que le fret lao est en progression constante, le transit via le Laos est passé de 126 000 tonnes en 2010 à 2 447 962 tonnes en 2014. Donc l'importance pour l'économie lao d'avoir un autre point d'accès à la mer autre que la Thaïlande. À cet égard, lors de la visite du Premier ministre Thongloun Sisoulith à son homologue vietnamien Nguyen Xuan Phuc à Hanoi en juin 2019, les deux parties ont convenu de développer conjointement le port de Vung Ang dans la province centrale d'Ha Tinh au Vietnam. Il a été rapporté que le Laos détiendrait une participation allant jusqu'à 60% tandis que le Vietnam détiendrait les 40% restants, une coentreprise a été créée à cet effet en 2012 entre le Laos et le Vietnam[478]. Le port maritime de Vung Ang est considéré comme vital pour les expéditions du Laos. Les responsables laotiens ont déclaré que le port de Vung Ang a joué un rôle important dans le transit des marchandises de la Thaïlande et du Laos vers le Vietnam et la Chine et vice versa depuis l'ouverture du pont d'amitié Lao-Thaïlandais reliant la province de Khammuan, au centre du Laos à la province de Nakhon Phanom dans le nord-est de la Thaïlande. Selon le rapport du Viet Nam News, les marchandises laotiennes représentent 18 à 20% de toutes les marchandises manutentionnées au port, générant un revenu annuel moyen compris entre 2,6 et 3 millions de dollars[479].

3. Le transport fluvial s'étend en dehors du territoire lao

Le transport fluvial au Laos suit principalement le cours du Mékong. Le fleuve qui traverse le Laos est long de 1 970 km et dessert 12 des 18 provinces ; toutefois, le parcours du fleuve n'est pas navigable dans son ensemble, en particulier au sud du pays en raison de nombreuses cascades et chutes. La chute de Khone est la principale barrière à la frontière entre le Cambodge et le Laos. S'agissant du transport ferroviaire, il reste limité à ce jour. On compte une seule voie ferrée active – une courte ligne secondaire partant de Nong Khai – qui a commencé à fonctionner en 2009 avec le fret à partir de 2016.

Avant 1996, le transport fluvial du pays était le mode de transport le plus important au Laos, depuis que la construction des routes n° 13N et n° 13S est

[478] Lao, Vietnamese PMs Push for mega infrastructure projects, Vientiane Times, 05/06/2019.
[479] VN's Vung Ang Port seen vital for Lao's shipments, The Nation, 27/05/2017.

achevée, le transport fluvial a diminué d'année en année, tout d'abord pour des raisons évoquées plus haut, puis il y a la baisse de fréquence de passages pendant la saison sèche en raison du niveau de l'eau peu profonde, des bancs de sable et des rapides. En outre, des difficultés pour les bateaux de naviguer pendant la saison des pluies en raison d'un courant fort, des turbulents, et de nombreux points chauds le long du Mékong et ses affluents ; à cela s'ajoute aujourd'hui, moins de volume de cargaisons à transporter.

Il y a 29 ports existants situés le long du Mékong ; quelques ports sont situés le long des affluents, comme le Nam Ou, le Nam Ngum, le Nam Kading, le Xe Bang Fai. Il existe 3 types de ports: le port principal est le port d'amitié Laos-Japon (port de Lak Si, à Vientiane) ; les ports provinciaux et locaux ; et quelques ports provinciaux de la région nord qui sont utilisés pour le transport international, suite à l'accord commercial de navigation sur le fleuve Lancang-Mékong entre la Chine, le Laos, le Myanmar et la Thaïlande, ces ports sont situés à Xieng Kok, Ban Mom, Houai Xay, Pak Beng et le port Luang Prabang.

Depuis le 20 avril 2000, L'Accord commercial de navigation sur le fleuve Lancang-Mékong a été signé entre les quatre pays (Chine, Myanmar, Laos et Thaïlande). À présent, seule la section de Houai Xay à Luang Prabang et Houai Xay à Guan Lei en Chine sont les routes encore importantes pour les cargaisons, passagers et touristes. Les cargaisons transportées sont des produits agricoles, des matériaux de construction, du carburant, du sable, des roches, de l'acier, etc., et bien sûr des passagers et des touristes.

Le gouvernement lao a formulé un plan stratégique pour le transport fluvial 2030 qui consiste à : construire trois ports fluviaux dans la partie nord à Xieng kok, Pakbeng et Khok Chong ; améliorer les ports existants le long du Mékong ; améliorer le canal de navigation de Luang Prabang jusqu'à la province de Champassak ; améliorer le transport des cargaisons et les navires à passagers en conformité avec les normes régionales[480].

La protection des berges s'est renforcée

Après l'adhésion du Laos comme Etat-membre de l'ASEAN en 1997, le gouvernement a nommé en 2003, un comité responsable de la protection des berges du Mékong. En effet, des villes le long du Mékong sont tributaires aux crues et à l'érosion. Luang Prabang et Vientiane (l'inondation en 1966, deux tiers de la ville) subissent périodiquement les effets critiques de ces crues sur l'économie et sur les habitants des zones non protégées. Pendant la saison des pluies le fleuve déborde fréquemment sur ses deux rives, avec des conséquences désastreuses sur la production agricole, industrielle, et sur les biens publics et privés. La protection de la ville contre les inondations demeure donc un problème récurrent pour le gouvernement. À cet égard, la protection de

480 Inland Waterway Transport in the Lao PDR, 05/02/2020, MPWT, Department of Waterways.

Vientiane contre les inondations s'impose désormais comme l'un des projets prioritaires du gouvernement. Ainsi, avec l'assistance financière de la Corée du Sud, les travaux de protection de la berge de la capitale d'une longueur de 12,64 km et de lutte contre les inondations, l'amélioration de la voie de berge, la construction des murs de soutènement de la berge est répartie en sept sections successives, variant de 0,9 à 3,8 km et le développement d'un parc de loisirs en bordure du fleuve. Tous ces travaux, engagés en mars 2008, ont été achevés à la fin de l'année 2012.

Au cours de ces quinze dernières années, le gouvernement a déployé des efforts colossaux pour endiguer la montée des eaux du Mékong au bord des villes comme Luang Prabang, Vientiane, Savannakhet, et Paksé.

De même, les travaux de la protection des berges de Luang Prabang ont été entrepris non sans difficultés, compte tenu de son statut patrimonial, la complexité de mise en œuvre des mesures de protection des berges s'opère sous le regard vigilant de l'Unesco. C'est en relation avec les bailleurs de fonds internationaux, en l'occurrence avec l'ADB, que le projet relatif aux berges de Luang Prabang s'est développé. L'ADB qui est appelée à intervenir pour son expertise et savoir-faire dans le cadre de son programme d'assistance au développement de quatre villes secondaires : Luang Prabang, Thakhek, Savannakhet, Paksé, la lutte contre les inondations. Il est à noter que l'ADB est le partenaire du Laos pour les projets d'infrastructures routières et d'irrigation depuis des décennies[481].

Paksé a également entrepris l'aménagement et les travaux des berges sur le Mékong, commencé en 2014, ils sont achevés en 2021, grâce à un prêt bonifié de 53 millions de dollars de la Corée du Sud et le restant sera financé par la province de Champassak. L'ensemble du projet a un coût total de plus de 65,6 millions de dollars. Le projet comprend quatre volets, dont la construction d'un remblai le long du fleuve de Mékong et la rivière de Sedon d'une longueur totale de plus de 16 km. Les autres travaux comprennent la construction d'une route de 2 km, deux parcs publics de 10,6 hectares qui seront les premiers jamais construits dans la province et un système de drainage. Les travaux ont subi quelques retards, en raison des difficultés météorologiques, de la crise sanitaire, de l'approvisionnement en matériel, et des changements de conception et de spécifications. Paksé est la plus grande capitale des provinces du sud, servant de pôle économique pour la région et le projet devrait améliorer l'image et l'habitabilité de la ville[482].

Comme nombre de grands projets réalisés ou en cours dans les villes du Laos, l'aménagement des berges urbaines du Mékong et de ses affluents est marqué par la dimension internationale : interventions des experts techniques, partenaires du développement, ADB, Banque mondiale.

---

481 Bounleuam Sisoulath, Karine Peyronnie, Les berges urbaines du Mékong, espaces de tensions Vientiane et Luang Prabang.

482 Pakxe embankment project resumes after delay, Vientiane Times, 31/08/2020.

Parallèlement, le MPWT a entrepris des travaux de protection des berges du Mékong à Savannakhet[483]. Les travaux ont commencé à transformer les 980 mètres du fleuve Mékong le long de Kaysone Phomvihane City, afin de prévenir les inondations tout en créant un environnement de loisirs et un espace vert pour les habitants et les touristes. La société Lao Mixay Construction a remporté l'offre de mise à niveau du remblai pour un coût de 4,5 millions de dollars. La rive comprendra un parc public, une route en béton, des arbres et des installations telles que des restaurants, des boutiques et un marché nocturne. L'achèvement est prévu pour juin 2021. La mise à niveau et la suite des travaux, avec le soutien de l'ADB, font partie d'un projet d'infrastructure plus vaste visant à développer le corridor économique est-ouest[484].

4. L'essor du transport aérien a conforté le commerce et les liaisons internationales

Le système de services de transport aérien a connu une amélioration significative et une croissance forte, notamment en raison du boom du secteur du tourisme, de l'expansion de l'aéroport de Wattai, de la construction de nouveaux aéroports et de l'amélioration des aéroports existants pour accueillir des avions de type Boeing 747 et 400 passagers par heure, ou les Airbus A330 et A350 qui peuvent déjà être pris en charge pour l'aéroport international de Wattay et celui de Luang Prabang.

Le secteur de l'aviation a continué de se développer et de favoriser l'essor du tourisme ; aujourd'hui, 15 compagnies aériennes étrangères qui relient le Laos à des plates-formes de transport majeures de la région comme Bangkok, Kunming, Guangzhou, Kuala Lumpur, Hanoï, Ho Chi Minh, Singapour, Séoul, et Pusan. Entre 2012 et 2019, la fréquence du transport aérien international a augmenté de 55%, passant de 147 à 264 vols par semaine, tandis que la fréquence des vols intérieurs a progressé de 68%, passant de 196 à 287 vols par semaine. En 2018, le nombre total de passagers internationaux s'est élevé à 2,5 millions (424 900 en 2012) et le fret aérien total transporté atteignait 4 022 tonnes (2 400 tonnes en 2012) ; la plupart des marchandises transportées par voie aérienne étaient des vêtements[485]. À la mi-juin 2019, 17 compagnies aériennes asiatiques (3 compagnies lao dont 2 privées) opéraient sur le marché du transport international de passagers et 2 autres proposaient des vols intérieurs ; 16 compagnies aériennes nationales et étrangères sont

---

[483] 8e Plan quinquennal ; Bureau Statistiques Lao, 2018 ; MPWT.

[484] Savannakhet transforming Mekong Riverbank into a leisure spot, Vientiane Times, 09/08/2019.

[485] Bureau lao de la statistique (2018), Statistical Yearbook 2017.

autorisées à proposer des vols à destination et en provenance du Laos, contre 6 en 2012[486].

Au cours du 8e Plan quinquennal, l'objectif de la politique du secteur transport mis en place par le gouvernement est de faire du Laos son espace aérien largement ouvert aux trafics. Cela se traduit par la rapidité des services offerte et la garantie de sécurité donnée aux touristes et voyageurs, le gouvernement tout en instaurant les conditions appropriées pour l'investissement, la production, le commerce et le tourisme[487].

En conclusion, les infrastructures et les transports bénéficient d'importants prêts des institutions internationales, des partenaires du développement, des investisseurs étrangers et nationaux et en particulier des Chinois, l'objectif pour l'Etat lao est de faire du Laos un nœud de transport idéalement situé entre la Chine et l'Asie du Sud-Est[488].

5. La poste et les télécommunications ont évolué, elles prennent des couleurs et se modernisent

Ces deux secteurs se sont développés rapidement et se sont modernisés et réformés par rapport à 1975. Aujourd'hui, tous les districts ont les réseaux téléphoniques. De plus, 160 bureaux de poste ont été installés dans 128 districts. Les bureaux de poste ont été installés. Quant aux téléphones portables, 1 106 stations de récepteurs et émetteurs ont été installées, selon le ministère de la Poste et des Télécommunications. Il y a 7 882 stations à travers, elles fournissent des signaux 2G, 3G et 4G qui couvrent 95%, 81% et 53% respectivement des villages. Dernièrement, le système 5G a été lancé au Laos. À présent, environ 90 258 km de câbles de fibre optique sont posés, il y a à ce jour, plus de 6 millions d'usagers de téléphones mobiles et fixes. Le nombre d'internautes enregistrés dépasse 3,5 millions. En outre, plus de 9,5 millions de personnes sont équipées de téléphones portables soit 136% de la population alors que 50% de la population utilisent le téléphone fixe. Un fait remarquable, depuis novembre 2015, le Laos a mis en orbite pour la première fois un satellite de télécommunication.

---

[486]Les compagnies aériennes nationales incluent la compagnie appartenant entièrement à l'État (MPWT) Lao Airlines Company (vols internationaux et intérieurs), et deux compagnies privées, Lao Skyway (vols intérieurs) et Lao Central Airlines (vols internationaux et intérieurs). Le 12 juillet 2016, Lao Airlines Company est devenue membre à part entière de l'Association du transport aérien international (IATA).

[487]http://www.la.one.un.org/media-center/publications/8th-five-year-national-socioeconomic-development-plan-2016-2020.

[488] Portail lao des services. Adresse consultée: http://www.laoservicesportal.gov.la/index.php?r=site/servicesectordetail&id=12&service_id=11.

9.2 Où le Laos émerge comme un État capable d'apporter les meilleures contributions et reconnaissance au pays

Un changement de paradigme dans des rapports entre le pays et la communauté internationale et la société et ses habitants. En l'espace d'une génération, le Laos s'est transformé. Cette histoire est à la fois remarquable et banale. Banale, car le Laos n'a fait que suivre le chemin de ses voisins qui, un peu plus tôt, ont connu des transformations tout aussi rapides.

9.2.1 La reconnaissance internationale du Laos et les actions politiques du gouvernement

La transformation du système économique socialiste et le passage à une économie capitaliste d'État, en tant que processus de reconfiguration institutionnelle globale, se sont opérés sans rupture du régime politique, par un changement graduel et des voies évolutionnistes, qui se sont accompagnés d'une croissance élevée. Ainsi, le Laos a gagné la reconnaissance du monde comme État souverain et indépendant à travers ses actions à l'international.

1. Une affirmation sur la scène internationale

Le Laos dispose aujourd'hui d'une voix au chapitre importante dans la sphère politique internationale. Il a la reconnaissance des cinq membres du conseil permanent de sécurité de l'ONU détenteurs du droit de véto (les États-Unis, la Russie, la Grande-Bretagne, la Chine, et la France), une condition sine qua non à l'obtention d'une reconnaissance par l'ONU.

Parallèlement aux réformes intérieures, le NME s'engage progressivement dans l'économie mondiale, d'abord par l'ouverture aux capitaux étrangers, puis par l'adhésion à des organisations internationales, notamment à vocation économique. L'intégration du Laos dans l'ASEAN puis son adhésion à l'OMC franchissent une étape supérieure de reconnaissance régionale et internationale, elles marquent la volonté de ce pays à contribuer aux actions politiques et à la stabilité régionale. Enfin, le développement de l'économie lao et sa centralité ont modifié la place du Laos dans la région. Sur le plan international, le développement du Laos, s'est aussi traduit par l'affirmation du Laos dans le domaine comme : la diplomatie, les relations internationales, l'art et la culture.

La stratégie de rapprochement du Laos avec tous les États membres de l'ASEAN, ainsi qu'avec les autres puissances régionales et mondiales, fondée sur les échanges, le consensus, la bonne entente et la neutralité, mérite la considération de tous. Le Laos a toujours été le lieu de projections de puissances étrangères, car entouré de nations susceptibles de faire basculer son équilibre comme à l'époque précoloniale, il doit maintenir donc une politique de non-alignement. Par exemple, le Laos s'est engagé à améliorer l'efficacité de sa coopération et à soutenir le renforcement de la solidarité et du rôle central de l'ASEAN dans les questions stratégiques de la région, parmi celles-ci, la mer de Chine orientale. Par ailleurs, il collabore avec les États-Unis et l'Office des Nations unies contre la drogue et le crime (ONUDC) au regard du contrôle et de la lutte contre la culture de l'opium dans le pays[489]. On mentionnera également la tenue de la 25e édition des jeux d'Asie du Sud-Est qui a eu lieu au Laos en 2009.

En 2004, Vientiane a été l'hôte d'événements internationaux comme le 10e sommet annuel des dirigeants de l'ASEAN, le Laos a mobilisé toutes ses ressources depuis des mois pour recevoir les chefs d`État et de gouvernements des dix pays de l`Association, des pays partenaires et des pays de dialogues : la Chine, l`Inde, le Japon, la Corée du Sud, ainsi que l`Australie et la Nouvelle-Zélande et le secrétaire général de l'ONU. Le Laos a assumé à cette occasion avec succès la présidence tournante, près de 800 journalistes se sont rendus au Laos pour couvrir cet événement. Puis il y a eu ensuite les 28e et 29e sommets de l'ASEAN en septembre 2016 à Vientiane où ce pays assurait pour la deuxième fois la présidence tournante, sous la présidence du Premier ministre Thongloun Sisoulith et en présence du Président du Laos Bounnhang Vorachit. Les chefs d'Etat et de gouvernements des dix pays membres de l'ASEAN et des pays : la Chine, le Japon, la Corée du Sud, les États-Unis, la Russie, l'Inde, l'Australie, la Nouvelle-Zélande, et le secrétaire général de l'ONU, étaient présents. Le Président Barack Obama est arrivé au Laos avec sa délégation, c'était le premier président américain à y venir depuis la guerre du Vietnam. Visite historique, héritage douloureux : les États-Unis ont mené, du milieu des années 1960 à celui des années 1970, une guerre dite « secrète » dans cette ancienne colonie française.

Il y eut en novembre 2012, le 9e sommet du dialogue Asie-Europe (ASEM-9) réunissant les chefs d'État et de gouvernements des pays de l'Europe, de l'Asie, le président du Conseil de l'UE, et le président de la Commission de l'UE, au final 51 pays membres ont participé à ce sommet ; on remarquera que c'était la première fois, qu'un Président français, François Hollande, s'est rendu au Laos. Avant et en parallèle avec l'ASEM-9, quelque 300 délégués venant de près de 50 pays ont assisté en octobre au 7e Forum de partenariat parlementaire d'Asie-Europe (ASEP-7) à Vientiane. Conjointement, le Laos accueillait à la même année l'Asie-Europe Business Forum (AEBF) où se rencontraient les 300 hommes d'affaires européens et asiatiques.

Il convient de citer également que le Laos a répondu à l'appel de l'ONU et de la France pour le sommet de la COP visant la protection de l'environne-

---

489 O. Ducourtieux, F. Doligiez, Silinthon Sacklokham : L'éradication de l'opium au Laos : les politiques et leurs effets sur l'économie villageoise, Revue Tiers Monde, 2008/1

ment à Paris en 2015, la COP est une conférence internationale sur le climat qui réunit chaque année les pays signataires de la Convention Cadre des Nations Unies sur le Changement Climatique (CCNUCC). L'édition 2015 (COP21) a été organisée par la France où 142 chefs d'État ou hauts dirigeants avaient pris la parole à tour de rôle pour l'ouverture du sommet. Le 22 avril 2016, la France et le Laos ont signé à New York au siège de l'ONU l'accord de Paris sur le changement climatique aux côtés de 173 autres États.

Aujourd'hui, émerge un consensus quant à la nécessité pour le Laos de mettre en place des politiques nationales d'accompagnement de son insertion internationale. Les réformes économiques et la centralité du Laos dans l'Asie du Sud-Est doivent désormais soutenir une nouvelle étape de développement de ce pays dans le cadre de son ouverture.

2. La diplomatie culturelle au service du pays

La culture n'est plus un domaine exclusif des puissances traditionnelles dans la conquête d'influence. Elle constitue également un moyen que le Laos en développement utilise pour atteindre ses objectifs. Pour évaluer ses diplomaties culturelles, le Laos déploie ainsi cette politique au service de son développement socioéconomique. Il se sert également de sa participation dans des organisations internationales dont l'Organisation internationale de la Francophonie (OIF) ou l'UNESCO comme levier de sa diplomatie culturelle.

La culture est reconnue officiellement à l'échelle internationale depuis 70 ans avec la création de l'Organisation des Nations Unies pour l'éducation, la science et la culture (UNESCO) en 1946. Elle est ensuite reconnue comme le quatrième pilier du développement aux côtés de l'économie, de l'écologie et du social, lors du Sommet mondial sur le développement durable en 2002 à Johannesburg. Enfin, en 2005, la Convention sur la protection et la promotion de la diversité des expressions culturelles constitue le premier instrument juridique au niveau universel, qui reconnaît le droit souverain des Etats d'établir leurs politiques culturelles pour le soutien de la diversité des expressions culturelles. Le Laos est également membre de la Francophonie, un poids lourd de la question culturelle sur la scène internationale. Elle joue main égale avec l'UNESCO dans ce sujet, en particulier avec la diversité culturelle. Outre le développement des relations avec l'Occident, en particulier la France, grâce à la présence à l'OIF, la Francophonie est également un lieu d'échange entre le Laos et les pays africains avec qui les relations sont encore modestes. La Francophonie offre encore au Laos un cadre propice pour renforcer ses liens de solidarité avec les pays membres. Certes, avec l'Afrique, il y a très peu de relations bilatérales ni ambassades encore.

Dans le contexte de la mondialisation, les échanges culturels occupent une place de plus en plus importante dans les relations internationales. Aussi, le gouvernement lao considère qu'il est de sa responsabilité de défendre la culture nationale à l'intérieur, de protéger son territoire et de promouvoir cette culture nationale à l'extérieur.

En matière de culture, le ministère de l'Information, de la Culture et du Tourisme (MICT) a pour mission de promouvoir les œuvres capitales du Laos et rendre accessible au plus grand nombre du pays et de l'humanité dans les domaines du patrimoine, architecture, arts plastiques, arts vivants, cinéma, danse traditionnelle, et musique. En outre, il a pour mission de développer le tourisme et faire connaître le pays au monde. Le Laos compte à ce jour 3 sites inscrits au patrimoine mondial de l'UNESCO et un patrimoine immatériel de l'humanité.

Un événement majeur qui fait la fierté de toute la population lao, le Laos a annoncé en avril 2018 que l'UNESCO a inscrit l'instrument de musique laotien le khène au patrimoine immatériel de l'humanité. D'autre part, la ville de Luang Prabang, site classé au patrimoine par l'UNESCO est fière d'être citée de nouveau en 2019, "Meilleur City » du monde à visiter par les lecteurs du magazine Voyage Wanderlust au Royaume-Uni. De même, un des moments forts de l'année 2019 pour le peuple lao et le Laos était la reconnaissance par l'UNESCO de la plaine des Jarres dans la province de Xieng Khuang comme site de patrimoine de l'humanité. Les deux autres sites à ce jour sont : Luang Prabang inscrit en 1995 et Vat Phou dans la province de Champassak en 2001. Ces deux sites deviennent une attraction emblématique du pays pour les touristes.

3. Le septième art lao se fait connaître à l'étranger

S'agissant du cinéma, il se fait une place au Laos aujourd'hui. Le Laos s'ouvre au cinéma et se fait connaître dans la région, il attend ses nouveaux talents qui montent. Un groupe de jeunes metteurs en scène et spécialistes des médias qui ont uni leurs forces sous l'appellation de Lao New Wave est apparue depuis moins dizaine d'années pour écrire une nouvelle page du septième art lao[490].

À cet égard, deux films à succès et deux festivals internationaux en décembre 2010 et mars 2011, ont montré les capacités des jeunes réalisateurs de cette nouvelle vague du cinéma. Le premier film sorti en Thaïlande, *Sabaidee Luang Prabang*, réalisé par Anousone Sirisackda et Sakchai Deenan ; le second était *Sabaidee Luang Prabang 2*. Il y avait ensuite le premier Festival de film international de Luang Prabang en 2010, célébrant le cinéma du Sud-est asiatique, le premier film lao, *Fah Thai*, a été présenté à cette occasion, un film du jeune réalisateur Anysay Keola, représentant de la nouvelle vague du cinéma lao. Plus récemment, en septembre 2020, « *Moncery* », un court métrage lao de Boonsong Phimmasone, cinéaste et co-fondateur de New Wave Laos, a reçu le Prix d'or au concours régional ASIA Awards sous le patronage de la DigiCon6

[490] Laos. La nouvelle vague du cinéma, Bangkok Post, 13/06/2012.

ASIA Awards. Ce court métrage est invité à concourir en novembre à Tokyo avec les 16 autres nations.

4. La mode lao dépasse les frontières

S'agissant de la mode, la Lao Fashion Week, connue aujourd'hui comme l'événement de mode international le plus prestigieux au Laos, contribue à pousser la mode lao vers la scène internationale. Depuis ses débuts très modestes, la Lao Fashion Week a franchi des étapes importantes en étant le principal acteur de l'industrie de la mode au Laos. Grâce à un partenariat solide avec de nombreuses plateformes de mode internationales, la Lao Fashion Week a amené plus de 50 créateurs talentueux du Laos à de nombreux événements de mode internationaux.

Depuis le début de cette aventure en 2014, la France, représentée au Laos par son Ambassade, s'est portée volontaire et s'est tenue aux côtés de l'énergique et tenace Pany Saignavongs, organisatrice de la Lao Fashion Show et l'une des figures les plus célèbres dans le microcosme de la mode au Laos. Lao Fashion Week a établi un partenariat solide et une collaboration étroite avec divers homologues internationaux, à savoir la prestigieuse ESMOD International School of Fashion and Business à Paris, Nanyang Academy of Fine Arts School of Designs à Singapour, London College of Design and Fashion à Hanoi, Fashion Institute of Philippines à Manille, Kuala Lumpur Fashion Week, Manila Fashion Festival, les plus grandes maisons de mode de Bangkok et plus encore. Au lancement de la Lao Fashion Week 2016, cette manifestation gagne chaque année en envergure et s'ouvre encore davantage aux talents régionaux et internationaux Plus de 30 créateurs internationaux renommés participeront à la Lao Fashion Week à Vientiane depuis 2016. Les plus grandes maisons de couture et les jeunes créateurs s'y retrouvent, pour des échanges fructueux et partagent leur passion. On voit ainsi de jeunes créateurs de mode lao s'affirment dans ce secteur prêt-à-porter ou la mode masculine, qui sera appelé à dépasser les frontières pour représenter le Laos à l'international.

Fêtant son 5e anniversaire cette année, la Lao Fashion Week 2018 compte plus de 50 créateurs participants, dont plus de 30 grands créateurs de scènes internationales, pour présenter leurs collections glamour tout au long de la semaine des fêtes. Célébrant son 6e anniversaire en 2019, la Lao Fashion Week, est sans aucun doute connue comme l'événement de mode international le plus important et le plus prestigieux au Laos, qui a créé des plates-formes professionnelles permettant aux créateurs de mode lao, de stylistes, de rencontrer et d'établir des réseaux avec des designers bien connus de la scène internationale. Le Laos est fier d'avoir sa place dans le monde de la mode et d'avoir réussi à faire de ce pays au sein des familles internationales de la mode.

Grâce à ses jeunes créateurs de talents et leurs marques, la mode laotienne est maintenant reconnue en Asie et ses créations commencent à être appréciées.

Ainsi, le Laos utilise les moyens culturels pour valoriser sa culture, pour promouvoir ses valeurs et rehausser son influence dans la communauté internationale. Dans cette perspective, la diplomatie culturelle, en tant que stratégie étatique, composante de la politique extérieure est affichée sur l'agenda politique du gouvernement.

9.3 La grande mutation du siècle

Après son adhésion à l'ASEAN en 1997, en février 2013, le Laos devient le 158e membre de l'Organisation mondiale du commerce (OMC), une étape clé pour l'intégration internationale du pays. C'est un acte politique voulu par le parti et le gouvernement. Selon les autorités lao, devenir membre de l'OMC, ce n'est pas une adhésion de forme, mais cela revient à un grand choix stratégique dans la promotion du processus de la réforme et de l'ouverture et une exigence interne des modernisations au Laos. Cet événement est salué comme une victoire sur le plan politique et économique par les dirigeants lao, une reconnaissance des efforts déployés par le Laos pour s'insérer dans le commerce international. Puis en 2016, le Laos fait partie intégrale de la Communauté économique de l'ASEAN (AEC).

Si l'on fait le premier bilan de ces dix dernières années, le monde constate que le Laos a tenu quasiment tous ses engagements, il mène avec succès la restructuration de ses entreprises, réussit dans la réduction et la cession des droits de douane, la suppression des barrières commerciales des droits non douaniers, le perfectionnement des textes de loi des affaires, la gouvernance économique, la transparence et l'amélioration de l'environnement des affaires et soutient la croissance du secteur privé, enfin l'ouverture du secteur bancaire, des marchés financiers et des services. La globalisation a été le déclic du décollage du Laos, elle a été suivie de l'apparition des entrepreneurs, des gros agriculteurs et fermiers, de l'ouverture au commerce privé. L'ouverture au monde est sans nul doute un accélérateur et un moteur de croissance pour le Laos.

9.3.1 La globalisation presque heureuse

On est tous convaincu que la globalisation du Laos est en marche : des jeunes lao à Vientiane travaillent aujourd'hui pour les entreprises étrangères, entreprises dont 100% du capital appartiennent à des étrangers ou pour les coentreprises, le contact des Lao avec le monde extérieur devient de plus en plus fréquent et le brassage des populations de provenance diverses, s'est forgé au cours des deux dernières décennies, à bien des égards, source d'une grande richesse culturelle.

Imaginons l'arrivée à Vientiane ou à Luang Prabang d'un touriste occidental dont le dernier voyage au Laos remontait à 1985, son étonnement serait total. Les « *Fast food* » à enseigne américaine, les pizzas, les cybercafés, les grands centres commerciaux, les cinémas multiplexes, les hôtels de luxe inexistants avant, sont partout aujourd'hui et restent ouverts tard dans la nuit. Dans les quartiers pour touristes ou les centres d'affaires, les Occidentaux se mélangent allègrement avec les Lao et ne font l'objet d'aucune discrimination et différence. À la douane, les étrangers ne sont plus soumis systématiquement aux fouilles de leurs bagages et les formalités d'immigration sont d'une rapidité et d'une simplicité à vous faire apprécier le Laos. Dans les campagnes, la pauvreté existe encore, mais les gens ne sont miséreux et ne meurent pas de faim. Les écoles sont partout pour scolariser les enfants, les rues sont propres et sur le toit des maisons apparaissent les antennes de télévision. Dans les villes de province, les paraboles satellites fleurissent partout sur les toits.

Quant aux Lao, les nantis sont de plus en plus nombreux à se rendre à l'étranger chaque année pour leur plaisir, mais les autres prennent le plaisir de visiter l'intérieur du pays ; les Lao n'ont plus besoin de visa pour aller dans les pays membres de l'ASEAN pour les séjours de courte durée, en revanche le visa touristique pour l'Europe et les États-Unis reste toujours plus difficile à obtenir. Les jeunes lao issus des familles riches partent de plus en plus en Angleterre, Australie, Nouvelle-Zélande, pour apprendre l'anglais dans des « *Summer schools* » taillées sur mesure pour eux.

La globalisation est aussi la reconnaissance par les organisations internationales de la capacité du Laos à échanger dans les domaines de l'art, de la culture, des médias, du sport et de l'éducation. Sans oublier les nombreux forums d'échanges et d'expositions qui sont organisés chaque année dans le pays. La mondialisation a certes apporté du travail à quelques milliers de travailleurs migrants lao venant des provinces du Sud pour travailler dans les ateliers de confection, mais elle a procuré aussi des emplois à des centaines de milliers de travailleurs lao à l'étranger.

Le Laos s'efforce aujourd'hui de répondre aux exigences des organisations internationales et dans le cadre de l'AEC, c'est-à-dire : garantir la protection de l'environnement, respecter des droits de l'homme, donner plus de considération aux problèmes sociaux et à la lutte contre l'inégalité. La globalisation a créé par ailleurs de l'espoir et de la frustration tant à l'intérieur qu'à l'extérieur du pays ; à l'intérieur il faudrait qu'elle porte plus d'attention à l'aspect du développement humain : autrement dit réduire la poursuite à tout prix du développement inconsidéré, reconsidérer les conditions de vie malheureuses des pus vulnérables ; renforcer le système de l'éducation ; et à l'extérieur, elle devrait assurer la crédibilité du Laos comme nation responsable et participative aux actions de l'ASEAN, car les enjeux sont énormes pour ce pays. Pour simplifier, on pourra dire que la globalisation est plutôt positive pour le Laos. En effet, la hausse continue des performances économiques et de la richesse du pays est en grande partie réalisée grâce à l'essor de la globalisation ; la mauvaise nouvelle, c'est que la globalisation a renforcé les inégalités dans le pays, sans compter la disparité profonde entre les provinces riches et celles du nord et du sud, plus pauvres. Enfin, la question fondamentale que les dirigeants de la nouvelle génération, issus du 11e Congrès national du parti doivent se poser est comment gérer les contradictions auxquelles la globalisation expose le Laos. Ce pays a besoin notamment de poursuivre sa croissance économique, l'éradication de la pauvreté, la réduction des inégalités, car il est acquis que la pérennité de son régime en dépend.

Est-ce que les citoyens sont-ils plus heureux et satisfaits de leur sort aujourd'hui ? En vérité, le contrôle qu'exerce le parti au pouvoir sur la société est si pesant qu'il est difficile de savoir ce que souhaitent les citoyens ordinaires. Il est probable que la plupart seront satisfaits si leur bien-être s'améliore rapidement et qu'il y ait plus de justice et moins d'inégalité.

9.3.2 L'âge heureux d'une société consumériste lao

Les produits électroniques et de consommation japonais, chinois, et européens inondaient les magasins. C'était il y encore une quinzaine d'années. Aujourd'hui, les enseignes de luxe, les grandes marques internationales, les grands distributeurs et les voitures de luxe sont entrés dans la banalité. Les voitures comme Mercedes, Range Rover, Lexus, et même Ferrari et Porsche, sont vendues au Laos. Il est vrai que ces voitures ne trouvent que très peu de preneurs ; néanmoins le marché existe non pas seulement à Vientiane mais aussi à Luang Prabang, Paksé, Savannakhet. Les Lao sont maintenant habitués à dépenser, à consommer et à comparer les produits qu'ils achètent. Les jeunes de moins de vingt-cinq ans, nés sous l'ère de la société de consommation, trouvent normale cette profusion de marchandises importées qui leur sont désormais accessibles.

La rapidité avec laquelle les consommateurs lao se laissent séduire par la publicité et par le désir de consommer toujours plus est remarquable. Ceci s'explique en partie par une trop longue période de privation en raison de la pauvreté de la population et d'une économie qui est restée longtemps fermée. Aujourd'hui, de Vientiane à Savannakhet, Paksé, Khammouan, Luang Prabang, Bokeo, Houaxay et Oudomxay, les supermarchés et les magasins à enseigne lao ou étrangère fleurissent. Il y a une véritable révolution dans la distribution. Les étrangères (japonaises, coréennes, thaïlandaises) ainsi que les chinoises investissent à tour de bras dans les centres commerciaux, véritables paradis de consommation ; ces centres sont fréquentés par des couples modernes, des jeunes et par des cadres et fonctionnaires aisés lao. On ne s'interroge plus d'où vient l'argent, car c'est un sujet tabou au Laos. Mais on peut imaginer facilement sa provenance. Les Thaïs envient aujourd'hui des

Lao pour leur opulence chaque fois que ces derniers passent la frontière avec leur voiture de luxe en Thaïlande pour y faire des courses.

Malgré la modeste taille de son marché, le Laos intéresse les distributeurs et les exportateurs, où d'insouciants jeunes filles et garçons peuvent avouer en riant : « Notre loisir préféré ? Le shopping ! » Il s'agit de plus en plus pour les investisseurs de séduire les consommateurs avides d'acheter des produits importés : produits électroniques, cosmétiques, vêtements et accessoires de mode, etc. Il faut comprendre que le succès du consumérisme lao repose sur l'émergence d'une classe moyenne en mal de paraître. Il y a une clientèle citadine (hommes d'affaires, commerçants, fonctionnaires, enfants et familles des dirigeants et ministres) à revenus aisés - toujours plus de '*fashion victims*', prête à succomber. Les nouveaux riches consommateurs de 18 à 45 ans dépensent plus d'argent pour des produits plus coûteux. Ils ont davantage confiance dans les grandes marques et pensent qu'une bonne de marque représente qualité, sécurité, efficacité et durabilité. Cette nouvelle aspiration au bien-être des habitants aisés lao représente une opportunité pour les entreprises étrangères à la recherche d'un nouveau marché et clientèle qu'elles visent des pays en développement tels que le Laos. Il faut également savoir que le tempérament lao est exubérant. Les gens dépensent volontiers pour montrer aux autres qu'ils réussissent et qu'ils sont riches ; l'ostentation a toujours existé au Laos, il suffit de rendre à un dîner en ville ou à une invitation de mariage. Les femmes se parent de bijoux : or, émeraudes, diamants et portent les sacs à main de dernier modèle de Gucci, Hermès, Dior.

Mais la récession économique et la crise sanitaire pourront tempérer quelque peu la frénésie des consommateurs aujourd'hui. Les ménages de la classe moyenne, susceptibles d'acquérir un véhicule, les biens d'équipement ont déjà commencé à freiner leurs achats au Laos. Les commerçants, entrepreneurs et hôteliers ont du mal à démarrer leurs activités. Les touristes sont peu nombreux au premier semestre de 2021.

Le passage du Laos à une société moderne bouleverse évidemment les valeurs ancestrales ne serait-ce qu'en ce qui concerne, par exemple, les repas de famille. Ils sont de plus en plus pris au restaurant au lieu de l'être à la maison ; les enfants mangent souvent en dehors de la maison ou font livrer des repas « fast food » ou autres. L'abondance des biens, des matériels et la quête de confort, que les Lao n'ont peu connu de toute leur histoire, changent évidemment le paradigme. Les Lao veulent maintenant s'enrichir, posséder leur propre logement avec tout le confort moderne, voyager à l'étranger et à l'intérieur du pays pour soutenir la campagne « Lao Thiao Laos » et se déplacer en voiture. Qui pourrait, au demeurant, le leur reprocher,

9.3.3 La génération du Web et de réseaux sociaux

Internet et réseaux sociaux apportent un grand changement dans la vie économique lao et à sa population. À n'en pas douter, le jour où les Lao seront privés de Toile, le pays se privera de l'avancée tant pour son économie que pour les droits de l'homme. Car le Web et Internet sont le début de la liberté gagnée pour les Lao, c'est aussi un espace où l'opinion publique s'exprime déjà assez largement à travers les réseaux sociaux. La génération du Web, de l'Internet et des téléphones mobiles qui permettent la convergence des services et des échanges multimédias quasi sans limites, ont en effet transformé les modes de vie privée et professionnelle des utilisateurs lao.

Il y avait 3,1 millions d'usagers d'Internet avec un taux de pénétration de 43% au janvier 2020, le nombre d'internautes a augmenté de 188 000 (+6,6%) entre 2010 et 2020. Le nombre d'abonnés à Facebook était de 3,1 millions avec un taux de pénétration de 43%, les usagers aux réseaux sociaux ont augmenté entre avril 2019 et janvier 2020 de 328 000 soit + 12%, selon Digital 2020 Laos.[491]. Au janvier 2020, il y avait 5,68 millions de téléphones mobiles pour une population estimée à 7,2 millions d'habitants, soit 79% de la population, le nombre d'abonnés a augmenté de 73 000 de janvier 2019 à janvier 2020 (+1,3%). Ces chiffres montrent une hausse impressionnante d'utilisateurs d'Internet et de mobiles, en partie explicable par un accès au net de plus en plus facilité dans le monde et en Asie, le Laos n'a pas échappé à l'ère du numérique. La croissance d'internet n'étant pas près de s'arrêter au Laos, l'e-business et plus largement, toutes les activités liées au digital, ont de beaux jours devant eux. De nombreux utilisateurs lao des médias sociaux utilisent Facebook comme plate-forme pour annoncer leurs produits et services avec la nouvelle technologie offrant plus d'options de marketing et de publicité aux hommes et femmes entrepreneurs et commerçants[492].

On retiendra qu'en 2011, la société d'État, Lao Telecom, a officiellement lancé un réseau 4G. Elle a été la première entreprise à fournir ce système, faisant du Laos le deuxième pays d'Asie du Sud-Est et de l'ASEAN à le faire, après Singapour. Aujourd'hui, la Lao Telecom a commencé les tests de la nouvelle technologie 5G, le réseau de communication à haut débit de la cinquième génération. La technologie 5G est plus « intelligente », plus rapide et plus efficace que la 4G et répond mieux aux besoins des utilisateurs, en particulier pour faciliter les relations et transactions entre les banques et les clients entreprises et particuliers. Pour les Lao, Internet est non seulement un moyen de s'informer, de s'instruire, de se mettre en scène et de communiquer, mais aussi un espace de distraction et un moyen de tisser des réseaux de manière moderne. Le smartphone est devenu un moyen très prisé pour accéder au contenu du Web, il facilite également la monétisation et la vente du contenu

[491] https://datareportal.com/reports/digital-2020-laos.

[492] Laos' love of social media projected to grow this year, Vientiane Times, 24/04/2019.

d'Internet. Les particuliers créent de plus en plus leur site pour vendre en ligne et le commerce en ligne en espace d'une année a fortement progressé, on assiste aujourd'hui le virage numérique au Laos, le gouvernement et les entreprises prennent en compte l'économie numérique. Si le commerce en ligne qui est appelé à croître très rapidement est encore peu développé, Internet représente déjà pour les annonceurs un outil de communication fort, dirigé vers les consommateurs.

Au Laos plus qu'ailleurs, le Web, qui est synonyme de liberté d'expression et de diffusion de connaissance, est en train de bouleverser les mœurs. Pour beaucoup de personnes, en particulier chez les jeunes, c'est un des rares moyens qui permet de s'exprimer quasi librement, mais le contrôle exercé par le pouvoir politique est très présent. Le continu du Twitter et les messages dans les réseaux sociaux sont censurés. En effet, si la Toile se développe et entre dans la vie quotidienne des Lao, elle n'est pour autant pas complètement libre. Les sites et les portails d'information ou de commerce en ligne pratiquent l'auto censure. Le rôle d'Internet est bien ancré dans la vie sociale et économique du pays, il est désormais incontournable pour être remis en cause. Mais de là, à annoncer qu'Internet est la marche inéluctable qui introduira la démocratie au Laos, il y a un pas que peu d'observateurs avisés osent franchir.

9.3.4 La diversité est une force pour le Laos

En trois décennies, un remarquable brassage de population est constaté au Laos, il s'est d'autant plus passé sans histoire et n'a pas bouleversé la structure de la société lao. Ce brassage est formé par de nombreux heureux mariages mixtes d'une part, et de l'apport important d'immigration chinoise et vietnamienne, d'autre part. Des changements d'un tel mouvement ne se produisent évidemment pas sans causes ni ne restent sans effets. On connaît la principale cause : la croissance économique qui a marqué ces dernières années et qui a créé une dynamique et activité commerciale et de demandes de consommation intérieure. Quant aux effets, mis à part les répercussions dans le domaine économique lui-même (apport des capitaux, échanges commerciaux, main-d'œuvre qualifiée, etc.), ils se manifestent aussi sur les plans démographique (rajeunissement de la population, reprise de la natalité, etc.), culturel (brassage de populations de différentes origines nationales et linguistiques), social (par exemple transfert de la population lao ordinaire urbaine vers la classe moyenne) et finalement politique (débat autour de la surpopulation étrangère, du communautarisme, mouvements xénophobes, etc.)

Cette partie sur le brassage de population actualisé reprend le texte du livre sur le sujet que l'auteur a publié[493]. Aujourd'hui, le Laos est l'un des pays pluriethniques les plus diversifiés du monde. Le groupe ethnique majoritaire (68%) est composé de Lao Loum, et de deux autres principaux groupes de minorités (Lao Theung, Lao Soung) représentant environ 30%. Ensuite les 2% d'étrangers, ils sont essentiellement constitués de Vietnamiens et de Chinois et de quelques autres nationalités de résidents permanents sur le territoire lao. Le Laos peut être considéré comme un laboratoire et pourrait devenir semblable demain au Luxembourg ou à la Suisse. C'est-à-dire un centre d'intégration et de brassage de populations où il faut respecter la culture de chacun.

Comment les citoyens lao perçoivent-ils de l'arrivée des immigrants au Laos, quels sont leur sentiment sur le brassage de population ? Il n'est pas aisé de comparer l'opinion des uns et des autres sans tomber dans les clichés partisans. C'est vrai qu'une majorité de Lao pense que le rythme de l'immigration s'est accéléré depuis une dizaine d'années. Le nombre de Chinois, de boutiques et de centres commerciaux chinois ont augmenté à Vientiane principalement, mais aussi dans les villes de province. De même, les commerçants, les ouvriers ainsi que les boutiques vietnamiennes ont également accru. Tout cela, sans que l'administration soit en mesure de donner un chiffre précis sur le nombre de ces ressortissants présents au Laos. La mondialisation est perçue comme une menace pour une partie de Lao, cette population partage le sentiment d'être laissés pour compte dans le mouvement de la mondialisation. Tandis que d'autres parties de population jugent que l'immigration a eu un impact positif sur la société lao.

Les questions qui interpellent les citoyens lao sont souvent pertinentes et légitimes aujourd'hui, comme comment mieux faire pour continuer à exister en tant que nation lao à part entière et ne pas être le maillon faible des autres ; comment mieux faire pour laisser aux futures générations une terre et un héritage immatériel pour qu'elles soient fières de leurs aînés ? Enfin, faut-il avoir peur de l'immigration ? La tentative de réponses qu'on pourrait donner sera de dire que depuis les temps les plus reculés de l'histoire, les différents groupes ethniques du Laos cohabitaient toujours dans l'harmonie, en se prodiguant estime, attachement, attention et solidarité les uns aux autres sans discrimination fondée sur quelque critère que ce soit. Aujourd'hui, la majorité de la population est bouddhiste et respectueuse des pratiques ainsi que des rites religieux, y compris les dirigeants du pays, même si le bouddhisme n'est pas la religion d'État. Les fêtes, les cérémonies religieuses et le fait de manger du riz gluant sont autant d'atouts qui lient les Lao et leur nation ; tous ces éléments constituent une identité forte chez le peuple lao que l'on ne trouve nulle part ailleurs. Parallèlement, les divers groupes ethniques de la population

[493] Le Laos contemporain : parcours et perspectives d'une nation, Éditions l'Harmattan Paris, 2013.

lao ont toujours vécu harmonieusement avec la nature en respectant les différences de cultures, croyances et us et coutumes des uns et des autres. La religion bouddhiste est si forte et si présente dans la société lao qu'elle forge l'unité de la nation. La philosophie bouddhiste a permis aux populations lao de préserver les traditions et les valeurs qui consistent à répandre l'esprit de famille, la bienveillance, la sagesse, la bonté et le respect des aînés. Tous ces éléments permettant de souder la famille et la nation et qui permettront de résister à l'agression du temps et à la culture imposée de l'extérieur comme cela était dans le passé. Si le brassage de population a connu de succès au Laos, c'est précisément à cause de l'esprit de tolérance de son peuple. L'État et le gouvernement facilitent les flux migratoires légaux et les considèrent comme une richesse pour la nation. L'histoire du passé a montré d'autre part que le peuple lao n'a jamais été un peuple réfractaire à l'immigration.

S'il faut vraiment parler de modèle de réussite, on dira que c'est l'exception culturelle lao. L'exception culturelle lao n'est pas uniquement de faire cohabiter de manière paisible et respectueuse les différentes ethnies ensemble. C'est avant tout un modèle social qui a fait ses preuves et qui soutient une politique nationale au travers de son histoire et de son économie. L'exception culturelle lao c'est la convivialité, la fête, la famille, un comportement, le lien social, elle permet de créer une identité nationale et son histoire. Elle autorise néanmoins à parler d'une sorte d'unité dans la diversité qui caractérise le Laos par rapport à divers pays de la région et voire du monde. Il suffit pour cela d'observer que partout où ils sont, au Laos comme à l'étranger, les Lao aiment se réunir autour d'un repas, d'une cérémonie religieuse ou civile, ils s'entraident dans l'adversité tout comme pour célébrer un succès, de manière conviviale et en toute simplicité. D'autre part, et compte tenu de la très grande diversité de la population, des différents dialectes existants, la politique linguistique du gouvernement est d'avoir instituée la langue officielle, le lao, qui est la langue parlée et écrite par toutes les populations. En ce sens, cela permet d'avoir une unité de langue et de pensée pour le pays. Assurément, le fait d'avoir une langue commune, des valeurs et cultures partagées, renforce le sens de l'unité nationale. La préservation de la culture lao est acquise grâce aux contes antiques racontés aux enfants aux chansons, à la musique et aux danses classiques, au contact des grandes épopées, comme le Sin Xay, qui sont légués par l'histoire, c'est tout un héritage que le pouvoir politique s'efforce de protéger pour les générations futures. Comme pour les sites historiques et les pagodes, l'art et la culture lao, deviennent le trésor inestimable qui rentre désormais dans le patrimoine national. C'est pour toutes ces raisons évoquées que le Laos restera toujours le Laos.

Sur le plan démographique, la population de la RDP lao a augmenté de 55,6 % en vingt ans, le nombre d'habitants passant de 3,6 millions en 1985 à

4,6 millions en 1995, puis à 5 620 000 en 2005. Depuis le recensement de 1995, le nombre d'habitants a encore augmenté d'un million, soit de 2,1 % par an. Dans l'ensemble, la population lao se caractérise par sa jeunesse, puisque la moitié de la population environ a moins de 20 ans, mais le pourcentage de jeunes de moins de 15 ans est tombé de 44 % en 1995 à 39 % en 2005[494]. Depuis 2005, on estime que la population croît de 2,5% par an, suffisamment pour permettre un renouvellement de la population. Le Laos traverse actuellement une période où elle engrange les dividendes de la croissance démographique et qui devrait se prolonger encore une trentaine d'années avant que le vieillissement de la population ne commence à se faire sentir selon le rapport des Nations-Unies. Le dernier recensement en 2015 a estimé la population lao à 6,9 millions contre 6,5 en 2005. Selon les prévisions du Bureau de statistiques lao et les Nations Unies, la population lao pourrait atteindre 9,8 millions d'habitants en 2050. Une population qui restera encore très faible comparé à tous ses voisins. Beaucoup d'immigrants seront devenus dans trente ans des citoyens lao, leurs enfants ou leurs petits-enfants qui naîtront au Laos seront des Lao à part entière, des Lao d'origine diverse. En effet, si l'on se réfère à l'article 34 de la Constitution, celle-ci stipule que : « les citoyens lao sont toutes les personnes ayant la nationalité lao conformément aux dispositions de la loi ». La nationalité lao s'acquiert à la naissance, par naturalisation ou sur d'autres critères définis aux articles 11 à 14 de la loi relative à la nationalité lao. En ce sens, le Laos s'enrichira un accroissement d'identité et ses valeurs traditionnelles grâce à l'exception culturelle qu'il saura perpétuer. Il est cependant un autre élément que toutes ces populations semblent avoir en commun, sans quoi sans doute elles n'existeraient pas : leur faculté d'assimilation des apports étrangers. L'histoire du Laos n'a jamais eu à confronter à une menace existentielle intérieure, de même, le pays n'a nullement connu de revendication identitaire ni communautaire.

À long terme, l'intégration persistante des groupes de minorités ethniques à la vie politique et économique, le brassage des peuples, le métissage, l'acceptation de différence de religion, la rencontre des grandes cultures, chinoise et indienne, musulmane et chrétienne et la confrontation des valeurs venues d'ailleurs, tout cela ne pourra être que positif et enrichissant pour le Laos de demain dans la Communauté économique de l'ASEAN.

D'autre part, on constate qu'un trait frappant dans les expériences de modernisation en Asie du Sud-Est est l'importance de l'immigration. Dans la plupart des expériences, elle est l'origine d'un gain rapide de population conforté par un accroissement de la fécondité. À défaut de gain de population, cette masse a nourri un réservoir de main-d'œuvre. Ce qui sera très bénéfique

[494] ONU/ Instruments internationaux relatifs aux droits de l'homme. Document de base faisant partie intégrante des rapports présentés par les États parties. République démocratique populaire lao. Février 2011.

pour le Laos qui justement est très déficitaire en ressources humaines pour le développement de son économie. De plus, le flux migratoire extérieur pourra amener en même temps des compétences, des capitaux et des matériels et équipements pour la modernisation et l'industrialisation du Laos, c'est précisément dans le cadre de l'AEC que le Laos espère en bénéficier. Assurément, il faut apprécier ce mouvement et l'intégration régionale comme une chance pour le Laos et non comme une menace (§ chapitre 8) a souligné le nouveau secrétaire général du parti et président de la République Thongloun Sisoulith. Ce flux migratoire, contribuerait au taux élevé des naissances après 2050, aurait pour conséquence une forte augmentation et une forte concentration urbaine, dont la subsistance serait assurée grâce à l'intensification, à la modernisation de l'agriculture et un rendement performant de la riziculture. Plus le Laos sera confronté aux différentes cultures et à la croissance démographique plus la nation lao se dotera de valeurs créatrices fortes. Il n'y a aucune crainte à avoir pour le Laos, même à très long terme, ce pays ne perdra pas son identité et les Laotiens ne sauraient se dissoudre ni s'effacer par suite des flux migratoires, comme pourrait redouter certains. Le Laos sera d'autant plus à l'aise avec lui-même, conscient de sa diversité et de son unité, qu'il mesurera à quel point, dès le début du siècle dernier, ils étaient de toutes les origines ceux qui l'ont défendu en temps de guerre et reconstruit en temps de paix.

On rappelle à cet effet que de nombreux États européens ont vu des brassages de peuples très divers survenir depuis deux siècles dans leurs pays sans que l'esprit de nation et d'identité nationale ne soit remis en cause par les gouvernements de ces pays. De même, aux États-Unis dans vingt ou trente ans, les Américains de souche (Blancs et Européens d'origine) seront en minorité face aux populations d'origines latino-américaines, afro-américaines et asiatiques, ceci n'a cependant pas fait l'objet d'inquiétudes outre mesure, c'est ce brassage des peuples et cette mixité de cultures diverses qui font la force et la richesse de ce grand pays.

Le Laos de demain comme celui d'hier se nommera diversité. Et son unité se forgera dans un projet partagé, c'est d'ailleurs la vision de l'Etat et du gouvernement lao en instaurant les plans à long terme 2030 et au-delà.

9.4 Les ruptures avec le passé

Le XXIe siècle s'est ouvert sur des transformations notables pour le Laos. Expérimentant le concept complexe de l'économie socialiste de marché, le Laos subit un changement étonnant. Le Laos a changé et il change vite. Face aux « forces de l'argent et à la corruption », les Lao s'adaptent tant bien que mal. Ce changement porte d'abord sur l'économie, ensuite sur le côté social, et progressivement sur l'aspect politique. Le pays a connu des changements rapides en termes d'adaptation de son économie mondialisée, à chaque fois, la transition se fait de manière douce et expérimentale, sans bouleversement. Que l'on éprouve de l'emballement ou pas pour le Laos, on ne peut contester le fait qu'en trente ans après l'engagement du processus de réforme, ses performances économiques et sociales ont dépassé des attentes de la Banque mondiale ou de l'UNPD, comme pour le PIB, le commerce extérieur, la lutte contre la pauvreté. Certes il reste encore environ quelques milliers de familles qui vivent en dessous du seuil de pauvreté. Les responsables lao sont confrontés à des défis structurels, à la mesure d'un pays multiethnique. Défis liés aux spécificités d'un pays en mutation, du passage d'une économie étatique et planifiée à une économie de marché, d'une économie rurale à une économie urbaine et d'une économie fermée à une économie ouverte.

9.4.1 Le e-commerce gagne du terrain

Le e-commerce et les Technologies de l'information et de la communication (TIC) se sont développés rapidement au cours des cinq dernières années, mais l'absence d'un ensemble complet de lois et de réglementations sur le commerce électronique maintient le commerce électronique dans le domaine du commerce informel. Le 9e plan quinquennal 2021-2025 va définir le commerce électronique, encadrer, et à promouvoir par une politique, une stratégie, et un cadre réglementaire.

Ce secteur commence à progresser au Laos, bien qu'il n'y ait pas encore de loi pour réguler de telle activité, elle sera étudiée et précisée prochainement par les parlementaires de la 9e législature. Le marché du commerce électronique au Laos a décollé vite en raison de la croissance rapide de la pénétration d'Internet dans la région.

Le MOIC a déclaré que l'e-commerce est nouveau pour le pays et les modalités, comme l'enregistrement de ces entreprises et la garantie de paiement des impôts au gouvernement n'ont pas encore été finalisés avec les autres ministères concernés. Une source du ministère des Postes et des Télécommunications a déclaré que le commerce électronique s'est développé rapidement non seulement dans la région, mais également au Laos. De nombreux produits, notamment des vêtements, des sacs à main et des cosmétiques, sont vendus via des sites Web, des pages Facebook et des groupes WhatsApp au Laos. La loi sur la protection des consommateurs a été promulguée au Laos, mais elle ne couvre pas les entreprises de commerce électronique pour l'instant, ce pays a donc besoin d'une loi spécifique sur cette question, ont déclaré des experts[495]. Sans cela, elle fait perdre au Laos des bénéfices de cette forme de commerce en croissance et privera l'État de cette nouvelle source de revenus.

---

[495] E-Commerce Set To Boom In Laos But No Laws To Regulate Sector, Vientiane Times, 18/07/2017.

Avec une population de plus de 600 millions d'habitants, l'Asie du Sud-Est devrait compter environ 260 millions d'internautes. Google et Temasek[496] estiment qu'environ 3,8 millions de nouveaux utilisateurs se connecteront chaque mois en Asie du Sud-Est, ce qui en fait de la région ayant la croissance la plus rapide de l'Internet au monde entre 2015 et 2020. La croissance du marché Internet est liée au fait que l'Asie du Sud-Est a une population jeune, avec 70% de sa population de moins de 40 ans, le Laos étant situé dans une région dynamique pour le commerce électronique, ses micros, petites et moyennes entreprises pourront profiter de cette nouvelle forme de commerce.

Au Laos, une classe moyenne montante, mais pas seulement, avec une plus grande disponibilité des systèmes bancaires, l'amélioration de la logistique et des infrastructures de paiement, de nombreux jeunes ont commencé à acheter des produits en ligne. Tout cela a contribué depuis deux ans à la croissance du commerce électronique. Le gouvernement est bien conscient de l'importance de l'e-commerce et de ses opportunités qu'elles apportent au secteur privé et s'efforce de mettre en place une politique appropriée et un cadre juridique et de régulation. Le commerce électronique joue un rôle important dans la réalisation des objectifs de développement durable 2030 et le plan de développement stratégique 2916-2025. Le ministère des Postes et des Télécommunications a déclaré que le développement de l'e-commerce est l'un de ses objectifs stratégiques pour 2016-2025[497]. En effet, le secteur a plusieurs avantages pour les MSME, tout d'abord, il réduit les coûts auxquels les entreprises sont confrontées pour exporter les marchés à l'international, puis l'utilisation accrue des plateformes en ligne pour le commerce pourrait favoriser une plus grande participation des femmes au commerce, en réduisant les préjugés sexistes dans les relations entre acheteurs et vendeurs via l'anonymat et en permettant plus de flexibilités dans les horaires de travail pour surmonter les contraintes de temps auxquelles les femmes sont généralement confrontées au Laos.

La vague mondiale de l'e-commerce a atteint désormais le Laos. L'utilisation des ordinateurs, des téléphones mobiles et Internet pour le commerce électronique est de plus en plus présente dans la vie quotidienne des habitants ; aussi le Secrétaire général du parti Thongloun Sisoulith prônait-il l'usage du numérique partout dans l'économie et dans les entreprises au Laos dans son discours au 11e Congrès national du parti. Cela suggère que le futur réseau 5G au Laos accroitra davantage le volume du commerce dans ce secteur.

---

[496] Temasek est une société singapourienne d'investissement mondiale. Une étude sur le marché Internet par Google pour Temasek.

[497] Leebouapao, L., P. Sitthideth, K. Douangpaseuth, and Y. Suhud, 2020, E commerce Development in the Lao PDR: Some Policy Concerns, E-commerce Connectivity in ASEAN, Eria.

9.4.2 Un quasi-capitalisme d'État

Si l'on évoquait le Laos avant 1975, on retiendrait que le pays était sans industrie, ni échanges avec ses voisins, il n'y avait pas de classe ouvrière, ni de grandes familles riches, l'épargne à des fins productives n'était pas là, les banques étaient inexistantes, le système éducatif était peu avancé et inégalitaire, la politique de santé publique était, à certains égards, très limitée, il n'y avait pas de protection ni de sécurité sociale pour les travailleurs, la société vivait en circuit fermé et dépendait de la face cachée de l'aide internationale. Une population essentiellement rurale et les habitants lao étaient en grande majorité pauvres. En réalité, le Laos et ses habitants vivaient sans trop de perspectives d'avenir et peu d'espoirs de sortir de cette situation économique, sociale et culturelle.

Alors, existe-t-il un capitalisme ou plutôt un quasi-capitalisme lao aujourd'hui ? Les Lao interviewés regardent tous d'un air étonné à cette question incongrue. Et avancent la réponse suivante : « A partir du moment où le secteur privé s'ouvre, et que le parti et le gouvernement encouragent et reconnaissent la contribution des commerçants, des entrepreneurs et des hommes d'affaires dans le développement de l'économie nationale, le Laos est un État capitaliste ». « Le communisme lao et son dogme révolutionnaire en matière économique des années 1970 sont bien oubliés » disent des analystes avisés de la vie politique lao. D'autant plus que les réformes entreprises depuis 1986 ont clairement démontré qu'une place importante est désormais donnée au secteur privé. Depuis l'adoption de la politique des réformes, le Laos avance à petit pas vers le capitalisme ; ce capitalisme d'Etat n'a, là encore, rien d'original. C'est la voie privilégiée de la modernisation en Asie comme dans une partie du monde. Ainsi, l'argent est roi aujourd'hui dans la vie quotidienne des gens au Laos, on paye pour les services, pour le parking, on paie pour les livres scolaires et pour faire les études ainsi que pour la santé. Le Laos n'est pas totalement capitaliste ni totalement communiste. Le capitalisme lao manque encore de culture internationale et surtout de capitaux. Le Comité central du parti du 11e Congrès national a d'autre part demandé l'accélération de la restructuration des entreprises publiques, la rentabilité annuelle de ces entreprises et la performance des cadres de la direction. Par ailleurs, on observe que des micros et petites et moyennes entreprises sont créées tous les mois. Les Lao aujourd'hui n'ont plus peur d'annoncer qu'ils veulent devenir capitalistes et désirent tous créer leurs propres entreprises et s'enrichir rapidement, s'ils ont les moyens de le faire.

Assurément, la situation économique du Laos est difficile à décrypter. D'un côté, la croissance se poursuit autour de 7% ces dernières années ; de l'autre, le gouvernement maintient certaines politiques dirigistes. Le tout dans un régime politique de parti unique inchangé, toujours autoritaire. Mais si le Laos, manifestement, continue à progresser, c'est justement parce que, dans la majorité des secteurs, comme l'énergie, les mines, l'industrie manufacturière, l'agriculture industrielle, le tourisme, il a choisi le mode de gestion capitaliste, et il a vivement encouragé l'émergence des entreprises privées d'une part, et la participation conjointe des entreprises publiques avec des entreprises étrangères du même secteur d'autre part, pour accompagner la croissance de son économie.

À présent, les chefs d'entreprises de l'industrie publiques et privées, la plupart pour ne pas dire tous sont membres du PPRL, ils sont choyés par le parti, et leurs relations avec le pouvoir sont plus souvent marquées par les ententes, et les compromis que par les confrontations. Les entrepreneurs et industriels ont une liberté de gestion et de mouvement ; ils ont même la charge de la stratégie de développement de leurs entreprises, mais ils demeurent contrôlés sur le plan politique. Ce que l'on observe au Laos, le capitalisme lao est sous le contrôle de l'État. Cependant, l'État a besoin de ses hommes d'affaires, industriels, entrepreneurs, commerçants et il encense ses patrons privés. Dans ce pays, le rôle majeur revient au capitalisme politique, mis au service d'une ambition nationale.

Quiconque se rend au Laos ne peut nier l'évolution surprenante qui s'y produit : la création des richesses est visible. Les grandes entreprises publiques et privées lao sont maintenant bien organisées, les SME se structurent et commencent à atteindre le niveau de qualité acceptable et de productivité, l'esprit entrepreneurial est présent partout, le marché boursier lao commence à attirer les investisseurs. Cette modernisation du Laos avec l'introduction du capitalisme dans la société lao marque véritablement une rupture avec la tradition lao et le communisme des années 70. Partout dans les villes, on sent le dynamisme des habitants, principalement urbains, le désir de la réussite, la soif d'entreprendre, l'envie de consommer et l'ambition de devenir riche.

Il y a bien un capitalisme au Laos, mais il y a aussi les pesanteurs du régime : les mesures étatiques, interventionnistes et la corruption ne sont jamais loin. Bien sûr, il faut relativiser sur ce qu'on attend par capitalisme au Laos, ce pays est un petit capitaliste limité par son envergure en termes de taille, de marché, de technologie, de capitaux. Des entreprises lao sont encore de taille modeste et manquent de capitaux nécessaires pour pouvoir inquiéter ses voisins. La question que l'on se pose, est-ce que le Laos n'est pas en train de créer un capitalisme sans de vrais capitalistes ?

9.4.3 L'ascension de la classe moyenne urbaine et des nouveaux riches

Avec la croissance économique soutenue, la société laotienne connaît de nombreux bouleversements. Bien que les inégalités de revenu aient augmenté, cette croissance forte a permis l'émergence d'une classe moyenne urbaine au Laos et, en outre, l'apparition des nouveaux riches.

La modernisation du Laos a pour première conséquence l'irruption de l'argent-roi. L'argent est la préoccupation principale des Lao. En gagner, en dépenser, épargner, afficher sa petite opulence et sa réussite, profiter d'une opportunité, il n'est question que de cela aujourd'hui. Mais l'ouverture a une seconde conséquence, aussi lourde de résultats : l'apparition de la classe moyenne, conséquence d'une population qui commence à avoir un meilleur pouvoir d'achat.

Bien qu'il n'en existe pas de définition absolue qui fasse consensus pour désigner la classe moyenne au Laos, la Banque mondiale en 2020, décrit 23% de la population lao vit en dessous du seuil de la pauvreté et 65% de de la population vit en milieu rural et dépend de l'agriculture (§ 7.3).

Les entrepreneurs privés, les commerçants, les gros agriculteurs, qui avaient commencé à émerger au milieu des années 90 et surtout à partir de 2004, sont encouragés par l'État. Le secteur privé se développe aujourd'hui de 7 à 8% par an [498]dans de nombreux domaines d'activité, et en particulier dans l'industrie de transformation, l'hôtellerie, le tourisme, l'agriculture, le textile, l'agroalimentaire, la construction, le commerce, le transport, les mines, l'immobilier, les télécommunications ; on voit par ailleurs beaucoup de jeunes hommes et jeunes femmes se déclarent entrepreneur ou commerçant. En 2020, la nouvelle classe moyenne s'accroît et s'étend jusqu'aux districts des provinces comme Oudomxay, Huaphan, Bokeo, Borikhamxay, Luang Namtha. Il n'est pas possible à l'heure actuelle d'estimer le pourcentage de la population appartenant à cette classe au Laos en raison du manque de données statistiques et de recul. On ne peut que donner un chiffre très approximatif après quelques sondages et interviews auprès des personnes dans les administrations et dans les milieux d'affaires en provinces et dans la capitale. La classe sociale dite « classe moyenne » rassemble un ensemble de populations hétérogènes, situées au-dessus des classes pauvres et en dessous des classes aisées. La question de sa définition exacte reste délicate, difficile et subjective au Laos, pays où 70% de la population vit avec 2 dollars par jour. Quels sont les critères choisis ? Quelle définition donner à la classe moyenne? Quelles précautions prendre pour sa définition dans le cas du Laos?

En général, les principaux signes extérieurs sont la possession d'une maison, puis d'une voiture, généralement une employée de maison, recrutée parmi des jeunes filles venues de la campagne, payées 100 dollars par mois, nourrie et logée chez l'employeur. Mais ces critères énoncés ci-dessus ne sont pas assez représentatifs. Car au Laos, la plupart des Lao possèdent leur propre maison, et l'achat d'une voiture constitue un acte d'achat prioritaire et un élément extérieur de prestige même si l'on n'a pas d'argent. On doit avant tout sauver la « Face » ou le « Na »[499]. Les critères majeurs de définition sont le niveau de vie et l'appartenance ressentie à un statut social prenant en compte l'économie laotienne. La composition de son noyau central peut être énoncé comme suit : le patron d'une affaire, les commerçants, les professeurs des

---

[498] Private sector development essential for continued Lao economic growth, Asian News Today, 28/02/2019.

[499] KhamVorapheth, le Laos contemporain, Parcours et perspectives d'une nation.

écoles privées, les ingénieurs et techniciens, les cadres d'entreprises privées, les professeurs d'enseignement supérieur, les fonctionnaires, les médecins. Si nous admettons la définition de la classe moyenne donnée plus haut et que tout individu de cette catégorie de population, possède en plus une maison d'une valeur de 40 000 dollars et a un revenu supérieur à 1 000 dollars par mois, on peut estimer que la classe moyenne représenterait entre 10 et 15% de la population totale du pays. À Vientiane, les personnes répondant à la classe moyenne urbaine sont plus nombreuses qu'ailleurs (il y a beaucoup de femmes), en comptant les hauts fonctionnaires, les politiques, les militaires, les patrons d'entreprises, les avocats, les hommes et femmes d'affaires, les enfants et les proches des dirigeants politiques, etc., la classe moyenne pourrait représenter jusqu'à 25% de la population de Vientiane. Cette même catégorie ne serait que de 11 à 15% à Savannakhet, 10 à 13% à Thakhek, 13% à Luang Prabang et environ 15% à Paksé. Les très riches résidents à Vientiane ayant un revenu mensuel de plus de 2 500 dollars et une ou plusieurs maisons totalisant un patrimoine de 200 000 dollars et des voitures de plus de 80 000 dollars représenteraient environ 15% des 800 000 habitants de la capitale. Dans les autres grandes villes de province, les très riches ne représenteraient pas plus de 4 à 6% de la population de leur ville. Toutes ces estimations ne sont que bien entendu des estimations « grossières ». Aucune statistique n'a été encore faite à ce jour sur la classe moyenne par Bureau de statistiques. Assurément, la classe moyenne au Laos est visible et laborieuse à Vientiane et les quatre principales villes : Luang Prabang, Thakket, Savannakhet et Paksé. Vientiane a une plus grande concentration de classe aisée. Cependant, si on estime 25% de la population de la capitale appartient à la classe moyenne, ce taux tomberait à 10 à 12% sur le plan national, l'écart sera donc important. L'émergence d'une classe moyenne est une bonne nouvelle économique pour le Laos, d'abord, parce que la classe moyenne travaille, épargne, investit et consomme est le moteur de croissance de l'économie. Toutefois, on n'oubliera pas que la population le ce pays est encore pauvre. Le nombre de familles pauvres (vivant en dessous de 2 dollars par jour)[500] au Laos a néanmoins chuté mais reste encore autour de 16% en 2020.

Par ailleurs, il ne faut pas oublier la nouvelle classe de nouveaux riches qu'il faut évoquer ici, même si leur nombre reste encore modeste par rapport au reste de la population, mais elle est bien une réalité dans la société lao d'aujourd'hui, et illustre bien cette nouvelle classe hors norme dans le pays. Cette classe est visible, ces gens vivent ouvertement et sans retenue, ils ont comme résidence, mobilier et véhicules lorsque ceux-ci sont un luxe et ont un caractère ostentatoire. Il va sans dire que cette classe dont la prospérité et la pérennité dépendent du système politique actuel aura tendance à défendre le régime. C'est curieusement à Vientiane qu'on rencontre le plus grand nombre

[500] Selon les critères de l'ONU.

de représentants de la classe des nouveaux riches (les femmes sont bien représentées également ici) : patrons des entreprises privées de construction, industriels, commerçants, négociants, grands agriculteurs et fermiers, homme d'affaires et intermédiaires, chefs d'entreprises publiques, promoteurs immobiliers, etc. Ces nouveaux riches lao font principalement fortune dans sept secteurs que l'on peut lister comme suit : la vente au détail, l'import-export, l'immobilier, le bâtiment et les travaux publics, l'industrie manufacturière, la bijouterie joaillerie, l'agroalimentaire ; ils doivent leur statut économique et social non seulement à leur talent d'entrepreneur et à leurs compétences professionnelles, mais aussi, dans une large mesure, à leur entregent, à leur accès privilégié au pouvoir bureaucratique et aux relations spéciales qu'ils entretiennent avec le système en place. Ce dernier génère en effet tout un ensemble de droits et d'avantages qui permettent aux bénéficiaires de tisser un réseau social large et souvent très profitable. Sans ce réseau de lobbying, aucune démarche ne serait possible. Les nouveaux riches constituent une génération qui gagne de l'argent rapidement grâce à la croissance économique et de nombreux projets de ces quinze dernières années au Laos. Être riche était autrefois une insulte pour le régime. Aujourd'hui, c'est un signe de réussite. Ces personnes ont un fort pouvoir d'achat et un haut salaire ou revenu et ne se retiennent pas pour consommer. Elles n'ont pas hérité et ont dû travailler dur pour réussir, c'est la première génération des millionnaires lao. Leurs fortunes sont récentes, moins de quinze ans. L'une des caractéristiques au Laos, c'est qu'on ne cache plus sa fortune, bien au contraire. On doit montrer sa réussite, montrer qu'on a du mérite parce qu'on a du répondant derrière, autrement dit on est « protégé » par des gens puissants et des personnalités influentes, de la politique ou de l'armée bien évidemment. On doit toujours apparaître comme riche au Laos.

9.4.4 Regards sur les mutations d'une société

Les mutations en cours dans la société lao sont déterminantes pour ses habitants et pour l'évolution de son régime politique dans le nouveau siècle. Les profondes transformations dans la vie quotidienne sous toutes ces dimensions constatées ne constituent que la face visible d'une société à l'évolution beaucoup plus complexe. La politique actuelle et les réformes n'ont pas seulement remis en mouvement une société immobile, elles ont donné un dynamisme à la vie et paradoxalement elles ont maintenu le difficile équilibre avec la tradition lao de plus en plus bousculée. La population s'oriente aujourd'hui vers une tradition adaptée à la modernité, dont elle a effacé un certain nombre de traits jugés archaïques ou « féodaux » pour ne mobiliser que les aspects valorisants ou compatibles avec la mondialisation. Mais il n'empêche, les changements sont grands et en rupture avec le comportement et la mentalité traditionnels lao, et en particulier.

Certes, le contrôle social d'autrefois fait place aujourd'hui à une plus grande liberté, mais la liberté d'expression est limitée et l'auto censure est largement appliquée par les médias. Il n'y a, par exemple, au Laos pas un espace public pour confronter ses points de vue, excepté peut-être à l'Assemblée nationale. Cependant, on commence à voir apparaître à la télévision des débats sur les questions sociales et économiques, mais ils sont le plus souvent très académiques et très « politiquement corrects ». Malgré tout, l'émancipation des esprits et la croissance économique frappent de plein fouet le dogmatisme rigide des premières années du pouvoir communiste. Les Lao sont plus critiques, une opinion publique existe mais non encore affirmée, sauf en privé. Les ONG et les sociétés civiles font leur apparition et deviennent de plus en plus attentives à l'égard du pouvoir politique et de ses actes. De nombreuses contraintes sociales et pressions pèsent sur la population, les résolutions des problèmes relatifs à l'emploi, à l'assurance santé, à plus de justice par exemple, tellement louées par le gouvernement se révèlent peu efficaces et ont encore un faible impact quant aux résultats obtenus.

L'urbanisation qui approche le taux élevé de 9% ces dernières années a fait partir plusieurs milliers d'agriculteurs de leurs champs et de jeunes des provinces vers la capitale et les villes[501] ; certains se reconvertissent dans l'industrie manufacturière ou dans les services, d'autres en manœuvre en tout genre. Ils quittent la campagne notamment pendant la saison sèche lorsque la récolte est faite, on voit de nombreux paysans se précipiter pour trouver un emploi temporaire en ville. Les flux migratoires à l'intérieur du pays sont accentués aujourd'hui par la facilité et les bonnes conditions de communication et de transports publics ainsi que par la prospérité croissante dans les villes et dans les zones économiques spéciales.

Ces paysans et ces jeunes veulent bien « quitter la campagne mais pas la terre ». Quel que soit leur sexe, les jeunes quittent leurs villages poussés par la pauvreté des régions rurales, le manque de terre ou de travail et sont attirés par les salaires alléchants de la ville. La décision du départ peut s'inscrire dans une stratégie familiale, car certaines familles encouragent même les jeunes à émigrer en Thaïlande. Ce phénomène d'émigration des jeunes vers la Thaïlande, surtout ceux des régions frontalières, est préoccupant pour le gouvernement depuis quelques années de voir la force vive quitter le pays.

L'intégration progressive du Laos dans les échanges internationaux est en train de bouleverser quelques valeurs traditionnelles de la société et des familles lao. Les villes et les villages situés près des axes routiers (ce qui est le cas de la plupart des villages lao) entrent de plain-pied dans une société de consommation, avec des conséquences notables en termes de mode de vie et de comportement. Bien que la société lao ait considérablement évolué depuis la fin des années 2000 en raison du phénomène de l'urbanisation croissante,

[501] World Urbanization Prospects 2019, United Nations.

elle a peu changé dans les zones rurales dont les habitants continuent à maintenir un mode de vie ancestral et des valeurs traditionnelles. Il en résulte une division dans la société lao caractérisée par l'existence de la société urbaine qui est minoritaire et de la société rurale qui reste largement majoritaire.

Le Laos est un pays où les anciennes traditions restent malgré tout ancrées dans le mode de vie des Lao. De nos jours, le culte et le respect des anciens restent encore omniprésents mais commencent à ne plus être vrais, les plus âgés sont considérés certes comme les détenteurs du savoir mais pas seulement. Pour illustrer ce respect des anciens et des traditions, on peut prendre l'exemple de l'organisation de la société laotienne. Toutes les générations d'une famille (grands-parents, parents, enfants, petits-enfants) avant vivaient sous le même toit. Il était coutume de s'occuper des anciens une fois qu'ils ne pouvaient plus exercer une activité professionnelle. Autant dire que des traditions se perdent petit à petit à présent.

Qu'en est-il de la famille ? Et des jeunes ? Aujourd'hui, les valeurs traditionnelles sont mises à mal, en raison du mode de vie moderne, de l'éloignement des familles et des difficultés de la vie quotidienne ; on s'aperçoit aussi que la structure familiale se disloque peu à peu. Les enfants habitent le plus souvent hors de chez leurs parents lorsqu'ils sont mariés. La majorité des femmes travaillent pour gagner leur vie, les repas ne sont presque pas pris ou préparés ensemble avec la famille et les enfants voient moins leurs parents et échangent rarement avec eux. Le respect des maîtres d'école et des parents a perdu également sa valeur d'antan chez les adolescents. Les maîtres d'école sont peu motivés en raison de la dévalorisation de leur métier, les élèves vivent dans un environnement où tout est plus facile et acquis pour eux et sans efforts à faire, les parents n'ont que peu de temps à consacrer à leurs enfants et sont plus tolérants que ne l'étaient leurs propres parents. Les aînés ne transmettent peu de valeurs morales à la nouvelle génération, car les dialogues entre eux sont limités. De même, ils ne perpétuent presque plus les traditions et les coutumes lao qui sont les bases fondamentales de l'éducation lao.

Mais dans l'ensemble, le tableau des valeurs et de la culture ne sont pas toutes aussi pessimistes dans la nouvelle société laotienne. En dépit de l'assaut des temps et de l'influence de la mode importée de l'extérieur, les Lao dans leur grande majorité résistent bien à cette « agression », et ont su malgré tout préserver une cohésion et l'identité lao. Mais pour combien de temps encore ?

Les valeurs de la modernité ont changé les mentalités des Lao, leur rapport avec l'argent, les modes de consommation, ont bouleversé les relations quotidiennes, entre citoyens. L'esprit de compétition est à présent partout et féroce dans la vie quotidienne, en particulier pour les jeunes des collèges et lycées. Les parents ne voient presque plus leurs enfants, la vie moderne est trépidante, la société moderne fait que le mari et la femme travaillent aujourd'hui pour joindre les deux bouts. Les enfants après leurs cours sont maintenant obligés de suivre des cours particuliers de soutien. On retient que les mariages sont trop souvent affaire d'argent au Laos et les dîners de mariage sont somptueux pour les riches. L'autre phénomène de société qu'il est intéressant de mentionner est le stress, notion tout à fait inconnue jusqu'ici pour les Lao. Aujourd'hui, des citadins lao, ceux de Vientiane sont exposés au stress, il touche aussi bien les adultes que les lycéens, avec les risques que cela comporte pour leur santé. Les adultes sont stressés par leur travail, la vie sociale, la course à la réussite et à l'argent ; quant aux jeunes, ils vivent toujours dans un esprit de compétition et sont obligés de suivre des cours particuliers pour être excellents. Car le désir des parents de faire de leur progéniture des têtes bien pleines pour devenir fonctionnaire a engendré une explosion d'activités de toutes sortes : cours de musique, d'anglais, de dessin, d'arts martiaux entre autres.

Quant à la politique, peu de Lao ont une opinion sur le parti au pouvoir, la politique pour la majorité des citoyens ordinaires, c'est trop élitiste, ce n'est pas pour autant qu'ils n'aient pas confiance en leurs dirigeants, ils ne sont ni désintéressés ni dépolitisés pour autant ; tout simplement la politique est loin de leur préoccupation et de toute façon ils n'auront pas voix au chapitre. Beaucoup retrouvent leur croyance et réconfort dans la religion.

Cependant, les Lao accèdent à une forme de vie privée plus grande et sans comparaison avec celle qu'ils avaient connue dans les années 70 et 80. Une liberté totale d'entreprendre, de choisir et de voyager où cela leur plaît. Il n'y a pratiquement plus de restriction dans leurs mouvements et actes quotidiens, l'argent autorise tout. D'autre part, on voit émerger un peu partout des écoles et collèges professionnels privés dans tout le pays. Les parents riches n'hésitent plus à y envoyer leurs enfants.

Par ailleurs, l'activité économique lao, en constante progression, creuse non seulement un fossé social inquiétant entre les nouveaux riches et les nouveaux pauvres que sont les agriculteurs, les travailleurs informels et les jeunes sans travail, mais accentue encore les inégalités de développement entre les régions toujours plus riches et celles de l'intérieur isolées et montagneuses.

9.4.5 Des inégalités criantes

Comment réduire les inégalités, c'est ce que le gouvernement s'attache à faire sans pouvoir vraiment y réussir totalement depuis des années. Les tâches sont colossales et elles sont toutes prioritaires : salaires, logements, emplois, santé, éducation, pouvoir d'achat pour les paysans. Le premier défi posé au gouvernement lao, malgré des progrès et résultats positifs enregistrés qu'il essaie d'apporter par les politiques d'aménagement du territoire, c'est à l'évidence l'aggravation des disparités régionales. En fait, on peut dire qu'il existe trois régions au Laos. D'abord la région des provinces de Vientiane,

Borykhamxay et la capitale riches en emplois qui s'intègrent bien dans l'économie et totalisent plus de 50% des investissements étrangers et activités industrielles, agricoles, services et commerciales ; ensuite l'intérieur du pays, avec les territoires qui ne profitent pas du dynamisme de la région centrale, elles sont constituées de hautes terres ; enfin, au nord, au centre et au sud des hauts plateaux, qui réunissent les provinces de Khammuan, Savannakhet, Champassak et Attapeu. Cette disparité se traduit par une différence de pouvoir d'achat énorme entre régions. Ainsi en termes de revenus, emplois, éducation et d'accès aux services de base (§ 7.3). Combinée aux disparités régionales, cette fracture fait apparaître deux zones géographiques encore très pauvres, coupées l'une de l'autre dans l'espace, par le centre qui sépare le nord du Laos (les provinces de Huaphan, Phongsaly, Oudomxay), du sud des hauts plateaux (les provinces de Sékong, Attapeu). C'est dans ces deux zones que vivent 60% des familles les plus défavorisées.

Dans le Laos d'aujourd'hui, les conditions de vie et la disparité entre citadins et les habitants de la campagne des provinces, selon l'UNPD sont les plus criantes. En termes de revenu et de conditions de vie, un citadin a un revenu mensuel 10 à 15 fois supérieur et une meilleure condition de vie par rapport à un rural, et l'écart ne fait que s'accentuer. Si les citadins et les classes moyennes et supérieures lao consomment comme les Occidentaux, beaucoup de Lao demeurent encore sous-alimentés en raison de la pauvreté dans les campagnes. En outre, les citadins obtiennent des privilèges en tout genre que les agriculteurs et les ouvriers sont même incapables d'imaginer. Par ailleurs, il faut savoir que la justice est rarement du côté des pauvres ; s'agissant de différends entre deux personnes, celui qui peut payer un avocat pour se défendre et qui possède des relations, est sûr de gagner le procès ou une cause devant la justice. L'injustice vis-à-vis des gens pauvres est incontestable. Les paysans-ouvriers ne se mélangent pas avec les citadins, ils vivent isolés dans les quartiers pauvres des grandes villes. Les enfants des travailleurs émigrés de la campagne n'ont aucune chance de se mêler aux autres enfants de la ville. Dans les villes, les « petits boulots » et les travaux de ménage sont toujours confiés aux jeunes issus de la campagne, ce sont des employés corvéables à merci jusqu'à épuisement. Par ailleurs, on rapporte que certains enfants d'agriculteurs ont dû abandonner l'université après avoir été reçus aux concours d'entrée faute de moyens financiers (se loger, se nourrir, transport, etc.).

Depuis quelques années, on constate une hausse importante du besoin de soins de la population rurale ; les plus démunis, faute d'un système social approprié, ne peuvent pas accéder aux soins de base. La proportion de malades à la campagne qui renoncent à aller consulter un médecin est importante par rapport à ceux des villes. Car la majorité de la population rurale n'est couverte par aucune assurance maladie. Ainsi les régions pauvres ou insuffisamment développées plongent peu à peu dans la précarité et on trouve là un contraste incroyable avec les villes des provinces économiquement développées. Toutefois, cette situation commence à évoluer ; aujourd'hui, des dispensaires, des écoles, existent. La politique de décentralisation du gouvernement a apporté quelques réponses et solutions pour réduire des inégalités avec l'aide des organisations internationales. Les autorités essaient de créer des emplois dans la communauté rurale et des régions où vivent des minorités ethniques.

Le gouvernement a pris conscience que la fracture sociale constitue un problème majeur grave, il s'agit du fossé qui sépare une partie de la population des Lao des plaines ou des villes, socialement intégrée, avec une autre constituée de personnes socialement exclues, en majorité des minorités ethniques, habitant souvent dans les régions montagneuses les plus reculées. Ces exclus de la croissance gardent l'espoir de s'en sortir en allant à la ville ou au faubourg de la ville et en accédant peu à peu à la classe moyenne. Cet espoir est favorisé grâce aux nombreux programmes gouvernementaux et aides internationales en vue d'éradiquer la pauvreté. Cette attente se nourrit des histoires (*success story*) de quelques personnes devenues prospères qui ont réussi dans le commerce, la construction ou le transport. Au Laos, les pauvres peuvent encore rêver. La remise en cause des valeurs socialistes est cependant ressentie devant la montée de l'individualisme jointe à la justification du rôle de l'argent et l'inégalité sociale.

Les efforts du gouvernement contre l'extrême pauvreté ont cependant commencé à porter leurs fruits. Le renforcement de la croissance économique et la réduction de la pauvreté sont des vecteurs clés des différents programmes des organismes internationaux et des ONG au Laos, d'où l'importance pour l'économie lao d'atteindre les 7 % de croissance annuelle nécessaires pour la réalisation des Objectifs millenium de développement OMD et des Objectifs de développement durable ODD au cours du 8e plan quinquennal pour réduire les inégalités et la pauvreté.

Il est intéressant d'observer que l'égalité entre les femmes et hommes est loin d'être respectée dans ce pays socialiste. Les conditions de vie des femmes sont extrêmement dures au Laos. Les femmes dans les entreprises occupent souvent des postes ingrats et sous- payés. On retient également que la violence conjugale touche, selon les journaux lao et Vientiane Times, à des degrés divers, de nombreux ménages au Laos et ce fait est en constante augmentation. Les femmes continuent à gagner moins que les hommes pour des postes comparables et la promotion est plus lente pour elles dans les entreprises. Ceci est également vrai en politique. Curieusement, on trouve beaucoup de femmes à la tête de leurs entreprises et affaires. Plus récemment, le Comité central du 11e Congrès national du parti a émis les recommandations pour qu'il y ait davantage de femmes aux prochaines élections de l'Assemblée nationale (30%), dans l'appareil de l'organisation d'État et du parti (20%), au Comité central (20%) dans l'administration (30%). Le nouveau gouvernement s'engage à réduire l'indice d'équivalence entre hommes et femmes à 0,430%

d'ici 2025 et vise à augmenter les opportunités de développement et les droits des femmes[502]. Il y a des progrès réalisés à ce jour, mais insuffisants ; en effet, la représentation des femmes au Bureau politique, au Comité central du parti du 11e congrès national et de la 9e législature est encore faible à ce jour (§ 3.2.4).

D'autre part, l'inégalité entre les sexes et la pauvreté sont étroitement liées. Cette inégalité constitue à la fois un problème économique et social. Une plus grande égalité entre les sexes pourrait représenter un puissant outil pour une réduction accélérée de la pauvreté au Laos. Dans ce contexte, les considérations liées à l'égalité des sexes constituent le chaînon manquant pour la réalisation d'une croissance soutenue. Aussi, le gouvernement s'emploie-t-il à promouvoir dans la campagne depuis les écoles jusqu'aux fermes pour l'égalité des sexes et contre la violence faite aux femmes. À cet égard, de vastes campagnes d'éducation ont été entreprises par les organisations internationales et les ONG dans les provinces pour sensibiliser la population sur le rôle et la place des femmes dans la société et dans l'économie.

La pandémie, loin de condamner l'argent qui est devient le centre de la société, une société narcissique, en démontre aujourd'hui : la crise a jeté une lumière crue sur les inégalités de la société lao ainsi que sur la vulnérabilité des jeunes, des personnes démunies, des enfants pauvres, de même que de tous ceux vivant de l'économie informelle ou dépendant des aides ou dons divers pour survivre. Plus encore, avec la pandémie du Covid-19, les inégalités se creusent davantage, la proportion de Lao vivant en dessous du seuil de pauvreté serait passée de 23 à 35%, selon la Banque mondiale. Il faut reconnaître cependant que la croissance économique depuis deux décennies a permis au Laos de tirer son épingle du jeu. La pauvreté a reculé certes, la classe moyenne est devenue plus nombreuse, les riches encore plus riches.

9.4.6 La violence dans la société lao inquiète le gouvernement

La société lao gagne en violence selon l'avis de beaucoup d'observateurs. Il y a une augmentation de stress et dureté chez les Lao dans leur comportement et actes de tous les jours. On le constate dans la vie quotidienne, dans le fonctionnement de la société urbaine et dans le rapport entre les personnes. Il y a aussi le fardeau, moins visible, mais encore plus général, de la souffrance quotidienne individuelle. La douleur des membres les plus vulnérables du pays : les enfants, les femmes, les minorités ethniques, les handicapés des munitions non explosées dans les campagnes.

Cette violence est à la fois physique et morale. L'agressivité dans la nouvelle société est difficilement supportable, et elle est ressentie comme le prix à payer pour la modernité du Laos par une partie de la population, en raison d'une part de la soudaine rupture avec ses valeurs traditionnelles, et

[502] Laos to reduce gender equality to 0.4 percent by 2025, Vientiane Times, 20/01/2021.

d'autre part de la croissance économique remarquable de ses vingt dernières années.

La violence morale est d'abord ressentie dans l'État. En effet, le système du parti unique est générateur d'injustice, c'est sa nature. Injustice vis-à-vis de ceux qui sont à l'encontre du système, injustice vis-à-vis des gens qui ne sont pas proches du pouvoir, ne possèdent pas d'argent et qui subissent la dureté de la nouvelle société capitaliste d'État.

La violence physique est partout. D'abord on la trouve dans la foule, le bruit des villes, des restaurants, des marchés. À cela, il faut ajouter les dizaines de morts chaque année dans des accidents de voitures sur les routes et en ville ainsi que de morts ou de blessés causés par des explosions par les mines[503].

La sécurité en ville est remise en cause, car la délinquance et la criminalité augmentent fortement depuis 2010 et la presse ne cesse de relater les faits divers inquiétants tous les jours. L'insécurité tient selon les autorités à la présence de nombreux migrants de l'intérieur dans la capitale. Un fossé grandissant existe qui n'est pas prêt de disparaître entre la précarité sociale de ces paysans travailleurs et l'essor économique des villes. Beaucoup de délits ont été commis par de jeunes qui ne sont pas scolarisés. Un autre phénomène inquiétant qui entrave la tranquillité de la société est la montée de la fragilité sociale dans les villes due à la croissance économique rapide de ces dernières années. Le chômage, la délinquance, la drogue, qui touchent aussi bien les très jeunes que les adultes sont devenus le fléau de cette société moderne en construction au Laos. À chaque réunion mensuelle du gouvernement, le Premier ministre ne manque pas d'attirer l'attention de tous les membres du gouvernement sur la nécessité d'améliorer la défense nationale et la sécurité, d'assurer l'ordre social et de lutter contre les comportements antisociaux.

Ainsi, le Laos a connu une augmentation de la délinquance et de la criminalité inquiétante depuis quelques années. Les nouveaux clivages sociaux apparus avec les réformes et l'ouverture encouragent assurément la délinquance et la criminalité de toute nature, qui ont fortement accru au cours des années 2000, même si elles sont encore très loin aujourd'hui des scores des autres pays de la région.

Le trafic de drogue et la délinquance de toutes sortes, y compris les crimes, les cambriolages, les viols, les vols de voitures et de scooters pour les revendre dans un pays voisin, sont d'une ampleur qui dépasse toute imagination. Le pays n'a jamais connu une telle transformation de société. La prostitution se répand dans tout le pays. Il s'agit souvent de jeunes filles des lycées ou de jeunes étudiantes des universités, à la recherche de complément de revenus pour leurs études ou pour leurs dépenses personnelles. S'agissant de la drogue, il faut rappeler la reprise de la culture du pavot dans certaines régions du Laos, comme dans la province de Xieng Khouang, et l'utilisation

503 76 Killed in Road Accidents Across Laos in September, Laotian Times, 14/10/2020.

des routes du pays comme voies de transit de la drogue par les trafiquants, ce qui augmente encore le nombre de consommateurs de la drogue dans toute la catégorie de la population[504]. Selon les autorités, la province de Huaphan est réputée aujourd'hui pour les trafiquants de drogues dures, comme l'opium. Le Laos, en effet, reste fragile, de par sa situation géographique, face au trafic illicite de drogues ou autres activités criminelles transnationales. Selon la Commission nationale de contrôle et de supervision de la drogue, 80 % des toxicomanes consomment des amphétamines, les 20% restants consomment de l'opium ou ses dérivés, du cannabis et autres produits stupéfiants. La consommation d'amphétamines atteint tous les milieux sociaux et tous les secteurs d'activité, y compris chez les fonctionnaires, les retraités, et même les moines et les novices. Bien sûr les jeunes sont également touchés et dans une proportion inquiétante. Malgré les efforts déployés par les autorités lao pour lutter contre le trafic de drogue, les activités des trafiquants de drogue demeurent toujours présentes dans le pays. Selon le journal *Vientiane Times*, les jeunes drogués sont de plus en plus nombreux, et le nombre de jeunes filles qui se droguent est en augmentation, ces jeunes prennent le plus souvent des amphétamines. Selon un rapport du Centre de désintoxication à Vientiane, le nombre de drogués arrivés pour traitement a légèrement diminué dans le centre de traitement à Vientiane, mais il est en progression dans les centres provinciaux.

Le gouvernement doit faire face aujourd'hui à une autre criminalité qui est le trafic d'êtres humains et plus précisément de jeunes filles âgées de moins de 15 ans destinées à la prostitution en Thaïlande et dans d'autres pays du Sud-Est asiatique, selon le journal Vientiane Times, les rapports du Département d'État Américain et des Nations unies[505]. Le nouveau premier ministre Phankham Viphavanh lors d'une réunion avec les membres de son cabinet a fortement mis l'accent pour lutter contre la violence et toute forme de délinquances dans la société, il s'engage à bannir et à poursuivre les trafiquants de drogues.

Et étonnamment, malgré sa dureté et des difficultés de la vie, le peuple lao est aussi capable d'un formidable élan de solidarité, lorsque la situation nationale l'exige. Ainsi, la rupture d'un barrage dans la province d'Attapeu faisant plusieurs dizaines de morts et de disparus a mobilisé toute une population : les centaines de bénévoles sont accourus de tout le pays vers la zone sinistrée. Les vivres, les produits de première nécessité et les dons de sang et d'argent sont arrivés de tout le Laos, y compris venant des Lao de l'étranger. Le pays entier se sentait soudé autour de cette partie de la population endeuillée, il y a eu un sursaut patriotique et une prise de

---

[504] Drones, big money and cheap drugs: the Laos route spewing meth into Thailand, The Jakarta Post, 11/06/2019.

[505] Laos 2019 Crime & Safety Report, OSAC, 03/01/2019.

conscience nationale des malheurs de ses semblables sans précédent dans l'histoire du Laos ; l'afflux spontané de centaines de volontaires, expérience inédite au Laos, a montré que la société lao est peut-être en train de s'émanciper.

9.4.7. La religion au Laos : autrefois suspectée, aujourd'hui désirée par le pouvoir politique

Qu'en est-il des religions ? Pour rappel, le bouddhisme theravada, appelé aussi « Petit Véhicule » ou Hinayana, est pratiquée par 68% de la population lao, a été religion d'État au Laos jusqu'en 1975. Parallèlement au bouddhisme, les pratiques liées à l'animisme (culte des esprits) sont omniprésentes dans l'ancien royaume du million d'éléphants (30% de la population). Le culte des esprits est pratiqué notamment chez les ethnies minoritaires et le culte des génies (phi) a survécu à l'essor du bouddhisme. Les Lao croient aux esprits, aux fantômes, aux âmes des défunts, ainsi qu'aux esprits de la nature et aux esprits protecteurs.

Officiellement, la théorie marxiste rejette la religion parce qu'elle est considérée comme un outil utilisé par les classes dirigeantes pour induire en erreur les classes opprimées et les maintenir asservies. Même si le Pathet Lao[506] estime que marxisme et bouddhisme sont antithétiques, il réconcilie des aspects du bouddhisme avec le marxisme. Le Pathet Lao réinterprète le bouddhisme, affirmant que l'enseignement de Bouddha ne contredit pas les buts révolutionnaires. Dans la zone sous contrôle du Pathet Lao avant 1975, les moines sont les premiers à assister aux séminaires politiques du Pathet Lao. Dans ces séminaires, les moines apprennent l'interprétation marxiste-léniniste du bouddhisme, émise par le Pathet Lao. Les éléments suivant du bouddhisme sont rejetés par le Pathet Lao : la croyance en l'existence de démons, ou de la vie après la mort dans l'un des cieux ou enfers bouddhistes, jugés superstitieux. Le culte des « phis » est condamné par le gouvernement après 1975 mais est encore très pratiqué car les ethnies laotiennes perpétuent des rituels qui remontent à l'aube des temps.

La religion était donc autrefois l'objet de méfiance et anticommuniste du parti, en effet, les premières années après la proclamation de la République, dans un effort de créer un « homme socialiste lao », la religion bouddhiste est mise au ban aussi bien que la royauté, et les congés accordés pendant les festivals bouddhistes, ou en amont, pour leur préparation, sont supprimés. À la fin des années 1980, elle devient un appui pour le régime, la position officielle du parti et du gouvernement envers le bouddhisme se libéralisent. Ce qui a fondamentalement changé, c'est la nouvelle mission donnée au Sangha, autrefois, les temples accueillaient les jeunes démunis, ils y dormaient

506 Parti communiste lao des premières années de lutte révolutionnaire.

et étudiaient. Aujourd'hui, le clergé a clairement passé un contrat avec le parti, sa nouvelle mission est de s'occuper des domaines traditionnels, à savoir enseigner et expliquer les préceptes de Bouddha, préserver et diffuser la culture et l'héritage culturel lao. Dans certaines provinces et campagnes, les bonzes ont même un rôle social à exercer auprès de la population. À l'État de prendre en charge des fonctions qui autrefois incombaient au clergé : Ecole, enseignement, salles de fêtes, dispensaire, dortoirs[507]. Mais les temples restent malgré tous les lieux d'instruction, de formation, et en même temps un lieu vénéré et un endroit de divertissement.

Le Sangha élargit ses rôles traditionnels. Auparavant, il se concentrait sur l'enseignement du bouddhisme. Désormais, il participe à des programmes d'alphabétisation des adultes, enseigne la langue lao et d'autres matières dans des endroits où l'enseignement n'est pas accessible. Il joue ainsi un rôle dans l'éducation, notamment périscolaire, le pouvoir politique affirme que le bouddhisme fait partie intégrante désormais de l'identité laotienne. Lors du festival annuel de Pha That Luang ou autres cérémonies religieuses la plupart des membres du Politburo font des offrandes aux moines. Désormais, les responsables du parti réaffirment la relation entre le bouddhisme et l'État, et plus ; les dirigeants politiques laotiens appartiennent de fait, au moins sur le plan culturel, au bouddhisme. En 2003 et 2010, le ministère de l'Information et de la Culture inaugure les statues des rois Fa Ngum et Anouvong. Afin d'être reconnu, le gouvernement valorise aujourd'hui des pratiques bouddhistes du passé (culte des reliques, des statues). Certes, de nombreux rituels d'État sont repensés depuis 1975.

La religion connaît aujourd'hui un véritable renouveau au Laos. Le Laos compte plus de 5 500 pagodes et environ 22 800 moines, dont 10 000 font partie du clergé permanent. Ce n'est pas la religion d'État, mais l'État après avoir dévalorisé la place de la religion dans la société lao s'accommode plutôt bien maintenant de cette spiritualité. En effet, le clergé bouddhique lao ou le Sangha, reste sous le contrôle du parti, il suit les séminaires politiques et coopère de manière étroite avec le parti. Les autorités officielles expliquent qu'il existe une synergie entre le bouddhisme et le marxisme au Laos, car la religion et l'idéologie officielle du PPRL se complètent et se renforcent. Le premier prône le bonheur individuel, alors que le dernier tente de bâtir une société égalitaire et prospère. Cette doctrine a été adoptée et diffusée dès 1975 à travers des séminaires et de la propagande dans tout le pays. Le PPRL a toujours affirmé que le bouddhisme faisait partie intégrante de l'identité laotienne. Déjà, dans les zones « libérées », le Néo Lao Hak Sat ou Front patriotique et plus tard après 1975, le PPRL avait réussi à convertir les bonzes en éducateurs des « principes socialistes », notamment dans les campagnes et dans les villages. Aujourd'hui, dirigeants de l'Etat ainsi que les membres du

---

[507] Guillaume Rozenberg, « Spirits of the Place. Buddhism and Lao Religious Culture, John Clifford Holt ».

gouvernement et fonctionnaires participent publiquement aux différentes célébrations religieuses ; les funérailles pour les hommes politiques, anciens combattants et serviteurs d'État sont organisées selon les rites bouddhiques.

De même, les dirigeants s'affichent aujourd'hui en train de donner des offrandes aux bronzes durant les fêtes ou cérémonies. D'autre part, ce qui soude le peuple lao encore aujourd'hui, c'est sans conteste la religion. On trouve au moins une pagode qui sert de lieu de culte dans chaque village, il y a un autel pour faire la prière dans chaque maison des Lao. La pagode est le lieu à la fois un lien social et un lieu de sociabilité ainsi que le lieu de rencontre de toutes les classes sociales. Le bouddhisme, la pagode, la bienveillance, c'est tout cela qui unit le peuple lao.

Chapitre 10

PERSPECTIVES DE REPRISE ÉCONOMIQUE POST-COVID-19 DU GOUVERNEMENT ISSU DU 11e CONGRÈS NATIONAL

Pour surpasser l'impact sanitaire et économique de la pandémie, le Laos repart d'un nouveau pied, se restructure et est résilient, tel est la détermination affichée par le nouveau gouvernement et les objectifs du 9e plan quinquennal de développement socioéconomique. La reprise passe par un plan de relance à plusieurs volets : une meilleure gestion des finances publiques, un plan de soutien aux activités économiques, restaurer la confiance des acteurs privés, entreprises et investisseurs, lutte contre la pauvreté et les inégalités, poursuite du programme d'investissements d'avenir. Et une bonne gouvernance politique et économique.

10.1 La reprise économique difficile du 9e plan quinquennal 2021-2025

En anticipant une année de crise qui va se prolonger, le nouveau premier Secrétaire du parti Thongloun Sisoulith issu de l'élection du 11e Congrès national du parti a réuni en début de l'année avec tous les membres de son cabinet, le Maire de Vientiane, les gouverneurs de provinces, y compris les conseillers, les chercheurs et les acteurs économiques, pendant deux jours pour prendre les mesures d'urgence économiques face à l'épidémie de Coronavirus Covid-19. En particulier, proposer des actions et des moyens pour renforcer l'économie tout en minimisant les impacts du Covid-19. Les principaux sujets portent sur comment améliorer le climat des affaires et les indicateurs de la facilité de faire des affaires de la Banque mondiale, comment attirer plus d'investisseurs et apporter un soutien efficace et effectif aux SME, et plus spécifiquement, étudier des solutions pour convertir la dette de l'État en capital pour assurer que la nation tire des avantages et des bénéfices[508]. Selon Chaleun Yiapaoher, porte-parole du gouvernement, il en ressort de ces journées de discussion, quelques réflexions et propositions concrètes qui sont résumées ci-dessous:

- Poursuivre la réforme de restructuration des entreprises publiques afin de réduire le poids de la dette de l'État ;
- Accélérer la privatisation des entreprises publiques. Transformer les entreprises publiques non rentables en coentreprises ;

[508] Government mulls plans to minimize impacts of pandemic, Vientiane Times, 08/01/2021.

- Le Covid-19 a impacté tous les secteurs de l'économie lao, mais il a permis quelques opportunités aux petites entreprises du secteur e-commerce et aux start-up d'émerger ;
- Le Laos doit se préparer dès à présence le jour où il quittera le statut de PMA, car il recevra par conséquent moins d'aide et de subvention ;
- Mieux contrôler et sanctionner le commerce illégal du bois ;
- Surveiller toutes les expéditions de bois et les activités de ces entreprises ;
- La nécessité de renforcer la production commerciale et une bonne coordination et partage de responsabilité entre les autorités centrales et locales ;
- Les autorités locales devraient être informées de la demande du marché pour les cultures et les surfaces à prévoir pour leur région ;
- Les ministères MPI, MOIC et MOF doivent regarder la manière d'intégrer leurs informations pour les documents partagés via un réseau, cela afin d'approuver rapidement les projets d'investissement ;
- Le MPI et d'autres agences se doivent de contrôler et de pousser l'exécution de tous les projets approuvés par le gouvernement, afin de s'assurer que les investisseurs respectent les lois du pays et les accords de concessions signés avec le gouvernement[509].

Les défis sont grands pour retrouver la croissance des années précédentes, le gouvernement tente de mobiliser tous les acteurs économiques pour assurer une croissance continue de 4% au cours du 9e plan (2021-2025), de maintenir l'ordre social, de réduire la pauvreté, et pourvoir le bien-être à la population. Quoi qu'il en soit, au-delà de l'épidémie en elle-même, le nouveau gouvernement doit affronter sur d'autres écueils économiques en 2021, à savoir le taux de chômage élevé qu'il va falloir contenir, le taux record d'endettement public, un déficit budgétaire important, le niveau du taux de change de sa monnaie et la politique de la toute nouvelle administration des États-Unis dirigée par Joe Biden qui ne doit trop contraster avec celle de son prédécesseur mais dont on ne sait pas quels changements notables ceux-ci produiront en particulier en Asie, compte tenu des tensions toujours aussi vives en matière commerciale et politique[510].

Autres mesures que préconise le gouvernement lao pour réduire le fardeau de la dette, elle inclut la transformation de la dette en capital, l'Etat vendra ses actifs ainsi que des actions détenues par les entreprises publiques dans l'espoir de faire face à ses responsabilités et obligations du pays. D'autre part, le plan de relance doit se poursuivre, car des petites entreprises et fermes agricoles

[509] Government bodies urged to study ways to convert assets into capital, Vientiane Times, 11/01/2021.

[510] Outre des mesures commerciales toujours en vigueur, l'endiguement de la Chine par la politique dite l'Indo-Pacifique.

souffrent sur le plan de trésorerie et demandent l'aide de l'État pour les facilités de crédits. Dans le même temps, les professionnels du tourisme, secteur de loin le plus touché par la crise du coronavirus, ont demandé au gouvernement de lever la quarantaine obligatoire pour les touristes vaccinés contre le Covid-19 et de faire activement la promotion de « *Lao Thiao Lao* » en encourageant plus particulièrement des touristes lao à visiter et connaître mieux leur pays[511]. Cette crise, toutefois, est aussi un formidable accélérateur de croissance de transformations. Peut-être y a-t-il quelque chose de paradoxal à prétendre que la mise à l'arrêt des activités de production a provoqué une mobilisation des hommes et femmes lao, mais tel est pourtant le cas. La communauté des agriculteurs, des commerçants de produits alimentaires, des fabricants artisanaux, a amélioré et développé ses ventes. Autre innovation majeure, le développement des ventes en ligne et l'expansion des micros entreprises et startups dans tous les domaines ; les pratiques sociales et culturelles ainsi que les réunions par visioconférence des dirigeants, fonctionnaires lao et des hommes d'affaires se multiplient, un meilleur rendement et une productivité accrue sont constatés.

Par ailleurs, en vue de créer une solide fondation pour le pays et de naviguer dans le futur, le gouvernement a d'autre part renforcé la gouvernance et a exhorté ses agents publics à être plus responsables dans leurs actions et a exigé de ses fonctionnaires également à une plus grande transparence. Dans le cadre de ces initiatives, l'Autorité de l'inspection et l'Organisation de l'Audit d'État continueront leurs missions comme par le passé à identifier la fraude puis à sanctionner des fonctionnaires corrompus dans l'administration publique (§ chapitre 5).

Selon les commentaires de la presse internationale et des analystes de la vie politique lao, la nouvelle direction du Parti et le gouvernement auront à faire face à de nombreux défis tout en s'efforçant de surmonter la sortie du statut des PMA au milieu des obstacles, principalement déclenchées par des difficultés financières internes et la crise du Covid-19. C'est dire le caractère décisif de la mise en œuvre de la résolution du 11e congrès national du parti et le 9e plan pour l'avenir du Laos. Mais l'action capitale de l'année à venir sera la sortie de la pandémie. Cela se produira en rouvrant progressivement les frontières pour les vaccinés contre le Covid-19 et pour relancer l'industrie du tourisme et reprendre les envois de fonds des travailleurs migrants à l'étranger, tout en augmentant l'activité commerciale et en améliorant l'environnement des affaires. Les petites et moyennes entreprises resteront le principal moteur de l'économie, l'industrie lao doit en outre cultiver la diversification. Pour sortir de la dépendance aux matières premières, le gouvernement encourage désormais les producteurs à investir dans les

[511] What are your thoughts on the Lao Visit Laos tourism campaign? Vientiane Times, 11/01/2021.

secteurs durables comme celui de la transformation alimentaire ou des secteurs manufacturiers et les marchés de niche comme l'artisanal.

Anonxay Suvannaphakdy, chercheur à l'Institut ISEAS-Yusof Ishak de Singapour, a déclaré que les élections des parlementaires de la 9e législative a un impact limité sur le plan de développement socioéconomique car les élus ne seront pas en mesure de répondre ni influencer des décisions en matière économique « en partie à cause de leur pouvoir limité et de la limitation du budget de l'État ». Le principal défi pour la nouvelle administration est maintenant la baisse des investissements mondiaux en raison de la pandémie, a déclaré Suvannaphakdy. Or, le plaidoyer de Thongloun Sisoulith, alors Premier ministre, militait en faveur de réformes réglementaires et procédurales pour faciliter le commerce et l'investissement au cours des cinq dernières années, fait augurer qu'un environnement commercial sera plus propice désormais, qui favorise la croissance des entreprises nationales et attire plus d'investisseurs étrangers, ces mesures pourraient voir le jour au cours des prochaines années sous l'impulsion maintenant du nouveau secrétaire général du parti[512].

Le Secrétaire général du parti Thongloun Sisoulith fait le pari de l'optimisme quant à l'avenir du Laos, il mise sur le rebond modéré de l'économie par les réformes en matière économique et financière ainsi que l'attraction du Laos pour les investisseurs. Le Laos possède des atouts importants qu'il faudrait exploiter davantage, selon Thongloun Sisoulith, en citant des arguments comme les infrastructures, l'agriculture commerciale et industrielle, l'agroalimentaire, l'industrie manufacturière et les services. En outre, le Laos a beaucoup d'opportunités de développement, grâce à son emplacement au centre de la région du Mékong et au milieu des économies émergentes. La transformation du Laos enclavé en un carrefour reliant les pays de l'Asie du Sud-Est au Yunnan, la province du sud de la Chine, par les ponts et les voies terrestres, créera également les opportunités pour les nouveaux investissements. À l'heure actuelle, les entreprises internationales recherchent les possibilités de relocaliser leur production après avoir constaté que les coûts d'exploitation ne sont plus compétitifs dans certains pays où elles produisaient. D'autre part, la guerre commerciale dans le monde a accéléré le déménagement des entreprises internationales vers d'autres régions ou pays. Par ailleurs, le Laos vient d'annoncer la mise en vigueur d'une « Unique Fenêtre nationale » (LNSW), à savoir une plateforme informatisée, pour simplifier et rationaliser les importations et exportations et les transits de toutes les marchandises et cargaisons dans toutes les frontières internationales et aéroports du Laos, dans le cadre de l'AEC[513].

---

[512] Maria Stone: Laos's leaders fear 'domino effect' of Thailand's pro-democracy movement amid election, SCMP, This Week in Asia, 22/02/2021.

[513] Lao National Single Window to ease imports, exports at international borders, Vientiane Times, 23/02/2021; Sethakit, 24/02/2021.

Un léger rebond de l'activité économique a été observé dès le mois de janvier 2021, à la faveur de la poursuite de la construction des centrales hydroélectriques et des études de faisabilité du barrage Sanakham sur le Mékong ; les signatures des contrats, comme l'exploration des mines d'or dans la province de Xaysomboun, par deux entreprises Vong Sole, Ltd., et Kham Houng Lao Co., Ltd, à Anouvong et à Longcheng[514] ; la construction de 2 cimenteries à Luang Prabang et à Oudomxay, par le groupe chinois Xiamen Yongfugui[515] ; la construction de l'usine de fabrication de câbles électriques en joint-venture entre EDL et China Yushen Electric Power Cable dans la SEZ de Vientiane[516] ; une autre coentreprise importante entre EDL et Yushen Electric Power Co., Ltd. a été créée, il s'agit d'un parc industriel dédié à la fabrication des équipements électrique, appelé Lao-ASEAN Electric Industrial Park situé à Vientiane[517].

Il convient de mentionner également que le développement de l'agriculture a entamé en ce début du premier semestre une percée importante, porté par les entreprises chinoises, avec plusieurs contrats signés ou intentions déclarées des investisseurs chinois. Ce secteur est largement soutenu par le gouvernement qui voit une diversification de l'économie lao et un accroissement important des produits agricoles à l'exportation. Aussi, parmi les récents contrats signés, on cite : l'accord signé pour la création d'une coentreprise entre le Département de production agricole et le Département de la Logistique générale du ministère de la Défense nationale lao et Chang Jiang Investment Lao Sole Co., Ltd., le méga projet vise à exporter du bétail et transformer des produits bovins vers la Chine et à répondre à la demande de viande de bœuf pour les marchés laotiens[518] ; le Laos a expédié en janvier 2 021 tonnes du riz poli en Chine sur une commande de 50 000 tonnes signé entre les gouvernements lao et chinois[519] ; d'autre part, le ministère de l'Agriculture et des forêts a établi une liste prioritaire de fruits et de légumes à exporter en Chine pour 2021. En 2020, les exportations représentaient 231 millions de dollars dont 170 millions de dollars pour les bananes[520]. La Chine est le plus grand acheteur désormais des produits agricoles lao et le plus important investisseur et créancier du pays. Qui pourrait prétendre d'en faire autant ? Se demandent de nombreux experts économiques.

La coopération entre le Laos et la Chine va probablement s'intensifier encore davantage dans les années à venir. Une relation qui se déploie aujourd'hui de façon très active dans tous les domaines : culturel, éducation,

---

514 Paxason, quotidien en lao, 11/01/2021.
515 Sam Xang cement product building brighter future for Lao society, Vientiane Times, 26/01/2021.
516 Electrical components factory to be built in Vientiane, Vientiane Times, 19/01/2021.
517 Laos ASEAN Electric Industrial Park, Vientiane Times, 21/01/2021.
518 Planned mega project eyes export of cattle to China, Vientiane Times, 28/01/2021.
519 Laos to export 2,000 tons of polished rice to China this month, Vientiane Times, 06/01/2021.
520 Government lists priority crops for possible sale to China, Vientiane Times, 18/01/2021.

science et technique, échanges et formation, partenaire stratégique. Et en matière économique : confection, exploitation forestière, caoutchouc, minerais, pierres précieuses, agriculture, tourisme. Les secteurs d'activités ne manquent pas dans cette coopération bilatérale et cela vient s'ajouter la présence de nombreuses entreprises chinoises implantées au Laos.

Sans état d'âme, une partie des dirigeants, des élites et des hommes d'affaires veulent croire que « la Chine est le présent et l'avenir du Laos ». En dépit du fait que la Chine possède déjà près de la moitié de la dette extérieure du Laos, pour les dirigeants lao, la coopération est « gagnant-gagnant », c'est un jeu à somme positive où les deux États trouvent leurs intérêts. Le Laos est bien intégré à présent dans l'AEC, on peut imaginer qu'il ne manque pas de rééquilibrer son partenariat avec la Chine pour ne pas tomber dans le « piège de la dette » et de ne pas subir des critiques de ses détracteurs, comme si souvent entendu « le Laos est sous influence chinoise ». Et même si du point de vue des relations commerciales bilatérales, la balance est excédentaire avec la Chine, le Laos cherche aussi à diversifier ses appuis et ses débouchés, en particulier avec la Thaïlande et le Vietnam.

10.2 Les défis urgents pour le gouvernement dans le contexte de crise sanitaire et économique inédit

En considération de la situation de crise sanitaire actuelle, le Laos doit surmonter un grand nombre de défis au cours des prochaines années. Il doit maintenir 4% de croissance économique par an et une inflation maîtrisée de 6%, un déficit fiscal ne dépassant 2% au cours du 9e plan quinquennal 2021-2025, en outre le gouvernement doit abaisser le taux de chômage de 1% par an jusqu'à 2025 pour arriver à 15%. Pour y parvenir, le nouveau gouvernement va réduire l'élan de la dépendance du pays à l'égard de l'exploitation des ressources naturelles et des prêts étrangers, reconnaissant la nécessité de reconstruire mieux avec une base économique plus diversifiée et verte pour le pays. Le pays va miser sur la qualité des ressources humaines afin de développer ses secteurs secondaires et tertiaires. Afin de permettre aux salariés de répondre aux exigences des entreprises, il est nécessaire donc de proposer plus de formations professionnelles et techniques et susciter des vocations dans les métiers où l'industrie, les services, les bâtiments ou la construction manquent cruellement de personnel. L'État et le gouvernement vont mettre l'accent sur l'enseignement, car selon la résolution du 11e Congrès du parti, l'enseignement joue un rôle crucial dans l'amélioration des compétences et la qualité des ressources humaines, celles-ci sont les garantes de la réussite de la transition numérique.

Le gouvernement est conscient de l'enjeu crucial des infrastructures au Laos, la connectivité des infrastructures est décisive pour la croissance de l'économie du Laos d'une part, et les réseaux routiers reliant les zones rurales isolées aux marchés et aux zones économiques spéciales, d'autre part. Par ailleurs, la Sous-région du Grand Mékong (GMS) offre un grand potentiel touristique en raison de ses sites culturels historiques et ses atouts naturels, aussi le développement des infrastructures et équipements associés seront une des priorités du gouvernement pour faire venir plus de touristes. Le défi réside dans la capacité du gouvernement à attirer des partenaires étrangers à investir avec l'État lao sous forme de BOT ou du partenariat public privé (PPP) pour développer les infrastructures qui nécessitent de gros investissements. Dans le cadre du plan quinquennal socioéconomique, le gouvernement vise un développement réaliste de croissance économique à 4% par an jusqu'en 2025, principalement en encourageant les investisseurs nationaux et étrangers à mener des projets à grande échelle.

Afin de promouvoir la croissance et la productivité, le gouvernement cherche à renforcer le rôle du secteur privé dans l'économie, qui contribuera à hauteur de 16% du PIB. Selon le 9e plan, adopté lors du 11e Congrès national du Parti, les SME doivent être davantage soutenues par le MOIC et la LNCCI et les prêts aux taux subventionnés seront accordés avec moins de conditions draconiennes, grâce au financement spécifique mise en place par les institutions internationales comme la Banque mondiale, l'IMF et les partenaires de développement. L'aide est destinée à accroître la productivité, la compétitivité et la performance des entreprises. Par ailleurs, au cours d'une réunion annuelle au ministère des Finances et au ministère du Plan et de l'investissement, le secrétaire général du parti Thongloun Sisoulith a exhorté les autorités chargées des dossiers de réformes de l'État et de l'investissement d'assurer que les dépenses soient efficaces dans le cadre des mesures prises pour renforcer la macroéconomie afin de prévenir une crise dans les années à venir et, en particulier de veiller à l'éthique de la gestion publique lors de la passation et de l'exécution des marchés publics d'une part, et de limiter des achats de véhicules pour l'administration, d'autre part. Il a ajouté que le Laos compte sur les investissements étrangers et nationaux pour générer les revenus, et à ce titre le gouvernement doit faire encore plus pour rationaliser des procédures afin d'améliorer l'environnement des entreprises et soutenir les exportations des produits lao. En conséquence, les entreprises publiques déficitaires doivent chercher à coopérer avec les partenaires étrangers, le Premier ministre a aussi suggéré aux entreprises lao de s'inspirer des leçons des entreprises publiques chinoises et vietnamiennes qui sont très rentables[521].

Le plus grand défi reste encore **l'homme**. Il convient de le surmonter étape par étape via divers programmes de développement. Le parti et le gouvernement abordent également la nécessité d'améliorer les compétences des ressources humaines, notamment des dirigeants et des cadres impliqués dans le processus d'intégration mondiale. Trois défis essentiels de développe-

[521] Sethakit, 08/ 02/2021, Premier ministre : Reforme d'investissement d'État, agir pour éviter la crise économique.

ment seront déterminants et pris en compte par le gouvernement pour atteindre les objectifs du 9e plan quinquennal. Il s'agit des institutions, des ressources humaines et des infrastructures. L'économie de marché au Laos doit être basée sur la loi et nécessite d'être améliorée. Ainsi, les Lois sur les investissements ont été améliorées, la Loi commerciale est désormais en ligne avec des normes internationales ; l'environnement des affaires a obtenu des résultats satisfaisants auprès des investisseurs. Le gouvernement sait qu'il lui faut stimuler les innovations et les talents locaux et accélérer la transition numérique. Le gouvernement s'engage à investir davantage pour les budgets des universités et dans la formation à vocation technique des jeunes.

En matière de la gouvernance des institutions, le parti et le gouvernement doivent encore surmonter des défis qu'ils se sont engagés lors des différents sommets, forums et déclarations publiques, à entamer ou poursuivre des chantiers emblématiques de la gouvernance, à savoir : la poursuite de la modernisation de l'économie publique et la gouvernance (déficit budgétaire chronique à contenir, réduction de la dette publique, privatisations des entreprises publiques, application de règles de fonctionnement du marché reflétant les principes de l'économie de marché, accroissement du secteur privé, amélioration de l'environnement des entreprises et des affaires) ; la création d'un marché financier avec des institutions capables de le réguler ; le renforcement et la modernisation du secteur bancaire afin de répondre aux besoins de financement de l'économie ; la conduite des réformes à la fois économiques et juridiques pour une meilleure intégration commerciale internationale par la ratification de nombreux accords de libre-échange ; l'intégration des Objectifs de Développement Durable (ODD) dans les politiques publiques, et enfin, l'amélioration de l'État de droit.

Parmi les tâches urgentes et les défis à accomplir, le gouvernement milite pour la continuation des réformes de l'économie, la mobilisation toutes les ressources du pays, y compris des investissements nationaux et étrangers. Le nouveau secrétaire du parti Thongloun Sisoulith, lors de la réunion avec ses ministres, a souligné la nécessité de produire et exporter davantage de produits lao, tout en insistant sur une coopération entre les entreprises nationales et étrangères ainsi que la poursuite de la campagne anti-corruption qui a permis au gouvernement précédent de faire le ménage dans les rangs du parti et de l'administration centrale et locale.[522]Alors que la corruption est endémique à travers tout le secteur public, cette politique s'est avérée populaire parmi la population et certains membres du parti, ce qui est par ailleurs inscrit dans la résolution du 11e congrès national du parti. Thongloun Sisoulith a également demandé au gouvernement de lutter contre le chômage et la rationalisation du niveau de vie de l'État et en particulier de renoncer aux voitures de luxe. D'autres décisions importantes pour le gouvernement en raison des

[522] PM: Reform state investment, act to avert economic crisis, Vientiane Times, 08/02/2021.

incertitudes sanitaires qui persistent seront de gérer et contenir la pandémie du Covid-19 avec l'aide des organisations internationales et de la Chine.

En outre, le gouvernement continuera de promouvoir une politique multilatérale et poursuivra son intégration dans l'économie mondiale. Le Laos s'insère d'ores et déjà pleinement dans l'AEC et fait partie des « Nouvelles routes de la soie », le gouvernement lao compte sur le chemin de fer Laos-Chine qui lui permettra d'accroître ses échanges commerciaux avec la Chine, de booster son économie et de jouer ainsi un rôle central et de connectivité avec l'ASEAN. Pour toutes ces raisons, la logique veut que le Laos travaille et coopère avec la Chine[523]. Le Laos pour relancer son économie au cours du 9e plan quinquennal compte beaucoup sur les échanges principalement avec la Chine et la reprise rapide du tourisme, car la pandémie liée au coronavirus a précipité l'économie du tourisme lao dans une crise sans précédent.

10.3 Le budget de l'État et les sources de financement du plan de développement 2021-2025

Le gouvernement vise un budget total de 206 811 milliards de kips, représentant 19,6% du PIB au cours du 9e plan pour soutenir son développement avec une croissance annuelle de 4%. Pour atteindre cet objectif, il table sur un budget intérieur entre 10 et 11%. Les autres investissements proviendront de : l'ODA pour 11,7% ; les investissements étrangers seront environ 44,8% et les autres 24,1% de l'investissement total, selon le plan du développement socioéconomique 2021-2025 adopté par l'Assemblée nationale[524].

Le gouvernement a signalé un changement dans la gestion du budget de l'État pour ralentir le glissement du pays vers le défaut de paiement de ses dettes extérieures : obtenir un financement étranger par le biais de capitaux propres plutôt que par plus de prêts dont la plus grande source provient de la Chine. En ce sens, cette nouvelle approche est fondatrice et innovatrice pour le financement de l'économie. Aussi le gouvernement accéléré-t-il la privatisation des entreprises publiques ou les coentreprises avec les partenaires étrangers pour ne pas supporter davantage le poids de dette publique. Le financement des infrastructures relève jusqu'ici de dispositifs « classiques », à savoir les financements et emprunts publics et les fonds d'aide au développement. Mais compte tenu de l'importance des investissements à engager, d'autres outils seront mobilisés à l'avenir. Pour ces derniers, dans le contexte de transition économique et de renforcement de la connectivité régionale, le nouveau gouvernement préconise les instruments qualifiés d'innovants, comme les partenariats public-privé à géométrie variable ; l'utilisation de la ressource foncière comme levier de financement ; la création

[523] Keith Lamb, Laos has every reason to work with China, Opinion, 15/10/2020.
[524] Government eyes investments worth 206,811 billion kips in next 5 years, Vientiane Times, 19/01/2021.

d'un fonds d'investissement local en cours de réflexion. Des projets de développent seront menés en collaboration avec le secteur privé. L'argent public sera investi dans les projets utiles qui seront bénéfiques pour les générations futures s'ils génèrent de la croissance.

Pour stimuler la croissance économique, le gouvernement a détaillé plus de 400 grands projets prioritaires dans le cadre du plan de développement 2021-2025. Ces projets seront financés par le budget de l'État, le secteur privé et l'aide publique au développement (ODA). Comme décrit plus haut, le gouvernement a souligné la nécessité pour les investisseurs nationaux et étrangers de prendre part aux projets sous la forme du PPP, ce qui réduirait le poids de la finance publique de l'État et accéléra ainsi le processus de développement. Sur le total, 110 projets ont été planifiés pour le développement des infrastructures en vue de renforcer la connectivité avec la région. De plus, 12 projets dans le secteur de la santé sont prévus dans le 9e plan, en particulier l'amélioration des hôpitaux à Vientiane et en provinces ainsi que la construction d'un hôpital universitaire. En ce qui concerne le secteur de l'éducation, 23 autres projets seront mis en chantier, notamment la construction d'écoles, de centres de formation et l'amélioration du standard du système éducatif. En outre, 170 autres projets ont été prévus pour appuyer la croissance économique grâce au développement de l'agriculture ; de la production de l'énergie et de l'exploitation minière ; du commerce ; de l'investissement dans l'industrie manufacturière et du tourisme. On cite également 19 projets d'excavation et de transformation des minéraux envisagés dans le sud du Laos. Les initiatives formulées par le gouvernement pour stimuler l'industrie et le commerce comprennent le renforcement de l'industrie de transformation, la production commerciale et les projets de développement industriel dans le cadre du corridor économique. Le gouvernement va également réaliser 19 projets pour améliorer la protection environnementale et atténuer le risque de catastrophes naturelles[525].

Par ailleurs, le Laos pourra à partir de 2022 tirer des revenus supplémentaires de la vente du crédit carbone, un accord a été signé avec la Banque mondiale[526] pour vendre du crédit carbone dans les zones forestières désignées dans les six provinces du nord de Huaphan, Luang Prabang, Oudomxay, Luang Namtha, Bokeo et Xayaboury. Tout comme pour le crédit carbone des petites centrales hydroélectriques désignées par des Nations Unies dont le Laos bénéficiait depuis quelques années des ventes du crédit carbone. Selon Khamsene Oukham, directeur du Département forestier du ministère des Ressources et des Forêts, le Laos espère recevoir environ 15 millions de dollars de la vente du crédit carbone. Le montant définitif obtenu de cette

---

525 Government outlines priority projects to boost economic growth, Vientiane Times, 21/01/2021.

526 Programme de la Banque mondiale : World Bank's Forest Carbon Partnership Facility (FCPF)

vente dépendra de la quantité du carbone disponible dans ces zones. La Banque mondiale s'est engagée sur un budget de 42 millions de dollars au titre de Partenariat pour l'achat de crédit carbone des forêts au nord du Laos à partir de 2020 jusqu'en 2025 et porte sur 8,2 tonnes d'émission de dioxyde de carbone. L'initiative de la Banque vise à réduire les émissions de carbone rejetées dans l'atmosphère, l'une des principales causes du réchauffement climatique et des conditions météorologiques extrêmes à travers le monde.

On rappelle que les pays développés et en développement tout comme les grandes entreprises ont accepté d'acheter du carbone crédit à des pays qui en ont à vendre, comme leur part de responsabilité sociale envers la société et la planète. Afin de protéger la forêt, les responsables forestiers lao disent que le gouvernement utilisera l'argent tiré de la vente du crédit carbone ainsi que l'argent provenant des partenaires pour réduire la pauvreté dans ces zones désignées. Les habitants dans les communautés autour des zones forestières de ces six provinces du nord du Laos devraient avoir un emploi et des revenus durables, ainsi avec l'argent en provenance du crédit carbone, ils ne seraient pas tentés par les coupes illégales de bois dans les forêts ni attirés par les hommes d'affaires pour abattre des arbres pour les vendre[527]. Le revenu gagné pourrait être utilisé pour former les gens à des emplois permanents afin qu'ils n'empiètent pas sur les zones boisées.

D'autre part, conscient que le digital a indéniablement un impact direct sur la croissance de l'économie, dès lors, le gouvernement lao soutient les entreprises, les SME et les startups à exploiter l'application digitale dans leur activité qui est un vecteur de croissance, de productivité et de compétitivité, mais le gouvernement renforce également le développement des ressources humaines ainsi que l'utilisation de la science et de la technologie dans la production et les services qui apportent de la valeur ajoutée aux produits lao. De même, les projets de partenariat entre les étrangers et les Lao dans l'enseignement et la recherche (général, science et technique) et la formation professionnelle verront une expansion rapide avec le soutien des autorités lao.

Quant à l'ODA, elle contribue au financement des projets liés au développement rural, à la réduction de pauvreté, au dégagement de munitions non explosées (UXO), à la formation et au développement des compétences des travailleurs. L'aide attendue de l'ODA pour 2021 est environ 730 millions de dollars. Cette assistance associée à celle des ONG internationales concourent de manière importante au développement inclusif et durable du Laos. Le gouvernement s'engage à améliorer le climat des affaires pour attirer plus d'investissements étrangers et nationaux sur les grands projets, les investissements du secteur privé comptent plus de 50% de tous des investissements au Laos.

---

527 Laos to earn revenue from sale of carbon credit next year, Vientiane Times, 29/01/2021.

10.4 Les investissements pour les cinq prochaines années font appel au secteur privé, l'accent sera mis sur la qualité des projets

Le Laos va maintenir son cap, pendant des années, les institutions internationales ont cru pouvoir imposer le changement pour plus de démocratie au sens donné par les Occidentaux à ce pays, grâce à l'aide publique au développement et aux statuts favorables accordés à son commerce extérieur, mais il faut bien se rendre compte à l'évidence : le rôle de leadership du PPRL est de plus en plus affirmé, le régime réassure son orientation socialiste et prône la doctrine marxiste-léniniste, comme en témoignent des discours officiels prononcés lors du 11e Congrès national du parti. Pourtant, cette situation ne préoccupe pas outre mesure les milieux d'affaires, qui continuent à y investir.

Grâce aux investissements publics, le gouvernement continuera à investir dans des projets du 8e plan quinquennal de développement qui n'ont pas été réalisés. Cela peut être bénéfique et efficace pour mettre à niveau les infrastructures existantes, réaliser des nouveaux projets en régions éloignées, développer des ressources humaines pour la recherche scientifique et s'équiper du matériel technique pour les équipes de recherche.

Sur le plan de financement des projets, l'investissement tel que le chemin de fer, les autoroutes et les lignes de transmission électrique ne font pas partie du budget public. S'agissant des investissements privés, le gouvernement s'attache à la qualité des projets, moteurs de croissance de l'économie nationale, car ils permettent le transfert de technologie tout en créant de l'emploi dans divers secteurs comme l'agriculture, l'agroalimentaire, l'agriculture biologique, l'industrie de transformation et la production des biens de consommation, ce sont des leviers pour relancer l'économie et qui tirent la croissance vers le haut. De même, tout ce qui est du domaine du tourisme culturel et écologique, des parcs de loisirs, de la construction d'hôpitaux et des routes ainsi que d'usine de production de médicaments, de développement du centre de logistique et des infrastructures de connectivité avec les pays voisins, ceux-ci seront financés par les investissements privés. Parallèlement, le gouvernement s'efforcera d'attirer des investissements privilégiant non la quantité de projets mais plutôt la « qualité de projets qui auront un impact positif en matière économique, sociale et environnementale ». La qualité de l'investissement détermine si celui-ci favorise le développement durable et inclusif ou au contraire nuit à ce dernier. L'accent sur la qualité est d'autant plus important si l'on considère la nature stratégique des ressources en question. Au Laos, les barrages, l'exploitation forestière et l'agriculture intensive représentent ces ressources stratégiques pour le pays et il conviendra donc de bien réfléchir à l'usage qui en sera fait afin d'assurer son développement durable et inclusif, selon le gouvernement. La bonne gouvernance dans les politiques d'investissement aujourd'hui, c'est que l'Etat et la population souhaitent que les projets et les investissements garantissent une gestion rationnelle et durable des ressources naturelles, minimiser autant que possible les dommages environnementaux, et promouvoir des retombées positives sur l'économie. Comme par exemple, favoriser l'investissement dans des technologies plus propres, moins consommatrices d'eau et à faible émission de carbone. On voit aujourd'hui un changement notable dans la gouvernance économique de ce pays. La gestion pour la bonne gouvernance naturelle d'un État impose avant tout de se demander en permanence à quoi et à qui servent tous les prêts auprès des entreprises étrangères, et à quoi et à qui servent les sommes que l'État lao investit.

Le gouvernement a émis récemment un décret pour promouvoir la participation des investisseurs étrangers et nationaux dans le développement des projets d'infrastructures et des prestations de services publics en faveur du schéma PPP. La participation côté lao pourra être un ministère, les collectivités provinciales ou une organisation ou institution nationale. Plus récemment, l'Université nationale du Laos est en partenariat avec un institut privé japonais pour créer un centre de recherche et d'études et de formation ; de même, le ministère de la Santé publique est tenté par un partenariat avec une entreprise privée étrangère pour créer un laboratoire de fabrication de médicaments[528]. Cependant, le contrôle pour savoir si un projet est d'intérêt général et qu'il n'y a pas d'impact sur l'environnement devient aujourd'hui un sujet légitime et de préoccupation pour les autorités. Pour une bonne gouvernance économique aujourd'hui, excepté pour les projets de grande envergure, ceux-ci doivent désormais obtenir l'approbation de l'AN tout comme pour les concessions de terre au-dessus de 10 000 hectares, tandis que le gouvernement est autorisé d'approuver les projets PPP qui ne nécessitent pas de financement du budget national ou des projets n'impliquant pas la transformation de zones protégées à d'autres formes d'utilisation des terres ou des concessions de terre de moins de 10 000 hectares. Les organismes gouvernementaux sont invités à inspecter et à évaluer la mise en œuvre des projets PPP pour le bénéfice des investisseurs et du pays dans son ensemble[529]. Quant à la Bourse de Vientiane (LSX), elle peine à séduire les entreprises, de nombreuses initiatives ont été mises en place afin d'attirer les grandes entreprises publiques et les entreprises privées lao ainsi que les SME à coter en bourse. Ces entreprises pourront ainsi se financer sur le marché boursier pour leur développement et dans les divers projets de leurs entreprises.

Par ailleurs, le 9e plan quinquennal a pour objectif de souligner les enjeux de la transformation numérique pour l'économie et les entreprises lao, c'est dorénavant l'une des priorités du gouvernement. De ce fait, le gouvernement et la société lao vont connaître une nouvelle ère d'économie digitale dans la

---

528 Health ministry backs public-private partnerships in research, Vientiane Times, 15/01/2021.
529 Government encourages private sector investment in infrastructure development, Vientiane Times, 25/01/2021.

gestion économique et le changement dans le travail des entreprises et des citoyens. Il s'agit d'un processus complexe à multiples facettes qui représente un changement culturel majeur au sein de l'administration et plus largement dans le monde du travail et la société.

À cet égard, Star Telecom sous la marque Unitel se propose également de fournir et de développer de nouvelles technologies et des solutions au service du gouvernement et de la société. L'entreprise a créé un système d'e-gouvernement pour améliorer les services publics avec l'objectif de rendre plus moderne des utilisateurs Wifi. Star Telecom va installer le système pour les 17 ministères, le Bureau du Premier ministre et les bureaux des 18 gouverneurs de provinces[530]. Il va sans dire que c'est un grand pas pour la marche vers la modernité pour le Laos, pour ses entreprises et citoyens, alors que le Laos est en retard par rapport aux pays de l'ASEAN dans le numérique.

10.5 Les tâches du nouveau gouvernement dirigé par Phankham Viphavanh

Après une baisse de croissance historique, quelles perspectives de reprise pour le Laos en 2021 ? Une reprise de la croissance économique lao est attendue (+4%), mais cette perspective reste conditionnée à de nombreux facteurs : quels sont-ils ? Comment le gouvernement tente-t-il de rétablir la confiance sur fond de reprise incertaine ? À travers le prisme de la déclaration politique générale du nouveau Premier ministre Phankham Viphavanh le 22 mars à l'Assemblée nationale lors de la première session parlementaire de la 9e législature, il en ressort que l'économie prend tout naturellement une place prépondérante et les finances publiques seront les plus grands défis de ce gouvernement. En matière de politique extérieure, le Laos s'aligne sur les principes qui ont toujours été jusqu'à présent la position du PPRL, à savoir : promouvoir la paix, l'amitié et la coopération avec tous les pays, sans distinction de régime politique et social, sur la base du respect de l'indépendance, de la souveraineté, de non-ingérence dans les affaires intérieures d'autrui, de l'égalité et des intérêts réciproques.

Lors d'une réunion co-présidée par le Président de la République Thongloun Sisoulith et le Premier ministre Phankham Viphavanh avec tous les ministres réunis avant le Nouvel An lao, le président Thongloun a insisté sur les responsabilités de tous les ministres à mener à bien leur mission et à respecter la discipline du parti. Le Premier ministre exhorte à ses ministres de mobiliser tous leurs efforts pour que les objectifs du 9e plan quinquennal soient implémentés avec diligence. Le gouvernement va mettre en œuvre des réformes pour faciliter et simplifier les procédures d'investissement pour les étrangers et éliminer des barrières qui freinent encore les investisseurs. Le

---

[530] Unitel helps develop E-government in Laos, Vientiane Times, 30/11/2020.

Premier ministre Phankham Viphavanh s'engage à lutter contre la corruption et les drogues dans la société lao. Le président Thongloun appelle à la solidarité avec les plus pauvres et les plus vulnérables de la population et a souligné que l'année 2021 sera encore difficile pour l'économie et que la pandémie n'est pas encore maîtrisée.

10.5.1 La feuille de route du Premier ministre et le plan d'action du gouvernement

S'adressant à l'Assemblée nationale, après l'approbation donnée par le parlement à son gouvernement, le Premier ministre a déclaré que pour 2021, c'est une reprise économique lente et nimbée d'incertitudes, ainsi le nouveau premier ministre a mis en exergue les sept préoccupations au regard du 9e plan quinquennal de développement et le plan du budget de l'État 2021-2025, au premier rang desquelles figurent les finances publiques qui sont l'une des premières tâches urgentes à s'attaquer par le gouvernement ; en particulier, maîtriser la dette publique et contrôler les fuites financières au cours des cinq prochaines années. Le montant des revenus généré jusqu'à présent était insuffisant selon le Premier ministre, car il ne correspondait pas aux possibilités offertes par le pays, ce qui signifie que le pays manquait de ressources financières et était contraint d'emprunter.

Pour améliorer la situation économique, le Premier ministre a promis que son gouvernement[531] :

1. Augmentera les revenus d'État et s'attaquera à la dette publique chronique afin de dynamiser la croissance économique et d'inclure la politique d'austérité dans l'agenda national.
2. Prendra des mesures énergiques pour lutter contre des maux sociaux tels que la corruption, le trafic de drogue, et les accidents de la route, qui entravent le développement du pays. Le Premier ministre a déclaré d'autre part que le gouvernement tient à créer un environnement propice pour les affaires, à attirer plus d'investisseurs et à passer à l'action contre les fonctionnaires qui abusent de leur position et pouvoir pour le gain personnel.
3. Se concentrera sur un retour à l'économie d'avant la pandémie du Covid-19 et créera plus de possibilités d'emploi.
4. Abordera la vulnérabilité économique en se concentrant sur la croissance de qualité et la réduction de la dépendance des ressources naturelles extractives inefficaces pour stimuler la croissance économique. Le gouvernement va également pousser pour la mise en œuvre des projets prioritaires, notamment ceux relatifs à la productivité et aux services.

---

[531] Sethakit, 24/03/2021.

5. Tentera de réduire les disparités de développement entre les zones urbaines et rurales afin de permettre plus de personnes d'accéder aux services publics de base, en particulier la santé et l'éducation.
6. Se concentrera sur le développement des ressources humaines en marche vers le professionnalisme en réponse à l'ère industrielle 4.0 et au nouveau monde.
7. Enfin, les problèmes liés aux fluctuations des taux de change et à la dépréciation du kip vont être corrigés en augmentant la production de biens destinés à l'exportation et la réduction des importations. Le Laos est vulnérable aux chocs externes : le changement climatique et les catastrophes naturelles dont les effets ont été exacerbés par la pandémie et ont accru la dette publique et déficit budgétaire du gouvernement[532].

Réduire des dépenses de l'État, contenir l'inflation, stabiliser le taux de change, lutter contre la pauvreté, revitaliser l'économie, continuer les réformes, attirer plus d'investisseurs et soutenir le secteur privé. Vaste programme pour le gouvernement qui débute le nouveau plan quinquennal dans un contexte de crise sanitaire et de relance économique mondiale encore incertaine.

C'est devenu un rituel à chaque nouveau gouvernement du début de mandat annonçant de mesures et d'actions politiques, et comment il mettra tout en œuvre. Les déclarations de bonne volonté sont abondantes, mais les attentes et les résultats ne sont pas souvent au rendez-vous, car ils sont encore nombreux tant dans l'exécution, l'application que le suivi de la disponibilité des budgets. Pour parvenir aux résultats escomptés, il faudrait une véritable détermination et une politique volontariste de la part des autorités lao pour vaincre tous ces freins au développement de ce pays. Le gouvernement est totalement mobilisé pour faire face et protéger le pays des conséquences économiques et sociales de la crise du Covid-19. Même si le virus circule toujours, le pays semble relativement épargné mais éprouvé, se tourne vers l'avenir.

Cette crise, qui révèle la fragilité des économies lao, s'accompagne de graves conséquences : augmentation de la pauvreté, aggravation des inégalités sur fond de crises sociales et baisse notable du PIB due à une trop grande dépendance aux industries énergétiques, extractives et touristiques. Des conséquences qui menacent les avancées réalisées ces dernières décennies. Pourtant, face à cette réalité difficile, le Laos n'est pas anéanti. Il dispose d'atouts qui, mis en jeu au bon moment, pourraient lui permettre de se remettre avantageusement dans sa course à l'émergence. Le Laos post-Covid-19 : une feuille de route s'impose.

---

[532] Government to address seven urgent issues to spur development, 24/03/2021.

10.5.2 Mise en œuvre de la Feuille de route 2021-2025 : le gouvernement sollicite l'accompagnement de tous les acteurs économiques, partenaires de développement et investisseurs

Comment le gouvernement doit-il faire face aux conséquences économiques provoquées par l'épidémie de Covid-19 en termes de relance de l'activité économique, d'emploi et de faillites d'entreprises ? Comment rebondir ? Quel plan de soutien aux petites et moyennes entreprises ? Comment endiguer l'endettement public ?

Le chômage au Laos au premier semestre de 2021 est monté en flèche à 23,4%, selon Sitthiroth Rasphone, directeur général du Centre de recherche des politiques de développement dans son rapport sur les conséquences du confinement du Covid-19, près de 320 000 personnes sont sans travail, alors que le taux de chômage avant 2019 était habituellement de 2%, en cause la crise sanitaire. Cela a impacté fortement l'économie du Laos. La pandémie a affecté de nombreuses entreprises, en particulier 71% des SME qui sont forcées de suspendre leurs opérations. Si l'économie ne repart pas dans les six prochains mois, selon le rapport, de nombreuses entreprises ne seront pas en mesure de survivre, y compris les 130 000 de travailleurs émigrés qui sont restés au Laos sans ressources et qui doivent faire vivre leur famille. Cette crise sanitaire est vulnérable pour les enfants, les adolescents et femmes. Aujourd'hui, le coût de la vie a augmenté de 8,3% et environ 15,2% de la population ne peuvent pas se permettre d'acheter des produits alimentaires essentiels pour se nourrir, selon le rapport[533].

Les dossiers sur lesquels le Premier ministre Phankham Viphavanh est scruté ne manquent donc pas. Avec la volonté d'amplifier les efforts mis en œuvre avec le plan de soutien aux SME, aux travailleurs émigrants et autres chômeurs, Phankham Viphavanh a présenté une feuille de route pour la refondation économique, sociale et écologique du pays. Les tâches urgentes de son gouvernement est de faire face à la crise sanitaire, endiguer la propagation du Covid-19, faire vacciner le plus d'habitants possibles, mettre en place des mesures de contrôle des frontières, tout en ne pas interrompre l'activité industrielle et commerciale du pays. Le Premier ministre a annoncé par ailleurs que le gouvernement prendra des mesures pour aider les quelques 147 000 travailleurs lao revenus de la Thaïlande et les 450 émigrés lao de la Malaisie, sans ressources et leur trouver éventuellement du travail. Un plan de soutien d'urgence est également mis en place pour les travailleurs du secteur de vêtements et des microentreprises.

---

533 Unemployment spirals to 23.4 percent amid Covid-19 pandemic, Vientiane Times, 25/02/2021.

D'autre part, selon le 9e plan quinquennal annoncé, 400 grands projets doivent être entrepris en priorité, comme mentionnés plus haut[534]. Le financement de ces projets proviendra du budget national, du secteur privé et de l'ODA. Afin de réduire le fardeau financier de l'État et d'accélérer l'exécution du plan, le gouvernement a souligné la nécessité de faire appel à des investisseurs pour prendre part aux projets sous la forme de partenariat public-privé (PPP). Sur l'ensemble des projets, 119 concernant le développement des infrastructures déjà planifiées en vue d'aider la réalisation de la connectivité du Laos avec la région et le reste du monde, ces travaux incluent la construction du chemin de fer, les ponts reliant le Laos et la Thaïlande à travers le Mékong ; la construction d'une autoroute de la province de Vientiane à la province de Huaphan en traversant Xaysomboun et Xieng Khuang ; et l'amélioration des aéroports. Les 170 autres projets ont été prévus pour soutenir la croissance économique grâce à l'augmentation de la production de l'agriculture, de la production de l'énergie et de l'exploitation minière, du commerce, des investissements et du tourisme.

Toujours dans le cadre de ces projets, quelque 113 projets seront déployés dans le domaine de la production d'énergie et de l'exploitation minière, ils incluent la construction de 26 centrales hydroélectriques, selon un récent rapport du gouvernement. D'autre part, 19 projets d'excavation et d'exploration des mines ont été inscrits pour le sud du Laos.

Par ailleurs, le gouvernement a incorporé le chemin de fer Laos-Chine et l'autoroute Vientiane-Vangvieng dans son 9e plan quinquennal et a constitué une équipe pour valoriser et renforcer le développement économique de ces deux projets comme faisant partie des « Nouvelles routes de la soie » dont l'objectif est de désenclaver le pays. Dans le cadre de la coopération Laos-Chine, trois nouvelles villes significatives seront créées : une première ville dans la province de Yunnan, la seconde sera située entre les provinces de Luang Prabang et Oudomxay et la troisième à Vientiane dans la zone de développement économique de Saysettha. Par ailleurs, des producteurs sont encouragés par le gouvernement à semer, à cultiver et à planter le long du chemin de fer et du corridor économique Laos-Chine en vue d'exporter leurs produits en Chine[535].

Parallèlement, les initiatives relatives à l'industrie et au commerce incluent le renforcement de l'industrie de transformation et de la production commerciale, le développement du secteur manufacturier, et la mise en exécution des projets dans le cadre du corridor économique Laos-Chine. Le gouvernement va cibler également la croissance de l'économie numérique, la transformation numérique de l'entreprise, le soutien numérique au commerce des SME et la création d'un fonds de promotion pour des startups. Les moyens

---

534 Government outlines priority projects to boost economic growth, Vientiane Times, 21/01/2021.

535 Sethakit, 01/04/2021.

consacrés par le gouvernement et les partenaires de développement sont à la hauteur des enjeux. Le plan de relance et d'aide aux micros et petites et moyennes entreprises ont pour vocation de susciter de nouvelles opportunités pour les entrepreneurs et les startups. Il doit aussi permettre au Laos, de confirmer sa robustesse et son attractivité régionale. Mais la relance est aussi, et surtout, sociétale. Solidaire, sociale et territoriale. L'aide des partenaires et le budget de l'État sont également alloués aux objectifs du plan pour l'emploi, l'éducation, l'aide aux plus vulnérables et aux provinces qui ont le plus besoin, la santé.

D'autre part, le gouvernement a initié un plan de développement digital à 20 ans (2021-2040), une stratégie d'économie digitale à 10 ans (2021-2030) et un plan de développement numérique (2021-2025)[536]. Ainsi, on voit bien que le Laos s'engage dans l'ère numérique comme tous autres pays membres de l'ASEAN pour ne pas être en retard.

On retient que le Comité des Nations Unies pour la politique de développement a considéré l'impact du Covid-19 sur le progrès de développement au Laos, a pris la décision de recommander à ce pays une période préparatoire supplémentaire avant la prochaine évaluation des critères pour sa sortie du statut des PMA, l'annonce a été faite en mars 2021 suite à l'examen triennal des PMA par cette organisation[537], selon le ministre des Affaires étrangères Saleumxay Kommasith[538]. Ainsi, il n'est plus question aujourd'hui de sortir du statut des PMA en 2024, l'échéance a été repoussée une deuxième fois à 2026 ; il y aura une période préparatoire supplémentaire de cinq ans accordée pour le Laos. Cela va permettre le gouvernement lao d'intensifier le développement des ressources humaines et de continuer à consolider ses fondamentaux économiques avec la coopération des partenaires de développement pour assurer que le pays puisse sortir du statut des PMA à cette nouvelle date. Pour y arriver, il ne suffit pas d'avoir des vœux, il faut une vraie feuille de route qui soit suivie et mesurable.

Comment relancer l'économie ?

Le plan de relance du gouvernement va miser sur quel secteur en priorité ? La bonne gouvernance économique sera de miser sur l'agriculture, mais le gouvernement n'a pas explicité sur la priorité du plan de relance ou comment soutenir l'agriculture et des moyens à donner. De même, l'emploi et la formation, est une priorité que le gouvernement doit soutenir l'activité à court

[536] Government set to approve seven fundamental issues, Vientiane Times, 23/04/2021.
[537] La graduation de la sortie du statut des PMA a été un long objectif du gouvernement lao depuis 2000, il s'agit d'un engagement fort, des efforts et progrès constants dans la mise en œuvre des plans de développement socioéconomique.
[538] Laos eyes graduation from Least Developed Country status in 2026, Vientiane Times, 02/03/2021.

terme pour éviter une immense vague de licenciements, c'est un investissement d'avenir. Et que dire lorsque le gouvernement veut concilier industrie, croissance, digital et écologie, un autre objectif majeur de ce plan de relance au cours du 9e plan quinquennal ? Comment y parvenir ? Avec quels moyens ? Quelles ressources disponibles ?

Le succès ou non de ce plan de relance dépendra largement de sa qualité d'exécution et du temps que prendront le financement et l'aide des partenaires de développement. Pour tenter d'être efficace, une gouvernance spécifique doit être mise en place avec un suivi rigoureux.

10.5.3 Une politique économique qui se veut austère mais résiliente

La nouvelle Assemblée nationale issue de la 9e législature a approuvé le 9e plan quinquennal fixant un objectif réaliste de croissance minimum de 4% par an au cours des cinq prochaines années, avec un PIB par habitant de 2 880 de dollars et un revenu national par habitant de 2 280 dollars d'ici 2025. Les autres objectifs, compte tenu de la crise sanitaire sont révisés en baisse par rapport au 8e plan, ainsi au cours du plan 2021-2025, la croissance annuelle pour l'agriculture est tablée sur 2,5%, l'industrie 4%, les services 6% et les droits de douanes et taxes 5,8%. D'autre part, le 9e plan quinquennal de développement vise également la sortie du Laos du statut des PMA en 2026 et devenir un pays à revenu intermédiaire de tranche supérieure en 2030[539].

Le nouveau gouvernement cherche à soutenir l'économie pour éviter la crise, et entame le processus de réforme structurelle, en réduisant le déficit budgétaire et en augmentant les revenus et poursuit une politique d'austérité. Cela pour éviter que le pays ne soit pas entraîné dans une ampleur de crise économique. Le nouveau ministre des Finances Bounchom Ubonpaseuth a clarifié ainsi la question pour les députés de l'AN, en disant que le plan budgétaire de l'État pour les cinq prochaines années ont été conçues pour soutenir et aborder les problèmes financiers chroniques de ces dernières années, il a souligné que le gouvernement essaiera d'équilibrer les recettes et les dépenses, autrement dit, utiliser le budget basé sur les recettes ou dépenser un peu plus que les recettes perçues. Selon le ministre : « *nos plans budgétaires pour 2021 et 2022 visent à soutenir l'économie et à traiter des difficultés économiques du pays. Cependant, pour 2023, 2024 et 2025, nous créerons un budget un peu plus équilibré, c'est-à-dire que les recettes domestiques doivent être suffisantes pour les dépenses intérieures*[540]». Par ailleurs, le gouvernement a fixé le déficit budgétaire pour 2021-2025 à 2% du PIB en vue de freiner l'augmentation de la dette publique, de même l'inflation n'excédera pas 6% par an. Les dépenses administratives vont augmenter

---

[539] Sethakit, 29/03/2021; NA queries government's assessment of GDP Vientiane Times, 29/03/2021.

[540] Government seeks to sustain economy to prevent crisis, Vientiane Times, 25/03/2021.

considérablement au cours des cinq prochaines années en raison de la hausse du taux d'intérêt pour le paiement des prêts et des dettes, de ce fait le montant nécessaire pour rembourser les prêts devrait augmenter entre 4 000 et 4 500 milliards de kips[541] par an. Le gouvernement a annoncé qu'il réduirait par conséquent les dépenses salariales et les indemnités pour les agents de l'État de 52 à 40% d'ici 2025. Désormais, tout projet national qui n'a pas obtenu l'approbation de l'AN ou n'est inscrit dans le budget de l'État sera financé uniquement par les entreprises et investisseurs eux-mêmes, a déclaré d'autre part le ministre des Finances.

Le gouvernement va recruter moins de fonctionnaires et poursuivre la mise en œuvre de sa politique d'austérité en réduisant les dépenses sur des projets non essentiels. Autrement dit, selon le ministre Bounchom Ubonpaseuth, moins de dépenses en électricité, en eau et équipement de bureau dans les administrations ainsi que pour les véhicules officiels et les réunions. En outre, le gouvernement encourage chaque administration et unité de travail de devenir financièrement autonome afin de réduire le poids financier du gouvernement. Ceci vise à réduire les dépenses administratives de 14 à 11% pour affronter les années difficiles à venir. L'AN a demandé d'autre part le gouvernement de relever la taxe sur le revenu de 16 à 18% au cours du 9e plan. Toutefois, pour le ministre des Finances, le gouvernement se doit d'être attentif à toute augmentation de taxe sur les revenus qui pourrait impacter les bénéfices des entreprises et décourager les ménages à consommer.

Par ailleurs, le gouvernement encourage les Lao à s'engager dans la création d'entreprises et à investir pour produire des biens à des fins commerciales. Cela vise à augmenter les flux de revenus afin que le Laos puisse générer plus de recettes fiscales pour rembourser la dette d'État. Le gouvernement a reconnu que les fuites dans la collecte des recettes ont continué à se produire et qu'il est essentiel de réviser la législation pour combler des lacunes dans le secteur financier. Le gouvernement poursuivra des réformes structurelles et de l'utilisation des systèmes électroniques pour collecter les impôts et dissuader les fonctionnaires de s'engager dans les pratiques malhonnêtes et frauduleuses.

L'Etat et le gouvernement malgré l'incertitude du contexte économique mondial et la vulnérabilité du Laos à résister aux chocs, demeurent néanmoins résilients. Le Laos recherche des opportunités d'accroître son PIB de 4% en 2021, en dépit de la pandémie du Covid-19 qui persiste. Selon le rapport du Centre de recherche de la politique macroéconomique et de la Restructuration économique de l'Institut national pour la recherche économique (CMER), la distribution et l'accessibilité des vaccins anti-Covid-19 détermineront la reprise économique du Laos, en particulier le recouvrement du secteur des

541 1 euro = 13 000 kips environ (avril 2021).

services pour permettre les voyages et la revitalisation de l'industrie de transformation afin de produire plus de marchandises pour les exportations[542].

Les experts de l'industrie manufacturière s'attendent à une augmentation du nombre de commandes une fois que les politiques d'exportation seront assouplies. Le consensus est que pour s'adapter à la « nouvelle norme » il faudra réduire les importations et encourager plus l'utilisation des produits fabriqués au Laos. Il est probable que la « nouvelle normalité » créera des opportunités pour de nouveaux producteurs qui fabriqueront une plus grande quantité de marchandises pour la consommation domestique, notamment des produits alimentaires, agricoles, entretiens, etc. Par conséquent, cela favorisera le besoin de travailleurs dans divers secteurs, ce qui aidera à créer plus d'emplois, et absorbera le chômage dont le taux de 23% est très élevé au premier semestre de 2021. En même temps, il y aura une augmentation de la demande pour des produits agricoles lao pour d'autres pays, et l'agriculture verra ainsi une croissance plus forte en 2021. D'autre part, la hausse du prix des minéraux sur le marché mondial devrait stimuler la croissance du secteur minier et l'augmentation de l'exploration et de la production, en particulier de l'or et du cuivre. Parallèlement, la reprise de ces secteurs stimulera le marché d'exportation et la croissance du secteur des services. Pour renforcer les SME en 2020, le gouvernement lao a contribué pour plus de 200 milliards de kips (22 millions de dollars) au Fonds de promotion des SME et il devrait en fournir un financement supplémentaire pour 2021. Plus précisément, la BOL a reçu par ailleurs 100 millions de dollars de prêt de la Banque nationale de Chine et 40 millions de dollars de la Banque mondiale en faveur des SME pour faire face à la pandémie du covid-19. Ainsi, les prêts à faible taux d'intérêt aujourd'hui mis en place par le gouvernement sont un soutien fort pour la croissance du secteur privé et des SME, cela contribuera à encourager les entreprises à investir et à s'engager dans l'innovation.

Toujours selon le rapport du CMER, les divers développements dans la communication, transports et coopération avec les partenaires de développement sont également considérés comme les facteurs à forte contribution à la croissance économique du Laos. Cependant, l'économie de ce pays risque toujours d'être perturbée par la pandémie si d'autres vagues de virus se produisent, car des préoccupations ont été signalées avec des nouvelles variantes de virus dans les pays voisins. Une résurgence du virus présentera un défi pour le gouvernement et les mesures doivent être prises rapidement pour empêcher la propagation de la maladie dans le pays. De façon générale, la macroéconomie du Laos reste vulnérable en raison des contraintes budgétaires et des diverses difficultés financières ainsi que la faiblesse de la valeur du kip qui ralentira également le développement socioéconomique.

[542] Laos assesses opportunities and risks amid Covid-19 pandemic, Vientiane Times, 12/02/2021.

Toutefois, la résiliente de l'économie est confortée par le récent rapport d'études du Département des Affaires étrangères et du commerce du gouvernement d'Australie sur les perspectives économiques au Laos destiné à la communauté des affaires australiennes. Selon ce rapport[543], les opportunités existent pour les entreprises australiennes et étrangères, pour des raisons suivantes :

- Le programme pour la facilité de faire des affaires au Laos est une priorité pour le gouvernement lao et l'environnement des affaires s'est amélioré.
- En réponse à la pandémie du Covid-19, le gouvernement lao a accru son intérêt pour son agriculture et la production nationale. Le renforcement des compétences de la main-d'œuvre reste une priorité élevée.
- Les opportunités se situent dans des domaines tels que l'énergie (y compris les énergies renouvelables), la fabrication, l'agriculture, les services et le tourisme. Des zones économiques spéciales ont été créées avec des incitations pour les investisseurs étrangers.
- Le Laos se trouve au cœur de l'Asie du Sud-Est, et le gouvernement lao accorde une haute priorité à sa transition d'un pays « sans littoral » à un pays « lié à la terre ».
- Le chemin de fer Laos-Chine opérationnel dès le début de 2022 et le gouvernement investit pour améliorer la connectivité régionale et offrir de nouvelles opportunités d'affaires aux entreprises étrangères.
- La nouvelle autoroute entre Vientiane et Vangvieng est achevée en décembre 2021 et de nouvelles liaisons routières vers le nord du Laos sont prévues.
- Le Laos travaille à l'intégration économique avec l'ASEAN et ses partenaires régionaux par le biais de l'Organisation mondiale du commerce, du Partenariat économique régional global (RCEP) et de l'Accord de libre-échange ASEAN-Australie-Nouvelle-Zélande (AANZFTA).
- Les nouvelles opportunités pour les entreprises australiennes sont dans les domaines de l'alimentation et des boissons, de l'éducation, de l'agriculture et de la foresterie, des transports et de la logistique, de l'énergie et des mines, et des services - y compris le tourisme, l'agro technologie, la Fintech et le commerce électronique.
- La population jeune du Laos et le prix compétitif de l'électricité offre des opportunités dans le secteur manufacturier, en particulier dans la zone économique spéciale Savan-Seno (ZES) et dans d'autres zones comme le Vita Parc près de la capitale de Vientiane ou le Parc logistique de Vientiane.
- Bien que le marché laotien soit petit, son emplacement stratégique et sa concentration sur l'amélioration de la connectivité régionale offriront aux entreprises laotiennes des possibilités d'exporter vers les marchés voisins, de participer aux chaînes d'approvisionnement régionales

[543] Government of Australia, Department of Foreign Affairs and Trade, Market Insights. Connecting Australian Business To the World, Laos 2020.

- La réponse au Covid-19 signifie de nouvelles façons de faire les choses. Les entreprises et le gouvernement lao se tournent vers la numérisation de leurs opérations, ce qui augmente la demande de technologies financières et de commerce électronique.

De plus, le rapport a souligné que la réalisation de nouveaux projets majeurs d'infrastructure routière et ferroviaire ouvrira de nouvelles opportunités pour les investisseurs, car le chemin de fer Laos-Chine (Vientiane-Kunming) créera de nouvelles opportunités d'exportation importantes pour les entreprises basées au Laos. Toutefois, le rapport a précisé que le Laos devra encore investir dans des infrastructures complémentaires (ports secs, routes d'accès) et une réforme de la réglementation pour garantir que le potentiel de ce pays puisse être pleinement réalisé.

Quels sont les leviers de croissance économique attendus ?

Pour faire face à la crise, la relance économique du Laos répond à une nouvelle nécessité du pays : la résiliente. L'exigence de dynamique économique avec une trajectoire ambitieuse en matière de projets d'infrastructure et du commerce. Quelle est la capacité de rebond du Laos ?

Les projets d'infrastructure, commercial et autres qui pourront accélérer la reprise économique du Laos, on citera tout d'abord le cinquième pont d'amitié Lao-Thaï qui réunira la province de Borikhamxay au Laos à celle de Bueng Kan, au nord-est de la Thaïlande. Les travaux ont commencé et seront achevés en 2023. Ensuite, le port sec de Thanaleng (TDP) et le développement du Parc logistique de Vientiane (VLP), ces deux projets potentiels de grande importance pour le Laos offrent des opportunités pour des affaires et pour des investisseurs. Le port sec de Thanaleng est situé à proximité du premier pont d'Amitié lao-thaïlandaise reliant Vientiane avec la province de Nong Khai en Thaïlande qui connecte également au chemin de fer Laos-Chine. L'accomplissement de ces projets aidera l'État et le gouvernement lao à réaliser son ambition de faire du Laos un connecteur de transport multimodal de la GMS et au-delà. Le port sec de Thanaleng devrait réduire les frais de transport transfrontaliers, surtout à la frontière Lao-Thai de 40% en 2025. Les deux projets mentionnés plus haut font partie d'un projet étendu appelé Lao Logistic Link (LLL). Le projet LLL implique plusieurs méga projets, qui aideront à transformer le Laos enclavé à un pays lié à la terre dans la GMS et à accélérer l'intégration internationale. Le projet LLL comprend le développement prévu du port de Vung Ang dans la province Ha Tinh au Vietnam que les gouvernements lao et vietnamien ont convenu de créer une coentreprise. Par conséquent, cela implique également le projet de construction du chemin de fer Vung Ang-Thakhek-Vientiane, une centrale à charbon à Khammouan. En outre, le projet LLL va donner une impulsion à l'agriculture et au développement industriel au Laos et valoriser la coopération entre le

Laos et le Vietnam, et entre le Laos et l'ASEAN. On retient également qu'en choisissant de construire un important réseau ferroviaire, la ligne de chemin de fer Laos-Chine qui sera inaugurée fin décembre 2021, le Laos affiche non seulement sa volonté de se positionner sur la scène mondiale, mais aussi de marquer une nouvelle ère de transformation du pays.

Un autre gigantesque projet qui va voir le jour est la zone dite des « Quatre Mille Îles » dans la province de Champassak. Un développement qui comprendrait un complexe commercial, un hôtel de luxe, un centre de recherche, des usines manufacturières, un centre international de convention, un parc de loisirs, un hôpital, les immeubles d'habitation et de bureaux, une zone résidentielle, etc. Le projet est situé dans le district de Khong, s'étend sur 9 846 hectares, les promoteurs lao et chinois ont prévu d'investir 9 milliards de dollars et vise à attirer 2,3 millions de visiteurs par an en 2030 et plus tard 15 millions par an en 2050. Les travaux d'infrastructure ont commencé ainsi que des villas.

De même, les travaux de préparation pour construction de la centrale hydroélectrique sur le Mékong à 25 km de Luang Prabang sont maintenant terminés à 80%, les compensations aux propriétaires des terres déplacés ont été effectuées à 69%. Dès juillet 2021, les travaux proprement dits commenceront et la centrale sera mise en service en 2027.

Le gouvernement lao a réuni récemment la Commission de coopération Laos-Chine avec tous les acteurs des secteurs concernés pour assurer et évaluer que des progrès avancent comme prévu et initier d'autres en vue. Cette initiative venait du vice-premier ministre Sonexay Siphandone dans le but de surmonter des difficultés économiques subies par le Laos suite à la pandémie du Covid-19. La réunion a permis aux deux pays de faire le point des projets et du plan général de coopération économique et technique dans le cadre des « Nouvelles routes de la soie » ainsi que de poursuivre le plan directeur pour bâtir une communauté future partagée entre le Laos et la Chine et le corridor économique Laos-Chine. Selon le vice-premier ministre en charge du plan et de l'investissement, les projets réalisés ou en cours comme le projet des lignes de transport haute tension de EDL-T ou la centrale hydroélectrique de 1 400 MW de Luang Prabang aideront le Laos à surmonter des difficultés déclenchées par la crise sanitaire, il a d'autre part conseillé la Commission à renforcer la coopération avec tous les secteurs concernés à Vientiane et en provinces ainsi qu'avec la Chine, pour pousser des projets de coopération. Alors que de nombreux projets ont été réalisés avec succès jusqu'ici, la Commission doit envisager maintenant la coopération sur d'autres projets entre les deux pays afin d'atteindre les objectifs et d'accélérer le développement pour revitaliser l'économie lao en souffrance, selon Sonexay Siphandone. Il rappelle d'autre part que la Chine est le plus important investisseur étranger au Laos et un partenaire commercial clé pour le Laos.

Plus récemment, le Laos et la Chine ont lancé la première phase d'un projet de développement rural des infrastructures et de la réduction de pauvreté dans les provinces de Luang Prabang et Vientiane. Le projet sera initialement mis en œuvre dans ces deux provinces du nord et fournira de l'eau potable dans 17 villages, la construction de sept hôpitaux communautaires, l'installation de l'électricité dans 16 villages, et fournir la télévision numérique pour 30 villages. Ce premier projet de développement rural des infrastructures et de la réduction de pauvreté est important pour les deux pays, la cérémonie du lancement a été présidée par Khemmany Pholsena, cheffe du Palais présidentiel et également nouvelle présidente de la Commission de coopération Laos-Chine. Pour rappel, en 2019, la Chine avait investi dans 785 projets de développement avec un investissement combiné d'un montant de 12 milliards de dollars. La valeur du commerce bilatéral entre les deux pays a atteint 3,5 milliards en 2019, soit une augmentation de 17,4% sur 2018.

Le Laos nourrit beaucoup d'espoir pour l'exportation de ses produits manufacturiers, artisanaux et agricoles vers la Chine, grâce à la ligne ferroviaire Laos-Chine ; en outre, l'importation et l'exportation de marchandises seront accélérées et les délais de transit nécessaires pour atteindre les marchés internationaux et les consommateurs de pays comme la Thaïlande, la Malaisie, Singapour et d'autres pays seront écourtés. De plus, la Chine a accepté récemment d'offrir des réductions tarifaires sur les marchandises importées du Laos, lors de la visite du ministre chinois des Affaires étrangères Wang Yi en octobre 2020 au Laos[544]. Cela signifie que 97% de tous les produits du Laos peuvent maintenant être exportés vers la Chine sans taxe. Un grand espoir donc pour les fabricants et producteurs agricoles lao. Encore faudrait-il que des produits soient aux normes et que les entreprises lao consentent à faire des efforts sur la qualité. Ainsi, les entreprises publiques et privées ont désormais accès à ce grand marché sous le régime du Système de préférences généralisées (SPG) et des privilèges fiscaux accordés aux produits lao. Le Département commerce extérieur du MOIC et le Comité de coopération Lao-Chinois de la LNCCI ont organisé une réunion d'information en faveur des entreprises sur les opportunités d'accès au marché chinois.

Par ailleurs, les économistes de la Banque mondiale ont exprimé récemment dans un rapport en soutien au gouvernement lao dans l'accélération de sa réforme économique pour améliorer le climat des affaires, un contexte des affaires favorable permettra ainsi le pays de maximiser les avantages tirés du Chemin de fer Laos-Chine. Selon la Banque mondiale, la ligne ferroviaire est un développement positif pour le Laos. Cependant, afin de maximiser les avantages du projet ferroviaire, le Laos doit créer rapidement un environnement amical pour les affaires et accélérer le soutien aux réformes de l'environnement des entreprises, promouvoir les liens aux chaînes de valeur

---

544 Laos-China commission urged to spur progress in joint projects, Vientiane Times, 22/03/2021.

régionales et investir dans le capital humain, et c'est alors seulement que le Laos pourrait bénéficier le retour d'investissement du chemin de fer Laos-Chine a souligné la Banque mondiale. La connectivité des transports régionaux créera des opportunités pour le Laos qui se positionne comme un nouveau hub logistique dans la région du Mékong. Toujours selon les experts de la Banque mondiale, le Laos pourra s'attendre à bénéficier également des accords de commerce préférentiels, en particulier avec la Chine et l'accord de Partenariat économique régional complet (RECEP) nouvellement signé pour autant que ce pays assure des réformes avec succès[545]. En effet, le RCEP permettrait le Laos de stimuler le commerce et l'investissement tout en atténuant l'impact économique de la pandémie du coronavirus. En outre, le Laos gagnera en termes de confiance créée parmi les investisseurs étrangers. Cependant, les avantages des accords commerciaux ne sont ni automatiques ni assurés: il est essentiel que le Laos investisse davantage dans les infrastructures et l'éducation, y compris en accélérant l'amélioration de l'environnement des affaires et la facilitation de la délocalisation des entreprises étrangères.

En conclusion, compte tenu de ce qui a été écrit plus haut, les conditions à la reprise de l'économie lao suggèrent que le gouvernement a une certaine visibilité pour les cinq prochaines années. L'économie lao suit le mouvement des grands projets d'infrastructures et de barrages et se montre même un peu moins affectée qu'on pouvait le craindre, mais ne trouvera son rythme de croisière que dans deux ou trois ans, selon la Banque mondiale. Si ce sont les ressources naturelles du sous-sol et l'hydroélectricité qui viennent spontanément à l'esprit, celles-ci ne sont que la partie émergée de l'iceberg. En effet, le potentiel agricole est à citer au premier rang des atouts du Laos. Encore sous-exploité, le secteur agriculture est un secteur-clé pour atteindre, d'une part l'autosuffisance alimentaire (besoin de base menacé pendant la crise à cause d'une chaîne d'approvisionnement trop dépendante des importations) et, d'autre part, exporter ses nombreux produits agricoles : riz, café, bananes, cannes à sucre, fruits, etc. Le corollaire du secteur agriculture est la transformation (applicable également à d'autres secteurs que celui de l'agro-alimentaire). Le Laos dispose d'une marge de progression non négligeable en termes de capacité à transformer ses matières premières et donc en termes de création de valeur.

Certes, les nouveaux investissements ne sont pas encore là, les touristes tardent encore à venir, mais le nouveau gouvernement est d'ores et déjà en mouvement et se prépare à l'après-pandémie. La reprise timide est favorisée par l'ensemble des mesures de soutien déployées par l'État et le gouvernement : prêts favorables consentis aux SME, emploi pour des émigrants lao, aide aux travailleurs du secteur public, développement des SEZ, réduction des dépenses de l'État, renforcement de l'attractivité du Laos

545 Laos must speed up reform to maximise benefits of railway: World Bank report, Vientiane Times, 29/03/2021.

pour les investisseurs. La perte de l'activité dans la confection est inquiétante, mais ce secteur est aidé à retrouver progressivement son dynamisme grâce aux partenaires de développement. C'est ce que l'on observe aujourd'hui. Mais la relance de l'économie au premier semestre 2021 se fait encore attendre, en particulier des investissements directs étrangers, des exportations de produits manufacturiers et agricoles. Certes, il y a eu de nombreuses visites des ambassadeurs, investisseurs et entrepreneurs des pays de l'ASEAN dans les zones spéciales économiques et les parcs logistiques en début de l'année au Laos, mais elles ne sont pas concrétisées pour l'instant sur les investissements fermes. Les secteurs de l'industrie du tourisme et des services ont compris que la reprise est de plus en plus hypothétique et pas avant la fin de l'année.

Paradoxalement, ce ne serait pas nécessairement une mauvaise nouvelle dans le contexte économique actuel, c'est même un bienfait, des Lao commencent à consommer des produits lao, de ce fait, le secteur agriculture n'a pas trop souffert des conséquences de la pandémie du Covid-19, en particulier pour des petites fermes et agricole familiales, contrairement aux grandes fermes agricoles, elles qui ont souffert en raison de l'arrêt des activités de transport et d'exportation. Les SME des secteurs agroalimentaire et manufacturier artisanal ont le vent en poupe, la crise sanitaire est une aubaine, elle fait vivre de petits producteurs, agriculteurs, fermiers et commerçants, comme l'entreprise Lao Best Group (transformation alimentaire, agro-alimentaire) qui a connu un succès remarquable pendant la crise sanitaire. Les SME ont profité de la pandémie pour innover et renforcer leur productivité et transformer la crise en opportunité. Cela leur permet de renforcer leur contribution sur le marché national et de cibler les marchés internationaux par la suite, a exprimé le nouveau ministre de l'Industrie et du Commerce Khampheng Saysompheng. Il a ajouté que pendant la pandémie, l'offre des produits lao a augmenté à la fois en quantité et en qualité, c'est « *un signal positif que nous allons construire sur cet acquis pour exporter nos produits* ». À ce jour, le Département de la promotion commerciale du MOIC a donné des certificats ODOP (One District, One Product) à plus de 240 unités de fabrication et 876 produits dans 103 districts. L'artisanat représente 56%, alimentation et boissons environ 39% et 5% des produits de plantes traditionnelles.

D'autre part, les ventes en ligne et les startups ont progressé dans le nouveau paysage du pays. La vigueur de la consommation des produits « Made in Laos » ainsi que la reprise des exportations de l'électricité et des produits agricoles vont insuffler un élan à l'économie lao. Le devancement de projets d'investissement en infrastructure et des centrales hydroélectriques du gouvernement devrait également fournir un vent arrière à la croissance économique lao. À l'inverse, le report des investissements des entreprises et un ralentissement du marché des voyages et du tourisme limiteront l'ampleur de la reprise. Ensuite, et même si cela semble évident il faut y insister, la rapidité de la reprise au Laos va dépendre de l'efficacité des programmes de vaccination et la manière dont le gouvernement gère la crise, mais pas seulement. En effet, le sort du Laos restera fortement tributaire de la reprise globale des échanges commerciaux avec l'ASEAN et la Chine d'une part, et d'autre part, des moyens déployés pour le développement du capital humain et social. Enfin, la reprise économique dépend aussi des largesses monétaires des organisations internationales, des donateurs et de ses partenaires de développement pour ce pays.

Quels sont des moyens à déployer pour assurer la croissance et le développement durable ? Quelle rupture à envisager par rapport au passé ?

Le nouveau gouvernement sera conforme à la ligne politique définie lors du 11e Congrès national du PPRL. Sur le plan économique, le processus d'industrialisation continuera de s'accélérer. En outre, la charge des coûts administratifs continuera à être réduite et la transformation numérique augmentera rapidement. Le fait que l'industrie contribue pour 33 % du PIB indique que des efforts doivent être poursuivis dans le sens de l'industrialisation pour espérer améliorer davantage la création de richesse pour la population. Développer l'industrie, c'est aussi s'appuyer sur des hommes et des femmes ! Le capital humain lao représente également une force non négligeable, et ce, à plus d'un titre. Sa population est jeune et se libère progressivement de la main-d'œuvre agricole pour constituer une force de travail dans les secteurs de l'industrie et des services. On n'oublie pas que le gouvernement a augmenté depuis 2019 le quota d'étudiants pour entrer dans les cinq universités du Laos. Chaque université ainsi que l'Université des Sciences de la Santé et des collèges techniques à vocation professionnelle ont vu le nombre d'étudiants en forte augmentation pour tenir compte de l'économie et des besoins du pays.

La part relativement importante de la jeunesse lao qui fait des études (60 % de la population a moins de 24 ans) constitue une opportunité de développement pour favoriser l'innovation et une transformation sociale au travers d'un entrepreneuriat qui peut s'appuyer sur une jeunesse créative qui a besoin d'accompagnement. Championne du monde de l'entrepreneuriat au féminin avec un taux d'environ 51 % de femmes lao qui créent leur entreprise, ainsi les SME, selon la LNCCI, constituent en majorité des chefs d'entreprises femmes dynamiques. Le Laos a encore des potentialités à faire valoir. Assurément, le gouvernement encourage fortement des jeunes à étudier et à créer leurs propres entreprises pour participer au développement du pays.

Le Laos a défini donc son propre agenda à travers une feuille de route ajustée à ses réalités et qui place la souveraineté, la bonne gouvernance et l'innovation au cœur des préoccupations. L'objectif est de générer une croissance durable et inclusive. Cela implique naturellement que l'État joue un rôle encore plus prépondérant dans la création de conditions qui garantissent le bien-être de la population et encourage l'initiative privée. Pour ce faire, il sera difficile de déroger à l'obligation de s'engager dans des réformes structurantes et de ruptures avec des années précédentes, cela malgré la résolution du 11e Congrès national du parti, c'est-à-dire capables de porter durablement les ambitions du pays. Autrement dit, le gouvernement de Phankham Viphavanh serait-il en mesure d'éradiquer la corruption, d'imposer un strict contrôle sur les dépenses de l'État, d'imposer et d'arbitrer des décisions entre l'intérêt général de la nation et les intérêts particuliers ou d'en découdre avec l'injustice et la gabegie des ressources de l'État. Les autorités laotiennes estiment que le pays a subi des pertes de plus de 6 000 milliards de kips au cours des cinq dernières années en raison de la corruption. Selon un rapport du quotidien Pasaxon, l'Autorité de l'inspection d'État a enquêté sur 4 129 cibles et a également inspecté la valeur de 4 601 projets d'investissements publics.

L'appel fait par le nouveau gouvernement pour l'utilisation et l'investissement dans le numérique, la transformation et l'interconnectivité, entre les villes, les provinces, les différentes zones spéciales économiques et les ports secs, sont des bassins d'activité, ont rendu possible l'émergence de centres régionaux répartis à travers le territoire, selon les secteurs. Au-delà de ces axes d'investissement, il importera selon le vice-premier ministre Sonexay Siphandone, de multiplier les partenariats public-privé (PPP) orientés vers des investissements créateurs de valeur locale ouverte sur le transfert de technologie et de compétences aux entreprises lao.

Dans le passé, la croissance était focalisée sur l'exploitation des ressources naturelles, qui ne sont pas éternelles et même risqueraient de devenir à moyen terme appauvries, le gouvernement se prépare à diversifier désormais sa base économique, comme il a déjà commencé, à créer maintenant une économie fondée sur la connaissance ainsi que de réduire sa trop dépendance sur les ressources naturelles.

Conscient qu'il est le bon moment pour le Laos de revoir son mode de croissance, le gouvernement lao accélère sa stratégie de diversification et encourage les entreprises à investir dans production à plus de valeur ajoutée, en particulier la transformation productive du pays dans un monde en mutation. Ce processus peut se mesurer de plusieurs manières, au niveau des entreprises comme au niveau national. Au niveau national : développer de nouvelles filières de production, tablant entre autres sur l'agriculture, l'industrie manufacturière, la sous-traitante, l'assemblage des pièces électroniques et mécaniques. Pour ce faire, le Laos peut profiter de sa proximité géographique avec les marchés et les investisseurs de la Chine et de l'ASEAN et de sa relative stabilité politique. Par ailleurs, le Laos peut bénéficier des nouvelles opportunités qui s'ouvrent sur les marchés mondiaux pour augmenter la valeur ajoutée tirée de sa production de l'agriculture, du café et du thé biologiques. Au niveau des entreprises, la transformation productive consiste à accumuler et à diffuser de nouvelles capabilités en vue d'accomplir certaines tâches, exemples : Magic Lao Carpets Handicrafts, entreprise lao de fabrication artisanale de tapis en soie lao, mondialement connue et possède des points de vente à Londres et à Tokyo ou comme Xaignavong Group, entreprise de canalisation en PVC, qui a démarré avec l'entreprise japonaise Toyo avant d'être indépendante techniquement et financièrement. Ou encore la coentreprise créée entre EDL et China Southern Power Grid (CSG) pour construire et renforcer le réseau de transport électrique très haute tension.

Le gouvernement apporte un soutien fort désormais aux entreprises nationales en vue de gagner en notoriété, de diversifier la production, de monter en gamme et de coopérer avec les entreprises industrielles étrangères. À cet égard, de nombreux fabricants, producteurs, artistes et artisans ont demandé au gouvernement l'application stricte des lois sur la protection de propriété intellectuelle. Effectivement, les Lao fabriquent de nombreuses variétés d'articles, en particulier en utilisant des connaissances autochtones introuvables dans d'autres pays. Mais la plupart de ces produits n'ont pas été protégés par le droit d'auteur ou n'ont pas de marque ou de logo déposé, en particulier dans l'artisanat. Cela a conduit à de nombreux exemples de copie de produits et les véritables inventeurs de ces produits ne sont pas reconnus pour leurs œuvres. Un sujet qui attire l'attention du gouvernement aujourd'hui et qui fait débat à l'AN.

Avec la pandémie qui vient de secouer le Laos, l'impératif de politiques d'investissement plus volontaristes dans la santé, l'éducation et la réduction de pauvreté s'impose avec, au bout, le souci de faire émerger le pays qui a su réaliser une transformation sociale et économique, de quoi gagner en souveraineté dans une logique de coopération étroite entre les États membres de l'ASEAN. C'est précisément les objectifs du développement durable de la politique économique et sociale du gouvernement Phankham Viphavanh qui tente de mettre en œuvre ces cibles dans le cadre du 9e plan quinquennal. Avoir à l'esprit de bâtir une croissance respectueuse de la préservation de la vie, la dignité humaine et une meilleure condition de vie, par une gestion maîtrisée des ressources naturelles ainsi que par la prise en compte des enjeux climatiques, telle est aussi la déclaration du secrétaire général et président de la République Thongloun Sisoulith au 11e Congrès national du parti.

Sur ces sujets, les efforts doivent être consentis pour que la protection sociale, par exemple, soit enfin assurée. Le 11e Comité central du parti reconnaît que la croissance économique du pays n'a pas reposé sur une large assise et n'a pas été inclusive pour s'accompagner d'une réduction concomitante du niveau de pauvreté, de la création d'emplois ou d'une amélioration en matière de développement social, même si des progrès significatifs ont été réalisés comme l'accès aux services de base, l'éducation, la réduction des familles pauvres et la santé. Effectivement, le Laos a satisfait avec succès à deux des trois critères requis sur l'évaluation pour la sortie du statut des PMA, en outre les familles pauvres en 2020 ont baissé à 62 384 soit 5,16% du nombre total des familles. Le Premier ministre a annoncé à l'AN qu'il s'attache à déployer plus de moyens pour améliorer la gouvernance sociale. À cet égard, les institutions internationales, les partenaires de développement et les ONG, sont plus à même sur le plan financier, socioéconomique et environnemental comme partenaires de tout premier plan pour une réflexion et une mise en œuvre efficiente de la restructuration du projet de développement social au Laos. Pour illustrer cet exemple, on cite le financement de l'Union européenne avec le support de l'UNICEF ont permis d'apporter une amélioration nutritionnelle aux enfants des 10 provinces de : Phongsaly, Luang Prabang, Luang Namtha, Huaphan, Bokeo, Xieng Khuang, Khammuan, Savannakhet, Saravan and Attapeu. Le projet est exécuté par l'ONG *Save the Children*, en consortium avec CARE, le Comité de Coopération avec le Laos (CCL) et ChildFund, financé par l'UE par le biais du Partenariat pour l'amélioration nutritionnelle[546] (PIN).

Société civile, dirigeants économiques ou associatifs ainsi que la population de base ont aussi leur partition à jouer dans cette transition où sens de l'initiative, bonne gouvernance et transparence se côtoieront dans des projets nationaux.

La dette abyssale publique : fuite en avant ou risque calculé

La dette publique du Laos a atteint 12,6 milliards de dollars, l'équivalent des deux tiers du PIB en 2020, la Chine est le plus grand créancier : 5,9 milliards. Au cours de la période 2021-2024, le Laos devra payer en moyenne 1,1 milliard de dollars de dettes internationales par an alors que le total de ses réserves de change est estimé à 1,3 milliard de dollars. Le pays fait face à une menace de faillite par défaut. Selon les estimations de l'agence de notation Fitch, indépendamment de la dette souveraine du Laos, EDL a une dette 8 milliards de dollars. Le financement chinois est au cœur des projets ambitieux du gouvernement lao de transformer le « pays enclavé en pays lié par la terre » via le chemin de fer à grande vitesse Vientiane-Boten et les routes, et de devenir « la batterie de l'Asie du Sud-Est » en exportant l'électricité produite par les barrages hydroélectriques. Stimulés par de tels projets, la « vision 2030 » de l'État et du gouvernement visent à quadrupler le PIB par habitant d'ici la fin de la décennie. Mais alors que les investissements chinois ont contribué à assurer une croissance économique annuelle soutenue de 6% à 7%, l'engagement a un côté inquiétant : la dépendance, la dette et l'obligation à

---

[546] Joint EU-UNICEF visit Huaphan to observe a nutritional intervention, Vientiane Times, 29/03/2021.

l'égard de Pékin, le Laos ne joue-t-il son développement et sa prospérité future sur les ambitions à haut risque avec la Chine ? Le pays est confronté à des remboursements de dette annuelle de plus d'un milliard de dollars jusqu'à la fin de 2024, mais ses réserves s'élevaient à environ un mois d'importation en 2020, et la crise sanitaire du Covid-19 ne cesse de s'alourdir, gonflant d'autant la dette publique. La croissance va en pâtir. Le Laos va bientôt se retrouver face à un mur de dettes. Le Laos aura plus de mal désormais d'emprunter sur le marché international, en particulier en Thaïlande. Toshiro Nishizawa, professeur à l'Université de Tokyo et membre d'une équipe de conseiller en politique budgétaire du Laos, a mis en garde contre le risque d'une « urgence économique nationale» à la suite du Covid-19. « *Un risque de défaut souverain est une menace potentielle pour les opérations budgétaires du Laos, avec des difficultés pour les citoyens ordinaires du Laos* » a-t-il encore ajouté[547]. Le Vietnam, proche partenaire et allié du Laos, qui entretient des relations compliquées avec la Chine, serait probablement également préoccupé par tout accord de dette qui donnerait à Pékin une plus grande influence sur le Laos.

La nouvelle génération de dirigeants peut-elle s'attaquer aux problèmes de la dette du Laos ?

Pour remédier au déficit fiscal du pays, une autre solution pourrait être envisagée serait de financer par des impôts sur les villas et les maisons luxueuses des très riches et également d'augmenter la taxe sur les revenus des nouveaux riches ou leur exiger de réinvestir leurs revenus dans les projets moyennant une réduction de taxe. Car, les hauts revenus et les entreprises qui ont prospéré devraient payer un impôt supplémentaire pour faire preuve de solidarité avec ceux qui ont été les plus durement touchés par la pandémie et aussi d'aider la lutte contre l'accroissement des inégalités. Cette solution renforcerait la cohésion sociale. Le gouvernement devrait envisager une telle politique, elle renforcerait la perception du citoyen lao que tout le monde contribue à l'effort nécessaire pour se remettre du Covid-19. En outre, le surcroît de recettes fiscales permettrait d'accumuler les ressources nécessaires pour améliorer l'accès aux services de base, de renforcer les filets de Sécurité sociale et de redynamiser les efforts pour atteindre les objectifs de développement durable. Cette mesure si elle était réalisée sera une rupture importante sur la faible gouvernance en matière de gestion des finances publiques. Le Premier ministre a promis que la réduction du déficit passera par des coupes dans les dépenses publiques, en rappelant les grandes priorités fiscales du gouvernement pour ce début de quinquennat, lors du débat d'orientation sur les finances publiques à la première session de l'Assemblée nationale ; cela

[547] Laos faces sovereign default as forex reserves dip below $1bn, The Financial Times, 30/09/2020.

n'est pas suffisant, il faut redonner confiance aux entreprises et à la population et rompre avec une décennie de promesses non tenues.

Le gouvernement doit avoir une stratégie claire sur la manière de traiter la question de la dette. Les discours rassurants sur la soutenabilité des finances publiques ne doivent pas masquer l'immense dépendance à l'égard des prêteurs étrangers, institutions internationales et partenaires de développement. Oui, le gouvernement va faire la réforme structurelle. Oui, le gouvernement va réduire les dépenses de l'État. Oui, le gouvernement donne plus de pouvoir à l'Assemblée nationale pour évaluer et contrôler les dépenses publiques. Oui, oui, oui, mais quand et comment ? Pas plus de précision. Certains expliquent que la dette n'est pas le sujet, que la soutenabilité est assurée, que la charge de la dette du Laos n'est pas si élevée. Mais au final qui paiera et comment ? Plus de 69% de la dette du Laos est détenue, selon la Banque mondiale, par des institutions internationales et des partenaires de développement étrangers. Ce qui est énorme pour le petit pays comme le Laos. Les experts de l'Institut de recherches économiques lao, la Banque mondiale et le FMI et d'autres instituts de recherches dépendant du MIOC et du MOF reconnaissent que le sujet de la dette est désormais un enjeu de souveraineté. Résultat, la Chine possède déjà plus de 50% de la dette lao. Moyen de pression considérable. Le Laos a encore le droit de se fâcher avec la Chine ? C'est une vraie question. Le gouvernement doit donner des perspectives : comment freiner la dette. C'est sur ce sujet que le gouvernement doit faire face le plus urgent et que le parlement lao doit débattre avec les acteurs économiques. Précisément, dès le mois d'avril, le gouvernement s'est associé avec les Nations-Unies pour le programme de développement (UNPD) pour examiner et accroître l'efficacité du budget du gouvernement afin d'atteindre des objectifs fixés dans le plan de développement durable et les objectifs du 9e plan quinquennal. L'UNPD partenariat vise à soutenir le gouvernement en vue d'accroître et d'optimiser davantage la disponibilité des ressources publiques, privées et internationales et la qualité ciblée du développement vert et durable[548].

10.5.4 La politique extérieure de l'État et du gouvernement lao du 11e Congrès national du parti

La géostratégie laotienne s'invite dans la géopolitique régionale. Le destin du Laos est lié d'abord par sa position géographique puis dicté par l'héritage de son histoire ancienne et récente. Tout son passé et son futur sont modelés par le mode culturel, la pratique religieuse et la manière de vie de sa population. Sa situation en a souvent fait un Etat-tampon entre ses voisins, ainsi qu'un

548 Government, UN partner to make best use of government's budget, Vientiane Times, 05/04/202; Pasaxon, 06/04/2021.

carrefour commercial. La plus grande partie de la frontière occidentale du Laos est délimitée par le Mékong, qui est également une importante voie de communication, bien que les chutes de Khong Phapheng au sud du pays empêchent l'accès à la mer. Ce petit pays ceinturé entre de puissants voisins peuplés a la volonté de sortir du sous-développement économique tout en préservant son identité.

Aujourd'hui, suivant les pays, l'État et le gouvernement entretiennent des rapports allant de relations cordiales et de bon voisinage aux relations privilégiées et spéciales avec ses voisins et puissances étrangères, car sa situation géographique et économique le contraint et son histoire récente l'invite à la solidarité avec les autres États et à une politique de non-alignement.

La politique extérieure du Laos est invariante depuis la prise de pouvoir en 1975 par le PPRL. Elle est fidèle à la ligne du parti et sans ambiguïté à travers ses multiples déclarations passées et présentes : « *le Parti révolutionnaire du peuple lao a adopté les objectifs honorables du Parti communiste indochinois et fermement attaché aux principes du marxisme-léninisme* ». S'adressant dans un discours à l'occasion du 66e anniversaire du PPRL, le nouveau secrétaire général du parti, Thongloun Sisoulith, a déclaré : « *le Parti a toujours adhéré à l'idéologie socialiste et les piliers fondamentaux de la construction du Parti sont basés sur le marxisme-léninisme et la pensée de Kaysone. Cependant, cela ne signifie pas que cette politique est gravée dans le marbre, qu'elle ne peut pas être améliorée. Le Parti a adopté des politiques et des théories politiques qui sont compatibles avec la réalité, les conditions, les caractéristiques et les particularités du pays. Le Parti a appris des pratiques réelles et continue de rénover ses orientations politiques en adéquation avec son temps et les circonstances changeantes*[549] ». Thongloun Sisoulith a ajouté encore : « *le Parti incorpore fortement le vrai patriotisme aux côtés de l'internationalisme et l'utilise comme référence en matière de leadership. Il adopte en permanence un esprit indépendant, pratique l'autodétermination et renforcer sa force* ».

On observe ainsi un discours qui fait appel à la fois à l'attachement du parti à son histoire révolutionnaire et la realpolitik. Sans changer de l'idéologie, l'Etat-parti pratique aujourd'hui un réalisme actif de sa politique extérieure. En effet, dans le discours du 66e anniversaire du PPRL, le secrétaire général du parti a ajouté : « *Le Parti fait la promotion de la participation de toutes les forces de la nation avec le soutien de la communauté internationale conformément aux principes du Parti. En outre, le Parti encourage constamment la coopération avec les nations amies stratégiques* ».

---

549 Quotidien Pasaxon, 22/03/2021.

De fait, sur le plan de politique extérieure, le Laos a déployé par de nombreuses actions de s'intégrer à l'international, motivé par la stabilité et le développement économique et commercial du pays, et ce à plusieurs contours. En dépit des changements rapides de la situation mondiale et régionale, et aujourd'hui de la crise sanitaire du Covid-19, le Laos a pu maintenir la stabilité politique, la paix sociale et la sécurité, et entreprendre les tâches d'édification et de développement. Les bons résultats de coopération avec l'ASEAN, les institutions internationales et les partenaires de développement ainsi que les ONG ont permis lao et de consolider le rôle du Laos sur la scène régionale et internationale. Dans sa stratégie de communication politique, « rester bons voisins, bons amis, promouvoir la coopération win-win » est devenu le maître mot du gouvernement lao.

On ne devrait pas s'attendre à un bouleversement dans la politique extérieure du nouveau gouvernement en dépit d'un parfum de guerre froide qui enrobe désormais les relations internationales entre les États-Unis et la Chine, le gouvernement lao poursuit la ligne politique fixée par le Comité central du PPRL, à savoir :

– Avec l'ASEAN, le Laos cherche à améliorer et approfondir ses relations avec les États membres selon l'esprit et les principes (§8.2) : paix, coopération et solidarité régionale, qui guident la création cette Association en 1976 à Bali. Depuis sa création, l'ASEAN a réussi à surmonter diverses difficultés et à faire face aux défis survenus dans la région, comme la tension dans la mer de Chine méridionale. Elle est devenue l'une des organisations intergouvernementales régionales les plus importantes pour les pays en développement. A l'occasion du 15e anniversaire de l'adhésion du Laos à l'ASEAN, et du 45e anniversaire de la création de cette organisation, le ministre des Affaires étrangères d'alors, Thongloun Sisoulith, a déclaré le 8 août 2012 que : « *l'adhésion du Laos à l'ASEAN le 23 juillet 1997, a marqué un nouveau tournant pour le pays, avec une politique étrangère dynamique de paix, d'indépendance, d'amitié et de coopération menée par le Parti et le gouvernement. Durant ces 15 dernières années, le Laos s'est efforcé d'apporter sa contribution à l'œuvre commune de l'ASEAN* [550]». Le Laos est un « nain » économique par rapport aux autres membres de l'ASEAN, il est vital pour le Laos de trouver un développement pérenne et stable avec ses voisins et les États membres de l'Association, en particulier avec la Thaïlande et le Vietnam. Avec le Vietnam, il existe d'autre part des relations d'amitié traditionnelle et de solidarité spéciale entre le Vietnam et le Laos, forgée par trente années de guerre révolutionnaire commune. Le Laos préserve des relations privilégiées avec le Vietnam, le Cambodge, pays alliés les plus

[550] Le Rénovateur, 15e anniversaire de l'adhésion du Laos à l'ASEAN, 13/08/2012.

proches, avec lesquels il a partagé les combats « contre l'agression impérialiste ».

Aujourd'hui, la recherche du nouveau relais de croissance et d'équilibre politique passe donc par une coopération active avec l'ASEAN qui permet le Laos d'avoir une garantie de paix, une reconnaissance régionale de ses frontières sinon une protection internationale, la fin de son isolement physique, une ouverture de son marché, un rattrapage de son économie permettant de le sortir du statut des pays les moins avancés d'ici 2026, la nouvelle échéance et, enfin une plus large reconnaissance internationale. Ainsi, le programme de la Grande sous-région du Mékong (GMS) a permis le Laos de transformer la région des pays du Mékong en une « nouvelle frontière de croissance économique asiatique ». Le Laos se place dans cette dynamique et prend activement part à son rôle de « carrefour » facilitant la connectivité avec les pays de l'ASEAN. L'articulation du Laos se calque sur son positionnement par rapport à l'ASEAN avec laquelle le Laos est intimement lié et solidaire en termes diplomatique et économique ainsi que sur les grands sujets d'environnement et commerciaux. Mais le Laos se réserve une liberté s'agissant du choix et des décisions politiques qui concernent son devenir.

S'exprimant au 37e Sommet de l'ASEAN organisé sous forme de visioconférence en novembre 2020 par le Vietnam, le Premier ministre lao d'alors, Thongloun Sisoulith a tenu en haute estime des acquis de l'ASEAN et du Vietnam, pays assumant la présidence de l'ASEAN 2020. Il a apprécié les efforts de solidarité de ce bloc dans le combat contre le Covid-19, le redressement économique régional, avec la création du Fonds de réponse à la crise de la pandémie et la réserve de fournitures médicales d'urgence de l'ASEAN.

– Avec l'Asie-Pacifique : approfondissement des relations avec la Chine et les puissances régionales, comme le Japon, la Corée du Sud, l'Inde et à un degré moindre l'Australie ; le Laos a de fortes coopérations diplomatiques basées sur une compréhension réciproque avec ces États. Même si les échanges commerciaux sont encore faibles avec ces pays excepté avec la Chine, les échanges culturels, diplomatiques et le tourisme sont importants. Avec la Chine, le Laos partage le même régime politique, la Chine a aujourd'hui une forte ascendance économique sur le Laos, c'est un partenaire stratégique global. La Chine et l'ASEAN sont convenues pour dire que les disputes doivent être résolues par voie de négociations en tenant compte des intérêts de tous et que la mer de Chine méridionale doive être ouverte à tous les pays maritimes de la région dans un esprit de coopération et d'intérêt réciproque, de paix et de prospérité. Ainsi le Laos se trouve au cœur d'enjeux régionaux, qui sont pour lui, autant de challenges que d'opportunités.

– À l'échelle internationale : Fort des expériences et des succès accumulés dans la réforme économique et le maintien de la politique étrangère équilibrée, le Laos continuera à se développer rapidement et à jouer un rôle de plus en plus important dans les processus régionaux et mondiaux et continue de contribuer à de nombreux programmes et activités des Nations Unies. Le Laos œuvre pour le développement de la paix régionale et le jeu d'équilibre. Afin de garder une marge de manœuvre dans un environnement de rivalité géopolitique (Chine-Japon-Inde-Etats-Unis), le Laos cherche à préserver sa souveraineté par une politique d'indépendance. Ce pays, à partir de sa position géographique enclavée, pratique une politique subtile d'équilibre visant à une équidistance entre ses voisins et les grandes puissances internationales et régionales qui manœuvrent sur le continent asiatique. En même temps, il forge de bonnes ententes et entreprend des relations de bons partenaires avec le Japon, la Corée du Sud, l'Inde, les États-Unis, l'Union européenne et ses membres selon une diplomatie multidirectionnelle. Et de nouveau un renforcement d'amitié avec la Russie se poursuit. Dès lors, un équilibre doit constamment être recherché et maintenu en priorité par les dirigeants lao autour et avec ses partenaires privilégiés pour la stabilité politique et sociale du Laos. Pour que ce pays puisse se développer, maintenir son cap et son plan de croissance et gagner la confiance des investisseurs étrangers, le gouvernement s'emploie à promouvoir auprès des pays partenaires et institutions internationales ses maîtres mots et concept : « compréhension mutuelle », « respect mutuel », « confiance réciproque » et « coopération gagnant-gagnant ».

Les enjeux du moment

Mais l'équilibre du Laos tiendra bien évidemment compte en premier lieu de l'entente et de la géostratégie de la Chine et des U.S.A d'une part, et d'autre part des principaux acteurs influents de l'équilibre du monde comme la Russie, le Japon et l'Union européenne. Sans oublier l'Inde qui s'affirme aussi comme État de poids dans la région. Voilà pourquoi le Laos, autrefois isolé et passif, aujourd'hui carrefour de l'ASEAN, est un espace si complexe, spongieux et convoité et, où les intérêts des grandes puissances sont représentés sans être nécessairement convergents. Par ailleurs, il existe aujourd'hui de profondes interdépendances entre la Chine, les puissances asiatiques et les États-Unis. Pour exister et pour durer dans le temps, la seule arme du Laos est d'être lui-même, de rester fidèle à son histoire récente, à son identité et à ses traditions, comme l'a rappelé le Comité central du parti lors son 11e Congrès national. L'État et le gouvernement sont conscients qu'ils ne doivent pas prendre part aux conflits de ses voisins mais rester solidaires à la charte de l'ASEAN. Le Laos travaille pour gagner la confiance de ses partenaires, ils s'emploient à ce que les relations et la coopération avec toutes les autres nations soient respectées et acceptées, il prône une politique qui consiste à nouer une relation « multiforme, multi direction et multiniveau » avec tous ses partenaires.

Du fait de cette complexité géopolitique régionale, le Laos comme les autres Etats d'ASEAN sont contraints à un jeu d'équilibrisme pour se protéger contre les desseins politiques des super puissances dont ils ne partagent pas parfois les points de vue ou prise de position. Ce qui se passe actuellement en mer de Chine méridionale, la guerre commerciale et la tension politique entre les États-Unis et la Chine ou le récent coup d'État en Myanmar, illustre bien le positionnement de l'ASEAN.

Parallèlement, la politique des États-Unis sous la présidence de Joe Biden comme son prédécesseur consistant à endiguer la montée de la Chine en Asie par le concept de l'Indo-Pacifique en créant au sein du Dialogue quadrilatéral pour la sécurité (QUAD) entre l'Inde, les États-Unis, le Japon et l'Australie. Le président américain multiplie les déclarations chocs contre Pékin, Moscou et les régimes autoritaires. Lui, qui était accusé d'apathie, appelle les démocraties à se liguer entre elles et ravive la mémoire de la guerre froide. Les États-Unis ont par ailleurs invité l'Association à choisir entre la Chine et les États-Unis dans sa croisade pour la démocratie, cependant il n'est pas certain que l'ASEAN suivra la politique des États-Unis dans cette voie.

On observe aujourd'hui, des tensions géopolitiques qui recouvrent des rivalités économiques, car chacune des grandes puissances et des puissances moyennes de la région sont à la fois concurrente, cliente et fournisseur des autres, s'efforcent d'accroître leur influence et leurs marchés dans l'ensemble de la région. Ainsi comme on l'a pu observer, les grandes puissances font de plus en plus de leur géostratégie une priorité de leur politique étrangère dans cette région du monde. Les futurs équilibres géopolitiques en Asie et les bouleversements ou les renforcements des alliances entre les puissances (États-Unis, Inde, Chine et aujourd'hui Russie) qui s'annoncent seront déterminants pour la paix et la stabilité mondiale[551]. Quels que soient les futurs équilibres géopolitiques en Asie, il y aura un impact positif ou négatif sur l'économie et la stabilité du Laos. On retient que le Laos participe régulièrement au sommet des chefs d'État et de gouvernement du Mouvement des pays non-alignés.

Aujourd'hui, l'Indo-Pacifique est le théâtre de lutte d'influence entre les États-Unis et la Chine, la région où on assiste à l'imbrication la plus étroite des intérêts et à l'interaction la plus intense entre les deux super puissances. Malgré l'inexorable montée des tensions en Asie, les deux plus grandes puissances de la planète redoutent et évitent pour l'instant l'enclenchement d'une nouvelle guerre froide. Toute escalade rapide du conflit aurait un impact désastreux pour la paix et l'économie dans le monde. Car, si c'est bien dans

---

[551] § kham Vorapheth : *Le Laos contemporain, Parcours et perspectives d'une nation*, Éditions l'Harmattan, Paris 2013.

les océans Indien et Pacifique que doit se jouer l'avenir du monde, c'est l'ASEAN qui serait la première à souffrir. Ainsi, chaque État membre de l'ASEAN sait qu'il doit maintenir des dialogues constructifs entre eux et au-delà, car il admet son indépendance dans l'interdépendance avec les autres.

Cependant, on peut raisonnablement penser que la paix persistera malgré tout en Asie. Il existe quelques indices et intentions en faveur de cette thèse : les États asiatiques tout comme les grandes puissances veulent profiter de la paix pour faire avancer leur pays vers la prospérité et faire des échanges commerciaux leur stratégie de développement économique. La Chine admet les relations spéciales entretenues entre le Laos et le Vietnam et le Laos veille à ce que ses relations avec ces deux États socialistes soient équilibrées. Le parti et le gouvernement lao ont, à chaque occasion, pu réaffirmer l'existence d'un partenariat stratégique d'exception avec le Vietnam et la Chine. On retient ainsi que le président chinois Xi Jinping a adressé un message de félicitations à Nguyen Xuan Phuc pour son élection en avril 2021 à la présidence du Vietnam. Dans son message, le président chinois a souligné que la Chine et le Vietnam sont des « *voisins socialistes liés par des montagnes et des rivières* ». Depuis l'année dernière, les deux pays se sont entraidés et ont réalisé ensemble des progrès majeurs dans la prévention et le contrôle de la pandémie de Covid-19. Grâce au développement continu et solide des relations bilatérales, « *les deux pays ont écrit conjointement un nouveau chapitre de l'amitié sino-vietnamienne de bon voisinage* », selon Xi Jinping. Le président chinois a exprimé sa volonté de travailler avec Nguyen Xuan Phuc, « *guidé par la construction d'une communauté de destin d'importance stratégique pour les deux parties, pour lutter en faveur de réalisations continues, nouvelles et plus importantes dans leur partenariat de coopération stratégique global et apporter davantage de bénéfices aux deux pays et à leurs peuples* [552]».

Les relations fraternelles et complexes entre le Vietnam et la Chine et la position du Laos entre les deux États communistes ne sont pas toujours faciles à décrypter. On observe que le PPRL navigue au gré des relations évolutives entre le Vietnam et la Chine. Il doit constamment ajuster sa géopolitique en conséquence et adapter le juste milieu dans ses décisions politiques et économiques avec les deux partis-frères. Ceci demande beaucoup de diplomatie et de doigtés aux dirigeants lao pour maintenir le balancier constamment en équilibre. Certes, les Vietnamiens sont les alliés historiques des Laotiens dans la guerre contre « l'agression impérialiste américaine » ; les Chinois, amis, concurrents et « adversaires » de toujours du Vietnam, se méfient des Vietnamiens et réciproquement. Mais les Lao tout comme les Vietnamiens sont également redevables de la Chine, pays ami, pour l'aide logistique et diplomatique apportée par la Chine pendant la guerre du

---

[552] Xi Jinping félicite Nguyen Xuan Phuc pour son élection à la présidence du Vietnam, Xinhua, 06/04/2021.

Vietnam, ce qui créé une situation sensible et parfois inconfortable pour le Laos de maintenir une symétrie en matière de coopération économique et politique entre ces deux pays.

En dépit des complications relationnelles par moment, aucun des pays, le Vietnam comme la Chine, et le Laos compris, ne souhaite aller trop loin dans ce déséquilibre régional qui met à mal leur dessein politique visant à atteindre leur but final qui est le socialisme. Aussi existe-t-il au sein du gouvernement lao des Commissions de coopérations économiques Laos-Chine et Laos-Vietnam. Précisément, le Bureau politique du 11e Congrès national du parti a nommé Khemmani Pholsena, membre du Comité central et ancienne ministre du Commerce et de l'Industrie, présidente de la Commission de coopération économique Laos-Chine. Khemmani Pholsena est également cheffe du Palais présidentiel. Cette nomination est judicieuse, car la famille Pholsena entretient des relations privilégiées avec le Parti communiste chinois et est écoutée des dirigeants chinois. La nomination de Khemmani va permettre de renforcer davantage la coopération économique entre les gouvernements lao et chinois dans le cadre du 9e plan. Pour rappel, Kinim Pholsena, père de Khemmani fut ministre du gouvernement en 1961 puis du deuxième gouvernement de coalition lao de Souvanna Phouma en 1962, il fut le premier à reconnaître et à initier des relations diplomatiques entre le Laos et la République populaire de Chine en 1961 et fut assassiné par son garde du corps en 1963.

En ce qui concerne la position du Laos, la première conquête à faire par le nouveau gouvernement laotien est de faire valoir son principe de « culture de paix et prospérité pour tous » et sa position de « neutralité » à tous ses partenaires. Le dilemme fondamental de la RDP Lao est donc le suivant : « maîtriser son destin ou devenir un enjeu convoité par les acteurs extérieurs ». Le Laos serait-il condamné à l'éternelle impossible neutralité ?

Conclusion

Le progrès enregistré par le Laos depuis les réformes qui ont commencé en 1986 est une réussite économique, il est devenu une économie libérale et un pays d'accueil attrayant pour les investissements directs étrangers (IDE). Les performances du Laos sont d'autant plus remarquables que les réformes y sont progressives et qu'il se développe en dépit du contrôle important, bien que déclinant, exercé par l'État sur les entreprises et de l'intervention des pouvoirs publics dans l'économie. Non seulement le pays est sorti de sa torpeur et de son ostracisme pour entrer d'abord dans la communauté régionale et dans la mondialisation, ensuite, il se modernise en investissant dans les infrastructures, fragilisant ainsi sa capacité financière et accroissant la dette chronique de l'État. Ces trente-cinq années de réformes ont transformé le Laos par son dynamisme économique, sa capacité d'adaptation et sa contribution appréciée au sein de la Communauté économique de l'ASEAN (AEC). En une seule génération, le Laos, naguère parmi les pays les plus pauvres du monde, s'est hissé au rang de pays à revenu intermédiaire de la tranche inférieure. Le pays a l'ambition de devenir le carrefour de la connectivité de l'ASEAN et le fournisseur d'électricité pour les États voisins. Il faut voir dans cette transformation des politiques gouvernementales résolues et des décisions stratégiques de développement avisées, et surtout la détermination de l'État de sortir de son statut parmi les pays les moins avancés.

Au fil des trente dernières années, le Laos est devenu l'une des économies les plus ouvertes de la région, une nation qui a énormément profité du commerce international et des IDE, moteurs de croissance et de réduction de la pauvreté. On observe que sur le plan économique, le Laos, qui s'est organisé avec succès, amorce un cap de développement en capitalisant sur ses acquis et en assurant une meilleure gestion de ses ressources naturelles pour tenir compte des questions environnementales. Après vingt années de croissance, tirée par les exportations de l'hydroélectricité et les IDE, le Laos dispose encore d'atouts importants (mines, agriculture, industrie manufacturière, tourisme), il est devenu un point stratégique sur les corridors économiques Est-Ouest et Nord-Sud de la Sous-région du Grand Mékong (GMS). Entraîné de fait par le dynamisme économique de ses puissants voisins (Chine, Vietnam et Thaïlande) le Laos semble, cette fois, tirer parti de sa position d'enclave, souvent présentée comme problématique. En l'aidant à se transformer en carrefour de transit pour l'Asie du Sud-Est, la ligne de chemin de fer à grande vitesse Laos-Chine conforte la stratégie de développement séculaire du pays, basée sur l'appui des grandes puissances régionales et d'autant plus stimulée aujourd'hui par une aide internationale en baisse, en raison de la situation incertaine mondiale et de la pandémie du Covid-19.

Ce rythme et cette croissance vigoureuse, aussi spectaculaires soient-ils, ne doivent pas faire illusion. Car tous ces indicateurs bénéficient d'un effet de base très favorable : le contexte régional ; les IDE ; l'importance de l'aide publique au développement. Mais le Laos reste encore un pays pauvre.

La bonne gouvernance économique reste la principale préoccupation du gouvernement, le Laos reconnaît ses faiblesses et ses insuffisances, aussi le gouvernement lao a-t-il tenté des redistribuer la richesse et de développer une économie axée sur la diversification de son industrie et de ses terres agricoles. Il ne s'agit plus pour le Laos de miser exclusivement sur sa rente hydro-électrique et sur ses ressources naturelles (qui ne sont pas inépuisables) ; les économies laotiennes sont dorénavant placées dans la double obligation de se diversifier et de mieux s'intégrer au plan régional dans tout le territoire. Car jusqu'ici le décollage économique lao s'est fait au prix d'un coût qui échappe à tout contrôle et du non-respect de l'environnement, il a créé également beaucoup d'inégalité sociale et de clivage entre les riches et les pauvres ainsi qu'un incroyable gaspillage des ressources et du patrimoine. D'autre part, la réduction de la pauvreté par la croissance économique est l'une des constantes des politiques clés d'aide publique au développement au Laos conduites par le gouvernement avec les partenaires de développement. Cependant, cette approche comporte le risque que la croissance économique aggrave les disparités sociales. C'est pourquoi la promotion d'une industrie manufacturière à forte intensité de main-d'œuvre (industrie de la confection, entre autres) et l'amélioration de la productivité agricole permettront à un plus grand nombre d'individus de participer au processus de croissance économique et d'assurer un développement inclusif. Cette concentration des efforts sur le secteur manufacturier répond à un modèle de développement qui s'efforce de corriger les disparités entre les zones urbaines et rurales. Aujourd'hui, la bonne gouvernance exige de prendre en main une gestion plus équilibrée de son développement socioéconomique, et notamment la bonne gestion de ses finances.

Après la première période de croissance forte et durable, la pandémie du Covid-19 a plongé l'économie mondiale en état de choc, si le Laos a jusqu'à présent évité une crise sanitaire grave, son économie est fortement fragilisée. S'ajoutant aux vulnérabilités structurelles de l'économie lao, la crise s'est propagée à travers de multiples canaux de transmission. L'impact est particulièrement lourd sur les finances publiques, ainsi que sur la balance des paiements, mettant en danger les réserves de change. La reprise constatée est lente au premier semestre de 2021, une demande atone, une croissance de productivité faible et la baisse brutale de ses revenus issus de l'activité touristique. Les perspectives de rebond restent limitées, l'Etat devra s'appuyer sur des financements extérieurs bilatéraux, la Chine et/ou les multilatéraux, les institutions internationales. L'influence économique chinoise reste importante dans le pays, alors que le gouvernement laotien cherche à restructurer sa forte dette vis-à-vis de ce pays, comment alors éviter les pièges de la dette ?

Pour maintenir une stabilité macroéconomique et parvenir à une croissance durable, le gouvernement devrait continuer à réduire la dette publique et à améliorer sa gouvernance, en particulier la gestion des finances publiques dans des domaines tels que le recouvrement des recettes, la gestion de la dette et la réduction des déficits budgétaires au cours des prochaines années.

Le Laos est confronté à d'immenses défis au cours de cette deuxième période de développement qu'il lui faudrait relever ou poursuivre rapidement comme : la gouvernance ; l'amélioration drastique des infrastructures notamment dans les transports, les réseaux routiers et équipements touristiques ; la soutenabilité sociale et environnementale, dont la pauvreté rurale, le relèvement rapide du niveau d'éducation des zones rurales ou, enfin, l'amélioration des services publics.

Aujourd'hui, c'est le sujet et les priorités du gouvernement. La crise sanitaire a contraint le nouveau gouvernement issu du 11e Congrès national du parti à mettre en place un plan d'austérité et la gouvernance économique pour faire face à cette crise et relancer son économie. Comment gérer la période post-Covid-19 et relancer l'économie dans un Laos fragilisé par la crise ?

L'avenir du Laos, c'est maintenant. Il s'agit pour le pouvoir politique avec la nouvelle génération d'équipe de dirigeants (post-1975) d'appliquer la bonne gouvernance, de réfléchir aux défis qui se poseront au Laos de 2030 à 2040 et au-delà, afin de ne pas manquer le train du progrès ; de mettre en chantier dès maintenant les choix stratégiques qui permettront de donner un élan à la nation et de donner à ce pays un rôle constructif dans l'AEC. Ce qui manque au Laos, c'est la capacité à se projeter. Il faut agir dans l'urgence, traiter l'éradication de la pauvreté, la formation des jeunes, l'emploi, l'inégalité sociale et engager les réformes audacieuses de fond, celles qui feront le Laos moderne et dynamique dans vingt ans. Car, le Laos dispose de réserves de croissance et de jeunes talents à promouvoir pour exercer les responsabilités de la nation de demain.

Bibliographie

ASEAN *Investment Report 2018*

ASEAN STATISTICAL YEARBOOK 2019

ASIAN DEVELOPMENT BANK. *Asian Economic Indicators, 2011, 2012.*

ASIAN ANNUAL REPORT 2019, ADB

ASIAN DEVELOPMENT BANK (ADB). *2008. Energy Sector in the Greater Mekong Subregion. Manila: Asian Development Bank.*

ASIAN DEVELOPMENT BANK, *Lao people's democratic republic energy sector assessment, strategy, and road map, 2019.*

ASIAN DEVELOPMENT BANK, *Lao PDR accelerating structural transformation for inclusive growth, Country Diagnostic Study, 2017.*

BAIRD Ian G., *Turning Land into Capital, Turning People into Labour: Primitive Accumulation and the Arrival of Large Scale Economic Land Concession in the Lao PDR, University of Wisconsin-Madison, Journal Of Marxism and Interdisciplinary Inquiry, Vol. 5, N°.1, November 2011.*

BANK OF THE LAO PDR, *Annual Economic Report 2018.*

BOURDET Yves, Laos: *Reforming Laos's Economic Systems. Stockholm, Swedish International Development Authority, 1991.*

BOUTÉ Vanina et PHOLSENA Vatthana, *Sociétés et Pouvoirs, Paris, Les Indes Savantes/IRASEC, 2012.*

CHI Do Pham (ed.*), Economic Reforms in the Lao PDR: Current Trends and Perspectives. Vientiane, International Monetary Fund, April 1992.*

CREAK, S. & SAYALATH, S. (2017). *Regime Renewal in Laos: The Tenth Congress of the Lao People's Revolutionary Party. Southeast Asian Affairs, 2017, pp.179-200.*

DOUANGMYXAY Sèngdara & PEYRONNIE Karine, *Les impacts des grands projets sur la gestion foncière au Laos, IRD, IRASEC, 2017.*

DUCOURTIEUX O., LAFFORT J.R., & SILINTHONE Sacklokham, *La réforme foncière au Laos, une politique hasardeuse pour les paysans, Revue Tiers Monde, t. XLV, n°.177, janvier-mars 2004.*

DWYER M., 2006 – *Turning land into capital. Vientiane, Working Group on Land Issue, CIDSE-Laos.*

EVANS Grant, Laos: *Culture and Society. Institute of South East Asia, 2000.*

FAU N., KHONTHAPANE S., TAILLARD CHR. (eds), 2014, *Transnational Dynamics in Southeast Asia. The Greater Mekong Subregion and Malacca Straits Economic Corridors. Singapour, ISEAS.*

FABRICE MIGNOT, *Les grands aménagements hydroélectriques du Laos au cœur du bassin du Mékong, 2015.*

GIZ, *Microfinance in the Lao PDR, 2012.*

GIZ, *Citizen Engagement for Good Governance, Accountability and the Rule of Law (CEGGA), 2020.*

GOVERNANCE AND PUBLIC ADMINISTRATION REFORM PROGRAMME, 2010, *Support for Better Service Delivery, Annual Programme, Combined Narrative and Financial Progress Report. Reporting period: 1 January-31 December 2010.*

GOVERNMENT OF LAO PDR, *Capacity Building for Public Management and Community Development, 1998 to 2001, Vientiane: May 12, 1998 for 6th Round Table on Development Assistance.*

GOVERNMENT OF LAO PDR, *National Governance and Public Administration Reform (NGPAR) programme –District Development Fund (DDF) Final Report on Impacts and Lessons Learnt Strengthening Capacity and Service Delivery of Local Administrations (SCSD) 2012-2016.*

GOVERNMENT PROGRAM ON ADMINISTRATIVE REFORM AND UNITED.

HIDETOSHI Nishimura, FUKUNARI Kimura, MASAHITO Ambash &, SOUKNILANH Keola (2016), *Lao PDR at the Crossroads: Industrial Development Strategies 2016–2030.*

HIEBERT Murray, *Socialist Transformation in Laos. Current History, 79, N° 461, December 1980, 175-179, 194-195.*

HOLTSBERG, Chr, RASMUSSON, K, BOSTRAND L, *Governance and participation in Laos, SIDA, 2003.*

HUTT, David. 2017. « China's Aid a Matter of Life and Death for Laos ». Dans *Asia Times.*

ICHIRO OTANI & CHI DO PHAM, *The Lao People's Democratic Republic Systemic Transformation and Adjustment, 1999.*

ILO, *Key Indicators of the Labour Market, 2016.*

IMF, *Lao People's Democratic Republic: Third Review Under the Poverty Reduction and Growth Facility, October 2003.*

IMF (2018), *Lao People's Democratic Republic: Staff Report 2017*

IMF (2019), Country Report, Lao PDR. Staff Report 2019.

JICA (Japan International Cooperation Agency), *The Study on Power Network System Master Plan in Lao People's Democratic Republic Final Report, 2020.*

KYOPHILVONG Phouphet, Mining sector in Laos, 2007.

LAO NATIONAL UXO PROGRAMME, *Work Plan 2001, Vientiane: 2001.*

LAOS ECONOMY 2013, *CIA World Factbook and other sources. NATIONAL*

LAO STATISTIC BUREAU (2015), "*The 4th Population and Housing Census 2015, Ministry of Planning and Investment, Lao PDR.*

LAZAR Miles Kenney, *Excavating the Hidden Politics of Land Governance in Laos, CSEAS, Kyoto University, 2018.*

LIM Hank & KHIN Maung Nyunt, *study to determine the impact of accelerating the Asean economic community from 2020 to 2015 on Cambodia, Lao PDR, Myanmar and Vietnam, 2010.*

LSX, *Lao Stock Exchange*

MASAMI Ishida, *Special Economic Zones and Economic Corridors, 2009.*

MINISTRY OF FINANCE, "Government Finance Statistics Annual Reports" 2019.

MINISTRY OF FINANCE (2017), *"Vision to 2030 and Public Finance Development Strategy to 2025", Lao PDR.*

MOICT, MPI, 2017, *40 Years 1975-2015 Lao PDR, Party Central Committee, Ministry of Information, Culture and Tourism, Ministry of Planning and Investment.*

MPI, *2016, 2030 Vision and the Ten-Year Socio-Economic Development Strategy (2016-2025), Ministry of Planning and Investment, Vientiane*

MPWT, 2015, *Five-Year (2016-2020) Public Works and Transportation Development Plan, Vientiane*

MOTTET, E. & LASSERRE, F. (2014) – *« Géopolitique des aménagements hydroélectriques des affluents du Mékong en RDP Lao : développement et intégration régionale », Revue canadienne d'études du développement, n° 35-4, pp. 522-538*

NATIONAL ASSEMBLY LAO PDR, *Mining Law, 1997.*

NATIONAL ASSSEMBLY, *Law on minerals revised version, 2011.*

NATIONS DEVELOPMENT PROGRAM, *Towards Better Governance in LPDR, Project 97/ 009, Vientiane: Sept 2000.*

NG, Shui Meng, *"Laos 1992: At the Crossroads," in Southeast Asia Affairs 1992. Singapore: Institute of Southeast Asian Studies, 1993.*

NGANGNOUVONG Itthilith, *11th multi-year expert meeting on commodities and development 15-16 April 2019, United Nations Conference on Trade and Development, Geneva*

NSSF: National Social Security Fund

OECD, L*ao PDR: 2018 ASPI country profile.*

OECD, Corporate governance in Lao PDR, OECD investment policy reviews: Lao PDR, 2017

ORABOUN Siviengxay, *Industrial readjustment in Lao PRD towards 2020 in readjustment in the Mekong River basin countries. IDE Jetro, Bangkok.*

OECD, *Investment Policy Review of Lao PDR*, 2017.

OMC, *examen des politiques commerciales Lao PDR, WT/TPR/S/394, 2019.*

PEYRONNIE Karine & SISOULATH Bounleuam, *La « décentralisation » en RDP Lao : Conditionnalités de l'aide et ambivalences institutionnelles, IRD, IRASEC, 2017.*

PHOMVIHANE Kaysone, *Revolution in Laos: Practice and Prospects. Moscow, Progress, 1981. Vientiane, 1975.*

RADETZKI Marcus, *From Communism to Capitalism in Laos: The Legal Dimension. Asian Survey, 34, N° 9, September 1994.*

RATMAN, P, Laos and the Superpowers, New Dehli, 1980.

RODERICK CAMPBELL, TRISTAN KNOWLES, AMPHAPHONE SAYASENH, *Business Models for Foreign Investment in Agriculture in Laos, The International Institute for Sustainable Development, 2012.*

SLATER, R & KHAMLOUANG, Keola: *Trends in Gouvernment sector of the Lao PRD, Swiss for Agency Development and Cooperation, SDC, 2012.*

SOCIO-ECONOMIC DEVELOPMENT PLAN 2011-2015 (*Draft 8th). Working Document for 2016 Round Table Meeting (RTM), Ministry of Planning and Investment, Vientiane, October 2016.*

STATISTIC YEAR BOOK 2009. *Ministry of Planning and Investment. Lao Department of Statistics. Vientiane, June 2010.*

STUART-FOX MARTIN, *Politics and Patronage in Laos, Indochina Issues, N°. 70. October 1896.*

STUART-FOX MARTIN, "*Laos: Politics in a Single-party State", Southeast Asian Affairs, vol. 2007 (2007)*

TAILLARD Christian (sous dir.), *Intégration régionales en Asie orientale. La région du Grand Mékong : un espace transnational péninsulaire en Asie du Sud-Est continentale, Paris, Les Indes Savantes, 2004.*

TAN Danielle, *Du communisme au néolibéralisme, Le rôle des réseaux chinois dans la transformation de l'État au Laos, Thèse de doctorat, soutenue en 2011 à l'Institut d'Études Politiques de Paris/CERI.*

TOYE Hugh, *Laos: Buffer State or Battleground, London: Oxford University Press, 1968. United States Congress.*

UNITED NATIONS, *Country Analysis Report: Lao PDR, 2018.*

UNITED NATIONS DEVELOPMENT PROGAM (UNDP), *Development Finance Assessment Snapshot Lao PDR, Financing the future with an integrated national financing framework, 2017.*

VILAIHAN Sivay, *Improving Domestic Revenue Mobilization in Lao PDR, Policy Research Institute, Ministry of Finance, Japan, 2020.*

VORAPHETH Kham, *Laos. La redéfinition des stratégies politiques et économiques (1975-2006), Paris, Les Indes Savantes, 2007.*

VORAPHETH Kham, *Le Laos contemporain : Parcours et perspectives d'une nation, L'Harmattan, 2013.*

VORAPHETH Kham, *Laos's Path Towards the Asean Economic Community. L'Harmattan, 2018*

WORLD BANK Lao PDR. *Country Brief, April 2019.*

WORLD BANK, *Enterprise Survey of Lao PDR*, 2016.

WORLD BANK GROUP, *Lao Economic Monitor: Challenges in Promoting more Inclusive Growth and Shared Prosperity, May 2016.*

TABLE DES MATIÈRES

Sigles et acronymes 5
Introduction 7

CHAPITRE 1 : LE LAOS DES RÉFORMES 11

1.1 Rappel du contexte historique des réformes 13
1.2 Une trajectoire de développement singulière vers l'« économie de marché à orientation socialiste » 19
1.3 Les premières réformes économiques et financières post-1986 21
1.4 L'impact des premiers pas de la réforme : un état des lieux 38

CHAPITRE 2 : L'ÉLABORATION DU PLAN QUINQUENNAL DE DÉVELOPPEMENT SOCIOÉCONOMIQUE 43

2.1 Le plan quinquennal et les différentes étapes du plan de développement au Laos 43
2.2 Les objectifs du Plan national quinquennal de développement socioéconomique (NSEDP) 46
2.3 Le 9e plan quinquennal de développement socioéconomique 2021-2025 s'inscrit dans un contexte de crise sanitaire et économique inédit 53

CHAPITRE 3 : GOUVERNANCE POLITIQUE 61

3.1 Le système institutionnel du Laos 62
3.2 Comment caractériser le système institutionnel et le régime politique au Laos 65
3.3 L'Assemblée nationale (AN) : Organe représentatif suprême en mutation qui prend du poids 93
3.4. Le pouvoir judiciaire est encore soumis au pouvoir politique 108
3.5. L'état de droit et la participation citoyenne à la gouvernance progressent lentement au Laos 109
3.6 Une politique sociale inclusive et la représentation politique sont en voie de devenir la règle 133
3.7 Les attentes de la population en termes d'amélioration de la gouvernance politique et économique sont grandes mais les réponses sont mitigées 137
3.8 Confiance relative dans les institutions politiques clés 143
3.9 Un positionnement pragmatique et un réalisme politique qui guident l'action et le développement du Laos 145
3.10 Quand la stabilité politique et sociale conditionne l'économie 149
3.11 L'affirmation de la politique extérieure et les coopérations régionales et internationales approfondies avec ses partenaires 151

CHAPITRE 4 : GOUVERNANCE ÉCONOMIQUE ET GESTION DES FINANCES PUBLIQUES 159

4.1. La gouvernance économique lao 161
4.2 Les éléments de la transformation structurelle de l'économie 164
4.3 Les résultats macroéconomiques des deux dernières décennies sont remarquables 172
4.4 Les politiques macroéconomiques de soutien au développement durable et l'aide publique au développement se sont accrues 186
4.5 Les investissements directs étrangers (IDE) boostent la croissance du Laos 199
4.6 Création de la bourse de Vientiane (LSX) en 2010 209
4.7 L'essor du commerce extérieur et le renforcement des lois internationales se sont améliorés 213
4.8 La connectivité et le développement des infrastructures sont les enjeux de la transformation économique lao 223
4.9 La gestion des finances publiques et des systèmes monétaires se renforcent et se modernisent 228

CHAPITRE 5 : LE DÉVELOPPEMENT DES SECTEURS PUBLIC ET PRIVE AU LAOS ET LA GOUVERNANCE D'ENTREPRISE 255

5.1 Les principales caractéristiques des entreprises au Laos 255
5.2 Les entreprises publiques lao (SOE) 257
5.3 Le secteur privé : force locale, action régionale 266
5.4 Une amélioration tangible de l'environnement des affaires 279
5.5 L'accès au crédit demeure le plus grand défi pour des entreprises lao. 283
5.6. La gouvernance d'entreprise 288
5.7. Le Laos et la corruption 297

CHAPITRE 6 : LES POLITIQUES SECTORIELLES EN SOUTIEN A LA CROISSANCE ÉCONOMIQUE ET AU DÉVELOPPEMENT DURABLE 309

6.1 Les caractéristiques des structures de l'industrie lao 309
6.2 Les sept principaux secteurs qui pèsent sur la transformation économique du Laos 318

CHAPITRE 7 : GOUVERNANCE ET DÉVELOPPEMENT SOCIAL .. 373
7.1 La population active et l'éducation 373
7.2 Persistance de la pauvreté et des inégalités sociales 385
7.3 Des progrès dans la réduction de la pauvreté, mais l'inégalité reste encore importante et structurellement enracinée 391

7.4 Les munitions non explosées (UXO), un grand défi pour le développement du Laos ... 397
7.5 Le 9e plan quinquennal met l'accent sur l'amélioration du niveau et de la qualité de vie de la population ... 399

CHAPITRE 8 : LE LAOS ET L'INTÉGRATION DANS LA COMMUNAUTE ECONOMIQUE DE L'ASEAN (AEC) ... 401
8.1 L'adhésion du Laos à l'ASEAN ... 401
8.2 Le Laos de l'ASEAN à l'AEC et à l'accord de RCEP ... 402
8.3 L'AEC : Quels intérêts, bénéfices, impacts et enjeux pour le Laos ? ... 405
8.4 Les échanges commerciaux se font essentiellement avec l'ASEAN ... 411

CHAPITRE 9 : LES TROIS DÉCENNIES QUI ONT TRANSFORMÉ LA FACE DU LAOS ... 417

9.1 Un Laos nouveau et transformé ... 418
9.2 Où le Laos émerge comme un État capable d'apporter les meilleures contribution et reconnaissance au pays ... 433
9.3 La grande mutation du siècle ... 438
9.4 Les ruptures avec le passé ... 447

CHAPITRE 10 : PERSPECTIVES DE REPRISE ÉCONOMIQUE POST-COVID-19 DU GOUVERNEMENT ISSU DU 11e CONGRES NATIONAL ... 467

10.1 La reprise économique difficile du 9e plan quinquennal 2021-2025 .. 467
10.2 Les défis urgents pour le gouvernement dans le contexte de crise sanitaire et économique inédit ... 472
10.3 Le budget de l'État et les sources de financement du plan de développement 2021-2025 ... 475
10.4 Les investissements pour les cinq prochaines années font appel au secteur privé, l'accent sera mis sur la qualité des projets ... 478
10.5 Les tâches du nouveau gouvernement dirigé par Phankham Viphavanh ... 480

Conclusion ... 509

Bibliographie ... 513

Structures éditoriales du groupe L'Harmattan

L'Harmattan Italie
Via degli Artisti, 15
10124 Torino
harmattan.italia@gmail.com

L'Harmattan Hongrie
Kossuth l. u. 14-16.
1053 Budapest
harmattan@harmattan.hu

L'Harmattan Sénégal
10 VDN en face Mermoz
BP 45034 Dakar-Fann
senharmattan@gmail.com

L'Harmattan Cameroun
TSINGA/FECAFOOT
BP 11486 Yaoundé
inkoukam@gmail.com

L'Harmattan Burkina Faso
Achille Somé – tengnule@hotmail.fr

L'Harmattan Guinée
Almamya, rue KA 028 OKB Agency
BP 3470 Conakry
harmattanguinee@yahoo.fr

L'Harmattan RDC
185, avenue Nyangwe
Commune de Lingwala – Kinshasa
matangilamusadila@yahoo.fr

L'Harmattan Congo
67, boulevard Denis-Sassou-N'Guesso
BP 2874 Brazzaville
harmattan.congo@yahoo.fr

L'Harmattan Mali
ACI 2000 - Immeuble Mgr Jean Marie Cisse
Bureau 10
BP 145 Bamako-Mali
mali@harmattan.fr

L'Harmattan Togo
Djidjole – Lomé
Maison Amela
face EPP BATOME
ddamela@aol.com

L'Harmattan Côte d'Ivoire
Résidence Karl – Cité des Arts
Abidjan-Cocody
03 BP 1588 Abidjan
espace_harmattan.ci@hotmail.fr

Nos librairies en France

Librairie internationale
16, rue des Écoles
75005 Paris
librairie.internationale@harmattan.fr
01 40 46 79 11
www.librairieharmattan.com

Librairie des savoirs
21, rue des Écoles
75005 Paris
librairie.sh@harmattan.fr
01 46 34 13 71
www.librairieharmattansh.com

Librairie Le Lucernaire
53, rue Notre-Dame-des-Champs
75006 Paris
librairie@lucernaire.fr
01 42 22 67 13

www.ingramcontent.com/pod-product-compliance
Lightning Source LLC
LaVergne TN
LVHW021131061026
849535LV00002B/214